# 萨卢斯特

〔新西兰〕罗纳德·塞姆 著

荆腾 译

Classics & Civilization

生活·讀書·新知 三联书店

Simplified Chinese Copyright © 2020 by SDX Joint Publishing Company.
All Rights Reserved.
本作品简体中文版权由生活·读书·新知三联书店所有。
未经许可，不得翻印。

**图书在版编目（CIP）数据**

萨卢斯特／（新西兰）罗纳德·塞姆著；荆腾译. —北京：生活·读书·新知三联书店，2020.9
（古典与文明）
ISBN 978-7-108-06890-3

Ⅰ.①萨… Ⅱ.①罗… ②荆… Ⅲ.①萨卢斯特-人物研究 Ⅳ.① K835.465.81

中国版本图书馆 CIP 数据核字（2020）第 124308 号

© 1962 by the Regents of the University of California,
renewed 1990 by David Gill
Published by arrangement with University of California Press

| | |
|---|---|
| 责任编辑 | 王晨晨 |
| 装帧设计 | 薛　宇 |
| 责任校对 | 张国荣 |
| 责任印制 | 宋　家 |
| 出版发行 | 生活·讀書·新知 三联书店 |
| | （北京市东城区美术馆东街 22 号 100010） |
| 网　　址 | www.sdxjpc.com |
| 图　　字 | 01-2017-6889 |
| 经　　销 | 新华书店 |
| 印　　刷 | 河北鹏润印刷有限公司 |
| 版　　次 | 2020 年 9 月北京第 1 版 |
| | 2020 年 9 月北京第 1 次印刷 |
| 开　　本 | 880 毫米 ×1092 毫米　1/32　印张 22 |
| 字　　数 | 438 千字 |
| 印　　数 | 0,001-6,000 册 |
| 定　　价 | 88.00 元 |

（印装查询：01064002715；邮购查询：01084010542）

# "古典与文明"丛书
# 总 序

甘阳 吴飞

古典学不是古董学。古典学的生命力植根于历史文明的生长中。进入21世纪以来,中国学界对古典教育与古典研究的兴趣日增并非偶然,而是中国学人走向文明自觉的表现。

西方古典学的学科建设,是在19世纪的德国才得到实现的。但任何一本写西方古典学历史的书,都不会从那个时候才开始写,而是至少从文艺复兴时候开始,甚至一直追溯到希腊化时代乃至古典希腊本身。正如维拉莫威兹所说,西方古典学的本质和意义,在于面对希腊罗马文明,为西方文明注入新的活力。中世纪后期和文艺复兴对西方古典文明的重新发现,是西方文明复兴的前奏。维吉尔之于但丁,罗马共和之于马基雅维利,亚里士多德之于博丹,修昔底德之于霍布斯,希腊科学之于近代科学,都提供了最根本的思考之源。对古代哲学、文学、历史、艺术、科学的大规模而深入的研究,为现代西方文明的思想先驱提供了丰富的资源,使他们获得了思考的动力。可以说,那个时期的古典学术,就是现代西方文明的土壤。数百年古典学术的积累,是现代西方文明的命脉所系。19世纪的古典学科建制，只不过是这一过程的结果。随着现代研究性大学和学科规范的确立，一门规则严谨的古典学学科应运而生。但我们必须看到，西方大学古典学学科的真正基础，乃在于古典教育在中学的普及，特别是拉丁语和古希腊语曾长期为欧洲中学必修，才可能为大学古典学的高深研究源源不断地提供人才。

19世纪古典学的发展不仅在德国而且在整个欧洲都带动了新的一轮文明思考。例如，梅因的《古代法》、巴霍芬的《母权论》、古朗士的《古代城邦》等，都是从古典文明研究出发，在哲学、文献、法学、政治学、历史学、社会学、人类学等领域带来了革命性的影响。尼采的思考也正是这一潮流的产物。20世纪以来弗洛伊德、海德格尔、施特劳斯、福柯等人的思想，无不与他们对古典文明的再思考有关。而20世纪末西方的道德思考重新返回亚里士多德与古典美德伦理学，更显示古典文明始终是现代西方人思考其自身处境的源头。可以说，现代西方文明的每一次自我修正，都离不开对古典文明的深入发掘。正是在这个意义上，古典学绝不仅仅只是象牙塔中的诸多学科之一而已。

由此，中国学界发展古典学的目的，也绝非仅仅只是为学科而学科，更不是以顶礼膜拜的幼稚心态去简单复制一个英美式的古典学科。晚近十余年来"古典学热"的深刻意义在于，中国学者正在克服以往仅从单线发展的现代性来理解西方文明的偏颇，而能日益走向考察西方文明的源头来重新思考古今中西的复杂问题，更重要的是，中国学界现在已经超越了"五四"以来全面反传统的心态惯习,正在以最大的敬意重新认识中国文明的古典源头。对中外古典的重视意味着现代中国思想界的逐渐成熟和从容,意味着中国学者已经能够从更纵深的视野思考世界文明。正因为如此,我们在高度重视西方古典学丰厚成果的同时,也要看到西方古典学的局限性和多元性。所谓局限性是指,英美大学的古典学系传统上大多只研究古希腊罗马,而其他古典文明研究如亚述学、埃及学、波斯学、印度学、汉学以及犹太学等,则都被排除在古典学系以外而被看作所谓东方学等等。这样的学科划分绝非天经地义,因为法国和意大利等的现代古典学就与英美有所不同。例如,著名的西方古典学重镇,韦尔南创立的法国"古代社会比较研究中心",不仅是古希腊研究的重镇,而且广泛包括埃及学、亚述学、汉学乃至非洲学等各方面专家,在空间上大大突破了古希腊罗马的范围。而意大利的古典学研究,则由于意大利历史的特殊性,往往在时间上不完全限于古希腊罗马的时段,而与中世纪及文艺复兴研究多有关联(即使在英美,由于晚近以来所谓"接受研究"成为古典学的显学,也使得古典学的研究边界越来越超出传统的古希腊罗马时期)。

从长远看,中国古典学的未来发展在空间意识上更应参考法国古典学,不仅要研究古希腊罗马,同样也应包括其他的古典文明传统,如此方能参详比较,对全人类的古典文明有更深刻的认识。而在时间意识上,由于中国自身古典学传统的源远流长,更不宜局限于某个历史时期,而应从中国古典学的固有传统出发确定其内在核心。我们应该看到，古典中国的命运与古典西方的命运截然不同。与古希腊文字和典籍在欧洲被遗忘上千年的文明中断相比较，秦火对古代典籍的摧残并未造成中国古典文明的长期中断。汉代对古代典籍的挖掘与整理，对古代文字与制度的考证和辨识，为新兴的政治社会制度灌注了古典的文明精神，堪称"中国古典学的奠基时代"。以今古文经书以及贾逵、马融、卢植、郑玄、服虔、何休、王肃等人的经注为主干，包括司马迁对古史的整理、刘向父子编辑整理的大量子学和其他文献，奠定了一个有着丰富内涵的中国古典学体系。而今古文之间的争论，不同诠释传统之间的较量，乃至学术与政治之间错综复杂的关系，都是古典学术传统的丰富性和内在张力的体现。没有这样一个古典学传统，我们就无法理解自秦汉至隋唐的辉煌文明。

从晚唐到两宋，无论政治图景、社会结构，还是文化格局，都发生了重大变化，旧有的文化和社会模式已然式微，中国社会面临新的文明危机，于是开启了新的一轮古典学重建。首先以古文运动开端，然后是大量新的经解，随后又有士大夫群体仿照古典的模式建立义田、乡约、祠堂，出现了以《周礼》为蓝本的轰轰烈烈的变法；更有众多大师努力诠释新的义理体系和修身模式，理学一脉逐渐展现出其强大的生命力，最终胜出，成为其后数百年新的文明模式。称之为"中国的第二次古典学时代"，或不为过。这次古典重建与汉代那次虽有诸多不同，但同样离不开对三代经典的重新诠释和整理，其结果是一方面确定了十三经体系，另一方面将"四书"立为新的经典。朱子除了为"四书"做章句之外，还对《周易》《诗经》《仪礼》《楚辞》等先秦文献都做出了新的诠释，开创了一个新的解释传统，并按照这种诠释编辑《家礼》，使这种新的文明理解落实到了社会生活当中。可以看到，宋明之间的文明架构，仍然是建立在对古典思想的重新诠释上。

在明末清初的大变局之后，清代开始了新的古典学重建，或可称为"中国的第三次古典学时代"：无论清初诸遗老，还是乾嘉盛时的各位大师，虽然学问做法未必相同，但都以重新理解三代为目标，以汉宋两大古典学传统的异同为入手点。在辨别真伪、考索音训、追溯典章等各方面，清代都取得了巨大的成就，不仅成为几千年传统学术的一大总结，而且可以说确立了中国古典学研究的基本规范。前代习以为常的望文生义之说，经过清人的梳理之后，已经很难再成为严肃的学术话题；对于清人判为伪书的典籍，诚然有争论的空间，但若提不出强有力的理由，就很难再被随意使用。在这些方面，清代古典学与西方19世纪德国古典学的工作性质有惊人的相似之处。清人对《尚书》《周易》《诗经》《三礼》《春秋》等经籍的研究，对《庄子》《墨子》《荀子》《韩非子》《春秋繁露》等书的整理，在文字学、音韵学、版本目录学等方面的成就，都是后人无法绕开的必读著作，更何况《四库全书总目提要》成为古代学术的总纲。而民国以后的古典研究，基本是清人工作的延续和发展。

我们不妨说，汉、宋两大古典学传统为中国的古典学研究提供了范例，清人的古典学成就则确立了中国古典学的基本规范。中国今日及今后的古典学研究，自当首先以自觉继承中国"三次古典学时代"的传统和成就为己任，同时汲取现代学术的成果，并与西方古典学等参照比较，以期推陈出新。这里有必要强调，任何把古典学封闭化甚至神秘化的倾向都无助于古典学的发展。古典学固然以"语文学"（philology）的训练为基础，但古典学研究的问题意识、研究路径以及研究方法等，往往并非来自古典学内部而是来自外部，晚近数十年来西方古典学早已被女性主义等各种外部来的学术思想和方法所渗透占领，仅仅是最新的例证而已。历史地看，无论中国还是西方，所谓考据与义理的张力其实是古典学的常态甚至是其内在动力。古典学研究一方面必须以扎实的语文学训练为基础，但另一方面，古典学的发展和新问题的提出总是与时代的大问题相关，总是指向更大的义理问题，指向对古典文明提出新的解释和开展。

中国今日正在走向重建古典学的第四个历史新阶段，中国的文明复兴需要对中国和世界的古典文明做出新的理解和解释。客观地说，这一轮古典学的兴起首先是由引进西方古典学带动的，刘小枫和甘阳教授主编的"经典与解释"丛书在短短十五年间（2000—2015年）出版了三百五十余种重要译著，为中国学界了解西方古典学奠定了基础，同时也为发掘中国自身的古典学传统提供了参照。但我们必须看到，自清末民初以来虽然古典学的研究仍有延续，但古典教育则因为全盘反传统的笼罩而几乎全面中断,以致今日中国的古典学基础以及整体人文学术基础都仍然相当薄弱。在西方古典学和其他古典文明研究方面,国内的积累更是薄弱,一切都只是刚刚起步而已。因此,今日推动古典学发展的当务之急,首在大力推动古典教育的发展,只有当整个社会特别是中国大学都自觉地把古典教育作为人格培养和文明复兴的基础,中国的古典学高深研究方能植根于中国文明的土壤之中生生不息茁壮成长。这套"古典与文明"丛书愿与中国的古典教育和古典研究同步成长!

2017年6月1日于北京

# 目 录

前　言　罗纳德·塞姆：生平与学术（1903—1989）　i
序　言　lxv

第1章　问题　1
第2章　萨卢斯特的出身　6
第3章　政治局势　24
第4章　萨卢斯特的政治生涯　47
第5章　从政治到撰史　71
第6章　《喀提林内争》　98
第7章　萨卢斯特的轻信　138
第8章　恺撒与加图　172
第9章　萨卢斯特的意图　200
第10章　《朱古达战争》：战争　229

第 11 章 《朱古达战争》：政治 260

第 12 章 《历史》 293

第 13 章 撰史的时间 351

第 14 章 撰史与风格 392

第 15 章 萨卢斯特的名声 446


附录 I 萨卢斯特的风格演变 495

附录 II 杜撰的萨卢斯特 507


参考文献 575

人名索引 588

译后记 617

前言

# 罗纳德·塞姆：生平与学术
# （1903—1989）[1]

罗纳德·梅勒*

当罗纳德·塞姆爵士在1959年讲授加利福尼亚大学萨瑟古典学讲座（the Sather Lectures）的时候，他已经发表了五十多篇学术文章和两部重要的著作，即《罗马革命》（*The Roman Revolution*, 1939）和《塔西佗》（*Tacitus*, 1958）。作为牛津大学卡姆登（Camden）古代史教授，塞姆演讲和授课的足迹已经从布宜诺斯艾利斯和加拉加斯扩展到伊斯坦布尔、莫斯科和他的出生地新西兰，可以说遍布世界。塞姆被公认为当今在世最杰出的罗马史专家，他选择萨卢斯特作为伯克利讲座的主题。而《萨卢斯特》（加利福尼亚大学出版社，1964）就是在这六次讲座的基础上经过很大修订和扩充之后的作品。

---

[1] 我很感激格伦·鲍尔索克（Glen Bowersock）、凯瑟琳·科尔曼（Kathleen Coleman）、卡洛·金兹伯格（Carlo Ginzburg）、克里斯托弗·琼斯（Christopher Jones）、柯特·拉夫劳布（Kurt Raaflaub）、托马斯·斯坎伦（Thomas Scanlon）和托尼·伍德曼（Tony Woodman）给本文提出的修改意见和建议。当然，本文观点皆由本人负责。

* 罗纳德·梅勒（Ronald Mellor），加州大学洛杉矶分校历史学教授，著有《罗马历史撰述家》《塔西佗：古典遗风》等著作。——中译注（凡以此符号标注的均为中译者注，不再一一注明。）

《萨卢斯特》一书已经绝版多年，这次再版提供了一个简要回顾塞姆生平、事业和学术影响的机会。我们步入新世纪之际可以清楚地看到，罗纳德·塞姆在20世纪的罗马史学中傲视群雄，就像爱德华·吉本（Edward Gibbon）和特奥多尔·蒙森（Theodor Mommsen）分别称雄于18世纪和19世纪的罗马史学一样。然而，一部完整而详尽的塞姆传记或关于塞姆著作的评述仍然付之阙如，而且众所周知，塞姆不喜欢为自己作传。塞姆在《殖民地精英》（Colonial Élites）一书的意大利语译本（1988年）中撰写过一篇简短的导言，这篇导言事实上可以当作他仅有的个人回忆录，然而，这篇文字过于简短，他在战争期间的贝尔格莱德、安卡拉和伊斯坦布尔等地的活动被认为"更加偏离主题"而未予提及。[2] 不过，自1979年开始出版塞姆文集以来，许多学者都对这位1965年被马塞尔·杜里（Marcel Durry）称为"罗马史皇帝"（the emperor of Roman history）的历史学家给予了高度的评价，并在他去世后撰写了许多纪念性的文章。[3]

---

[2] 这篇短文最好参阅塞姆的英文原文，收录于塞姆的《罗马论集》（Roman Papers, vol. VI, ed. A. R. Birley [Oxford, 1991], ix-xiv）。他在文中把"我"称作"可恶的代词"——典出帕斯卡（Pascal）的"自我是可憎的"（Le moi est haïssable），从而明确表明了他对自我反省的厌恶。

[3] 这个说法作为鲍尔索克一篇书评的标题而引起了广泛关注，该书评评论了塞姆的《罗马论集》第一、二卷，发表于《纽约书评》（New York Review of Books [March 6, 1980]），其中还配有大卫·莱文（David Levine）所绘的一幅精美的漫画，画中塞姆戴着一顶围有一圈桂冠的圆顶礼帽。关于塞姆生平与学生生涯的其他文献，参见本文后面所附的书目B。

这种材料使我们得以将《萨卢斯特》与塞姆的生平及学术工作联系起来——这种做法并没有什么不妥，因为塞姆的一个伟大的学术贡献就是把著作置于其作者的生平语境中。

塞姆于1903年出生在新西兰，其祖上是苏格兰人；1921年到1924年，他在威灵顿的维多利亚学院学习古典学和法语。他坦承自己曾在两门学科之间举棋不定，所以在1924—1925年，他在奥克兰大学同时攻读了两者的硕士学位。塞姆早在年轻时就展现出了惊人的记忆力和敏锐的头脑，以及对文学和语言无条件的热爱。终其一生，塞姆凭借其广泛的阅读而获得了令人惊叹的洞见，比如将普鲁斯特笔下的夏吕男爵（Baron de Charlus）比之于提比略（Tiberius）："不但都有疯癫的精神和不合时宜的骄傲，而且都有类似的审美品位、强烈的风格意识和残忍的挖苦习惯。"[4] 塞姆在二十岁的时候就被任命为奥克兰大学的助理讲师（并担任代理系主任），这个时候他仍然是一名威灵顿维多利亚学院的本科生，这个异乎寻常的事实证明了他早年的非凡才华！[5] 在1925—1927年，塞姆在牛津大学奥里尔学院（Oriel College）攻读了古代史和哲学，其间的主要导师是马库斯·尼布尔·托德（Marcus Niebuhr Tod）。考试通过后，他作为莫德林学院（Magdelen College）的研究生，游历了德国境内多瑙河沿岸的罗马边境，并由此在流利的法语、意大

---

[4] Syme, "History or Biography: The Case of Tiberius Caesar", *Historia* 23 (1974): 496 (=*Roman Papers* III 952).

[5] Bowersock (1993) 542.

利语和德语之外,又学会了一口流利的塞尔维亚-克罗地亚语。他在罗马英国学校做过一年的会员,1929年,他被任命为牛津三一学院的研究员,此后便在这个学院担任了长达二十年(除了战争时期)的古代史教职。

塞姆最初研究的是图密善(Domitian),他在1928年发表的第一篇论文中将后者戏谑为"聪明能干"之人,然而,他的研究很快就转向了视野更为广阔的领域,即罗马帝国早期的军队和边境政策。他在欧洲大陆的研究并没有局限于浏览图书馆或考察碑文,他还走访了罗马军队曾经驻扎和战斗过的边境行省地区。20世纪30年代,塞姆基于这项研究,发表了一系列重要的论文、评论性文章和《剑桥古代史》当中的三章论述。[6]塞姆始终把自己视为宗主国的殖民地居民——他终其一生都是新西兰的公民——这也引发了他早期研究的另一个兴趣:罗马行省。关于这一主题,他留下的未竟手稿自1934年以来就一直埋没在他的其他稿件中,直到1999年才由他之前的学生安东尼·伯利(Anthony Birley)编辑出版。[7]这部极具原创性的著作考察了公元43年克劳狄发表著名演讲之前的地方行省在元老院当中所具有的席位资格。塞姆在这部作品中表明,精英共和派对地方自治市出身

---

[6] 塞姆对多瑙河研究有着终生的兴趣;在国际东南欧研究协会的赞助下,他以《多瑙河论集》(*Danubian Papers*, Bucharest, 1971)重新出版了1933年到1968年发表的十七篇论文。

[7] Syme, *The Provincial at Rome* and *Rome and the Balkans*, ed. A. R. Birley (Exeter, 1999).

的鄙夷和轻视——这一点令西塞罗深以为恨——被帝国对于外省人的包容和宽厚所取代。[8]他指出，从提比略到哈德良（Hadrian）期间的所有重要的拉丁语撰述家事实上全都来自行省，而且当时有很多关于外省人优点和德性的讨论。他对纳尔榜南西斯高卢（Gallia Narbonensis）的考察为二十年后《塔西佗》当中的类似讨论奠定了基础。

也正是在那些年月里，塞姆开始了罗马精英的人物传记研究（prosopography），这被大多数人视为塞姆最伟大的方法论成就。他对许多欧陆学者的理论构想和抽象概念有着天生的不信任感，这促使他试图在个体的生平与作为中寻找历史变化的原因。威廉·韦伯（Wilhelm Weber）的《元首》（Princeps）等书反映了两次世界大战之间的年代对于奥古斯都的美化和颂扬，但塞姆还是出于多种原因（尤其是其中暗含的种族主义）而排斥了这样的作品，[9]不无讽刺的是，塞姆最初依赖的是其他德国学者的工作：赫尔曼·德绍（Hermann Dessau）和他的合作者所撰的第一版《罗马帝国名人传》（Prosopographia Imperii Romani=PIR）；马提亚斯·盖策尔（Matthias Gelzer）的《罗马共和国的显贵》（Die Nobilität der römischen Republik, 1912）；格罗格（E. Groag）和施泰因（A. Stein）的著作，包括《罗马帝国名人传》第

---

[8] Syme, *The Provincial at Rome* and *Rome and the Balkans*, 41 ff.
[9] W. Weber, *Princeps*（Stuttgart, 1936）。该书在奥古斯都那里看到了"印度日耳曼人的原始自然力"（99–100）和"对最优秀血统的神圣狂热与神圣信念"（240）。引文转引自 Z. Yavetz（n. 16 *infra*）27。

二版（A—C，1933—1936）的最初几卷；特别是弗里德里希·闵策尔（Friedrich Münzer）的《罗马贵族派与贵族世家》（*Römische Adelsparteien und Adelsfamilien*，1920）和一系列关于罗马世家大族的文章，后者辑录于保利-维索瓦（Pauly–Wissowa）的《古典学百科全书》（*Realencyclopädie der classischen Altertumswissenschaft*）。[10]这些著述都为系统研究罗马的统治阶级提供了材料和方法，这项研究最终会在1939年出版的《罗马革命》中画上圆满的句号。[11]

### 《罗马革命》（1939）

伟大的历史撰作通常需要一位优秀学者的想象和技艺，但也需要非同一般的灵感和触动，这种触动有可能来自"现实世界"的巨变。在古代，修昔底德深受伯罗奔尼撒战争的触动，塔西佗则深受图密善暴政的影响，对于蒙森来说是1848年的惨重事件，对于罗斯托夫采夫（Michael Rostovzteff）

---

[10] Gelzer, *Nobilität*, 英译本 *The Roman Nobility*（R. Seager, trans., Oxford, 1969）；Münzer, *Adelsparteien*, 英译本 *Roman Aristocratic Parties and Families*（T. Ridley, trans., Baltimore, 1999）。据安东尼·伯利（[n. 6 *supra*] xiii n. 9, xiv n. 12）所说，塞姆在20世纪30年代末的时候曾试图给施泰因和闵策尔提供帮助。1942年，施泰因和闵策尔被驱逐到特莱希恩施塔特（Theresienstadt）集中营；闵策尔于1942年死在里面；施泰因则幸免于难，战后返回了布拉格。

[11] 尽管英国的人物传记研究始于刘易斯·纳米尔（Sir Lewis Namier）发表于1929年的《乔治三世执政时期的政治结构》（*The Structure of Politics at the Accession of George III*），但塞姆在读到这本书的时候，他自己已经远远走在了前面。

而言则是1917年的布尔什维克革命。蒙森因此而写出了情感激昂的《罗马史》，这为他赢得了1902年的诺贝尔文学奖；他至今仍然是唯一获此殊荣的职业历史学家。[12]（塞姆作为自吉本以来文笔最优美、学识最渊博的古代史著作的作者，曾获诺贝尔文学奖的提名。[13]）到了20世纪30年代中期，塞姆做好了必要的研究，也掌握了专业性的技能。他对屋大维/奥古斯都的否定态度已经确立；早在1934年，他就把后者说成是"可恶的年轻人"。[14]他的英雄已是历史撰述家和安东尼的支持者阿西尼乌斯·波利奥（Asinius Pollio），后者的佚失史著选取的著述起始时间同时也是塞姆选择的公元前60年。塞姆对专制政权深恶痛绝，这是战前牛津普遍弥漫的情绪，这种厌恶促使他选择自己钟爱的塔西佗作为文风和政治上的向导。20世纪30年代，他以塔西佗式的另一面个性，用塔西佗风格的拉丁语发表了一些政治评论。当他把塔西佗的简洁和力道带到英文当中，他的国语写作甚至也

---

[12] 丘吉尔战后获得的诺贝尔文学奖乃是对其历史撰作的褒奖，其作品内容包括布尔战争、第一次世界大战和苏丹河战争的历史，不过，该奖普遍被认为是对他政治领导才能的认可，和平奖可能更不合适。他并不是一名职业的历史学家。

[13] 克里斯特（Christ，1990，193）认为他的著作是"英语文学的杰作……寓历史分析于历史讲述之中，可比肩于蒙森的《罗马史》"。关于诺贝尔奖提名，参见 Devine（1989b）75。

[14] 见塞姆发表于《古典学评论》（*Classical Review* 48[1934]：78[= *RP* VI 3]）的一篇评述莱维《派系首领屋大维》（M. A. Levi, *Ottaviano Capoparte*）的书评；莱维和普雷莫施泰因死后出版的《元首制的形成与本质》（A. von Premerstein, *Vom Werden und Wesen des Prinzipats* [Munich, 1937]）都对塞姆描述屋大维的形象产生了重要影响。

开始听起来像是拉丁语一般；他有时似乎在语法和概念上是一位母语写作者，同时又是一位试图以自己特殊的用法来塑造英语的拉丁语思想家。

然而，点燃天才之火需要一种刺激因素。1979年，在西雅图举办的一次纪念《罗马革命》发表四十周年的会议上，塞姆谈到了1937年参观罗马的奥古斯都展览（*Mostra Augustea*）给他造成的冲击，当时的法西斯政权利用奥古斯都诞辰两千周年之机，在那个展览中把奥古斯都的功绩和墨索里尼的功绩联系了起来。塞姆还深受斯大林于1936年颁布的苏联宪法的强烈影响，后者是一部纸面上人道而宽容的伪宪法。它就像塞姆所说的罗马宪法一样，是"一种掩饰和伪装"。或许正是这一点促使他进一步从蒙森所强调的法律和宪法研究转向关于奥古斯都的研究，前者当时在牛津得到了卡姆登教授拉斯特（Hugh Last）的积极倡导，而对于奥古斯都的研究，塞姆则远离了那种在法西斯意大利很受欢迎的观念：奥古斯都是一位把罗马从共和国的沉沦堕落中拯救出来的卡里斯马领袖。当时的欧洲因西班牙内战、希特勒日益猖獗的好战倾向、斯大林的政治高压和墨索里尼在非洲发动的不切实际的战争而深受创伤，在这样的欧洲，塞姆花了不到两年的时间完成了这部至今仍然是20世纪最出色的古代史著作。奥古斯都先前被视为一个具有远见卓识的家长统治者或"一位坚毅沉着的杰出领袖"，[15]在塞姆的描述中，这种

---

[15] Syme, *Historia* 23 (1974): 482 (= *RP* III 938).

形象变成了一个凶残成性的派系首领,这个人可能被视为领袖、元首或犯罪集团的头目,他翦除了仇敌,犒赏了友人,进而建立了一个新的政权。因此,塞姆使用了"元首""第一次向罗马进军"诸如此类的章节标题;"政治口号"一章反映了他对政治上所用的那些冠冕堂皇的术语怀有一种塔西佗式的深刻的不信任。塞姆在这部著作中开宗明义:奥古斯都的新政体"是权诈与杀戮的结果,基于革命领袖的权力攫取和对财产的重新分配"。[16]《罗马革命》也是一场学术革命,它彻底重新评价了整个罗马历史中最有影响力的人物。[17]

不过,塞姆关注的不仅仅是奥古斯都对权力的攫取;《罗马革命》的后半部分将这位皇帝描绘成一位重塑自身并重建罗马城和整个国家的建设者。[18]塞姆在这本书的最后一句话中承认,奥古斯都开创了一种将会持续数百年的政治结构:"为了权力,他牺牲了一切;他走上了一切凡人野心的

---

[16] Syme, *The Roman Revolution*, 2.
[17]《共和国与帝国之间》(K. Raaflaub and M. Toher, *Between Republic and Empire*: *Interpretations of Augustus and His Principate* [Berkeley and Los Angeles, 1990])是《罗马革命》出版五十周年之际悼念塞姆的一部论文集。书中直接与《罗马革命》相关的论文有 H. Galsterer, "A Man, a Book, and a Method: Sir Ronald Syme's *Roman Revolution* After Fifty Years," Z. Yavetz, "The Personality of Augustus: Reflections on Syme's *Roman Revolution*," J. Linderski, "Mommsen and Syme: Law and Power in the Principate of Augustus"。
[18] 在这个方面,塞姆的研究同样产生了持久的影响力;参见 P. Zanker, *The Power of Images in the Age of Augustus* (Ann Arbor, 1988)。

巅峰，他通过自己的野心拯救和复兴了罗马民族。"[19]然而，塞姆和塔西佗一样，更为关心人们在暴力和谎言中失去了什么，又是如何失去的。这是一种"反对派"历史或修正主义历史的经典案例，它试图重构遭到压制的失败者的叙事，从而表明作者对于马克·安东尼的同情。一个帮派头目或军阀（junta）首领可能会夺取政权并实现政治的稳定，但塞姆想要考察的是奥古斯都如何在立宪伎俩和宪法宣传的幌子下粉饰自己的政变。他在内战问题上提供了一种详细的政治叙事，在这个叙事中，他主要着眼于屋大维/奥古斯都的"党派"培植，这个"党派"由奥古斯都的支持者组成，一心投身于奥古斯都的千秋功业。塞姆否认意识形态的重要性；他知道，与自己同时代的希特勒和斯大林宣称了两种相互对立的意识形态，但他们都为同样野蛮的目的而使用了同样残忍的手段。塞姆发现，权力的野心远远超过了虔诚的意识形态或宪制结构。[20]奥古斯都党的创立把意大利城市的新兴家族带到了罗马，同时也在这一过程中复兴了罗马的统治阶层。塞姆在这个方面和其他许多方面都承认奥古斯都的伟大成就，但直到他生命的最后时期，他都始终对奥古斯都怀有厌

---

[19] Syme, *The Roman Revolution*, 524.
[20] 许久之后，阿纳尔多·莫米利亚诺（Arnaldo Momigliano）在《罗马革命》的意大利语译本序言中明确指出，塞姆撰写这部书是要给1938年的"绥靖分子"提出一种警告，但这一议题未能具有实际意义，因为此书恰恰发表于战争爆发之后；*La rivoluzione romana*（Turin, 1962），ix（= *Terzo contributo alla storia degli studi classici e del mondo antico*［Rome, 1966］730）。

恶之情。[21]塞姆认为尽快出版《罗马革命》是非常重要的，带着这样的想法他写完了1939年6月1日的序言，他无疑有意把这本书所讲述的内容当作自己这个时代的警示性故事。[22]这本书于1939年9月问世，第二次世界大战恰好就在不久前爆发。

战争促使塞姆走出了牛津大学爬满藤蔓的塔楼，也长期延宕了《罗马革命》的影响力。塞姆的许多学术同人都对战争期间的活动缄默不言，塞姆也只是承认，他在1940年的时候做过派驻贝尔格莱德的新闻专员，1941—1942年的时候担任了英国驻安卡拉的大使，1942—1945年又被任命为伊斯坦布尔大学的古典语文学教授。格伦·鲍尔索克（Glen Bowersock）充分查阅了牛津沃尔夫森学院（Wolfson College）的塞姆档案，从中又发现了塞姆在"二战"期间的其他活动：他在1940年期间曾前往雅典、开罗、耶路撒冷和开普敦，但出行原因并不明确。[23]塞姆甚至掌握了一口流利的土耳其语，但他从未承认过自己在战争期间做过外交或情报方面的工作。然而，并非只有鲍尔索克和弗格斯·米勒（Fergus Millar）怀疑塞姆在战争期间被派往伊斯坦布尔仅仅

---

[21] 阿尔弗迪（Alföldy, 1993, 114）援引了塞姆去世前不久所说的话："我仍然不喜欢他。"林德尔斯基（Linderski [n. 16 *supra*] 53）认为，蒙森的讲座报告表明，他虽然钦佩奥古斯都的成就，但同样不喜欢后者。

[22] Syme, *The Roman Revolution*, ix："这本书并不是在风平浪静的环境中完成的，它本应被压下几年，重头写过。但我坚信，这个主题具有重要的意义。"

[23] Bowersock (1993) 549-51.

是为了给土耳其学生讲授拉丁语。[24]尽管塞姆在1940年到1949年期间只发表了两篇书评，他在伊斯坦布尔大学的教职仍然使他有机会对斯特拉波（Strabo）进行深入的研究，并将这一研究与小亚（以及亚美尼亚等邻近地区）的地理学联系起来。关于这项研究，塞姆写于1944—1945年的手稿只是最近才经过伯利的编辑整理而准备出版。[25]

"二战"结束后，塞姆返回牛津，并于1949年当选为卡姆登古代史教授。毫无疑问，自威廉·卡姆登（William Camden）于1622年设立这一教席以来，他是当选该教职的最杰出学者。这个时候，《罗马革命》已经开始广为传阅，并且拥有了巨大的影响力，特别是在英语世界和意大利。（塞姆虽然经常造访德国的重要学者，并同这些学者保持了友好的关系，但德国的学术界迟迟没有承认这本著作的重要性。[26]）然而，意大利避难学者莫米利亚诺在1940年撰写的第一篇关于《罗马革命》的重要书评已经就人物传记学方法和塞姆分析的集中着眼点提出了各种相关的问题。[27]在这篇仍然属于经典之作的书评中，莫米利亚诺抱

---

[24] Bowersock（1991）120；Millar（1996）444. 鲍尔索克（1993）补充说："在威廉·斯蒂文森（William Stevenson）以《无畏者》（*A Man Called Intrepid*, 1976）为题撰写的一部关于战时情报工作的报告文学中，《罗马革命》的方法得到了应有的肯定"（555）。

[25] Syme, *Anatolica: Studies in Strabo*, ed. A. R. Birley (Oxford, 1995).

[26] Alföldy (1993) 104 ff.; 另参见 G. Alföldy, '*Die römische Revolution*' *und die deutsche Althistorie*, in *Sitz.–Ber. d. Heidelberger Akad. d. Wiss., Phil.– hist. Kl.*, 1983, Bericht 1。

[27] A. Momigliano, *Journal of Roman Studies* 30 (1940): 75–80.

怨说，经济动机和思想观念动机实际上是缺席的，在这部作品中，"人们的婚姻要比他们的精神旨趣重要得多"。塞姆的意图是考察关于官职与婚姻关系的具体材料，所以他自然不会考虑模糊的意识观念主张、时代误置的经济问题或可疑的法律声明。但在半个世纪之后，即便是对《罗马革命》深表赞许的学者，比如戈萨·阿尔弗迪（Géza Alföldy），也承认了同样的缺陷，并认为《罗马革命》除此之外还缺乏宗教史和社会史层面的考察。[28]这半个世纪中新发现的一些铭文证明，宪法和法律的安排的确具有非常重要的意义，[29]书籍、铸币和艺术作品虽然具有"欺骗性"，但同样有可能传达出有关罗马价值、恐惧和抱负的真实情况。[30]《罗马革命》并不是定论；它在许多方面都已被新的证据和随后的研究所取代，其中的大多数研究都受到了它的启发。然而，作为勾勒奥古斯都上台掌权之路的一部魄力十足而又清晰连贯的作品，《罗马革命》并没有被取代。这本书已经被译成十多种语言，在其德语和意大利语的重印本当中，一些重要学者（达勒海姆［Dahlheim］；莫米利亚诺）还为它撰写了新的导言。《罗马革命》已经出版六十多年；它是一部现代经典。

---

[28] Alföldy (1993) 110.
[29] 比如1940年首次面世的昔兰尼法令（the Cyrene decrees, R. Sherk, *Roman Documents from the Greek East* [Baltimore, 1969], 174-82）。
[30] J. Béranger, *Recherches sur l'aspect idéologique du principat* (Basel, 1953); P. Zanker, *The Power of Images*.

## 《塔西佗》(1958)

由于《罗马革命》在战后声名远播,许多学者都慕名前往牛津,和塞姆一同共事,而各种讲座的邀请也给他提供了诸多出游访学的机会。自此以后,他便很少出现在牛津大学的讲台上,而是成为一直活跃在国际学术界的知名学者。塞姆在其漫长的学术生涯里仅指导过为数不多的几个博士生,但这些学生也都悉数成为建树颇丰的杰出学者,他们是恩斯特·巴蒂安(Ernst Badian)、蒂莫西·巴恩斯(Timothy Barnes)、安东尼·伯利、格伦·鲍尔索克、米利亚姆·格里芬(Miriam Griffin)、弗格斯·米勒和沃尔特·施密特黑纳(Walter Schmitthenner)。[31] 另外,埃里希·格鲁恩(Erich Gruen)和约翰·马修斯(John Matthews)也在牛津学习,他们的一些著作同样源于塞姆的学术传统。虽然可以明确的是,塞姆从来没有,也不希望有一个追随塞姆的"学派",但阿尔弗迪、沃纳·埃克(Werner Eck)、克里斯托弗·琼斯(Christopher Jones)和兹维·雅维茨(Zvi Yavetz)这样的学者都是他学术上的追随者和私人朋友。塞姆当选为联合国教科文组织的国际哲学与人文科学理事会(Conseil Internationale de la Philosophie et des Sciences Humaines)秘书长和后来的主席

---

[31] 鲍尔索克(Bowersock, 1993)指出,在这个国际性的塞姆学生群体中,只有巴恩斯和伯利是英格兰人。米勒和塞姆的祖父一样,是一个苏格兰人,他是塞姆的遗稿保管人(557)。

职务给他提供了更多的出访游学机会。1954年,他在蒙得维的亚、布宜诺斯艾利斯、圣地亚哥和利马进行了讲学,在1956年秋天第一次前往北美去哈佛讲学之前,他又在莫斯科发表了学术讲座。而在接下来的三十年间,塞姆又花了很多时间在美国和加拿大进行讲学和访友。

在20世纪40年代后期和20世纪50年代,塞姆的学术旨趣转向了罗马帝国的历史,他又找回了早年间对于塔西佗的持久热情;他在1988年的回忆录中说:"怀着对塔西佗的'长期热爱'(lungo amore),我又重新燃起了对于拉丁语文学的兴趣,对塔西佗的这种热爱可以追溯到我的青少年时期,而且从未消退……"[32] 他曾以塔西佗的政治态度和文学风格呈现了罗马革命;此时的他要将自己的人物传记学方法运用到帝国史和塔西佗的研究中。1949年以来发表的二十篇文章证明,这会是一本大部头的著作,是"十年来辛勤耕耘的结果"。[33] 这本书就是八百五十六页的两卷本著作《塔西佗》,其篇幅要比《罗马革命》更长,内容也要更加广泛。但是,《塔西佗》的两卷紧密相联,它追溯了罗马转变为帝国的历史过程,涉及的时间从公元前60年至少延伸到了公元117年。在《塔西佗》这部著作中,塞姆想要同时阐述历史和身为历史撰述家的塔西佗,他不仅要考察朱里亚-克劳

---

[32] *Roman Papers* VI xi.
[33] "Personal Names in Annals I–VI", *Journal of Roman Studies* 39(1949).《塔西佗》采用了这些文章中的大多数材料,有些文章的原文则重印于《塔西佗十论》(*Ten Studies in Tacitus*, Oxford, 1970)。

狄王朝和弗拉维王朝统治下的政治生活，同时也要说明塔西佗成长为撰述家和思想家的过程。这两卷著作讲述了一百多年的历史，九十五个附录中包含的大量信息似乎超过了一个普通学者一生的工作量。

如果说《罗马革命》的精彩论题是一个引发争议的单一论题，那么《塔西佗》的论题则更为开放。这部论著包含了大量相互关联的主题：出身背景和经历如何影响一位作者；撰述者的史料和文学体例；语言和政治的联系；帝国都城与外省和地方的关系；地方家族的崛起；元老院、军队与官僚机构在帝国统治下的改造和更新；以及帝国最大的牺牲——自由的丧失。在这种错综复杂的叙述框架中，塞姆以其无与伦比的塔西佗风格展示了他的素材，以至于这部著作固然有着庞大的篇幅，却从来没有让读者产生长篇累牍、冗长拖沓的印象。塞姆在书中直截了当地给出了明确的论点，现代学者的看法和相关的反驳意见则局限于注释中的讨论，给人以明确而简洁的印象。

塞姆的《塔西佗》从涅尔瓦的短暂统治和图拉真被涅尔瓦收为养子开始讲起。他在其中看到了一种温和而没有危害的政变，他认为塔西佗在《历史》开篇中描写的伽尔巴继位的情节就体现了这种政变。厘清塔西佗和他的从政经历与历史撰述之间的相互影响是《塔西佗》一书最为引人入胜的成就之一。然而，塞姆关注的首要重点是《编年史》，他所撰写的许多富有洞察力的篇章都致力于考察作为反英雄人物的提比略和塔西佗对这位残虐扭曲之人的过分关注。塞姆甚至认为,塔西佗对提比略的描写早在哈德良时期就已经完成,而且这一描写实际上表达了塔西佗对这位皇帝的尖锐批评。尽管大多数评论者对提比略类同于哈德良的看法持有怀疑态度,但伯利不久前利用新的史料证据提出了一个令人信服的理由,从而证明了塞姆的看法。[34]

塞姆虽然把他早年研究的《罗马的外省人》(The Provincial at Rome)束之高阁,转而探讨罗马革命和塔西佗,但外省人作为一种话题仍然在《塔西佗》当中反复出现。塞姆希望能够理解和解释智识层面、文化层面,以及政治和文体风格层面的塔西佗都是来自何处。因此,他在《塔西佗》的最后一部分——"新罗马人"——利用了自己早年研究的《罗马的外省人》。过往的经历可以塑造一个男人,普罗提娜(Plotina)那样的女人也是如此,普罗提娜是纳尔榜南西斯高卢人,也是图拉真的妻子。[35]塞姆在第6章讨论了塔西佗的生涯经历,这种讨论直到第45章,也就是最后一章"科勒内利乌斯·塔西佗的出身",才最终结束。塞姆在这一章提出了一个如今被几乎所有学者所接受的论断:塔西佗是纳尔榜南西斯高卢人。作为母国殖民地的居民,塞姆非常乐于追寻塔西佗对于西部外省同胞晋升为罗马精英阶层所具有的那种难以抑制的喜悦之情。

---

[34] "The Life and Death of Cornelius Tacitus," *Historia* 49(2000):230–47,这篇文章还讨论了(阿尔弗迪在1955年发现和确认的)塔西佗的"墓葬碑文"。

[35] Syme, *Tacitus*, 604–5.

许多学者都对塞姆和塔西佗之间的紧密关联发表过看法:"塞姆已融入了塔西佗,塔西佗也融入了塞姆。"[36]有学者曾不无道理地指出,自16世纪的塔西佗著述编订者尤斯图斯·利普修斯(Justus Lipsus)以来,塞姆对塔西佗的了解可谓无出其右。[37]从奥罗修斯到拿破仑的一千五百多年间,塔西佗被诋毁为"骗子""蠢材""偶像崇拜者""厌世者"和"诽谤者",[38]塞姆则成功地为他进行了辩护。然而,塞姆对塔西佗的一片忠心有时候却超越了他一贯的怀疑态度。我们真的能够接受"塔西佗的明确证言不应该受到质疑或侵犯"这样的说法吗?[39]在谈到希巴纳铜板(*Tabula Hebana*)对纪念日耳曼尼库斯(Germanicus)的记录时,塞姆拒绝"以忠心热忱的小镇恭恭敬敬地记录在铜板上的那些临时应景的说法来质疑塔西佗这位执政官史家的记述",[40]对于这种做法,碑铭学家可能会眉头紧蹙,避而远之。难道一位政客—史家在事件发生一个世纪后所做的记述总是比当时留下的文献更有分量吗?或许并非总是如此,但有时候的确是这样。不久前新发现的《审判老皮索的元老院法令》(*Senatus Consultum de Cn. Pisone Patre* [*SCPP*])证

---

[36] J. Cook, *Phoenix* 13 (1959): 39; A. Momigliano, *Gnomon* 33 (1961): 55(提到了"融合"[Verschmelzung])。

[37] A. Momigliano, *Gnomon* 33 (1961): 55.

[38] 参见 R. Mellor, *Tacitus: The Classical Heritage* (New York, 1995), xix–liv。

[39] Syme, *Tacitus*, 758 n. 1.

[40] Syme,*Tacitus*,760. 另一个名为希阿鲁姆铜板(*Tabula Siarensis*)的铭文也记录了这些纪念,该铜板在1982年发现于西班牙,这种"小镇的忠心热忱"可能反映了帝国普遍存在的一种现象;参见 J. Gonsález, *Zeitschrift für Papyrologie und Epigraphik* 55(1984):55 ff.。

明，关于元老院审判老皮索的事情，塔西佗了解的情况远比这篇文献所透露的信息更多，深究塔西佗的叙述实际上能使我们清楚地了解当时的政治局势。[41]事件发生时代的文献与历史撰述家讲述的版本都是为各自的读者和某个特定的政治目的建构出来的作品；它们是"特定时代和特定语境的产物",[42]都不具有必然的可信性。[43]从上述引文来看，塞姆的说法虽然太过于决然，但他无疑正确地提醒我们，借助元老院的档案和各种回忆录，塔西佗知道的事情远比他所说的要多，他的著述无疑不会比出于公用而设立的碑文存在更多的偏颇。

另一方面，塞姆与塔西佗之间的互利共生关系在其谈论塔西佗文风的五章论述（包括十八个附录）中有着不可估量的重要性。这些论述展现了传统意义上最出色的文学批评：细致地考察词汇、语法和用法。那些附录罗列了塔西佗在《编年史》和其他著作中用过（或未用过）的词汇和李维式的影射或典故，也点出了塔西佗文风的微妙之处。塞姆最伟大的贡献之一不仅仅是归纳出这些列表，他还把自己的人物传记研究整合到他的历史分析中，使这些列表与文学分析相关联。塞姆在散见于整部著作的评论中强调了萨卢斯特对塔西佗无所不在的影

---

[41] C. Damon, "The Trial of Piso in the Annals and the *SCPP*", *American Journal of Philology* 120 (1999): 147–51. 关于这篇文献最初的版本 (*editio princeps*), 参见 W. Eck, A. Caballos, F. Fernández, *Das Senatus Consultum de Cn. Pisone Patre*, Vestigia 46 (Munich, 1996)。

[42] C. P. Jones, *per litteras*. 琼斯教授对这个问题的看法令笔者十分感激。

[43] R. J. A. Talbert, "Tacitus and the *Senatus Consultum de Cn. Pisone Patre*," *American Journal of Philology* 120 (1999): 96.

响。萨卢斯特的集中紧凑和言简文约影响了塔西佗，这两种文风特点也造就了塞姆本人独特的写作风格。其入木三分的描写与尖酸刻薄的机智给人留下了深刻的印象，尽管其修辞上的省略用语始终让人感到难以捉摸、晦涩难解。《塔西佗》的最后一句话说的是塔西佗恒久的独特性，但在很多人看来，这句话也适用于塞姆本人："时移势易，风格永存。"[44]

《罗马革命》的读者范围超出了罗马史领域，但《塔西佗》却使塞姆获得了极大的学术影响力。[45] 在这本著作中，人物传记学并不仅仅是对权豪势要的研究；它还讲述了士兵到骑士、骑士到元老，以及元老到皇帝的社会转型过程。其他的人物传记学家有时候满足于发现那些未被人们注意到的联系，塞姆却始终希望给自己的史料证据赋予一定的意涵。他主要以铭文材料为依据，开创了一种新的社会史类型。塞姆对塔西佗作为撰述家的智识构成和政治思想的形成进行了细致入微的阐述，这是《塔西佗》另一个非常出色的方面。在这个方面，他之前的大多数学生也相继追随他的做法，撰写了一系列论及罗马帝国希腊语撰述家和拉丁语撰述家的精深专著。[46]

《塔西佗》的书稿于1956年9月递交给牛津大学出版社

---

[44] Syme, *Tacitus*, 624. 米勒（Millar, 1981）用"风格永存"（Style Abides）作为他评论塞姆《罗马论集》的文章标题。
[45] 参见 Millar（1981）151；Alföldy（1993）108。
[46] 其中有塞姆直接指导的学生，也有间接受教于塞姆的学生，参见 T. D. Barnes, *Tertullian*; M. Griffin, *Seneca*; C. P. Jones, *Plutarch and Rome*, *The Roman World of Dio Chrysostom*, *Culture and Society in Lucian*; J. Matthews, *Ammianus and the Roman Empire*; F. Millar, *A Study of Cassius Dio*。

之后，塞姆又准备了两场在北美发表的系列讲座：第一场是加拿大安大略省的麦克马斯特大学于1958年1月举办的惠登讲座（Whiddon Lectures），随后就是1959年秋天举办的萨瑟古典学讲座。塞姆的《殖民地精英》即成书于惠登讲座，关于这一系列讲座的由来，塞姆于三十年后出版的《殖民地精英》的意大利语译本前言中给出了最恰当的说明。第一次惠登讲座的主题是"西班牙的罗马人"，塞姆将这一主题的来历追溯到他早年的军事史研究，他当时"沉迷于军队将领的身份地位和社会阶层"。[47]这些兴趣促使他写出了《罗马的外省人》和《塔西佗》当中论及"新罗马人"的章节。第一次惠登讲座谈到了出身于西班牙的拉丁语撰述家。他由此转向了殖民新大陆的西班牙人。他小时候读过普雷斯科特的著作，*1954年又游历了整个南美洲，他把那里遭到殖民统治的西班牙人和作为殖民者的西班牙人联系了起来。他想考察帝国主义者的动机，并以深切的同情心来说明他们如何应对变化的环境。我们能从中获悉科尔泰斯（Hernán Cortés）在萨拉曼卡大学所受的教育，也可以看到玻利瓦尔（Simon Bolívar）曾在罗马慷慨激昂地宣称，罗马人并没有如他所想的那样促进自由。[48]最后一次惠登讲座的主题转向了马萨诸塞和弗吉尼亚的英国殖民者、殖民地精英的出现——涉及

---

[47] Syme, *RP* VI x.
[48] Syme, *Colonial Élites*, 40.
\* 指美国史家威廉·普雷斯科特（William H. Prescott，1798—1859），代表作为《秘鲁征服史》和《墨西哥征服史》。

一些关于弗吉尼亚"贵族"的人物传记研究——以及殖民地移民（尤其是哈佛的毕业生）回归宗主国从事军事、宗教和政治事务的情形。塞姆在其中甚至还简要提出了一个假想的历史问题：如果革命并没有发生，亚当斯、富兰克林和杰斐逊这样的人可能会以怎样的方式振兴英国的统治阶层？《殖民地精英》是塞姆罕见涉足现代史的一本小书（与十二万字的《萨卢斯特》相比，这本书大约只有一万五千字）。[49] 塞姆对冒险家和探险家所怀有的深切敬意使他对帝国的事业颇为热心，这种敬意在去殖民化时期的1958年似乎显得有些不合时宜。不过，正是他本人的殖民地出身使他对征服所需的勇气和精力充满了某种赞许和感激之情。

### 《萨卢斯特》（1964）

作为萨瑟古典学讲座教授的塞姆在1959年秋天抵达伯克利，他在不久前被授予爵士身份，成为罗纳德·塞姆爵士。他六次讲座的主题并没有让人感到意外，因为萨卢斯特在《罗马革命》和《塔西佗》的论述中都具有同等突出的地位。在1959年的六次讲座和五年后增订出版的著作中，塞

---

[49] 塞姆在福尔格图书馆（Folger Library）的著名讲座也涉足了现代史，"Roman Historians and Renaissance Politics", in *Society and History in the Renaissance* (Washington, 1962) (= *RP* I 470–76); "Three English Historians: Gibbon, Macaulay, Toynbee", in *The Emory University Quarterly* 18 (1962): 129–40 (= *RP* VI 88–96)。

姆会把他最喜欢的拉丁语撰述家之一置于他所处的社会政治背景和文学语境中。20世纪的英语学界并没有出现研究萨卢斯特的重要论著，塞姆则希望妥善而公正地考察这位撰述家，其曾被塔西佗称为罗马最杰出的历史撰述家（rerum Romanarum florentissimus auctor），昆体良（Quintilian）和圣奥古斯丁也都对他给予了极高的赞誉。在塞姆看来，萨卢斯特在一种"追根究底的反叛性撰述家"的传统中联系着修昔底德和塔西佗——这种传统显然对塞姆有着极大的吸引力。[50]

塞姆首先以一个名为"问题"的简短章节开始了自己的论述。他也很快提出了那些关键的问题：

> 因此，最终的问题是如何确切地认识这位历史撰述家谜一般的人格特征：萨卢斯特本人和作为撰述者的萨卢斯特能否被视作同一个人？萨卢斯特的风格特点鲜明突出，态度倾向始终如一，观点看法也清晰一致——以至于很容易被人效仿或冒名模仿。我们需要明确的问题是，这种风格和态度的背后有着怎样的决定性因素？萨卢斯特又是一个什么样的人？[51]

这是一种非常典型的塞姆式笔法。他的每一本著作都会阐述

---

[50] Syme, *Sallust*, 256; n. 99（援引了拉宾纳所说的"悲观史学"[pessimistic historiography]）。

[51] Syme, *Sallust*, 2–3.

一个问题，提出一系列问题。塞姆虽然笃信叙述史学，但塞姆式的叙事从来不会记述无关紧要的事实和事件。他总是在阐明一个问题或论证某个论点。在这个方面，《萨卢斯特》一开始就向我们说明，这本书与《罗马革命》或《塔西佗》不会有什么不同，伯克利的听众同样被告知了这一点。阅读塞姆的任何著作都不是一件令人轻松的事情，他不会为自己的读者和听众简化自己的论述。作者和他的读者必须一起面对和理解作为撰述家、政客的萨卢斯特以及作为一个人的萨卢斯特。

尽管这里并不是总结和概括《萨卢斯特》的地方，但笔者仍然可以指出评论家和之后的学者们从塞姆的这部著作中发现的一些特别有价值的贡献，并说明塞姆的想法以何种方式影响了日后的萨卢斯特研究。[52]塞姆首先谈论了作为艺术家、道德家和政客的萨卢斯特，这与他处理塔西佗的方式非常相似。萨卢斯特的时代性和他的意大利出身在整部作品中都是一个极其重要的考察因素。和他在《塔西佗》中所做的一样，塞姆不仅要说明萨卢斯特撰写史书的政治背景和社会语境，而且还要揭示萨卢斯特的出身、早年生活、人格品性、政治活动和文学成就之间的关系。这个研究方案的实施一方面得益于塞姆对共和国晚期罗马政治文化的复杂性有着

---

[52] 最重要的评论有 D. C. Earl, *Journal Roman Studies* 55 (1965): 232–40; A. La Penna, *Athenaeum* 44 (1966): 369–81; A. D. Leeman, *Gnomon* 39 (1967): 57–61; A. H. McDonald, *Classical Review* 16 (1966): 337–40; P. Petit, *Latomus* 24 (1965): 665–67; G. V. Sumner, *Phoenix* 19 (1965): 240–44。

无与伦比的精深了解，另一方面则得益于塞姆对拉丁语散文极其敏锐的把握。这种历史知识使他能够发现其他萨卢斯特的读者有可能错过的信息。[53]塞姆深深地沉浸于共和国走入衰败的数十年历史，或许正是这一点使他把自己的四章论述都留给了萨卢斯特早年撰写的《喀提林内争》，而塞姆对《喀提林内争》的讨论也比关于《朱古达战争》的两章讨论更加深入而有力。

塞姆对萨卢斯特跌宕起伏的政治生涯给予了极大的同情，早年的诸多学者都以萨卢斯特支持恺撒的政治倾向而揶揄他仅仅是个御用文人，塞姆则为他进行了辩护，证明他并没有这样的倾向。在这个问题上，塞姆背离了德国学界将萨卢斯特视为政治鼓吹者的普遍看法，在他看来，萨卢斯特对加图和恺撒在《喀提林内争》中的元老院演说展现出了一种不偏不倚的态度。[54]塞姆还表明（75 ff.）\*，萨卢斯特虽然在讲述中提前了喀提林发动革命行动的时间，但他这样做的目的并不是要给恺撒开脱罪名或洗清嫌疑，而是为了艺术上的简洁。塞姆极力淡化萨卢斯特政治上的派系倾向，并向人们证明，萨卢斯特并非永远效忠于尤利乌斯·恺撒。

在延伸扩展的附录中，塞姆通过强有力的论证否定了所谓《萨卢斯特著述补遗》(*Appendix Sallustiana*)的真实性，这

---

[53] Leeman (n. 51 *supra*) 58.
[54]《塔西佗》(203)当中已经表明，萨卢斯特对恺撒和加图持有一种不偏不倚的看法。
\* 此处指原书页码，即本书边码；下文及注释中凡出现参见本书某页亦均指原书页码，全书同。

个补遗中有《对西塞罗的抨击》(*Invectiva in Ciceronem*)和《致恺撒书》(*Epistulae ad Caesarem senem*),前者是抨击西塞罗的一篇演说形式的文章。塞姆将这两篇小册子作品视为帝国早期学堂中伪造出来的劝谏书(*suasoriae*)。这个看法将这些所谓的"补遗"作品排除在萨卢斯特的作品之外,这对重新评判萨卢斯特的政治立场来说是一个非常重要的贡献,因为赞成萨卢斯特具有强烈派系倾向的观点大多都是以这些作品为依据。有些评论者(唐纳德·厄尔[Donald Earl];利曼[Leeman])虽然认为,在否定"补遗"的问题上,塞姆提出的论点并非全都像他想象的那样具有不可置疑的说服力,但这些评论者仍然承认,这些"补遗"是伪造的,不能用来判断萨卢斯特政治上的想法。在这些问题上,过去四十年的研究并没有从根本上改变塞姆在《萨卢斯特》当中所提出的论点,也没有学者能够成功地恢复《对西塞罗的抨击》或《致恺撒书》的真实性。[55] 塞姆的著作依然是决定性的权威。

萨卢斯特并不是塔西佗,但塞姆同样忠守于萨卢斯特,仿佛后者和他的帝国后继者一样伟大。萨卢斯特遭到了贪婪、腐败和虚伪的指责,塞姆则极力为他辩护,反驳了这些指控。甚至当萨卢斯特的叙述出现了错误,塞姆的解释也

---

[55] 虽然现在几乎所有的学者都遵循塞姆的观点,认为《对西塞罗的抨击》和《致恺撒书》属于伪作,但在最近的研究中仍然出现了一个例外,见 W. Schmid, *Frühschriften Sallustsim Horizont des Gesamtwerkes* (Neustadt, 1993)。施密德运用一种极其怪诞的密码学来"证明"萨卢斯特是这两篇作品和《阿非利加战争》(*Bellum Africum*)的作者。

会为他加以申辩，使其免受恶意的曲解。在这个方面，关于"第一次喀提林阴谋"的问题便是一个例证；在这个问题上，塞姆推翻了萨卢斯特的说法，证明这场阴谋乃是子虚乌有的杜撰。然而，身为历史撰述家的萨卢斯特虽然"对这桩憾事的处理完全有失妥当"（101），塞姆却仍然为他进行了辩解，证明萨卢斯特的问题在于轻信——被西塞罗误导，而非有意的捏造。无论如何，在塞姆推翻了有关"第一次喀提林阴谋"的说法之后，现今的历史学家没有人能够重新证明这场杜撰出来的阴谋是一个真实存在的事件。

塞姆还提出了一个观点，这是他另一个原创性的贡献。塞姆认为，萨卢斯特提笔著书之时正值三头统治时期，在他的著述中，人们可以发现许多指向青年屋大维的负面影射。尽管有人认为，这个新奇的想法存在过度推断之嫌，[56]但暗含其中的另一个观点却获得了更多人的认同：拉丁语文学有一个明显的三头统治阶段，这个阶段有萨卢斯特、贺拉斯和普罗佩提乌斯的《单卷诗》（*Monobiblos*），也有维吉尔的《牧歌集》（*Eclogues*）和《农事诗》（*Georgics*），或许还有早年的李维。

《萨卢斯特》当中最受普遍好评的一章是"撰史与风格"——塞姆对萨卢斯特的语言和写作风格进行了冗长而精彩的讨论。塞姆认为，萨卢斯特的撰史风格结合了两个方面，一方面是萨卢斯特对修昔底德著作的理解和阅读，另一

---

[56] 萨姆纳（Sumner）认为这个想法"相当勉强"（n. 51 *supra*）。

方面是萨卢斯特自身作为罗马人和罗马元老的个人经历。萨卢斯特的作品虽然充斥着大量古体的用语和修辞，但他本人同样也被认为是颠覆传统的文体革新者，他创造了一种适用于罗马历史叙述的散文。萨卢斯特与在他之前的修昔底德和在他之后的塔西佗、吉本以及塞姆本人一样，都从担任公职转向了历史撰述："他视卓越的文学等同于为国效力，他为此而自豪，也坚定而执着。"（273）塞姆在"撰史与风格"中反思了风格的持久性："方法、教条会过时，会僵化，诗歌和戏剧却会延绵不绝，风格与叙事同样如此。"[57] 这种反思很容易让人想到《塔西佗》的最后一句话——"风格永存"。

### 《萨卢斯特》之后的塞姆（1964—1989）

《萨卢斯特》出版六年之后，罗纳德·塞姆达到了卡姆登教授席位规定的退休年龄。就和牛津的其他单身教师一样，塞姆成年之后的整个生活都是在学院度过的（除了受邀前往其他机构），\* 变动对他来说是一个令人苦恼的事情。幸运的是，他受邀进入了新成立的沃尔夫森学院，该学院的首任院长是以赛亚·伯林爵士。塞姆在学院里与同事、访客和研究生相伴，一直到他去世。他在沃尔夫森学院的二十年间

---

[57] Syme, *Sallust*, 240.

\*  卡姆登教授席位所在学院为牛津大学的布雷奇诺斯学院（Brasenose College），又译青铜鼻学院。

被授予了诸多荣誉：从大英帝国勋章（限于十六位艺术与科学领域的杰出人物）到国外的各种荣誉称号。他在五个大洲获得了十一个国家的荣誉学位，他不知疲倦地仍然继续着自己的访学和游历。

作为对他学术影响力的表彰，牛津大学出版社决定以《罗马论集》(Roman Papers)为名出版塞姆的论文集，从而借此庆祝1973年塞姆的七十岁寿辰。由于不久前刚刚出版了塞姆的两部论文集，即《塔西佗十论》(Ten Studies in Tacitus, 1970)和《多瑙河论集》(Danubian Papers, 1971)，《罗马论集》编者恩斯特·巴蒂安遂选取了五十九篇塞姆的其他论文和书评，其中包括了1930年到1970年的作品。文集注释的过程和最终放弃的索引总结工作（包括另外两部论文集）将《罗马论集》的出版推迟到了1979年。阿尔弗迪、鲍尔索克和弗格森·米勒对两卷《罗马论集》的评论是对塞姆学术贡献的第一次全面性的评价。[58] 1984年，为致敬20世纪70年代出版的塞姆文集，安东尼·伯利编辑出版了第三卷《罗马论集》，其中含有一份非常宝贵的人名索引，该索引不仅涉及第三卷，而且还囊括了前两卷。伯利的致敬之举还在继续，他在1988年出版了第四卷和第五卷，最后又在塞姆去世后的1991年出版了第六卷和第七卷。第七卷文集包含了所有未发表的十几篇论文（第47—58章），这些文章一度被打算作为《普林尼和意大利坦斯帕达纳》(Pliny and

---

[58] 参见 Alföldy(1979), Bowersock(1980), Millar(1981)。

*Italia Transpadana*）的一部分。[59]这七卷《罗马论集》（由两百篇文章构成）把三本其他文集的四十篇文章和塞姆的十几部著作结合在一起，构成了一百多年以来所有古代史学者中留下的一部令人印象最深的学术文集汇编。

在修订完准备出版的萨瑟古典学讲座的讲稿之后，塞姆有一个出人意料的学术转向，他开始研究所谓的《罗马帝王纪》(*Scriptores Historiae Augustae*)。这部关于2、3世纪罗马帝王的传记集一直以来都是文学研究和历史研究中的难题；在塞姆本人看来，这部传记集"毫无疑问是古代流传下来的一部最为神秘的作品"。[60]这些皇帝传记的作者被认为是六位不知名的撰述者，据说写于戴克里先和君士坦丁时代，传记中充斥着明显伪造的文献、编造的人名和恶俗不堪的细节。特奥尔多·蒙森将它称为"肮脏的污水"不是没有理由。在20世纪60年代，安德烈亚斯·阿弗迪（Andreas Alföldi）在波恩（后来在附近的玛利亚拉赫修道院［Maria-Laach］）组织了一个关于《罗马帝王纪》的年度讨论会，塞姆不久之后也成为了参加讨论会的常客；他在1989年5月的讨论会上提交了他的最后一篇论文，不到四个月之后他便告别了人世。[61]关于这些离奇而神秘的传记，塞姆在1968年到1971年之间写出了三本著作和一系列论文。

《罗马帝王纪》的各个方面，不论是写作时间、作者身

---

[59] 参见安东尼·伯利为《罗马论集》（第六卷）所写的编者前言（*RP* VI V）。
[60] Syme, *The Historia Augusta: A Call of Clarity*, 1.
[61] Birley (1989) 35.

份、写作风格和写作意图,还是史料来源与撰史先例,都使塞姆产生了极大的兴趣。他就这个主题所写的第一本论著是《阿米亚努斯与〈罗马帝王纪〉》(*Ammianus and the Historia Augusta*),这本书得到了学界褒贬不一的评价。塞姆在总体上把《罗马帝王纪》当作一个文学问题来看待,正如德绍很久之前提出的看法一样,他也认为这部文献当中的所有传记都写于公元4世纪末,作者也只有一位。不过,塞姆并没有做得太过,以至于认为这些传记明显只是一种戏说,而不是伪作,它那机智诙谐的作者并没有打算欺骗他的读者。就和塞姆的所有著作一样,《阿米亚努斯与〈罗马帝王纪〉》也谈到了许多别的问题,比如《罗马帝王纪》的撰述者与同时代的阿米亚努斯之间的关系;假定某个未知文献是这些传记的史料来源;否定任何亲异教或反基督教的倾向。对塞姆来说,这种戏说的学术本身就是一种愚弄和造假。正如他早年的著作一样,《阿米亚努斯与〈罗马帝王纪〉》同样以最后一句话言简意赅地总结了塞姆的观点:

> 《罗马帝王纪》是一片杂乱的泥沼,"一个无底深渊,就像过去达米阿塔和卡西乌斯山之间的塞波尼斯大沼泽,那里曾覆没过全军"。[62]

---

[62] Syme, *Ammianus and the Historia Augusta*, 220.(引文出自 Milton, *Paradise Lost* 2. 592–94。)

塞姆在1971年又发表了两本关于《罗马帝王纪》的著作，这两本书扩大和丰富了他之前的论点，同时也反驳了他最强劲的批评者——莫米利亚诺。[63]《皇帝与传记：〈罗马帝王纪〉研究》（*Emperors and Biography: Studies in the Historia Augusta*）的大部分内容致力于讨论公元3世纪的"军人"皇帝和有关这些皇帝的史料。尽管塞姆对《罗马帝王纪》本身的着迷始终主要停留在文学的层面，但《皇帝与传记》一书却把编史学考察（1–7）和史实讨论（8–15）划分为同等比重的两部分内容，这本书为理解和认识3世纪的军人皇帝做出了重大的贡献。第二本简短的专论——《〈罗马帝王纪〉：一个明确的回应》（*The Historia Augusta: A Call of Clarity*）——坚决而系统地反驳了莫米利亚诺对《阿米亚努斯与〈罗马帝王纪〉》的评论，很显然，这篇评论惹恼了塞姆；在塞姆漫长（而格外温和）的学术生涯中，这种以发表著述为形式的学术反击是非常罕见的。[64]

令许多同行倍感意外的是，一向讲究真实、准确和写作风格的塞姆竟然把他卓越的才华用在了一部文风乏味、愚弄历史的作品上。关于《罗马帝王纪》，塞姆曾多次表示，他相信博学多闻的读者会理解和欣赏这部文学作品中充满机

---

[63] Review in *English Historical Review* 84 (1969): 566 ff.
[64] 塞姆（*The Historia Augusta*, 8 n. 9）认为，莫米利亚诺的批评"简明扼要，有时则别有深意"。他有时候也用同样的形容词来形容自己的文章，也许这是塞姆的圆滑说法吧？

智的戏言。[65]但塞姆很可能才是那位"玩世不恭的学者"在一千六百年间所拥有的一位真正的知音；他在《阿米亚努斯与〈罗马帝王纪〉》当中甚至将《罗马帝王纪》称作"一个充满欢乐的花园"！[66]十年之后，当塞姆觉得是时候把《罗马帝王纪》放在一边的时候，他又在波恩举办的年度讨论会上郑重其事地发表了一个（非常吉本式的）告别辞："是时候该向命运之神表示感谢了，我也应该离开那位始终能够在人生的黑暗岁月中给予我慰藉和喜悦的朋友了。到此为止吧，阿瑞图萨（*Extremum hunc*, *Arethusa*）。"[67]不过，塞姆还是没能彻底地放下；若干年之后，塞姆又回到了《罗马帝王纪》（也回到了波恩），并且完成了十几篇论文。他把其中的许多文章结集出版，发表了《〈罗马帝王纪〉论集》（*Historia Augusta Papers*, 1983），这实际上是他探讨《罗马帝王纪》的第四本著作，他从来没有放下关于这部伪劣作品的研究。塞姆死后出版的一篇作品（载《罗马论集》VII）或许同样可以表明《罗马帝王纪》这部学术性的戏说对于塞姆的强大吸引力，这个作品是塞姆加以严格评述的《提图斯与贝利妮奇》（*Titus et Berenice*），据说这是塔西佗的"残篇"。这个作

---

[65] *Emperors and Biography*, 284; *The Historia Augusta*, 112.
[66] *Ammianus*, 4.
[67] "Bogue Authors", in *Historia-Augusta-Colloquium* 1972-74（Bonn, 1976）；重印于 R. Syme, *Historia Augusta Papers*（Oxford, 1983），108。塞姆的告别辞无疑典出吉本对阿米亚努斯的告别，"我现在必须得离开这位准确而可靠的向导"（vol. 3, 122, London, 1896-1900 [Bury edition]）。

品进一步强化了莫米利亚诺在塞姆及其研究对象之间所看到的那种联系:"萨卢斯特、李维、塔西佗,以及《罗马帝王纪》的不知名作者都有一个共同的形象基调,那就是塞姆本人。"[68]

和塞姆的所有论述一样,这些研究《罗马帝王纪》的著作实际上也是一部百科全书,其中包含的各类完全不同的信息不但与文本相关,而且还涉及2—3世纪的历史,以及那个时期的其他传记作家和历史撰述家。一个重要的结果是,塞姆启发了其他学者的帝国晚期史研究;他还促使牛津大学设立了罗马帝国晚期史的讲师职位。然而,这些著述已经远离了塞姆学术上关注的主要领域,很多评论者认为,塞姆研究《罗马帝王纪》的论述散乱而不成体系,与他早年的著作相比,这些论述在处理其他学者的看法时显得专横而霸道,观点论证也有些轻率和武断。[69]几乎可以肯定的是,塞姆的著作进一步推动了有关《罗马帝王纪》的研究,但与《罗马革命》《塔西佗》和《萨卢斯特》相比,这些著作和后来的论文并没有被认为是"决定性的权威"。

1978年,塞姆的研究回到了奥古斯都时代,也回到了他所熟悉的著述方法:阐述一位撰述家及其生活圈子。不过,塞姆这次选择了一个诗人,这也是他第一次选择诗人作

---

[68] *New York Review of Books* (July 18, 1974): 34 (= *Sesto Contributo alla storia degli studi classici e del mondo antico* [ Rome, 1980 ], 81).

[69] 参见 Alan Cameron, *Journal of Roman Studies* 61 (1971): 255–67; A. J. Graham, *Proceedings of the African Philological Association* 11 (1968): 81–84。

为他的研究对象。《奥维德笔下的历史》(History in Ovid)呈现了大量关于奥古斯都时代精英人物的具体情况，甚至在塞姆看来，这本书"更多是历史，而不是奥维德的传记"。然而，塞姆笔下的奥维德仍然被描绘成了一个声望卓著的人物，他与仰仗皇帝恩宠的同时代贵族相比，更为出众，也更有感染力。如果塞姆将某种特定的罪行首先归罪于奥古斯都（许多都归咎于屋大维），这个罪行就是奥维德的流放，塞姆认为，这是由"七旬暴君的震怒和怨愤"造成的。[70]（塞姆本人在这本书出版的时候是七十五岁！）奥古斯都因尤利娅（Julia）的通奸丑闻和流放而倍感难堪和痛心，\*奥维德及其《爱的艺术》(Ars Amatoria)就是这种难堪和痛心的替罪羊。

在奥维德流放的问题上，塞姆非常乐于考察那些更为牵强的说法（比如加科比诺［Carcopino］和赫尔曼［Herrmann］的解释）。然而，《奥维德笔下的历史》主要是对奥维德诗歌的一种笺证，甚至也是对作为历史撰述家的诗人和对当时宫廷人物（奥古斯都、莉薇娅［Livia］、尤利娅、提比略和日耳曼尼库斯）的一种理解和分析。奥维德希望能被皇帝召回，这种盼望一直坚持到热爱诗歌的提比略登基主政，然而，奥维德和塞姆将会大失所望。新的 princeps（第一公民）严格恪守奥古斯都先前做出的决定，他也没有理由与奥维德意气相投。塞姆最后以一个熟悉的主题——撰述家

---

[70] *History in Ovid*, 221.

\* 即大尤利娅（Julia the Elder），屋大维之女（Julia Augusti filia），因通奸被其父流放。

战胜了暴君——结束了这本书的论述:"总之,诗人赢得了他与恺撒的战争。占据上风的是勤勉、坚韧与风格。就像历史撰述家在另一个语境中宣称的,钻研和勤奋在以后依然会备受推崇(*meditatio et labor in posterum valescit*)"(Tacitus, *Annals* 4, 61)。[71] 在这些话里,我们不难看出作者自传的影子;在此之前的五十年间,塞姆一直在撰写有关奥古斯都的研究著作,他的努力和风格也给他带来了回报。他在与恺撒的战争中同样没有做得太差。

仅仅两年之后,塞姆又发表了一部篇幅很小却很有启发性的著作,其研究主题是被称为"阿尔瓦尔祭司会"(Arval Brothers)的宗教协会。这本名为《阿尔瓦尔祭司》(*Some Arval Brethren*, 1980)的著作考察了祭司协会在罗马帝国1世纪的社会背景与政治背景的延续性。古代的文献材料中虽然几乎没有提到这个协会,但详细记述他们事迹的碑铭材料却向我们说明了这个宗教协会在罗马社会生活和政治生活中的地位。塞姆在这本著作中提出,开创朱里亚-克劳狄王朝的奥古斯都恢复和提高了阿尔瓦尔祭司的地位,而弗拉维王朝时期的那些经过证实的阿尔瓦尔祭司几乎与朱里亚-克劳狄王朝的阿尔瓦尔祭司同样尊贵。《阿尔瓦尔祭司》一书引人入胜,但塞姆在其中并没有对罗马生活的宗教方面展现出特别的兴趣,这与他在其他著作中的态度是一样的。似乎在塞姆看来,罗马的公共生活中几乎不存在真正

---

[71] *History in Ovid*, 229.

的"宗教"生活。与过去二十年对罗马宗教抱有更多同情和好感的研究相比，塞姆的这种态度似乎反映的是一种早年的宗教研究，这种研究会将"宗教"和"政治"谨慎地区别开来。（人们在别的地方已经注意到，塞姆对宗教问题普遍缺乏兴趣。）[72]约翰·诺斯（John North），一位为我们理解罗马宗教做出重大贡献的学者，在一篇书评中评论说，如果塞姆能够更加谨慎地处理《阿尔瓦尔祭司纪事》（Arval Acta），那么他的批判性才智或许就能充分地阐明难以理解的《纪事》文本。[73]然而，这并不是塞姆关心的问题。他给我们提供的是一部富有启发性的 opusculum（漫谈小品），其中谈论的是1世纪罗马精英阶层特有的社会政治的延续性。

在他最后一部作品中，塞姆又回到了《罗马革命》的主题：在奥古斯都统治下随之得势的新贵。《奥古斯都时代的贵族》（*The Augustan Aristocracy*，1986）绝不同于那部论述缜密的前作；相反，这部作品就像塞姆后期的其他著作一样，属于一系列相关论述的合集。这本书因此也是多年来写得极为晦涩的一部议论性作品。[74]在这些作品中，有些论述是关于寡头执政者的微型传记，这些寡头塑造了政治环境，也擘画了罗马在奥古斯都时代的行政基础。塞姆向人们

---

[72] Devine（1989b）73；Bowersock（1993）544（其中指出了一种"异端特征"）。

[73] *Journal of Roman Studies* 73 (1983): 218.

[74] 维泽曼（Wiseman，1998）讨论过塞姆后期的这种著述在文风和结构组织上的艰涩之处，他甚至还提出，"塞姆对待读者的态度变得越来越傲慢"（138 ff.）。

证明，缘于疾病和子嗣断绝的家族消亡并不亚于政治厄运导致的家族没落。由于皇帝决定让自己的家族独享军事荣誉和军功成就，于是他便寻找其他方式来为忠心耿耿的贵族提供可以期待的荣誉。他因此而恢复了古老的祭司职务，使其获得了公共性的认可，比如阿尔瓦尔祭司会。这一篇幅很长的著述还包含了许多关于皇室家族的研究论述，其中谈到了宫廷中很有权势的女性，也讨论了奥古斯都对血亲继承人的渴望。然而，这些论述就像塞姆研究塔西佗或《罗马帝王纪》的论述集一样，往往是塞姆本人作品的假象。在这部《罗马革命》完成半个世纪后所出版的作品中，塞姆最终为元首统治进行了辩解，这个辩解对帝国的必要性表示了理解和支持："如果元首统治确保了罗马对诸族的统治，再高的代价也并不为过。"[75]这是塞姆依然未变的主要关切：奥古斯都如何获得并掌控了政治权力？他的研究兜兜转转，最终又回到了原处。

塞姆虽然同塔西佗和萨卢斯特这样的悲观撰述家意趣相投，但他对史学的热爱却蕴含着某种内在的乐观，他对此从未有过动摇。在他看来，历史就是发现："这是一种自由和解放的力量。"[76]然而，塞姆从古代的杰出撰述家那里汲取了教训：不管是用妙趣横生的插叙，还是借助扣人心弦的叙事，抑或华丽的文风，任何史家都必须让自己的读者保持

---

[75] *The Augustan Aristocracy*, 39.
[76] *Colonial Élites*, 63.

浓厚的兴趣。因此，在塞姆的作品中，我们可以发现偏离主题的插叙（这在《塔西佗》当中无处不在）和（《罗马革命》中）引人入胜的叙事，也可以看到大量诙谐机智的措辞和颇具讽刺意味的隽语。塔西佗在几乎所有方面都是塞姆的典范，而塞姆就像古代的历史撰述家一样，不大喜欢过于学术性的文献。[77]他只在必要的时候使用脚注，于是也避免了学究式的枯燥和沉闷。无论主题多么庞杂而费解，文采上的意趣始终是近在眉睫。晚年的塞姆更加明确地将历史学者比之于小说家："为了让作品明白易懂，历史学必须追求小说的连贯性，同时又要避开它的大多数方法。我们别无选择，也无可逃避。"[78]如果他钟情于叙述而讨厌枯燥乏味，那么他对理论也就更不信任。历史是一系列偶然事件和个人决断。他对汤因比的反感明显表明了他对"必然性"和宏大理论体系的厌恶："我必须坦承我的意趣所在。与之相投的并不是热衷于以史为鉴的圣徒和思想家，而是吉本、麦考莱这样的叙述史家。"[79]

1987年，塞姆在贝拉吉奥（Bellagio）意外跌倒，*之

---

[77] 这类告诫和说明，参见 Syme in 1984 Bryce Lecture（*Roman Papers* VI 164）："文献并不是主题——无论如何都不应当本末倒置。"

[78] 1982 Brademas Lecture in *Roman Papers* IV 19. 关于塞姆对小说式历史和历史虚构的进一步讨论，参见 "Fictional History Old and New：Hadrian," 1984 Bryce Lecture（= *Roman Papers* VI 157-81）。对塞姆和小说的进一步看法，参见 Wiseman（1998）149 ff.。

[79] "Three English Historians," 140 (= *Roman Papers* VI 96).

\* 贝拉吉奥，意大利小镇。

后便托着摔坏的髋关节返回了牛津。他在医院痊愈后回到了沃尔夫森学院，但据说身体状况已经大不如前。不过，塞姆在病倒去世之前仍然才思敏捷，他甚至还计划在1990年的春季为普林斯顿大学开设一场讲座。他在《萨卢斯特》中写道："无所事事和消遣娱乐会腐化人的心智，只有工作才能让人长葆生机。"（见本书p.239）。然而，到了1989年的8月，已经罹患癌症的塞姆就此病倒，很快陷入了昏迷，随后就在牛津大学出版社纪念《罗马革命》出版五十周年的几天前，也就是那一年的9月4日，与世长辞。[80]

在他去世之后的几年里，塞姆在各种悼词、回忆录和评论中得到同行和友人的高度赞扬。除了他对年轻学者的关怀，他的个人生活和含蓄寡言也得到人们更多的注意。经常有人说，塞姆不愿意卷入学术上的论战，被认为值得一提的只有他与莫米利亚诺和拉斯特的少许争论，以及他对芬利（Moses Isaac Finley）的"剑桥学派"偶尔提出的批评。[81]作为英联邦功绩勋章（Order of Merit）的获得者，罗纳德·塞姆爵士的身上近乎有一种让人敬畏的光环。关于塞姆，我个人记忆中的往事完全是一种充满快乐的回忆，这不是作为一位朋友的记忆，而是仅仅作为塞姆在1966—1985年偶然遇到的一位同事的回忆。塞姆爱好广泛；在聚会、饮食、闲聊、旅行和寻古中，他都能获得

---

[80] Millar (1996) 444.
[81] 关于拉斯特，参见Bowersock（1993）551-4；对社会史的评论，参见Griffin（1990）xii。

极大的乐趣。当我听说他打电话质询学院的日常调整时，他也展现出褪去光环的平常人性情：同事的过分之举会引发他情有可原的愤怒；他会略显刻薄地谈论剑桥的社会史；他还会利用巧妙的节奏或停顿来表达自己的反讽；他也会欣赏他事后大胆承认的"漂亮女人"，被逮住时，他甚至还会假装难堪。不过，在我的记忆中，塞姆主要是用自己的才华和幽默给别人带来了乐趣，他自己同时也乐在其中。塞姆曾于20世纪60年代造访斯坦福大学，其间在一个漫长而愉快的晚宴上，我开玩笑问他能否在我第二天的本科班上做一次演讲，他说没有问题。我以为他会忘掉这回事，因为他在那天下午安排了一个正式的讲座，没想到他还是出现在了课堂上，并且只跟我说了两件事情：一件是说明他讲课的主题，另一件就是要求我不要对他做任何介绍。就这样，我看着他给一群疑惑不解而又被他倾倒的学生发表了一篇精彩的即兴演讲，课堂上的一位学生后来对我说，代我讲课的那个人"真是棒极了"。当然，他的确很出色，但他也是一个魔术师，在教导和说服我们的时候，他希望他的把戏能令我们感到惊奇。我们也依然会有这样的感受。

## 萨卢斯特：1960—2000年

塞姆于1959年发表萨瑟古典学讲座之前，英语学界在过去的六十年间并没有出现研究萨卢斯特的重要论著，但唐纳德·厄尔当时正撰写一部探讨萨卢斯特政治思想的著作。[82]厄尔的著作出版于1961年，因而塞姆在《萨卢斯特》讲稿的出版刊印本中可以在某种程度上援用此书。可能更令人惊讶的是，塞姆之后的英语学界也没有出现一本研究萨卢斯特的通论性著作——整个20世纪仅仅出现了两部关于这位重要撰述家的重要著作！当然，自塞姆发表萨瑟古典学讲座以来，其他语言的萨卢斯特研究论著已经出版了很多，其中有德语著作，也有法语和意大利语作品；用一位评论者的话说，"谈论萨卢斯特的作品就像洪水一样源源不断地涌现出来"。[83]《语文学年刊》(*L'Année Philologique*)的年度书目中列出了将近八百种关于萨卢斯特的著述作品，其中既有萨卢斯特的原著文本、注疏和译本，也有研究萨卢斯特的论著和文章，涉及罗马历史、政治、文学史、拉丁语散文风格、古代编史学、民族志和罗马智识生活的不胜枚举的其他著作也对萨卢斯特进行了讨论。就像最近的一位评论者指出的，"已经有大批学者……为世人提供了他们对萨卢斯特的解释"。[84]这类研究数不胜数，不但没法概括，甚至也很难一一列举，但对于萨卢斯特研究在塞姆的萨瑟讲座之后取得丰硕进展的某些领域，本文会尽量做出总结性的评述。

---

[82] D. C. Earl, *The Political Thought of Sallust* (Cambridge, 1961).
[83] M. G. Morgan, *Classical World* 66 (1972–73): 479. 关于塞姆之前的萨卢斯特文献书目，参见 A. D. Leeman, *A Systematical Bibliography of Sallust* (1879–1964), Mnemosyne Supplement 4. 2d. ed. Leiden (1965).
[84] S. P. Oakley, *Classical Review* 43 (1993): 58.

**重要的通论作品：1960—1975 年**

在着手评述塞姆之后的萨卢斯特研究之前，我们有必要提及三本重要的著作，它们发表的时间应该与塞姆开设讲座和出版《萨卢斯特》之间间隔的五年时间差不多处于同一个时期。这些著作仍然是过去四十年来第一流的萨卢斯特研究论著，它们的作者分别是卡尔·毕希纳（Karl Büchner）、唐纳德·厄尔和安东尼奥·拉宾纳（Antonio La Penna）。关于萨卢斯特的政治生活，最重要的考察是意大利学者安东尼奥·拉宾纳的马克思主义分析。拉宾纳最初在 20 世纪 50 年代开始发表的一系列文章中提出了自己的观点；塞姆几乎是唯一从这些文章中获益的英语学者，拉宾纳也为《萨卢斯特》撰写了一篇热忱而慷慨的长篇书评。[85] 拉宾纳很早之前就认为，《致恺撒书》是一篇伪作，他还驳斥了德语学界和意大利语学界将萨卢斯特视为小册子作家（*pamphlétaire*）的权威看法；塞姆则接受了拉宾纳的观点。[86] 拉宾纳的著作是《萨卢斯特与罗马"革命"》（*Sallustio e la 'rivoluzione' romana*，1968），这本书汲取了他早年文章中的观点，但却更为重视罗马革命背后的社会经济因素，并使之对应于当时

---

[85] *Athenaeum* 44 (1966): 369–81.

[86] "L'interpretazione Sallustiana della congiura di Catilina," *Studi italiani di filologia classica*. 31（1959）：1 ff. 在反驳施瓦茨（E. Schwartz）关于萨卢斯特政治倾向的看法时，塞姆（*Sallust*, p.64 注释［19］）援引过拉宾纳的观点。拉宾纳对施瓦茨提出的批评是非常重要的，关于这一点，参见 E. Badian, *American Journal of Philology* 92（1971）：103–107。

的政治发展形势。拉宾纳的论述侧重于强调经济上的压力，但他并没有以此来反对塞姆的人物传记研究对于党派团体和个人野心的强调，他甚至还出人意料地认为，塞姆"无意中"看到了这些派系团体背后的阶级运动。[87]对革命深深的恐惧弥漫在《喀提林内争》中，拉宾纳对这样的恐惧极为敏感。他的理想化英雄是意大利的塞托里乌斯，因而他非常欣赏塞姆对意大利自治市精英分子的强调，而萨卢斯特的家族恰恰也属于这样的精英群体。尽管塞姆认为，《历史》中的庞培被萨卢斯特有意刻画成了英雄，但拉宾纳还是相信，萨卢斯特笔下的庞培是一位煽动者和一个苏拉式的法西斯主义者——这就是解释《历史》残篇的可能性范围。

将拉宾纳和塞姆相提并论是一个非常诱人的做法；拉宾纳对共和国晚期阶级斗争的同情使他的分析蕴含了20世纪50、60年代欧洲马克思主义思想中典型的抽象力量。在《萨卢斯特》中，塞姆对共和国晚期的看法事实上源于《罗马革命》，这是写于20世纪30年代的一本反法西斯的英国自由主义著作，它更为关注的问题是个人势力的崛起和党派团体的培植。虽然拉宾纳和塞姆都可以被视为激烈的反法西斯主义者，但塞姆在1964年回到共和国晚期的讨论时，

---

[87] La Penna（1968）136 n. 227："il Syme stesso avvia inconosciamente a vedere dietro I gruppi personali veri e propri movimenti di classe"（塞姆本人开始无意中看到这些个人团体背后的阶级活动）。另参见 Badian, ibid., 105。关于塞姆的进一步讨论，参见 La Penna, "Storiografia di senatori e storiografia di litterati," in *Aspetti del pensiero storico latino*（Torino, 1978）, 43–104。

他的做法已在政治上过时：他那30年代的反法西斯主义已经被60年代的反法西斯主义所取代，前者针对的是所有极权暴徒（除了希特勒和墨索里尼，还有斯大林），后者针对的则是西方"帝国主义"列强的经济剥削。拉宾纳宽容大度的思想境界和非正统的马克思主义表明，他理解塞姆对极权主义的深恶痛绝，认为没有必要对此进行说教性的政治批判。这些理解萨卢斯特的方式互为补充，使我们了解了20世纪法西斯倾向的政治态度和对法西斯主义耿耿于怀的政治立场。

来自欧洲大陆的另一个重要的萨卢斯特研究者是卡尔·毕希纳，他的作品是对塞姆的明确回应。毕希纳是一位拉丁文学者，其广为人知的著作研究的是卢克莱修、西塞罗、贺拉斯、维吉尔和罗马的文学史，关于萨卢斯特，他的作品是出版于1960年的《萨卢斯特》，对于其中的历史材料和政治材料，他的把握和处理并不如他对历史政治材料的文本和思想所做的文学诠释。[88] 毕希纳专注于萨卢斯特对历史事件的再现和陈述（*Darstellung*），在他看来，这种陈述源于萨卢斯特在绪言、插叙和演说中明确表明的思想观点和政治层面的世界观。毕希纳和塞姆之间的一个主要分歧是后者对《致恺撒书》和《对西塞罗的抨击》的断然摒弃。塞姆对这些政治小册子的质疑与他拒绝将萨卢斯特视为

---

[88] 塞姆（*Sallust* p.23）并不认同毕希纳将萨卢斯特和克拉苏联系起来的做法，除此之外，他还对毕希纳很少关注萨卢斯特的意大利出身提出了质疑（p.15 注释［34］）。

恺撒的政治代言人紧密相关。毕希纳回应了塞姆的著作，回应的方式并不是一篇书评，而是一本著作：《萨卢斯特详解》（*Sallustinterpretationen*，1967）。塞姆否定了《对西塞罗的抨击》和《致恺撒书》的真实性，为论证这一点，塞姆在几乎四十页的篇幅中征引了大量的关键性论据，而在《萨卢斯特详解》一书中，毕希纳略显愠怒地批驳了塞姆的观点，但他并没有成功地重新确立这些作品的"真实性"。有些学者也承认，塞姆引用了一些经不起推敲的论据，但他强有力的论证足以让他在这场争论中胜出。[89] 毕希纳发表于1960年的《萨卢斯特》依然会是最为细腻，也最为敏锐的一部关于萨卢斯特的文学研究作品，但当塞姆在自己的论著中揭示了政治、道德和写作风格在萨卢斯特作品中的深层联系之后，毕希纳的《萨卢斯特》也就成为永远不会有人再写的一类著作。[90]

唐纳德·厄尔的著作是《萨卢斯特的政治思想》（*The Political Thought of Sallust*），这本书实际上是运用语文学的方法来分析萨卢斯特的政治用语和罗马传统道德观念之间的联系。在厄尔看来，萨卢斯特相当传统的道德观使他在道德价值崩溃的意义上——用罗马人的话说是德性的沦丧——看到

---

[89] La Penna, *Athenaeum* 44 (1966): 380; *Gnomon* 41 (1969): 149; Earl, *Journal of Roman Studies* 55 (1965): 239.
[90]《萨卢斯特详解》的第二版（1982）并没有过多纠结于塞姆的著作；这一版重印了第一版的463页内容，随后又添加了一篇简短的"第二版后记"，其中仅有寥寥数语提到了塞姆。

了共和国的政治危机。作为出身于意大利乡下的新人,萨卢斯特很容易对贵族的贪婪与腐化加以抨击和谴责。早在塞姆之前,厄尔就拒不承认《致恺撒书》的真实性,他和塞姆一样,并没有发现萨卢斯特的著述中隐含着为恺撒辩护的计划。厄尔的著作对萨卢斯特进行了实事求是的客观评价,在他看来,萨卢斯特并不是一位哲学家,而是为了强化自己的论点企图掩盖甚至歪曲事实的一位传统的罗马道德主义者。尽管厄尔的想法与塞姆相去不远,但他并没有充分考察萨卢斯特在当时政治局势中的实际地位。他对萨卢斯特的独到性和公正性抱有相当大的怀疑。厄尔的著作发表十年之后,翁托·巴纳耐(Unto Paananen)也对萨卢斯特的政治用语——特别是萨卢斯特用来指称政治派系的名词——进行了非常有益的语文学分析。[91]他得出的一般性结论大体上也佐证了塞姆的观点。

在法语学界,第一本谈论萨卢斯特的通论性著作直到1974年才问世,这本书就是伊蒂安·蒂夫(Etienne Tiffou)研究萨卢斯特道德思想的论著。[92]这部著作主要关注萨卢斯特著述中的绪言,从这一点来看,这本书的篇幅有些过于冗长(有六百页之多),不过,蒂夫在这本论著中表明,萨卢斯特绪言中的道德主题事实上主导了贯穿于萨卢斯特所有专题作品中的叙述。在他看来,萨卢斯特首先是受希腊哲学

---

[91] *Sallust's Political-Social Terminology: Its Use and Significance*, Annales Academiae Scientiarum Fennicae, vol. 175 (Helsinki, 1972).

[92] E. Tiffou, *Essai sur la pensée morale de Salluste à la lumière de ses prologues* (Paris, 1974).

影响较浅的一位传统的罗马道德家,而不是一位政治撰述家。蒂夫同样怀疑"萨卢斯特著述补遗"的真实性,他和厄尔一样,在回应拉宾纳归之于萨卢斯特的那种复杂的政治立场时,强调萨卢斯特对罗马道德沦丧的日渐悲观和失望。对于研究萨卢斯特严格意义上的叙述正文和绪言之间的关系来说,蒂夫的这本论著仍然是一部绕不过去的著作,但其庞杂而臃肿的篇幅却影响了它应有的影响力。

**萨卢斯特著述的版本与评注**

出人意料的是,将近一个世纪以来,萨卢斯特一直在牛津古典文献系列中付之阙如。库菲斯(A. Kurfess)编订的陶伯纳版本把《喀提林内争》《朱古达战争》和篇幅较长的《历史》残篇编入了第一卷,《萨卢斯特著述补遗》(包括《对西塞罗的抨击》和《致恺撒书》)则单列为第二卷,该版本在1991年之前一直是萨卢斯特著述集的权威版本。[93] 1991年,雷诺兹(L. D. Reynolds)编订了一部几乎完整的牛津古典文献版本,从而取代了陶伯纳版的两卷本。与库菲斯编订的版本相比,雷诺兹的版本中包含了更多的《历史》残篇。为重新审视萨卢斯特的著述抄本,雷诺兹运用了自己常用的编订技巧,并且在结构布局上给出了一个合乎情理的判断。对于库菲斯编订的版本,人们可能只会留恋其中方便实用的

---

[93] *C. Sallustius Crispus: Catilina Iugurtha Fragmenta Ampliora* (Lepzig, 1957³); *Appendix Sallustiana* (Lepzig, 1962).

那些古代的解释性证明（testimonia, xxii-xxxi）。牛津古典文献版却是近几十年来为萨卢斯特研究做出的一个最重要的贡献。

过去的三十年也对萨卢斯特的主要著作进行了文学层面和历史学层面的重要评注。塞姆的《萨卢斯特》已经出版了意大利语、德语和法语译本，这次再版将主要引起英语学界的兴趣，因此，除了视野更为广泛的部分德语评注，本文会将关注的重点集中于英语学界的评注。科斯特曼（E. Köstermann）于1971年发表了一部评注《朱古达战争》的著作属于德语学界的评注作品。[94]它的评注范围主要局限在文学和语文学层面，对历史或更大的文学问题则很少关注。这本书虽然篇幅浩大，但几乎没有留意相关的研究论文，其中不但没有扩展性的序言，而且还非常遗憾地缺漏了全书的索引。保罗（G. M. Paul）于1984年所写的英语评注可以利用科斯特曼的作品，也可以在某些方面超越后者，这是它的优势所在。[95]保罗并没有提供太多详细的语文学材料，但他更为广泛地利用了最新的学术研究成果，他的历史评注清晰明确，紧跟学术前沿，其中还列出了一份参考书目和五份索引。对于学生和学者而言，这本关于《朱古达战争》的历史评注都是一部极为有用的著作。

卡尔·弗莱茨卡（Karl Vretska）着手实施了一项野心勃勃的计划：分三个阶段对萨卢斯特的著述进行一番全

---

[94] E. Köstermann, *C. Sallustius Crispus: Bellum Jugurthinum* (Heidelberg, 1971).
[95] G. M. Paul, *A Historical Commentary on Sallust's* Bellum Jugurthinum (Liverpool, 1984).

面而完整的评注。第一部分出版于1961年，内容有《萨卢斯特著述补遗》的一篇文本，以及这篇文本的译文与评注。[96]在第二阶段，弗莱茨卡的评注转向了《喀提林内争》，这部分评注分为两卷，其中既无原书文本，也无原著译文，但全书却有七百页之多。[97]语文学方面的评注是弗莱茨卡最具原创性的贡献，他在其中收集了大量相对而言尚未被整理的史料。这部评注《喀提林内争》的作品依然是所有后辈学者将会使用的基本文献。就在同一时间，澳大利亚学者帕特里克·麦古欣（Patrick McGushin）也发表了评注《喀提林内争》的英语作品。[98]这本评注虽然在语言学的学识和细节上无法同弗莱茨卡的评注相提并论，但麦古欣在重要的历史问题上做出了很大的贡献，他的评注范围也使这部评注作品具有了更多的可用性。并不令人意外的是，麦古欣和塞姆一样，拒绝将萨卢斯特视为恺撒的辩护者，也拒绝承认《对西塞罗的抨击》和《致恺撒书》的真实性。对于英语学界的学者来说，这本书仍然是首选的《喀提林内争》评注。不过，麦古欣的评注虽然也为学生重新发行了删节版本，但大多数教师却倾向于使用拉姆齐（J. T. Ramsey）的评注（APA本），后者较好地平衡了文法方

---

[96] K. Vretska, *C. Sallustius Crispus: Invektive und Episteln*, 2 vols (Heidelberg, 1961).

[97] K. Vretska, *De Catilinae coniuratione* (Heidelberg, 1976).

[98] P. McGushin, *C. Sallustius Crispus*: *Bellum Catilinae*（Leiden, 1977）；为英文读者所做的评注（Bristol, 1987）。

面和历史方面的材料。[99]除此之外,拉姆齐还认真分析了萨卢斯特出于文学层面的动机而歪曲事件发生顺序的文本段落,这也是他做出的开创性贡献。

过去十年里最重要的研究成果是麦古欣对现存《历史》残篇的翻译和评注。[100]这些残篇的最后一个完整版本是整整一个世纪之前的毛亨布莱歇版本(Bertoldus Maurenbrecher,1893),而库菲斯和雷诺兹也都没有在他们编订的版本中纳入全部的残篇文本,因此,对于最大限度地保存这部拉丁语的历史撰作而言,麦古欣的评注是非常有价值的。(麦古欣的两卷译注中遗漏了一段文本,许多评论家都为此而深感痛惜,笔者在其他文章中也为这样的遗漏而感到失望,这两卷五百三十五页的译注本中本该加入这段只有八十页的文本。)麦古欣继承了毛亨布莱歇的版本,虽然他在其中添加了一些片段,同时也更改了某些残篇的文本位置,但他总体上遵循了毛亨布莱歇这位前辈学者对于《历史》的再现和重构。麦古欣的历史着眼点有时候太过于狭窄,比如对于米特里达梯书信(*Histories* 4,67)和《阿格里科拉传》(*Agricola*)当中的卡尔伽库斯(Calgacus)的演说,麦古欣并没有提供比较性的分析,这其实是非常重要的编史学问题。《历史》残篇为我们了解编年史的撰述方法提供了丰富的资源,虽然它会让人深感受挫。一百多年来,学界一

---

[99] McGushin school edition (Bristol, 1980). J. T. Ramsey, *Sallust's* Bellum Catilinae (Chico, Calif., 1984).

[100] P. McGushin, *Sallust: The Histories*, 2 vols (Oxford, 1992–94).

直对五百条《历史》残篇的文本位置争执不休，这样的争论也会一直持续下去，但麦古欣的评注将有助于所有学者利用和理解这部非常宝贵的共和国史学文献。

### 文学性转向：1975—2000年

由于塞姆、厄尔、蒂夫和拉宾纳的作品，学界也就毋须耗费大量的精力来研究萨卢斯特的个人背景、哲学道德信念和政治语境。塞姆的著作阐明了萨卢斯特的历史信息与其写作风格的关系，毕希纳和厄尔则考察了萨卢斯特的政治观念和道德观念在文学上的表达。即便是20世纪50年代的一些更具"文学性"的方法，即大量讨论"谋篇布局"的倾向，似乎也为这方面的研究做出了贡献。[101] 我们甚至可以看到，保罗在1966年发表的那篇精辟的概论文章中依然会对身为历史撰述家的萨卢斯特做出一定的评判：比如他对名门权贵的偏见是否夸大了朱古达的贿赂行为。[102] 保罗虽然承认，如果不是萨卢斯特的《喀提林内争》，我们会对公元前70年代和公元前60年代的意大利在社会经济上的不满知之甚少，但他又另外断言，"几无所存的《历史》一书同样

---

[101] 例如 K. Büchner, "Der Aufbau von Sallusts Bellum Jugurthinum," *Hermes* Enzelschriften 9 (1953); K. Vretska, "Studien zu Sallusts Bellum Jugurthinum," *Öster. Akad. der Wiss.* 229.4 (1955); A. D. Leeman, "Aufbau und Absicht von Sallusts Bellum Jugurthinum," *Med. Kon. Ned. Ak. van Wet.* 20.8 (1957)。

[102] G. M. Paul, "Sallust," in *Latin Historians*, ed. T. A. Dorey (London, 1966), 85–113.

表明，萨卢斯特的历史判断存在一定的缺陷"。[103]这是一百多年来对待所有罗马历史撰述家的普遍态度：在他们的著述中发掘我们并不知道的历史信息，同时又批评他们并不是现代的"科学"（即专业的）历史学家。然而在塞姆看来，塔西佗和萨卢斯特既是作家，也是史家，在我看来，正是塞姆对塔西佗和萨卢斯特的这种深切敬意最终改变了人们对待罗马历史撰述家的态度。

维斯曼（T. P. Wiseman）的《克利奥的妆饰》(*Clio' Cosmetics*) 可谓在纲领性层面总体上推进了过去二十年的罗马编史学研究。[104]别的学者，比如卢斯（T. J. Luce）和朱迪丝·金斯伯格（Judith Ginsburg），虽然也带着前所未有的敬意来看待那些拉丁文历史撰述家，同时又强调这些撰述家的文学成就，但正是维斯曼和不久之后的伍德曼（A. J. Woodman）更为明确地提出，对历史文本的研究不应该从属于历史学的问题和考量。[105]古代的历史撰述家在撰述中利用了虚构、诗歌和演说，他们对史家之业的设想必然会产生这样的结果。这些学者的目标是澄清、揭示和阐明这些历史文本到底在说些什么。维斯曼利用自己的研究结果来重构罗马共和国早期的历史、宗教和神话，伍德曼常说，相比于"事实上发生了

---

[103] G. M. Paul, "Sallust," in *Latin Historians*, ed. T. A. Dorey (London, 1966), 92; 108.
[104] *Clio' Cosmetics* (Leicester, 1979).
[105] T. J. Luce, *Livy：The Composition of His History*（Princeton, 1977）; J. Ginsburg, *Tradition and Theme in the Annals of Tacitus*（New York, 1981）; 关于伍德曼的观点，最好参见 *Rhetoric in Classical Historiography*（London, 1988）; *Tacitus Reviewed*（Oxford, 1998）。

什么"，他更为关心古代的历史撰述家说过些什么。[106]因此，或许受"建构真实"的后现代风气所影响，伍德曼这类学者和他们的追随者都不太关注传统的准确性问题和撰述者的倾向性问题，而是更为关心历史文本在文学方面和修辞方面的问题，在他们看来，这些历史文本就是文学作品。他们将原先用于诗歌的文本细读也用在了罗马史家的作品上。即使我们要对这些历史文本提出批评，比如认为萨卢斯特对共和国衰落的描绘太过于简略，也应该根据历史撰述家的撰述目的来判断，而不是从科学的历史学视角来衡量。

因此，这个领域的萨卢斯特研究主要集中于两点，一是对萨卢斯特的专题作品进行修辞上的分析和解释，二是根据叙述学和文学理论的新进展，考察萨卢斯特的文学手法和写作策略。这对《朱古达战争》而言尤为如此，但塞姆和其他学者都更为关心萨卢斯特时代的政治问题，对于这本书的关注却远远不够。卢斯、迈尔斯（G. B. Miles）、莱文（D. S. Levene）和菲尔德赫尔（A. Feldherr）解读李维或伍德曼、辛克莱（P. Sinclair）和金斯伯格阐述塔西佗的著作不但引人入胜，而且全面详尽，但关于萨卢斯特，至今还没有人写出可以和这些著作相提并论的"新史学"著作，不过，也有几位学者在这些问题上做过非常有限的尝试。[107]托马斯·斯

---

[106] A. J. Woodman, *Tacitus Reviewed* (Oxford, 1998) 24; 41.

[107] G. B. Miles, *Livy: Reconstructing Early Rome* (Ithaca, 1995); D. S. Levene, *Religion in Livy* (Leiden, 1993); A. Feldherr, *Spectacle and Society in Livy's History* (Berkeley, 1999); P. Sinclair, *Tacitus: The Sententious Historian* (Philadelphia, 1995).

坎伦（Thomas Scanlon）在 1987 年考察了读者对萨卢斯特的"审美反应"（aesthetic response）。[108] 他运用理论模型（埃塞尔 [W. Iser]；尧斯 [H. R. Jauss]）来分析读者期望的落空，然后又着重探讨了 spes（期望）的特殊用法——在萨卢斯特那里，spes 是否定性的，但在西塞罗那里，spes 则是肯定性的。现代读者完全没有料想到《朱古达战争》的悲观结尾，他们因此而感到失望，古代读者和萨卢斯特著述中的人物同样如此。斯坎伦的这本书虽然是第一部运用新的理论视角来阐释萨卢斯特的著作，但其篇幅太过于简短，主题也相对狭隘地集中于 spes，这都削弱了它的普遍影响力。斯坎伦最近还发表了一篇关于《历史》的论文，这是第一次将文学理论运用于《历史》残篇的重要尝试。[109]

最近发表的两篇关于《朱古达战争》的论文同样以文学批评的方法对这部专题作品进行了必要的解读。莱文对《朱古达战争》的分析非常具有吸引力，在他看来，这部专题作品就是一种有意为之的"历史断片"。[110] 浪漫主义时期的施莱格尔（F. W. Schlegel）和柯勒律治（Samuel Taylor Coleridge）等作家就有意创作文学断片或欣赏古代建筑的遗存。莱文说明了《朱古达战争》如何将读者的注意力从这

---

[108] T. F. Scanlon, *Spes Frustrata: A Reading of Sallust* (Heidelberg, 1987).

[109] "Reflexivity and Irony in the Proem of Sallust's *Historiae*", in *Studies in Latin Literature and Roman History*, vol. 9, ed. C. Derow, Collections Latomus 244 (Brussels, 1998), 186–224.

[110] D. S. Levene, "Sallust's *Jugurtha*: An 'Historical Fragment,'" *Journal of Roman Studies* 82 (1992); 53–70.

本著作本身转移到并未形诸笔端的一个想象中的完整故事。《朱古达战争》的叙事并没有高潮，人们也丝毫感觉不到故事的完结；事实上，朱古达战争远不如战争本身的后果更重要。萨卢斯特以某种方式为马略和苏拉的冲突做出了铺垫，这个冲突超出了这部专题作品的讲述范围。尽管莱文发现，这种断片体裁在希腊语和拉丁语文学中绝无仅有，但他依然认为，希望读者意识到故事并不完整的文学叙述和那些从神话中撷取一两处情景的诗歌之间有一定的相似之处。克里斯蒂安娜·克劳丝（Christiana Kraus）的论文着眼于无序，她认为无序就是《朱古达战争》最为重要的修辞手段。[111]朱古达战争抗拒作者的叙述，因为无序使作者的掌控力大打折扣——这本书的第一个词就是令人不安的 *falso*（毫无道理的）。克劳丝遵循约翰·亨德森（John Henderson）的观点，认为语言本身与腐化和误读的过程紧密相关。随着无序战胜有序，战事记述也就受到政治和腐败的消极影响。

长期以来，希腊哲学和史学对萨卢斯特历史撰述的影响是萨卢斯特研究中的一个常见主题。克劳丝明确将《朱古达战争》的无序与阿非利加的土地和土著民联系在一起，这让人想到了希腊人对民族志和地理学的普遍兴趣。萨卢斯特和自己的政治导师尤利乌斯·恺撒一样，也把民族志方面的插叙带入了拉丁语著述。理查德·托马斯（Richard Thomas）

---

[111] C. S. Kraus, "Jugurthine Disorder," in *The Limits of Historiography: Genre and Narrative in Ancient Historical Texts* (Leiden, 1999), 217–47.

在他出版于1982年的著作中仅仅谈论了罗马诗歌里的民族志，但斯坎伦和托马斯·魏德曼（Thomas Wiedemann）后来发表的两篇论文则考察了《朱古达战争》中论及阿非利加的插叙。[112] 雷纳托·欧尼伽（Renato Oniga）近年来发表的一本专题论著讨论了萨卢斯特的民族志，这本书实际上是对《朱古达战争》17到19节插叙的详细解读。[113] 在这个解读中，欧尼伽考察了萨卢斯特的希腊范例，同时还指出，《朱古达战争》和《历史》的民族志残篇中暗含了罗马的先例（比如卢克莱修）。

对于萨卢斯特智识层面的希腊先例，许多文章还讨论了其他方面的问题，除此之外，斯坎伦与布鲁斯·麦奎因（Bruce MacQueen）的著作也对这些问题进行了讨论。[114] 这些问题虽然常见，但斯坎伦和麦奎因却为理解萨卢斯特对于希腊思想、主题乃至写作风格的利用做出了独到的贡献。[115] 斯坎伦分析了文体和主题的问题，这一点尤为重要，因为萨

---

[112] R. Thomas, *Lands and Peoples in Roman Poetry* (Cambridge, 1982); T. F. Scanlon, "Textual Geography in Sallust's *The War with Jugurtha*," *Ramus* 17 (1988): 138–75; T. Wiedemann, "Sallust's *Jugurtha*: Concord, Discord, and the Digressions," *Greece & Rome* (1993): 48–57.

[113] R. Oniga, *Sallustio e l'etnografia* (Pisa, 1995).

[114] T. F. Scanlon, *The Influence of Thucydides on Sallust* (Heidelberg, 1980); B. MacQueen, *Plato's* Republic *in the Monographs of Sallust* (Chicago, 1995).

[115] 在这些问题上，贝霍沙（P. Perrochat）的论著（*Les Modèles grecs de Salluste* [Paris, 1949]）依然是权威；关于萨卢斯特重新运用典故的做法，晚近的研究可以参见 R. Renahan, "A Traditional Pattern of Imitation in Sallust and His Sources," *Classical Philology* 71 (1976): 97–105.

卢斯特想要努力开创一种新的历史散文，这种散文要符合他着眼于共和国堕落的悲观倾向。斯坎伦还认为，修昔底德对萨卢斯特的《历史》和每一部专题作品的影响无处不在，只是影响的方式略有不同。麦奎因的短篇著作有一定的瑕疵和缺陷，他似乎到处都能找到柏拉图的身影，不过，他确实表明，萨卢斯特运用了柏拉图的"人的类型"。然而，萨卢斯特有可能是从波利比乌斯、波西多尼乌斯或西塞罗那里汲取了柏拉图的思想学说，因此，对于萨卢斯特这位不拘一格、兼收并蓄的历史撰述家来说，人们不应该过分强调任何个人对他的影响。

1997年，克劳丝和伍德曼对拉丁文历史撰述家的作品进行了总体性的评述，该评述非常出色，而且注释详尽。由于1973年以来一直缺乏全面的萨卢斯特研究书目，[116]因而克劳斯和伍德曼的评述必然是这个时候所有萨卢斯特研究的出发点。[117]这本了不起的小书为萨卢斯特研究做出了极有价值的贡献。克劳丝和伍德曼共同撰写的关于萨卢斯特的章节——伍德曼撰写了关于《喀提林内争》评述——利用大量

---

[116] C. Becker (1973).《萨卢斯特》的德译本和法译本当中包含了一份文献书目的附录: "Nachträge aus der seit 1964 erscheinenen Sallust-Literatur," in R. Syme, *Sallust* (Darmstadt, 1975) tr. into German by U. W. Scholz, pp. 349–53; "Supplément Bibliographique," in R. Syme, *Salluste* (Paris, 1982) tr. into French by P. Robin, pp. 297–317。

[117] C. S. Kraus and A. J. Woodman, *Latin Historians*, New Surveys in the Classics 27, *Greece & Rome* (Oxford, 1997). 关于萨卢斯特的文献书目，参见 pp. 10–50; 119–20. 其中并没有提到《萨卢斯特著述补遗》。

脚注清晰地梳理了当前学界关于萨卢斯特的观点和看法，但其内容并非局限于此：这篇评述并不是杂乱无章的研究综述，而是呈现了作者对萨卢斯特及其主要著作的独到见解。

克劳丝和伍德曼是对罗马历史作品进行文学分析的代表性学者，可以理解的是，他们共同完成的这本小书也更多着眼于文学和编史学问题，而不是历史问题。他们非常明确地表示："故事讲述的方式（事实上是故事的一部分）和故事本身同等重要。"[118]对《朱古达战争》的分析反映了克劳丝对这本专题作品的理解，她认为迦太基是个隐喻，这个饶有意趣的想法让人想起了伍德曼那个同样有趣的分析：在《编年史》第15卷的描述中，尼禄治下的罗马成为亚历山大城。[119]这种细致入微的解读让现代历史学者能够更加敏锐地理解这些历史文本对于古代读者的启示和意涵。克劳丝对《历史》（30–41）所做的长篇评述有着特别的价值。由于历史残篇的文本顺序仍然无法确定，克劳丝便非常明智地专注于萨卢斯特的纲领性绪言，萨卢斯特臧否历史人物而引述的演说和隽语，以及萨卢斯特的民族志和地理学叙述。[120]克劳丝和伍德曼在这本小书中列出了大量的阅读书目，这些书目既可以引导读者阅读研究萨卢斯特的著作和文章，同时

---

[118] C. S. Kraus and A. J. Woodman, *Latin Historians*, 2.
[119] "Nero's Alien Capital: Tacitus as Paradoxographer, " in *Author and Audience in Latin Literature*, ed. A. J. Woodman and J. Powell (Cambridge, 1992), 173-88 (= A. J. Woodman, *Tacitus Reviewed* [Oxford, 1988], 168–89).
[120] 关于《历史》绪言的一篇较为晚近的分析，参见 T. F. Scanlon（1998）。

也有助于读者从更具通论性质的著作中参考相关主题的论述（比如道治的《野蛮人》[Y. Dauge，*Le Barbare*]）。

克劳丝与伍德曼合撰的这本小书非常适合用来结束本文对塞姆之后的萨卢斯特研究所做的评述。这本四十页的小书可以被视为塞姆以来最为出色的一本评析萨卢斯特的作品。（在其他方面，雷诺兹、麦古欣和评注者的编订与评注同样有着无可估量的价值。）克劳丝和伍德曼在其参考书目的附录中写到，"关于萨卢斯特，学界急需一本好的、通论性的英语著作"。这个任务非常适合由他们来完成，即便他们无意承担这项任务，他们也毫不吝啬地为萨卢斯特的其他研究者提供了很好的出发点。

# 参考书目

A 罗纳德·塞姆著作书目

*The Roman Revolution*. Oxford, 1939.

*Tacitus*. 2 vols. Oxford, 1958.

*Colonial Élites: Rome, Spain, and the Americas*. Whiddon Lectures. London, 1958.

*Sallust*. Sather Lectures 33. Berkeley and Los Angeles, 1964.

*Ammianus and the Historia Augusta*. Oxford, 1968.

*Ten Studies in Tacitus*. Oxford, 1970.

*Emperors and Biography: Studies in the Historia Augusta*. Oxford, 1971.

*The Historia Augusta: A Call of Clarity*. Published in *Antiquitas: Beiträge zur Historia–Ausgusta–Forschung*. Vol. 8. Bonn, 1971.

*Danubian Papers*. Bucharest, 1971.

*History in Ovid*. Oxford, 1978.

*Roman Papers*. Vol. I. Ed. E. Badian. Oxford, 1979.

*Roman Papers*. Vol. II. Ed. E. Badian. Oxford, 1979.

*Some Arvel Brethern*. Oxford, 1980.

*Historia Augusta Papers*. Oxford, 1983.

*Roman Papers*. Vol. III. Ed. A. R. Birley. Oxford, 1984.

*The Augustan Aristocracy*. Oxford, 1986.

*Roman Papers*. Vol. IV. Ed. A. R. Birley. Oxford, 1988.

*Roman Papers*. Vol. V. Ed. A. R. Birley. Oxford, 1988.

*Roman Papers*. Vol. VI. Ed. A. R. Birley. Oxford, 1991.

*Roman Papers*. Vol. VII. Ed. A. R. Birley. Oxford, 1991.

*Anatolica: Studies in Strabo*. Ed. A. R. Birley. Oxford, 1995（写于1945年）.

*The Provincial at Rome and Rome and the Balkans*. Ed. A. R. Birley. Exeter, 1999（*Provincial* 写于1934年；*Balkans* 写于1932—1944年）.

B 罗纳德·塞姆爵士：致敬与悼念

Alföldy, G. (1979) "Ronald Syme: *Roman Papers*." *American Journal of Ancient History* 4: 167–85.

Alföldy, G. (1993) "Two Principes: Augustus and Sir Ronald Syme." *Athenaeum* 81: 101–22（原文在1991年第一届罗纳德·塞姆讲座上发表）.

Birley, A. R. (1989) "Sir Ronald Syme." *The Independent*. Sept. 7, 1989, p. 35.

Birley, A. R. (1999) Introduction to Syme, *The Provincial*, xi–xx.

Bowersock, G. W. (1980) "The Emperor of Roman History." Review of

*Roman Papers*, vols. I and II, in the *New York Review of Books*, March 6, 1980.

Bowersock, G. W. (1991) "Ronald Syme." *Proceedings of the American Philosophical Society* 135: 118–22.

Bowersock, G. W. (1993) "Ronald Syme, 1903–1989." *Proceedings of the British Academy* 84: 539–63（鲍尔索克的悼念文章利用了塞姆档案中有价值的传记材料）.

Christ, K. (1990) "Ronald Syme." In *Neue Profile der alten Geschichte*, 188–247. Darmstadt.

Devine, A. M. (1989a) "Sir Ronald Syme and *The Roman Revolution*." *The Ancient World* 20: 77–92. Pp. 84–92 提供了一份塞姆的发表书目。

Devine, A. M. (1989b) "Sir Ronald Syme (1903—1989): A Roman Post-Mortem." *The Ancient World* 20: 67–75.

Griffin, M. (1990) "Sir Ronald Syme." *Journal of Roman Studies* 80: xi–xiv.

Millar, F. (1981) "Style Abides." *Journal of Roman Studies* 71: 144–52.

Millar, F. (1996) "Sir Ronald Syme." In *Dictionary of National Biography: 1986–1990*, 442–44. Oxford.

Raaflaub, K. and M. Toher, eds. (1990) *Between Republic and Empire: Interpretations of Augustus and His Principate.* Berkeley and Los Angeles.

Wiseman, T. P. (1998) "Late Syme: A Study in Historiography." In *Roman Drama and Roman History*, 135–52. Exeter.

C 萨卢斯特研究论述精选，1960—2000

Büchner, K. (1960) *Sallust*. Heidelberg. 2d ed., 1982.

Büchner, K. (1967) *Sallustinterpretationen*. Stuttgart.

Earl, D. C. (1961) *The Political Thought of Sallust*. Cambridge.

Kraus, C. S. (1999) "Jugurthine Disorder." In *The Limits of Historiography: Genre and Narrative in Ancient Historical Texts*, 217–47. Leden.

Kraus, C. S., and A. J. Woodman. (1997) *Latin Historians*. New Surveys in the Classics 27. *Greece & Rome*. Oxford.

La Penna, A. (1968) *Sallustio e la 'rivoluzione' romana*. Milan.

Levene, D. S. (1992) "Sallust's *Jugurtha*: An 'Historical Fragment.'" *Journal of Roman Studies* 82: 53–70.

MacQueen, B. (1995) *Plato's* Republic *in the Monographs of Sallust*. Chicago.

Oniga, R. (1995) *Sallustio e l'etnografia*. Pisa.

Paul, G. M. (1966) "Sallust." In *Latin Historians*, ed. T. A. Dorey, 85–113. London.

Scanlon, T. F. (1980) *The Influence of Thucydides on Sallust*. Heidelberg.

Scanlon, T. F. (1987) *Spes Frustrata: A Reading of Sallust*. Heidelberg.

Scanlon, T. F. (1998) "Reflexivity and Irony in the Proem of Sallust's *Historiae*." In *Studies in Latin Literature and Roman History*, vol. 9, ed. C. Derow, 186–224. Collections Latomus 244. Brussels.

Tiffou, E. (1974) *Essai sur la pensée morale de Salluste à la lumière de ses prologues*. Paris.

萨卢斯特著作的版本与评注

Köstermann, E. (1971) *C. Sallustius Crispus: Bellum Jugurthinum*. Heidelberg.

Mc Gushin, P. (1977) *C. Sallustius Crispus: Bellum Catilinae*. Leiden.

School edition (Bristol, 1980); commentary for English readers (Bristol, 1987).

McGushin, P. (1992-94) *Sallust: The Histories*. 2 vols. Oxford.

Paul, G. M. (1984) *A Historical Commentary on Sallust's* Bellum Jugurthinum. Liverpool.

Ramsey, J. T. (1984) *Sallust's* Bellum Catilinae. APA Monograph. Chico, California.

Reynolds, L. D. (1991) *Opera Sallusti*. Oxford Classical Text. Oxford.

Vretska, K. (1961) *C. Sallustius Crispus: Invektive und Episteln*. 2 vols. Heidelberg.

Vretska, K. (1976) *De Catilinae coniuratione*. Heidelberg.

文献目录

Becker, C. (1973) "Sallust." *ANRW* 1. 3. 720-54.

Leeman, A. D. (1965) *A Systematical Bibliography of Sallust (1879-1964)*. Mnemosyne Supplement 4. 2d. ed. Leiden.

"Nachträge aus der seit 1964 erscheinenen Sallust-Literatur." In Syme, *Sallust*, tr. into German by U. W. Scholz, 349-53. Darmstadt, 1975.

"Supplément Bibliographique." In Syme, *Salluste*, tr. into French by P. Robin, 297-317. Paris, 1982.

# 序　言

将个人陈述放到最后是中国古典史家的规矩。他们倾向于用事实说话。倘若不是撰述者的资质过于平庸，或预想到会出现愚钝的读者，冗长的序言同样是不需要的。

萨卢斯特在成为撰述家之前是一名元老院议员。关于他的生平与著作，我们有必要对其社会背景和历史情境提供一些详细的说明。对于萨卢斯特的作品，本书的大部分笔墨留给了《喀提林内争》（*Bellum Catilinae*），*原因有两个方面：其一，萨卢斯特在时间上贴近那场事件；其二，人们能够通过其他记录中的大量佐证，判断萨卢斯特的准确性和真实性。

萨卢斯特可以在赞赏加图的同时，对恺撒也抱以赞许的态度。他对三头执政深恶痛绝，对于他们的统治，他也进行了尖锐而果敢的批评。就这一点而言，萨卢斯特在本书中赢得了一个正面的形象。当然，也许有些过于正面，但人们只要认为某位历史撰述家遭到了毁谤或误解，这种过于正面的形象就会有可能出现。

---

\* 《喀提林内争》又名《喀提林阴谋》（*De coniuratione Catilinae*）。

然而，如果不是出于受邀讲授萨瑟古典学讲座（Sather Classical Lectures）这一友好而又迫切的动力，我不会有胆量面对萨卢斯特。这并不是因为本书与1959年秋所做的六场演讲有着诸多相似之处，恰恰相反，这是一种完全不同的阐述模式。事实上，在伯克利勤勉而又从容优雅的氛围中，本书的第12章到第15章直到今年年底才完成，对于这种创作氛围，我作为伯克利的访客铭感于心。因此，这本书完全应当敬献给德维奈尔堂（Dwinelle Hall）古典学系的友人和许多其他与此相关的人士。此外，我还要衷心感谢大西洋两岸的学者为我后来获取萨卢斯特的手稿所提供的建议和帮助，对于其中的恩斯特·巴蒂安、赫伯特·布洛赫（Herbert Bloch）和伊泽贝尔·亨德森（Isobel Henderson），我在这里予以特别的谢意。

牛津
1962年3月
罗纳德·塞姆

# 第 1 章

# 问　题

萨卢斯特为拉丁语文学开辟了一个新的领域。在其历经沧桑的生涯中，选择撰述历史，并以罗马共和国的兴衰沉浮作为其撰史的核心主题，是萨卢斯特一生的幸运。他找到一种适合于撰史的风格和笔调：平实简洁而富于跃动感，拒绝雕饰辞藻，表面上看似古朴，实则精巧、含蓄而又独具匠心。萨卢斯特只留下两部专题作品和一部未完成的史书，但这已经足够。他开创了一种写作方式，其声名也与时俱增。

一位审慎而富有见地的评论家肯定了萨卢斯特的成就。对昆体良来说，萨卢斯特是罗马最伟大的历史撰述家，无人能与之相比。不仅如此，昆体良甚至还将萨卢斯特和修昔底德相提并论。昆体良提出这样的看法是出于何种可能的想法和意图呢？他的评判并非出自个人的一时兴起。罗马人似乎认为，萨卢斯特与修昔底德在某些风格品质上有着同等的高度：他的叙述简洁明快，紧凑而严整。况且，萨卢斯特本人也将模仿古希腊的历史撰述家作为自己写作的手法。他的模仿之举是有意为之，并且毫不掩饰。

昆体良的论断让人有些错愕。萨卢斯特的著作显现出各种令人不快的特征；即使《历史》（*Historiae*）这部萨卢斯特至关重要的成熟之作留存至今，我们也没有任何理由认为，这部著作的周密性、真实性与深度可以和《伯罗奔尼撒战争史》等量齐观。

罗马人对萨卢斯特的赞誉言过其实。这一点毫无争议。不过，这也并非不能理解：罗马的历史撰述形成了自己的规范，昆体良则是以文学评论家的身份著书立说。这个问题不需要深究。一个全然不同的问题是现代学者对于这位历史撰述家的复杂看法。其中有三种看法都获得了它们各自的支持者。

萨卢斯特开创了一种精细考究而又耐人寻味的写作风格。他是否应该首先被视作一位文学艺术家？这种看法是狭隘的，也是片面的。萨卢斯特是一位罗马元老，也是一位平民保民官，另外还担任过行政官（praetor）和行省的总督。罗马的历史撰述源于生活与斗争，而不是纯粹的文学与博学研究；而且，历史写作长期以来一直专属于统治阶级。萨卢斯特就像某些其他同为元老的撰述家一样，只有在政治生涯结束之时，才会出于逃避与寻求慰藉的目的，提笔著书。他的写作，同时也是政治生涯的延续，一种复仇之举。

萨卢斯特的著作，展现了一位对人对事持有强烈看法的作者。一些评论家因此认为，萨卢斯特比一个鼓吹领袖利益或主张党派教条的政治宣传家好不了多少。因为萨卢斯特事实上支持恺撒的事业。然而，这种看法经不起反复推敲。萨卢斯特绝非恺撒的拥护者，也不是任何一方的辩护者。恰恰相反，萨卢斯特是一个抨击者。这位罗马人和爱国者对门第出身和寡头政治深恶痛绝，当他反思共和国的悲剧时，很可能会在某些方面超越党派的偏见。

有些人在恢复萨卢斯特名声的道路上走得更远，他们将萨卢斯特视作一流的道德史家和政治史家，一位朴实无华、真诚可靠的撰述家。在其著作的绪言中，萨卢斯特的言论被认为是令人信服的证词；而且上述观点已经得到了其他文献的支持。因此，对萨卢斯特的溢美之言，近些年也被大肆渲染（但并不是所有人都接受）。

对于以上三种看法，单纯着眼于其中的任何一个方面，都对我们毫无裨益。萨卢斯特不仅是一位艺术家，同时也是一位政治家和道德家，这些要素的融合，呈现了一个作为整体的萨卢斯特。然而，从萨卢斯特的开荒之作到成熟之作，其间的时间跨度虽然并不漫长，但其中的变化与发展也应该被考虑在内。因此，最终的问题是如何确切地认识这位历史撰述家谜一般的人格特征：萨卢斯特本人和作为撰述者的萨卢斯特能否被视作同一个人？萨卢斯特的风格特色鲜明突出，态度倾向始终如一，观点看法也清晰一致——以至于很容易被人效仿或冒名模仿。我们需要明确的问题是，这种风格和态度的背后有着怎样的决定性因素？萨卢斯特又是一个什么样的人？

这类问题是萨卢斯特的作品留给我们的挑战，尖锐而无可逃避。但是，其中既有风险，也有难题。

萨卢斯特开始转向历史写作的时候已然过了不惑之年。

出于好奇，我们不禁要问，关于萨卢斯特生活与工作的早期情形，我们是否能够有所了解和推测？这个问题并非不具有合理性，但有迹可循的事实寥寥无几。想象需要权利和一些许可——学术研究有义务拓展那些值得商榷的知识领域。

有一个拓展方向似乎是开放而诱人的。这需要借助古代遗留下来的一些小册子，但这些材料往往得不到尊重，要么被人置之不理，要么遭到人们断然指斥。不过，在过去半个世纪的萨卢斯特研究中，这些文献已经得到了人们的偏爱。

就标题而言，《致恺撒书》（Epistulae ad Caesarem senem）表面上就是两封劝谏恺撒的书信。这些劝谏书（Suasoriae）被一些重要学者所推崇，其中包括最具权威和最为杰出的历史研究者与文风语言的研究者，以至于一度成为一种风尚和一种教条。质疑和截然相反的论调往往遭到人们的无视或者批驳。然而，自信仍然为时尚早。如今的趋势走向了相反的方向。因为种种原因表明，抛开这些文献将是稳妥而明智的。[1]

我们可以在这种舍弃中获益，也能从中获得明晰的认知。在萨卢斯特写出他的第一部著作之前，我们对这位历史

---

[1] 关于劝谏书，可参见本书 p.299 和附录 II。此外还有一篇小册子名为《反西塞罗》（Invectiva in Ciceronem，参见本书 p.298），其发表日期是动荡不安的公元前 54 年。有些人认为，这个小册子就是创作于当时的作品（不太可能），而且作者就是萨卢斯特。还有一个小册子是"西塞罗"的《反萨卢斯特》（In Sallustium），该文献虽然没有对任何人产生误导，但从中衍生出来的一些说法，仍然出现在了晚近的权威著作中。

撰述家的写作风格、思想原则或观点立场，并没有任何确切的了解。公元前52年绝不会被认为是风平浪静之年，这一年萨卢斯特以平民保民官的身份出现在了公共生活当中，但关于萨卢斯特此前的私人生活，仍然有很多问题需要解决。当然，直到萨卢斯特放弃追求公共荣誉并发现自己真正的使命之前，关于他出任保民官之后的后续作为，我们同样有许多问题需要了解。这个工作势必会包含许多风险，而且，一旦我们试图还原萨卢斯特本人的特殊背景：出身和教育、理想与忠诚，或许还有投机，推测也就无法避免。[2]

---

[2] 库菲斯（A. Kurfess）编订的萨卢斯特历史撰述集（Teubner, ed. 3, 1957）虽然记录了关于萨卢斯特生平与著作的 *testimonia*（解释性证明），但这些证明并非无懈可击。推断萨卢斯特的生平需要对古代和现代的"传统"进行大量的拆解性工作。所有来自不确定和不真实材料的证据说明，都要完全清除出去。此外，我们有必要对罗马政治和社会生活的某些设定提出质疑，并杜绝根据西塞罗或恺撒的传记来看待这一历史时期的痼习。

# 第 2 章

# 萨卢斯特的出身

考察一个人的社会地位和出生地,对于了解这个人的所作所为与生平事业,也许是非常有益的。必须高度关注和细致考察城市、族群和地区:意大利成分混杂,它仍然只是一个名称,而不是一个统一体或国家(nation)。广义的(同时也是准确而合法的界定)意大利长期以来呈现出一种双重面貌——一方面是隶属于罗马共和国的各个公社群体,另一方面是自治同盟。公元前91年,阿布鲁佐(Abruzzi)的民众发动脱离罗马的叛乱,并创立了一个"意大利"联盟。叛乱从皮凯努姆(Picenum)一直蔓延到萨姆尼乌姆(Samnium)和卢卡尼亚(Lucania),这场血腥的战争开启了数十年的混乱,而内乱之后,便是接踵而至的意大利战争。而且,尽管最终的解决方案使意大利叛乱者——确切地说是波河以南的所有意大利叛乱者——获得了罗马公民权,但并没有完全消除内部的纷争,也不存在遍及整个半岛的统一意识和认同感,同时也缺乏对罗马政制的忠诚与信任。在罗马,人们响亮而热切地谈论"意大利的所有公民"(tota Italia)。这是一种愿望,而不是事实。

甚至可以说,一些早已被纳入罗马国家的地方,比如萨宾人（Sabine）和沃尔西人（Volscian）生活的地区，即使并没有因长期的纷争或不久之前的动乱而受到严重的影响，也仍然有可能一直保留着深厚而诚挚的地方团结与乡土之情。而一个有志在罗马建功立业的地方市民，即便进入了统治阶层，也仍然可以明确宣称，自己的城市才是自己"真正的故乡"（germana patria）。对于这一点，西塞罗的说法可以作为一个证明，他在提到阿尔皮奴姆（Arpinum）和图里乌斯家族（Tullii）时说道，"我们是这里最古老的一个家族的后代，这里有我们的家族和神圣仪典，也有我们先辈的众多遗存"。[1]

一些城市夸耀自己的古老历史可以追溯到罗慕路斯之前；他们的显贵宗族还会像罗马贵族一样，声称自己是国王和神的后裔。这些富裕的名门望族之间相互联姻，他们不仅兴建了庞大的庄园，而且还在城镇和整个地区确立了统治地位。然而，这些被视为"显贵世家"（domi nobiles）的权贵，本身却在罗马毫无地位可言。他们会被视为出身低微的新贵而备受歧视，其通往罗马的道路因而也极为艰难，为了享受闲适和地方城市声誉的尊荣，有些人宁愿选择留在自己的城市。

当然，地方乃至地区性的支持可能有助于收拢民心。为了给阿蒂纳的格奈乌斯·普兰奇乌斯（Gnaeus Plancius of Atina）辩护，西塞罗吹嘘了自己在许多地方（包括阿尔

---

[1] Cicero, *De legibus* I. 3.

皮奴姆）所具有的广泛声望，并创作了一篇文采斐然的演说——"那片崎岖多山的土地坦率而真挚，它忠于自己的子孙"。[2] 西塞罗在攻讦政敌时也会用到这个话题。普布利乌斯·瓦提尼乌斯（Publius Vatinius）未能赢得"塞尔贾"（Sergia）部族的支持，这是他自己的部族，其中加入了一些古老的萨宾人，同时还有马尔西人（Marsians）和帕埃利努姆人（Paeligni）。作为演说家的西塞罗为此而感叹：这实在是令人感到难堪！自罗马建城以来，还不曾有人失去过"塞尔贾"的民心。[3]

不过，瓦提尼乌斯并不觉得尴尬，他获得了行政官的职位，并誓言最终会以执政官的身份结束自己的政治生涯（似乎有些过于狂妄）。在罗马，"新人"（novus homo）需要的是一位领袖和庇护人，*而不是一群乡野选民。与此相反，名门权贵（nobiles）中的世家大族往往热衷于在整个意大利地区扩充自己的门客或受庇护人（clientela）；这是名门权贵在争名夺势的斗争中采取的固有策略，随着出现了一连串带来致命灾难的当权巨头：马略、苏拉、庞培、恺撒，这些策略又被兼收并蓄，得到了进一步的强化。

---

[2] Cicero, *Pro Plancio* 22. 对于西塞罗本人和他的兄弟而言，"正是这些山地本身，支持我们追求自己的荣誉"（agri ipsi prope dicam montesque faverunt, ib. 20）。

[3] Cicero, *In Vatinium* 36. 关于"塞尔贾"和瓦提尼乌斯的出身，参见本书 p.27。

\* 在古罗马的政治传统中，元老身份和执政官职位，一般都局限于贵族，若平民取得这样的职位和身份，就成为所谓的"新人"。

由此也出现了一个问题，这个问题既与萨卢斯特相关，同时也关系到意大利地方城市的其他子孙：一个人的出身同这个人的情感态度、政治倾向和所作所为有着多大程度的相关性？如果人们了解的话就会知道，这种相关性有可能很大，也可能很小。人们超出或否认自己的出身并不是一个违反常理的现象，这一切都是为了进入罗马，为了自由展现抱负和禀赋。这个问题涉及出生于阿尔皮奴姆的那位伟大的"新人"。*一代人之后，一位来自叛乱的意大利腹地的新罗马人同样也与此相关，这个人就是阿西尼乌斯·波利奥（Gaius Arsinius Pollio），一位担任过执政官的演说家和历史撰述家。他属于马鲁奇努姆的基耶蒂（Teate of the Marrucini）的头号家族。[4]

这个问题涉及的不只是元老，还有诗人——伴随他们而来的一个拉丁语文学中的核心问题，常常遭到人们的忽视和误解。有些不可思议的猜想将卢克莱修（Lucretius）的世系追溯到罗马早期的显贵氏族：卢克莱提乌斯氏族（*gens Lucretia*）。这要么是一种草率的假设，要么就是一种荒谬的臆想。卢克莱提乌斯氏族早在数百年前就已不复存在。如果真要做出猜测，我们最好将他认定为萨宾人或翁布里亚人（Umbrian）。此外，翁布里亚的阿西西乌姆（Asisium）是普

---

[4] 这种起源或出身的信息只是间接浮现的。波利奥的兄弟被卡图卢斯（Catullus）称为"马鲁奇努姆的阿西尼乌斯"（Marrucine Asini）；而意大利战争中还有一位死去的"马鲁奇努姆行政官海利乌斯·阿西尼乌斯"（Herius Asinius praetor Marrucinorum, Livy, *Periochae* LXXIII）。

\* 指西塞罗。

罗佩提乌斯（Propertius）的家乡：这又能说明什么呢？至于奥维德（Ovidus Naso），其诗文当中的一些诗句表明（有外部的证据可证明），他出生于远离罗马的帕埃利努姆的苏尔默（Sulmo of the Paelignians）。如果奥维德来自罗马，其诗文的主题、表达方式和思绪情感，都会体现为一种精致典雅的都市产物，有着温文尔雅的城市化气息。

萨卢斯特的出生地是阿米特努姆（Amiternum），该地位于阿布鲁佐的中心地带，附近是现代的阿奎拉（Aquila），往西则是列阿蒂（Reate），两地相距三十多英里。萨拉里亚道路（Via Salaria）从西南向东北横贯萨宾人的故土，这条道路由罗马通往列阿蒂，继而由此通向皮凯奴姆的阿斯库鲁姆（Asculum）。萨宾地区通过萨拉里亚道路获得了一定程度的统一，但这片广阔的地区仍然分成了几个部分。西南的拉丁姆地区并没有划定出明确的边界——也可能根本不存在什么边界。古老的传说符合萨宾诸王和瓦勒里乌斯（Valerii）、克劳狄乌斯（Claudii）等世家大族迁徙的地理事实和经济生活事实，但努马·庞皮利乌斯（Numa Pompilius）和提图斯·塔提乌斯（Titus Tatius）依然有可能只是神话人物或博学的杜撰，毫无疑问，这会有损于罗马的一位皇帝作为克劳狄乌斯家族最后的子嗣而非常乐于夸耀的家族身世——"萨宾人克劳苏斯（Clausus）是我的始祖"。[5]

---

[5] Tacitus, *Annals* XI. 24. 1.

阿米特努姆与位于北方而临近翁布里亚和皮凯奴姆的诺西亚（Nursia）一样，都属于穷乡僻壤之地。阿米特努姆面朝东方，因第勒尼安海和亚得里亚海之间的分水岭而与列阿蒂盆地相分离。列阿蒂往东的路途以印特罗克里乌姆（Interocrium）的萨拉里亚为起点，这条路不仅崎岖难行，而且还要跨过海拔超过三千英尺的一座山峦，才能通向阿米特努姆的高地平原。在这片高原上，作为灌溉水源的阿特努斯河（Aternus）自西向东流经维斯提努姆（Vestini）、帕埃利努姆和马鲁奇努姆等地区，最终流入亚得里亚海；而维斯提努姆边界的西边，就是仅隔数英尺之远的阿米特努姆，其北边矗立着蒙斯菲舍卢斯山（Mons Fiscellus，即大萨索山[Gran Sasso]），南边则是马尔西（Marsian）群山。

萨宾人作为坚忍的山地民族博得了普遍的赞誉，他们敦厚朴实，稳重而节俭，不但敬畏神灵，同时也坚守古道。有些人会认为，萨宾人具有神秘主义的倾向。[6]但这样的看法并不会有损于萨宾人所赢得的赞扬，哪怕人们认为，萨宾人还有移居倾向，既看重金钱，又熟谙与驴的相处之道。

在指责罗马人的轻浮放荡和腐化堕落时，乡下人和萨宾人的美德是布道者或诗人经常援用的一个主题。这种想法对那些受人尊敬的名流并非没有吸引力，这些显贵人士以尊崇过去来标榜自身，同时又不需要厉行节俭，他们采取了最

---

［6］ E. Bolaffi, *Sallustio e la sua fortuna nei secoli*（1949），23："quella terra di montanari . . . proclivi al misticismo."（那片山地上的居民……具有神秘主义的倾向。）(ib. 75)

新的经济剥削方法，在精致而安详的生活中享受着各种各样的舒适。

如果这些尊贵人士恰好是萨宾人的话，这种情形就显得尤为特别。对此，列阿蒂的马库斯·特伦提乌斯·瓦罗（Marcus Terentius Varro），以及与瓦罗一道，在对话体著述《论农业》(De re rustica) 中参与讨论或被提起的那些农业经营主，都可以作为现身说法的例证。而各个农学行家对他们特殊才能的讨论，也从中透露了一些宝贵的信息。[7]

列阿蒂附近有一片土地叫作"罗西亚田野"（Rosea rura [ Le Roscie ]），这是一块开垦出来的湖底，属于意大利最肥沃的土地，其产量之高令人难以置信。[8]这片土地曾被用作牧场，由几个大的经营主所占有。瓦罗也在这里放过马。[9]不过，列阿蒂扬名于世的骄傲却是驴，其名声甚至盖过了阿卡迪亚（Arcadia）。那里的人们对培育优质骡子的种驴定下了高昂的价格（每头驴四万到六万塞斯特斯 [ sesterces ]）。[10]在瓦罗的对话录中，为驴说话的就是列阿蒂的穆里乌斯（Murrius）；而身为元老的萨宾人昆图斯·阿

---

[7] 瓦罗的友人（萨宾人和其他人）是一个值得深入探讨的问题。
[8] 这方土地被称为"意大利的乳房"（sumen Italiae），Pliny, *Naturalis Historia* XVII. 32。关于古代的证据，参见 *Real-Encyclopädie der classischen Altertumswissenschaft* IA, 1128; H. Nissen, *Italische Landeskunde* II (1902), 473。
[9] Varro, *Res rusticae* II, praef. 6.
[10] Varro, *Res rusticae* II. 1. 14; 8. 3; III. 2. 7.（塞斯特斯为古罗马货币单位。——中译注）

克西乌斯（Quintus Axius），却留下了长久的恶名。阿克西乌斯购买了一头这样的牲畜，这头牲畜被他作为一个奖品，陈列在他曾经款待过执政官阿庇乌斯·克劳狄乌斯·普尔喀（Appius Claudius Pulcher）的那间雅致的乡间住宅中。[11]

阿米特努姆固然无法在财富与名声上同列阿蒂相媲美，但某种令人愉悦的遐想，仍然可以让人联想到清新怡人的空气中深受萨宾山城严格熏陶的青年萨卢斯特。[12]当然，有些问题仍待讨论。萨卢斯特的城镇坐落在一片广袤的平原之上，该平原以物产丰盈而闻名，其中部流经阿特努斯河，河畔的低洼之处就是阿米特努姆的所在之地。[13]意大利的城市并非全都坚守着庄重而古朴的传统生活模式。就像西塞罗在《为克卢恩提乌斯辩护》（*Pro Cluentio*）的演说中所描述的那样，在萨莫奈人（Samnities）的拉里努姆（Larinum），上层人士的生活是一种警示。麻木和吝啬只能勉强维持城市中的苟活。另一条可以选择的道路是犯罪：作恶和伪造、毒杀或

---

[11] Varro, *Res rusticae* III. 2. 3；7；9. 关于阿克西乌斯的部族"奎利纳"（Quirina），ib. 2. 1，参见 *Sylloge Inscriptionum Graecarum*³ 747。公元前54年，为了处理与纳尼亚（Narnia）人在罗西亚湖水排干问题上一再出现的争端，西塞罗也曾在阿克西乌斯的乡间住宅中做客（Cicero, *Ad Atticum* IV. 15. 5；Cicero, *Pro Scauro* 27）。

[12] G. Funaioli, *Real-Encyclopädie der classischen Altertumswissenschaft* IA, 1915："die reine Luft einer Landstadt"（一座山城的纯洁空气）；1918："seine Bergstadt"（他的山城）。

[13] 该地即圣维多利诺（San Vittorino），位于阿奎拉西北部，两地相距约五英里。关于这个地区的农业和物产，参见 *testimonia* in *Real-Encyclopädie der classischen Altertumswissenschaft* I，1840f.。

谋害。这是拉里努姆的上层人士更喜欢做的事情。

萨卢斯特家族属于阿米特努姆的公职贵族，这种假定并没有什么不合适。这个家族的姓氏在以前并没有听说过，其词尾后缀是并不常见的"-ustius"。按照瓦罗的说法，阿米特努姆是所有萨宾人的摇篮；阿米特努姆的铭文也适时给我们展示了大量罕见或古老的姓氏。[14]

一个并不寻常的巧合是，在萨卢斯特这一代，萨卢斯特家族还出生了西塞罗的朋友萨卢斯提乌斯（Gnaeus Sallustius）和一位名为普布利乌斯（Publius）的亲属。普布利乌斯在历史上只被提到过一次，前者却在二十年的时间里出现过好多次——一般不出现第一个名字（*praenomen*）。[15] 这二十年间的历史与这位阿米特努姆人并没有明显的联系；但我们应该想到，对财产的觊觎、纷争与分歧，不仅影响了那些世家大族，而且还波及不少地方自治市的家族。

我们从公元前67年的一桩事务中可以看到，这位萨卢斯提乌斯早年间曾依附于西塞罗。九年后，西塞罗被迫流亡，这位忠实的朋友一路相随，并首先知道了西塞罗关于马

---

[14] 早期铭文的数量非常之多，*Corpus Inscriptionum Latinarum* I². 1846–1889。其中可以发现"Apsius""Fadenus""Lacutulanus""Mitsionius""Oviolenus""Tettiedius"等鲜为人知的氏族（*gentilicia*）。

[15] F. Münzer, *Real-Encyclopädie der classischen Altertumswissenschaft* IA, 1912 f. 唯有《致阿提库斯》（Cicero, *Ad Atticum* XI. 11. 2）的书信中出现过萨卢斯提乌斯的首名，目的是把他与普布利乌斯区别开来，他也只是在《致友人书》（Cicero, *Ad familiares* XIV. 11）中被称为"萨卢斯提乌斯"。

略（Marius）和一次凯旋而归的梦境；*西塞罗曾前往布伦迪西乌姆（Brundisium），但没有进一步跨海抵达马其顿。公元前54年2月，西塞罗在写给弟弟昆图斯·图利乌斯·西塞罗（Quintus Tullius Cicero）的一封书信中简要评价了卢克莱修的诗作，之后，他又针对萨卢斯提乌斯的《恩培多克里亚》(*Empedoclea*)做出了这样的说明：阅读这部著作，你需要成为一个英雄。[16]

那么话说回来，谁是《恩培多克里亚》的作者？一个最终成为元老院议员和历史撰述家的人，过去可能涉足过某些学说，也有可能写过哲理性的诗歌，这本身并不是一种不可理喻而又自相矛盾的情形。对于这样的想法，人们可能会认可，也可能一笑了之，但不会产生怀疑的念头。然而事实上，这种想法已经陷入了某种盲目或好奇的贪念之中。[17] 我们有充分的理由反对这样的想法。

作为西塞罗的好友，萨卢斯提乌斯有足够的资格声称自己是《恩培多克里亚》的作者。萨卢斯提乌斯是一个有原则的人，他并不担心自己的文学观点和政治观点会使西塞罗受益。公元前54年10月，萨卢斯提乌斯鼓动西塞罗起诉奥

---

[16] Cicero, *Ad Quintum Fratrem* II. 9. 3: "virum te putabo si Sallusti Empedoclea legeris, hominem non putabo."（如果你读了萨卢斯提乌斯的《恩培多克里亚》，我会认为你绝非常人。）

[17] A. Rostagni, *La letteratura di Roma repubblicana ed augustea* (1939), 265; E. Bolaffi, *Sallustio e la sua fortuna nei secoli* (1949), 87ff.; E. Paratore, *Storia della letteratura latina* (1950), 281; L. O. Sangiacomo, *Sallustio* (1954), 21.

* 西塞罗在《论预言》(*De Divinatione* I. 28) 中讲述了这个梦境。

卢斯·加比尼乌斯（Aulus Gabinius）[18]，大约与此同时，他在习读西塞罗前两卷的《论共和国》（*De re publica*）时，又提出了一个明确的观点：作者在对话中不该过多借重于古代的人物，更为重要的应当是作者本人的现身说法。[19]

萨卢斯提乌斯并不是西塞罗在西里西亚（Cilicia）时期（公元前51—前50年）的幕僚。或许是出于某种坚决而正当的理由。西塞罗在公元前50年的夏天给叙利亚的某位官员寄去了一封书信，收信人是一位名叫萨卢斯提乌斯的"资深财务官"（pro quaestore）。[20] 有些人认为（或者说更愿意相信），这个萨卢斯提乌斯就是萨卢斯特（Gaius Sallustius Crispus），[21] 但这样的可能性并不大。仔细推敲这封书信就会

---

[18] Cicero, *Ad Quintum Fratrem* III. 4. 2.

[19] Cicero, *Ad Quintum Fratrem* III. 5. 1.

[20] 《致友人书》（Cicero, *Ad familiares* II. 17）的标题中写有"canini salustio proq"（致财务官卡尼尼乌斯·萨卢斯提乌斯）。奥雷利（Johann Caspar von Orelli）认为，标题中的名字指的就是"Cn. Salustio"，晚近的一些编订者，比如赫根（Håkan Sjögren［Teubner, 1925］）与康斯坦和巴耶（Léopold-Albert Constans and Jean Bayet［Budé, 1950］），也都遵循此说，但蒙森认为，作为首名的"C."就是历史学家萨卢斯特的本名。布劳顿（Thomas Robert Broughton）在《罗马共和国地方执法官》（*Magistrats of the Roman Republic* II）中将这个人谨慎地标注为"Anini Sallustius"。但这个人难道不是闵策尔（F. Münzer, *Real-Encyclopädie der classischen Altertumswissenschaft* III, 1479）曾经认为的卡尼尼乌斯·萨卢斯提亚努斯（Cannius Sallustianus）吗？

[21] 蒙森之后就是这样的看法，F. Münzer, *Real-Encyclopädie der classischen Altertumswissenschaft* IA, 1913; G. Funaioli, ib. 1919; L. Pareti, *La congiura di Catilina*（1934），203; O. Seel, *Klio*, Beiheft XLVII（1943），112ff.; E. Paratore, *Storia della letteratura latina*（1950），283。

发现，这个人并不是担当财务官的公使人员，而是上一年的财务官员。[22] 他与叙利亚的资深执政官卡尔普尔尼乌斯·毕布路斯（Marcus Calpurnius Bibulus）一起外出，于公元前51年担任财务官，在西塞罗写信给他的时候，他正处于即将离任之时。也就是说，他并不是公元前52年出任保民官的那位萨卢斯特。

同样，我们不能完全肯定地认为，这位叙利亚的财务官就是西塞罗的朋友。这封书信的语气生疏冷漠，刻薄而不耐烦。西塞罗说得很清楚，他并不想让这个人随他一起返回意大利。[23]

萨卢斯提乌斯选择了庞培与共和国的事业。他和西塞罗再度到达布伦迪西乌姆的时间是在公元前47年。他获得了恺撒的饶恕。[24] 之后，"我们的萨卢斯提乌斯"（Sallustius noster）也就再没有任何的消息。

让我们回到阿米特努姆和早些时候的战争。萨卢斯特

---

[22] 地方财务官在其任期的第二年会有一个正式的官方头衔："pro quaestore"（资深财务官），但在其他情况下，"quaestor"就是地方财务官的正式头衔。此外，这个人就是《致阿提库斯》中提到的那位无名的财务官（Cicero, *Ad Atticum* VI. 5. 3）。

[23] Cicero, *Ad familiares* II. 17. 1. 还需注意的是公元前67年提到过的那位西塞罗的朋友（*Ad Atticum*. I. 3. 3；11. 1），如果在公元前51年出任财务官的话就会远远超过正常的年龄。

[24] Cicero, *Ad Atticum* XI. 20. 1: "etiam Sallustio ignovit"（萨卢斯提乌斯同样获得了饶恕）。库菲斯极不明智地将这段话放到了陶伯纳（Teubner）版本的萨卢斯特著作集当中：这误导了某些人。

的家族可能在长达十年的飞灾横祸中遭受了深重的困苦和不幸（也可能没有），这十年的苦难始于意大利的叛离，随后又历经内战、独裁和公敌宣告令（proscriptions）的执行。\*阿米特努姆处于（维斯提努姆人、皮凯奴姆人和马尔西人）叛乱的前沿，因而本身也遭到了破坏。此外，阿米特努姆就像其他的地方自治市一样，也可能站在马略党的一边。而萨宾的诺西亚就是赫赫有名的昆图斯·塞托里乌斯（Quintus Sertorius）的故乡。[25]

意大利联盟被镇压之后，阿布鲁佐诸部族中的许多豪门望族，不是遭到残酷的劫虐，就是因此而家道中落，一蹶不振。[26]在此后的下一代中，有一位名叫维提乌斯·斯卡图（Vettius Scato）的人在罗马从事房屋交易的行当，他的名字让人想到了马尔西人的一位统帅。[27]此外，这一代人还出现了经营骡队的皮凯奴姆人翁提狄乌斯（Ventidius）。[28]阿西尼乌斯·波利奥的祖父在率领马鲁奇努姆人对抗罗马的军团

---

[25] Plutarch, *Sertorius* 2. 对于萨宾周边环境的一种详尽而充分的描述，参见 A. Schulten, *Sertorius*（1926），17ff.

[26] 参见 *The Roman Revolution*（1939），91。关于意大利的统帅，参见 E. T. Salmon, *Transactions of the American Philological Association* LXXXIX（1958），159ff.。

[27] 出生在马尔西人当中的斯卡图（Cicero, *De domo sua* 116）被认为是《致阿提库斯》（Cicero, *Ad Atticum*. IV. 5. 2; VI. 1. 15）中的维提乌斯。参见 Cicero, *Philippicae* XII. 27: "cum P. Vettio Scatone, duce Marsorum."（与马尔西人的统帅普布利乌斯·维提乌斯·斯卡图。）

[28] Gellius XV 4. 3.

\* "公敌宣告令"又名"公敌宣告名单"（tabulae proscriptionis），是苏拉为夺取权力而施行的一种屠杀措施。

时战死于沙场；但没有任何迹象表明，青年时期的波利奥曾不得不因此而疲于生计。

马略和秦纳（Cinna）的追随者同样遭受了沉重的打击。许多城镇要么始终积极地拥护马略和秦纳，要么很晚才发现，苏拉东征归来恢复权贵（nobiles）统治的时候，他们还有更好的选择。萨卢斯特对苏拉、贵族和那些通过扩充地产而获益于公敌宣告令的"苏拉党人"（Sullani homines）心怀怨恨，而这样的怨恨，有可能是出于萨卢斯特极其强烈的个人理由。[29]

萨卢斯特出生之时正处于十年动荡时期，去世时未逾四年即爆发了亚克兴（Actium）战役。根据哲罗姆的《编年纪》记载，萨卢斯特的生卒年分别为公元前86年和公元前35年——应当注意，这里至少有一处细微而又必要的调

---

[29] 西塞罗提到，"塞普蒂米乌斯、图拉尼乌斯和其他苏拉党人分到了地产"（Septimiis, Turraniis ceterisque Sullanarum adsignationum possessoribus, Cicero, *De lege agraria* III. 3），但《古典学百科全书》（*Real-Encyclopädie der classischen Altertumswissenschaft*）中并没有这些人的相关信息。关于萨宾人塞普蒂米乌斯，可见的记录有盖尤斯·塞普蒂米乌斯（C. Septimius T. f. Quirina [Cicero, *Ad Familiars*. VIII. 8. 5]）、稍后的 T. 塞普蒂米乌斯（T. Septimius Sabinus [*Inscriptions Latinae Selectae* 5921]）、瓦罗的财务官 P. 塞普蒂米乌斯（Varro, *De lingua Latina* V. I. 1），以及一位被放逐的塞普蒂米乌斯（Appian, *BC* IV. 21. 96f.）。至于图拉尼乌斯，可见的记录有瓦罗的《论农业》，该书第二卷献给了一位颇有权势的牧场主，其名字为图拉尼乌斯·尼格尔（Turranius Niger）。

整。[30]萨卢斯特的出生年份恰好相当于公元前87年。他去世的时间是公元前36年,但《编年纪》当中同时又记载说,萨卢斯特是在"亚克兴战役前的四年间"(quadriennio ante Actiacum bellum)去世的。也就是说,萨卢斯特逝世的时间是在公元前35年。这个龃龉之处是可以消除的,但我们并没有得出标准答案的确定根据。在哲罗姆的记录中,关于文学性历史的细节基本上都源于苏维托尼乌斯(Suetonius),但哲罗姆的编纂草率而粗心。《编年纪》当中存在着内部的分歧——或诸多彼此矛盾而又互不相关的事实。我们无法接受哲罗姆关于卢克莱修和卡图卢斯(Gaius Valerius Catullus)的记录。而且,哲罗姆很可能搞错了李维的生卒年(公元前59年—公元17年)。在《编年纪》中,李维享年七十五岁的论断最初只是一种粗略的推断或模糊的传统说法;李维大概从公元前64年一直活到了公元12

---

[30] Jerome, p. 151 H:"Sallustius Crispus scriptor historicus in Sabinis Amiterni nascitur"(历史撰述家萨卢斯特出生于阿米特努姆的萨宾人部族); p. 159 H:"Sallustius diem obiit quadriennio ante Actiacum bellum"(萨卢斯特在亚克兴战役前的四年间去世)。 在《复活节编年纪》(*Chronicon Paschale*)和《君士坦丁堡执政官纪年》(*Consularia Constantinopolitana*)中也可以找到相关的资料(转载于陶伯纳版本的解释性证明[*testimonia*]),也正是在这些材料中,我们断定了萨卢斯特的出生日期(10月1日)和逝世日期(4月29日)。

以公元前86年和公元前35年为结果的生卒年辨析,参见G. Funaioli, *Real-Encyclopädie der classischen Altertumswissenschaft* IA, 1914; R. Helm, *Philologus*, Supp. XXI.2(1929), 39f.。赫尔姆(R. Helm)认为,萨卢斯特确切的出生时间是有据可寻的;他甚至还指出,萨卢斯特本人在他的《历史》中提到过自己的出生时间,但这个观点完全不可信。

年。[31]关于哲罗姆对瓦罗生卒年的确切估断,我们同样应当有所怀疑。人们根据哲罗姆的记录(公元前116年—前27年)而认定,瓦罗活到了九十岁,这种设定固然十分引人注目,但却无法得到证实。哲罗姆实际上说的是"将近九十岁"。[32]

或许我们可以假定或推测,萨卢斯特五十岁的时候就去世了。相较而言,出生时间难以确定或争议较大的往往是那些声名远胜于萨卢斯特的人。[33]比较容易证实的则是去世的时间。因此,并不排除萨卢斯特的出生时间比马略的第七个执政官任期提早两到三年的可能性。

哲罗姆记载说,萨卢斯特出生于阿米特努姆。这种说法只是为了表明这位历史撰述家的"故乡"。萨卢斯特有可能降生在罗马,他的父母或许由于意大利战争的爆发而避难于当时的罗马,也可能早已在罗马立足。因此,对于萨卢斯特的婴幼时期和少年时代,我们的推断应当慎之又慎,当然,如果有用的话,我们也可以认为,萨卢斯特事实上是在阿米特努姆或某个乡下的田庄里度过了一段少年时期。但我们最好还是放弃讨论这个话题,因为对于萨卢斯特的父母或

---

[31] 相关论点,参见 *Harvard Studies* LXIV(1959),40f.。哲罗姆将李维和梅萨拉·科维努斯(Messalla Corvinus)的出生年代都定在了公元前59年(p. 164 H)。这个时间点对于科维努斯(公元前31年执政官)来说显然有些太晚:科维努斯可能出生在公元前64年。这样一来,更改李维的生卒时间也就成为完全必然的结果。

[32] Jerome, p.164 H.

[33] 庞培(Velleius II. 53. 4)和恺撒(Suetonius, *Tiberius* 5)就是如此。

亲属，我们一无所知。[34]

在苏拉恢复的寡头体制下，萨卢斯特在三十年风雨飘摇的和平中度过了自己的青壮年时期。他是在罗马接受的教育，在执政官庞培和克拉苏（Crassus）撤销苏拉颁布的法令时，他可能刚好见证了公元前70年那场几乎没有引

---

[34] 上述评论的目的并不是理解萨卢斯特，而是意在提供一种出身背景，继而（出于必要）展现意大利和地方自治市层面的某些罗马社会史面貌。值得提醒的是，若不是哲罗姆的留意，萨卢斯特的"故乡"不会为人所知。要是没有哲罗姆的《编年纪》，我们又该从何入手？有人或许认为，判断萨卢斯特作为历史撰述家的态度和观点，不仅没有必要推断萨卢斯特的出生地，而且也不应诉诸这样的推断——这种推断很可能流于肤浅，既缺乏新意，还会错谬百出。我们尚不清楚的是，假如萨卢斯特的家族来自其他地方，比如阿尔皮努姆，萨卢斯特是否会成为另外一种类型的历史撰述家。

另一方面，关于萨卢斯特的现代研究，大多严重忽视了萨宾地区和地方自治市的周边环境。比如圣贾科莫的著作就完全没有提到这个问题（L. O. Sangiacomo, *Sallustio*, 1954）；毕希纳虽然只提到过一句，但其中引入的却是一种出乎意料的观点：在那个地区，关于监察官加图的记忆仍然是鲜活的（K. Büchner, *Sallust*, 1960, 14）。有些简要提及这个问题的学者会以那些一贯的先入之见来说明某个萨宾人的出生地，但那些明显的错误表明，他们对这个问题其实缺乏真实的兴趣。比如塞克斯在讨论萨卢斯特时，就曾把贺拉斯（Horace）一并作为与瓦罗一样的萨宾人（E. E. Sikes, *The Cambridge Ancient History* IX, 1932, 767）；而在莱斯特纳看来，萨卢斯特"就像马略和西塞罗一样，都来自萨宾人的山区"（M. L. W. Laistner, *The Greater Roman Historians*, 1947, 47）。

最为离奇的错误是施瓦茨的看法。这个被姑息或被掩盖的错误观点认为，萨卢斯特是一个出生于罗马的罗马人——"他是一个堕落到骨子里的罗马人，刁滑狡黠而毫无原则，完全是一个地地道道的革命者"（E. Schwartz, *Hermes* XXXII, 1897, 582 = *Ges.Schr.* II, 1956, 306）。与萨卢斯特形成鲜明对比的是李维，后者是一个"诚实而正直的行省人"。如果将两人写作时期的差异——以及萨卢斯特是一名元老而李维是一位修辞学家的事实——作为引证，相关问题想必会更容易解释。

发骚乱的革命。他还亲历了公元前60年代中期的动荡：保民官的法案和对保民官的控告，激烈的竞选和暴力的威胁。之后便是接踵而至的喀提林阴谋、庞培·马格努斯的东征凯旋、公元前60年的三头协议，以及恺撒的执政官任期。

# 第 3 章

# 政治局势

谴责和悲叹罗马共和国最后的光景是一种延绵不绝的风尚。当时的罗马处在一个动荡不安、腐化败坏而又世风日下的时期。有些人会提到当时罗马的腐朽堕落,有些人反而会认为,共和国最后的光景恰恰是一个自由而富有活力的时期——一个推陈出新的时代。演讲或雄辩的技艺在政治的纷争中趋于完美;能言善辩之士在黯然失势与萎靡消沉之际转而投入巨大的精力,将拉丁语改造成适用于理论性研究的工具,实现拉丁语的精练和改良。有些作家则热衷于诗歌的写作,他们以饱含激情或精致典雅的作品,推新了罗马诗歌的辉煌成就。

罗马人的生活即将充分感受到帝国与繁荣带来的自由解放的影响。布匿战争使祭祀仪典荒废,法律也与宗教相分离(其过程与动因并不清楚)。机智抑或诡计能够以其他各种方式削弱或者规避"古板"(antiquus rigor)和"守旧"(duritia veterum)。一种文明的品质可以依据不同的标准来评判。一种标准是后人出于某些偏好而往往高度评价的艺术与文学。女性相对于丈夫和财产的地位,则是另一种评判的标准。古代的风俗使女性受到严格的监护。这种 *Tutela*(监护)从未被废除,只是在实际生活中不再被顾及;女性(至少是比较优秀的女性）则获得了很大程度的自由。这还不是全部。离婚也属于正常的事情，并没有受到严格的限制，离婚的主动权也并非总是出自丈夫一方。古典的婚姻法并不倾向于严苛，也避免拘泥于形式。这或许是罗马法律天才最令人瞩目的成就。[1]

这种开明而富于人性的变化很少得到应有的评价。萨卢斯特本人也在一定程度上难辞其咎。这并不是说他论及宗教败落的言论属于无病呻吟或庸人自扰。[2] 他之所以要承担一定的责任，仅仅是因为他在写作中对自己的时代深恶痛绝。萨卢斯特从道德的角度解释了一种经济变化和政治调整的过程；关于罗马旧道德的流俗观念也将他轻而易举地俘虏。畸变在下一个时代进一步加剧，人们渴望摆脱连年纷乱而动荡的记忆，安享属于自己的幸福——确切地说，他们想要自由，而非放任，渴望秩序，但不是专制。政治上的掩饰欺瞒和奥古斯都时代的浪漫主义图谋美化古老的过去——这为以后的历史研究造成了不良的影响。

萨卢斯特还要为另一种普遍风行的看法承担一定的责任，这种看法认为，罗马的贵族派（Optimates）和平民派（Populares）构成了一种稳固的两党制，*这种观念在现代世

---

[1] 这种说法出自 F. Schutz, *Classical Roman Law*（1951），103。
[2] 参见本书 p.247。
\* "Optimate" 是指称罗马贵族的一个褒义词，源自拉丁语的 "*optimus*"，意为 "最好的、最优秀的"，其对应的希腊语单词是 *aristos*。

界的渊源貌似可以追溯到 18 世纪关于英格兰议会的那些不切实际的错误观点；其随后的命运也是一个非常有意义的话题。[3]

人们可以认为，人民的自由（*libertas*）与元老院的权威（*auctoritas*）构成了罗马权力的两种来源；而元老院的元老又与人民（*populus*）或平民（*plebs*）形成了明显的对立。然而，在试图描述政治行为的时候，难免会出现简单化或张冠李戴的危险。萨卢斯特用一段插叙谈论朱古达战争前的罗马政治时，事实上提到了国家的两个派别——权贵（*nobilitas*）与平民（*plebs*）。[4] 这种特定用语必须予以特别的注意。并非所有的元老院议员都是权贵（*nobiles*），这个用语仅限于执政官的子孙；权贵就像萨卢斯特所揭示的那样，也可能是人民事业的支持者。不过，萨卢斯特并不相信存在一种有组织的民众党。

"平民派"（*populares*）是确实存在的。这个用语往往包

---

[3] H. Strasburger, *Real-Encyclopädie der classischen Altertumswissenschaft* XVIII, 773ff. 关于罗马政治生活的社会基础，参见 M. Gelzer, *Die Nobilität der römischen Republik*（1912）= *Kl.Schr.* I（1962），17ff.; F. Münzer, *Römische Adelsparteien und Adelsfamilien*（1920）; L. R. Taylor, *Partly Politics in the Age of Caesar*（1949）。

[4] *Bellum Jugurthinum* 40. 5（"nobilitas"与"plebs"）; 41. 5（"nobilitas"和"populus"）; 43. 1（梅特路斯［Metellus］是"平民党"［populi partes］的敌对者）。参见本书 p.171. 另请注意 *Bellum Catilinae* 37. 10: "quicumque aliarum atque senatus partium erant"（不属于元老院一派的其他派别的所有人）。关于萨卢斯特对政治术语的使用，参见 K. Hanell, *Eranos* XLIII（1945），263 ff.; L. R. Taylor, o.c. 9 ff.。

含的更多的是一种贬义，而不是褒义，或者说，它是一种侮辱性的用语，既可适用于某个人或某项措施，也可用于指称一种做派或一种传统。[5]但并没有用来表示一种名为"平民派"的党派。一个人有可能为了推进他的事业或进一步打击他的政敌而接受一种"民众"的立场。只要这个人的事业并没有突然中断，了解"民众"这样的"同胞"（popularis）最终持有怎样的立场便总是一种可取的对策。

萨卢斯特（与此相关的是）完全规避了"同胞"这个术语在政治上的运用。对他来说，"同胞"（popularis）仅限于同一国家的某个国民或共同事业中的某个盟友。[6]

萨卢斯特同样没有使用"Optimates"（最贤德的精英人士；贵族派）这个用语——他本人认可的说法是"boni"（贤士），这是最接近"Optimates"的用语。[7]这种回避可以很好地说明萨卢斯特的态度和观点。萨卢斯特采用的说法是"potentia paucorum"（少数当权者）或"factio"（帮派；寡头派），而不是"Optimates"，前者并不是一种善意的表述，后

---

[5] 在西塞罗的笔下，恺撒遵从的"路线被认为是民众的路线"（viam quae popularis habetur），在西塞罗看来，恺撒具有一种"事实上倾向于民众的意向"（animus vere popularis, Cicero, *In Catilinam* IV. 9）。需要注意的是，这是西塞罗在以一种委婉的方式暗指克拉苏："其中的一些人想要成为倾向于民众的人"（de istis qui se popularis haberi volunt, ib. 10）。

[6] 《朱古达战争》中用到过一次，*Bellum Jugurthinum* 7. 1（另有六次使用）。另见 *Bellum Catilinae* 22. 1；24. 1；52. 14。如何理解《朱古达战争》（41. 1）是一个充满争议的问题。

[7] *Bellum Catilinae* 19. 2.

者却可以传达或暗示某种认同和赞许的态度。[8]西塞罗在自己的演说中就曾惯性地回避"factio"这样的表述。

在一种正面的解释中,统治集团的首领会被称为"principes optimatium"(最贤德的精英领袖)。西塞罗为了增进和谐,在演讲中就曾采用了这样的表述方式。[9]他的《论共和国》呈现了另外一个方面:"当一个群体可以通过富有、出身或其他可以凭借的资源来统治国家时,这个群体事实上就是一个寡头派(*factio*),但他们被称为最贤德的精英人士(*Optimates*)。"[10]

寡头政治是一个简单确凿、一目了然的事实。这种政治虽然很多时候都是暗箱操作或处在严重的分歧与纷争中,但"factio"(寡头派)不可能避开人们的视线。在与庞培·马格努斯(Pompeius Magnus)经过一番长期的苦斗之后,正是这样的寡头集团最终达成协议,结成一个猜忌丛生

---

[8] *Bellum Jugurthinum* 31. 1: "opes factionis"(权贵派); 41. 6: "ceterum nobilitas factione magis pollebat"(但贵族有着强大派系); *Histories*. III. 48. 8 ( ed. Maurenbrecher): "C. Cotta, ex factione media consul"(从权贵派核心圈子中选定的执政官,盖尤斯·科塔)。 对"factio"的充分讨论,参见 L. R. Taylor, o.c. 9ff.。

[9] Cicero, *Pro Sestio* 138.

[10] Cicero, *De re publica* III. 23,参见 I. 51: "opulentos homines et copiosos tum genere nobili natos esse optimos putant. Hoc errore vulgi cum rem publicam opes paucorum non virtutes tenere coeperunt, nomen illi principes optimatium mordicus tenant, re autem carent."(他们认为,最优秀的人就是那些有钱有势或出身于豪门贵族的人。一旦人们有了这样的错误认识,掌控国家的就会是少数的富裕权贵,而不是贤德之士,他们会顽固地持守"最优秀者的贵族领袖"的名号,但他们事实上缺乏"最优秀者的贵族领袖"所应具备的品质。)

的同盟，进而导致了内战的爆发。[11]

庞培和克拉苏结束各自的执政官任期之后，一度走上了不同的道路——他们彼此敌对，但有共同的敌人。庞培在人民中颇受欢迎，保民官的提议又使他在对外出征中获得了超乎寻常的统帅权。在他出征的五年间，他的名字就像一朵暗沉沉的乌云，笼罩在罗马的上空。他将以何种方式凯旋而归？克拉苏在元老院有很强的影响力。[12]他在适当的时候并没有忽视加强他与其他世家大族的联系，比如梅特路斯家族（Metelli）。[13]他在公元前65年当选为监察官；由于未能提出任何清晰明确而又着眼于大局的政策，他似乎注定只能成为一名显赫的保守派政治家。总之，当时的克拉苏仅仅满足于漫无目的地煽动是非和干扰政事。

恺撒当时正着力于扭转不利的复杂局面。他选择留在罗马，而不是像其他一些年轻的名门权贵一样（特别是梅特路斯家族的凯勒尔［Quintus Metellus Celer］和涅波斯［Quintus Metellus Nepos］），前往东方出任庞培的副官，进而获得更多超出自己所需的军事经验。公元前66年到公元前63年的历史记录将恺撒的名字与各种流产未遂的阴谋或完

---

[11] *The Roman Revolution* (1939), 20ff.; 43ff.

[12] Plutarch, *Pompeius* 22.

[13] 通过联姻，苏拉的长子娶了梅特路斯·克雷提库斯（Metellus Creticus）的女儿（*Inscriptions Latinae Selectae* 881），次子娶了梅特路斯·庇乌斯（Metellus Pius）收养的西庇阿（P. Scipio）之女科妮莉娅（Cornelia）。

全落空的提案联系在一起。但失败的表象具有欺骗性。[14] 恺撒有他自己的执政官任职规划,他在公元前65年担任了贵族市政官(curule aedile),之后又青云直上,于公元前62年出任了行政官(praetor)一职。他还与贵族派的领袖经过了一番引人注目的较量,在此之后,他又在公元前63年当选为大祭司长(*pontifex maximus*),在这次当选中,他展现了自己对选民的控制力,同时也获得了一个拥有高级任免权的职位。

恺撒对苏拉党徒的打击,对马略事业的恢复,以及对人民权利的捍卫,无不经过了仔细的权衡,他行事谨小慎微,不想因偏激过火而毁掉自己的政治前程。与此同时,他的所有行动也并未有损于庞培。恰恰相反,在公元前63年与公元前62年,人们发现恺撒曾与一些保民官一起共事——这些保民官恰恰是庞培从东方派遣回来用于保护自己利益和制造麻烦的代理人。[15]

当恺撒在公元前60年的夏天从西班牙返回罗马的时候,这个夏天也成为一个做出重大决断的时节。一位建立功勋(或渴望执政官职位)的"popularis"(同胞)可能在别人的劝说下看到更好的出路,并在跌宕起伏的政治生涯之后最终找到一个没有危险的安身之所。可以这样说,贵族派不应

---

[14] 参见本书 p. 99。传闻、传记和后期事件的影响使人们对恺撒当选为执政官之前的政治活动产生了错误的印象。参见 H. Strasburger, *Caesars Eintritt in die Geschichte* (1938)。

[15] 参见本书 p. 98。

当排斥这种清醒而理智的政治转向。[16]

然而,最终的事实证明,恺撒过去的所作所为、某些"领袖"难以消解但又合乎情理的怨愤,以及加图的敌意(因个人动机而激化)都实在太过于激烈。恺撒付出了高昂的代价——而且庞培需要一个严厉无情的人出任公元前59年的执政官。恺撒使克拉苏和庞培达成了和解;他们在昆图斯·梅特路斯·凯勒尔(Quintus Metellus Celer)和卢奇乌斯·阿弗拉尼乌斯(Lucius Afranius)担任执政官的公元前60年也由此确立了赫赫有名而又带来致命灾难的三头同盟,该同盟在庞培的主导下,掌控了数年之久的罗马政治。

上述梗概算是一个简要的背景。当萨卢斯特回顾和反思自己在政治上迈出的第一步时,萨卢斯特的言辞就陷入了严厉而伤感的谴责之中。萨卢斯特说过,这条路远没有那么容易;人们要的并不是德行与正直,而是胆大妄为、奢靡腐化与贪婪无厌。[17]

---

[16] 关于这种类型的观点,参见 Cicero, *De provinciis consularibus* 38:"qui si ex illa iactatione cursuque populari bene gesta re publica referunt aspectum in curiam atque huic amplissimae dignitati esse commendati volunt, non modo non repellendi sunt verum etiam expetendi."(如果有人在经受过民众的冲击和压力之后,为国家建立了功勋,从而为获得精英人士的青睐而将其目光投向了元老院,那么这些人不仅不会遭到唾弃和排斥,反而事实上会获得人们的攀附与奉承。)

[17] *Bellum Catilinae* 3.3:"mihi multa advorsa fuere. nam pro pudore pro abstinentia pro virtute audacia largitio avaritia vigebant."(我遭遇了许多不利的处境,其中既没有谦逊,也没有节制,更没有诚实,到处所见的只有寡廉鲜耻、奢侈腐化和贪狠无厌。)

萨卢斯特并没有悲戚抱怨，也没有进行道德说教，相反，他可能出于某些原因而认为自己算得上幸运。很明显，萨卢斯特这代人在十年战争造成的灾祸与伤亡中受益良多。罗马的权贵家族在当时彼此之间出现了重重的分歧与隔阂；寡头集团很难在公元前70年代和公元前60年代找到担任执政官的人选；与萨卢斯特年代相近的前辈也并非人人都是才能出众、富有干劲。

萨卢斯特的同辈人出生于公元前90年到公元前80年之间，他们当中有一类人全部都是执政官家族的子孙，这些人前途广阔，但也注定难逃厄运。在这些执政官的子孙当中，比较著名的有苏拉之子法乌斯图斯（Faustus Cornelius Sulla）、克拉苏的两个儿子，安东尼家族三兄弟、\*迪奇穆斯·布鲁图斯·阿尔比努斯（Decimus Brutus Albinus）、盖尤斯·卡西乌斯（Gaius Cassius）和马库斯·埃米利乌斯·雷比达（Marcus Aemilius Lepidus）。这些人个个都对担任执政官之事信心满怀。只可惜战事复起。十人当中，只有马克·安东尼和雷比达成了执政官。而且巧合的是，只有这两个人死于萨卢斯特之后。

当然，机会也在向来自地方自治市的人招手。当时，元老院议员的名额在苏拉的扩充下已达到六百人之多。权贵

---

\*　克拉苏的两个儿子指马库斯·克拉苏（Marcus Licinius Crassus）和普布利乌斯·克拉苏（Publius Licinius Crassus）；安东尼家族三兄弟指马克·安东尼（Marcus Antonius）、卢奇乌斯·安东尼（Lucius Antonius）、盖尤斯·安东尼（Gaius Atonius）。

人士只占其中的一小部分。隐没于背后并处于底层的是一群无声的民众，他们无名无姓，不值一提，其身影在当时丰富的文献记录中要么偶尔浮现，要么在总体上含混难寻。[18]在那个时候，进入元老院虽说并非什么难事，但获得行政官的职位却需多费周折。权贵们试图一直垄断执政官的职位，倘若"新人"当选为执政官，这一职位也就受到了玷污，成为一桩耻辱之事。[19]如果来自地方自治市的人庸碌愚钝而又缺乏有权有势的庇护人，人们就会以"无足轻重的元老"（parvus senator）这一蔑称，将其贬斥为尸位素餐之人。

在集会广场或元老院，即便是取得较小的成功，也必须要有雄言善辩之才，精湛的演讲术还能赢得光彩耀人的奖赏，其中有金钱，也有影响力，同时还有身份和地位。在这方面，汲汲于功名的人士致力于求教那些著名的演说家，因为这并不是一门在任何学园都可以学到的技艺。西塞罗就吸引了很多这样的弟子，因而他很快就脱颖而出，成为引领风尚的人士。在西塞罗的这些弟子当中，我们可以关注一下凯利尤斯·鲁夫斯（M. Caelius Rufus）和穆纳提乌斯·普兰库斯（L. Munatius Plancus）后来的命运差异。普兰库斯出生在提布尔（Tibur）的一个公职家庭，凯利尤斯则是一位钱庄主

---

[18] *BSR Papers* XIV (1938), 23; *The Roman Revolution* (1938), 10f.
[19] *Bellum Catilinae* 23.6: "quasi pollui consulatum credebant si eum quamvis egregius homo novos adeptus foret."（如果新人获得了执政官职位，这个职位就被认为是受到了玷污，哪怕这位新人极为优异。）参见 *Bellum Jugurthinum*. 63.7。

的儿子,至于他出生在哪个城镇,我们并不确定。[20]凯利尤斯是一位尖锐而有力的演讲者,他在年轻时即已名列优秀演说家的行列;普兰库斯虽然开创了一种温和流畅而又充满诱惑的演说风格,但其活跃而忙乱的政治生涯并没有使他赢得善于论辩的名声或机会。

我们可以猜测萨卢斯特是否也曾求教于西塞罗,如果有的话,他是否也醉心于这样的经历?或者说,他是否同样受益于西塞罗这位伟大的典范?对西塞罗来说,他可能并没有看出这是一个值得勉励的年轻人。至于西塞罗是否也对波利奥缺乏热情的关切,这同样是有待商榷的。[21]

一些年纪更小的人,比如马库斯·布鲁图斯(Marcus Brutus)和李锡尼乌斯·卡尔弗斯(Licinius Calvus),认为西塞罗的演说风格过于晦涩冗杂、矫揉浮夸。他们更热衷于那种朴实无华、强劲有力而又紧凑集中的演说。与波利奥一样,年轻一代偏好的这种风格有可能同样吸引了萨卢斯特的注意。

公共生活的节奏瞬息万变、冷酷无情。法庭上的指控

---

[20] 人们经常把图斯库鲁姆(Tusculum)作为凯利尤斯的出生地,但"普雷图提亚努姆"(Praetuttiani)同样也有可能(Cicero, *Pro Caelio* 5),有力的相关论据参见 *M. Tulli Ciceronis Pro M. Caelio Oratio*, edited by R. G. Austin, 1960, 146ff.。关于普兰库斯的"故乡",参见 *Horace*, Odes I. 7;关于提布尔的一位名为穆纳提乌斯的地方官员,参见 *Corpus Inscriptionum Latinarum* I.² 1496 = *Inscriptions Latinae Selectae* 6231。

[21] 西塞罗在书信中很少提到波利奥,即便提到,也是很晚才在书信中无足轻重地几笔带过。波利奥从西班牙寄出的书信写于公元前43年的春夏之际(Cicero, *Ad familiares* X. 31-3)。

能使一个人声名鹊起，演说者首次获得的殊荣也会成为一次历史性的事件，或者至少有可能载入罗马雄辩术的编年史册。[22] 公元前59年，年轻的鲁夫斯在针对执政官盖尤斯·安东尼乌斯（Gaius Antonius）的一次控告中骤然间声名扫地；\*卡尔弗斯则于此后的第二年抨击了普布利乌斯·瓦提尼乌斯；到了公元前54年，波利奥开始崭露头角，当时的他尚且不足二十岁。论争的较量与角逐蕴含着风险与危机。身负仇怨（往往是家族世仇）或拥有豁免特权让名门权贵引以为荣，但并非天赋异禀或缺乏庇护的"新人"却不得不谨慎行事，其论辩的努力只能局限于辩护性的演说。出于某种原因，萨卢斯特并没有作为演说家而崭露锋芒，在激动人心的机会面前，平民保民官成为他无法抗拒的职位。

"新人"无法单枪匹马地奋战前行。无论如何，党派的首领需要招揽有用的人才，名门望族也具有扶植受庇护之人的日常责任和明显的优势。另外，不管人的地位如何，姻亲结盟也是政治考量的一个重要因素。经常陷于穷困的名门权贵虽然并不会对时兴的金钱嗤之以鼻，不屑一顾，但他们也并非总是急于把自己的女儿许配给新兴的阶层。非常遗憾的是，关于萨卢斯特的妻子，我们找不到任何的

---

[22] Tacitus, *Dialogus de oratoribus*, 34. 7.

\* 指演说家马库斯·安东尼乌斯（Marcus Antonius，后三头之一马克·安东尼祖父）的次子盖尤斯·安东尼乌斯·希布里达（Gaius Antonius Hybrida），公元前63年与西塞罗一同当选为罗马执政官。公元前59年遭到了恺撒和克拉苏的控告。

线索。[23]

在公元前60年代，萨卢斯特可以到哪里寻求支持或找到自己的领路人？当时的庞培远在东方，擅于解囊相助而提携广博的克拉苏在法庭上四处插手、殷勤周到（他会为任何人辩护），他愿意资助竞选，也乐于帮助别人偿还债务。当时有人认为，克拉苏参与策划了公元前66年和公元前65年的各类阴谋，后来，这种怀疑被人们进一步夸大。[24]萨卢斯特在其第一本论著中提到了克拉苏所遭受的质疑："为坏人辩护"是克拉苏妨碍政务的一贯作为。[25]

庞培和克拉苏之外还有精明强干的恺撒，他以当选执政官作为自己政途的导向。然而，我们并不清楚，当时的恺撒是否已经为自己赢得了众多的追随者。他的一些最为臭名昭著的党羽或忠实的追随者只是到了后来才出现，当时已是恺撒和庞培决裂的前夕，而且其中的一些人是出于某些个人原因或偶然因素才选择加入恺撒的阵营。[26]

---

[23] 除了很晚才出现的一个无稽之谈（本书 p. 284）。
[24] 参见本书 p. 93。
[25] *Bellum Catilinae* 48. 8: "ne Crassus more suo suscepto malorum patrocinio rem publicam conturbaret."（为防止克拉苏按照自己的习惯为坏人辩护，从而扰乱公务。）毕希纳认为，萨卢斯特是克拉苏的追随者，K. Büchner, *Römische Literaturgeschichte*（1957），253；*Sallust*（1960），16，34f.。
[26] 一直以来存在的一个观点始终将萨卢斯特认定为恺撒的早期追随者，这种看法取决于有关萨卢斯特和恺撒的种种假设。这会导致一些离奇的结论。帕雷蒂提到了萨卢斯特对于恺撒的"二十年忠诚"（ventennale devozione, L. Pareti, *La congiura di Catilina*, 1934, 205），并因此而进一步提出，被说成是"恺撒追随者"（il già seguace di Cesare）的喀提林在公元前63年必定与萨卢斯特有往来（ib. 200）。在波拉斐（转下页）

卢奇乌斯·塞尔吉乌斯·喀提林（Lucius Sergius Catilina）出身于上流贵族，这位煽动家的个性和计划足以吸引风华正茂的年轻人和各类贵族派的敌人。当西塞罗后来为鲁夫斯早年的一些行径加以辩解和开脱的时候，他并不惮于承认，喀提林这个神秘莫测的人物具有极大的蛊惑力。他的假仁假义蒙蔽了许多忠良之士，甚至西塞罗自己也一度险些被误导。[27]据说，就连许多地方自治市的贵族也同样沦为了喀提林的党羽。[28]

从旧有的传统来看，作为上流贵族的克劳狄乌斯家族（Claudii）非常善于网罗和安置外来的受庇护人。这是萨宾人自身内部的关系——但证据上无法证明萨宾人之间可以在那个地区维系一种紧密的联系。仅仅将阿庇乌斯·克劳狄乌斯·普尔喀拜访萨宾人元老阿克西乌斯的事实作为引证是不够的；普布利乌斯·克洛狄乌斯·普尔喀（Publius Clodius Pulcher）的团伙头目中有一位来自列阿蒂的人同样无法作为援引的证据。[29]

---

（接上页）看来，恺撒自公元前66年以来就成了"罗马的平民党领袖"（capo del partito populare in Roma），而且到了公元前63年，恺撒还可能抑制了一些年轻友人对他的狂热追随（E. Bolaffi, *Sallustio e la sua fortuna nei secoli*, 1949, 26f.）。不过值得注意的是，波拉斐承认，这个结论"只能从逻辑上"得出。

[27] Cicero, *Pro Caelio* 12ff.
[28] *Bellum Catilinae* 17.4: "ad hoc multi ex coloniis et municipiis, domi nobiles."（还有许多来自各移民地和地方自治市，他们都是当地的贵族。）
[29] Cicero, *Pro Sestio* 80: "Titio Sabino, homini Reatino"（提修斯，一个列阿蒂人），参见 F. Münzer, *Real-Encyclopädie der classischen Altertumswissenschaft* VI A, 1554。

克劳狄乌斯三兄弟面临着对先祖和尊荣（*dignitas*）的挑战。他们当中只有一人获得了执政官职位，这个人就是最年长的阿庇乌斯·普尔喀。阿庇乌斯于公元前54年当选为执政官，他是一位坚定而顽强的贵族（Optimate），但他同时又偏向于庞培。排行第二的盖尤斯·普尔喀在公元前56年出任过行政官一职，他在结束自己亚细亚总督的任期之后，被迫因一场诉讼而伏法认罪，这难免让人觉得有些惊讶。克劳狄乌斯家族是政治上的机会主义者。年纪最小的普布利乌斯·克洛狄乌斯很早就展现了这一点。*克洛狄乌斯曾在担任执政官的亲戚所统领的海外军队中服役，**退役后，他又在公元前65年出面发起了针对喀提林的一场流产的罪行指控。[30]克洛狄乌斯在政治上一度犹疑不定，但他无意中与贵族派发生了冲突，为了实现自己最终的野心，他走上了一条独立的派系路线，他不仅笼络城市的受庇护人（这也正是克劳狄乌斯家族的传统），而且还时而服务于庞培、克拉苏和恺撒的利益。

克洛狄乌斯有多种多样的天赋。他的周围往往聚集着一些浪荡之徒，即罗马的"perdita iuventus"（纨绔子弟）。[31]

---

[30] Asconius 78, etc.（克洛狄乌斯在公元前65年回到罗马后，曾欲以勒索罪拘押喀提林，后来由于喀提林的贿赂，喀提林被判无罪释放。——中译注）

[31] Cicero, *Ad Atticum* VII. 7. 6.

\* 克洛狄乌斯经恺撒的默许和元老院的批准而成为氏族中的平民，他将贵族常用的姓氏"克劳狄乌斯"改为平民常用的"克洛狄乌斯"。

\*\* 担任执政官的亲属指他的妹夫卢奇乌斯·李锡尼乌斯·卢库路斯（Lucius Licinius Lucullus）和姐夫昆图斯·马奇乌斯·雷克斯（Quintus Marcius Rex）。

按照这种说法，马克·安东尼、斯克里伯尼乌斯·库里奥（Scribonius Curio）和凯利尤斯·鲁夫斯这样的年轻人都属于这样的子弟。有些人认为，萨卢斯特或许同样可以算作这类年轻人的一个典型。即使不是，这样的萨卢斯特也有可能在市郊或边区一带被人们发现。其他身陷这种环境中的人还有执政官卢奇乌斯·格利乌斯·普布利科拉（Lucius Gellius Poplicola）的儿子和年少的塞普罗尼乌斯·阿特拉提努斯（Sempronius Atratinus）。普布利科拉是个声名狼藉之人，[32] 后者曾于公元前56年，也即年仅十七岁的时候，对凯利尤斯·鲁夫斯提出过指控。[33]

为了家族的利益，克洛狄乌斯的三个姊妹从小就与人订立了婚约。克劳狄乌斯家族也据此确立了他们与富贵而显赫的李锡尼乌斯·卢库路斯、马奇乌斯·雷克斯和梅特路斯·凯勒尔之间的联姻。*丈夫的常年外出、骄傲的出身、对纸醉金迷的贪恋，以及女人之间的争风吃醋，在克劳狄娅姐妹中间引发了令人不齿的丑行；然而另一方面，这

---

[32] F. Münzer in *Real-Encyclopädie der classischen Altertumswissenschaft* VII, 1003 ff.

[33] F. Münzer in *Real-Encyclopädie der classischen Altertumswissenschaft* II A, 1366 ff.

\* 一般而言，克劳狄乌斯家族三兄弟与三姊妹的齿序依次为克劳狄娅·特尔提雅（Claudia Tertia）、阿庇乌斯·普尔喀、盖尤斯·普尔喀、克劳狄娅·普尔克拉（Claudia Pulchra）、普布利乌斯·克洛狄乌斯、克劳狄娅·昆塔（Claudia Quinta）。依齿序，三姐妹分别嫁给了马奇乌斯·雷克斯、梅特路斯·凯勒尔、李锡尼乌斯·卢库路斯。

些姐妹也并没有鄙弃智慧与才华,否则像卡图卢斯这样的 municipalis(地方自治市民)不可能因此而获得接近克劳狄娅的机会。*卡图卢斯出生在帕达河外(Transpadana)的维罗纳(Verona),他的家庭在当地殷实富有,很可能是梅特路斯家族的受庇护人。

在名门权贵当中,结婚、离异或通奸难免会演变成重要的政治事件。凯利尤斯·鲁夫斯与嫁给凯勒尔的那位暴虐的克洛狄娅([Clodia]当时她事实上就是一个寡妇)之间所发生的风流韵事,就曾引发了不欢而散的争执与冲突;在公元前56年,克洛狄娅曾因此而幕后操纵了那场针对凯利尤斯的指控,**而指控的处理结果,最终也造成了凯利尤斯与克洛狄乌斯的分道扬镳。

名门权贵的千金小姐们虽然无权参与公共生活,但她们享有家庭或丈夫的社会声望,她们不可能被权势人物的真实权力和秘密权力所欺骗。她们要比元老院普通的元老更为重要,其影响力或许丝毫不逊色于同僚秘会中不动声色但又颇具权威的资深执政官:她们恰好预示了朱利安和克劳狄王朝的那些令人忌惮的皇后。在这些女子当中,塞维利娅

---

\* 卡图卢斯曾与嫁给凯勒尔的克洛狄娅有过一段通奸性质的感情,他在自己的诗歌中以"莱斯比亚"(Lesbia)为化名,表达和讲述自己与克洛狄娅之间的情感。

\*\* 克洛狄娅指使年仅十七岁的阿特拉提努斯对凯利尤斯进行谋杀指控,克拉苏和西塞罗则为凯利尤斯进行了成功的辩护,使之免受官司之扰。西塞罗在《为凯利尤斯辩护》(*Pro Caelio*)中暗示了克洛狄乌斯与姐姐克洛狄娅之间的乱伦关系,而克洛狄乌斯恰恰是西塞罗在政治上的死敌。

（Servilia）是一个著名的代表性人物，她是加图同母异父的姐姐，布鲁图斯的母亲，一度也是恺撒的情妇。她的影响力并没有随着恺撒的遇刺而消失——她可以在公元前44年6月确保元老院做出某项决议的更正。[34]

在这些女性政治人物中，只有一位女性被写入了史书，因为有一位史家决定，他要以一段详尽的描述，向这位女性表达自己的敬意。[35]这位女性就是名声不佳的迪奇穆斯·尤尼乌斯·布鲁图斯（Decimus Junius Brutus）的妻子塞普罗尼娅（Sempronia），前者直到暮年才于公元前77年当选为执政官。据说，塞普罗尼娅曾为喀提林的同党提供过帮助。这位无所畏忌而又受过良好教育的女人既有惹是生非的天赋，也有密谋私通的癖好，她罪行累累却又毫无收敛；在她对享乐的狂热追求中，荣誉与谦恭没有丝毫的意义；她很少等着别人向她提出请求，也很少等着男人主动来追求她。

萨卢斯特最后对塞普罗尼娅的才华与她的风趣优雅和人格魅力，表示出莫大的敬意。我们可以大胆地断言，萨卢斯特不仅认识这个女人，而且也了解这种类型的其他女性。在萨卢斯特的笔下，塞普罗尼娅和上流社会中许多其他的贵妇一样，不但负债累累，而且再也无法将自己的姿色和魅力转化成金钱上的收益，然而尽管如此，塞普罗尼娅仍然有着并非所有女性都能具有的地位。

---

[34] Cicero, *Ad Atticum* XV. 11. 2.
[35] *Bellum Catilinae* 25，参见本书 p.133。

就目前所知,风韵之事臭名昭著但又并未成为一种政治势力的女人是独裁者苏拉的女儿——法乌斯塔(Cornelia Fausta)。这个女人在选择自己爱人的过程中遭到了哥哥法乌斯图斯的嘲笑,因为在这个问题上,她不但朝三暮四、处处留情,而且还很少在意对方的社会地位和社会出身。[36]法乌斯塔嫁给了卡图卢斯和卢克莱修的庇护人盖尤斯·梅米乌斯(Gaius Memmius),她很可能充分利用了梅米乌斯公元前57年前往比提尼亚(Bithynia)那段出门在外的时间。*梅米乌斯于公元前54年同法乌斯塔离婚。随后,法乌斯塔又嫁给了提图斯·安尼乌斯·米洛(Titus Annius Milo)。法乌斯塔的这位新任丈夫在结婚两年之后即遭到了指控和流放,在此之后,我们就再也没有看到关于法乌斯塔的消息。可能是因为她在此之后走上了改过自新之路,也有可能是因为她步入了有序的生活之道,但人们更倾向于认为,很可能是她的去世导致了她在此后的销声匿迹。

随着岁月的流逝,历数法乌斯塔的情人和确认相关的

---

[36] 法乌斯塔同时有多名情夫,其中既有染匠的儿子弗尔维乌斯(Fulvius),也有庞培尤斯·马库拉(Pompeius Macula),因而她遭到了哥哥的嘲笑(Marcrobius II. 2.9)。

\* 比提尼亚位于小亚细亚西北部,曾一度形成比提尼亚王国,并历经波斯人的统治和亚历山大的征服。公元前297年,该地脱离塞琉古王朝,再度获得独立。到尼科美德四世(Nicomedes IV)在位时期,国王因未能对抗本都国王米特里达梯六世(Mithridates VI)而丢掉王位,但后来在罗马的帮助下又再度恢复王位。因此,尼科美德四世最后决定将王国遗赠给罗马共和国(公元前74年),由此也引发了罗马与本都之间的第六次米特里达梯战争(公元前75年—前64年)。

事实证据需要有着非同寻常的谨慎和学识。恶意可以导致任意的解释，抑或犯下诚实的错误。瓦罗足以令人吃惊地提出一个并不利于萨卢斯特的说法：萨卢斯特因与法乌斯塔私通而被米洛捉奸，为此，萨卢斯特遭受了鞭笞之刑，同时还被迫缴纳了赎金。[37]

这个故事有一个耐人寻味之处，难免让人有所怀疑——萨卢斯特是苏拉独裁事业的反对者，也是安尼乌斯·米洛的敌人。老瓦罗在指责萨卢斯特的品行之时，甚至会为自己的一片忠心所打动，他总是会想起自己的好友和庇护人，庞培·马格努斯。

后世的人们将特伦提乌斯·瓦罗誉为那个时代出生于萨宾地区的一位最具代表性的精英，这并不是没有道理。但就政治上的重要性和所取得的成就而言，瓦罗早已被瓦提尼乌斯所超越，后者不仅在恺撒担任执政官的那一年当选为平民保民官，而且还在公元前55年出任了行政官一职。[38]瓦

---

[37] Gellius XVII. 18. 关于这一说法的讨论和评判，参见本书 p.278。
[38] 瓦提尼乌斯的出生地是一个难以确定的问题。"塞尔贾"是他所属的部族——"severissimorum hominum Sabinorum, fortissimorum virorum Marsorum et Paelignorum"（那些最严肃的萨宾人，最勇猛的马尔西部族和帕埃利努姆部族，Cicero, *In Vatinium* 36）。但他的出生地一般被认为是列阿蒂（参见 *De natura deorum* II. 6），而列阿蒂又属于"奎利纳"（Quirina）部族。这里涉及名为"瓦提尼乌斯"（Vatinius）和"瓦蒂恩努斯"（Vatienus）的人，这是一个比较麻烦的问题，参见 L. R. Taylor, *The Voting Districts of the Roman Republic*（1960），262f.。该学者认为，瓦提尼乌斯是一位马尔西人（Marsian）。然而需要注意的是，库（转下页）

提尼乌斯作为恺撒的党羽，最终获得了执政官的职位，他心思缜密、风趣幽默，在战场上忠心耿耿而又能征敢战。另外可以补充说明的是，公元前50年代的历史并没有显示出瓦提尼乌斯与克洛狄乌斯有着不同的立场和阵营。

这个时代还可以辨认出来自萨宾地区的其他元老。在这些元老当中，出自阿米特努姆本地的人可能只有一位，而且没有什么知名度。[39] 关于萨卢斯特的信息则是毫无所获。不过，个人与乡土的联系无论如何都不可能在个人的发展道路中起到决定性的作用。

还有另外一个问题：萨卢斯特是在什么时候选定了自己的志业？在某种命运的转折或突如其来的机会激发自己的雄心壮志之前，萨卢斯特一直出入于上流社会的会所厅堂，难道文学（也可能是一些普通的作品）是萨卢斯特最初的志向？显然不是。在他的第一部专题史书中，萨卢斯特虽然承认自己早年也曾钟爱于精神上的东西，但他同时也通过强调自己的青年时代而明确申明，他从一开始就想在政治上干出一番事业。[40]

---

（接上页）雷斯（Cures）和特雷布拉（Trebula Mutuesca）虽然属于"塞尔贾"部族，但大部分的萨宾人都属于"奎利纳"部族。

[39] 阿米特努姆出生的那位名为阿提库斯·凯尔苏斯（C. Atticus Celsus）的自由人，很可能是公元前65年的那位行政官（*Corpus Inscriptionum Latinarum* IX. 4436，"litteris antiquioribus"）。

[40] *Bellum Catilinae* 3.3："sed ego adulescentulus initio sicuti plerique studio ad rem publicam latus sum."（然而，在我个人还是一个年轻人的时候，我起初也像许多其他人一样，渴望投身于政治事务。）

获准进入元老院的人需要担任过财务官这一职位。在此之前,想要博取功名和荣誉的人,要么需要积累自己的资历,要么需要在罗马的行省中寻求外部的支持和庇护;至少,他需要担任过军事保民官的职务。在这个问题上,克奈乌斯·普兰奇乌斯的事例是很有说明性的,他是一位钱庄主的儿子,出生于阿蒂纳小城,于公元前58年担任了马其顿行省的财务官。普兰奇乌斯在公元前68年之前一直以"同餐之友"(contubernalis)的身份给阿非利加行省的资深执政官供职,在此之后,他又在克里特(Crete)成为梅特路斯手下的一名士兵;到了公元前62年,他又在马其顿行省出任了军事保民官一职。[41]

如果公元前86年的确是萨卢斯特的出生年份,那么他很可能就在庞培和克拉苏第二次当选为执政官的公元前55年担任了财务官一职。然而,并没有直接的证据可以证明,萨卢斯特担任过财政官这一职务。不过,萨卢斯特从未担任过公职的可能性也微乎其微。在受到苏拉的限制之前,根据阿蒂尼乌姆的平民会决议(*Plebiscitum Atinum*),平民保民官可以在元老院据有一席之位,而身为保民官的人可以一直保留这个席位,直到或除非监察官在下一轮的元老名单审查中解除其席位资格。苏拉的限制最终在公元前70年被取消,

---

[41] Cicero, *Pro Plancio* 27 f.; 61.

保民官的权力也理应就此而恢复。[42]值得注意的是,正是在恺撒的独裁统治和奥古斯都及其后继者的统治下,保民官进入了元老院,而阿西尼乌斯·波利奥和普布利乌斯·翁提狄乌斯(Publius Ventidius)恰恰也是以这样的方式获取了自己的功名与地位。

然而,必须再三强调的是,关于萨卢斯特在公元前53年夏天当选为保民官之前的仕途生涯和辗转沉浮,我们无论如何都无法找回任何相关的信息。这里暗含着一个故事,这在任何时代都是一个经久不衰的话题:以功绩与德行声张其权利,来自地方自治市的人挤进罗马城的上流社会。[43]

---

[42] 尼科利尼似乎并没有意识到公元前70年之后的这种可能性,G. Niccolini, *Il tribunato della plebe*(1932),参见 A. Lengle, *Real-Encyclopädie der classischen Altertumswissenschaft* VI A, 2486。使财务官职位成为必要的职务经历具有普遍而长期的困难,关于这一问题,参见 Mommsen, *Römisches Staatsrecht* I$^3$(1877), 533f.。

[43] *BSR Papers* XIV (1938), 9.

# 第4章

# 萨卢斯特的政治生涯

无论萨卢斯特此前担任过何种职务,他都在公元前52年的一片喧嚣谩骂中,以保民官的身份步入了历史的舞台。更为重要的是,有大量的文献足以证明这个事实。严谨细心的阿斯科尼乌斯(Asconius)曾给西塞罗的那篇演说《为米洛辩护》(*Pro Milone*)撰写了历史方面的介绍与评述,其中不仅记录了萨卢斯特的活动,而且还多次透露了与之共事的同僚。[1] 这些记录(并非总能得到应有的重视)使我们得以窥测萨卢斯特的政治倾向,或者至少可以用来挑战甚至推翻这一常见的论断:萨卢斯特一定自始至终都是恺撒的追随者。

当时,主导政局的是庞培·马格努斯。他获得了两个西班牙的行省统帅权,*却又拒绝在第二个执政官任期结束后赴任西班牙的总督,他坐镇于罗马的城郊附近,目的是想以此来扼制或者颠覆公民政体的统治方式。就像加图所说的那样,

---

[1] 阿斯科尼乌斯在五个地方提到了萨卢斯特(33, 39, 43, 44, 45)。遗憾的是,库菲斯在他的解释性证明中仅仅记录了其中的一处(ed. 3, Teubner, 1957)。

\* 在罗马共和国时期,西班牙被分为两个行省,即近西班牙(Hispania Citerior)和远西班牙(Hispania Ulterior)。

马格努斯是要通过放任无政府的状态来实现君主制的统治。[2]

到了公元前54年,克劳狄乌斯·普尔喀和多米提乌斯·埃努巴布斯(Lucius Domitius Ahenobarbus)成为当年的执政官,正是在这一年的选举季,局势很快就转向了有利于庞培的方向。因为在这个时候,公开的贿赂(现金交易的比率突然成倍增加),背地里的阴谋,组织群氓乱党和武装团伙,以及利用国家宗教上下愚弄或造谣生事,都作为不久之前趋于常态化的政治生活特征而得到了进一步的强化。[3]

埃米利乌斯·斯考鲁斯(Aemilius Scaurus)是公元前54年执政官选举的候选人之一。他在当时需要首先应对一项指控,但他并不是孤立无援:他有六名辩护人,其中包括西塞罗和克洛狄乌斯,此外还有九位执政官级别的人士也提交了他们的辩护证词。[4]然而,斯考鲁斯虽然被判无罪,但结果还是被庞培所抛弃。盖尤斯·梅米乌斯和多米提乌斯·卡尔维努斯(Domitius Calvinus)是另外两位候选人,他们与时任执政官的克拉苏和庞培达成了交易,其中涉及金钱,也涉及双方之间的利益。执政官的选举一直推迟到当年的9月。出于庞培的压力,梅米乌斯在元老院揭露了他们与克拉苏和庞培达成的那个臭名昭著的协议。迫不及待的检举人也就此看到了他们的机会。不久之后,这三位候选人和第

---

[2] Plutarch, *Cato* 45.
[3] 关于公元前54年和公元前53年选举丑闻与骚乱的主要证据都出自西塞罗写给阿提库斯(Atticus)和昆图斯(Quintus)的书信。
[4] Asconius 18; 24 f.

四位候选人梅萨拉·鲁夫斯（Messalla Rufus）全都遭到了弹劾，但选举仍然没有进行。

在公元前54年的下半年，野心勃勃的阴谋和各种各样的矛盾与争执，同样引发了一系列与执政官的竞选和丑闻并没有直接关系的指控和审讯。在此期间，阿西尼乌斯·波利奥在李锡尼乌斯·卡尔弗斯担任辩护人的一桩案件中提出了指控，从而声名大噪。[5]而卡尔弗斯对瓦提尼乌斯重新展开最后一轮的抨击时发现，他虽然真挚诚恳、精力充沛，但面对西塞罗的能言善辩，他仍然深感力不从心，束手无策。[6]此时，西塞罗已经完全屈从于罗马的政治强人。在公元前54年年底，西塞罗受命于庞培，为叙利亚的资深执政官奥卢斯·加比尼乌斯提出了辩护。在公众看来，这是西塞罗一生中最大的耻辱，他本人也同样这么认为——即使他在那些日子里并没有就理想共和国与"最优秀公民"（optimus civis）的问题而提笔著书。

自公元前54年的夏季以来，关于独裁统治的流言就已经甚嚣尘上，传闻已久。而且这一年尚未结束就已经有很强的迹象表明，作为庞培亲属的路奇利乌斯·希鲁斯（Lucilius Hirrus）将会被提名出任保民官的职位。[7]

---

[5] 受到指控的盖尤斯·加图（Gaius Cato）（Tacitus, *Dialogus de oratoribus*. 34.7），由卡尔弗斯为其辩护（Senaca, *Controversiae* VII. 4. 7）。

[6] 关于卡尔弗斯抨击瓦提尼乌斯的演讲，见 H. Malcovati, *ORF*² (1955), 494 ff.。

[7] Cicero, *Ad Quintum fratrem* III. 8. 3.

罗马在尚未选举出执政官和行政官的情况下就进入了下一年。保民官依旧阻挠着选举。这一年，执政官的选举一直拖延到了7月，随着斯考鲁斯和梅米乌斯遭到抛弃，卡尔维努斯和梅萨拉·鲁夫斯最终赢得了选举。然而与此同时，关于独裁统治的风潮并没有平息。这也引发了罗马共和捍卫者的抵触——加图威胁说要解除希鲁斯的保民官职务。在那些煽风点火而唯恐天下不乱的人当中，有一个人无论如何都会被指定为公元前52年的十位保民官之一，这个人就是庞培尤斯·鲁夫斯（Q. Pompeius Rufus），他因元老院的判决而被投进了监狱。[8]

公元前52年年初同样没有选出执政官，但有三位候选人通过滥施贿赂和公开的暴力竞相参选。[9] 贵族派将自己的希望寄托在安尼乌斯·米洛身上，此人残酷无情，身边还有一帮组织严整的雇佣团伙。庞培致力于扶持梅特路斯·西庇阿（Quintus Metellus Scipio）和普劳提乌斯·希普塞乌斯（Publius Plautius Hypsaeus）；这两位候选人同时还得到了克洛狄乌斯·普尔喀的大力支持，后者致力于参选行政官的职位；此外，保民官当中也有两位活跃的参与者，一位是庞培尤斯·鲁夫斯，另一位则是普兰库斯·布萨（T. Munatius Plancus Bursa）。自克洛狄乌斯与庞培在公元前56年和解以来，关于克洛狄乌斯的消息就已经很少听闻。这位贵族煽动

---

[8] Dio XL. 45. 2.

[9] Asconius 26.

家本身就是一股政治势力，他野心勃勃，同时还觊觎着未来的执政官职位，而在他的祖先们看来，这一职务理应由他们来担任。[10]

就在这一年的1月18日，克洛狄乌斯在阿皮亚大道（Via Appia）上被米洛的私人卫队所杀。他的遗体被运回罗马，陈尸于广场之上，保民官则于此时借机发表了义愤填膺的演说，对米洛给予了猛烈的抨击。他们的煽惑挑起了动乱，元老院的议事堂（Curia）也被暴民们付之一炬。*

学识广博的阿斯科尼乌斯在他撰写的介绍性叙述中提到了庞培尤斯·鲁夫斯和普兰库斯·布萨的名字。[11]但在之后评论《为米洛辩护》的某一段内容时，连同庞培尤斯·鲁夫斯一起被提到的保民官却是萨卢斯特·克里斯普斯，关于这一点，阿斯科尼乌斯引述了《纪事》（Acta）

---

[10] 学界似乎普遍认为，克洛狄乌斯当时首先是一位恺撒的追随者，参见 J. Carcopino, *Histoire romaine* II（1936），794：" 克洛狄乌斯一直保持着自己［对恺撒］的忠诚。" 不管是加科比诺的著作，还是塞克斯（E. E. Sikes, *The Cambridge Ancient History* IX, 624 f.）的研究，其中都没有提到克洛狄乌斯对庞培候选人的大力支持，这一点也被阿斯科尼乌斯（Asconius 26）所证实（参见有关普塞乌斯的叙述，42）。可以肯定的是，西塞罗认为克洛狄乌斯实际上是庞培的敌人——"克洛狄乌斯是他个人的仇人，米洛则是他的至交好友；要是他为皆大欢喜而高兴，他与克洛狄乌斯达成和解的信心和意向恐怕就会被削弱"。（fuisse illum sibi inimicum, familiarem Milonem; in communi omnium laetitia si etiam ipse gauderet, timuit ne videretur infirmior fides reconciliatae gratiae.）

[11] Asconius 29.

\* 即赫斯提利亚元老院议事堂（Curia Hostilia），也是罗马共和国时期最早的元老院议事堂。

当中的证据。[12]

混乱并没有平息下去。元老院通过最终的决议，将整个意大利的军队征募权授予了庞培。不仅如此，在独裁统治的叫嚣重新出现之后，由于庞培养子卡尔普尔尼乌斯·毕布路斯（Calpurnius Bibulus）的提议和加图的勉强同意，庞培甚至在当年的2月25日成为了单独的执政官。

此时，针对米洛的起诉和审查即将进行。但三位保民官并没有将自己的注意力局限在米洛身上。他们还攻击了为米洛辩护的西塞罗，后者曾在演讲中愤愤不平地说道，"一些可怜的亡命之徒"（abiecti homines ac perditi）竟把他当成了一名匪徒和刺客。[13]诚然，西塞罗并没有指出这些"亡命之徒"的姓名，但在阿斯科尼乌斯看来，西塞罗所说之人，正是鲁夫斯和萨卢斯特。[14]

---

[12] Asconius 43: "sunt autem contionati eo die, ut ex Actis apparet, C. Sallustius et Q. Pompeius, utrique et inimici Milonis et satis inquieti. sed videtur mihi Q. Pompeium significare; nam eius seditiosior fuit contio."（《纪事》清楚地表明，那天发表演说的人是萨卢斯特和庞培尤斯，他们都是米洛的政敌，也是不安分之人。然而在我看来，这里所指的人应该是庞培尤斯，因为他的演说更具有煽动性。）

（《纪事》是指罗马共和国时期的元老院记事录（Acta Senatus）。该记事录用来记录元老院的讨论和决议，内容禁止公之于众。到公元前59年，时任罗马执政官的恺撒下令公布元老院纪事，将其张贴于公共场所，即为《每日纪事》[Acta Diurna]。——中译注）

[13] Cicero, Pro Milone 47: "me videlicet latronem et scarium abiecti homines et perditi describebant."（很显然，一些可怜的亡命之徒要把他当成一名匪徒和刺客。）

[14] Asconius 44.

据阿斯科尼乌斯的论断,鲁夫斯是克洛狄乌斯最亲密的友人,他曾公开宣布自己的党派倾向;[15]普兰库斯·布萨则是克洛狄乌斯的拥趸,用西塞罗的话说,他是一个"狂热的追随者"(simiolus)。[16]然而,对于和克洛狄乌斯有关,同时也和庞培有关的第三位保民官,人们又有什么样的看法呢?[17]

此时,远在千里之外的恺撒虽未置身其中,却也无法让自己置身事外。他必须在十位保民官当中争取到自己的同党。关于当年的其他保民官,有据可查之人仅有两位,一位是凯利尤斯·鲁夫斯,另一位则是某个名为马尼利乌斯·库玛努斯(Manilius Cumanus)的人,这两个人都是米洛坚定的支持者。[18]这一年年底通过了一项保民官法令,允许恺撒不必亲自参加候选执政官的报名。其他有关这届保民官的议题只有一桩丑闻。当时有个小官为表敬意,设宴款待了当时与庞培同为执政官的梅特路斯·西庇阿和十位保民官。宴请人呈献

---

[15] Asconius 45: "qui fuerat familiarissimus omnium P. Clodio, et sectam illam sequi se palam profitebatur"([鲁夫斯]是克洛狄乌斯最亲密的友人,曾公开宣称他是自己党派的追随者)。鲁夫斯是苏拉的外孙,同时也是恺撒第二任妻子庞培娅的弟弟。瓦提尼乌斯第二任妻子也叫庞培娅,但这位庞培娅的家族(*Ad familiares*. V.11.2)缺乏事实上的证据。

[16] Cicero, *Ad familiares* VII. 2. 3.

[17] 并不是所有人都会接受萨卢斯特是克洛狄乌斯党羽的观点。圣贾科莫拒绝"所有[将萨卢斯特]视为阴郁的煽动家或未来的道德主义史家的奇谈怪论"(ogni innaturale affinità di vedute e di intenti fra il torbido demagogo e il futuro storico moralista),他将萨卢斯特的行为归结为机会主义(L. O. Sangiacomo, *Sallustio*, 1954, 27)。

[18] Asconius 32.

了娼妓，致使宴会以一种淫乐的方式进行。[19]

让我们重新回到克洛狄乌斯及其已知或者可能的党羽。庞培坚持认为，克洛狄乌斯遭到的是仇杀——或者更确切地说，受到谴责和惩处的应该是米洛。庞培在稳定罗马的秩序和确立自己的主导权之后，很可能已经开始同贵族派那边的派系达成妥协。他留下了忘恩负义和两面三刀的恶名，他作为公共秩序捍卫者的新角色则为他抛弃先前的盟友和代理人提供了借口。马格努斯拒绝帮助遭到受贿指控的普劳提乌斯·希普塞乌斯，后者做过他的财务官，但他却对后者的恳求漠然置之、视而不见。[20] 我们并不清楚庞培是否会为克洛狄乌斯的所有党徒尽心竭力。

保民官的豁免权一直会保留到他们任期结束。在那个时候，西塞罗虽然得到了庞培·马格努斯的支持，后者也为他提供了辩护性的证词，但他仍然遭到了普兰库斯·布萨的定罪与谴责，他尝到了一点被报复的滋味，但他乐于接受自己所受到的屈辱；[21] 庞培尤斯·鲁夫斯屈从于形势而不再起诉，指控者变成了凯利尤斯·鲁夫斯，后者过去是庞培尤斯·鲁夫斯的同僚。[22] 庞培尤斯·鲁夫斯后来退隐于坎帕尼亚（Campania），过着单调而清贫的生活，布萨则为了维持自己的生计，投靠了高卢的资深执政官。[23]

---

[19] Valerius Maximus IX. 1. 8，参见本书 p.135。
[20] Plutarch, *Pompeius* 55.
[21] Cicero, *Ad familiares* VII. 2. 2; Plutarch, *Pompeius* 55.
[22] Valerius Maximus IV. 2. 7.
[23] Cicero, *Ad familiares* VIII. 1. 4.

然而，关于萨卢斯特的情况，我们看不到任何记录，也没有任何线索可以向我们说明，萨卢斯特是如何避开他的同僚在暴力中所遭受的命运。[24]了解萨卢斯特在这个时候能够获得或者已经获得了怎样的庇护是非常有必要的。也许庞培与萨卢斯特之间并无嫌隙，也有可能是恺撒介入其中，坚决反对驱逐萨卢斯特。然而，宽限期短暂而并不可靠。萨卢斯特在公元前50年时还是被赶出了元老院。

公元前50年的监察官是卢奇乌斯·皮索（Lucius Piso）和克劳狄乌斯·普尔喀，前者是恺撒的岳父，德才兼备却又淡泊名利。皮索为免引火烧身而置身事外，冷眼旁观，但普尔喀却想洗雪自己的仇怨，渴望满足自己的虚荣心与野心。按照历史撰述家卡西乌斯·狄奥（Cassius Dio）的说法，所有自由人的后裔都被逐出了元老院，但也有许多萨卢斯特这样出身高贵的人被褫职。[25]然而，关于这些被除名的人，我们只在记录中看到了盖尤斯·阿泰尤斯·卡皮托（Gaius

---

[24] 在真正起诉米洛之前的事件中，我们从阿斯科尼乌斯的记述中找不到任何相关的线索——"后来有人怀疑，庞培尤斯和萨卢斯特与米洛达成了和解"。（postea Pompeius et Sallustius in suspicione fuerunt redisse in gratiam cum Milone ac Cicerone, 33.）

[25] Dio XL. 63. 4: ὁ γὰρ Πίσων οὔτ' ἄλλως πράγματ' ἔχειν ἐθέλων καὶ πρὸς τὴν τοῦ γαμβροῦ φιλίαν πολλοὺς θεραπεύων αὐτὸς μὲν οὐδὲν τοιοῦτον ἐποίησεν, ἐκείνῳ δὲ οὐκ ἀντέπραξε πάντας μὲν τοὺς ἐκ τῶν ἀπελευθέρων συχνοὺς δὲ καὶ τῶν πάνυ γενναίων, ἄλλους τε καὶ τὸν Κρίσπον τὸν Σαλούστιον τὸν τὴν ἱστορίαν.（不论在何种情况下，皮索都倾向于避免惹火上身，他不想对上述的任何行为负责，因为他不想破坏他与女婿之间的良好关系，而他的女婿又为众人所趋附。他甚至不反对克劳狄乌斯将所有的自由人和一些出身高贵的人［包括历史撰述家萨卢斯特］驱逐出元老院。）

Ateius Capito）的名字，此人是公元前55年的保民官，在公元前50年时，被毫无祭仪职权的普尔咯扣上了假传占兆（auspicia）的罪名。[26]

为了充分证明此次驱逐的正当性，公共层面或私人层面的不端行为通常会被人们作为理由或借口而提出。在后人关于萨卢斯特的印象中，生活放荡始终是一个挥之不去的指控，但值得注意的是，卡西乌斯·狄奥并没有提及这个问题。这并不意味着尼西亚（Nicaea）的这位希腊人想要维护一名早期历史撰述家的声誉，更不意味着这名早期的历史撰述家恰好已在这个时候成为受人称颂的拉丁语文学的一位典范。在狄奥写下的一段关于萨卢斯特后来的履历和行为的叙述中，我们可以清楚地看到萨卢斯特六年之后的状况。[27]假如狄奥密切关注了公元前52年的那些事件，他就有可能记录萨卢斯特担任保民官时发生在后者身上的事情，如此一来，我们也就有可能找到萨卢斯特被驱逐的原因。由于狄奥引用的那些颇受推崇的历史撰述家并没有谈到萨卢斯特的保民官任期，因而在这个问题上，我们需要进行一些考

---

[26] Cicero, *De Divinatione* I. 29——其中讲到，阿庇乌斯的指责"并没有充分的证据"（non satis scienter）。如果克拉克（Clark）对"盖尤斯·阿泰尤斯·卡皮托"的解读可以被接受（Asconius 34），阿泰尤斯·卡皮托就属于米洛的指控者。西塞罗在公元前47年或公元前46年写给穆纳提乌斯·普兰库斯的书信中声称，"卡皮托对恺撒总是表现得恭恭敬敬，充满敬爱之意"。（semper Caesarem Capito coluit et dilexit, Cicero, *Ad familiares* XIII. 29. 6）不过，西塞罗的说法不免有些（出于权益的）夸大之嫌。

[27] Dio XLIII. 9. 2.

察和研究。[28]

监察官这一职务为党派斗争提供了有利的武器，尽管不久之前的人们并没有这么做过——至少自公元前70年以来就没有监察官整肃清查的记录，乃至于我们连一个人名都看不到。当时，反对恺撒的人们结成了党派同盟，阿庇乌斯·克劳狄乌斯·普尔喀则是这一同盟的积极分子和关键人物，他的一个女儿嫁给了加图的外甥马库斯·布鲁图斯（Marcus Brutus），另一个则嫁给了庞培的长子。[29] 普尔喀是一个不容忽视或轻视的人。他试图驱逐时任保民官的斯克里伯尼乌斯·库里奥，后者是被恺撒收买的一位充满激情的演说家：他对自己的同僚感到失望至极（如果不是这样，他会非常活跃）。普尔喀还把矛头指向了库里奥的朋友凯利尤斯·鲁夫斯，他们之间相互指控对方的乖张恶行，进而加剧了纷争。[30] 事实证明，作为监察官的阿庇乌斯并不利于他的盟友；寡头统治中的其他人（比如傲慢而固执的多米提乌斯·埃努巴布斯）通过他们的争执壮大了恺撒的党派。阿西尼乌斯·波利奥就曾明确声称，自己是因为另一方阵营的某位强敌而走上了这条路。[31]

对于贵族派来说，驱逐萨卢斯特意味着为米洛复仇；

---

[28] 有必要强调的是，阿斯科尼乌斯是现存唯一的史料来源。即使李维对此有过详细的记载，其中的说法也很可能会被敌视萨卢斯特的著述者所用。

[29] Cicero, *Ad familiares* III. 4. 2.

[30] Cicero, *Ad familiares* VIII. 12. 1; 14. 4.

[31] Cicero, *Ad familiares* X. 31. 2.

阿庇乌斯或许已经认定，之前的克洛狄乌斯党徒缺乏对克劳狄乌斯宗族的敬重。对萨卢斯特而言，无论他之前倾向于何种政治派系，也无论他对国家和社会持有怎样的看法，高卢的资深执政官是唯一可以向他施以援手的人。如果恺撒和庞培达成协议，萨卢斯特就会就像其他人一样，希望自己能够复职入仕。如果不能，他便会孤注一掷，铤而走险，从一方的胜利中获得一笔丰厚的奖赏。恺撒不会让任何盟友受制于让人惶恐不安的审查。

恺撒的追随者似乎就是过去四十年历史（马略改革和意大利的起义）的缩影；前者有被除名之人，后者有被列为公敌之人；前者属于寡头执政者的政敌，后者则包括苏拉的敌人；前者波及克洛狄乌斯的党徒，后者则涉及喀提林的党羽；两者不仅都有失败者和失意消沉之人，而且还有各类罗马政治审判的牺牲品和受害者。简言之，如果我们用某种近乎无情的刻薄态度来看待这些人，那么这些人就是一群凶横暴戾之徒。[32] 审视这些名字与人物有助于我们纠正认识上的偏颇。[33] 恺撒的阵营中既不缺少青年才俊，也不缺乏出身显贵而又年富力强之人；在此期间，人们并没有为自己的钱财利益而过分惊慌失措，财产的持有人也并没有因此而陷入过

---

[32] 西塞罗将其描述成一群"藏污纳垢"（colluvies）之徒（Cicero, *Ad Atticum* IX. 10. 7）；在阿提库斯看来，这是一群"狰狞可怕"（νέκυια）的人（IX. 18. 2.）。

[33] *The Roman Revolution* (1939), 61 ff.; 78ff.; D. R. Schackleton Bailey, *Classical Quarterly* X$^2$ (1960), 253 ff.

度的恐慌，或者换句话说，人们的财产利益很快就重新获得了保障。

战争始于对意大利的一次大胆的侵袭（这是唯一的策略），进而向罗马世界的四周蔓延。恺撒麾下有一批杰出的将领，他们大多都是恺撒出征高卢之时追随在他身边的副官。不过，恺撒也会主动招募一些过去有过作战经验或者几乎毫无军事经验的人，以至于两位科勒内利乌斯之间也因此而形成了鲜明的对比：一位是大约六十岁的普布利乌斯·科勒内利乌斯·苏拉（Publius Cornelius Sulla），一位则是年轻的普布利乌斯·科勒内利乌斯·多拉贝拉（Publius Cornelius Dolabella），前者曾在公元前66年做过执政官的候选人。

萨卢斯特的身影出现在亚得里亚海内战前线的早期军事行动中。庞培集团不仅掌控着这片海域的控制权，而且还可以轻而易举地维持这种控制权。恺撒的海军将领多拉贝拉在这次的军事行动中遭到了溃败，盖尤斯·安东尼乌斯被迫在库里克塔（Curicta）岛上缴械投降，*大陆上的军队是萨卢斯特和米努丘斯·巴锡路斯（Minucius Basilus）所率领的两个军团，他们只能望洋兴叹而无法提供任何援助。[34] 叙述这场灾难性的失败已经超出了《内战记》（*Bellum Civile*）的主题范畴，但随后的证据仍然表明，这次战役中的军队死伤

---

[34] Orosius VI. 15. 8. 关于这次军事行动的情形，见 G. Veith, *Strena Buliciana*（1924），267 ff.。

\* 库里克塔岛即今天的克尔克岛（Krk），位于亚得里亚海北部，隶属于今天的克罗地亚。

和战船损失令恺撒痛心疾首。[35]

在《内战记》当中,萨卢斯特·克里斯普斯的名字并没有出现。他在将近两年的时间内逐渐淡出了历史的舞台,而恺撒则继续活跃于这个舞台之上,展开了接二连三的征讨——狄累基乌姆(Dyrrhachium)和法萨卢(Pharsalia)、埃及、本都。阿西尼乌斯·波利奥比萨卢斯特小十岁,他与恺撒一起渡过了卢比孔河,而且几乎参与了此后一直到塔普苏斯(Thapsus)和蒙达(Munda)的每一次行动。

萨卢斯特的再度出现一点都不光彩。在公元前47年的夏末,集结在坎帕尼亚并准备进军阿非利加的骄兵悍将发生了哗变。萨卢斯特作为当时指定的行政官被派去安抚这支部队,却险些在那儿丢了性命。[36] 萨卢斯特侥幸逃生,哗变的军队却杀死了另外两位身任特使的行政官级别的元老院议员,并向罗马进发。恺撒以他的权威,尽其所能地平息了这次兵变。然而,萨卢斯特的落荒而逃并不能完全归咎于他的无能。普布利乌斯·苏拉和执政官梅萨拉·鲁夫斯同样没能

---

[35] Caesar, *BC* III. 10. 5.

[36] Appian, *BC* II. 92. 387; Dio XLII. 52. 1 f. 关于萨卢斯特担任行政官的年份(公元前46年,而不是公元前47年),参见 T. R. S. Broughton, *Transactions of the American Philological Association* LXXIX(1948), 76 ff.。卡西乌斯·狄奥讲得非常清楚——为恢复自己的元老院席位,(萨卢斯特)出任了行政官一职(στρατηγὸς γὰρ ἐπὶ τῷ τὴν βουλείαν ἀναλαβεῖν ἀπεδέδεικτό)。因此,一些学者本应该说明,萨卢斯特是通过担任行政官而再次进入了元老院,但他们(这里不需要列出这些学者的名字)并没有指出这一点,这是相当令人困惑和费解的。重新出任财务官的说法出自"西塞罗"的《反萨卢斯特》(*In Sallustium* 17, 21)。

成功地驾驭西西里的军团。[37]虽然苏拉在狄累基乌姆战役中有过卓越的表现，并且在法萨卢战役中指挥过恺撒的右翼军团，但西西里的军队仍然向苏拉投掷了石头。

萨卢斯特在恺撒出征阿非利加时获得了一官半职，但就目前所知，他并没有指挥过任何战役。恺撒让处事圆滑的穆纳提乌斯·普兰库斯出任自己的外交特使（力图说服庞培党人的一位将领），萨卢斯特则被安排负责运输方面的事务。由于战备供给不足，恺撒便派遣了一位名为拉比利乌斯·波斯图穆斯（Rabirius Postumus）的钱庄主和商人前往西西里，萨卢斯特则随同部分战船前往哲勒奇纳（Cercina）募集粮草，并且很快圆满地完成了任务。[38]这就是萨卢斯特到此为止的所有经历，而随后发生的事情则让人多少感到有些意外。

恺撒获胜之后便吞并了朱巴（Juba I）的努米底亚王国的大部分地区，并将其设立为罗马的新阿非利加行省（Africa Nova）。该行省的区域范围和战略地位极为重要，因而由三个军团驻防，而不是像旧的阿非利加行省那样，一百年来都只是驻扎一个军团。恺撒提名萨卢斯特出任了新阿非利加行省的第一任总督。其他可以出任这一职务的人都具有长期的作战经验，比如分别从公元前54年和公元前53年开始就在高卢战争中出任恺撒副官的穆纳提乌斯·普兰库斯和

---

[37] Cicero, *Ad Atticum* XI. 21. 2；22. 2. 参见 Caesar, *Bellum Africum* 28. 2。
[38] Caesar, *Bellum Africum* 8. 3；34.1；34. 3. 萨卢斯特仍然是那里的"资深执政官"（ib. 97. 1）。

提图斯·塞克斯提乌斯（Titus Sextius）。塞克斯提乌斯若要成为新阿非利加行省的总督，必须要作为萨卢斯特的候补而等待后者的卸任（就目前所知，萨卢斯特从未在公元前49年之前见过一支军队）。[39]

恺撒的选择背后怀有怎样的动机是一个很容易诱使人们做出各种推测的问题，或许他是为了掩人耳目。一种令人着迷的想法认为，恺撒希望通过统治一个行省的契机来证明那些崇高理想的合理性和正当性。[40]然而，我们需要谨慎地看待这一问题。恺撒对公元前52年的所有平民保民官都不抱有任何幻想。他事实上倾向于偏袒那些出身高贵、腹有诗书或又风度翩翩的人士，他不仅慷慨热心，而且还招纳亡命。恺撒宣称，即使是强盗和匪徒保卫了恺撒的荣誉，他也会犒赏这些人，而恺撒作为一个贵族，同样有义务回馈那些具有同等身份和教养的盟友。[41]不过，恺撒的纵容和专断独决是有限度的，他绝不会草率地将三个军团和一个极为重要

---

[39] 不过，萨卢斯特有可能在一些行省担任过军事保民官（*tribunus militum*）或财务官（参见本书 p.28）。因而在公元前49年统领军团的时候，他并不完全是一个毫无经验的初学乍练之人（Orosius VI. 15, 8）。将他视为"纸上谈兵"之人是可笑而荒唐的（L. O. Sangiacomo, o.c. 31）。

[40] 恺撒"以其对人性的深刻洞察，将新阿非利加行省授予这位理想主义的谏官"（E. Meyer, *Caesars Monarchie und das Principat des Pompejus*[3][1922], 587），正是出于这个原因。

[41] Suetonius, *Divus Iulius* 72: "professus palam, si grassatorum et sicariorum ope in tuenda sua dignitate usus esset, talibus quoque se parem gratiam relaturum."（他直言不讳地说，哪怕是盗贼和匪徒维护过他的荣誉，他也会给予同样的犒赏。）

的行省托付给一个贪婪成性、麻木懒散而又庸碌无能的人。他肯定了解萨卢斯特的能力。在战争中,作战只是最不重要的一部分。萨卢斯特虽然没有在战场上展露才华,但他在战备物资的供给和运输方面证明了自己的价值。新阿非利加行省的第一任总督需要一些组织能力。

与萨卢斯特相邻的旧阿非利加行省(Africa Vetus)总督是卡勒维希乌斯·萨比努斯(Gaius Calvisius Sabinus),此人在公元前49年为恺撒指挥过一支纵队,这也是他最早在历史的舞台上露面。[42]在新阿非利加行省的西侧,坎帕尼亚的冒险家普布利乌斯·西提乌斯(Publius Sittius)在契尔塔(Cirta)驻守着一片侯国性质的领地,此地由恺撒设立。西提乌斯对阿非利加地区并不陌生(他在早年可能涉嫌参与了阴谋叛乱或喀提林的阴谋计划),他在恺撒征讨阿非利加的战役中立下了汗马之劳。[43]

恺撒在离开阿非利加之前推行了一系列罚款和征收事务。大多数任务都交给了行省总督,其中有赚钱的机会,也有敛财的门路——特别是王室庄园、城堡和努米底亚各地的宝库、艺术珍品和藏书。寡头统治的敌人和平民保民官往往倾向于谴责贵族总督的贪婪与腐化。萨卢斯特此时所处的地位恰恰有能力效法这种传统而常见的放荡生活。据卡西乌斯·狄奥的记载,萨卢斯特对新阿非利加行省极尽搜刮勒索

---

[42] Caesar, *BC* III. 34. 2.
[43] Caesar, *Bellum Africum* 25. 2, etc. 关于西提乌斯,参见本书 p.100。

之能事。[44]但对于萨卢斯特的行为，我们无法做出准确的判断。公正的看法和出于恶意的论断都会让我们感到扑朔迷离、困惑不已。若干年之后，萨卢斯特回顾努米底亚的经历时，他或许会像处境类似的其他人一样心生疑惑：他是应该惊叹于自己的检点和节制，还是更应该为自己的缺点感到懊悔和遗憾。

萨卢斯特在离开阿非利加的时候不得不面临贪污渎职的指控。[45]这件事并非没有给恺撒造成难堪。恺撒在公元前59年出任执政官的时候施行过尤利乌斯勒索惩治法（*Lex Julia de repetundis*）；被任命为独裁官之后，他又执行了严格的法律制裁，把犯有贪污勒索罪的人从元老院中开除。[46]如此看来，萨卢斯特的不法之举似乎是被掩盖了起来。在这个问题上，如果我们找不到任何线索，那么卡西乌斯·狄奥所讲述的公元前45年的事件，恰恰可以提供一些头绪。某些由于营私舞弊之举（这里指的是贿赂）而受到指控的人一旦被从轻发落，公众之间就会出现这样的传言：恺撒向这些人收受了钱财，从而包庇了他们的罪行。[47]或许我们可以这样推测：恺撒通

---

[44] Dio XLIII. 9. 2：ἀμέλει καὶ ἐδωροδόκησε πολλὰ καὶ ἥρπασεν ὥστε καὶ κατηγορηθῆναι καὶ αἰσχύνην αἰσχίστην ὀφλεῖν.（这位总督［萨卢斯特］不仅在各种事务上收受了很多的贿赂，而且还贪没了大量的财产，以致遭到指控而颜面扫地。）

[45] Dio, ib.

[46] Suetonius, *Divus Iulius* 43. 1.

[47] Dio XLIII. 47. 4. 参见 E. Meyer, o.c. 424；W. Allen, *Studies in Philology* LI (1954), 7 f.。

过吞没部分努米底亚的财富而宽免了那些被勒索的财物,并在私底下谨小慎微地向萨卢斯特攫取了一些罚金。渎职之人被褫夺元老院的席位虽然是一件极不光彩的事情,但由此获得的宽宥还是会留下再度得势和恢复名誉的一线希望。

然而,萨卢斯特遭遇的并不是一件幸事。他究竟有多么沮丧和失意,这一点我们并不容易确定。作为"新人",萨卢斯特没有理由期望能够在不久的将来或可以预见的未来升任执政官的职位。作为独裁官而长期外出的恺撒对这一职位的候选人别有考虑或早已有指定的人选,而且这些候选人当中有三个人属于名门权贵,他们分别是竞选公元前42年执政官的迪奇穆斯·布鲁图斯·阿尔比努斯(Decimus Brutus Albinus)与竞选公元前41年执政官的马库斯·尤尼乌斯·布鲁图斯(Marcus Junius Brutus),还有盖尤斯·卡西乌斯·朗吉努斯(Gaius Cassius Longinus)。

作为一名领袖,恺撒除了自己的荣誉和他所拥有的保民官权力,没有更好的理由可以诉诸内战,他没有明确的原则,其追随者也是形色各异,当他担当重塑政治体制的任务时,他必然会令许多拥护者心灰意冷或产生敌意。一些个人的不满恰恰也在此时得到了证实。贵族出身的苏尔皮基乌斯·伽尔巴(Servius Sulpicius Galba)很早之前在高卢做过恺撒的副官,他想出任执政官的职位,但在公元前50年,他作为恺撒的候选人而未能当选这一职位。[48]恺撒对此有不

---

[48] Hirtius, *De Bello Gallico* VIII. 50. 4,参见 Suetonius,*Galba* 3. 2。

同的考虑，而且有可能提出合情合理的理由。米努丘斯·巴锡路斯参加过高卢战争，也参与过亚得里亚海和狄累基乌姆的战役。恺撒使他出任公元前45年的行政官，但却以一笔金钱为补偿，拒绝让他出任行省总督的职务。[49]恺撒一定是对巴锡路斯的某些地方产生了极大的不满。[50]

怨恨与嫉妒可以解释伽尔巴和巴锡路斯等人的不满，但这种嫉恨和受挫所引发的埋怨却无法解释迪奇穆斯·布鲁图斯为何会与共和派以及庞培派共谋。布鲁图斯至少从公元前56年（如果不是公元前58年的话）开始就一直是高卢的行省总督，因而他似乎在内战中受到了特别的照顾：他在恺撒选定的任务中不必与自己的同胞作战。[51]

历史或传说会因马库斯·布鲁图斯的英勇决断和英雄之举而将这位加图的外甥置于首要的地位。刺杀恺撒原本的主谋是曾经支持恺撒的卡西乌斯。[52]然而在整个刺杀的计划中，作为恺撒军团将领的迪奇穆斯·布鲁图斯或许才是一个举足轻重的人物，相比于导致其他两位尊贵人士去刺杀独裁

---

[49] Dio XLIII. 47. 5.
[50] 巴锡路斯在公元前43年的夏天被自己的奴隶所杀害（Orosius VI. 18. 7; Appian, *BC* III. 98. 409）。
[51] 闵策尔适当强调了这个事实（F. Münzer, *Real-Encyclopädie der classischen Altertumswissenschaft* Supp. V. 373）。
[52] 卡西乌斯认为恺撒是"老成干练而又仁慈和善的主人"（veterem et clementem dominum, Cicero, *Ad familiares* XV. 19. 4）；关于作为主谋的卡西乌斯，参见 Plutarch, *Caesar* 62; *Brutus* 8, 10; Appian, *BC* II. 113. 470 ff.。在苏维托尼乌斯的论述中，卡西乌斯作为第一个名字被放在了马库斯和迪奇穆斯之前（Suetonius, *Divus Iulius* 80. 4）。

者的动机,他是一个更有价值的线索。

有人曾大胆断言,3月15日的事件对萨卢斯特而言意味着一场毁灭性的灾难。这场灾难不仅是一位让人敬重的领袖遭到了鄙劣的谋杀,而且还意味着萨卢斯特的光明前景和信念同时也走向了破灭。[53]这场灾难禁绝了一条更加审慎的道路。沮丧和忧虑之人并非仅限于情感强烈的恺撒党人。那些知情达理之士理解人们对于秩序井然的政治体制的迫切需求,但他们一方面反对这样的需求,另一方面又害怕回到那种破坏性的自由状态,他们本可以附和作为恺撒友人的盖尤斯·马提乌斯(Gaius Matius)所表明的看法——"如果恺撒无法尽其所能地找到一条出路,当世之人又有谁可以做到?"[54]

另一方面,恺撒对"荣誉""尊严"以及虚妄的理想雄心有着近乎无情的追求,如果萨卢斯特对此加以反思的话,还是有可能会对悲剧性结局之前的独裁者产生某种怀疑。他必然会承认,解放者们(Liberators)有着优秀的品质。他们坚守着自己的原则和事业。在书本和说教中,人们看到的只有他们的秩序所具有的尊严与荣耀——"正直""忠诚""自由"。

---

[53] 在克林纳看来,萨卢斯特的信念取决于恺撒,而"恺撒之死则使其万念俱灰"(F. Klingner, *Hermes* LXIII [1928], 189)。恺撒之死是"其(萨卢斯特)信念的灾难"(O. Seel, *Sallust von den Briefen ad Caesarem zur Coniuratio Catilinae* [1930], 32)。进一步而言,"这必然意味着恺撒作为萨卢斯特信念的唯一支柱一旦坍塌,萨卢斯特的整个世界也就必定会因此而走向崩塌"(K. Büchner, *Sallust* [1960], 90)。

[54] Cicero, *Ad Atticum* XIV. 1. 1.

萨卢斯特是一位"新人";他曾对抗过贵族派;也曾在名门权贵中树敌。不过,这并不妨碍他对贵族的理想抱持一种赞许之情,而这种贵族理想恰恰与罗马的伟大过去密切相关。老派的情怀和意见对出身于地方自治市的人有着很大的影响力;初出茅庐之人的元老院经历不管如何短暂和不堪,他都能很快地感受到传统的情结。

萨卢斯特担任行省总督的最终下场促使他开始倾向于退出政界,放下政治上的雄心和抱负,而3月15日的事件有可能进一步强化了萨卢斯特的归隐之心。随后发生于公元前44年期间的一系列发展迅猛的事件,很快就破坏了政治上的妥协局面,从而恰好导致了萨卢斯特义无反顾地下定退隐的决心。恺撒的继承人和他征募到的私人军队与时任执政官的马克·安东尼竞争,他们向罗马进发,安东尼则于穆提纳(Mutina)包围了迪奇穆斯·布鲁图斯,他们达成新的协议,也掀起了一场新的内战。如果萨卢斯特想要铤而走险,有所行动,或者有意竞选执政官的职位,安东尼不会不考虑他的效劳。有足够的证据表明,萨卢斯特已经做好了加入安东尼派系的准备。至于屋大维最初与何人共事,我们不但所知甚少,而且只能更加糟糕地加以揣度和推测。[55]

在接下来的一年,安东尼在穆提纳附近遭遇了溃败,但重新恢复了自己的地位(作为西方诸省统帅的雷比达、普兰库斯和波利奥接受劝说,放弃并不明朗的共和事业),屋

---

[55] *The Roman Revolution* (1939), 132 f.

大维为了取得执政官的职位,同时也为了打击联合起来的恺撒派头目,再度挺进了罗马。安东尼不得不与这位恺撒的继承人结盟,而雷比达似乎也是他们需要拉拢的对象。就在这一年的11月,三头同盟在法律的规定下成立,并开始了公敌宣告令的执行。

三头拟定的公敌名单并不局限于政治上的死敌。三头的用意并不仅仅是残杀和复仇,他们还想通过筹集金钱来对付手握重兵并且据守于东部的布鲁图斯和卡西乌斯。三头实行的公敌宣告令看起来像是财产税金征集令,其攻击矛头不加区别地指向了任何立场和倾向的富人。私人恩怨和意大利的地方世仇也在此时卷入其中,起到了推波助澜的作用。公敌名单中极有可能包含了很多萨宾地区的庄园主,这种推测并不是无稽之谈。[56] 瓦罗就是其中的一位。他在沦为公敌之后,不得不将自己的性命托付给一位安东尼党徒的调解和求情,但仍然因此而失去了自己的一部分庄园财产。[57] 其他财富显赫之人要么提前谋划了自保措施(处事精明的阿提库斯与各个派系都保持着友好的关系),要么在这个时候上下打

---

[56] 这些庄园主可能在早些时候(恺撒于公元前49年入侵意大利之后)就受到了惊吓。可注意《致阿提库斯》中的一条隐晦而神秘的提示:"你在信中提到列阿蒂的囚徒买卖,我很遗憾地告诉你,公敌宣告令的种子应该会播撒到萨宾地区。"(de Reatinorum corona quod scribis, moleste fero in agro Sabino sementem fieri proscriptionis, Cicero, *Ad Atticum* IX. 8. 1)

[57] Appian, *BC* IV. 47. 202 f. 他的藏书遭到了劫掠(Gellius III. 10. 17)。关于他的庄园,可注意《论农业》中的动词时态(*Res Rusticae* II, praef. 6):"et ipse pecuarias habui grandes, in Apulia oviarias et in Reatino equarias."(我自己在列阿蒂养过大批马匹,在阿普利亚饲养过一大群绵羊。)

点，换取了宽宥和豁免。若是出现过失，阿提库斯这个人被杀也就在所难免。

没有迹象表明萨卢斯特也受到了公敌宣告令的干扰。或许他们劝说了萨卢斯特，要他为三头的作战军饷做出一些贡献。但合理的推测是，萨卢斯特有可能向恺撒派当中握有重权的友人求助，他们会念及旧日的交情，也有可能并不埋怨他当时的中立态度，而这个大权在握的友人，也许就是安东尼本人。[58]

战争还在继续，共和国则于腓立比（Philippi）走向了垮台。萨卢斯特从这种动荡不安的乱局中逃出。他找到了避难之所，同时也发现了自己的使命：撰述历史，汲取自己过去的不幸并从中受益，进而成就自己的功业。

---

[58] 关于萨卢斯特属于安东尼派系的观点，参见 W. Allen, o.c. 10 ff.。

# 第 5 章

# 从政治到撰史

当一个担任公职并获取薪酬的人决定放弃自己的光荣事业（或将其置之脑后），那么他最好表明，自己的隐退是从容自如的——其中并无怨恨，只有无可非议的动机。他不仅心如止水、波澜不惊，而且很高兴自己终于可以无拘无束地致力于文学上的追求，而文学无疑是他真正的使命或一度耽搁的志向；很显然，当这位元老转而开始记述不久之前或当时发生的事件，无所希冀而又无所畏惧的他不但可以秉笔直书，而且会直言不讳，他无须考虑任何理由或派系的偏见。

这就是萨卢斯特在他第一部作品中提出的解释（*Cat.* 3.3 – 4.2）。这种解释在任何时代都不算有违常理，而是相当常见，甚至可以说是陈词滥调。萨卢斯特在开篇绪言的结语提出了这个解释，绪言对人生价值进行了一般性的讨论，并由此引出了撰史的最高价值问题（3.1f.）。

萨卢斯特或许能用一个更为中肯的论点来强化自己的论题。罗马的编年史起源于罗马当局的贵族阶层。作为公共生活的一种延伸，撰述历史对于曾经以经验和智慧造福于世人的退隐政治家来说是一个值得称许的任务。他们当中的一些人还撰写了记述自己生平的回忆录，并且没有为此招致任何傲慢的指责和非难。

萨卢斯特有意不去提及那些赫赫有名的前辈。他为此补充了一个并不十分重要的理由：如果这样做的话反而会引发轻蔑和愤慨的论调。他拒绝在懒散怠惰和无所事事中度过自己的余生，他不愿务农，也不想狩猎。他坚决认为这些都是卑微下贱的工作，只配奴隶来做，因为这是"奴隶的活计"（servilia officia，4.1）。

萨卢斯特的这段话显得奇怪而突兀，我们有必要在这里停下来提出一两个问题。体力活可以被认为是奴隶的活计。但在那个精致而文雅的时代，有谁会要求一位元老拿着锄头向地里刨食或通过猎取野味来果腹？这该如何解释呢？

首先是关于狩猎的问题。萨卢斯特对这一活动的蔑视必然会让古代的人们惊诧不已，而且还会招致古代人的抗议和反对。[1]这一点始终让人感到难以理解。也许萨卢斯特只是不假思索地承袭了一种过时的传统习见。但是，相比于大体上的漫不经心或习焉不察，出于偏见的可能性更大。情绪性的话语或无足轻重的不知所云有时可以透露历史撰述家的一些奇怪的隐情。[2]

---

[1] Symmachus, *Epp.* V. 68. 2: "interea recuso sententiam quae rem venaticam servile ducit officium. statuerit hoc scriptor stilo tantum laudandus, nam morum eius damna non sinunt ut ab eo agenda vitae petatur auctoritas."（然而，我拒绝接受将狩猎视为奴隶活计的看法。这位撰述家本该用他的笔断定，这是唯一值得赞扬的事情，因为他的个性不允许他德行有失，所以他会从这样的谋生方式中寻求自己的价值。）

[2] 塔西佗就是这样，他斥责过盲目推崇政治殉道士的人（*Agricola* 42. 5），也曾出乎意料地谴责希腊人，为阿米尼乌斯（Arminius）未能受到重视而深感愤慨（*Annals* II. 88. 3）。

狩猎是王侯和贵族的活动，最初是以西庇阿·埃米利亚努斯（Scipio Aemilianus）为榜样而被引入了罗马。[3]在萨卢斯特的时代，狩猎被赋予了一种未必有着负面含义的特定内涵。人们对野生禽兽的兴致也不再是一种剧烈而奔放的闲暇活动。心灰意冷、失意落寞或心怀怨念的大贵族卢库路斯和霍腾西乌斯（Hortensius）在退出元老院或罗马的广场之后，转而安于闲静，沉溺于奢华的闲暇。他们在那不勒斯湾的鱼塘使自己声名狼藉，"养鱼人"（piscinarius）变成了一个笑话或侮辱性的用语。[4]或许我们可以说一下卢库路斯和霍腾西乌斯的狩猎围场。[5]霍腾西乌斯和他的客人在劳伦图姆（Laurentum）的庄园共进晚餐期间，他们享受了一种神话般的田园森林风光——号角召集了成群的野鹿、野猪和其他的野兽，猎人则装扮成了俄耳浦斯。[6]

萨卢斯特对围猎活动的鄙视倒还情有可原。轻视农活却有些说不过去。监察官加图之所以博得人们的赞许，正是由于他对土地、农民和质朴品性的赞美。加图说过，将一个人称为"优秀的农民和耕种者"是古人中最高的赞誉。[7]他在年轻时（已经继承了一个萨宾农庄）就曾赞赏过贫瘠土地

---

[3] J. Aymard, *Essai sur les chasses romaines* (1951), 43 ff.

[4] Cicero, *Ad Atticum* I. 19. 6; 20. 3.

[5] J.Aymard, o.c.68ff.

[6] Varro, *Res Rusticae* III. 13. 2 f. 瓦罗本人在图斯库鲁姆就有一个这样的狩猎围场（ib. 13. 1）。

[7] Cato, *De agri cultura* 1. 2.

上的辛勤劳作。[8]

不过,当时的情形也揭示了这样一个迹象:赞美和开垦农务的人都是一些走入错路的人。西塞罗说过,没有什么工作能够比农活更加令人愉悦和充实,也没有什么工作能够比农务更加配得上自由人。[9]他颇为动人地解释说,如果贸易和钱庄业务能够做到很大的规模,同时其收益也能投资于土地,那么这种工作也会变得非常体面。因此,庄园的创建与大范围的集中开垦紧密相关。首要的文献证明来自瓦罗和瓦罗的那些朋友,他们都是农艺专家,是萨宾地区的大庄园主。四处游历的人们也由此被告知,如今的意大利举世无双,它就像一个巨大的花园,秀美而丰饶。[10]然而,这样的意大利只是为了满足少数人的利益,或者更进一步说,它只是为了让少数人能够获取收益,消遣娱乐,享受奢侈生活。这些人是加图很可能会谴责的后世子孙,他们要么出身于古老家族,要么是寡头集团的新成员。他们在城镇或乡村之中不仅坐拥豪宅,而且还收藏了诸多雕塑作品和绘画作品;他们热爱的并不是共和国。[11]

---

[8] Nepos, *Cato* 1. 1,参见 H. Malcovati *ORF*² (1955), 51。
[9] Cicero, *De officiis* I. 151: "nihil est agricultura melius, nihil uberius, nihil dulcius, nihil homine libero dignius. "(没有什么比农务更好的工作,也没有什么工作能够比农务更加有益,更加令人愉快,只有农务才配得上自由人。)
[10] Varro, *Res rusticae* I. 2. 3: "vos, qui multas perambulastis terras, ecquam cultiorem Italia vidistis ?"(你们这些去过很多地方的人,是否见过有比意大利耕作得更丰饶的地方? )
[11] *Bellum Catilinae* 52. 5: "vos ego appello, qui semper domos villas signa tabulas vostras pluris quam rem publicam fecistis. "(你们这些永远把你们的房屋、别墅、雕像和画作看得比国家还要重的人们,我要向你们呼吁。)

当然，或许还有别的因素。西塞罗在公元前44年初春发表了一篇关于旧时代的说教作品，即《老加图》(*Cato Maior*)。在这部作品中，身任监察官的老加图看起来平淡无奇、和蔼可亲，他在其中用字斟句酌的语言，以一种诗意般的抒情方式讲述了田园农艺的乐趣。[12]然而，热衷于田园农艺的这位理想化的加图对那位阿非利加行省的前任总督并没有太多的吸引力。或许是因为萨卢斯特的一些朋友心存善意或别有用心地指着《老加图》这篇作品令萨卢斯特相信，农务或园艺只是日暮残年之人和隐退元老所做的一种有益身心的事情。

因此，萨卢斯特最终决心从事智识层面的工作。准确地说是撰史，而不是像某些人一样，从事法律或者古物学方面的研究。萨卢斯特认为自己撰史的时机很合适。在这个领域，元老院的议员是最早的撰述者。不过，统治阶层虽然在演说和法学的领域取得了卓越的成就，历史撰述却极为缓慢地发展成熟，很晚才被列为文学的一个分支。

挫败失意或愤懑难平能够使撰史成为一种自我宽慰的方式或回击敌人的武器。西塞罗在很长一段时期内就曾时常表现出这样的冲动。不过，西塞罗出于失望而写就的第一篇重要作品是公元前55年发表的《论演说家》(*De oratore*)。其内容形式是在公元前91年秋天杰出的演说家

---

[12] Cicero, *Cato Maior* 51 ff.

之间所发生的一次对话，当时正处在意大利战争的前夕。不久之后，西塞罗又撰写了另一篇对话作品，其中的对话时间被设定在政体形式最佳的公元前129年。很显然，这种最佳政体指的就是开明贵族具有首要性并居于统治地位的政体形式，在这种政体中，能言善辩、理想远大而又富于政治智慧的新人会得到应有的功名。西塞罗的《论共和国》于公元前51年完成写作，而《论法律》（*De legibus*）作为其顺理成章的续篇（很快就开始撰写），论述了井然有序的国家制度。这种制度是在某些方面修正过的祖传宪制：将更多的权力赋予元老院，限制保民官的权限，以及监察官一职转变成常设职务。这些建议与西塞罗的经历或志向并非不相容。

《论演说家》这篇对话传达了一种关于罗马编年纪作者的看法和意见。在撰史方面，希腊人当中涌现出了很多才华横溢的撰述家。罗马却只有年复一年的大事记——"年代纪汇编"（annalium confectio）。没有人尝试或需要散文体的写作。记录者似乎只要能够准确无误地记录就足够了；他们可以希求的荣誉仅仅因为记录简洁而受到别人的夸赞。在这个方面，加图、法比乌斯·皮克托（Fabius Pictor）和皮索都是榜上有名的典范。虽然科埃利乌斯·安提帕特（Coelius Antipater）可以被勉强视为编年纪作者中的一个例外，但罗马仍然只有"记录人"（narratores rerum），不存在历史撰述家。罗马显然远比希腊人要落后。一个可以考虑的理由是，在罗马，才华和文采已经融入公共演说和法庭演说中。[13]

《论法律》更为清晰明畅，也更加具有说明性。在这部论著中，西塞罗这位卓越的演说家与他的弟弟昆图斯以及他的朋友庞波尼乌斯·阿提库斯（Pomponius Atticus）展开了一场对话。对话场景是阿尔皮奴姆附近一棵著名的橡树旁边，这棵树唤起了关于马略的记忆，同时也引出了关于远古和晚近历史的真实性问题。为了证明罗马没有文学性历史文献的事实，阿提库斯简要地罗列了一些编年纪作者，名单最后是两位最为晚近的撰述家，一位是李锡尼乌斯·马彻尔（Licinius Macer），另一位是科勒内利乌斯·希塞纳（Cornelius Sisenna）。[14]

这段对话并没有提到瓦勒里乌斯·安提亚斯（Valerius Antias）。这种遗漏令人费解，一些研究者不禁提出了一种未免极端的猜想：安提亚斯撰述的史书发表于公元前50年之后。[15]然而，这种猜想是不必要的。安提亚斯为何没有被提及其实是个很容易理解的问题。阿提库斯严谨而博学，对文献充满热情；他和西塞罗一样，对早期的罗马历史高度怀疑，他会将安提亚斯的大多数著述当作荒诞离奇的杜撰而不屑一提。

至于李锡尼乌斯·马彻尔，阿提库斯批评他"文饰繁

---

[13] Cicero, *De oratore* II. 51 ff.
[14] Cicero, *De legibus* I. 6 f.
[15] 参见福尔克曼所引述的四位著者（H. Volkmann, *Real-Encyclopädie der classischen Altertumswissenschaft* VII A, 2313 f.）。

冗"(loquacitas)。[16]而希塞纳固然已经轻易地超过所有撰录历史的前辈,但这本身说明不了什么。他只是作为克利塔库斯(Clitarchus)这位希腊作者的一位成功的模仿者,实现了自己"孩子气的成就"(puerile quiddam)。

这段对话没有说明这些编年纪作家的记述范围和撰述主题。事实上,这些作家的记述主题和范围多种多样、差异明显。马彻尔意在撰述共和国早期的历史。[17]他所诉诸的文献资料是"亚麻古卷"(libri lintei)这种难以理解的文件。不过,马彻尔绝不是一个古文物研究者。他通过猛烈地抨击贵族,特意将自己的生活与时代注入自己的叙述当中。他在公元前73年的平民保民官任上扮演了一个重要的角色。西塞罗在《布鲁图斯》(*Brutus*)中对马彻尔的品行和演说所做的评价则表明,他对马彻尔厌恶至极。[18]马彻尔以极不光彩的方式结束了自己的保民官任期。他如期获得了行政官职位,却又在担任行省总督之后,于公元前66年遭到勒索罪

---

[16] Cicero, *De legibus* I. 7: "cuius loquacitas habet aliquid argutiarum, nec id tamen ex illa erudite Graecorum copia, sed ex librariolis Latinis."(他文饰繁冗的文风中不乏一些机智,但这并不是借鉴于希腊人的博学文采,而是来自罗马的蹩脚文人。)

[17] 关于马彻尔的生平与著述,参见 H. Peter, *Historicorum Romanorum Reliquiae* I² (1914), CCCXLVIII ff.; F. Münzer, *Real-Encyclopädie der classischen Altertumswissenschaft* XIII, 419 ff.。

[18] Cicero, *Brutus* 238: "huius si vita si mores si vultus denique non omnem commendationem ingeni everteret, maius nomen in patronis fuisset."(要不是他的生活、他的性格乃至他的相貌使他丧失了一切值得称道的才华,他作为辩护人的名声将会更大。)

的起诉,而主审法官恰恰是时任行政官的西塞罗。当时,克拉苏为马彻尔进行了辩护,但他仍然被判有罪。他受不了突如其来的打击,很快便一命归西(一说是自杀)。[19]

科勒内利乌斯·希塞纳曾经属于苏拉的党羽。[20] 他在结束公元前78年的行政官任期后出任了西西里行省的总督。他是卢库路斯和霍腾西乌斯的朋友;在盖尤斯·韦雷斯(Gaius Verres)受审的时候,他恰好也是韦雷斯的辩护人之一;后来,他又在庞培的帐下出任了副官,并在公元前67年的时候,死于克里特岛。希塞纳将当代的历史作为自己的撰述范畴:他叙述了意大利的起义和接踵而至的内战。在苏拉和名门权贵取得胜利的公元前82年,他有可能中断了写作;但也有可能一直写下去,直到苏拉退隐卸职乃至去世出殡。关于希塞纳的文风,值得注意的是他与克利塔库斯的比较。此外还可以从一些残篇中搜集到某些信息——他的著述含混晦涩,有时不仅矫揉造作,而且还往往使用一些生僻罕见的词语或写作形式。[21] 西塞罗曾提到他作为一个人和一位演说家的优点——"博学严谨,一心致力于人文学问,不但在拉丁语方面文采甚佳,而且还熟谙政治事务"。[22] 不过,西塞罗又接着指出,希塞纳并没有真正做到尽心竭力,在他

---

[19] Cicero, *Ad Atticum* I. 4. 2; Valerius Maximus IX. 12. 7; Plutarch, *Cicero* 9.
[20] 关于希塞纳, *Historicorum Romanorum Reliquiae* I², CCCXXXIV ff.; E. Badian, *Journal of Roman Studies* LII (1962), 50 f.。
[21] 参见本书 p. 259。
[22] Cicero, *Brutus* 228.

所撰述的历史中,人们仍然可以发现某种类似的缺陷。对于这个问题,我们或许有必要补充一句,希塞纳翻译过一部希腊情色故事集,在其撰述的编年纪当中,他同样没有回避那些有伤风化的淫秽内容。[23]

希塞纳可以被公认为迄至当时罗马涌现出来的最为杰出的编年纪作家。对于最优秀的历史撰述家,阿提库斯寄希望于西塞罗。在他看来,弥补罗马撰史的缺陷和不足,并将其提升到希腊人所达到的水平,显然是西塞罗的职责。因为承担这样的职责,文风与构思是必不可少的——"正如你所相信的,历史是一种特别适合于演说家撰述的作品"。[24]

这种臭名昭著的论断与《论演说家》中的一个说法如出一辙——"你知道演说家在历史写作中有着多大的责任吗?"[25]这种观点很容易遭到人们的误解。可以肯定的是,这种说法并不是认为撰史等同于演说,而是认为撰史需要公众演说大师所擅长的那种散文式的构思。[26]撰史的灵感来自对真理的热爱,既要立足于事实,同时也必须要有"完善的构思"。[27]

---

[23] Ovid, *Tristia* II. 443 ff.: "vertit Aristidem Sisenna nec obfuit illi/historiae turpis inseruisse iocos."(希塞纳翻译了阿里斯提德/这并未影响他在历史撰述中写下那些下流的笑话。)关于希塞纳的《米利都历史》(*Milesiae*)残篇,*Historicorum Romanorum Reliquiae* I², 297。

[24] Cicero, *De legibus* I. 5.

[25] Cicero, *De oratore* II. 62.

[26] 参见 G. Boissier, *Tacite* (1903), 59。

[27] Cicero, *De oratore* II. 63.

西塞罗会如何撰写历史并不是什么神秘的问题。他在《论演说家》中提出了一种原则：历史撰述需要一种细腻流畅而又繁复富丽的文风。[28]因为在希腊人那里，这种文风的倡导者备受推崇，他们的著述始于对修辞学的研究。伊索克拉底（Isocrates）的学园是一个高贵的机构，一种特洛伊木马，从中涌现出了埃福罗斯（Ephorus）和泰奥彭普斯（Theopompus）这样的"佼佼者"。[29]为了进一步确证这一点，我们还可以看到，一位比埃福罗斯和泰奥彭普斯年轻的历史撰述家被西塞罗赋予了更高的地位，这位历史撰述家就是蒂迈欧斯（Timaeus），他在西塞罗那里赢得了"辞藻华丽"的赞许。[30]

那么，历史撰述又该用哪种语言呢？一些罗马演说家纯熟而巧妙地展现出一种老派作风（暗含淳朴与诚实的意蕴），热衷于使用古旧的腔调和口吻。[31]然而，不假思索地指责这些演说家绝非易事。历史撰述已经偏离了富有诗意而

---

[28] Cicero, *De oratore* II. 64: "genus orationis fusum atque tractum et cum lenitate quadam aequaliter profluens."（要遵循简洁流畅的文风类型，流利舒缓，顺其自然。）参见 Cicero, *Orator* 66: "tracta quaedam et fluens expetitur, non haec contorta et acris oratio."（在这种撰述类型中需要的是一种圆转流畅的文风，而不是演说家简明有力的言辞。）

[29] Cicero, *De oratore* II. 94, 参见 57（"officina"，工场或机构）; Cicero, *Orator* 207。

[30] Cicero, *De oratore* II. 58.

[31] Cicero, *De oratore* III. 42; 153. 也可能被认为是乡野腔调（Cicero, *Brutus* 137）。

又古香古色的那种典型的散文式写法。[32]写作形式和措辞用语的拟古之风可以被归结为多种原因。有些撰述家是年老之人,他们一心颂扬古风,指责年轻一代的不敬;如果编年纪作家记述的是遥远的过去,他们就会想要重现某些古雅的风范或远古的伟大;而古文物学者则会有意无意地反复考量古老文献当中的语言。

在历史撰述中注入罗马的古风,并非没有值得称道之处。这在很大程度上取决于撰述的主题。西塞罗的大多数作品涉及的都是当代事件,他对记述当代事务的作品中所盛行的拟古之风不太可能做出太多的让步。

50 还有一个问题尚需考虑。从性质上说,叙事不同于论证与说服。当西塞罗不得不提交西里西亚的公务报告时,他以一种类似于恺撒手记(*Commentarii*)的风格与方式,*拟就了自己的公文急件。[33]在《布鲁图斯》中,西塞罗致敬了那些手记,因为它们的措辞平实而质朴——"它们就像未着衣饰的人,俊美率直"。[34]不过,西塞罗又补充道,这些手记只能作为历史撰述家可资利用的撰史材料是很可惜的。任何一个头脑清醒的人都不应该试图去改进恺撒的记述——"因为在撰史当中,没有什么比简明扼要和明晰准确更加令

---

[32]参见关于萨卢斯特前辈史学家的说法,E. Skard, *Symb.Osl.*, Supp. XV(1956)。可进一步参见本书 p. 258。

[33] Cicero, *Ad familiares* XV. 1 f.

[34] Cicero, *Brutus* 262.

\* 即《高卢战记》(*Commentarii de Bello Gallico*)、《内战记》等恺撒所写的战事手记。

人满意了"。

有人会试图回应西塞罗的这种遗憾,对此,我们可以特别留意西塞罗这位资深执政官的急件提交多年之后所问世的《喀提林内争》。该书的第7节曾直接引述了恺撒记述的一次高卢叛乱中的演说。[35]

关于文风与文学体裁,罗马人有着自己的标准。恺撒的名字并没有被列入他们的历史撰述家名录,他的手记也从未被昆体良提及,甚至也不被视为适合年轻人阅读的作品。命运对恺撒的手记不公。恺撒的文风以严谨而著称,但文法学家和语言学者渴望的却是突破常规,无律可循,因而几乎不会征引恺撒的作品。[36]他们喜欢萨卢斯特,而且,若不是他们强烈的好奇心,科勒内利乌斯·希塞纳的那些为数不多的残篇也几乎不会被保留下来。

萨卢斯特厌恶西塞罗提出的撰史原则,同时也雄心勃勃地想要超越希塞纳,而不是与之太过于相似,然而,萨卢斯特又该从哪里寻求撰史的指导?而由此引出的一个更大的问题是,相关的指导性学说又可以在多大程度上有助于历史的撰述?

从伊索克拉底的学生时代开始,撰史就一直在向前迈进。亚历山大之后的时代发展出一种灵活生动、辞藻华丽而又难免夸张做作的文风。它的一些倡导者声名在外,却又毁

---

[35] Caesar, *Bello Gallico* VII. 77.
[36] 在吉尔(H. Keil)的《拉丁语语法》(*Grammatici Latini*)中有四百处引自萨卢斯特,只有两处征引于恺撒。

多于誉，它的各种显著特征也能够被人们分辨出来。甚至还有人声称，那些历史撰述家的写作遵循的是某种定规；他们发现了编史学的全部准则，同时还给这样的准则贴上了"漫步之艺"（Peripatetic）的标签。[37]就这样，学术研究不免带着喜悦和自信默认了这套说法。

"漫步之艺"这个概念在各种意义上都是很难站得住脚的。[38]首先，提出这种看法的学者并没有充分注意到时代的氛围与文学创作的语境。这是一个戏剧性的时代，既有突如其来的命运转折，也有在世界的舞台上展现自身的伟大演员。公众有着自己的阅读需求，当时已经很少有人再撰写悲剧，小说则尚未成形。

我们不需要否认希腊化时代的历史撰述家对于罗马人的广泛（有时是普遍性的）影响。但这样的影响在多大程度上与萨卢斯特相关呢？萨卢斯特似乎选择了另一条道路。他把人的个性置于事件的中心；却又避免了他们的大多数恶习，比如泛滥哀怨的情调，充斥悲惨恐怖之事的描述，流于肤浅琐碎之论，弥漫色情描写，笃好怪力乱神之语，以及惯

---

[37] 启用这一概念的人是施瓦茨[E. Schwartz, *Hermes* XXXII (1897), 560 f.]。
[38] 相关的批评，见 B. L. Ullman, *Transactions of the American Philological Association* LXXIII (1942), 25 ff.; F. W. Walbank, *Historia* IX (1960), 216 ff.。也有一些讨论（多为否定性讨论）依循于弗里茨（K. v. Fritz）在《古代史学与史学家》(*Histoire et historiens dans l'antiquité*, Fondation Hardt, Entretiens IV [1958], 85 ff.) 中发表的论文。然而，一个强有力的例证可以说明泰奥弗拉斯图斯（Theophrastus）"论史"(Περί ιστορίας) 的重要性，参见 N. Zegers, *Wesen und Ursprung der tragischen Geschichtsschreibung* (Diss. Köln, 1959), 76 ff.。

用梦境、预言与神谕之辞。[39]

罗马人欣赏朴肃严苛的修昔底德,这一点尤为明显。但问题在于,罗马人为什么会欣赏修昔底德?这又涉及什么样的学说?有一种假定的教条认为,回归修昔底德是为了找回撰史的先例和撰史的合理依据。[40]但这种教条的确立却是另一回事。在奥古斯都当政时期从事写作的哈利卡纳苏斯的狄奥尼修斯(Dionysius of Halicarnassus)在提出相关的证据之前,并没有有力的证据足以证明这样的教条。他提到的某些教师承认,修昔底德是一位撰史典范,而不是演讲术的典范。[41]因此,这种假定的教条多少是有些勉强的。

与历史的著述者相比,方法和教条对于史学的研究者来说,有着更大的吸引力和价值。但什么样的人才会需要方法和教条呢?[42]萨卢斯特不但必须尽其所能地找到自己的撰史方式,同时还必须努力形成自己的撰史风格。而修昔底德正是其撰史方式和撰史风格的构成要素之一。

修昔底德遭受了一种非常典型的命运,即备受称誉却

---

[39] E. Schwartz, o.c. 562f.; K. Latte, *Neue Wege zur Antike* II. 4 (1935), 41 f.; K. Bauhofer, *Die Komposition der Historien Sallusts* (Diss. München, 1935), 127 ff.; V. Paladini, *Sallustio* (1948), 103 ff.; K. Büchner, *Sallust* (1960), 345.

[40] E. Schwartz, o.c. 564 f.

[41] Dionysius, *De Thucydide* 50. 参见 A. D. Leeman, *Rev.ét.lat.* XXXIII (1955), 197 f.。

[42] 比较西塞罗的观点——"我没有看见修辞学家为这种技艺(即撰史)提供过什么专门性的指点,事实上,这种技艺的规则是众所周知的"(neque eam [sc. historiam] reperio usquam separatim instructam rhetorum praeceptis: sita enim sunt ante oculos, *De oratore* II. 62)。

又无人理解。[43]在《论演说家》当中,西塞罗对修昔底德十分谦敬,而且还适当表达了一种常见而稳妥的赞美之词。[44]不过并没有迹象表明,西塞罗熟知修昔底德的作品。然而,战争和骚乱会将不同时期的人带回到修昔底德那里,以便获得认可、指点和坚毅而笃定的安慰。西塞罗在写给阿提库斯的书信当中只引述过两次修昔底德的文字。关于这两次引文的出现,我们或许有必要注意一下——第一次出现在公元前50年10月写于雅典的一封书信中,当时的西塞罗正在从西里西亚返回罗马的路上,第二次则出现在公元前49年5月所写的一封书信中。[45]到了公元前46年年初,修昔底德的名字骤然间声名扫地。这既与内战无关,也和当时恺撒与共和国最后的捍卫者之间在阿非利加所进行的较量无关。之所以会出现这样的结果,是因为修昔底德陷入了《布鲁图斯》中关于罗马演讲术的论辩与争执。

西塞罗虽然很快就成为罗马雄辩术的第一人,但他并非毫无对手,也并非没有桀骜不驯的门徒认为他的修辞风格太过于奢靡和华丽。批评西塞罗的人亟须一种平实有力、集

---

[43] 关于修昔底德在罗马的影响,参见 H. G. Strebel, *Wertung und Wirkung des Thukydidischen Geschichtswerks in der griechisch-römischen Literatur* ( Diss. München, 1935 ), 27 ff.。

[44] Cicero, *De oratore* II. 56.

[45] Cicero, *Ad Atticum* VII. 1. 6; X. 8. 7. 在他的所有书信中,只有公元前49年1月末的一封信提到了伯里克利——"伯里克利并没有这么做……除了城墙,他放弃了一切"( at idem Pericles non fecit . . . cum praeter moenia nihil teneret, VII. 11. 3 )。

中而凝练的修辞风格,其口号是"严谨持重"(sanitas)和"实事求是"(integritas)。[46]关于修辞风格的这种异议源于雄辩术的实践,它能够提出一种理论,对于这种理论,人们可以出于简便,给其冠以"雅典"(Attic)的名号。[47]马库斯·布鲁图斯和李锡尼乌斯·卡尔弗斯在写给西塞罗的书信中表达了他们的一些批评性意见。这种修辞风格上的雅典偏好将许多赫赫有名之人都列入其名下。后来,名声位于西塞罗之后的卡尔弗斯、波利奥、恺撒、凯利尤斯和布鲁图斯也都被列入了具有雅典偏好的著名演说家行列。[48]

在《布鲁图斯》中,西塞罗用布鲁图斯与阿提库斯同自己对话的形式,陈述了罗马雄辩术的编年史。布鲁图斯和阿提库斯与罗马雄辩术的历史严格相关——前者是由于他的鲜明主张,后者则是由于他对撰史和年代纪的热爱与投入。《布鲁图斯》是一部冗长的名人年代纪,其中穿插着解释和评论。身为作者的西塞罗欣然承认,他在某些地方受惠于友人的博学。

《布鲁图斯》揭示了西塞罗处境恶化的迹象。当时的西塞罗政治失意而又信誉扫地,他虽然只剩下演讲术一端,却也同样在当时遭到了抨击。针对西塞罗的演讲术争论可以追

---

[46] Cicero, *Brutus* 284.
[47] 关于不同类型的雅典派学者,见 A. D. Leeman, *Rev.ét.lat.* XXXIII (1955), 200 ff.;关于这种理论的起源和发展,A. Dihle, *Hermes* LXXXV (1957), 170 ff.。
[48] Tacitus, *Dialogus de oratoribus*, 25.3,参见 Quintilian X. 1. 113 ff. (排除了布鲁图斯)。

溯到若干年前（卡尔弗斯去世的公元前54年或不久之后），但也有可能是因某种新的不快之事所导致。当时，平实风格的倡导者不仅会诉诸利西阿斯（Lysias），而且还会以修昔底德为典范。

然而，西塞罗毅然决然地公开表明了自己的观点。他承认，修昔底德在撰史方面有着极为崇高的地位，但他同时又强调，修昔底德并不益于演说。修昔底德的著作中固然有为数不少的演说辞，但他决不会考虑去模仿这些演说。修昔底德处于散文发展的一个早期阶段。假如他出生于较晚的时代，他的态度和风格将会变得成熟老练、宽厚平和（maturior et mitior）。[49]

修昔底德这个令人不快的名字后来在西塞罗敬献给布鲁图斯的《演说家》（*Orator*）当中又再次出现。他当时的语言表述更为鲜明。他讲到，那些修昔底德的门徒是一群自命不凡的愚笨无知之人。那位雅典的历史撰述家记述了"历史上重大的公共事件"（res gestae），也讲述了战争和战役，他写得"严谨认真、实事求是"（graviter et probe）。但所有这一切都无法被运用于公共事务和法庭事务。更不用说那些大多数晦涩难懂的演说辞。希腊人当中的演说家未曾受过修昔底德的任何影响。至于他的罗马拥趸，完全都是一些庸碌无能之辈。他们并没有在语言和思想层面效法修昔底德式的"严谨认真"。如果他们说了"一些断断续续、支离破碎的言

---

[49] Cicero, *Brutus* 287 f.

辞"(mutila quaedam et hiantia),他们便自认为是一位"合格的修昔底德"(germani Thucydidae)。但事实上,做到这一点,既不需要大师,也不需要典范。[50]

有人可能会心生疑惑,这一切又与萨卢斯特有什么关系呢?答案很清楚,即便这并不是定论。萨卢斯特很可能在他早年的时候就对西塞罗的修辞学产生了厌恶;他在公元前50年代时或许欣慕于另一种风格的演说术,抑或常常往来于这类演说风格的倡导者之间,同时又毫不顾忌他们究竟有着怎样的政治倾向。此外,萨卢斯特是如何以及何时开始熟悉修昔底德,这同样是一个尚需解答的问题。

萨卢斯特求学之时,拉丁语散文作家的类型不但非常有限,而且还很难从中获得教益。当时的罗马还没有哲学,可能除了《致赫伦尼乌姆的修辞学》(*Rhetorica ad Herennium*),[51]也没有关于演讲术的研究性论著。那个时候固然有一些编年纪作家,但在教学价值上却乏善可陈。阿提库斯在《法律篇》中曾断言,西塞罗总是会谈及加图。但西塞罗的作品并没有表现出他对加图的钟爱和悉心学习,他很晚才接触到加图。[52]

因此,我们可以在萨卢斯特那里发现希腊作家和其中

---

[50] Cicero,*Orator* 30 ff.;参见 *De optimo genere oratorum* 15 f.。
[51] 这是一部奇特的论著,它立足于作者的学园记忆,可能一直到公元前50年才问世,参见 A. E. Douglas, *Classical Quarterly*[2] X(1960),65 ff.。
[52] 关于西塞罗对编年纪作家的了解,见 H. Rambaud, *Cicéron et l'histoire romaine*(1953),25 ff.。

一些人的身影：他们当中有演说家，有伊索克拉底，也有柏拉图和色诺芬。只不过他并没有涉及太多或深入其中。我们只能揣测他选择了哪些著作，从中又做出了怎样的取舍。[53]

修昔底德的地位有所不同。他无法在任何教学方案中据有一席之地。出于有益的必要性，古典希腊语的学者已经对修昔底德的文风有了相当的了解，对于后来的希腊人和罗马人来说，修昔底德的文风古怪艰涩而又缺乏吸引力。[54]在人们的描述中，这种富于韵律的写作风格过时老套、生硬而做作。[55]

修昔底德陷入"雅典派"的争论是在较晚的一个阶段，或许是在公元前50年之后。对于萨卢斯特来说，修昔底德可能是晚近的一个突然发现。而萨卢斯特之所以会发现修昔底德，很可能并不是出于文学上的争论，而是由于内战、幻灭，以及撰史的强烈欲望。

萨卢斯特找到了自己的榜样。但如果要用拉丁文来呈现这样的典范，萨卢斯特就有必要寻找一种久远的老派文风，使其与修昔底德相对应。所以，萨卢斯特选择了加图。

这是非常重要的。大多数热衷于雅典修辞术的人都是语言正统主义者。他们避开了生僻罕见的用词（inaudita verba），而恺撒的一则声明在任何时候都可以证明这一

---

[53] P. Perrochat, *Les modèles grecs de Salluste* (1949), 84; W. Avenarius, *Rendiconti dell' Istituto lombardo* LXXXIX–XC (1956), 343 ff.; *Symb.Osl.* XXIII (1957), 86. 另参见本书 p. 244。

[54] E. Norden, *Die antike Kunstprosa* I (1898), 100.

[55] Dionysius, *De Thucydide* 24.

点。[56]不过，对讲究韵律和雕琢辞藻怀有敌意的写作风格未必会接受拟古的文风。据记载，阿西尼乌斯·波利奥曾经谴责过萨卢斯特的文风偏好。[57]

波利奥的演说被认为是迂腐过时，"枯燥而乏味"（durus et siccus）。[58]对波利奥提出批评的人想必会注意到他那异乎寻常的语序和并不连贯的语感韵律。[59]一些偏好雅典风格的演说家固然接受了那些罕见或过时的词语，[60]但他们当中若是有人开始撰史，特别是当他撰写当代事件（这种令人不悦的主题应该以一种平淡如实的文风来表现）的时候，并无任何迹象表明，做出这种决定的人会选择并加以改进那种古旧的用语。即使波利奥在他的《历史》中效仿的是修昔底德，也没有任何迹象表明，他选择了这样的文风取向或接受了那种脱离常规的写作风格。[61]萨卢斯特的做法是有意为

---

[56] Gellius I. 10. 4.
[57] Suetonius, *De Grammaticis* 10.
[58] Tacitus, *Dialogus de oratoribus* 21. 7.
[59] 他的"作品"——按照塞涅卡的说法——"佶屈聱牙，总是在你最意想不到的地方，戛然而止"（salebrosa et exsiliens et ubi minime exspectes relictura, *Epp.* 100. 7）。
[60] 根据塔西佗的说法，凯利尤斯·鲁夫斯就是如此："迂腐平庸的措辞，漫不经心的构思和拙劣的老派腔调。"（sordes autem illae verborum et hians composition et incondite sensus redolent antiquitatem, Tacitus, *Dialogus de oratoribus* 21. 4）参见 Quintilian I. 6. 42。人们还可以加上安尼乌斯·齐贝尔所偏爱的古语（T. Annius Cimber, *pr.* 44），参见"维吉尔"，*Catalepton* 2; Suetonius, *Divus Aug.* 86. 3。
[61] 修昔底德对波利奥的影响很难被证明，参见 E. Kornemann, *Philologus* LXIII（1904），148 ff.。

之。这一点无人不晓。

如果不是出于反讽的话,加图乃是在无意间卷入了《布鲁图斯》当中的争论。西塞罗非常敏锐地回击了他的批评者。[62]如果他们想要一种平实的文风,并且想要回到利西阿斯的风格,他们为什么不找一个早期的罗马作家作为他们的典范呢?早期的罗马作家中有加图这样的人物,但并没有最新的演说家去阅读他的作品,甚至也没有人了解加图。西塞罗并没有满足于赞扬监察官加图的演说。他还称赞了《创始记》(*Origines*)的写作风格,认为其"文辞丰富多彩、精妙绝伦"(quem florem aut quod lumen eloquentiae non habent)。对于加图没有拥趸(amatores huic desunt)的事实,西塞罗深感痛惜。他还补充道,这是数百年前叙拉古的菲利斯图斯(Philistus)的命运,\*甚至也是修昔底德的命运。

西塞罗的说法有些过头。在后来的对话中,阿提库斯叱责了西塞罗,在他看来,将加图与利西阿斯相提并论完全是一个笑话——"如果我们是在说笑,这也算是一个绝妙的讽刺"(bella ironia, si iocaremur)。[63]至于看出《创始记》当中的文采或将加图比之于修昔底德和菲利斯图斯,西塞罗怎么能指望阿提库斯和布鲁图斯忍受这样的做法呢?

将加图与修昔底德放在一起是非常富有启发意义的,

---

[62] Cicero, *Brutus* 65 f.
[63] Cicero, *Brutus* 293.
\* 菲利斯图斯(公元前432—前356年)为叙拉古政治家和史学家,有未完成的史著《西西里史》。

但并不足以强化这样的观点,即萨卢斯特在寻找某种撰史的风格时,他从《布鲁图斯》中获得了借由加图来展现修昔底德的提示。

加图给萨卢斯特提供了一种老派的撰史方式。其他的罗马编年纪作家既从事语词的创造,同时也致力于文辞的古体转向(在希塞纳那里可以找到证据)。[64]修昔底德开创了一种文风,而萨卢斯特自己的撰述风格既有创新之处,也有循古之风。萨卢斯特以两种方式借鉴了修昔底德。[65]第一种方式是翻译或调整用语和措辞。第二种方式相较而言更为重要,即营造一种可以等同于修昔底德的写作态度和撰史格调。由于历史和个人的处境,萨卢斯特有可能发现,他与修昔底德之间有一种自己不得不有意强化的精神契合。修昔底德了解战争和国家治理,他是一个失败的将军,亦在放逐中写作。他的撰史主题是雅典帝国,以及这个帝国如何走向了毁灭。

可以预料,在这样的历史撰述中,叙述论调必然是尖锐刻薄而又弥漫着幻灭之感。萨卢斯特的个人经历、荣辱沉浮,以及罗马和共和国的不幸命运,可以说进一步强化了这种近乎严苛的撰史腔调。即使萨卢斯特在独裁者的仁厚专制中有过什么希望,这种希望也都走向了烟消云散,人们很快就会面临更多的内战和更加糟糕的专制统治。萨卢斯特是没

---

[64] 参见本书 p. 259。
[65] 参见本书 p. 245。

落时代的历史撰述家。

萨卢斯特在第一部著作的开篇绪言中宣称,他将根据事件的重要性和价值,有选择地记述罗马历史的某些部分。[66] 他不需要具体说明他所设想的历史时期和"重大历史事件"(res gestae)的类型。而且很快就会明确的是,他并不打算通过回到(古文物学的或浪漫化的)遥远的过去来寻找某个可以为自己申辩,同时又能批驳年长资深之人或同龄人的叙述主题。

幸运的是,一种关于专题性历史撰作的说法和论述恰好留存至今。在公元前56年的夏天,一位名为卢奇乌斯·卢契乌斯(Lucius Lucceius)的人收到西塞罗寄来的一封书信,其文风精细考究、别具一格,而且在某些地方文笔精巧,不拘俗套。[67] 卢契乌斯于公元前60年竞选执政官失败以后(他曾与恺撒达成协议,反对贵族派的执政官候选人毕布路斯),转而通过撰史来寻求慰藉,当时,他所撰写的《意大利战争》(*Bellum Italicum*)已经近乎完成,随后便发

---

[66] *Bellum Catilinae* 4. 2:"statui res geatas populi Romani carptim, ut quaeque memoria digna videbantur, perscribere."(我决定撰述罗马人的历史,把我认为值得记述的事情挑选出来。)

[67] Cicero, *Ad familiares* V. 12. 参见 R. Reitzenstein, *Hellenistische Wundererzählungen* (1906), 84 ff.; A.–M. Guillemin, *Rev.ét.lat*. XVI (1938), 96 ff.; B. L. Ullman, *Transactions of the American Philological Association* LXXIII (1942), 44 ff.。有人认为,这封信中所阐述或预设的一些想法在合理性方面并不局限于专题性著作,参见 N. Zegers, *Wesen und Ursprung der tragischen Geschichtsschreibung* (Diss. Köln, 1959), 82。

生了共和国内部的骚乱。西塞罗在信中非常热心地给卢契乌斯建议了一个新的撰史主题：从喀提林开始密谋到西塞罗流放归来的历史。

为了说明这个新的撰史主题，西塞罗引证了希腊人的先例。他解释说，集中讲述一个人或一个单独的事件会在总体上变得更加丰富多彩、引人入胜（uberiora atque ornatiora）。不仅如此，卢契乌斯还可以从那些事件的经验中获益，进而在政治上提出自己的论断和看法——此外，由于他的心直口快和无所顾忌，他还可以揭发西塞罗所遭受的出卖与背叛。能够使读者兴奋的是命运的跌宕起伏，而不是某种单纯的编年史记录。撰述者需要描述杰出人士戏剧般的人生变迁，以此来吸引读者。而事实上，西塞罗的命运就是一出舞台剧（quasi fabula）。因而他最后强调，撰述的体裁和主题，远不至于妨碍和禁绝某种讨人喜欢的呈现方式。

在西塞罗看来，这就是一种专题性史著：富有戏剧性，丰富多彩，紧凑集中。然而，卢契乌斯丢掉了这样的机会。他答应了这个建议，接受了撰史的素材，但他什么也没做。[68]

罗马过去六十年的动荡扰攘为萨卢斯特提供了广泛的选择。希塞纳和卢契乌斯做过长篇叙述的十年战争澎湃千里、错综复杂。要完成《意大利战争》的写作，切实可行的办法或许是选择性的叙述，比如讲述罗马当局在应对"意大

---

[68] Cicero, *Ad Atticum* IV. 6. 4; 9. 2; 11. 2.

利勇气"(Itala virtus)的挑战时所采取的措施。抑或关注公元前83年的庞培在皮凯奴姆征集私人军队的早期行动到公元前70年的政变。另外，埃米利乌斯·雷比达及其试图推翻苏拉体制的未遂企图中也有很多可以用来撰史的情节和主题；出于多种原因，塞托里乌斯这位来自诺西亚的萨宾人，以其富于冒险精神的传奇生涯，引起了萨卢斯特的注意；通过借用别开生面的插叙放眼那些遥远的国度，某位米特里达梯（Mithridates）还可以展示出对外战争和内政之间的相互影响。

萨卢斯特选择将喀提林阴谋作为他第一部著作的主题。岁月荏苒中发生了一些极具讽刺意味的事情，它们有时会在很短的时间内出现，而且多种多样。西塞罗吁请卢契乌斯撰写一部（主题鲜明、引人入胜，同时又富有教益的）专题性历史撰作；阿提库斯则认为，西塞罗和西塞罗的执政官任期最终会被写成罗马编年史上的文学作品。最终，萨卢斯特接受了这样的挑战，但并没有以西塞罗为核心。正如西塞罗向卢契乌斯解释的那样，专题史书呈现的是一些杰出人士的命运沉浮。但《喀提林内争》的撰述编排围绕的则是一个恶棍。

西塞罗在《布鲁图斯》中反对将修昔底德奉为圭臬。他抱怨加图遭到人们严重的忽视，并提请世人关注《创始记》的文风。萨卢斯特则以加图和修昔底德为榜样，创立了一种最令西塞罗反感的风格。

诗人卡图卢斯对西塞罗赞誉有加，认为他是"最雄辩的罗慕路斯后裔"（disertissime Romuli nepotum）。[69]在萨卢斯特看来，"最为雄辩的罗马人"是加图。这并不是因为他的修辞繁复华丽，而是由于修辞的简洁和凝练。[70]

需要撰述的历史在等待着它的主人。忠心的科勒内利乌斯·涅波斯（Cornelius Nepos）重复了阿提库斯在《论法律》当中的说法，认定只有西塞罗才能胜任撰史的任务，只有他才能与希腊人相媲美；他鼓起勇气提出了一个问题：需要撰述的历史是否比共和国更有理由为西塞罗的殒命悲痛？[71]西塞罗在公元前43年12月6日遇刺身亡。在此之后不到几个月，萨卢斯特便开始了自己的撰史工作。

---

[69] Catullus 49. 1.
[70] *Historiae* I. 4: "Romani generis disertissimus paucis absolvit"（这位最为雄辩的罗马人叙事简洁而凝练）。也许"paucis"（简洁）之前还有"multa"（许多）一词，参见贺拉斯注释者，*Sat*. I. 10. 9。
[71] Nepos, *fragments* 3: "ex quo dubito interitu eius utrum res publica an historia magis doleat."（使我颇为疑惑的是，对于他［西塞罗］的死亡，深感悲痛的应该是我们的国家还是历史撰述。）

# 第 6 章

# 《喀提林内争》

当一些著名人物的去世标志着一个时代的结束,这些葬礼就会在明察善断的人士中引出一番历史评论。典型的例子就是恺撒·奥古斯都的葬礼,它引发了支持者和反对者之间的争论(反对者居多)。[1]

关于这位罗马统治者的争论迎合了人们的好奇心,同时也引来了似是而非的说法或充满恶意的怨恨。但它并没有唤起人们的热情。自从恺撒的继承人第一次强取豪夺、颁布公敌宣告令并成立新的三头同盟以来,一个时代已经落下了帷幕。谁会在意当时的局势?又有谁能够想起曾经的共和国?

那么,共和国是在什么时候真正走向了寿终正寝呢?加图在马库斯·安奈乌斯·卢坎(Marcus Annaeus Lucan)的史诗中已经成为一个遥远的历史人物,\*他发表了一篇祭悼庞培·马格努斯的悼词演说。在他看来,真正的自由早已荡然无存。马格努斯并不是一位真正的自由捍卫者。既然他已遭到铲除,巨头也只剩下了一个,捍卫共和国的斗争

---

[1] Tacitus, *Annals* I. 9 f.
\* 指《法萨卢》(*Pharsalia*),又名《内战》(*De Bello Civili*),描述的是恺撒与庞培之间的内战。

就可以继续下去。[2]

然而,这场捍卫自由的斗争在公元前46年春的塔普苏斯地峡(Thapsus)战役中一败涂地,加图在乌提卡(Utica)的自杀凝重地宣告了这场斗争的落幕并且很快就引起了人们的巨大反响。没有人能够拒绝赞美这位罗马的"正义"模范。[3]不过,有些人良心不安,他们本身并没有资格赞美和推崇加图,他们要么很快就被胜利者的仁慈宽宥所引诱,要么因为加图的矢志不移而遭到人们的斥责,羞愧难当。对于加图的自杀,西塞罗很快就做出了反应。他在加图外甥的鼓励下(他本人如此宣称),为加图撰写了一篇颂词。[4]然而,《加图颂》(*Cato*)并没有在公元前45年开始前付梓发表。恺撒对此恼羞成怒。他以一篇《反加图》(*Anticato*)加以回应,以此来作为对西塞罗文学才华的必要恭维。[5]作为曾经渴望宣示"荣誉"的伟大绅士,恺撒在评

---

[2] Lucan IX. 265 f: "unum fortuna reliquit/iam tribus e dominis."(三头之中,只有一位幸免于难。)

[3] 对加图的推崇在乌提卡就开始了——"由于他少有的正直,也由于他表现得非常不同于其他的领袖"(propter eius singularem integritatem et quod dissimillimus reliquorum ducum fuerat, Caesar, *Bellum Africum* 88. 5)。关于谈论加图的各种著述,参见 E. Meyer, *Caesars Monarchie und das Principat des Pompeius*³(1922), 434 ff.; M. Gelzer, *Caesar der Politiker und Staatsmann*⁶(1960), 279 ff.。

[4] Cicero, *Orator* 35: "testificor me a te rogatum et recusantem haec scriber esse ausum."(我要你证明,我之所以并不情愿地胆敢撰写这篇作品是出于你的要求。)

[5] Pliny, *Naturalis Historia* VII. 117: "omnium triumphorum laurea maior, quanto plus est ingenii Romani terminus in tantum promovisse quam(转下页)

论加图的生平与个性时，心胸狭隘地堕入了小肚鸡肠的怨怒之中，他对加图进行了人身攻击和政治漫骂，而活着的人们在罗马的元老院或广场上遭到抨击时，人们常常可以看到同样的抨击手段。恺撒心生怨愤。加图则更胜一筹，他的自杀使恺撒没能展现出他的大度与仁厚，也没能表现出他的敦睦和友善。

与活着相比，加图的死有着更大的影响力。在他死后不久，他的外甥布鲁图斯顺势发表了一篇完全不受西塞罗待见的《加图颂》。[6] 布鲁图斯和庞培在内战爆发之前结下了宿怨，后者很久之前就在雷比达的叛乱中杀害了他的父亲。[7] 内战爆发时，布鲁图斯追随了捍卫"自由与法律"的加图，而不是庞培。然而，布鲁图斯在法萨卢战役之后放弃了捍卫"自由与法律"的事业，他接受了恺撒对他的示好和偏爱，并于公元前46年担任了某个行省的总督。*

---

（接上页）imperii."（你赢得了比任何胜利都要伟大的桂冠，因为开拓罗马才赋的领域远比开拓罗马的帝国疆域要伟大。）关于恺撒《反加图》的 *testimonia*（解释性证明），参见克罗兹（Alfredus Klotz）编订的《恺撒集注》（*Corpus Caesarianum C. Iuli Caesaris Commentarii*, Vol. III, Teubner, 1927, 190 ff.）。

[6] Cicero, *Ad Atticum* XII. 21. 1（公开发表之前）. 敏锐的巴勒布斯（Balbus）贬损了这篇颂词的文采——"当他读了布鲁图斯的《加图颂》后，他感觉自己有着很好的辩才"（Bruti Catone lecto se sibi visum disertum, XIII 46. 2）。

[7] Plutarch, *Brutus* 4; *Pompeius* 64.（公元前77年，曾出任公元前78年执政官的雷比达[后三头之一的雷比达之父]为取消苏拉设定的制度，伙同布鲁图斯发动了一次失败的叛乱。——中译注）

\* 指高卢行省。

出于内疚和悔恨，布鲁图斯很快就和他的恩主反目成仇，由于他的母亲与恺撒之间的旧情，他对恺撒也产生了深深的怨恨。公元前45年，布鲁图斯与发妻克劳狄娅离婚，续娶了波奇娅（Porcia），后者是毕布路斯的遗孀，也是加图的女儿。因此，卡西乌斯不需要太多无关紧要的理由就可以赢得布鲁图斯的支持。

3月15日的事件引出了第二个争论不休、争议极大的话题。人们回顾了独裁者恺撒早年的生平。他们出于好奇或恶意，发现了大量的材料，而这些材料同时又和当时的问题有着极大的相关性。

关于恺撒的诸多事实印证了人们在书本上看到的说法，也证实了他们所熟知的一种常见观点——蛊惑民心的政客必然会转变为专制的僭主，然而，这些说法和观点或许远远不能涵盖关于恺撒的事实。西塞罗在公元前44年夏天撰写的《论责任》（*De officiis*）一文中发表了极具指导性的言论。他认为君主就等同于"蛊惑民心的煽动家"（populares homines），因为他们送出了并不属于他们的奖赏和报酬。[8]这些蛊惑民心的政客在提出土地法案或废除债务的方案时，会大肆攻击财产方面的权利。他们颠覆的恰恰是"共和国"（res publica）的根基，他们破坏了"和谐"（concordia），也废除了"公平"

---

[8] Cicero, *De officiis* II. 21.

（aequitas）。[9] 西塞罗接下来反复谈论了"取消债务"（tabulae novae）的问题，在这个问题上，西塞罗指向了那些企图以武力（armis et castris）来废除债务的谋划，这种谋划发生在他的执政官任期之内，但被幸运地压了下去。随后，西塞罗又将恺撒和喀提林联系了起来。在那个时候恺撒固然内外交困；但他后来在内战中获得了胜利，出于一种纯粹的"犯逆冲动"（peccandi libido），他毫无必要而又恣睢无忌地坚持了相同的革命性政策，为此，西塞罗明确宣称，任何政客都不会允许自己用这样的方式来对待有产阶级。[10]

不利于恺撒的还有各种陈年已久的指控（看起来真确可靠，其中有名有姓，有日期，也有文件证明），而且这个时候，各种出乎意料的秘闻最终也被安全无虞地披露了出来。[11]

西塞罗在他担任执政官的最后几天曾给庞培写去了书信，他在这封著名的书信中声称，他所粉碎的阴谋早在两年之前就已初现端倪。[12] 这个想法很有吸引力，我们有必要就此提出新的问题：如果喀提林的计划可以被追溯到公元前66年到公元前65年，那么恺撒的卑劣野心又有何不可呢？

西塞罗的作品是在保存和记录一些关系重大的秘闻。

---

[9] Cicero, *De officiis* II. 78.
[10] Cicero, *De officiis* II. 84. 这种指责既不公正，也不厚道。关于恺撒的债务政策和财产政策，参见 M. Gelzer, *Caesar*$^6$（1960），203。
[11] 关于反恺撒的著作，H. Strasburger, *Caesars Eintritt in die Geschichte*（1938），34 ff.。
[12] Cicero, *Pro Sulla* 67.

历史撰述家卡西乌斯·狄奥提到了一部西塞罗的作品，名为《论本人施政计划》(*De consiliis suis*)。这篇作品包含了不利于克拉苏和恺撒的证据。西塞罗将该作的手稿密封起来交给了自己的儿子，直到他被害身亡之前，这部作品都没有公之于世。[13]

西塞罗在公元前59年开始撰写自己的自辩书。该自辩书被明确等同于西塞罗与阿提库斯谈及的《秘史》：它会像泰奥彭普斯的作品一样，只是更为粗疏。[14]对于当时的情况，我们无迹可循，该自辩书的写作也延宕了许久。恺撒在公元前44年3月15日被刺之后，有人发现西塞罗曾对这部作品进行修改和润饰，但他并没有准备在当年11月将这部小册子公之于世。[15]

西塞罗当时专注于别的事情，他致力于反对马克·安东尼的斗争，并且要精心撰写一篇从来没有演说过的檄文，即第二篇《反腓利比克之辩》(*Second Philippic*)。形势进展得很快——恺撒的继承人率领着他的私人军队向罗马进发，身为执政官的安东尼则北上征讨时任山南高卢总督的迪奇穆斯·布鲁图斯。破坏性的秘闻事实上正在成为古老的历史。

关于《论本人施政计划》，我们能了解到什么呢？阿斯

---

[13] Dio XXXIX. 10. 2 f.（狄奥将此归为公元前57年的事情。）

[14] Cicero, *Ad Atticum* II. 6. 2.

[15] Cicero, *Ad Atticum* XIV. 17. 6; XVI. 11. 3 f. 关于这部著作的证据，参见 H. Peter, *Historicorum Romanorum Reliquiae* II (1906), 4; K. Büchner, *Real-Encyclopädie der classischen Altertumswissenschaft* VII A, 1267 f.。

科尼乌斯在对公元前64年的选举活动作注解时，不仅提到过这篇文献，而且还给它加注了标题。[16]那么，这篇文献又是在什么时候、以什么样的方式公之于众的呢？对于这个问题，普鲁塔克在《克拉苏传》当中有一个特别切题的说法。他说，西塞罗在克拉苏和恺撒死后发表的某部作品中指控克拉苏和恺撒是喀提林阴谋中的共犯。[17]这个观点很难说得过去。西塞罗的指控有可能用了最为普通的表述用语——就像他为内战的爆发而指责庞培那样。[18]

假如狄奥值得相信，我们就可以认为，西塞罗并没有亲自发表《论本人施政计划》一书。此外，如果西塞罗的儿子禀承了父亲的遗志，他必然会征询父亲希望在什么时候、以什么样的方式将这部作品公之于众，他本人和他的父亲一样，都在公元前43年11月被列入了公敌名单，并且随着布鲁图斯或卡西乌斯逃往了遥远的东部。以《论本人施政计划》为依据的说法和论证显得极为脆弱，相关的头绪也很难被厘清。不过，仍然有一种说法得到了学者的广泛认同，并且获得了持久的生命力。这种说法提出一种推测，认为萨卢斯特的著作就是对西塞罗《论本人施政计划》的直接回应：这是一个忠心耿耿（而又世故狡黠）的党派支持者撰写的著

---

[16] Asconius 74: "et hoc ipse Cicero in exposition consiliorum suorum significat."（西塞罗本人也在他的《论本人施政计划》中注意到了这一点。）

[17] Plutarch, *Crassus* 13. 毕希纳（K. Büchner）认为这部作品就是《论本人施政计划》，因而他认为西塞罗在自己生前发表了《论本人施政计划》（*Real-Encyclopädie der classischen Altertumswissenschaft* VII A, 1267 f.）。

[18] Cicero, *Ad Atticum* VIII.3.3; Cicero, *Ad familiares* VI.6.5.

作，目的是反驳西塞罗的指控，维护和恢复对于独裁者的纪念。[19]关于这种观点，最为极端的说法甚至认为，萨卢斯特对《论本人施政计划》的批驳乃是出于惊恐万分的屋大维及其友人在公元前42年的授命和委托。[20]

在这个问题上，人们形成了各种各样不合理的看法。萨卢斯特有可能在《论本人施政计划》公开发表之前就已经选定了自己的撰述主题。我们只需要看一下传记作家苏维托尼乌斯所列举的那些"权威记述"就会知道，[21]有大量的材料可以用来败坏尤利乌斯·恺撒的名誉，这些材料早已为人所知，它们要么在不久之前即已得到人们的进一步加工，要么在等待着人们一个半世纪之后的挖掘。

此外，萨卢斯特第一部专著的主题和目标显然要比为恺撒辩护宏大得多。身为这部专著的作者，萨卢斯特始终专注于罗马历史的兴衰和时代的终结。正如他解释自己选择的理由时所声明的那样，喀提林阴谋是一个重要的示范性话题，"因为其罪行和由此产生的危险都具有非同一般的性质"

---

[19] E. Schwartz, *Hermes* XXXII (1897), 580. 这种观点为各种倾向的学者所认可，参见 W. Schur, *Sallust als Historiker* (1934), 181 f.;《剑桥古代史》(*The Cambridge Ancient History*, IX, 1932, 890) 的匿名作者；F. Lämmli, *Mus.Helv.* III (1946), 101; A. D. Leeman, *Rev.ét.lat.* XXXIII (1955), 208。对这种观点的质疑，参见 T. R. S. Broughton, *Transactions of the American Philological Association* LXVII (1936), 41 f.; A. La Penna, *Stud.it.fil.class.* XXXI (1959), 31。

[20] A. Rosenberg, *Einleitung und Quellenkunde zur römischen Geschichte* (1921), 174 f.

[21] Suetonius, *Divus Iulius* 9, 参见本书 p.96。

(sceleris atque periculi novitate, 4.4)。萨卢斯特在这个问题上无疑是对的。

在罗马晚近历史中出现的那些可以用来撰史或颇具吸引力的事件中,萨卢斯特选择以喀提林阴谋为题,或许的确是出于某种简便易行的动机——梳理并搞清楚这个事件。这位撰述家在他的第一部作品中并不会总是透露他不可告人的抱负和雄心。即便萨卢斯特习得了撰史的技艺和方法,并且性命无虞,他在声称自己打算撰写一部专题性著作时,或许仍然没有期望或计划撰写当代的历史。他不着痕迹地透露了自己所要追求的目标。但正常的谨慎或许有碍于他和盘托出自己的计划安排和巨大野心。

萨卢斯特会考虑从什么地方开始着手自己的写作呢?意义重大的时间点有很多。也许是庞培和克拉苏的第一次执政官任期,也可能是庞培从东方返回罗马的公元前62年。不过,更为合适的应该是三头在公元前60年的结盟,那一年当选的执政官是梅特路斯与阿弗拉尼乌斯。认为内战始于恺撒越过卢比孔河是一种肤浅的看法。正如加图所说的那样,内战的开端并不是庞培与恺撒的争斗,而是他们最初的结盟。[22]

表明自己的撰述主题后,身为作者的萨卢斯特首先对该主题的核心人物进行了生动的描绘与说明(5.1–8)。然而在此之后,他又将如何继续安排自己的撰述呢?萨卢斯特

---

[22] Plutarch, *Caesar* 13; *Pompeius* 47. 这个观点由波利奥所接受而成为经典,影响了李维、维莱尤斯(Velleius)和卢坎。参见 *The Roman Revolution*(1939), 8。

的目的是要说明，喀提林是苏拉体制在罗马国家中的天然产物，因而他有可能会按照年代顺序记录喀提林在公元前64年夏天竞选执政官之前的生平与作为，甚至一直记录到公元前63年，那一年的喀提林第二次竞选执政官失败，进而导致了一场激进革命的发生。

这种叙述方案能够说明很多的问题，原因有多个方面。喀提林在军事上既有丰富的经验，也有敏锐的嗅觉和高超的才能，这是人们的共识。[23]我们还可以发现，时任执政官的庞培尤斯·斯特拉波（Pompeius Strabo）在公元前89年围攻阿斯库鲁姆的起义者时，喀提林曾作为青年军官，在斯特拉波那里供职。[24]斯特拉波是庞培·马格努斯的父亲，他为人阴险歹毒，是一个令人心生不安而又料事如神的传奇人物。他在镇压意大利的反叛之后，果断而决绝地执意于自己的勃勃野心，他玩弄两面派的手法，多次利用军队进行敲诈和恫吓，企图强取第二次的执政官任期，直到被上天安排的死亡所铲除。

这个时期是塞尔吉乌斯·喀提林的学徒期。他因身为苏拉的党徒而声名狼藉——在苏拉占领罗马的时候，他血债累累、贪婪无厌。[25]早在公元前70年代的某个时期，喀提林就在海外的某次战争期间，以副官身份效力于某位资

---

[23] Cicero, *Pro Caelio* 12: "vigebant etiam studia rei militaris."（他对战争技艺有着浓厚的兴趣。）

[24] *Corpus Inscriptionum Latinarum* I². 709 = *Inscriptions Latinae Selectae* 8888. 倒数第三个名字是"L. Sergi L. f. Tro"（卢奇乌斯·塞尔吉乌斯·特罗蒙提纳［Tromentina]）。参见 C. Cichorius, *Römische Studien*（1922），172ff.。

[25] 参见本书 p. 84。

深执政官。[26]公元前73年,喀提林因牵扯有关维斯塔贞女(Vestal Virgins)的案件而受到审讯,后被无罪释放。[27]此案的一个相关细节是,声誉卓著的执政官卢塔提乌斯·卡图鲁斯(Lutatius Catulus)给他提供了有利的证明。[28]

喀提林在公元前68年获得了行政官一职,进而将阿非利加作为自己的总督行省。由于遭到投诉和指控,喀提林被剥夺了公元前66年执政官的竞选资格。[29]对于那一年的执政官选举,有些事情或许应该有所提及(普布利乌斯·科勒内利乌斯·苏拉和普布利乌斯·奥特罗尼乌斯·佩图斯[Publius Autronius Paetus]因贿选而失去了执政官的候选人资格),那一年的选举使公共秩序遭到了各个方面的干扰,更为严重的暴力流言也因之而四处流传。[30]喀提林在公元前65年接受了关于勒索财物罪的审讯。许多执政官都为他进行了辩护。[31]喀提林虽然被判无罪(据说是通过行

---

[26] *Historae* I. 46: "magnis operibus perfectis obsidium cepit per L. Catilinam legatum."(大规模的围攻完成后,他开始通过他的副官卢奇乌斯·喀提林实施封锁。)人们普遍认为,这句话指的是对普雷内斯特(Praeneste)的占领(参见 Maurenbrecher ad loc.)。希肖利乌斯不同意这样的看法(C. Cichorius, o.c. 173),他推测喀提林是在西里西亚行省为公元前79年的执政官普布利乌斯·塞维利尤斯·瓦提亚(Publius Servilius Vatia)效力。

[27] Asconius 82. 关于日期,Cicero, *In Catilinam* III. 9。

[28] Orosius VI. 3. 1,参见喀提林写给卡图鲁斯的书信,"我对你的赤胆忠心深有体会"(egregia tua fides, re cognita, *Bellum Catilinae* 35. 1)。

[29] *Bellum Catilinae* 18. 3,阿斯科尼乌斯对此做出了修正(79 f.),参见本书 p. 100。

[30] 参见本书 p. 88。

[31] Cicero, *Pro Sulla* 81.

贿），但已无法及时参加公元前64年的执政官选举。[32]为了竞选公元前63年的执政官，喀提林与盖尤斯·安东尼乌斯·希布里达串通一气，达成默契，贵族派对此深感不安，图利乌斯·西塞罗这位可靠而稳妥之人则首先赢得了执政官的选举；到了竞选的第二轮，安东尼乌斯·希布里达以微弱的优势击败了喀提林。在此之后，喀提林又因苏拉当政时期所犯下的谋杀罪而遭到了另一项指控，但也再一次被无罪开释。[33]然而，喀提林在公元前63年第二次竞选失败是决定性的，因为在公元前62年，卢奇乌斯·李锡尼乌斯·穆雷纳（Lucius Licinius Murena）和迪奇穆斯·尤尼乌斯·西拉努斯（Decimus Junius Silanus）成为当年的执政官。

萨卢斯特选择了一种不同的撰述方案。在他简要的人物特写中，喀提林的个人品性全都体现了罗马"伤风败俗"（corrupti civitatis mores）的邪恶之风，这种概要性描述从一开始就引出了一段关于罗马人历史的冗长附注。[34]萨卢斯特对最后一次布匿战争之后罗马公德的腐化和堕落进行了追溯

---

[32] Asconius 76.

[33] Asconius 81.

[34] 这段特写的结尾是"他还受到了伤风败俗、公德沦丧的影响，而两种性质截然相反的破坏性邪恶——奢靡和贪婪——正进一步恶化罗马败坏的风气和公德"（incitabant praeterea corrupti civitatis mores quos pessuma ac diversa inter se mala, luxuria atque avaritia vexabant, 5.8）；这段偏离主题的叙述之后，萨卢斯特又以一句"在如此巨大而又腐化堕落的城市中，喀提林……"（in tanta tamque corrupta civitate Catilina, 14.1）重新回到了正题。

和回顾，并特别将这种公德的沦落归罪于资深执政官和独裁者苏拉（6-13）。然后，萨卢斯特又重新转回到喀提林（14-16）；他陈述了喀提林党徒在公元前64年夏天的一次聚会（17），敷陈了身为头目的喀提林为这个团伙所做的一番讲话（20），但在此中间，萨卢斯特还偏离主题，插入了一段关于喀提林党徒聚会之前的一次颠覆共和国阴谋的记述（18-19）。喀提林及其党徒在公元前63年的执政官选举之后继续进行他们的阴谋活动，并采取了更为明确的形式（21-24）。萨卢斯特对一个名为塞普罗尼娅的女人做了一番简短的描述之后，罗马和伊特鲁里亚（Etruria）同时交替进行的阴谋活动在萨卢斯特的笔下逐渐走向了高潮，这段描述一直写到喀提林抵达盖尤斯·曼利乌斯（Gaius Manlius）的营地（26-36.3）。

就在这个时候，叙述被一段偏离主题的补充性说明打断，其内容涉及的是罗马令人痛心的政治生活状况（36.4-39.4）。随后，萨卢斯特又讲述了留守在罗马的密谋者们（普布利乌斯·科勒内利乌斯·林图卢斯·苏拉［Publius Cornelius Lentulus Sura］、盖尤斯·科勒内利乌斯·契蒂古斯［Gaius Cornelius Cethegus］以及其他阴谋者）所进行的各种阴谋活动，他们与某个高卢部族使者的私通密谋，他们的被捕，以及元老院对他们的处置，从而恢复了一度中断的故事（39.6-50）。在此之后，萨卢斯特呈现了恺撒和加图的演说（51-53），并以一段对比两位政治家的简短插叙收尾（53.2-54）。罗马的密谋者们遭到了处决（55）。之后是伊特鲁里亚的军事行动（56-57），喀提林的战前演讲（58-59），最后则是孤注一掷的战斗和战斗的结束（60-61）。

萨卢斯特的叙述结构错综复杂。他不愿撰写一部传记，也拒绝复制公元前66年到公元前63年的罗马编年史记录。萨卢斯特对简便易行的叙述方式不屑一顾，他运用插叙的方式打破了叙事的顺序。

萨卢斯特通过反差和对比来呈现自己的叙述，整部作品的谋篇布局就像他的措辞和用语一样，急促而唐突，这或许和作者性格中缺乏轻松舒缓、和谐平易的心性特征有关。但是，这样的解释并不充分。萨卢斯特的讲述虽然任性而急躁，但并非杂乱无章。他知道自己想要做什么，而且也掌控着自己的叙述主题。[35]

有人认为，《喀提林内争》的撰述结构就如同一部悲剧。[36]如果在寻找这种撰述结构的范例时没有走入极端，这样的想法倒也并无大碍。我们完全可以认为，萨卢斯特不但有着明确的撰述目标，而且还展示了一种易于理解的撰述结构。[37]

萨卢斯特借助插叙和演说，使叙事情节戛然而止并富于变化。然而，其中有两段插叙在叙述布局上并没有太大的

---

[35] K. Latte, *Neue Wege zur Antike* II. 4 (1935), 47.
[36] R. Ullmann, *Rev.phil.* XLII (1918), 5 ff.
[37] 许多讨论都已转到了萨卢斯特的撰述结构问题，参见 K. Latte, o.c. 30 ff.; K. Vretska, *Hermes* LXXII (1937), 202 ff.; K. Bauhofer, *Die Komposition der Historien Sallusts* (Diss. München, 1935), 45 ff.; K. Büchner, *Hermes*, Einzelschriften 9 (1953), 98 ff.; W. Steidle, *Historia*, Einzelschriften 3 (1958), 1 ff.。

意义，一段是对公元前66年到公元前65年那段早年阴谋的记述（18 f.），一段是对塞普罗尼娅的人物描写（25）。其他插叙与作者主要关切的问题——罗马、公德以及真正的政治家风范——紧密相关。第一个问题关系到迄至苏拉当政时期的过去（6-13）。呈现第二个问题的插叙分析了后苏拉时期的政治行为（36.4-39.4），这段插叙在叙述的高潮阶段嵌入，恰恰占据了这部专题作品的中心位置。这是非常重要的。涉及第三个问题的插叙声称那个时代缺乏伟大的人物，从而以此来宣扬恺撒和加图这两个人（仅有的两个人）的"功名业绩"。

插叙和演说使叙述呈现出多种多样的变化。不仅如此，这种叙述策略还能使历史撰述者摆脱时间和空间的束缚，从而使叙述话题更加贴近作者的情感关切和内心世界。因此，对于了解萨卢斯特的习性特质来说，这是最有价值的线索。

《喀提林内争》中一共出现了四段演说：有两段来自喀提林，另外两段分别出自恺撒和加图。身为作者的萨卢斯特在这些演说中阐述了自己最为中意的想法，而这些想法都与他的几段插叙相关。比如在加图的演说中，对自身所处时代的贵族行为加以谴责，并颂扬罗马过去的荣耀与雄风，都直接表明了萨卢斯特的想法。喀提林的两段长篇大论几乎就是一种戏仿性质的演说，它们同样间接反映了萨卢斯特的观念倾向：喀提林在煽动阴谋者的那段高谈阔论的开场白中向阴谋者提出了"勇气"（virtus）和"忠诚"（fides）方面的要求，在这两段演说中，他都指责了"少数当权者"（potentia paucorum )。

按照一种已知的撰史学说,专题性的史著在叙述范围上应该是有所限制的,有时甚至会局限于某个人物的身世沉浮。然而,萨卢斯特避开了这种学说。他的撰述主题是"喀提林内争",其中当然可以出现喀提林的两段演说。但整部作品却是通过恺撒和加图的演说走向了高潮。这两段演说总共占用了这部作品五分之一的篇幅。无可否认,这部作品的结尾是喀提林和皮斯托利亚(Pistoria)的战斗——这是一个反高潮的伤感结局,它由一场言不由衷的狂热演说和一场徒劳无益的残忍战斗构成,其中充斥着阴谋者枉费心机的绝望与徒劳。

需要高度紧凑凝练的专题作品必然会有所简略。萨卢斯特在喀提林这个恶棍身上花费了大量的笔墨,却对后者的早年作为有所疏漏,这些本可以用来说明更多问题。[38]关于喀提林的追随者,萨卢斯特只记录了他们的名字,除此之外什么都没有提到。令人惊讶的是关于塞普罗尼娅的插叙,这个女人的住处曾被阴谋者用过一次,但也仅此而已(40.5),她本人并没有参与过喀提林的阴谋活动。因此,这种离题的插叙不可能不引起人们的好奇或困惑。[39]

在《喀提林内争》中,萨卢斯特谈到了自负而莽撞的昆图斯·库里乌斯(Quintus Curius)和他的情妇弗尔维娅

---

[38] 参见本书 p. 85。
[39] 参见本书 p. 133。

([Fulvia]，此人把喀提林阴谋的情况报告给了西塞罗）；[40]也展示了契蒂古斯暴烈冲动的性情。[41]然而，人们可能期望找到一两个喀提林阴谋团伙的其他头目。没落腐朽的名门权贵很容易在作者的叙述中遭到不友好的对待，他们不是愚蠢无知，就是游手好闲、不务正业。作为常规用语，"愚笨无知"（stolidi）和"华而不实"（vani）都会出现在这样的描述中。[42]萨卢斯特本可以发明一些不利的标签用语来描述卡西乌斯·朗吉努斯（L. Cassius Longinus），这个人是公元前63年执政官竞选中一位毫无前途的候选人：一个没精打采的胖子。[43]作为科勒内利乌斯这个显贵家族的子孙，普布利乌斯·科勒内利乌斯·林图卢斯·苏拉或许要好一些，此人曾在公元前71年当选为执政官，但一年之后却被逐出了元老院，在这次阴谋活动中，他看起来像是仅次于喀提林的主谋。萨卢斯特恰逢其时地提到，林图卢斯因为三位科勒内利乌斯将会依次成为罗马主人的神谕而深受鼓舞（47.2）。或许我们还可以补充一些不利于这位林图卢斯的评价和说

---

[40] *Bellum Catilinae* 23. 1 ff.; 26. 3; 28. 2.

[41] *Bellum Catilinae* 43. 4："natura ferox vehemens, manus promptus erat, maximum bonum in celeritate putabat."（他生性是个咄咄逼人、乖张暴烈和行事急躁之人，他最看重的就是火速行事。）

[42] Sallust, *Historiae* IV. 1（谈论一个名叫科勒内利乌斯·林图卢斯［Cornelius Lentulus］的人），参见本书 p.209。

[43] Asconius 73："Cassius quamvis stolidus tum magis quam improbus videretur."（尽管当时的卡西乌斯似乎与其说是品行不端倒不如说是愚不可及。）西塞罗对"大腹便便的卡西乌斯"（L. Cassi adipes）进行了严厉的斥责（*In Catilinam* III. 16）。

法，比如对于他作为演说者的演讲能力，西塞罗的说法就向我们表明：他思维迟缓、笨嘴拙舌，但风度翩翩，气宇非凡。[44]

在谈到恺撒和加图时，萨卢斯特的严格谨慎和对细节的拒斥是显而易见的。恺撒和贵族派领袖经过一番激烈的较量之后，于公元前63年赢得了大祭司长一职，这个事实仅出现在关于其他事情的解释中，即卢塔提乌斯·卡图鲁斯为何会对恺撒如此怨恨（49.2）。此外，当元老院就如何惩罚阴谋者的问题进行争论的时候，恺撒获得了行政官一职的任命，而加图则被选定为保民官一职的人选。在比较恺撒和加图时，萨卢斯特所说的一切无非就是两个人在出身、年龄及口才上旗鼓相当，不分轩轾（54.1）。这是一种极端简化的概括。至于别的方面，萨卢斯特只字未提，恺撒和加图在五年间分道扬镳，而这五年恰好又与某个人在那个阶段的仕途生涯紧密相关。萨卢斯特是从一个颇为疏离的视角出发，把这两个人当作历史人物来看待，同时隐藏了读者可能知道或出于好奇而可以在其他地方找到的一些事实和时间。

可以说，萨卢斯特对任何事件的记述都有很多的疏漏。

---

[44] Cicero, *Brutus* 235: "P. Lentulus, cuius et excogitandi et loquendi tarditatem tegebat formae dignitas, corporis motus plenus et artis et venustatis, vocis et suavitas et magnitudo." （普布利乌斯·林图卢斯以庄重的姿态掩盖了他迟缓的思维和笨拙的言语；他的行为举止风度翩翩、气宇不凡；他说话的音色强劲有力，令人愉悦。）西塞罗取笑过"昏昏沉沉的林图卢斯"（P. Lentuli somnum, *In Catilinam* III. 16）。

但似乎并非所有的疏漏都是出于必要的简洁和艺术性的创作。好奇的人们或许想要知道,在公元前64年的执政官选举中,谁是塞尔吉乌斯·喀提林和安东尼乌斯·希布里达背后的支持者?[45] 他们甚至还想知道,究竟是哪方面的问题导致喀提林错过了公元前64年的执政官选举?又是谁在背后支持喀提林参加下一年的执政官竞选?关于公元前64年和公元前63年的执政官选举,其中的较量及其背景有着诸多令人费解之处。尤尼乌斯·西拉努斯和李锡尼乌斯·穆雷纳赢得了公元前62年的执政官竞选。萨卢斯特并没有讲到这个事情。他只对喀提林的失败感兴趣(26.5)。除了喀提林,只有一位竞选失利的候选人出现在萨卢斯特的某处记述中,这个人就是塞尔维乌斯·苏尔皮基乌斯·鲁夫斯(Servius Sulpicius Rufus)。喀提林和鲁夫斯彼此都出身于贵族,因而不可能两者都被选上。\* 对于谁在支持谁的问题,萨卢斯特

---

[45] 阿斯科尼乌斯给出了答案——"在克拉苏和恺撒的大力支持下,两个人达成了一项阻止西塞罗当选执政官的选举协议"(coierant enim ambo ut Ciceronem consulate deicerent, adiutoribus usi firmissimis M. Crasso et C. Caesare, 74)。阿斯科尼乌斯接下来又对《反着托加白袍者》(*In toga candida*)中的一段话进行了解释,这段话涉及的内容是喀提林和安东尼乌斯在"这次提供资助的某个众所周知的知名贵族"(cuiusdam hominis nobilis et valde in hoc largitionis quaestu noti)家中夜会的事情,他说这里暗指的贵族不是恺撒便是克拉苏;对于恺撒和克拉苏敌视西塞罗的执政官候选人身份,阿斯科尼乌斯提及了西塞罗在《论本人施政计划》当中的言论。

\* 按照罗马法律的规定,每年当选的执政官中至少要有一位必须是从平民中选出。

并没有给出提示。[46]

《喀提林内争》的叙述权衡得当、富于变化，同时又有所取舍，其撰述编排可谓细心而谨慎。然而，萨卢斯特的撰述用的又是什么材料呢？

萨卢斯特撰写这部著作时，一个时代似乎已经落下帷幕。事实上，这个时代只有二十年的时间。萨卢斯特多次记录过当时的流言或揣测，也就是说，他并没有准备证明这些流言或揣测。[47]他认识许多杰出之士，他还从自己的记忆中引述了克拉苏的说法（48.9）。此外，上层人士中虽然有多人横遭不幸、丧生殒命（公元前63年的执政官当中，有谁仍然在世？），但仍然有必要向那些幸存者求教。然而，萨卢斯特未能及时从普布利乌斯·苏拉那里获得某些相关问题的答案，后者与他曾在公元前47年有过密切的

---

[46] 加图曾极力支持西拉努斯，后者是他同母异父的姐姐塞维利娅的丈夫；此外，他还同失意的苏尔皮基乌斯·鲁夫斯一道，在11月的时候，以竞选腐败的罪名（*ambitus*）控告了穆雷纳。此时的执政官选举关系到恺撒，西拉努斯的妻子是恺撒众所周知的情妇。恺撒或许支持过苏尔皮基乌斯·鲁夫斯，后者有可能当选执政官的下一个迹象恰恰出现在恺撒当选执政官的时候（Cicero, *Ad Atticum* II. 5. 2）。恺撒尽管支持喀提林竞选公元前64年的执政官，但他可能在公元前63年的执政官选举之前已经断定，喀提林为人有失体面，容易惹是生非，不可能赢得执政官的竞选。

[47] *Bellum Catilinae* 14. 7: "scio fuisse nonnullos, qui ita existumarent"（我知道，有些人认为）; 17. 7: "fuere item ea tempestate qui crederent"（有一些人相信）; 19. 4: "sunt qui ita dicant"（有些人说）; 22. 1: "fuere ea tempestate qui dicerent"（有些人声称）; 48. 7: "erant eo tempore qui existumarent"（当时有些人相信）。

接触——[48]苏拉在公元前46年年末毕命身亡,第一时间知道这个消息(由于暴食或遭到刺杀)的西塞罗为此而欣喜若狂。[49]不过,当选为公元前53年执政官的梅萨拉·鲁夫斯仍然在世,他是普布利乌斯·苏拉的朋友。[50]在公元前62年出任平民保民官的卡尔普尔尼乌斯·贝斯提亚(L. Calpurnius Bestia)经过很长一段时间的消沉之后,又曾出现在穆提纳的安东尼军营中;[51]人们还难以置信地发现,盖尤斯·安东尼乌斯这位当选过执政官的醒醒幽灵,在公元前42年又曾出任了监察官的职务。[52]

在公元前66—前65年的所谓阴谋"前史"中找出真相之所在是非常不容易的(后来发生的事情和各种方面的歪曲给这段"前史"蒙上了阴影),但公元前63年的证据却有很多,有些甚至真切而可靠。身为作者,萨卢斯特可以为我们展示这些文献。

萨卢斯特在叙述中插入了叛乱首领曼利乌斯写给马奇乌

---

[48] 参见本书 p. 37。

[49] Cicero, *Ad familiars* XV. 17. 2.

[50] 普布利乌斯·苏拉在公元前47年曾与梅萨拉·鲁夫斯在一起(Cicero, *Ad Atticum* XI. 22. 2),因此,后者很有可能就是《为苏拉辩护》(Cicero, *Pro Sulla* 20)中提到的那位梅萨拉(M. Messalla),而不是闵策尔提到的那位公元前61年出任执政官的梅萨拉·尼格尔(Messalla Niger, F. Münzer, *Real-Encyclopädie der classischen Altertumswissenschaft* VIII A, 164)。

[51] Cicero, *Philippicae* XI. 11;13. 12. 见本书 p. 132。

[52] *Corpus Inscriptionum Latinarum* I$^2$, p. 64;*Inscriptions Latinae Selectae* 6204. 见本书 p. 131。

斯·雷克斯的一封书信，这封信竭力陈述了某些身处困境的人所提出的请求，而这些人所遭遇的"不幸"（miseri）乃是由高利贷者和罗马长官的不公所造成（33）。然而，这并不意味着这封书信真实可信、有据可查，因为萨卢斯特将这封信说成是"这种类型的一封信"（mandata huiusce modi）。喀提林离开罗马后也给他的好友卢塔提乌斯·卡图鲁斯写去了一封书信，但这封信是另一回事。萨卢斯特提供了一份转录于这封书信的"副本"（34.3）。内容和语言是很能说明问题的（35）。在这封信中，喀提林诉诸卡图鲁斯的"忠诚"，他抗议自己遭到了不公正的对待，声言个人的"名誉"受到了侮辱和败坏。喀提林选择公开捍卫那些横遭不幸者的利益，并不是因为他个人欠下了什么债务，而是因为他"看到那些宵小之人都被提拔到了高位"（quod non dignos homines honore honestatos videbam），荣誉都授给了那些并不值得的蝇营狗苟之徒；喀提林还再一次提到了自己仍然还有的"声誉"；在书信的最后，他将自己的妻子欧列莉娅·奥雷斯提拉（Aurelia Orestilla）托付给了他"忠诚"的朋友卡图鲁斯。[53]

---

[53] 这封信的文辞极不符合萨卢斯特的语言和文风。其中有一个非常复杂的句子，还有一个非常笨拙的表述——"我提出解释决不是因为我感到自己有罪"（satisfactionem ex nulla conscientia de culpa proponere decrevi）。"honore honestatos"（提拔到高位）这个用语出自普劳图斯（Plautine, *Captivi* 247; 356）。萨卢斯特并没有使用"honesto"（提拔）或"satisfactio"（辩解）、"commendatio"（请求）和"commendo"（托付）这样的词语。此外，该信中所用告别语"haveto"（再会）是一种庄重而古老的客套用语，这种用法从未在西塞罗的书信中出现过。

此处要说的是一个真实的喀提林,这位与执政官西塞罗发生争执的贵族在说起"罗马城内居住的人"(inquilinus civis urbis Romae)时,语气颇为轻蔑,他骄傲地将自己说成是和他祖先一样为罗马人民谋取了众多"福祉"(beneficia)的贵族(31.7)。可以补充说明的是,在萨卢斯特结尾叙述的那场战斗中,喀提林"想到自己的出身和他过去的个人声誉",冲入了战斗最激烈的地方(60.7)。

　　萨卢斯特展示的第二个文献同样是以"副本"一词为起首的誊录本(44.4)。这个文献是林图卢斯要沃尔图奇乌斯(Volturcius)捎给喀提林的一个简短口信,时间是在公元前63年12月初。[54] 然而,令人困惑的是,西塞罗也用这个口信表达过同样的意思,但所用的措辞和表述却并非完全一样。[55] 如果两个版本需要二择其一,那么哪个版本在文字语句上是

---

[54] *Bellum Catilinae* 44.5: "qui sim ex eo quem ad te misi cognosces. fac cogites in quanta calamitate sis et memineris te virum esse. considers quid tuae rationes postulent. auxilium petas ab omnibus, etiam ab infumis."(你可以从我派去捎信你的人那里了解我的现状,请你务必不要忘记自己处在一个多么绝望的境地,而且你要记住,你是一个真正的男子汉。你要考虑自己关注的事情中还需要做些什么;要寻求各方人士,哪怕是最底层民众的帮助。)

[55] Cicero, *In Catilinam* III. 12: "quis sim scies ex eo quem ad te misi. cura ut vir sis et cogita quem in locum sis progresus. vide ecquid tibi iam sit necesse et cura ut omnium tibi auxilia adiungas, etiam infimorum."(你要会从我派去捎信给你的人那里知道我是谁。切记,要像一个男人一样行事,要考虑自己已经处在了什么样的境地,事先想好自己现在还需要些什么;要注意为自己获得各方,乃至最底层人们的帮助。)

准确的呢?一个可以给出的答案是:西塞罗引用的文本。[56]萨卢斯特改进了这封信札的原文,他修改了两处口语表述,同时还使其中的两个句子表述得更加鲜明和具体。[57]

当沃尔图奇乌斯、阿洛布罗吉人(Allobroges)的使者和五个阴谋分子在公元前63年12月3日被带到元老院时,西塞罗坚决要求以书面的形式录下证词和供状:为此,他选择了四个有地位、有声望,并且能够快速准确地进行记录的人士。[58]对于接下来两次会议上所发生的事情,身为执政官的西塞罗也希望能有一个完整的记录。加图的演说正是由于这次的记录而成为他所有演说中唯一被保存下来的演说(普鲁塔克是这么说的)。[59]

或许可以认为,萨卢斯特有机会接触到恺撒和加图在12月5日提交的演说文稿。但他多大程度上愿意严格地遵循演说稿的原文则是另一回事。[60]恺撒演说的一些内容(并不多)可以从西塞罗的第四篇《反喀提林》演说中找回。比如,恺撒似乎很可能用过"仁慈和怜悯"(mansuetudo et misericordia)这样的措辞,这种表述也被加图所采用,并且

---

[56] 布瓦希埃(G. Boissier)对此毫无怀疑,*La conjuration de Catilina*(1905),201。相关的详细证明,参见 K. Latte,o.c. 19 f.。
[57] "scire ex"(你会知道)这段短语是口头用语,"cura ut"(切记/注意)则属于书信体风格的措辞。
[58] Cicero, *Pro Sulla* 42.
[59] Plutarch, *Cato* 23,参见 *Cicero* 21。
[60] 关于这些演说的主题和基调,参见本书 p. 111;关于这些演说的文风,见本书 p. 266。

一再出现在萨卢斯特比较两者的论述中（52.11；52.27；54.2）。然而，加图的演说不可能像萨卢斯特所呈现的那样，对恺撒那么彬彬有礼。另有一种说法声称，加图曾激动地喊道，恺撒很幸运没有因为叛国罪而受到法庭的审判。[61]

作为一名历史撰述家，萨卢斯特不会忽视布鲁图斯的《加图颂》。但萨卢斯特的主要材料很有可能是西塞罗的作品。[62]西塞罗的著述种类繁多，其中有散文，有诗歌，也有希腊文作品或拉丁文著述，这些作品都赞颂了那些值得纪念的重大事件。[63]西塞罗曾把一部记述他执政官任期的希腊语记事录寄送给波西多尼乌斯（Posidonius），心思机敏的波西多尼乌斯对此回复说，这部记事录非但没能鼓励他撰写一部以此为题的作品，反而使他害怕撰写这样的著作。[64]《论本人施政计划》因其披露的惊天秘闻而会被人铭记——或者也

---

[61] Plutarch, *Cato* 23；*Caesar* 8；*Cicero* 21. 此外，加图欣赏西塞罗，并且抨击过尤尼乌斯·西拉努斯（*Cato* 23）。关于普鲁塔克的材料，参见 R. Wirtz, *Beiträge zur catilinarischen Verschwörung*（Diss. Bonn, 1910），41 ff.。他特别强调了蒂罗（Marcus Tullius Tiro，活动于公元前1世纪前后，是西塞罗的奴隶。——中译注）撰写的西塞罗传记。普鲁塔克了解的材料有《论执政官》（[*De consulatu*] *Caesar* 8）和《论本人施政计划》（[*De consiliis*] *Crassus* 13），参见 E. Schwartz, *Hermes* XXXII（1897），592；599. 施瓦茨选择的是费内斯泰拉（Fenestella, ib. 602，[活跃于罗马帝国时期的罗马史家和百科全书式的撰述家。——中译注]）。

[62] 韦尔茨认为，萨卢斯特的材料几乎完全取自西塞罗（R. Wirtz, o.c. 25 ff.）。这种说法未免有些夸大其词。

[63] 关于西塞罗的各种作品，以及这些作品后来的流传和踪迹，见 H. Peter, *Historicorum Romanorum Reliquiae* II（1906），IV ff.；K. Büchner, *Real-Encyclopädie der classischen Altertumswissenschaft* VII A，1267 ff.。

[64] Cicero, *Ad Atticum* II. 1.1 f.

有可能不会。

公元前64年执政官选举的前几天,西塞罗在元老院发表了题为《反着托加白袍者》的演说,这篇演说集中对喀提林和安东尼乌斯这两位西塞罗最危险的竞争者进行了大量的人身攻击。阿斯科尼乌斯的注释使这篇演说的残篇具有了格外的重要性。西塞罗在公元前63年发表了八篇其他的演说,除此之外,他又发表了四篇名为《反喀提林》的演说,随后,也就是在公元前60年的夏天,西塞罗又经过精心修订,将这些演说公之于众。[65]这些演说中将会加入公元前63年11月末为执政官指定人选李锡尼乌斯·穆雷纳进行辩护的演说,以及公元前62年发表的《为苏拉辩护》(*Pro Sulla*)的演说。

使用这种类型的证据会面临很多的陷阱和风险。通过修订这些演说,西塞罗难免会出于疏忽武断或妄自尊大而夸大自己的先见之明。比如在第一篇《反喀提林》的演讲中,西塞罗不但声称自己在元老院已经预料到曼利乌斯在费苏莱(Faesulae)发动叛乱的准确日期,[66]而且还提到了喀提林北上将会采取的路线(取道奥雷利亚[the Via Aurelia],但最远也只到佛卢姆·奥雷利乌姆[Forum Aurelii])。[67]这种说

---

[65] Cicero, *Ad Atticum* II. 1. 3.
[66] Cicero, *In Catilinam* I. 7.
[67] Cicero, *In Catilinam* I. 24: "quamquam quid ego te invitem, a quo iam sciam esse praemissos qui tibi ad Forum Aurelium praestolarentur armati."(然而,为什么我还要这么要求你,因为我知道,你已经派了一些人带着武器在佛卢姆·奥雷利乌姆等着你过去。)

法难免会让人心生怀疑。此外，从总体而言，西塞罗写作的时代，即当时的政治，同样也影响了他对某些话题和人物的陈述与说明。[68]

一个令人沮丧的事实是，信息来源越是丰富，出错的可能性也就越大。举例来说，一个人若是试图厘清罗马历史上文献记录最丰富的一年中——恺撒被刺之后的十二个月——所发生的一些事件，他出错的几率就会很大，这是显而易见的。因此，期望萨卢斯特的第一部著作不会犯错是一种奢望。他的创作技艺是造成他出错的一个原因。他在撰述中的一些关联和组织编排可能展现出一些缺陷和不足。叙事的简化有其危险之处。不仅如此，罗马的纪年方法也相当烦琐而笨拙。对于公元前63年所发生的事情，萨卢斯特并没有标明事件发生的时间顺序：其中提及的一个时间是某个月的某一天，即10月27日，曼利乌斯在伊特鲁里亚发动了叛乱（30.1），除此之外，这一年的其他日期或月份都没有出现在萨卢斯特的记述中。然而，即便没有确切的时间，作者也应该对公元前63年最后三个月的时间划分提供一些指示性的说明。

我们可以通过西塞罗、阿斯科尼乌斯或萨卢斯特本人来检验他叙述中的错误。从这样的检验中，我们还可以看到

---

[68] 比如对恺撒就表现得相当客气（Cicero, *In Catilinam* IV. 9 ff.），恺撒的执政官前景是非常好的；克洛狄乌斯有明确的暗示（Cicero, *In Catilinam* IV. 20）。关于后来的改写，R. Wirtz, o.c. 20 ff.；关于第四篇《反喀提林》，见福克斯引述的段落（H. Fuchs, *Hermes* LXXXVII [1959], 464 ff.）。

历史的或然性，或者推断萨卢斯特混淆是非或出现错误看法的原因。长期以来，发觉和认定萨卢斯特有意歪曲事实是一种非常流行的看法。然而，一种冷静而公正的判断将会表明，萨卢斯特的许多错误并非出于有意的歪曲和篡改，而是出于单纯的疏忽大意或记忆上的偏差。我们可以历数萨卢斯特的一系列错误或不足之处。[69]

无论如何，萨卢斯特作为历史撰述家的信誉和诚实在两个重要的问题上受到了抨击。

首先是喀提林阴谋的开端问题。萨卢斯特将这场阴谋的发端放在了公元前64年6月初左右，即执政官选举之前不久（17.1）。喀提林在他的住处召集了一次自己党徒的集会，其中有十五人的姓名被指明（有十一人属于元老议员，另有四人属于骑士阶层）；另外还有来自意大利城镇的许多出身名门的党徒。萨卢斯特同时还提到了一些赞同喀提林计划的人和隐蔽的支持者。喀提林发表了一番言辞激烈的长篇大论，谴责了"少数有权有势的人物"（20.2 ff.）。这些少数人拥有所有的名誉地位与财富——"全部的影响、权力、地位和财富都在他们的手里"（omnis gratia potential honos divitiae apud illos）。喀提林联想到财富、宅邸和艺术藏品都

---

[69] 关于萨卢斯特的所有错误和缺陷，以及对于这些错误的辩护，参见 O. Seel, *Sallust von den Briefen ad Caesarem zur Coniuratio Catilinae*（1930），49 ff.。这里没有必要再补充约翰很久之前的经典研究（C. John, *Jahrbücher für cl. Phil.*, Supp. VIII [1876], 703 ff.）。

被少数人所掌控；他煽动起友人的活力与欲望，这些友人在负债累累的境况下，或一贫如洗，或困苦操劳。

激进的行动经过了深思熟虑的讨论。对于行动策略和胜利者的奖赏问题——"发动战争的条件是什么？他们能从中得到什么样的奖赏"（quae condicio belli foret, quae praemia armis peterent）——喀提林做出了回复，宣布了他的计划和安排。这项计划将会取消债务（tabulae novae）、剥夺富人权利，并将官职和祭司职位作为奖赏分配给阴谋行动的参与者（21.1 f）。

如果是在公元前64年的执政官选举之前，这番言语和行动措施（注意其中提到了"bellum"［战争］和"arma"［战斗］）显然是不合时宜的。[70] 只要喀提林获得当选执政官的机会，这位罗马的政客绝不至于退而求次，孤注一掷地诉诸革命。执政官选举中的两次落选使喀提林有必要采取真正的阴谋措施，这将是罗马的一场政变，同时还伴随着意大利掀起的叛乱。

按照萨卢斯特的陈述，在公元前64年时，喀提林是向那些陷入贫困的优秀人士发出自己的呼吁。只是到了后来他才转而诉诸贫寒无依的穷苦之人——他在写给卡图鲁斯的信中明确说到了"苦难者的事业"（causa miserorum, 35.3）。那么，这种变化是在什么时候出现的呢？萨卢斯特本人通过

---

[70] C. John, o.c. 763 ff. 关于为萨卢斯特的做法进行辩护的努力，参见 W. Steidle, *Historia*, Einzelschriften 3（1958）, 91 f.。

提及阴谋背后野心勃勃的名门权贵（nobiles）而表明，喀提林在公元前 64 年时可以指望名士和权贵对他的支持。[71] 他近乎于成功。接下来的机会是公元前 63 年的执政官选举。喀提林指望得到执政官盖尤斯·安东尼乌斯的帮助和配合。但西塞罗及时挫败了喀提林的谋划，按照西塞罗的安排，他的同僚执政官安东尼乌斯本该前往有利可图的马其顿行省出任总督。在竞选投票前不久，看到自己希望落空的喀提林似乎开始变得怒气满腹、言行无度。加图在元老院以控告起诉威胁喀提林，从而引发了喀提林的激烈反应。[72] 随后便出现了一份关于喀提林家中集会的报告，该报告经过了严格的查证，喀提林在这次集会中以充满戾气的语言向自己的党徒发表了一番讲话，他说到了"苦难者"的需求，并声称自己是"苦难者的向导和领袖"（dux et signifier

---

[71] *Bellum Catilinae* 17.5: "erant praeterea complures paulo occultius consili huiusce participes nobiles, quos magis dominationis spes hortabatur quam inopia aut alia necessitudo."（除此之外，还有很多显贵更加隐蔽地参与了这一阴谋，他们这样做是为了获取更高的地位和权力，而不是出于贫困或其他迫切的动机。）随后，作者又提到人们对于克拉苏最终在阴谋中扮演何种角色的猜测和怀疑。

[72] Cicero, *Pro Murena* 51: "si quod esset in suas fortunas incendium excitatum, id se non aqua sed ruina restincturum."（他要摧毁一切，而不是用水来扑灭一切烧向自己财产的大火。）这个说法被萨卢斯特转而用来表现喀提林与西塞罗在 11 月 8 日争吵的高潮——"既然我的敌人把我逼向绝境，那我将用破坏一切来熄灭烧向我的大火"（quoniam quidem circumventus, inquit, ad inimicis praeceps agor incendium meum ruina restinguam, *Bellum Catilinae* 31.9）。

calamitosorum).[73]这次集会引起了元老院的注意。受到执政官质疑的喀提林公开宣扬了一个威胁性的骇人声明。他说,这个国家并非只有一个身体,而是有两个身体:其中一个是脆弱的身体,头脑愚钝而不中用,另一个是壮实而强健的身体,但唯独缺少一个头脑。喀提林将会给这个强壮的身体提供一个头脑。[74]最终的结果是,元老院决定推迟公元前63年的执政官选举,尽管推迟的时间并没有太长。[75]

由此可见,萨卢斯特的讲述难免会受到人们的抨击。但事实上,他在某种程度上可以被认为是无辜的。他实际上并没有把公元前64年的喀提林讲述成下层阶级的拥护者。喀提林的蛊惑利诱和那些下层的阶级无关。当然,有一点毋庸置疑,萨卢斯特笔下的喀提林筹划的是"战争"和"战斗",他给自己的党徒阐述的计划并不仅仅是关乎执政官选举的方案。

萨卢斯特把喀提林阴谋的开端提前诱使他陷入了其他时间上的错误。昆图斯·库里乌斯是喀提林阴谋的参与者之一,他的情妇,也就是那位名叫弗尔维娅的女人,早已把有关喀提林阴谋的情况说了出去,按照萨卢斯特的说法,西

---

[73] Cicero, *Pro Murena* 50. 这里提到的"家中集会"(contio domestica)也被萨卢斯特用来陈述阴谋分子在公元前64年的一次集会和一番讲话,尽管萨卢斯特让喀提林在这次集会中声称"苦难者"的事业。

[74] Cicero, *Pro Murena* 51.

[75] 参见 M. Gelzer, *Real-Encyclopädie der classischen Altertumswissenschaft* VII A, 874。

塞罗当选公元前64年执政官很大程度上就是由于这个包藏祸心的传闻（23.4 f.）。此外，在西塞罗当选之后和公元前63年执政官选举之前的那段时间，喀提林还在萨卢斯特的讲述中向意大利的各个战略地点——特别是费苏莱的曼利乌斯——输送了钱饷和武器（24.2）。

萨卢斯特提前了喀提林筹划革命阴谋的时间。为什么他要做这样的设定？一个原因是出于艺术层面和简化叙述的考虑——证明喀提林一以贯之的发展变化是整个后苏拉时代风气的产物。在作者的构思中，一次竞选失败并不足以导致犯罪性的革命。令人生疑的还有别的因素——作者天真或生硬地想表明，由于喀提林在公元前64年时就已经成为掠夺与暴力的鼓吹者，因而不应该怀疑恺撒与喀提林有共谋之嫌（这种怀疑后来会更多）。

另一个针对萨卢斯特的重要指责涉及的是公元前63年10月和11月的重大事件所具有的先后顺序和相互关系。在这种指责中，最轻微的过错是已经假定或容许的失误和偏差。最坏的情况则是作者的有意歪曲。

评判这种指责有必要确定某些无可争议的事实和时间。喀提林在7月的执政官竞选中落败，于是他下定了革命的决心。喀提林的同党曼利乌斯在伊特鲁里亚的北部进行了相应的部署工作；他纠集了一些乡民和土匪（这个地区的土匪为数甚多），也征募了苏拉军事殖民区的一些愤懑不平的老兵（28.4）。收到这个情报的西塞罗向元老院提交了报告，元老院通过一项法令，授权执政官采取充分的预防措施，以确保共和国的秩序和稳定（29.2）——这种法令有时候又被称为元老院的终极决议（*senatus consultum ultimum*）。元老院通过这项法令的时间是可以确证的，即公元前63年10月21日。[76]曼利乌斯在10月27日发动了叛乱（30.1）。卢奇乌斯·塞尼乌斯（Lucius Saenius）收到费苏莱寄来的一封信（考虑到时间和距离，大概是在11月），他在元老院宣告了曼利乌斯在费苏莱发动战争的消息。元老院为此采取了军事措施（30.3 ff.）。明确的指令下达给了两位资深执政官和两位行政官，前者分别是马奇乌斯·雷克斯和梅特路斯·克雷提库斯，他们由于耽搁的凯旋式而驻留在罗马城的门外。\*

与此同时，喀提林在罗马四处活动。到了11月6日，阴谋分子又被喀提林召集在波尔奇乌斯·莱卡（M. Porcius Laeca）的住处。[77]他们制订了几个计划，其中有两个人——盖尤斯·科勒内利乌斯（Gaius Cornelius）和卢奇乌斯·瓦恭泰乌斯（Lucius Vargunteius）——决定在第二天

---

[76] Cicero, *In Catilinam* I. 4，参见 Asconius 5。

[77] 这个日期是确定的——"11月6日前往莱卡家中的那晚"（ad M. Laecam nocte ea quae consecuta est posterum diem Nonarum Novembrium, Cicero, *Pro Sulla* 52）。有些学者轻率地认为这次集会是在11月5日，而不是11月6日。比如盖策尔就这么认为，M. Gelzer, *Real-Encyclopädie der classischen Altertumswissenschaft* IIA, 1706; VI A 877。施泰德勒也接受了盖策尔的看法（W. Steidle, o.c. 93）。

\* 参见《喀提林阴谋/朱古达战争》，王以铸、崔妙音译，北京：商务印书馆，1996年，第117页，注释3。

破晓之前去暗杀执政官。[78]预先得知这个计划的西塞罗采取了防范措施,两个暗杀者没能进入西塞罗的官邸。又过了一夜之后,也就是在11月8日,西塞罗在元老院公开谴责了喀提林(第一篇《反喀提林》演说),喀提林也于当日离开了罗马。[79]第二天,西塞罗向民众发表了演说(第二篇《反喀提林》演说)。当元老院得知喀提林进入了曼利乌斯营地的消息,喀提林和曼利乌斯即被元老院宣布为国家公敌(大概是在11月17日)。在11月的最后几天,西塞罗为李锡尼乌斯·穆雷纳进行了辩护,后者作为执政官

---

[78] 刺杀之举发生在第二天早上,即"拂晓时分"(prima luce, Cicero, *Pro Sulla* 52)。如果必要的话,可对比 Cicero, *In Catilinam* I. 9:"fuisti igitur apud Laecam illa nocte, Catilina"(喀提林,你在莱卡家中的那个晚上),以及下文的"illa ipsa nocte Paulo ante lucem"(破晓之前的那个夜晚)。也就是说,刺杀行动发生的时间当是11月7日。不过仍然有学者认为是在11月8日,比如 J. Carcopino, *Histoire romaine* II(1936),642;A. La Penna, *Stud.it.fil.class.* XXXI(1959),20。

[79] 西塞罗提到了两个夜晚——"昨晚和前天夜晚"(quid proxima, quid superior nocte egeris, Cicero, *In Catilinam* I. 1),即11月6日和7日。莱卡家中进行集会的那个夜晚被西塞罗说成是"前天夜里"(noctem illam superiorem)和"前天晚上"(priore nocte), *In Catilinam* I. 8。由此可以断定,第一篇《反喀提林》演说的发表时间是11月8日。确证这个时间顺序的学者是约翰(C. John, o.c. 782 ff.; *Philologus* XLVI[1888],650 ff.);库克编订的那部颇为质朴的版本(A. M. Cook ed., Sallust, *Bellum Catilinae and Catilinarian Conspiracy*, 1884, XXV f.)对此有过必要的说明和论证。霍姆斯也曾有力地重申了这个问题(T. Rice Holmes, *The Roman Republic* I[1923],461 ff.)。然而,有些学者仍然拒绝接受这种论证。盖策尔就把莱卡家中集会的时间定在11月5日的晚上,暗杀企图定在11月7日清晨(M. Gelzer, *Real-Encyclopädie der classischen Altertumswissenschaft* VII A, 877):莱卡家中集会的时间与西塞罗作品中一再出现的证据相悖(见前注)。此外,盖策尔还把西塞罗演讲的时间定在11月7日。

的指定人选，因选举贿赂而遭到了起诉。在12月2日到3日的这段时间，给喀提林带信的沃尔图奇乌斯和阿洛布罗吉人的使者在穆尔维乌斯桥（Pons Mulvius）遭到了逮捕。第二天，西塞罗又用书面证据向元老院汇报了林图卢斯和其他三位阴谋分子的叛乱罪行，并对民众发表了一番讲话（第三篇《反喀提林》）。元老院在12月4日进行了一次会议讨论。激烈的争论在12月5日接踵而至。议题由执政官提出。执政官人选尤尼乌斯·西拉努斯被要求首先发表自己的"意见"（sententia），他提议对阴谋分子处以死刑。

现在，我们必须对萨卢斯特编排陈述的事件发生顺序予以细致的审查。萨卢斯特在说到喀提林在罗马进行的准备活动之后，又讲述了后者在波尔奇乌斯·莱卡的家中召集的一次密会，以及暗杀执政官的失败之举（27.3-28.3）。在此之后，作者又笔锋一转，说起了"曼利乌斯这个时候在伊特鲁里亚"（interea Manlius in Etruria）的武装叛乱活动（28.4）。他提到了西塞罗对于曼利乌斯情况报告的反应，也记述了元老院的终极决议，卢奇乌斯·塞尼乌斯在元老院宣布的突发实情，以及元老院采取的军事防卫措施，并于最后描述了笼罩罗马城的惊恐和不安（29.1-31.3）。接下来，萨卢斯特又把笔触转向了喀提林——"然而，残酷无情的喀提林"（at Catilinae crudelis animus，31.4）。在提及埃米利乌斯·鲍鲁斯（L. Aemilius Paullus）未能成功起诉喀提林的"暴力威胁国家罪"（de vi publica）之后，萨卢斯特又述说了喀提林前往元老院出席西塞罗的演讲，喀提林的辩驳，以及喀提林的离去（31.4–32.1）。

对于萨卢斯特叙述准确性的批评——以及萨卢斯特的如实记述之处——如下所述。在萨卢斯特编排讲述的事件中，元老院于10月21日通过法令的事实被安排在未遂的谋杀之后（11月7日）。这样安排是出于什么样的理由呢？有人认为是出于疏忽。[80]那这必定是犯罪性的疏忽。因而我们的抉择需要慎之又慎。如果是出于疏忽的话，原因何在？有人断言，这是作者在试图淡化曼利乌斯活动的重要性，目的是让喀提林和罗马始终处于叙述的中心。[81]这完全无法让人信服。最具说服力的学说认为，萨卢斯特想要不惜任何代价地诋毁西塞罗：他要试图表明，西塞罗要求通过元老院的终极决议是出于他的个人恐惧（11月7日的暗杀企图所致）。[82]

然而，对于萨卢斯特撰述意图的观点，我们在萨卢斯特的用语和表述中看不到任何依据。这种见解是可以废弃的。如果我们对历史撰述者的创作方法予以必要的关注，真正的解释也就唾手可得。萨卢斯特处理的是两个不同系列的事件，即罗马的阴谋和曼利乌斯在伊特鲁里亚的叛乱。对于第一个系列，萨卢斯特一直讲到那次失败的暗杀（28.3）。

---

[80] O. Seel, o.c. 62.

[81] W. A. Baehrens, *Neue Wege zur Antike* IV (1926), 43. 关于各种其他无法令人信服的解释，参见 W. Schur, *Sallust als Historiker* (1934), 190; K. Vretska, *Hermes* LXXII (1937), 207; L. O. Sangiacomo, *Sallustio* (1954), 118 f.。

[82] E. Schwartz, o.c. 577.

随后他就转向了第二个系列——"这个时候的曼利乌斯"（28.4）。在讲完元老院通过的法令、元老院采取军事措施和罗马城的恐慌之后，萨卢斯特又回到喀提林那里——"然而，残酷无情的喀提林"（31.4），继续述说喀提林阴谋这一主题，直到讲到元老院的争论和喀提林的离开。

换句话说，萨卢斯特非但没有将元老院的决议同西塞罗对于个人安危的任何忧虑和恐惧联系起来，反而明确断开了两者的关联，即元老院的决议和西塞罗的恐惧分属于不同的叙述层面。[83] 身为历史撰述者的萨卢斯特也许能够以不同的方式更好地处理这些不同的叙述层面——但这是另外一个问题。

萨卢斯特是对的。此外，科勒内利乌斯和瓦恭泰乌斯在11月7日清晨出现在西塞罗的官邸门前，并不是西塞罗

---

[83] 施泰德勒以其过人的学识确定了这个简单的事实（W. Steidle, o.c. 93 f.）：遗憾的是，毕希纳并没有接受这样的看法（K. Büchner, *Sallust*[1960], 294, cf. 425）。萨卢斯特文本的那种拙劣的分段也是造成误解的一个原因。如果把27.1补到前一个章节里，27.2就开启了一个新的主题："这个时候，他在罗马也进行了多种活动"（interea Romae multa simul moliri）。这个主题在28.3结束。随后应该在28.4开始一个新的章节："曼利乌斯这个时候在伊特鲁里亚"（interea Manlius in Etruria）。这部分的叙述在31.3处结束。然后31.4开始新的一节："然而，残酷无情的喀提林"（at Catilinae crudelis animus）。

塔西佗那里也有类似的情况，他的《历史》有着无可挑剔的开头，但在《编年史》（I. 1-15）当中仍然可以看到几处错误的分段。举个例子：I. 10 的最后一句应该补到下一节的开头部分，因为这样的话，叙述场景才能从战神广场（Campus Martius）转到元老院——"在顺利举办完奥古斯丁的葬礼后，元老院又以一种宗教仪式，把一座神殿奉祀给奥古斯都"（ceterum sepulture more perfecta templum et caelestes）。

在11月8日召集元老院会议的主要原因。而且对他来说，声称出于这样的理由而召集元老院的会议也并非明智之举。身为执政官的西塞罗会当即获得信任吗？元老们知道，西塞罗倾向于夸大自己的危险，他们也记得，西塞罗曾身着胸甲参加了执政官的选举。[84]

西塞罗的计划和意图是显而易见的。如果西塞罗的某些说法是可信的，那么阴谋分子应该是在莱卡的家中就确定了喀提林离开罗马的日子；[85]而喀提林也只是在等待着执政官遇刺身亡之后，他再离开罗马。[86]喀提林预期离开的日子有可能推迟了一天。西塞罗在第一篇《反喀提林》的演说中敦促喀提林离开罗马，喀提林也就此离去。"他离开了、溜掉了、退去了、逃走了"（Abiit evasit excessit erupit）。[87]作为敌人的喀提林被暴露在光天化日之下完全可以归功于身为执政官的西塞罗，将喀提林驱逐出罗马是西塞罗的荣耀。

如果历史撰述者被肃清，弄虚作假也就不会存在。那些学识渊博而又毁誉参半的权威人士不会考虑从事叙事历史的写作，对于他们来说，不用大量的时间标示而将同时发生在不同情景的各种事件糅合在同一个叙事中究竟会有多大困难，并不总是显而易见的。

---

[84] Cicero, *Pro Murena* 52.
[85] Cicero, *Pro Sulla* 52.
[86] Cicero, *In Catilinam* I. 9.
[87] Cicero, *In Catilinam* II. 1.

萨卢斯特在他的某些细节处理中呈现的恰恰是现存的西塞罗作品中没有提到的内容。比如卢奇乌斯·塞尼乌斯在元老院宣读一封来自费苏莱的书信，通报 10 月 27 日发生的事情（30.1），就是一个特别宝贵的细节。西塞罗声称自己事先知道曼利乌斯在费苏莱发动叛乱的日期，并且告知了元老院，但萨卢斯特可能对西塞罗的说法有所怀疑。此外，萨卢斯特提到了阿洛布罗吉人的保护人昆图斯·法比乌斯·桑伽（Quintus Fabius Sanga）：西塞罗在第三篇《反喀提林》的演说中并没有提到桑伽的姓名和角色。萨卢斯特作为历史撰述家的详尽叙述揭示了西塞罗作为演说家所掩盖的事实。

萨卢斯特解释了桑伽如何使阿洛布罗吉人与西塞罗进行了接触；在西塞罗的诱导下，阿洛布罗吉人假意接受林图卢斯的建议，并且要求阴谋分子给他们签署一份保证（41.5–44.1）。阿洛布罗吉人知道要发生什么事情。沃尔图奇乌斯是两位行政官在穆尔维乌斯桥阻止的整个队伍中唯一的受骗者，他是无辜的吗？萨卢斯特的叙述让人感到疑惑。高卢人很快就投降了；沃尔图奇乌斯固然拔出了自己的佩剑，并鼓动其他人进行反抗，但恐惧和绝望的他最终"如同投降敌人似的"（velut hostibus）向两位行政官投降了（45.4）。面对元老院的质询，沃尔图奇乌斯最初佯装自己一无所知、清白无辜，直到获得赦免保证的时候，他才供认了自己所知的一切内情（47.1）。

沃尔图奇乌斯捎带了一个林图卢斯的口信，这个口信决定了阴谋分子的命运：在这个口信中，林图卢斯力劝喀提林将奴隶们纠集起来——"寻求……哪怕是最底层民众的帮助"(auxilium... etiam ab infumis, 44.5)。当时的喀提林就像萨卢斯特后来明确讲述的那样,拒绝奴隶加入到自己的军队中(56.5)。已经签署的文件并不足以证明林图卢斯和他的同伙在谋反问题上私下勾结了那个高卢部族。高卢部族的人对奴隶战争深恶痛绝。[88]沃尔图奇乌斯捎带的口信对西塞罗来说实乃上天所赐。[89]

恐吓那些有产阶层是非常有利的。沃尔图奇乌斯似乎也揭发了罗马阴谋分子的密谋计划——那些阴谋分子打算在罗马的十二个地方纵火(43.2)。这个计划让罗马的平民惊恐万状。他们之前曾一心支持喀提林的计划(48.1,37.1)。[90]

---

[88] 注意恺撒如何谨小慎微地以这种指控抨击他的对手(Caesar, *BC* I. 24. 2; 34. 2; 56. 3; 57. 3)。

[89] 确切地说,这些阿洛布罗吉人可能做好了将计就计的打算,沃尔图奇乌斯在其中是一个出色的演员。

[90] "贫苦人"(tenuissimi)、自由人和店主忠于罗马共和国是西塞罗热切坚持的主张(Cicero, *In Catilinam* IV. 16 f)。

# 第7章

# 萨卢斯特的轻信

萨卢斯特在《喀提林内争》的开篇绪言中明确声称：撰史绝非易事——"撰述历史是一件极为困难的事情"（arduom videtur res gestas scribere, 3.2）。首先，风格和文笔必须与撰述的主题——"记述的事迹"（facta dictis exaequanda）——相匹配。其次，倘若撰述者允许自己进行褒贬和评判，他就有可能遭到人们的误解和歪曲，批评和谴责会被认为是出于撰述者的恶意，而赞颂则因人们不想承认超出自身能力所及的优秀以至于无法赢得人们的肯定。[1]

萨卢斯特进而十分笃定地断言，自己没有理由出于某种党派的立场偏见来撰述历史，从而结束了这段自我辩解的论述。[2]然而，对于弄清事实真相是如何困难的问题，萨卢斯特难道不应该再说些什么吗？西塞罗同样忽视了查明事实真相的首要障碍。除了文风，诚实和正直似乎才是撰史所必

---

[1] 这种非常典型的观点很早之前就得到了确切的说明，参见 Thucydides II. 35.2; Isocrates, *Panegyricus* 13。

[2] 4.2: "eo magis quod mihi a spe metu partibus rei publicae animus liber erat."（更重要的是这是我的目标，因为我已经不再有任何的希求，也不再有任何的恐惧和派系的偏见。）

需的。就像西塞罗在《论演说家》中所说的，历史撰述者必须实话实说，和盘托出所有的事实真相；他不能被自己的偏好或憎恶所左右。[3]

萨卢斯特低估了自己这个新职业所面临的困难。他撰述的主题是拥有大量史料证据的晚近历史。风险蕴含于其中。应该附带说明的是，萨卢斯特之后的古代历史撰述家（和现代评论家）很难避免出现错误或颠倒是非的情形。萨卢斯特的叙述中就可以发现许多的错谬之处。而且更为糟糕的是，有些错误是出于萨卢斯特的轻信。

萨卢斯特在撰述中借用了西塞罗的演说。演说家在法庭辩驳和竞选论辩中可以恶言相向或诽谤中伤，这是一种令人不可思议的特权。罗马人崇尚无拘无束的耿直和坦率（libertas），他们享受谩骂的乐趣，也沉迷于粗俗的恶言恶语。那个时代的人有他们自己的消遣和娱乐。后世的人们有时会被欺骗和误导；而且，由于受慑于伟大演说家的赫赫威名（而忘记他所拥有的名声乃是出于机智风趣和幽默诙谐），后世的人们还会欣然同意那些最为荒谬的指控。然而，萨卢斯特理当保持自己的警惕。他知道针对克洛狄乌斯、瓦提尼

---

[3] Cicero, *De oratore* II. 62: "nam quis nescit primam esse historiae legem ne quid falsi dicere audeat; deinde ne quid very non audeat; ne quae suspicion gratiae sit in scribendo; ne quae simultatis." (谁不知道撰史的第一原则是撰述者必须敢于实话实说？第二原则是撰述者必须大胆地说出所有的真相？谁会不知道历史撰述者的著作中绝对不能展现出任何的偏私和恶意？)

乌斯、加比尼乌斯和皮索的那些诽谤性的抨击或荒谬可笑的叱责都是些什么样的指控;而且在不久之前,他也一直在阅读那部政治诽谤的经典演说:巧舌如簧而又雄辩有力的第二篇《反腓利比克之辩》,一部令人扼腕的不朽经典。

西塞罗的《反着托加白袍者》对喀提林的行径提出了各种各样的指控。首先是喀提林在苏拉占领罗马期间所犯下的累累血行。当马利乌斯·格拉蒂狄亚努斯(Marcus Marius Gratidianus)遭到残杀时,正是喀提林将后者的头颅砍下,并带着游走在亚尼库鲁姆山(Janiculum)到阿波罗神庙的罗马大街上。[4]除此之外,还有三桩其他的谋杀案(西塞罗提供了被谋杀者的姓名)。[5]接下来,西塞罗又提到了维斯塔贞女的风流韵事(公元前73年),但只是以一种隐晦的方式提及。在这个问题上,他不能充分地借题发挥,大做文章,因为这位被控与喀提林通奸而被宣告无罪的维斯塔贞女是法比娅(Fabia),她是西塞罗妻子同母异父的妹妹。[6]最后,在喀提林犯下的众多通奸罪行中,西塞罗还提到了一次导致乱伦的私通行径。喀提林娶了自己情妇的女儿——这个女儿是他自己的孩子。按照阿斯科尼乌斯的说法,卢契乌斯在他

---

[4] Asconius 80,参见75,78。

[5] Asconius 75:"Q. Caecilium, M. Volumnium, L. Tanusium."(昆图斯·凯奇利尤斯,马库斯·沃卢姆尼乌斯,卢奇乌斯·塔努西乌斯。)

[6] Asconius 82,参见Orosius VI. 3. 1. 阿斯科尼乌斯对西塞罗的委婉含蓄倍加赞赏——"这样一来,他就能让家人免于难堪,同时也没有丝毫减弱他对理应受到强烈谴责的那位败德辱行的敌人进行指控和抨击"(ita et suis pepercit et nihilo levius inimico summi opprobria turpitudinem obiecit)。

的一篇演讲中也提出了同样的指控。身为评注者的阿斯科尼乌斯明显对他渊识博学的研究深以为傲，他尤其喜欢鉴定和查证人物的确切身份，但在喀提林的这个问题上，他却一筹莫展，不知所措。他承认自己尚未查明与喀提林通奸乱伦的那两个女人是谁。[7]

阿斯科尼乌斯的绝望有些为时过早。喀提林的乱伦之事指向了他的最后一任（可能是第三任）妻子，即萨卢斯特摘过三言两语的那位容貌娇美的欧列莉娅·奥雷斯提拉。[8]西塞罗在第一篇《反喀提林》的演说中以匿名的方式提到了喀提林的上一任妻子；喀提林这个恶棍在不久之前通过谋杀清除了前妻这个障碍，进而在这一罪行上又添加了另外一桩罪行（即杀害自己的儿子）。[9]

---

[7] Asconius 82: "hoc Lucceius quoque Catilinae obiecit in orationibus quas in eum scripsit. nomina harum mulierum nondum inveni."（卢契乌斯在抨击喀提林的一篇演说中也对喀提林提出了这项指控。但我还不曾找出这些女人的姓名。）

[8] 15. 2: "postremo captus amore Aureliae Orestillae, quoius praeter formam nihil umquam bonus laudavit."（最后，他又爱上了欧列莉娅·奥雷斯提拉，这个女人除了美貌之外，没有任何值得一个好人称赞的地方。）欧列莉娅·奥雷斯提拉显然是寂寂无闻的奥腓迪乌斯·奥雷斯特斯（Gnaeus Aufidius Orestes）的一个女儿（cos. 71），从出生血统上来看，奥雷斯特斯应该是祖上出任过执政官的欧列利乌斯·奥雷斯特斯（Aurelius Orestes）。至于欧列莉娅·奥雷斯提拉的那位涉嫌通奸的母亲，尚未有推测能够确证这个女人的姓名。

[9] Cicero, *In Catilinam* I. 14: "nuper cum morte superioris uxoris novis nuptiis locum vacuefecisses, nonne etiam alio incredibili scelere hoc scelus cumulavisti? quod ego praetermitto et facile patior sileri."（你不久前谋害自己的前妻后，你就腾出了自己的房子，准备迎娶新的女人，你难道不是在这一罪行上又加上了另外一桩难以置信的罪行吗？不过我不会说出这件事，我也乐意对此事缄默不言。）

我们应当从另外两位著述者的记述中完整地列出喀提林的罪行，这没有什么不合适。被认为是昆图斯·图利乌斯·西塞罗所写（但很难确定）的《执政官竞选评注书》（*Commentariolum Petitionis*）声称，[10] 苏拉执行公敌宣告令的时候，喀提林害死了他的妹夫，受害者名叫昆图斯·凯奇利乌斯（Quintus Caecilius），是一个毫无坏心眼的罗马骑士。[11] 普鲁塔克的说法是，喀提林杀死了自己的兄弟，并将死者的名字列入了公敌名单；而且还同自己的女儿犯下了乱伦的罪行。[12]

倘若我们在这些问题上转向萨卢斯特的话，即使不会失望也会感到相当诧异。萨卢斯特对苏拉党徒犯下的种种谋杀罪行只字未提。这些事情本该引起他的关注。尤其是涉及马利乌斯·格拉蒂狄亚努斯的罪行，此人是一位杰出的政治家，他既是盖尤斯·马略的外甥，同时也是西塞罗父亲的表

---

[10] 关于反对这种看法的有力论证，可比较 M. I. Henderson, *Journal of Roman Studies* XL（1950），8 ff.；R. G. Nisbet, *Journal of Roman Studies* LI（1961），84 ff.。

[11] *Commentariolum Petitionis* 9: "Q. Caecilium, sororis suae virum, equitem Romanum, nullarum partium."（凯奇利尤斯是他妹妹的丈夫，他是一个罗马骑士，并不属于任何党派。）关于这个可疑的说法，参见 M. I. Henderson, o.c. 10。据阿斯科尼乌斯的记述（75），西塞罗的演说也曾提到过一个名叫凯奇利尤斯（Q. Caecilius）的人，但并没有迹象表明，西塞罗所说的这个人与喀提林有任何关系。

[12] Plutarch, *Sulla* 32；*Cicero* 10。喀提林的这位兄弟缺乏明确的认证；而且需要的注意的是，普鲁塔克并没有像西塞罗和卢契乌斯所说的那样，将喀提林与女儿的乱伦关系说成是婚姻关系（Asconius 82）。

兄。[13] 此外，萨卢斯特的《历史》残篇中所提出的一段推论如果可信的话，喀提林的妻子（即发妻）就是马利乌斯·格拉蒂狄亚努斯的姐姐（或妹妹）格拉蒂狄娅（Gratidia）。[14] 随之而来的则是一个重要的后果。喀提林如同许多其他的名门权贵（nobiles）一样，叛离了马略和秦纳的派系。萨卢斯特在这个阶段的研究中所提供的信息或许是有缺陷的——也有可能是他的好奇心尚未被激起。

不过，人们可以发现，喀提林这个恶棍在萨卢斯特的记述中曾勾引过一个"贵族姑娘"（virgo nobilis）和一位维斯塔贞女（15.1）。前者的身份认定会让阿斯科尼乌斯束手无策。后者就是那位被宣告无罪的法比娅。然而，这些表明喀提林干出"许多可耻荒淫之举"（multa nefanda stupra）的例子都不能让人十分信服。

接下来是有关喀提林的妻子和家庭的问题。为了赢取欧列莉娅·奥雷斯提拉的芳心，喀提林杀死了自己的儿子，因为欧列莉娅不想在家中为一个继子而苦恼费神。萨卢斯特

---

[13] F. Münzer, *Real-Encyclopädie der classischen Altertumswissenschaft* XIV, 1825 ff. 格拉蒂狄亚努斯的父亲是阿尔皮努姆的马库斯·格拉蒂狄乌斯（Marcus Gratidius），后者与马略的姐姐（或妹妹）结为夫妇；而格拉蒂狄乌斯的一个姐姐（或妹妹）则嫁与西塞罗的祖父为妻。阿斯科尼乌斯意识到了这层亲密的姻亲关系（75）。

[14] *Historae* I. 45: "et liberis eius avunculus erat"（他［格拉蒂狄亚努斯］是他［喀提林］孩子的舅舅），参见卢坎《法萨卢》(II. 173) 的《伯尔尼边注》（*Scholia Bernensia*）："这位马利乌斯·格拉蒂狄亚努斯就是他妻子的哥哥（或弟弟）"（hunc Marium Gratidianum, uxoris suae fratrem）。可以认为喀提林很快就抛弃了这个发妻。

用一句"人们十分肯定地相信"(pro certo creditur)来证实这个事实(15.2)。他用的材料可能是西塞罗的作品,因为有些推测认为,两者使用了相似的表述和措辞。[15]至于喀提林前妻的命运,萨卢斯特并没有提及。

萨卢斯特利用喀提林所犯下的这桩罪行,谨小慎微地进入了有关喀提林心理特征的描述,这段描述有着戏剧化的效果,不仅花费了大量的笔墨,而且还对某些事情进行了一种不合常理的联系。犯罪与悔恨同喀提林日夜相随。他的目光、面容和步态中透露了他所有的精神状态。他不得不把暴力的革命性计划坚决地进行下去。[16]

文学手段能够使历史撰述者很快地构撰出故事的情节。萨卢斯特对喀提林的党徒和政治状况进行了总体性的描述之后,他又用十五个人的姓名铺陈了公元前64年执政官选举之后的一次喀提林家中的集会(17)。然而,在喀提林发表他的长篇大论之前,萨卢斯特又补入了一段插叙,其内容讲的是先前在公元前66年酝酿的一次阴谋——"然而,在此之前也有一些人想以类似的方式阴谋推翻共和国"(sed antea

---

[15] Cicero, *In Catilinam* I. 14. 这种类似性并不紧密。

[16] 15. 4 f.: "namque animus inpurus, dis hominibusque infestus, neque vigiliis neque quietibus sedari poterat: ita conscientia mentem excitam vastabat igitur colos ei exsanguis, foedi oculi, citus modo modo tardus incessus: prorsus in facie voltuque vecordia inerat."(因为他那与神和人相悖的犯罪灵魂在醒时或睡时都得不到安宁;他的良心使其紧张的心灵备受折磨。因此,他面色苍白,眼神憔悴,其步态时而仓促匆忙,时而踉跄不前;总之,他的面容特征和表情展现了他的精神错乱。)

item coniuravere pauci contra rem publicam, 18 f.）。

公元前66年的这次"阴谋"是一个奇怪的虚构之事，其说法版本不一，其中的人名也可互相置换。对于这个问题，可取的做法是理顺那些极为稀少的原始事实，并简要地追溯萨卢斯特所面对的那些四处扩散的谣言、指控和煞有介事的传闻。

我们需要留意公元前67年和公元前66年的整体背景。[17]当时，贵族派的领袖对加比尼乌斯为庞培肃清海盗而设立统帅权的提案提出了强烈的抗议。\* 身为执政官之一的盖尤斯·皮索（Gaius Piso）是这些贵族派领袖的坚定拥护者，一些保民官同样也听命于这些贵族派的领袖。然而，这项议案在混乱中获得了通过。加比尼乌斯有一次威胁说要罢黜皮索的职权。那个时候，暴力活动随着表决时间的临近而愈演愈烈，元老院要求执政官调用卫兵对他们加以保护。[18]敌对者中有一个名叫马库斯·洛利乌斯·帕利卡努斯（Marcus Lollius Palicanus）的人公开宣称自己是庞培的支持者，此人在公元前71年的谈判中扮演了重要的角色。时任执政官的皮索立场坚定：他拒绝承认帕利卡努斯的执政官候选人资格。当选公元前66年执政官的人是马尼乌斯·埃米利乌斯·雷比达，这个人是

---

[17] 主要的依据和佐证来自Plutarch, *Pompeius* 25 ff.; Dio XXXVI. 30; 36 ff.; Asconius, *In Cornelianam*。

[18] Dio XXXVI. 39. 1.

\* 即时任公元前67年保民官的奥卢斯·加比尼乌斯。

一个不错的政治寡头,其同僚执政官是平凡无奇的卢奇乌斯·沃尔卡奇乌斯·图卢斯(Lucius Volcacius Tullus)。

庞培离开罗马后,贵族派又重新开始活跃。他们那个时候期望可以重新获得政治事务的掌控权。[19]他们还想向那些作恶多端的保民官们复仇。

加比尼乌斯离开罗马之后充任了庞培帐下的副官,从而逃过了一劫。但盖尤斯·科勒内利乌斯却很难幸免,他一直积极参与立法,目的在于遏制"少数人"的不法势力。但科勒内利乌斯的朋友们组织了帮派,他们吓跑了起诉人,案件也就此不了了之。后来,在公元前65年的新一轮控诉中,五位"共和国的首要公民"(principes civitatis)挺身出面,提出了不利于科勒内利乌斯的指证。[20]

盖尤斯·马尼利乌斯(Gaius Manilius)这个时候也陷入了麻烦,他曾制定一项法案,要求将卢库路斯的统帅权转交给庞培。他的保民官职权在公元前66年12月刚刚到期,他便不得不面临起诉——但这次的诉讼却被时任行政

---

[19] 就像萨卢斯特所说,"民众的力量就遭到了削弱,而少数人的权势得到了加强"(plebis opes inminutae, paucorum potentia crevit, 39.1)。
[20] Asconius 53: "dixerunt in eum infesti testimonia principes civitatis qui plurimum in senatu poterant: Q. Hortensius, Q. Catulus, Q. Metellus Pius, M. Lucullus, M'. Lepidus."(心怀敌意的几位共和国的首要公民指出了他的罪证,这些人在元老院握有极大的权力,他们是霍腾西乌斯 [Q. Hortensius]、卡图鲁斯 [Q. Catulus]、梅特路斯 [Q. Metellus Pius]、卢库路斯 [M. Lucullus]、雷比达 [Manius Lepidus]。)

官的西塞罗设计推迟。[21]愤怒与纷争由此而愈积愈深。

与此相关的还有其他事件。早在公元前66年年初，另一位贵族派的敌人就曾因勒索受贿的行径而遭到指控和定罪，这个人就是公元前73年和公元前68年分别出任过保民官和行政官的李锡尼乌斯·马彻尔；[22]此外还可以表明的是，某个名叫卢奇乌斯·瓦恭泰乌斯的人也曾由于贿选而受到了指控。[23]

至于公元前66年的执政官选举，有一位候选人被剥夺了参选执政官的资格，这个人就是塞尔吉乌斯·喀提林，他从阿非利加行省的总督任上返回了罗马。而中止喀提林竞选资格的人则是公元前66年的执政官沃尔卡奇乌斯·图卢斯，他曾事先和政界的元老们就此事进行了商议。[24]普布利乌斯·科勒内利乌斯·苏拉和普布利乌斯·奥特罗尼乌斯·佩图斯赢得了这一年的选举；但他们击败的卢奇乌斯·曼利乌斯·托尔克瓦图斯（Lucius Manlius Torquatus）和卢奇乌斯·欧列利乌斯·科塔（Lucius Aurelius Cotta）对他们提出了贿赂罪的指控。奥特罗尼乌斯和苏拉为此纠集了一帮角斗

---

[21] Dio XXXVI. 44. 1 f. 作为行政官的西塞罗把审讯日期定在了这一年的最后一天，而且面对人们对他这一举动的抗议，他还承诺会在日后适当的时候为马尼利乌斯提出辩护。马尼利乌斯在公元前65年被控犯有谋反罪（*maiestas*）的时候出现了骚乱（Asconius 58）。一些学者曾武断地将这次骚乱的日期转嫁到了公元前66年的最后一天，比如 E. G. Hardy, *Journal of Roman Studies* VII (1917), 159 f.。

[22] 参见本书 p. 47。

[23] 对瓦恭泰乌斯的定罪（Cicero, *Pro Sulla* 6）也应该归在公元前66年。

[24] Asconius 79 f.

士和奴隶，他们企图利用这些人解散和破坏法庭，在经过两次尝试之后，他们遭到审讯，被判处获罪。[25]托尔克瓦图斯和科塔随后便当选了公元前65年的执政官。这一年紧张而刺激，在其即将结束之时可以集中罗列出一批愤懑不平的人士。一开始是奥特罗尼乌斯和苏拉。接下来便是瓦恭泰乌斯——以及被控勒索罪的喀提林。

这些心怀不满的人士在公元前65年1月1日谋划了一些反对新任执政官的示威计划。元老院通过决议，给两位执政官配备了警卫人员，但最终什么事情都没有发生，元老院也没有对此事做出进一步的调查（一位保民官用自己的否决权进行了干预）。[26]不久之后，一位名为格奈乌斯·卡尔普尔尼乌斯·皮索（Gnaeus Calpurnius Piso）的财务官被元老院任命为近西班牙（Hispania Citerior）行省的总督。[27]皮索是庞培·马格努斯的敌对者。这次奇怪的任命引起了人们私下的讨论和猜测。人们很自然地认为（或许是事实），这一职务的任命是出于克拉苏的安排。[28]当然，派遣某位财务官出任行省总督的职务，本可以出于某个无关紧要的借口。

---

[25] Cicero, *Pro Sulla* 15.
[26] Dio XXXVI. 44. 4 f.
[27] 关于他的"quaestor pro praetore"（同行政官的财务官，[关于该头衔的具体含义，参见 A. H. J. Greenidge, "The Title 'quaestor pro praetore'", in *The Classical Review*, Vol. 9, No. 5 (Jun., 1895), pp. 258–259。——中译注]）头衔，参见 *Corpus Inscriptionum Latinarum*，I$^2$. 749 = *Inscriptions Latinae Selectae* 875。
[28] 萨卢斯特就是这样的看法（19.1）。

在公元前 66 年的行政官当中，似乎很少有人愿意担任一个行省的总督。[29] 在西班牙的时候，皮索即遭到了当地人的暗杀。

这就是所有可靠而确证的事实。接下来便是不断滋生的传闻和传说。西塞罗在《反着托加白袍者》（公元前 64 年夏季）的演说中讲到，喀提林的阴谋与格奈乌斯·皮索（没有提到其他人）杀害贵族派的阴谋相互串通，对于喀提林的阴谋，他会漠然置之——"我不会追究你的犯罪阴谋"（Praetereo nefarium illum conatum tuum）。[30] 西塞罗为什么要如此纵容他的敌对者，难道他有惹是生非、挑起祸端的企图？在西塞罗的作品中，这种饶有意趣的含沙射影和旁敲侧击并非孤例。他在痛斥瓦提尼乌斯的演说中就曾表现得颇为大度，没有完全揭露后者阴暗不堪的过去：似乎瓦提尼乌斯在其青年时期抢劫邻居、入室行窃和殴打母亲的斑斑劣迹都与西塞罗毫无关系。[31]

《反着托加白袍者》曾再次提及格奈乌斯·皮索。他被西塞罗说成是"西班牙的短剑"。[32] 皮索此时已经死去，西塞罗可以在他死后毫无顾虑地追究、揭露他的罪恶勾当。

西塞罗在第一篇《反喀提林》的演说中直接提出了一

---

[29] 公元前 66 年的八位行政官当中，有五位行政官可以得到稳妥的安置（Broughton, *MRR* II, 151 f.）。西塞罗和盖尤斯·安东尼乌斯并没有出任行省的总督；也没有证据表明，其他行政官出任了行省总督的职务。

[30] Asconius 82.

[31] Cicero, *In Vatinium* 11.

[32] Asconius 83.

个大胆的论断：在12月的最后一天，*喀提林携带武器步入了人民大会，他曾纠集一帮匪徒，想要杀害执政官和"共和国的首要公民"。[33]在《为穆雷纳辩护》(*Pro Murena*)的演说中，西塞罗也同样提到了喀提林和格奈乌斯·皮索想要屠戮元老院的阴谋。[34]

西塞罗的《为苏拉辩护》在各个方面都是最具指导意义的演说。奥特罗尼乌斯、瓦恭泰乌斯和其他喀提林的党徒遭到了审讯和定罪，普布利乌斯·苏拉仅因其过去的经历就极易受到人们的攻讦。抨击他的人是年轻的曼利乌斯·托尔克瓦图斯，此人是公元前65年担任执政官的卢奇乌斯·曼利乌斯·托尔克瓦图斯的儿子。西塞罗则为苏拉进行了辩护，为此他收取了巨额的费用。[35]完成这项任务需要不同寻常的辩护技巧和含糊其词的能力。有人断言，西塞罗的这篇演说是一番彻头彻尾的谎言，人们必须相信那些与西塞罗的论调截然相反的说法。[36]然而，这样的论断轻率而不公正。西塞罗远比人们想象的更加谲诈多端。

作为辩护人，西塞罗有很多问题需要辩解，包括他自己的主张和行为。在《为苏拉辩护》的开始阶段，西塞罗隐约而含蓄地提及了"先前的阴谋"，他自称对此一无所

---

[33] Cicero, *In Catilinam* I. 15.

[34] Cicero, *Pro Murena* 81.

[35] Gellius XII. 12. 2 ff.

[36] E. Meyer, *Caesars Monarchie und das Principat des Pompejus*[3] (1922), 21.

\* 指公元前66年12月。

知：他并没有处在这些事件的中心,他也没有被接纳为共和国的元老级人物。[37]这是公元前66年最为机警,也最为活跃的一位行政官提出的一种奇怪的说法。在这篇演说稍后的部分中,西塞罗遇到了麻烦,因为正如起诉人指出的,西塞罗在他写给庞培·马格努斯的书信中把两次阴谋联系了起来。[38]因此,作为辩护者的西塞罗必须竭力开脱普布利乌斯·苏拉的罪责。他为此尝试了两种策略。首先是在奥特罗尼乌斯和苏拉于公元前66年受审的时候,把两起骚乱的所有罪责全都推给暴戾的奥特罗尼乌斯;而心地良善的苏拉除了"自己的谦逊和尊严"(suus pudor ac dignitas),没有寻求任何帮助。[39]其次就是强行将喀提林牵扯进来。

西塞罗将喀提林、格奈乌斯·皮索、奥特罗尼乌斯和瓦恭泰乌斯认定为阴谋的罪魁祸首;他暗示喀提林和奥特罗尼乌斯将会取代两位被害的执政官。[40]然而,由于西塞罗刻意排除了普布利乌斯·苏拉,并将其替换为喀提林,他的陈述也就有可能变得不再可靠。公元前65年,时任执政官的曼利乌斯·托尔克瓦图斯曾为被控勒索罪的喀提林提供了辩

---

[37] Cicero, *Pro Sulla* 11: "quod nondum penitus in re publica versabar, quod nondum ad propositum mihi finem honoris perveneram."(因为我还没有完全成为一个公众人物,也没有达到自己期望的荣誉目标。)

[38] Cicero, *Pro Sulla* 67.

[39] Cicero, *Pro Sulla* 15, 参见 71(描述了奥特罗尼乌斯可憎的性格)。

[40] Cicero, *Pro Sulla* 67 f.

护性的证明。[41]西塞罗以某种方式对这个事实进行了轻描淡写的处理，而这个事实本可以证明喀提林并没有参与谋杀托尔克瓦图斯的阴谋。托尔克瓦图斯之所以为喀提林辩护，是因为喀提林是他的朋友；而且根据西塞罗的陈述，托尔克瓦图斯表明自己听说过一些关于这桩阴谋案的传闻，但他拒绝相信那些说法。[42]

苏拉被宣告无罪。两次阴谋中都不存在合谋和串通。西塞罗讲述的版本被萨卢斯特所接受。萨卢斯特认识普布利乌斯·苏拉，他很可能受到有利于后者的一种先入之见的影响。[43]

在公元前66年的两次执政官竞选中，有一个被忽略的方面需要重新审视和推敲。喀提林、普布利乌斯·苏拉和曼利乌斯·托尔克瓦图斯都是贵族。他们当中只有一人能够当选。喀提林要想赢得竞选就必须得和一位平民候选人相互配合，这个人要么是奥特罗尼乌斯，要么就是其他人。时任执政官的沃尔卡奇乌斯·图卢斯因取消喀提林的候选人资格而提高了托尔克瓦图斯或普布利乌斯·苏拉当选执政官的机会。也许图卢斯这么做是为了普布利乌斯·苏拉，而苏拉也和奥特罗尼乌斯具有赢得竞选的把握。至于喀提林，他自己没有获胜的希望，这个时候他必须在两位贵族中间选择支持

---

[41] Cicero, *Pro Sulla* 81.
[42] Cicero, *Pro Sulla* 81: "se audisse aliquid, non credidisse."（他听说了一些关于他的事情，但他并不相信那些传闻。）
[43] 参见本书 p. 71。

其中的一位。并没有迹象表明他选择了苏拉。如果他在这个时候和第二次竞选中帮助了托尔克瓦图斯,一切事实就会变得非常清楚。托尔克瓦图斯在公元前65年展现了自己对于喀提林的感激之情和友好之谊。喀提林不可能与苏拉和奥特罗尼乌斯一起密谋反对托尔克瓦图斯和科塔。喀提林可能与苏拉脱离关系——但不是以西塞罗所认为的方式。

萨卢斯特在讲述中提到了奥特罗尼乌斯和苏拉遇到的不测之祸,但他把苏拉排除在了"阴谋"之外。共同策划这场阴谋的反倒是喀提林(主谋)与奥特罗尼乌斯和皮索(18)。他们计划杀死执政官之后,由喀提林和奥特罗尼乌斯夺取束棒(*fasces*),并派皮索负责掌管两个西班牙行省的事务。然而,由于走漏了风声,他们便把行动推迟到了2月5日(这次除了执政官,还有很多元老也会被杀)。但喀提林发出的行动信号为时过早,结果什么事情都没有发生。格奈乌斯·皮索随后被派往近西班牙行省担任了总督(19.1)。这个安排是出于克拉苏的用意,因为皮索是庞培的死敌;元老院也出于各方面的原因同意了这项任命。[44]

这里的问题在于,萨卢斯特为什么会认真对待这个版

---

[44] 19.2:"neque tamen senatus provinciam invitus dederat, quippe foedum hominem a re publica procul esse volebat, simul quia boni complures praesidium in eo putabant et iam tum potential Pompei formidulosa erat."(然而,元老院也愿意将这个行省交给他,因为它想把这个可恶的家伙从共和国国务机构的所在地遭送到遥远的地方去,同时也因为许多贤德的精英人士认为,他们可以在这个人身上找到能够抗衡庞培的防卫力量,后者的权力此时已经变得异常强大。)

本或任何其他版本中所呈现的这个故事？这个事情不大可能发生。但人们依然信以为真，并且长久流传。李维似乎把两个版本混为一谈，因而依旧保留了苏拉与阴谋的关系。《罗马史》（101卷）的《摘要》（Periocha）中有一句话提到了奥特罗尼乌斯和苏拉的阴谋事件，但并未提及阴谋分子的姓名。[45] 李维不太可能做出考证和提出质疑，更不可能将喀提林和皮索排除在外。卡西乌斯·狄奥也提到过奥特罗尼乌斯和苏拉的阴谋，在他的记述中，阴谋的参与者还加入了另外两个人。[46]

一个未免有些多余的补充说明是，如果有什么重要的事情可以让这场针对公元前65年执政官的阴谋称得上是一场阴谋的话，那么这个事情就是奥特罗尼乌斯和苏拉对于时任执政官的怨恨。不管怎样，喀提林是托尔克瓦图斯的朋友。即便喀提林带着匕首参加了人民大会，那也有可能是为了保护托尔克瓦图斯，而不是为了谋杀后者。至于格奈乌斯·皮索，他的意图在事后可以有各种各样的说法。

有关萨卢斯特撰述思路的线索似乎是由苏维托尼乌斯

---

[45] Livy, *Periochae* CI: "coniuratio eorum qui in petitione consulatus ambitus damnati erant, facta de interficiendis consulibus obpressa est."（执政官竞选期间被判贿赂罪的那些人策划了一场谋杀执政官的阴谋。）

[46] Dio XXXVI. 44. 3 ff. 施瓦茨提出了一种颇为极端的观点：关于这段时期到恺撒被刺之前的历史，狄奥的叙述（或许还有关于其他历史时期的讲述）完全出自李维的作品（aus Livius und nur aus Livius, E. Schwartz, *Hermes* XXXII [1897], 583）。这是极端不合理的论断。关于狄奥的撰史方法和特点，参见迈尔的过誉之辞（E. Meyer, o.c. 610 f.）。

提供的。他说有人怀疑恺撒与克拉苏、奥特罗尼乌斯、苏拉相互勾结，共同策划了一场政变。[47]他们计划在元月1日杀掉一些元老，在此之后，克拉苏将僭取独裁权，恺撒则被任命为独裁官的骑兵统领（*magister equitum*），而苏拉和奥特罗尼乌斯将会恢复他们的执政官职位。苏维托尼乌斯援引了一些"权威人士"的说法（关于这些"权威人士"，我们稍后再谈）；并引述说明了一些阴谋失败的理由和原因——克拉苏并没有在约定的日子露面（可能是由于害怕，也可能是因为他改变了主意），因而恺撒也没有发出先前约定好的信号。苏维托尼乌斯还提到，恺撒和格奈乌斯·皮索一致商定，后者一旦在西班牙就职，他们就要在意大利北部发起一场颠覆性的阴谋活动。[48]

在这个版本的故事中，喀提林的身影并没有出现。这是非常重要的。[49]就像西塞罗为苏拉辩护的演说中所出现的情形一样，阴谋分子的姓名在这个版本的叙事中也再一次出现了置换。这次保留的是苏拉——而且出现了更多的人名和

---

[47] Suetonius, *Divus Iulius* 9.

[48] Suetonius, *Divus Iulius* 9.3: "pactumque ut simul foris ille, ipse Romae ad res novas consurgerent, per Ambranos et Transpadanos; destitutum utriusque consilium morte Pisonis."（他们商定在两处同时起义，皮索在外省，恺撒在罗马，并利用安布罗人和波河对岸人民的援助。但皮索之死使这些计划都化为了泡影。）

[49] 这些针对恺撒的指控并没有被那些普遍接受的传统叙事所接纳。这些指控是在一些被遗忘的历史撰家的作品中发现的，苏维托尼乌斯似乎并没有意识到，他所讲述的是某个版本的"喀提林第一次阴谋"。参见 M. I. Henderson, o.c. 13 f.。

细节。提及克拉苏和恺撒会使许多事情变得明朗起来。在公元前64年的竞选活动中,克拉苏和恺撒一直在利用喀提林来反对西塞罗。这是阿斯科尼乌斯在《反着托加白袍者》的评述中所提出的说法,当时他还提到了西塞罗的《论本人施政计划》。[50]此外,在讲述阴谋分子在公元前64年的聚会时,萨卢斯特还转达了这样一种看法:如果阴谋成功,克拉苏会出面掌权,他的动机是与庞培为敌。[51]公元前63年,人们曾试图将克拉苏与恺撒全都牵扯进阴谋活动中,而且人们并没有忘记那些针对他们的指控。如果存在一场阴谋,为什么不是两个人都涉嫌其中?西塞罗在《论本人施政计划》中断言,克拉苏一直是喀提林和格奈乌斯·皮索筹划暗杀阴谋的幕后操纵者。[52]至于恺撒,他并没有提及。然而,对恺撒的指控和诘难可以追溯到公元前59年:为了证明这一点,苏维托尼乌斯援引了执政官卡尔普尔尼乌斯·毕布路斯的法令和斯克里伯尼乌斯·库里奥的演说。[53]

萨卢斯特知道这类指控。假如他对此并不相信,他可

---

[50] Asconius 74.

[51] 17.7: "fuere item ea tempestate qui crederent M. Licinium Crassum non ignarum eius consili fuisse: quia Cn. Pompeius, invisus ipsi, magnum exercitum ductabat, quoiusvis opes voluisse contra illius potentiam crescere."(当时也有人相信,克拉苏对这一阴谋并不是一无所知;由于他所憎恶的庞培统率着一支大军,所以他愿意看到任何可以和他敌对者的权力相抗衡的势力成长起来,而且他同时也确信,如果阴谋成功,他可以很容易地成为他们中间的领袖人物。)

[52] Asconius 74.

[53] Suetonius, *Divus Iulius* 9.2.

以有三种质疑的途径。

首先，萨卢斯特有可能质疑谋杀公元前65年执政官的那场所谓的阴谋——不管这场阴谋是由何人筹划，或者说，他有可能彻底摒弃这个故事。因为意识到那些经不起推敲的说法或抱有成见的动机并不需要过于敏锐的洞察力：比如开脱普布利乌斯·苏拉的罪责就是为了把喀提林牵扯进来。但具有讽刺意味的是，萨卢斯特遵循了西塞罗的说法，相信有一场喀提林作为主谋的"第一次阴谋"。

其次，萨卢斯特原本可以承认并说明，喀提林在公元前63年落选执政官之前并没有成为一个危险的革命者。他可以毫不讳言地证明，没有人谴责之前在私底下与喀提林结成盟友的人，甚至也没有人谴责喀提林的公开支持者。当喀提林在公元前65年和公元前64年遭受审讯的时候，一些知名的执政官还为喀提林进行过辩解。[54] 西塞罗的一封书信也恰好表明，公元前65年，西塞罗本人也一度想过要成为喀提林的支持者（萨卢斯特不会知道这个事情）。[55] 而且克拉苏和恺撒在公元前64年夏天也都是喀提林竞选执政官的幕后支持者。但是萨卢斯特本人已经认定了一种观点：那场巨大的阴谋正是在那个时候酝酿形成的。

---

[54] Cicero, *Pro Sulla* 81 ff.
[55] Cicero, *Ad Atticum* I. 2. 1: "hoc tempore Catilinam competitorem nostrum defendere cogitamus."（目前我正考虑是否要为我的同僚执政官候选人喀提林提出辩护。）费内斯泰拉认为西塞罗曾经考虑过支持喀提林（Asconius 76）；也许是一篇伪作给他造成了误导。

第三种质疑是萨卢斯特必须要面临的路径。他已经让自己相信,喀提林生来就是一个恶棍和罪犯,一种堕落腐朽体制的败坏产物,被犯罪和良心的不安所折磨。萨卢斯特试图让人们相信一场谋杀阴谋的故事,他进而接受了西塞罗的说法,并由此认为,只要自己不去理会那些针对恺撒的指控,就足以洗清恺撒的嫌疑。

萨卢斯特的目的是可以猜到的——至少看起来是这样。不过,也许有人会问,萨卢斯特难道不是通过隐瞒和掩盖那些有关克拉苏和恺撒的重要信息而歪曲了历史吗?在这个问题上,我们最好简单留意一下那些所谓的阴谋分子和他们特有的行为表现。

阴谋分子筹谋了一个暗杀执政官的周密计划。这个计划是可以扩展的,其中可以包括作为受害者的执政官,也可以囊括元老院的很多其他元老。这个计划允许推迟进行,这是它另外的优点。然而,那些亡命之徒弄巧成拙。他们露出了马脚,以至于什么事情都没有发生,也没有人受到侵扰,而且曼利乌斯·托尔克瓦图斯也没有产生任何的怨恨。

该如何解释这样的矛盾呢?许多声誉卓著的重要学者都相信这场阴谋的存在。[56] 他们的解释中存在的缺陷使他们无意中背离了事实。据说,"有人发现"喀提林"正在盘算

---

[56] 弗里什记录了这些学者的名字(H. Frisch, *Class. et Med.* IX [1947], 21 ff.)。参见本章下文注释[86]。

着某种谋杀罪行"。而"阴谋分子败露行迹的冒失与莽撞恰好使他们相应地具有了逃脱惩罚的侥幸和运气"。[57]

如果真是这样，阴谋分子的举动就有可能被认为是企图威胁和恐吓，而不是图谋暴力与谋杀；假如他们能够迫使执政官在自己的托加外袍下披上铠甲或寻求武装保护，这些阴谋分子就会向他证明，并不存在真正的"罗马人民的执政官"（consul populi Romani）。此外，当一场所谓的阴谋未能付诸行动是因为有人过早地发出信号或其他人未能及时地露面，我们将有理由对此抱以怀疑或嘲讽的态度。西塞罗在他的一篇演讲中就曾讥讽了一个埋伏于澡堂中的一帮人过早暴露自身的故事，他无法忍受这种简单的情节和把戏。[58]

这些阴谋分子轻率鲁莽，愚蠢无能。但无论如何，他们只是一群鹰犬和走卒。他们的身后是权力与决断——克拉苏和恺撒的结盟。因此，这种将苏维托尼乌斯的叙述作为（主要）依据的说法认为，克拉苏和恺撒暗中策划了一场不折不扣的政变。这个说法源于恺撒的政敌对恺撒提出的指控。矛盾的是，那些钦佩和吹捧恺撒的人急切地接受了这样的说法，它不仅得到了权威人士的认可，对于后来的很多人来说，这个说法也具有同样的说服力。简要地介绍一下"克

---

[57] 卡里在《剑桥古代史》中的说法就是如此（M. Cary, *The Cambridge Ancient History* IX [1932], 476 f.）。

[58] Cicero, *Pro Caelio* 64: "quos quidem tu qua mob rem temere prosiluisse dicas atque ante tempus non reperio."（为什么你说他们意外地逃走了，而且太快了，我对此不能理解。）

拉苏的阴谋"是非常有必要的。这个阴谋在一种最为极端的讲述方式中混杂了各种各样的传闻和指控（尽管某些传闻和指控明显是可以替换的），它在学术重建的幌子下近乎于浪漫主义小说。[59]

大概在公元前66年12月5日，克拉苏于自己的宅邸中召集了一次聚会。参加者既有奥特罗尼乌斯和苏拉，也有喀提林和皮索。另外（有人惊讶地指出）还有恺撒和时任行政官的盖尤斯·安东尼乌斯——甚至还包括努切里亚（Nuceria）的普布利乌斯·西提乌斯（有人想起了卢奇乌斯·瓦恭泰乌斯）。他们原定于1月1日的行动计划由于未能得逞而推迟到了2月5日。在此期间，皮索设法将自己调往西班牙，并且在那里遭到了杀害。这个结果致使恺撒突然做出了破坏整个阴谋计划的决定，恺撒没有克拉苏的幻想和怨恨，他不喜欢杀戮，而且在这个时候他也意识到，担任执政官的科塔与他有着很近的亲属关系。\*他故意不去提起自己的托加外袍，而这恰恰是约定好的谋杀信号。

皮索的行程很快就结束了，他死的正是时候（虽然在穷乡僻壤率领着一支军队），死讯很快就传到了罗马，快得令人不可思议，然而，我们无须在这个问题上多费笔墨。完

---

[59] J. Carcopino, *Histoire romaine* II (1936), 610 ff. 可比较弗里什的看法："童话版的故事……已经成为现代史学的重点，它在加科比诺的小说中达到了顶峰。"（H. Frisch, o.c. 35）

\* 科塔的姐姐（或妹妹）欧列莉娅·科塔（Aurelia Cotta）嫁给了恺撒的父亲盖尤斯·恺撒，也就是说，科塔是恺撒的舅舅。

全可以指出的是，克拉苏宅邸中的那场聚会就是一个彻头彻尾捏造出来的故事。有人会引述阿斯科尼乌斯的说法。但阿斯科尼乌斯评论的是西塞罗谈及公元前64年执政官竞选活动的一段话：候选人喀提林和安东尼乌斯曾在某个显贵家中会面，这个显贵精于疏财行贿之道（阿斯科尼乌斯认为，这个显贵可能是克拉苏，也可能是恺撒）。[60]

在这种重构中，幻想同样助长了轻信和错误。可以看到的是，（在目前所知的撰述家当中）只有苏维托尼乌斯认为恺撒涉嫌参与了阴谋。他还列举了几个权威人士的说法。这种举证表面上看起来让人印象深刻。但权威人士的说法仍然需要经过严格的检验和证实。[61]

我们对马库斯·阿克托里乌斯·那索（Marcus Actorius Naso）这个人一无所知。[62] 塔努西乌斯·格米奴斯（Tanusius Geminus）是一位历史撰述家，一个难以捉摸的人物。可以确定的一点是：这位格米奴斯对恺撒心存敌意。[63] 苏维托

---

[60] Asconius 74.

[61] H. Strasburger, *Caesars Eintritt in die Geschichte* (1938), 107 f., cf. 26.

[62] 只知道这位那索提到过恺撒与埃尤诺娅的奸情，而埃尤诺娅是一位毛里塔尼亚的王后（Suetonius, *Divus Iulius* 52.1）。

[63] 关于塔努西乌斯，参见 F. Münzer, *Real-Encyclopädie der classischen Altertumswissenschaft* IV A, 2231 ff. 苏维托尼乌斯引述库里奥和毕布路斯的叙述中所提到的其他信息可能也属于塔努西乌斯的说法（Suetonius, *Divus Iulius* 49.1 f.; 50.1; 52.3）。值得注意的是，博闻广识的阿斯科尼乌斯并没有提到塔努西乌斯这个人。贝伦斯认为塔努西乌斯的说法"十分可靠"（äusserst zuverlässig, W. A. Baehrens, *Neue Wege zur Antike* IV [1926], 55）：不知道他何出此言？

尼乌斯还引述了毕布路斯的法令和库里奥的演说。这种博学的旁征博引令人惊叹，但却充满了迷惑性和欺骗性。作为传记作家，苏维托尼乌斯有可能从塔努西乌斯·格米奴斯那里获取相关的信息，后者是他重新翻找出来的一位被人遗忘的历史撰述家。毕布路斯和库里奥处于同一个时代。但问题在于，这些撰述家能有什么样的价值和可信度呢？没有人会对执政官毕布路斯的话产生太多的疑虑，哪怕这些话出自毕布路斯颁布的一项法令。毕布路斯是一个令人费解而又脾气暴躁的家伙：恺撒在《内战记》当中提到过他的"愤怒"（iracundia）。[64] 库里奥的说法更不可靠。这位知名执政官的记性糟糕透顶，*其中充满了极端离谱的谬误和偏差，这一点并非众所周知。关于库里奥无可救药的记忆力，西塞罗提供了一些有趣的例证。[65] 公元前59年，库里奥在元老院以颇为激烈的言辞发表了几篇抨击恺撒的演说。然而，在他精心修订而公之于众的演说版本中，他竟无意间声称自己从未在恺撒的执政官任期内进入过元老院；他甚至还把恺撒在高卢的所作所为写进了这个版本的作品中。**

毕布路斯和老库里奥可以被毫无疑虑地弃置一旁，这样

---

[64] Caesar, *BC* III. 8. 3; 16. 3.
[65] Cicero, *Brutus* 218 f.
* 这里所说的库里奥是担任公元前76年执政官的老库里奥，诨名布尔布利乌斯（Burbulieus），是本书第3、4章提到的斯克里伯尼乌斯·库里奥的同名父亲。
** 恺撒赴任高卢总督是在公元前59年第一次执政官任期结束之后，公元前59年发表的演说不应该提及恺撒在高卢的作为。

做不会造成任何损失。剩下的"权威人士"是西塞罗，他在写给阿克西乌斯的书信中提到：恺撒在担任市政官的时候就打算在他当选为执政官之后建立一个"王国"（regnum）。"王国"是一种传统上习用的危险用语。苏维托尼乌斯虽然渴望宣传自己在学术研究上所具有的广度和深度，但他暴露了自己没能理解罗马共和国政治语言的不足和缺陷。[66]

然而，人们出于贪念或草率的态度，接受和采纳了诸如此类的证据。克拉苏和恺撒的阴谋衍生或助长了这样一种观点：克拉苏和恺撒是"平民派"的领袖。他们的目的是要控制国家，他们不但要反对贵族派，而且还要与庞培为敌。[67]

---

[66] H. Strasburger, o.c. 108; W. Allen, *Transactions of the American Philological Association* LXXXIV (1953), 227 ff.

[67] 关于这种"传统"观点，参见 E. G. Hardy, *Journal of Roman Studies* VII (1917), 155; J. Carcopino, *Histoire romaine* II (1936), 663: "les chefs du parti populaire"（平民党的领袖）。关于这种观点的极端表述，A. Rosenberg, *Einleitung und Quellenkunde zur römischen Geschichte* (1921), 175: "tatsächlich war Catilina in den Jahren 66–63 nur ein Gehilfe der Popularpartei und ihrer Führer Caesar–Crassus im Kampf gegen die Optimaten und Pompeius"（事实上，公元前66—前63年的喀提林只是平民党及其领袖——恺撒和克拉苏——与贵族派和庞培进行斗争的帮凶）。当学者们使用"恺撒和克拉苏"这样的表述顺序时，这种观点也就更加引人深思，也更加让人觉得可疑，比如 L. Pareti, *La congiura di Catilina* (1934), 200: "quando Cesare e Crasso concepirono il colpo di stato"（当恺撒和克拉苏筹谋政变的时候）。哈迪曾多次使用这样的表述顺序，在论及公元前63年的历史问题时，他还进一步说明，"恺撒已经被平民党视为他们真正的领袖似乎是一个显而易见的事实"（E. G. Hardy, *Some Problems in Roman History* [1924], 99）将公元前59年之前（甚至之后）的恺撒与做过执政官和监察官的克拉苏相提并论是错误的。即便像哈迪那样，认为克拉苏"在政治上相对而言无关紧要"也同样不能论证这种相提并论的合理性（E. G. Hardy, *Journal of Roman Studies* VII[1917], 155。）

据说，克拉苏想要建立一个对抗庞培的武力基地。因而在公元前65年时，他把格奈乌斯·皮索派到了近西班牙行省。然而，克拉苏后来对西班牙似乎不再有任何兴趣。他建议将波河北岸的各个意大利族群纳入公民的行列，但另一位监察官阻挠和制止了这个提议，这个监察官就是卢塔提乌斯·卡图鲁斯。[68] 有人说，这表明克拉苏看中了那个地区潜在的军事用途。[69] 后来，克拉苏又想吞并埃及地区——但这同样遭到了卡图鲁斯的阻止。[70] 关于这件事情还有另一种说法，据说恺撒想通过部分保民官为自己赢得掌控埃及的特殊职权：这个企图遭到了"factio optimatium"（贵族寡头）的阻挠。[71]

这是当时外部战线上的失利。在罗马同样也不走运。克拉苏和恺撒给喀提林提供了帮助，但西塞罗赢得了执政官的选举。西塞罗在他任职的第一天就挫败了塞维利尤斯·鲁路斯（Servilius Rullus）提出的一个不切实际的土地法案。* 西塞罗断言，保民官只是这个法案的代言人，真正的起草人隐藏于幕后（人们也许自然会怀疑克拉苏和

---

[68] Dio XXXVII. 9. 3（这是仅有的文献证明）。

[69] M. Cary in *The Cambridge Ancient History* IX (1932), 481: "因此，就像卡博（Carbo）在内战中反对苏拉获取萨莫奈人军事支持一样，克拉苏提议的主要目的大概也是想获得波河北岸民众的军事支持。"

[70] Cicero, *De lege agraria* II. 44; Plutarch, *Crassus* 13.

[71] Suetonius, *Divus Iulius* 11. 这种为盖策尔所接受，M. Gelzer, *Caesar*$^6$ (1960), 36。相应的质疑，见 H. Strasburger, o.c. 112 ff.。

\* 塞维利尤斯·鲁路斯时任公元前63年的保民官。

恺撒）。[72]他还进一步证明，这项法案实际上针对的是庞培·马格努斯。[73]

这种看法极具吸引力——同时也很肤浅。对恺撒在公元前63年的一些众所周知的所作所为加以考察可能会让人心生疑惑。恺撒以勒索罪起诉了执政官盖尤斯·皮索，同时还指控后者不公正地处决了一位山南高卢人。[74]盖尤斯·皮索担任过公元前67年的执政官，他是庞培的死敌。当盖尤斯·拉比利乌斯（Gaius Rabirius）因谋杀罪而经受一种形式古老的审讯程序时，人们似乎可以看出恺撒介入这一案件的端倪。然而，时任行政官的梅特路斯·凯勒尔（Metellus Celer）用计缩短了诉讼程序。[75]凯勒尔此前一直在东方出任庞培的副官；而同样对拉比利乌斯提出指控的保民官提图斯·拉比耶努斯（Titus Labienus），也可以被证明是一位坚

---

[72] Cicero, *De lege agraria* II. 20. 关于这一问题的一系列现代学术观点，参见 A. Afzelius, *Class. et Med*. III（1940），222 f.。哈迪甚至认为恺撒是唯一的起草人（E. G. Hardy, *Some Problems in Roman History*［1924］，68 ff.）。对这种观点的反驳，见 H. Strasburger, o.c. 114 ff.。然而，极力主张一种适用于土地委员（agrarian commissioners）选举的"库里亚法案"（*lex curiate*, Cicero, *De lege agraria* II. 26）可能体现了恺撒的古物学专长。

[73] Cicero, *De lege agraria* II. 49: "dum patefacio vobis quas isti penitus abstrusas insidias se posuisse arbitrantur contra Cn. Pompei dignitatem."（他们以为自己没有被任何人察觉，而我却要向你们揭穿这个有辱庞培尊严的阴谋。）

[74] 皮索因此而对恺撒心存怨恨（49. 2）。西塞罗为皮索进行了辩护（Cicero, *Pro Flacco* 98）。

[75] Dio XXXVII. 27. 3.

定的庞培党徒。[76]之所以出现这样的情形，原因只有一个，那就是勾结与共谋。

从表面上看，自"第一次阴谋"以来，处处都是一连串令人失望的结果。一个难免让人有些好奇的问题是，一些计划的发起人是否曾经希望或有意让这些计划获得成功？这些计划尝试了示威，激起了欲望——贵族派也屡遭侵扰而恼羞成怒。这些计划可以让波河北岸的民众期待选举权的授予（他们必须要等很长的时间）；人民的统帅一旦需要给他的老兵争取土地，鲁路斯的法案就可能被保留下来，或者改头换面，再度出现。[77]

克拉苏在这些年并没有失去他的影响力，恺撒这颗明星也在冉冉上升。[78]出任贵族市政官是恺撒极其重要的个人成就——获得过这个职位的人很少会落选执政官。在他获得行政官任命的时候，他又通过击败卢塔提乌斯·卡图鲁斯而赢得了大祭司长的职位。在关于喀提林阴谋分子的历史性论辩中，恺撒采取了一种相当冒险的立场。他为此而树敌众多，这是危险的——也是值得的。

在恺撒出任行政官的最初几天，人们发现恺撒竟与梅特路斯·涅波斯（Metellus Nepos）串通一气，后者是庞培派

---

[76] 相关讨论参见 *Journal of Roman Studies* XXVIII（1938），113 ff.。
[77] 确切地说，这种法案在公元前60年的"弗拉维亚法案"（*Lex Flavia*, Cicero, *Ad Atticum* I. 18. 6）和公元前59年的立法中又再次出现。
[78] 关于这种想法，参见 H. Strasburger, o.c. 126 ff.; R. Syme, *Journal of Roman Studies* XXVIII（1938），116 f.; ib. XXXIV（1944），97f., 另见 M. Gelzer, *Caesar*$^3$（1941）。

遣回来出任保民官并维护自己利益的代理人。[79] 身为统帅的庞培本人也会在不久之后返回罗马。他会在哪里寻求自己的盟友和支持呢？

让我们回到萨卢斯特。萨卢斯特为了讲述谋杀执政官曼利乌斯·托尔克瓦图斯和欧列利乌斯·科塔的阴谋，特意提到了一些人名和细节。合乎情理的做法可能是评判相关事件的证据和可能性。萨卢斯特在介绍"第一次阴谋"的陈述中遇到了各种各样的困难和问题。

萨卢斯特在撰述结构上的技艺受到了世人的普遍称道。[80] 但记述这个阴谋的插叙在结构安排上并不是恰到好处。这段插叙介于公元前64年的阴谋分子聚会（17）和阴谋分子准备听取首领讲话（20）的故事情节之间。这或许是萨卢斯特事后补入的一段叙述。在那段铺陈阴谋分子名单的结尾部分，萨卢斯特提到了私底下赞同阴谋的人士，并说出了李锡尼乌斯·克拉苏的名字：他赞同阴谋的一个动机是与庞培相抗衡（17.7）。可以说，正是这个问题引出了与克拉苏有关的格奈乌斯·皮索：皮索是庞培的宿敌，他在克拉苏的运作下被派到了西班牙（19.1），并在那里遭到了当地人的杀害，有人认为，杀害皮索的凶手就是庞培忠实的侍从（19.5）。因此，正是为

---

[79] Suetonius, *Divus Iulius* 16.1.
[80] Fronto p. 114 N = II. 48（Haines）: "historiam quoque scripsere, Sallustius structe, Pictor incondite"（萨卢斯特的历史撰述严整而规范，皮克托的撰述则简略粗陋），等等。

了解释和说明皮索的事情，萨卢斯特才会详细地讲述"第一次阴谋"。至少就西塞罗在公元前64年和公元前63年的说法来看，皮索在"第一次阴谋"中扮演了重要的角色。[81]

如果是上述这种情况的话，这段插叙也就失去了它被赋予的大多数意义。它不再暗示撰述者的一般意图，也不再揭示撰述者为了庇护恺撒而有意不去提及后者姓名的特殊目的。这段插叙的出现反而是出于一种诠释和注解的需要，它也不再具有结构性的功能——相反，它破坏了撰述者的叙述结构。

我们可以认为，在阴谋分子聚会的情节（17.1 ff.）之前，这段插叙无论如何可以被放在一个更为合适的地方。这种看法可以出于多方面的理由，一方面是历史延续性的考虑，另一方面则是因为这段插叙中充斥着大量的人名。其中的一些人在那场聚会（以及后来的情节）中出现过，但也有别的人并没有出现于其中。另外，由于撰述者选择以一种精简化的形式来关注这些事件，因而很容易在叙述中出现一些错误——萨卢斯特出现了两个错误。他把喀提林失去公元前66年执政官候选人资格的事情放在了奥特罗尼乌斯和苏拉遭到褫职的事件之后，同时还认为，喀提林已经在那个时候遭到了勒索罪的起诉（18.3）。[82]

---

[81] Asconius 74; 82; Cicero, *Pro Murena* 81.
[82] 根据阿斯科尼乌斯的说法（Asconius, 79 f.），喀提林的候选人资格在奥特罗尼乌斯和苏拉当选执政官之前就已经被执政官沃尔图奇乌斯·图卢斯剥夺了。约翰确定了这些事件发生的先后顺序，参见 C. John, *Rheinisches Musseum für Philologte* XXXI（1876），401 ff.

此外，喀提林那番讲话中出现的两个信息也与这段插叙所讲的事情相关——这两个信息如果不算是两个错误的话，至少也是萨卢斯特出现的又一次失误。喀提林在鼓动他的同党时指出，他们有外部的支持者——西班牙有格奈乌斯·皮索，毛里塔尼亚有普布利乌斯·西提乌斯和他的军队（20.3）。当时，皮索已经于公元前64年夏天前死去。[83] 西提乌斯可能在公元前66年到公元前64年间多次前往毛里塔尼亚，但他并不是武装部队的首领。他是一位坎帕尼亚的钱庄主，曾借给毛里塔尼亚国王一大笔钱。[84] 他作为雇佣兵首领的英雄事迹发生在二十年后的内战期间，萨卢斯特事实上十分清楚相关的情况。关于西提乌斯早年活动的事实是一个难以厘清的问题。普布利乌斯·苏拉的检举人宣称，苏拉曾为喀提林的事情派遣西提乌斯前往远西班牙行省，在那里挑起事端。[85] 但西塞罗的说法是，西提乌斯前往西班牙是在喀提林涉嫌谋划阴谋之前，他在公元前64年赶赴西班牙是出于一个必要的目的：向毛里塔尼亚国王讨债；而且，西提乌斯已经在多年之前去过那些地方。随后发生了什么呢？事实上，西提乌斯在公元前64年时不仅去过毛里塔尼亚，而且还去过远西班牙行省（两个地区紧挨在一起），但这样的情况只出现过一次——这不足

---

[83] Asconius 83.
[84] 关于努切里亚的普布利乌斯·西提乌斯的生平与行为，参见 F. Münzer, *Real-Encyclopädie der classischen Altertumswissenschaft* III A, 409 ff.。
[85] Cicero, *Pro Sulla* 56.

以完全证明萨卢斯特的准确性。

我们最后的结论认为,萨卢斯特对这桩憾事的处理完全有失妥当。他(有很好的理由)认为,那些针对恺撒的指控全都不足为信。但萨卢斯特出于种种原因而浓墨重彩地讲述了"第一次阴谋",他的权威对后世产生了极其有害的影响。

即使我们可以用一些严厉苛刻的措辞批评萨卢斯特,这样的谴责也有些为时过晚。出于公正,这种谴责将不会漏掉某些学者,这些学者即便否认恺撒与喀提林同谋,他们也会根据自己的想象和喜好选择或综合相关的事实,从而依旧接受那些针对其他人物的指控。[86] 关于这个事件的整个叙述体系摇摇欲坠。它早就应该被推翻了。[87]

---

[86] H. Frisch, *Class. et Med.* IX(1947), 21 ff. 他从蒙森开始,以时间顺序列举了约翰(C. John)、迈尔(E. Meyer)、罗森伯格(Rosenberg)、盖策尔(Gelzer)和加科比诺(J. Carcopino)这些学者的姓名。他还讲到,霍姆斯承认喀提林策划了政变,而且还为克拉苏——可能还有恺撒——纵容了这场政变(Rice Holmes, *The Roman Republic* I [1923], 235, 449)。盖策尔收敛了自己早年的论述(Gelzer, *Caesar*³ [1941], 49),并且为恺撒进行了开脱,但他仍然认为,苏拉、奥特罗尼乌斯和喀提林策划了一场阴谋(ed. 6, 34)。然而,拉宾纳认为,恺撒可能参与了政变,他提出的一个理由是:普布利乌斯·苏拉(后来)是恺撒的追随者(A. La Penna, *Stud.it.fil.class.* XXXI [1959], 35)。

[87] 典型的是斯特拉坎-戴维森的做法——"证据是无法让人信服的,这个故事正如人们所讲述的那样,包含了很多荒谬而矛盾的说法,我宁愿把它完全(或几乎完全)当作一种杜撰出来的故事"(J. L. Strachan-Davidson, *Cicero and the Fall of the Roman Republic* [1894], 91)。完全否定这种叙事传统的一篇短论,参见 *Journal of Roman Studies* XXXIV (1944), 96 f., in review of Gelzer, *Caesar*³ (1941);关于这个问题的全面介绍,参见 H. Frisch, o.c. 10 ff.。

有关这场阴谋的传说造成了多种糟糕的后果。其中之一就是没能谨记庞培在公元前 66 年到公元前 63 年之间身在外省的事实——从而忘记了寻找庞培与时任保民官、执政官和谋划阴谋的相关人物或这些人物的所作所为之间所具有的联系。[88]

---

[88] 参见巴蒂安对奥卢斯·加比尼乌斯和身为喀提林党徒的普布利乌斯·加比尼乌斯(Pubulius Gabinius Capito)的讨论(Ernst Badian, *Philologus* CIII [1959], 87ff.)。他认为这个问题需要得到进一步的研究,从而暗示了这个主题的重要性。

当下就有一个被忽视的联系。身为庞培财务官的盖尤斯·梅米乌斯(Gaius Memmius)在西班牙被杀,此人是庞培的妹夫(Orosius V. 23. 12)。苏拉有一个名为梅米乌斯的继子,由此可以推断出,庞培的妹妹庞培娅(Pompeia)不久之后(公元前 54 年)又嫁给了普布利乌斯·苏拉(Cicero, *Ad Quintum Fratrem* III. 3. 2)。参见 F. Münzer, *Real-Encyclopädie der classischen Altertumswissenschaft* XV, 616。普布利乌斯·苏拉是庞培妹夫的事实可能有助于阐明公元前 66 年执政官选举的事实真相和各种其他问题。

关于公元前 63 年和公元前 62 年发生于罗马的各种与庞培相关的事件,参见 C. Meier, *Athenaeum* XL(1962), 103 ff.。

# 第 8 章

# 恺撒与加图

在罗列了公元前64年聚集在喀提林家中的那些阴谋分子的姓名后,萨卢斯特提到了阴谋的隐蔽支持者,进而记述了当时流传的一种看法:对于这个酝酿中的阴谋,克拉苏并非不知情,一旦这个阴谋获得成功,他就有可能利用这个事情谋取个人的权力(17.7)。在此之后,作者以一段插叙讲述了先前发生于罗马的一次颠覆性活动和格奈乌斯·皮索被派往西班牙的事情(18 f.)。我们大概可以认为,这段叙述整体上都是由提及克拉苏而引出的——它是作者对于克拉苏的注解。[1]

作者叙述的最后部分就是喀提林阴谋本身。当告密者卢奇乌斯·塔克维尼乌斯(Lucius Tarquinius)在12月4日接受元老院的问询时,他说出了克拉苏的名字(48.4)。他的证言清晰明确,毫不隐讳——克拉苏曾给喀提林传话,要后者不要气馁。有些人认为这种举报是不可信的,另一些人则相信这是真的(只是不宜采取行动),然而,许多与克拉苏有私人关系的元老院成员都声嘶力竭地反对这样的指控,

---

[1] 关于这个问题,参见本书 p.100。

元老院发布决议,宣布这个家伙是个做伪证的诬告者。萨卢斯特又增补了一段评述。有人猜测这个指控是奥特罗尼乌斯的诡计,目的是把克拉苏牵扯进来,从而利用他保护那些阴谋分子。[2]然而,也有别的人认为,塔克维尼乌斯受到了西塞罗的指使——这是克拉苏自己的说法。[3]

恼羞成怒的克拉苏拒绝在第二天出席元老院的会议。不管克拉苏后来在公开场合做出过什么声明,也不管他和萨卢斯特说过些什么,当时的执政官都不可能希望在这种危急的时刻与克拉苏为敌。况且,之前正是克拉苏与其他元老院的成员一起就喀提林的问题暗中提醒过西塞罗(10月21日之前)。这个事情在《论本人执政官任期》(*De consulatu suo*)中得到了西塞罗的证实。[4]在他后来的《论本人施政计划》中,西塞罗可能又否认了自己之前的说法。

这个时候,恺撒在不经意间第一次出现在萨卢斯特的叙述中,他作为五位元老之一(克拉苏也在其中),负责监

---

[2]  48.7: "quo facilius appellato Crasso reliquos illius potentia tegeret."(只要提出克拉苏的名字,他的势力就可以庇护其他人。)如果奥特罗尼乌斯以前是克拉苏的追随者,那么这很有可能与公元前66年发生的事情有关。

[3]  48.9: "ipsum Crassum, ego postea praedicantem audivi tantam illam contumeliam sibi ab Cicerone impositam."(我个人后来听克拉苏本人确认,这种指控是西塞罗强加给他的严重侮辱。)正如有些猜测所指出的,可能在公元前55年那次臭名昭著的元老院争吵中,克拉苏使用了"exul"(避难)这个词(Dio XXXIX.60.1,参见 Cicero, *Ad familiares* I.9.20)。这个说法更有可能出现在私人的谈话中,参见 K. Büchner, *Sallust* (1960), 34 f.。

[4]  Plutarch, *Crassus* 13,参见 *Cicero* 15;Dio XXXVII.31.1。

外看管被捕的阴谋分子（47.4）。据说，诬陷克拉苏的企图失败后，卢塔提乌斯·卡图鲁斯和盖尤斯·皮索又不遗余力地劝诱西塞罗拿出不利于恺撒的证据，但并没有获得成功（49.1）。不管萨卢斯特在这个事情的讲述上具有什么权威和根据，他所提到的人名似乎都是可信的，他还指明了两位执政官敌视恺撒的私人动机。卡图鲁斯和皮索因西塞罗拒绝这种诡计而受挫之后，又开始四处煽动人们对恺撒的仇视情绪，以至于（协和）神殿前担任武装警卫的一些罗马骑士竟然在恺撒离开（元老院）的时候对他进行了威胁（49.4）。

应该指出的是，罗马骑士的暴力行为可能发生在12月5日恺撒发表演说并参与元老院的论辩之后。[5]在处理恺撒的材料时，萨卢斯特可能运用了某种含蓄而内敛的诡计和策略。

对于讲述内容的取舍、编排和强调，萨卢斯特可谓煞费苦心。他选择用自己的方式来表明他如何看待那些陷害恺撒的企图（和随之而来的指控）。他的表述闪烁其词，微妙而委婉。他不屑于直截了当地做出回答，不知道这样的方式在多大程度上触及并损害了他作为历史撰述家的信誉？

萨卢斯特的诚实是毋庸置疑的——因为他并不试图讲述任何在他看来子虚乌有的事情。我们可以由此承认，萨卢斯特在这个意义上是一个具有倾向性的撰述家——并且可以认为他是一位具有倾向性的优秀撰述家。[6]读者只会在他的

---

[5] Suetonius, *Divus Iulius* 14. 2; Plutarch, *Caesar* 8.
[6] 遵循蒙森说法的学者就持这样的观点，H. M. Last, *Mélanges Marouzeau* (1948), 368.

说服下相信恺撒不可能涉嫌阴谋。

然而，一个重要的指责仍然存在。萨卢斯特对恺撒的深信不疑可能促使他提前了喀提林筹谋革命的时间——而且也有可能影响了他对"第一次阴谋"的介绍和陈述。但这个问题远没有定论。[7]

萨卢斯特对恺撒的辩护并不彻底。他对西塞罗是什么态度呢？乍看之下，萨卢斯特在叙述中对这位执政官的处理似乎有些不太公正。更糟糕的发现是萨卢斯特对西塞罗一贯性的诽谤和中伤。萨卢斯特不仅在大的事情上进行歪曲或有意疏漏，而且还在小的事情上暗中表露他对西塞罗的恶意。

这种假设一经提出就得到了权威学者的辩护和支持，并且长期以来一直盛行。[8] 如今看来，我们可以丢掉这个假设。因为经过检验和考察，那些主要的指责已经不再成立。[9] 首

---

[7] 关于萨卢斯特放置"第一次阴谋"的方法和目的，参见本书 p. 100。

[8] E. Schwartz, *Hermes* XXXII (1897), 575 ff. 富纳约利接受并认可了这种想法，见 G. Funaioli, *Real-Encyclopädie der classischen Altertumswissenschaft* I A, 1922 f.。这种教条性的观点依然可以找到它的支持者，比如 F. Lämmli, *Mus.Helv.* III (1946), 112; M. L. W. Laistner, *The Greater Roman Historians* (1947), 56; E. Löfstedt, *Roman Literary Portraits* (1958), 100 f.。

[9] J. Tolkiehn, *Phil. Woch.* XLV (1925), 1404 f.; W. A. Baehrens, *Neue Wege zur Antike* IV (1926), 38 ff.; O. Seel, *Sallust von den Briefen ad Caesarem zur Coniuratio Catilinae* (1930), 63 ff.; W. Schur, *Sallust als Historiker* (1934), 183 ff. 以及晚近的 W. Steidle, Historia, Einzelschriften 3 (1958), 15 f.; 93 f.; A. La Penna, *Stud.it.fil.class.* XXXI (1959), 18 ff.。一个令人郁闷的事实是，真相——"朴素的真相"（bescheidene Wahrheit）——一直就在那里，见 Drumann-Groebe, *Geschichte Roms* V$^2$ (1919), 463 ff.。

先是关于元老院最终决议的提出。有人认为，萨卢斯特试图证明，西塞罗是因为个人的恐惧才通过了这项决议。但我们之前的论述已经表明，这种观点毫无根据，之所以会有这样的看法，是因为未能理解萨卢斯特的叙述技巧。[10]

还有一种指责认为，萨卢斯特的讲述中没有出现西塞罗的演说。然而，这又能说明什么呢？我们需要了解的问题应该是作者推进叙述情节的方式和技巧。以自己的风格来表述罗马雄辩大家的经典演说不仅令人难堪，而且还会招致反感，让人觉得多余。喀提林密谋者的演说业已发表。罗马的历史撰述家遵循一种明智的做法，李维拒绝复述监察官加图关于罗德岛人（Rhodians）的著名演说恰恰说明了这一点。[11] 萨卢斯特对西塞罗的第一篇《反喀提林》的演说给予了赞扬。他把这篇演讲说成是"对共和国十分有益的一篇极为精彩的演说"（luculentam atque utilem rei publicae, 31.6）。萨卢斯特也由此反驳了这样的观点：如果这篇演说导致喀提林离开罗马并前往伊特鲁里亚与叛乱分子会合，西塞罗的行为便是极不明智的轻率之举或不利之举。这是勉强而虚假的赞美吗？不是——一味赞扬那些最优秀的人或为一种显而易见的事实添油加醋并不是萨卢斯特的习惯。

---

[10] 参见本书 p.80。

[11] Livy XLV. 25. 1: "non inseram simulacrum viri copiosi quae dixerit referendo: ipsius oratio scripta exstat, Originum quinto libro inclusa."（我不会通过记录他［监察官加图］所说过的话来再现这位辞令大家，他的演说以书面形式留存于世，该演说收录在《创始记》的第五卷当中。）

萨卢斯特没有提及西塞罗的第四篇《反喀提林》演说。可以肯定的是，这篇演说决没有在12月5日的元老院争辩中起到决定性的作用。[12]

我们可以就此不去理会那些微不足道的指摘和批评。萨卢斯特把西塞罗称为"最优秀的执政官"（optumus consul，43.1）。我们碰巧（从西塞罗写给阿提库斯的信中）知道，当时的西塞罗因布鲁图斯在《加图颂》中称他为"最优秀的执政官"（optimus consul）而大为光火：他厉声问道，敌人有可能在评论的时候更加平和而中立吗？[13] 其次，西塞罗为"查明"很多关于阴谋的事实——"我查明了所有这些事情"（comperi omnia）——而深感自豪。[14] 这个动词表述也被盖尤斯·安东尼乌斯和普布利乌斯·克洛狄乌斯这样的敌对者欣然接受。[15] 萨卢斯特在说明西塞罗某个时刻并没有掌握确切信息时使用了这个词（29.1）。这个表述简单平实，毫无恶意。事实上，"comperio"（查明）恰巧是萨卢斯特常用的动词之一（在他的各种著述中至少出现过十六次）。最后，喀提林对阴谋分子发表的那番讲话曾戏谑地模仿了第一篇《反喀提林》演说的开篇绪言——"还要到什么时候"（quo usque tandem，20.9）？如果说这是恶意，那也不算是特别

---

[12] G. Boissier, *Cicéron et ses amis* (1870), 48; *La conjuration de Catilina* (1905), 236 ff. 此外，现存的第四篇《反喀提林》演说是一部混合而成的文献，参见 H. Fuchs, *Hermes* LXXXVII (1959), 464 ff.。

[13] Cicero, *Ad Atticum* XII. 21. 1.

[14] Cicero, *In Catilinam* I. 10.

[15] Cicero, *Ad Atticum* I. 14. 5; Cicero, *Ad familiares* V. 5. 2.

狠烈的恶意。

萨卢斯特笔下的西塞罗也呈现了其他特征，这些特征同样值得我们进行一番考察。萨卢斯特记述了西塞罗防范喀提林的措施，他发现西塞罗并不完全缺乏计谋和手腕——"但这个人也并不缺乏进行防范的计谋和手段"（neque illi tamen ad cavendum dolus aut astutiae deerant，26.2）。事实也证明了这一点——西塞罗利用了间谍，也与同僚执政官盖尤斯·安东尼乌斯达成了协议，并暗中召集友人和门客，组成了保护自身安全的卫队。[16] 据萨卢斯特的描述，西塞罗后来因为得知罗马和伊特鲁里亚的局势而深感不安——"他为这种双重的危险感到极为不安"（ancipiti malo permotus），于是就向元老院汇报了这些情况，元老院则据此通过了终极决议（29.1）。这就是事实。

身为执政官的西塞罗获得了元老院决议的支持，几天后便传来了伊特鲁里亚发动叛乱的消息。然而，西塞罗会对罗马的阴谋分子采取什么措施呢？有些人指责他软弱。[17] 这是没有道理的。西塞罗必须等待令人信服的时机和证据。发生在他宅邸门前的那个事件（11月7日清晨）——或者确

---

[16] 当然，"astutiae"（手段/诡计）并不是一个褒义词，正如雅赫曼指出的：朋友可能会使用的词语应该是"vigilantia"（警觉）或"providentia"（警惕/防备），见 G. Jachmann, *Misc.Ac.Berol.* (1950), 254。然而，即使这个词不是褒义，它也不会是具有否定意义的词语，参见 A. La Penna, o.c. 20。或许值得注意的是，萨卢斯特只用过一次"providentia"（*Bellum Jugurthinum* 7.5），"vigilantia"一词则从来没用过。

[17] J. Carcopino, *Histoire romaine* II (1936), 640.

切地说是喀提林事实上打算离开罗马的情报——给他提供了这个机会。他由此发表了第一篇《反喀提林》演说。萨卢斯特认为，对喀提林的害怕或出于愤怒——"或是由于害怕他的出场，或是由于义愤填膺"（sive praesentiam eius timens sive ira commotus, 31.6）——是西塞罗发表这篇演说的动机。这也不算一个并不合理的判断。萨卢斯特所呈现的事实表明，西塞罗对时机的把握非常高明。他无法强迫喀提林离开罗马。无可否认，即使西塞罗一言未发，喀提林也会离开罗马（可以根据阴谋计划做出这样的假定）。但喀提林有必要遭到揭发和谴责。[18] 萨卢斯特赞成这样的做法。

罗马仍然留有喀提林的同伙。他们的愚蠢行径和西塞罗的精明手段使他们束手就擒。当带有书面证据的沃尔图奇乌斯和阿洛布罗吉人的使者遭到抓捕后，西塞罗下一步的计划是什么呢？得知消息的西塞罗欢欣鼓舞，但同时又深感焦虑——"执政官感到非常焦虑，尽管他也为此而十分高兴"（at illum ingens cura atque Laetitia simul occupavere, 46.2）。萨卢斯特把焦虑放在了第一位。他是对的，他也说明了理由。西塞罗仍然需要做出决断。事实上，西塞罗并非没有听取别人的意见，但萨卢斯特不想费心说明有人帮助他下定了决心。[19] 在西塞罗的决定下，阴谋分子（林图卢斯和另外四人）被押解到了元老院。

---

[18] G. Boissier, *La conjuration de Catilina* (1905), 179 ff.
[19] 至少费古卢斯（P. Nigidius Figulus）和他的弟弟给他提供的建议（Plutarch, *Cicero* 20）。

共和国明显处于危急之中。而且，有人正在企图营救那些阴谋分子，但执政官采取了恰当的措施。这是一个重要的事实，它与随后发生于12月5日的元老院论辩紧密相关。萨卢斯特不会放过这个事实（50.1 ff.）。[20]

西塞罗向新当选的执政官尤尼乌斯·西拉努斯征询处置阴谋分子的意见，从而引出了12月5日的元老院争辩。之后，西塞罗便在萨卢斯特的叙述中逐渐淡出，直到他参与元老院的投票表决。这场论辩的主角是恺撒与加图。除了他们两人的演说，萨卢斯特对整个论辩的过程缺乏明显的兴趣。他实际上是以一种最为奇特的方式展现了这场论辩。[21]

当选为执政官的西拉努斯主张对阴谋分子处以极刑。之后，萨卢斯特又另外做了一个棘手的补充性说明，大意是他后来又改变了主意，同意克劳狄乌斯·尼禄（Ti. Claudius Nero）主张推迟判决的提议（50.4）。接下来便轮到了恺撒发言。萨卢斯特没有提到所有在场的执政官（总共十四人）全都同意西拉努斯提议的事实。[22]对于恺撒演说之后和加

---

[20] 关于这次营救计划的危险性，参见《喀提林内争》(52.4；14 f.)。西塞罗后来以不实之辞巧言善辩地讥讽了这个观点（Cicero, *In Catilinam* IV. 17）。

[21] 尽管证据充分——或者确切地说，由于证据充足，厘清这场论辩中的某些提议和介入，或明确参与者的确切旨意是非常困难的。对于这个问题的清晰陈述，见T. Rice Holmes, *The Roman Republic* I (1923), 467 ff.。

[22] 关于这十四名前任执政官，西塞罗的《致阿提库斯》(Cicero, *Ad Atticum* XII. 21.1)所列的名单没有提到克拉苏和霍腾西乌斯，但其中出现了格利乌斯·普布利科拉（Gellius Publicola）和曼利乌斯·托尔克瓦图斯。然而，在《反腓利比克之辩》(Cicero, *Philippicae* II. 12 f.)的名单中，未被提到之人和名单中出现之人与《致阿提库斯》中的说法恰恰相反。

图发表意见之前的所有争辩言论，萨卢斯特的介绍也是简短而模糊的——"各种不同建议中的某个建议"（alius alii varie adsentiebantur，52.1）。克劳狄乌斯·尼禄（行政官级别的元老院议员）的建议是对恺撒提议的修正，显然应该出现在恺撒结束发言之后和加图发表演说之前。[23] 不仅如此，萨卢斯特还遗漏了这些事实——其中一位列席的执政官对恺撒的提议提出反对意见，这个人就是卢塔提乌斯·卡图鲁斯，[24] 西拉努斯则解释说（或许是在狡辩），判处死刑并不是他真正的意思；[25] 于是西塞罗便介入了争论。萨卢斯特并不在乎这些细节。他关注的只是恺撒与加图。他可能首先记述了恺撒和加图的演说，然后才提供了这场论辩的背景。这种叙述方式使他自己的讲述露出了马脚。提及克劳狄乌斯·尼禄（50.4）即便不是多此一举，也是一种拙劣而生硬的做法。

恺撒提出的看法不仅坚实有力，微妙而含蓄，同时也城府极深，他的观点动摇了西拉努斯的想法，也迫使所有人（除了一位执政官）同意了他的建议，直到新当选为保民官的加图引出下一轮争论。加图措辞强烈的演说在那一刻改变

---

[23] 其他提及尼禄的文献只有阿庇安的《罗马史》，他把尼禄对恺撒提案的修正放到了恺撒演说之前（Appian, *BC* II. 5. 19）。这种做法是不对的。不过，尼禄的提议——责令搁置再议，直到击败喀提林并查明事实真相——在阿庇安的叙述中要比萨卢斯特简短的补叙——"建议加强警卫力量之后再重新讨论这个问题"（de ea re praesidiis additis referundum censuerat，50.4）——更加具有说明性。

[24] Plutarch, *Cicero* 21; *Caesar* 8.

[25] Plutarch, *Cato* 22.

了一切。事实永远无法否认。西塞罗在公元前56年明确说明了这个事实，他称赞加图"是那些措施的倡导者、提议人和支持者"（dux, auctor, actor illarum rerum）。[26]十年之后，布鲁图斯在《加图颂》中把这一切讲得平淡无奇，这令西塞罗感到非常愤怒。[27]

至于萨卢斯特，我们不能指望他在自己的讲述中引入第四篇《反喀提林》演说，他在讲述这次论辩时省去了诸多细节。西塞罗的介入（这是明显的事实，也得到了普遍承认）是谨慎的，他的立场模棱两可，作为一个主持会议的裁判官，这是一种恰当的态度。西塞罗的介入没有得到什么结果。他在公元前60年发表的演说反映了后来发生的事件，也表明了他对这些事件的态度。[28]

当西塞罗举出关于林图卢斯和其他阴谋分子的证据，并发起元老院的讨论时，他的任务也就完成了，他履行完了自己的职责。从萨卢斯特的陈述来看，西塞罗的工作完成得很好。他克服了自己性格中的优柔寡断，也避开了自己前进道路上的多重陷阱，为了对付那些躲在暗处的敌人，他采取了机敏而狡黠的计策，并在恰当的时机做出了坚定的决断。[29]伊特鲁里亚发生的事情对西塞罗而言是一种有利的情况。喀

---

[26] Cicero, *Pro Sestio* 61.
[27] Cicero, *Ad Atticum* XII. 21. 1.
[28] 参见本书 p.74。
[29] J. L. Strachan–Davidson, *Cicero and the Fall of the Roman Republic*（1894），157："一步都没有走错。"

提林与曼利乌斯会合后，两人都被宣布为国家的公敌。书面证据也表明，林图卢斯及其盟友不仅与伊特鲁里亚的叛乱分子有联系，而且还与一个高卢部族进行了谋反谈判。

这种局面是非常理想的，而且这并不是全部。西塞罗竭力使元老院承担起惩处阴谋分子的责任。这是恰当的，也是合理的。[30] 西塞罗冒了很大的风险，他理当在事后全身而退，保全自己。但这样的前景却被政治上的风云变幻、贵族派的妒忌和他本人难以遏止的虚荣心所破坏。他对公元前63年危机的处理理应得到充分的肯定和毫无保留的赞扬。[31] 但西塞罗对自己的赞赏做得有些过头——"[这种夸赞]尽管并非没有理由，但却没完没了"（non sine causa sed sine fine）。[32] 这让当时的人们不胜其烦。[33]

西塞罗讲述的"喀提林阴谋"广为人知，人们对其演

---

[30] 正如西塞罗所声称的（比如 In Pisonem 14）。关于法律问题，参见斯特拉坎－戴维森简洁明晰的阐述（J. L. Strachan-Davidson, o.c. 151 ff.）；以及 Rice Holmes, o.c. 278 ff.。按照卡里的说法，法律问题是"一种相对而言微不足道的小事"（M. Cary, *The Cambridge Ancient History* IX [1932], 504）。

[31] 非常值得注意也非常有趣的是，加科比诺将西塞罗对公元前63年危机的处理视作"失败生涯的过失"，从而以寥寥数语带过了喀提林的阴谋事件（J. Carcopino, *Les secrets de la correspondance de Cicéron* I [1947], 317 f.）。

[32] Seneca, *De brevitate vitae* 5.1.

[33] Plutarch, *Cicero* 24. 他把自己比肩于罗慕路斯——"是的，既然我们通过敬爱与颂扬使得创建这座城市的罗慕路斯上升到不朽诸神的行列，那么，保护了由他建立起来而现在你们所看到的这同一座壮美城市的人，同样也应受到你们和你们后代的敬畏"（profecto, quoniam illum qui hanc urbem condidit ad deos immortalis benivolentia famaque sustulimus, esse aqud vos posterosque vetros in honore debebit is qui eandem hanc urbem conditam amplificatamque servavit, Cicero, *In Catilinam* III. 2）。

说的赞誉和他本人后来的命运也使他讲述的版本几乎不会招致后世诋毁的危险。萨卢斯特知道，其他任何说法都会面临这样的危险。萨卢斯特是一位很难受到他人影响的作者。他想通过撰写一部西塞罗并不一定作为中心人物的《喀提林内争》来矫正这种失衡的局面。可以说，萨卢斯特这么做并非没有正当的理由：人们对西塞罗的盲目崇拜普遍盛行，与此相契而又很容易形成的倾向是，撰写那个时代的罗马历史就和撰述西塞罗的个人传记没什么两样。

萨卢斯特的撰述绝非对西塞罗的诋毁，而是恰恰相反。有些人倾向于认为，萨卢斯特提笔著书的时候正是三头统治罗马之时，他在这个时候会默默而坚定地为西塞罗提出辩护。[34]

关于萨卢斯特对西塞罗持有何种态度的观点由此而有了很大的扭转，但也并非没有失实之处。有位学者认为萨卢斯特是客观的，但他依然不认为萨卢斯特的客观是真心实意的——萨卢斯特对待西塞罗的态度虽然公正，但这只是为了更加巧妙地掩饰他的目的：驳斥西塞罗的《论本人施政计划》，证明恺撒并未与喀提林有任何牵连。[35]

这种观点再次表露出那种挥之不去的想法：萨卢斯特的著述身份是某一党派的支持者，因为他从属于某个党派。关于萨卢斯特公正看待西塞罗的问题，真正的解释可能是完全不同的，也是值得尊敬的。有人认为，随着时间的推移，

---

[34] G. Boissier, o.c. 18; T. R. S.Broughton, *Transactions of the American Philological Association* LXVII (1936), 34 ff.

[35] W. A. Baehrens, o.c. 46.

萨卢斯特可以消除他对西塞罗的反感，并能以历史的眼光审视西塞罗，这种推断是否有些过头呢？萨卢斯特似乎做过这样的努力。[36]然而，除了"将要多久"（quo usque tandem?）当中暗含的某种恶意，几乎没有任何迹象表明，萨卢斯特暗中表露了他对西塞罗的厌恶。

当然，厌恶是有的，这又有何不可呢？萨卢斯特此时把个人的敌意转变为修辞层面的模仿，他有意开创了一种文风和格调，以便用于对抗和否定一切"西塞罗风格"的修辞著述。[37]

在萨卢斯特的叙述展现中，西塞罗的表现无可指摘，也理应得到共和国的礼遇和敬重。然而，为了突出恺撒和加图，他不得不即刻退出。

恺撒的演说在措辞和表述上使用了一种平静而理智的语气（51）。他不赞成在情绪（尤其是恐惧、愤怒和怨恨）的影响下做出判断；他强调法律禁止不经审讯就惩处公民的做法；他还举证说明了肆意而为的准法律暴行成为先例的危险性。出于这些理由，恺撒建议将阴谋分子的财产充公，把阴谋分子严格监押在意大利的某些城市。[38]

---

[36] G. Boissier, o.c. 14："总之，比起从认识的诗人和历史撰述家那里乞求到的所有恭维和谎言，一个敌人的作品对他更有用。"

[37] G. Boissier, o.c. 17; *Journal des Savants* 1903, 66.

[38] 51. 43. 也就是说，这种措施一直要持续到阴谋分子能够被安全得当地带到法庭前接受审讯。在尼禄修订的提案中，这个建议的具体内容很可能更为明确，参见 Appian, *BC* II. 5. 19. 西塞罗认为恺撒的建议意味着终身监禁——"但是监禁和终身监禁"（vincula vero, et ea sempiterna, Cicero, *In Catilinam* IV. 7, 10）。

加图主张做出果断而有力的决定（52）。他以尖刻的言辞批评了贵族——这些人沉湎于自己的出身和大量的财产，不关心国家，也不顾及罗马人民的尊荣。对于诉诸法律的建议，加图把它当作危险的狡辩而不予理会：阴谋者明显是把自己放在了公敌的立场。

这种局面和这些演说呈现出诸多的意外。加图的政治原则是恪守法律和宪法的规定；他拒绝考虑任何例外的情由和借口；他也反对扩大行政权力的范围。但在12月5日，法律的拥护者是恺撒，不管他的意图或动机是什么。[39]此外，加图遵循于某种哲学原则。他甚至可以被说成是"坚定的斯多亚主义者"（perfectissimus Stoicus）。[40]这不仅仅是个人信念或个人行为的问题。在元老院的演说中，加图不仅惯于引据大义，放言高论，而且还成功地让人接受并相信了那些最为枯燥的抽象学说。[41]然而在那天的演说中，诉诸伊壁鸠鲁学说的人却是恺撒，这种学说拒绝承认任何关于冥界的说法。[42]

---

[39] 学界对恺撒的提议做出了各种评价，其说法从"实际的建议"（E. G. Hardy, *Some Problems in Roman History* [1924], 40）到"这种厚颜无耻的动议"（W. E. Heitland, *The Roman Republic* III [1909], 105），不一而足。

[40] Cicero, *Brutus* 118.

[41] Cicero, *Paradoxa Stoicorum* I, praef. 1: "animadverti, Brute, saepe Catonem, avunculum tuum, cum in senatu diceret, locos graves ex philosophia tractare abhorrentes ab hoc usu forensi et publico." （布鲁图斯，我经常注意到，你的舅舅加图在元老院发表自己的意见时，会从哲学中汲取一些并不适用于法律事务和公共事务的有力论据。）

[42] 51.20；52.13；参见 Cicero, *In Catilinam* IV. 7。

萨卢斯特不是没有注意到这种悖谬的情形。他进一步强化了这种悖谬。主张宽容与仁慈的恺撒援引了"我们祖先"（maiores nostri）的事例，并举出了罗马人以明智而宽宏大度的举动对待罗德岛人的例证（51.5）。读者会由此联想到加图祖父的演说。[43]这是一种委婉隐晦而又非常有效的策略。

监察官加图一向强硬而固执。但在如何处置罗德岛人的事情上，老加图并不像往常那样严酷。[44]老加图在其演讲的绪论中主张缓和并搁置关于罗德岛人的决定。他小心翼翼地提醒自己的听众，成功往往会滋生"傲慢与自负"（superbia et ferocia）。他认为逆境才是更加有益的向导。[45]

恺撒的主张与老加图的观点有些类似。憎恨或者过度的情绪化有害无益——尤其是愤怒。如果是默默无闻的卑微人物由于愤怒而遭到惩处，那只有很少的人才会去了解或关心。但权豪势要之人则不然——"地位最高的人，行动的自由也最少"（in maxuma fortuna minuma licentia est，51.13）。在个别人那里被视为"愤怒"的东西，在一位政要身上就是"骄横和残暴"（superbia atque crudelitas，51.14）。在结束自

---

[43] 大部分段落保存在 Gellius VI. 3，这也是彼得的引文出处（H. Peter, *Historicorum Romanorum Reliquiae* I²[1914], fr. 95）。

[44] Livy XLV. 25. 1："qui asper ingenio tum lenem mitemque senatorem egit."（虽然是一个性情严酷的元老。）

[45] Gellius VI. 3. 14："adversae res edomant et docent quid opus siet facto."（逆境可以表明并攻克我们应该做的事情。）老加图还对愤怒加以嘲讽——"idne irascimini, si quis superbior est quam nos?"（你之所以愤怒难道仅仅是因为有些人比我们更为傲慢吗？）(ib. 50)

己发言的时候，恺撒表示不赞同采纳一项新政，并高度赞扬了罗马传统的"勇气和智慧"（virtus et sapientia），[46]而这本是加图祖孙二人也有可能会做的事情。

加图的演说结束后，元老院也据此通过了一项法令，在此之后，萨卢斯特便岔开话题，转而谈论罗马过去的伟大（53.2 ff.）。他总结说，这种伟大的过去完全归功于少数人的卓著功勋——而衰败一旦出现，这类少数人就会在很长的时期内变得异常稀少。然而，据萨卢斯特本人的回忆，仍然有两个人脱颖而出，这两个人"虽然个性迥异，但都功名盖世"（ingeni virtute, divorsis moribus, 53.6）。萨卢斯特不会放过这个可以阐明和加强这种论断的机会。

悲叹天才与活力的匮乏在任何时代都是一种常见的弊病。政客只有在死后才能成为政治家。萨卢斯特也许是习见或错觉的受害者。他的结论是"罗马并没有产生任何一个功业上出类拔萃的人"（haut sane quisquam Romae virtute magnus fuit）。该结论随即排除了那个拥有"Magnus"（马格努斯/伟大的）名号的人。在这样的论断中，职责上影响和指引罗马国家政策的其他执政官又该被置于何处呢？

在《为苏拉辩护》中，西塞罗为执政官提供了热情洋溢的证明——无论哪个时代都见证了各位执政官旗鼓相当的"庄重"（gravitas）、"坚贞"（constantia）和对共和国的热爱，

---

[46] 51.37: "maiores nostri, patres conscripti"（元老们，我们的祖先），等等。

难道不是这样吗？[47]证据表明，在这些无比卓越的政治家当中，许多人都在公元前65年和公元前64年时支持过喀提林，顺便留意一下这个事实也许是有益的。无论如何，大论辩的事实取代了驳斥。十四名执政官参与了这场论辩。恺撒的演说令他们惊慌失色、惴惴不安。年轻的加图使他们找回了勇气、尊严与决心。

"首要公民们"（principes）黯淡无光。他们的两位小辈不仅成为"功名德行"（virtus）的典范，而且还获得了通常仅限于前任执政官的"权威"（auctoritas）。

恺撒和加图在"功名德行"上不分轩轾，各有千秋，但在行为方面，他们却判若云泥，迥然对立，萨卢斯特因而对此进行了简要的说明（54）。恺撒豪迈慷慨，宅心仁厚；加图则严肃刚直，不留情面。前者因"和善的品性"（facilitas）受到人们的称颂，后者则因"坚毅不屈"（constantia）而备受人们的赞扬。恺撒为实现自己的雄心壮志尽心竭力，艰苦工作，加图则致力于各种诚实和正直方面的比拼和较量。他的目标是成为一个真正有道德的人，而不是一个看起来像是有道德的人（"而不是看起来像"[esse quam videri]）；他越是不追求名誉，名誉必然也就越积越多。

这种比较需要细致的审视和推敲。萨卢斯特的描述并不完全吻合恺撒和加图在公元前63年的确切情况。比如加图在演说中宣称，"元老们，我经常……"（saepe numero，

---

[47] Cicero, *Pro Sulla* 82.

patres conscripti），然而加图在这个时候其实只做了两年的元老院议员。这个问题我们可以不去理会。但我们不能放过恺撒因其"和善的品性"而备受称道的说法。在公元前60年代，比如恺撒与卡图鲁斯发生争执的时候，是否有确凿的证据可以证明恺撒具有随和的品性？这是一个相当令人怀疑的问题。[48] 此外，恺撒在就任执政官后不久就出现了一种傲慢专横的脾性，尤其明显的是他对某些"首要公民"的态度，比如对待卢库路斯。[49] 没有人会猜到，萨卢斯特所描绘的那位亲和而宽厚的恺撒最终会成为一个恼羞成怒、怀恨在心的加图敌对者。

另外，恺撒的慷慨，他对敌人的宽厚，以及他乐意给不幸的人们提供帮助的性情也都是需要仔细斟酌的说法。有记载表明，恺撒不会对讥讽过他的诗人心存恶意（有传闻）；他愿意从各处网罗门客与党徒；比如萨卢斯特就对恺撒怀有个人的恩情。然而，人们会想到的是，在获得高卢黄金并成为真正的党派领袖之前，恺撒其实既没有机会，也没有途径去彰显自己的慷慨和恩义。

不过，这种时代误置的叙述手法与关键问题并没有太大的关系。真正重要的问题在于，身为撰述者的萨卢斯特想

---

[48] Velleius II. 43. 3.
[49] Suetonius, *Divus Iulius* 20. 4. 当执政官恺撒欢呼"自己已经如愿以偿地令其敌人伤心而悲痛，他从此就将骑在他们的头上"（invitis et gementibus adversariis adeptum quae concupisset, proinde ex eo insultaturum omnium capitibus, id.22.2）。

要传达什么？他更倾向于谁？恺撒还是加图？

有人认为，恺撒被萨卢斯特描绘成一位伟大的政治家，而加图相比之下只是一位教条主义者。[50]然而，无论恺撒还是加图，关于他们的两方面的看法都是不正确的。[51]当时的人们在提及加图对抽象理想的追求时，要么怀有深切的敬意，要么极不耐烦或报以嘲笑的态度。在西塞罗那里，这两种态度都有体现，这取决于西塞罗的心境与场合。[52]对于加图热衷于教条的问题，萨卢斯特本可以进行一番阐述；对于加图非罗马的悖逆之举，他也可以提出严厉的批评。但萨卢斯特丝毫没有提及这类问题。演说中的加图抛开了教条，忽视了先例，也悖越了法律。最重要的是，国家处于危机关头。在这个演讲中，加图是一位务实的政治家——并且雷厉风行。

也许加图有些太过于雷厉风行（就像后来的情形一样）。难道推迟决议就不是一种谨慎吗？另一方面，加图也可以提出两点考虑。首先，存在企图营救阴谋分子的危险（50.1 ff.）。其次，处决阴谋分子的消息事实上削弱了喀提林的军队（57.1）。

---

[50] O. Seel, o.c. 43 ff.; W. Schur, o.c. 200; E. Löfstedt, o.c. 98.

[51] V. Pöschl, *Grundwerte römischer Staatsgesinnung in den Geschichtswerken des Sallust* (1940), 11; A. La Penna, *Stud.it.fil.class.* XXXI (1959), 148.

[52] Cicero, *Ad Atticum* II. 1. 8: "dicit enim tamquam in Platonis πολιτεία non tamquam in Romuli faece sententiam."（他仿佛是在柏拉图的"理想国"里发表言论，进行表决，而不是在罗慕路斯的沉渣中。）另一方面的态度，参见 Cicero, *Pro Sestio* 61。

加图死后成为一种俗世的圣人。传统对他既有颂扬,也有贬抑。加图主张罗马领导权的资格并非仅仅出于道义和勇气。亲属关系与姻亲结盟(埃努巴布斯娶了加图的姐姐,毕布路斯娶了加图的女儿)使加图在势力强大的显贵集团中处在核心地位。[53] 他顽固地奉行一种政治原则,尽管该原则主要是一种否定性的政治方针,并且未尝没有因为他的盲目自信而有所削弱。加图的先祖曾与大西庇阿(Scipio Africanus)势如水火,加图本人则竭力对抗独裁者在共和国的专断权势。他明确断言,"特殊委任的权力"(extraordinaria imperia)将会导致共和国的毁灭,他的论断是对的。[54] 在经过长期激烈的抗争后,加图与庞培·马格努斯达成了协议,人们可以猜到他的目的。他并不是要接受庞培,而是要让后者落入圈套,破坏他与高卢资深执政官的同盟,进而削弱独裁者。

让我们回到萨卢斯特对于恺撒和加图的比较。萨卢斯特在描绘加图时并非仅仅饱含着敬意与同情。他还有意让加图在这场元老院的论辩中占据上风,哪怕仅仅是因为这段情节是以加图和加图受到称赞而结束。[55] 别的方面也可以佐证这个判断。加图在演说中阐述的理想和原则密切对应于萨卢

---

[53] *The Roman Revolution* (1939), 21; 44. 关于加图在政治上的重要地位,参见 A. Afzelius, *Class. et Med.* IV (1941), 100 ff.。

[54] Cicero, *Pro Sestio* 60.

[55] H. Drexler, *Neue Jahrbücher* IV (1928), 390 ff.; E. Skard, *Symb.Osl.* IX (1930), 93; F. Egermann, *Wiener Sitzungsberichte* 214. 3 (1932), 20; F. Lämmli, *Mus. Helv.* III (1946), 94 ff.; D. C. Earl, *The Political Thought of Sallust* (1961), 111.

斯特在绪言和插叙中所揭示的理想。[56]萨卢斯特有意让人从他笔下描绘的这位监察官后辈的形象中想起那位监察官加图。[57]他也有可能借用了老加图抨击西班牙贵族总督苏尔皮基乌斯·伽尔巴的演说，以及收录在《创始记》中的那篇捍卫共和国荣耀的演说。[58]

加图本应从萨卢斯特的描述中赢得一种正面的形象，这一点并非没有让人感到意外和惊讶。[59]该如何解释这种异常特殊的现象呢？有位学者给出了一种徒劳无力的解释——萨卢斯特将加图升格为名誉更高的人物，目的在于掩饰自己的政治主张。[60]

这种解释又再度浮现出那种幽灵般的想法：萨卢斯特乃是具有党派身份的小册子作家。在这个问题上，更为深入地分析一下萨卢斯特关于恺撒的描述将是一个可取的做法。萨卢斯特的某些表述可能会透露出某些信息。他对政治术语和道德用语的欺骗性有着十分清醒的认识。这些用语和措辞可以在某种党派的意义上使用，也可以转换成某种相反的含义。这是效法修昔底德的萨卢斯特极力渴望传达给世人的教

---

[56] E. Skard, o.c. 94; V. Pöschl, o.c. 10 f.
[57] 为说明萨卢斯特的说法（54.5）——"他并不和富人比拼财富，也不和野心家比拼阴谋诡计"（non divitiis cum divite neque fatione cum factionso），等等。——厄尔援引了普鲁塔克的叙述（D. C. Earl，o.c. 100 f.）。
[58] Gellius XIII. 25. 15.
[59] H. M. Last, o.c. 365; E. Löfstedt, o.c. 97.
[60] R. Wirtz, *Beiträge zur catilinarischen Verschwörung* (Diss. Bonn, 1910), 40.

训之一。[61]然而，他自己关于恺撒的陈述同样模棱两可或容易招致人们的批评，他难道完全没有意识到吗？

在一种负面的解释中，恺撒"和善的品性"会被表现为逢迎或纵容。如果一位政客的行事方式据说是"给予、扶助和宽宥"（dando, sublevando, ignoscundo），恐怕很少有人会用善意的言辞来指陈他的行为：慷慨大方的底线在何处，贿赂又该从何而定？正如加图在他的演讲中指出的，语词和文字的真正含义现在已经朽坏——馈送属于别人的财物被称为"慷慨大方"（liberalitas, 52.11）。[62]此外，萨卢斯特笔下的恺撒还乐于给身陷困境与麻烦的人提供救助，他是"不幸者的庇护所"（miseris perfugium）。这种行事方式距克拉苏担当"坏人辩护者"（patrocinium malorum, 48.8）的习惯仅有一步之遥。

萨卢斯特说过，恺撒渴望巨大的权力、一支军队和一场可以充分展现其"才能"与荣耀的战争。这一点本身并不能表明，萨卢斯特对恺撒持有不以为然的态度。在罗马人那里，野心是值得嘉许的东西。即便有人对此表示过怀疑，野心也是一种几乎算不上负面的优点，萨卢斯特在分析罗马的

---

[61]参见本书 p.255。

[62] 52, 11 f.: "iam pridem equidem nos vera vocabula rerum amisimus: quia bona aliena largiri liberalitas, malarum rerum audacia fortitudo vocatur. sint sane, quoniam ita se mores habent, liberales ex sociorum fortunis, sint misericordes in furibus aerari."（事实上，我们早已丧失了文词用语的真正含义：正是因为挥霍别人的财物被称为慷慨大方，而在作恶方面无所顾忌被称为勇敢无畏，由于时代风尚就是如此，我们这些同人就千方百计地消耗我们同盟者的财富，同时又以仁慈的态度对待那些掠夺财富的人。）

过去时就曾指出："[野心]是一种缺点，但也很难算得上悖德"（quod tamen vitium propius virtutem erat, 11.1）。不过，在萨卢斯特的描述中，没有任何迹象可以表明，恺撒对战争和征服的渴望乃是出于对国家的关心和考虑。

萨卢斯特对恺撒的描写充满了犹疑与暧昧。我们从中也可以推断出萨卢斯特本人的情感和态度。[63]

在野心的驱使下，恺撒一往无前，直至称雄于世，不再面临世人的挑战（除了加图斥责恺撒和加图死后同恺撒对抗的那种声望）。他迫于庞培和贵族派动用武力的压力，将某种个人的诉求放在了首位，这种诉求就是维护他自己的"尊荣"（dignitas）。在《内战记》当中，恺撒曾不止一次地公开宣扬过这一借口。[64] 当时的人们并非没有注意到这个托词，该托词也并非得到了所有人的认可。西塞罗曾对恺撒入侵意大利的事情发表过一句痛心疾首的评论——"他说他所做的一切都是为了维护他的尊严"（atque haec ait omnia facere se dignitatis causa）。[65] 萨卢斯特对"dignitas"这个词的使用非常具有说明性。他把这个词用于加图，而不是恺撒（54.2）。恺撒本人在元老院的演讲中说过"你们自己的尊荣"（vostra dignitas, 51.7）。除此之外，加图还以嘲讽的语气提到了"林图卢斯的尊贵身份"（dignitas Lentuli, 52.32）；喀提林在写给卢塔

---

[63] G. Boissier, o.c. 12："从萨卢斯特的著述中可以发现，萨卢斯特对自己曾经的领袖似乎并非抱有某种纯粹的敬爱之情。"

[64] Caesar, *BC* I.9.2, etc. 参见 *The Roman Revolution* (1939), 48。

[65] Cicero, *Ad Atticum* VII.11.1.

提乌斯·卡图鲁斯的信中也曾两次提及自己的"尊贵地位"（dignitas, 35.1; 3），按照萨卢斯特的说法，喀提林直到最后也没有忘记他的"尊贵地位"（dignitas, 60.7）。

作为古代贵族的后裔，恺撒与喀提林都通过竭力革新和改善自己家族的"尊荣"来维护自己所声称的出身和地位。尤利乌斯家族曾以强劲的势头再次崛起——恺撒的姑姑嫁给了马略，他的叔叔当选为公元前91年的执政官。恺撒有很多优势，但他仍然需要精力、胆识和冷静的头脑。他是幸运的。然而，喀提林却与恺撒形成了鲜明的对比。塞尔吉乌斯家族（三百多年间没有人出任过执政官）在苏拉和苏拉的寡头统治中发现了机会，而苏拉本人同样也出身于没落的贵族家庭。"显贵的胜利"（victoria nobilium）沾满了鲜血，喀提林犯下了滔天罪行，他是一个遭到挫败却走投无路之人，这种挫败促使他铤而走险，迈向了武装革命。

对于"尊荣"的极度强调会近乎于"傲慢"（superbia）；罗马贵族的傲慢往往伴随着愤怒与残暴。恺撒并不认同这种行径。马库斯·布鲁图斯也是如此。在写给西塞罗的一封信中，布鲁图斯平静地指出，防止内战要比向失败者宣泄"愤怒"（iracundia）更为紧迫。[66]至于恺撒，他有一句引人注

---

[66] Cicero, *Ad M. Brutum* I. 2a. 2: "scribis enim acrius prohibenda bella civilia esse quam in superatos iracundiam exercendam. Vehementer a te, Brute, dissentio nec clementiae tuae concedo, sed salutaris severitas vincit inanem speciem clementiae."（布鲁图斯，你说应该把更多的精力用于防止内战，而不是向失败者宣泄愤怒。我的看法与你完全不同，我并不接受你的仁慈开恩原则。有益无害的严苛胜过仁慈的空洞表演。）

目的言论被偶然记录于文献当中——"关于暴虐行径的记忆对于老年来说是难以承受的"。[67]

恺撒在内战爆发之际宣扬了一种新的取胜之道：慷慨与仁慈。[68]在内战期间和内战结束之后，恺撒又处心积虑地向外宣扬自己的仁慈。这并没有给他带来他所设想的好处。[69]"仁慈"（Clementia）是专制者的美德，而非公民与贵族的德行。恺撒有什么权力行使赦免权？他的敌人对他声称的权力与宽宥深感愤慨，有些人甚至完全拒绝接受：多米提乌斯·埃努巴布斯的儿子就拒绝了恺撒的赦免。

西塞罗在几次演讲中盛赞了这位独裁者的仁慈——并不能始终排除其中可能暗含的恶意，但这种"赞扬"未免在不知不觉间做得有些过头。[70]"clementia"（仁慈）这个词有着某种令人反感的意涵。在记述内战的作品中，恺撒本人小心翼翼地避开了该词的使用；萨卢斯特在《喀提林内争》中也完全规避了"仁慈"这个用语。在其他作品中，萨卢斯特可以接受的说法仅仅是"罗马人民的仁慈"（clementia populi

---

[67] Ammianus XXIX. 2. 18: "ut dictator Caesar aiebat, miserum esse instrumentum senectuti recordationem crudelitatis."（正如独裁者恺撒所说——关于暴虐行径的记忆对于老年来说是难以承受的。）

[68] Cicero, *Ad Atticum* IX. 7c. 1.

[69] *The Roman Revolution* (1939), 51; *Tacitus* (1958), 414.

[70] Cicero, *Pro Ligario* 6: "o clementiam admirabilem atque omnium laude praedicatione litteris monumentisque decorandam!"（哦！这种令人钦佩的仁慈和大度理当获得所有可能的赞美、宣传、著述和丰碑的歌颂！）

Romani）。[71]在谈到恺撒时，萨卢斯特使用了"温和而富有恻隐之心"（mansuetudo et misericordia，54.2）的表述。该表述不但被加图的演说所采用，而且还经受了加图并不友好的推敲和审视（52.11，52.27）。

恺撒赢得了战争，但这位胜利者并没有维系和平的长治久安之策。[72]人们期待罗马国家的复兴，但恺撒却让他们大失所望。恺撒掌握了最高全权，他甚至在公元前44年2月成为了"终身独裁官"（dictator perpetuo）。无论他最终的企图和构想是什么，他都已处在了君主的地位。没有任何迹象表明，《喀提林内争》的作者是一位君主政体的支持者。[73]

恺撒被一些令人敬重的人士所暗杀，其中的主谋有加图的外甥。恺撒在他倒下之前承认，野心和抱负不过是一场空梦——他的一生无论就年岁而言还是按荣耀来计，都已经活了足够之久。[74]恺撒对自己所有的天赋与才能并没有清醒的

---

[71] 他只提到过"罗马人民的仁慈"（clementia populi Romani, *Bellum Jugurthinum* 33.4）和"公民们，你们的仁慈与正直"（clementia et probitas vestra, Quirites, *Historae* I.55.1）。至于"clemens"，萨卢斯特只讲到过一句"这个传闻乏味无聊"（is rumor clemens erat, *Bellum Jugurthinum* 22.1）。

[72] H. Strasburger, *Hist.Zeitschr.* CLXXV（1953），225 ff.；J. H. Collins, *Historia* IV（1955），445 ff.；J. P. V. D. Balsdon, ib. VII（1958），80 ff. 也有学者反对极端否定恺撒治国才能的做法，参见 M. Gelzer, *Hist.Zeitschr.* CLXXVIII（1954），449 ff.。

[73] E. Skard, o.c. 70 ff.

[74] Cicero, *Pro Marcello* 25："satis diu vel naturae vixi vel gloriae"（我已活了足够之久，既尽享天年，亦获足够多的荣耀）。也可注意塞尔维乌斯·图利乌斯（Servius Tullius）在其演说中的说法（Dion. Hal. IV.11），以及卡米卢斯（Camillus），"cum vitae satis tum gloriae esse"（享尽天年与荣华，Livy VI.23.7）。

认识，他深感迷茫而困惑。对于恺撒的幻灭和悲剧，萨卢斯特有着同样的感受和经历。他对这样的野心并非一无所知。

恺撒和加图证明了各自的"功名"。西塞罗在《为塞斯提乌斯辩护》(*Pro Sestio*)的演说中创作了一篇激情洋溢的加图颂词，在第二篇《反腓利比克之辩》中，他又有所保留地评价了恺撒。[75] 3月15日的恺撒被刺和加图在乌提卡的自杀在同代人当中引发了关于两位杰出死者的双重讨论，把这两个主题结合起来，进而巧妙地将其推向这样的高潮是一种非常诱人的做法。

在行为举止、道义原则和政治倾向上，恺撒与加图判若水火，截然不同。他们在品质能力上的互补之处可以说并不亚于他们之间的对立。如果能够结盟，他们两人就拥有了足以拯救共和国的素质和才能。这或许恰恰就是萨卢斯特隐约暗示的想法。然而，命运或机缘做出了另外的决定。恺撒不遗余力地追求个人的野心，残忍而无情，加图则与贵族派共同进退；他最终接受了庞培，接受了这位寡头统治的宿敌。

---

[75] Cicero, *Pro Sestio* 60 f.; *Philippicae* II. 116.

# 第9章

# 萨卢斯特的意图

我们现在可以试图提出这个问题:萨卢斯特这位历史撰述家想要传达什么?有人认为,萨卢斯特已经在某种程度上泄露了自己的意图。他急于为恺撒的往事辩护。这种辩护未免操之过急,因为针对恺撒的指控或微不足道、不足为信,或荒诞不经。然而,恺撒的名声并非萨卢斯特关心的主要问题;在有关恺撒和加图的对比性评价中,理当得到作者明确赞许的人并不是恺撒,而是加图。

恺撒党的头领们不可能喜欢赞扬加图的颂文。这让人想起了马库斯·布鲁图斯,这个人继承了加图以自杀之举加强和美化的事业。恺撒刺杀者和恺撒党的军队在腓立比开战的那一年,共和国也在"勇气零落"(cum fracta Virtus)中走向了垮台,[1]如果萨卢斯特是在那个时候撰写了《喀提林内争》,那么这本书的写作就是一桩令人震惊的丑闻。

公敌宣告令的策划者同样不愿想起那位将共和国从谋

---

[1] Horace, *Odes* II. 7. 11. 注意,加图可以被说成"看起来像是勇气的化身"(homo Virtuti simillimus, Velleius II. 35. 2)。

反和武装叛乱的危险境地中拯救出来的执政官。[2]西塞罗因执行了元老院发布的死刑判决令而遭到谴责、威胁和放逐。掌握绝对权力的三头统治以极其恶劣的手段效仿法律形式和法律制裁,从而揭开了系统性屠杀的序幕。

然而,萨卢斯特并没有通过加图或西塞罗对三头统治展开最为隐晦的抨击。他是利用恺撒来攻讦恺撒的继承人。恺撒在演说中极力反对愤怒、仇恨和杀戮,他吁求人们清醒理智,保持冷静和克制。恺撒还提到了苏拉和苏拉的公敌宣告令(51. 32 ff.)。他承认,苏拉掌权后最初采取的一些行动的确深得人心,比如处死尤尼乌斯·达玛西普斯(Junius Damasippus)和其他人——达玛西普斯是马略派党徒,他在马略派即将垮台的时候主导执行了几起谋杀。然而,这种行动在继续执行的过程中演变成了全面性的屠杀和劫掠。恺撒又继续说道,根本无须担心这样的事情会在当前这个时期发生,也无须担心西塞罗这样的执政官会做出这样的事情。但一切皆有可能。在之后的某个时期,另外一个当选为执政官的人(尤其是当他拥有一支听命于他的军队)很可能基于错误的想法而做出恶劣的举动。如果这位执政官依照某种先例,在元老院法令的支持下拔出刀剑,那么他最终的界限又

---

[2] 萨卢斯特的讲述方式实际上是对西塞罗的辩护,参见 T. R. S. Broughton, *Transactions of the American Philological Association* LXVII(1936), 34 ff.。这个时候攻讦西塞罗不仅安全无虞、轻而易举,而且还有利可图,参见 Quintilian XII. 10. 13(谈及"那些甚至在他当权时期奉承他的人"[adulatores etiam praesentis potentiae])。

在何处呢？"很可能当另外一个同样可以统率着一支军队的人在今后的某个时节成为执政官的时候，人们有理由相信，这位执政官确实能做出某些坏事"（Potest alio tempore, alio consule, quoi item exercitus in manu sit, falso aliquid pro vero credi, 51.36）。

恺撒在演说中谈到了有可能在元老院授权下行事的执政官，这是事实。但萨卢斯特又在其中悄然补入了一个插入语——拥有一支军队的执政官。统率军队并不是这一时期执政官的典型属性。但屋大维那里难道不是潜伏着这种危险的迹象吗？然而，这只是一种迹象，并不具有真正的参考性。恺撒的继承人在公元前43年8月率军开进罗马，逼取了执政官职位。在此之后，屋大维又在波诺尼亚（Bononia）附近与安东尼和雷比达达成协议，这位年轻的执政官通过11月27日颁布的《提蒂亚法》（*Lex Titia*），与安东尼和雷比达成立三头统治并发布了公敌宣告令。[3]

---

[3] 看上去重要的不仅仅是一个关于执政官拥有一支军队的插入语。接下来的一个句子同样很重要："人们可以相信，这位执政官确实能做出某些坏事。"为了给自己的改变开脱，屋大维找了各种各样的借口，参见 Suetonius, *Divus Aug.* 12: "causam optimatium sine cunctatione deseruit, ad praetextum mutatae voluntatis dicta factaque quorumdam calumniatus, quasi alii se puerum, alii ornandum tollendumque iactassent ne aut sibi aut veteranis par gratia referretur"（他［屋大维］毫不犹疑地放弃了贵族的事业，为自己改变效忠寻找借口，他举出了贵族的某些言行，声称有些贵族把他说成是一个孩子，而另一些人则公开宣扬，应该给他荣誉，然后再除掉他）。当然，正如某位塞古利乌斯·拉贝奥（Segulius Labeo）所说，西塞罗否认自己说过"恭维这个年轻人，给他荣誉，然后摈弃他"（laudandum adulescentem, ornandum, tollendum, Cicero, *Ad familiare* XI.20.1，参见21.1）。

据说，与后三头的暴政相比，恺撒当政期间就像是一个黄金时代。[4]在后三头的统治下，罗马回到了苏拉时期——谋杀、公敌宣告运动，对意大利城市上层人士的强征，以及在老兵殖民地的征募，而殖民地的老兵最终也可能会像苏拉的部下那样行事。

萨卢斯特（出于很好的理由）有意避开了"clementia"（仁慈）这个词，他着重强调了恺撒"温和而富有恻隐之心"（mansuetudo et misericordia）的秉性。这个人向人们展现出了仁爱和理智。他冷静地驳斥了任何形式的冥界信仰，但他本人却在公元前42年元月1日被后三头奉为"神圣的尤利乌斯"（Divus Julius）。这个名号成为后三头滥施恶政的工具。

褒扬恺撒的萨卢斯特貌似是恺撒党的忠诚党徒。然而，当他把加图和恺撒放在一起加以对比的时候，他就对后三头给出了致命的一击。我们可以认为，萨卢斯特的想法是理想化的，但这毫无关系。相比之下还有更加糟糕的情形，比如在权力面前卑躬屈膝。

有人认为，萨卢斯特对加图的尊崇损害了他作为一位权威史家的信誉。[5]这位史家无须胆怯，也不需要急于表明自己的歉意。相反，他可以坚定地表达他对加图的赞扬。此

---

[4] Dio XLVII. 15. 4.
[5] M. L. W. Laistner, *The Greater Roman Historians*（1947）, 57. 有人认为，"加图在一两代人的时间里成为一位近乎传奇的人物，一个斯多亚时代的真实榜样，在纪念加图的颂文中，我们或许也能看到这种变化过程的初始阶段"，这种看法同样是错的。这个过程早已开始——如果没有萨卢斯特，这个过程会继续下去。

时的世界听任于小人和一些卑劣之徒的摆布。[6]

马克·安东尼的一些作为可以说是情有可原的。这位执政官遭到两方面的攻讦，一方面是声称捍卫共和国的人士，另一方面是在老兵殖民地征募到私人军队的那位年轻的冒险家。然而，没有任何理由可以用来原谅自命不凡、反复无常的雷比达（他的上位仰赖于出身，而不是德行或才能），也没有任何借口可以为恺撒的继承人开脱，这个人让人想起了苏拉派的青年庞培在他早年的所作所为，也让人想起了这位"青年屠夫"（adulescentulus carnifex）的残杀之举。[7]

萨卢斯特对恺撒的描述是模棱两可的，甚至有些暧昧和隐晦。他对苏拉的看法倒是毫不含糊，只是略带一种自以为是的妄想和执念。

萨卢斯特借助各种方法或假设，将喀提林和苏拉联系在一起。不仅如此，萨卢斯特还将苏拉的形象与性格特征转嫁到（被认为是）他所描绘的喀提林身上，而苏拉的形象和性格特征已经在萨卢斯特的脑海中占据了支配性的地

---

[6] 有种观点认为，萨卢斯特是在屋大维的直接授意下撰写的《喀提林内争》，这种观点出自 A. Rosenberg, *Einleitung und Quellenkunde zur römischen Geschichte*（1921），174 f.。在雅赫曼看来，《喀提林内争》会符合屋大维的心意，"因为屋大维可以有足够的理由对这本书的内容和倾向感到满意"（*Misc.Ac.Berol*. 1950, 255）。

[7] "青年屠夫"是有人在公元前55年塑造的庞培形象（Valerius Maximus VI. 2. 8）。

位。[8]不管人们如何看待这种想法，萨卢斯特确实有夸大之嫌。在他看来，正是苏拉的榜样激发了喀提林攫取罗马权力的欲望（5.6）。[9]

苏拉是一个令人憎恶而又遗臭万年的名字。[10]即便在权力与财富上受惠于苏拉的权贵也怯于为他的往事辩护。地方自治市的贵族（他们大多站在马略一边）同样拒绝原谅这个人，即便他们并没有遭到蹂躏。在公元前44年夏天撰写的《论责任》一文中，西塞罗极力主张对苏拉提出两方面的指控。[11]第一个方面关乎罗马人民的荣耀与信义。在苏拉当政之前，罗马对诸族的统治是温和的，也是可以接受的。这是一种托管治理——"[罗马是]世界的保护者"（patrocinium orbis terrae）。但苏拉以其赤裸裸的帝国主义改变了这一切。第二个方面是苏拉发起的公敌宣告令。在掳掠和拍卖那些忠良之士和富人（boni viri et locupletes）的财产时，这位独裁者竟声称这些财产是他的战利品，属于对他胜利的奖赏。[12]当然，讲到此处的西塞罗偏离了自己的论述主线，转而对恺

---

[8] L. Alheit, *Neue Jahrbücher* XLIII (1919), 34 f.

[9] 5.6: "hunc post dominationem L. Sullae lubido maxuma invaserat rei publicae capiundae."（自卢奇乌斯·苏拉确立了他的专制统治后，这个人［喀提林］便燃起了攫取国家统治权的迫切想法。）

[10] Seneca, *Ad Marciam* 12.6: "deorum quorum illud crimen erat Sulla tam felix"（苏拉实在是幸运，这是诸神对他的谴责）; Pliny, *Naturalis Historia* VII. 137: "cum nemo Sullam non oderit."（没有人不憎恨苏拉。）

[11] Cicero, *De officiis* II. 27 ff.

[12] Cicero, *De officiis* II. 27: "praedam se suam vendere."（他是在拍卖他的战利品。）参见 Cicero, *In Verrem* III. 81。

撒进行信口雌黄的抨击。他联想到独裁者苏拉的亲属，普布利乌斯·苏拉，此人在三十六年后成为恺撒的党徒，一个两面派的投机者。[13]

在另一部作品中，西塞罗也对苏拉进行义愤填膺的谴责。这位独裁者是一位邪恶的导师。他向人们教导和灌输了三种"恶习"（vitia pestifera）："奢靡、贪婪和残忍"（luxuria, avaritia, crudelitas）。[14]萨卢斯特曾在许多问题上诉诸西塞罗的论述，在这件事情上，萨卢斯特同样可以援用西塞罗的说法——遗憾的是，西塞罗本人并没有将苏拉与喀提林相提并论。西塞罗同马略派的关系非常密切；萨卢斯特的家乡城市和他的家族很可能因为苏拉的胜利而遭到了惩罚。

抨击苏拉不需要任何借口或解释。不过，苏拉的统治并不是一时的现象。他是"显贵事业"（causa nobilium）的捍卫者，他恢复了贵族派的统治。[15]

在《喀提林内争》的叙述中，萨卢斯特以各种方式穿插编排了一种一贯针对名门权贵的抨击和指控。他在介绍

---

[13] Cicero, *De officiis* II. 29: "quam [ sc. hastam ] P. Sulla cum vibrasset dictatore propinquo suo, idem sexto tricensimo anno post a sceleratiore hasta non recessit."（普布利乌斯·苏拉在他的亲属担任独裁官的时候挥舞过那支长矛，三十六年后，他仍然和当年一样挥舞起了一支更加邪恶的长矛。）另一种看法，见 Cicero, *Pro Sulla* 72: "at vero in illa gravi L. Sullae turbulentaque victoria quis P. Sulla mitior, quis misericordior inventus est?"（即便是在卢奇乌斯·苏拉所取得的那种可怕而混乱的胜利中，人们也发现卢奇乌斯·苏拉要比普布利乌斯·苏拉更加温和与仁慈。）

[14] Cicero, *De finibus* III. 75.

[15] Cicero, *Pro Sex. Roscio Amerino* 135; 138; 142.

喀提林的时候就说后者"出身于显贵家族"（nobili genere natus, 5.1）。喀提林的朋友和支持者格奈乌斯·皮索被他说成是"青年显贵，一个做事完全不计后果，穷困而又喜欢惹是生非的家伙"（adulescens nobilis, summa audacia, egens, factiosus, 18.4）。此外，喀提林还获得了野心勃勃的青年权贵的支持（17.6）。喀提林阴谋团伙及其外围的其他人同样也被萨卢斯特认定为出身名门权贵的人士。比如库里乌斯的情妇弗尔维娅就是一个"出身显贵的女人"（mulier nobilis, 23.3），而塞普罗尼娅则被描述成一位身份显赫的贵妇（25.2）。意欲谋杀自己父母的年轻人被说成"大多数出身于显贵"（ex nobilitated maxuma pars, 43.2）。而且加图在他的演说中也宣布了一个显而易见的事实——"身份最显贵的公民策划了阴谋"（coniuravere nobilissumi cives, 52.24）。

加图给萨卢斯特提供了一个绝佳的机会，萨卢斯特也欣然抓住了这个机会。加图的祖父乃是激情澎湃的正气凛然之士，他鞭挞了同时代权贵的罪恶、懒惰和昏庸。萨卢斯特利用了他的风格——但也将他作为先例和武器，这是一把双刃剑。老加图的后代是一位贵族派的领袖，此人扶危济困，死后声望日隆。正是加图在他的演讲中陈述了抨击寡头统治、麻痹懒散、腐败堕落和毫无爱国之心的事例。

这种抨击是萨卢斯特以十分阴险的手法策划出来的。[16]

---

[16] 可对比塔西佗的叙述手法——塔西佗也利用过某位贵族皇帝发表的演说，该演说谴责了显贵们的懒惰（Tacitus, Annals II. 38）。

利用加图是想让人联想到加图的祖父。但萨卢斯特很可能已经知道或者已经猜到，监察官加图实际上并不是罗马贵族的敌人，而是希望整肃贵族恶习并重新确立其支配地位的一位新贵。[17]除了掌握最高权力的寡头统治，罗马人想象不出更好的政体形式。

萨卢斯特一心想要说明，一种伟大传统的继承人已经辜负了他们的信任。因此，"权贵"（nobilis）和"权贵身份"（nobilitas）会在他的陈述中一再出现。然而，他是以一种忧郁而非嘲讽的语气讲述了林图卢斯遭受处决的过程，刽子手以绞刑处死了林图卢斯——"这位出身于显赫的科勒内利乌斯家族的贵族……找到一种符合其品性和罪行的方式结束了自己的生命"（ita ille patricius ex gente clarissuma Corneliorum…dignum moribus factisque suis exitum vitae invenit, 55.6）。

萨卢斯特对名门权贵大张挞伐，但他并没有一心倾向于权贵的敌人。在《喀提林内争》的中心位置，萨卢斯特以一段补充性质的陈述回顾和反思了苏拉体制在公元前70年遭到攻击后的事态和局面——同时也公开表明，他对名门权贵和权贵的政敌持有一种否定性的公平态度（36.4–39.4）。那年之后，血气方刚而又野心勃勃的年轻人可以利用保民官职权的嚣张权势攻击元老院和蛊惑民众。萨卢斯特对此做出了一个决定性的裁断。那些声称捍卫人民权利的政客和维护

---

[17] D. Kienast, *Cato der Zensor* (1954), 31 ff.; 91 ff.

元老院的人同样应该受到谴责。貌似有理的托词和借口仅仅是"哗众取宠的口号"(honesta nomina, 38.3)。政客们想要的,仅仅是自己的权力。[18]

在动荡不安的某一年结束后不久,萨卢斯特本人也曾获得过保民官的职位,他也应该算作"因年龄和性格血气方刚的……年轻人"(homines adulescentes … quibus aetas animusque ferox erat, 38.1)。他在做出这样的表述时是否出于无意呢?或者说,在检讨过去的时候,他是否不愿意享受这样的特权和乐趣:反讽和指责自己在公元前52年的所作所为?萨卢斯特在绪文中坦言,他曾被政治的野心所奴役。他虽然不会像别人那样为非作歹,但同样陷入过"追慕虚荣"(honoris cupido, 3.5)的狂热冲动。

萨卢斯特在绪言中小心翼翼地添加了一段为自己辩白的陈述。他决定放弃自己的政治仕途,肃清和改变自己渴望有所作为和扬名于世的志向。他在撰述历史的时候并不是要给某位领袖或某一党派进行辩护。但他依然相信并且明确宣称,这份新的使命和志业是非常有益的,他的主要动机是渴望成为一名卓越的撰述家——"一位天生自利的艺术家"

---

[18] 38.3:"post illa tempora quicumque rem publicam agitavere, honestis nominibus, alii sicuti populi iura defenderent, pars quo senatus auctoritas maxuma foret, bonum publicum simulantes pro sua quisque potential certabant."(自那时以后,所有扰乱共和国的人都使用了各种冠冕堂皇的口号和借口,有人好像是在捍卫民众的权利,还有人是在维护元老院支配性的权威地位,他们每个人实际上都在公共利益的幌子下谋求自己的权势。)

(égoïste et artiste de génie)。[19]

撰述主题的选择出于多方面的理由，这些理由是趋同的，而且（看起来应该）并不神秘。假如可以查证的话，萨卢斯特的写作时间是一个与此相关的重要问题。各种不同的问题都在等待着这个答案。

第一个问题，萨卢斯特是在什么时候、出于什么原因决定要放弃建功立业、光耀门楣的政治事业？很多人认为，放弃的时间紧随3月15日的事件之后，而放弃的原因就在于恺撒被刺。然而，这种观点背后的假设可能与萨卢斯特真实的情感和态度相差甚远。萨卢斯特对刺杀恺撒的行为深表痛心，他拒绝和别人一样接受那些简单的幻想，这些幻想被一些人坚守数月，直到一支对抗执政官的私人军队被召集起来而新的内战也随之爆发的那一年秋天，那些幻想的人们或许依然没有完全绝望。另一方面，由于担任阿非利加行省总督的后果，萨卢斯特也许早在一年多以前就退出了政坛。[20]

第二个问题，萨卢斯特决定把自己的余暇用于撰述历史，他是在什么时候做出这样的决定？或许是在恺撒遭到刺杀后不久。然而，3月15日的事件可能并不是原因。公元前44年末的形势变化更有可能让他下定这样的决心。

---

[19] H. Taine, *Essai sur Tite-Live* (1856), 327.
[20] 这是一种常见的假设，见 E. E. Sikes in *The Cambridge Ancient History* IX (1932), 767; M. L. W. Laistner, o.c. 48——然而，这种假定错误地将萨卢斯特卸任资深执政官的时间定在了公元前46年。

第三个问题是撰述主题的选择。一种广为接受的说法认为，萨卢斯特的写作是为了精心反驳西塞罗在《论本人施政计划》中对恺撒提出的指控。然而，正如上文所说，《论本人施政计划》是一部难以捉摸的文献，有关它的很多情况仍然模糊不清，难以确定。[21]这篇作品不可能在公元前42年公之于世，即便那个时候公开发表，也不可能造成任何影响。无论如何，这篇作品都不是诋毁恺撒的唯一来源。当时有太多这样的文献。萨卢斯特的目的也远远不只是为恺撒辩护。他还有很多别的动机。

第四个问题是动笔著书的时间。萨卢斯特可能会在多久之后开始自己的写作？学界在这个问题上众说纷纭。有学者认为，萨卢斯特着手写作的时间是在恺撒被刺之前，他可能在西塞罗的第二篇《反腓利比克之辩》写完后不久便公开发表了《喀提林内争》，而西塞罗那个时候还活着。[22]这种看法也得到一种经过修正的观点或一种推论的支持：萨卢斯特或许在后三头同盟建立之前就完成了他的第二部专题作品。[23]然而，这些时间难以得到人们的认可或接受。我们

---

[21] 参见本书 p. 63。

[22] L. Wohleb, *Phil.Woch.* 1928，1242 ff. 格布哈特也认为，这篇演说是在西塞罗死前完成的，O. Gebhardt, *Sallust als politischer Publizist während des Bürgerkrieges* (Diss. Halle, 1920), 20。按照毕希纳的说法，"《朱古达战争》一定是在公元前 44/43 年创作的"(K. Büchner, *Sallust* [1960], 109)。如果是这样的话，萨卢斯特又是在什么时候撰写了前一部著作呢？

[23] L. Wohleb, o.c. 1244. 陈述他的观点就足够了：萨卢斯特不可能在屋大维成为三头之一后表达他对政治的憎恶(*Bellum Jugurthinum* 3.1)，他也不可能在公敌宣告运动之后表明他对内战和残杀的强烈看法(42.4)。

（固然）可以认为，在萨卢斯特陈述西塞罗的文本段落中，没有任何细节或说明可以要求人们假定，西塞罗在这个时候已经死去。但另一种不同的考虑也并非全无道理，即艺术上的分寸感。萨卢斯特会选择一个主要当事人仍然在世的事件作为撰史的主题吗？

最后一个问题是完成写作的时间。有人认为，萨卢斯特早在公元前42年就完成了《喀提林内争》的写作。[24] 这个时间可能有些太早——即使我们姑且认为，萨卢斯特开始写作的时间是在西塞罗被杀（公元前43年12月3日）之前。

在试图确定某种看似可信的时间点时，人们会援引当时的具体形势来论证自己的判断。他们还会引证撰述者的观点变化与演变。萨卢斯特第二部专题作品的绪言表明，身为撰述者的萨卢斯特更加深信自己的使命和志业有着重要的价值。不仅如此，该绪言还表露了作者对罗马政治生活持有的一种更加悲观的看法。有种观点认为，这种看法的形成源于后三头同盟和公敌宣告令的影响。因此，将《喀提林内争》的写作时间——至少是开始撰写的时间——定在三头统治建立之前的一段时间内是我们可以接受的一种结论。

然而，这个结论并不具有充分的说服力。《喀提林内

---

[24] H. M. Last, *Mélnges Marouzeau*（1948），360："我怀疑这本著作事实上最晚在公元前42年年初后不久就完成了。"

争》的写作可能始于公元前42年，而且在公元前41年以前并没有完稿。[25] 作为一部专题性质的历史撰作，《喀提林内争》固然没有像《朱古达战争》的绪言那样，尖锐而严苛地批评当时的事态和时局，但这只能说明，撰写《喀提林内争》的时候，萨卢斯特并不像他后来那样无所畏惧。他的撰述技艺是有差异的——他并没有进行直接的批评。然而，《喀提林内争》中各式各样的特写仍然可以而且应该被理解为萨卢斯特对于罗马统治者的隐晦抨击（尤其是对于恺撒和加图的评述）。我们为什么不能把萨卢斯特撰写《喀提林内争》的时间定在发生腓立比战役的那一年呢？

在迄今为止的学术研究中，关于当时事件与当时人物的影响是一个并未得到充分讨论的话题，有时候，这个话题还会遭到无视。[26] 在这个方面，萨卢斯特对于小人物或次要角色的选择展现了一些有价值的信息。很明显，人们并不想在一本专题作品中看到太多这样的次要人物。有人甚至推断并颇为权威地总结出一条萨卢斯特的撰述准则。据说，萨卢斯特从来不会单独地提到某个人，也不会仅仅提及一次：

---

[25] G. Boissier, *La conjuration de Catilina*（1905），10. 即便无法证实，这个判断也要比谨小慎微的富纳约利所提出的宽泛的时间范围——"大概是在公元前43/42年和公元前41/40年之间"（Funaioli, *Real-Encyclopädie der classischen Altertumswissenschaft* I A, 1921）——更为妥当。

[26] 这个需要深究的问题被严重忽视了，参见 V. Pöschl, *Grundwerte römischer Staatsgesinnung in den Geschichtswerken des Sallust*（1940），83。

他讲到的人物必然会在叙述中再次出现。[27]然而，对文本的细读会让这种准则无法成立，因为文本中出现了太多的例外。[28]

某些一笔带过的人名有可能非常重要，尤其是在单独提及的情况下。有的名字或许出于记述的考虑而不得不提。这样的情形有很多，既分散人们的注意力，也可能提供一些让人一无所获的线索。萨卢斯特是一位惜墨如金的撰述者。

在萨卢斯特提到的人物中，首先有两个毫无用处——甚至还有碍于故事的阐述。

萨卢斯特在陈述中指出，埃米利乌斯·鲍鲁斯依据普劳提乌斯法（Lex Plautia）的规定（即暴力威胁国家罪）开始起诉喀提林。这件事发生在11月7日西塞罗宅邸门前的

---

[27] E. Schwartz, Hermes XXXII (1897), 563:"他有一条严格的叙述准则：提到某个人就不会只提及一次。"依据这条准则，施瓦茨把最初参与阴谋的骑士弗尔维乌斯·诺比利欧尔（M. Fulvius Nobilior, 17.4）等同为"弗尔维乌斯，一位元老的儿子"（Fulvius, senatoris filius, 39.5），尽管后者被归入"没有参加阴谋的人"（extra coniurationem complures, 39.5）。这位弗尔维乌斯和他父亲的首名都是"奥卢斯"（Aulus, Valerius Maximus V. 8. 5; Dio XXXVII. 36. 4）。

[28] 普布利乌斯·苏拉、塞尔维乌斯·苏拉、塞尔维乌斯的儿子们（P. Sullae Ser.f [即 P. et Ser. Sullae Ser. filii.——中译注]）和弗尔维乌斯·诺比利欧尔（17.3 f）；普布利乌斯·苏拉（18.2）；普布利乌斯·西提乌斯（Publius Sittius, 21.3）；塞普蒂米乌斯（Septimius）和盖乌斯·尤利乌斯（Gaius Iulius, 27.1）；昆图斯·梅特路斯·克雷提库斯（Quintus Metellus Creticus, 30.2）；卢奇乌斯·鲍鲁斯（Lucius Paullus, 31.4）；弗尔维乌斯（39.5）；盖乌斯·穆雷纳（Gaius Murena, 42.3）；普布利乌斯·弗里乌斯（Publius Furius, 50.4）；提比略·尼禄（Tiberius Nero, 50.4）。不一而足。

暗杀行动之前还是之后呢？萨卢斯特并没有记录此事发生的时间（他在表述中使用了一个模糊的过去完成时态），而鲍鲁斯准备采取的行动也因元老院于11月8日发生的事情而被取消。[29] 萨卢斯特原本可以不用提及鲍鲁斯和那场未遂的指控。西塞罗发表反喀提林的演说时，鲍鲁斯事实上并不在场，在其他史家代表的传统叙事的主线中，他的身影同样没有出现。[30]

然而，鲍鲁斯后来却成为一个臭名昭著的人物。他当选为公元前50年的执政官，在恺撒的收买下，他改变了自己的政治路线；而且还设法避开了武力冲突。他被后三头列入了公敌名单，而三头之一恰恰是他自己的兄弟。* 就像很多其他权贵一样，这位埃米利乌斯同样受益于家世门第的保护。他获准逃离罗马，定居于伊奥尼亚海岸的一个城市，在那里安度了余生。[31]

同样，在讲述12月5日的元老院论辩时，萨卢斯特又补充添加了克劳狄乌斯·尼禄的建议，却没有明确说明这个建议提出的时间和过程（50.4）。这个建议（对恺撒提案的修改）并不是很重要，在别的文献材料中，只有一份文献碰

---

[29] 狄奥指出，西塞罗也曾准备以暴力罪的名义起诉喀提林（Dio XXXVII. 31.3）。这可能与鲍鲁斯准备起诉喀提林的事情是同一件事，因而此事显然发生在11月7日之前。

[30] 鲍鲁斯的活动只被提到过一次（Cicero, *In Vatinium* 25，参见 *Scholia Bobiensia* p. 120 H.）。

[31] Appian, *BC* IV. 37. 155.

\* 指埃米利乌斯·雷比达。

巧提到过这个建议，而且其最终的出处也是萨卢斯特的著作。[32]这位尼禄没有在后来的文献中留下任何记录。他的儿子倒是在另一场元老院的会议中出人意料地成了一个恶名昭彰的人物，那场会议在知名度上堪比公元前63年12月5日的元老院会议。*

就像某些其他贵族世家的子弟一样，克劳狄乌斯·尼禄早在年轻的时候就成为恺撒的追随者。他在公元前48年担任过财务官，也在亚历山大里亚统领过舰队，作为犒赏，他还获得了大祭司职务，并在纳尔榜南西斯高卢负责过军事殖民地的筹建。然而，在公元前44年3月17日的争论中，他决心与自己的恩主和领袖恩断义绝：他提出了公开奖赏弑杀暴君者的建议。[33]他还拒绝卸任公元前42年担任的行政官职务；腓立比战役后，他又站在执政官卢奇乌斯·安东尼一边而反对屋大维，并参与了佩鲁西亚（Perusia）的战争。[34]

岁月在荏苒中涌现出许多荒唐吊诡的事情。对于庸常大众来说，有些荒谬之事平淡无奇、司空见惯，但对于任何时代的统治集团的成员来说，某些荒谬之事是极为严重而可笑的。曾经参与过喀提林阴谋的人被恺撒或后三头重新召回，从而再次出现在历史的舞台上，这不是荒唐，而

---

[32] Appian, *BC* II. 5. 19.
[33] Suetonius, *Tiberius* 4. 1（唯一提到这个事实的文献）.
[34] Suetonius, *Tiberius* 4. 2; Velleius II. 75.
\* 指奥古斯都在公元14年8月19日去世后，提比略经由元老院开会同意，登基为罗马帝国的第二位皇帝。

是丑闻。

担任公元前63年执政官的盖尤斯·安东尼乌斯居心叵测，立场不明，他在公元前59年被人起诉，并由此而获罪。随后他离开罗马，在一个希腊的海岛上，如专制统治者一般度过了多年悠闲自得的生活。[35]他的侄子设法让恺撒把他重新召回公务生活，西塞罗则为此虚伪地指责他败坏了家道门风。[36]然而，盖尤斯·安东尼乌斯还是回到了罗马。这个了无生气而又声誉扫地的家伙在公元前42年获得了监察官的职务（只是偶然的证据表明了这一点）。[37]让人惊讶的是，他在这个时候仍然还活着。在公元前63年的历史事件中，安东尼乌斯扮演了一个无关大局也并不光彩的角色，但他又是《喀提林内争》中不得不提的一个人物。萨卢斯特在叙述中并没有为他说过任何的好话。[38]在这个事情上，萨卢斯特既没有疏忽大意，也不是无所顾忌，而是因为"豁达大度"（magnitudo animi）的马克·安东尼并不会介意这样的陈述。

无论是进行辩解还是为了含沙射影地指出极其恶劣的事情，萨卢斯特都不可能忽略安东尼乌斯这位西塞罗的同僚执政官。然而，在叙述当中勉强提及公元前62年出任平民

---

[35] Strabo X, p. 455.
[36] Cicero, *Philippicae* II. 56; 98 f.
[37] *Corpus Inscriptionum Latinarum* I², p. 64; *Inscriptions Latinae Selectae* 6204.
[38] 21. 3; 26. 1, 4. 他因患有痛风而无法在皮斯托利亚指挥作战（59. 4）。

保民官的卡尔普尔尼乌斯·贝斯提亚却是毫无必要的。[39]萨卢斯特这样做的动机是什么呢?

贝斯提亚于公元前63年12月接任了保民官的工作,在西塞罗担任执政官的最后几天,他和自己的同僚保民官梅特路斯·涅波斯串通一气,不断攻击西塞罗,并抗议处决罗马的公民。[40]数年之后,当贝斯提亚因贿赂罪遭到审讯的时候(他在公元前57年竞选过行政官的职位),西塞罗却成为他的辩护者。尽管西塞罗曾不止一次地为他慷慨陈词,但他还是被迫接受了法庭的判决。[41]之后的贝斯提亚沉寂了很长一段时间,被恺撒召回并重新安置职位的人士当中并没有他的身影。不过,贝斯提亚曾作为安东尼的党羽参与了穆提纳战争。西塞罗在《反腓利比克之辩》中提到了他给贝斯提亚辩护的往事,并声称贝斯提亚虽然是个庸碌无为的

---

[39] 将公元前62年保民官和西塞罗在公元前56年辩护的那个人视为同一个人,这受到人们长期的质疑或否定(F. Münzer, *Real-Encyclopädie der classischen Altertumswissenschaft* III, 1367; M. Gelzer, ib. VI A, 935)。但一切都说明了这一点,参见奥斯丁(R. G. Austin)在其编订的《为凯利尤斯辩护》(*Pro Caelio*)中所提出的论证(ed. 3, 1960, 154 ff.。布劳顿也认为这两个人是同一个人(Broughton, *MRR*, Supp.[1960])。有助益的推论见下文。

[40] Plutarch, *Cicero* 23. 这是唯一提到贝斯提亚这个姓名的文献材料:在其他地方,涅波斯这个名字更为突出。西塞罗用颇为难听的话提到了一位对阴谋者命运表示同情的保民官(Cicero, *Pro Sulla* 31,参见 *Pro Sestio* 11);博比恩西亚评注者(*Schol.Bob.*)正确地猜出是贝斯提亚(p. 5 和 p. 85H)。

[41] Cicero, *Ad Quintum fratrem* II. 3. 6; *Pro Caelio* 7; *Philippicae* XI. 11; XIII. 26.

行政官，但却扬言要出任执政官的职位。[42]这个人的名字的确让人想起了过去的历史。在写于公元前43年6月的一封书信中，布鲁图斯曾以极为难听的措辞提到此人的姓名（与西塞罗有关）。[43]

萨卢斯特的讲述方式莫名其妙，同时又让人颇为困扰。卡尔普尔尼乌斯·贝斯提亚被萨卢斯特细心地列入了参加公元前64年集会的十五位最早的阴谋分子中（17.3）。不仅如此，在公元前63年（喀提林离开罗马后）的革命行动中，萨卢斯特还为贝斯提亚指派了一个明确的任务。他说保民官贝斯提亚打算发表一番谴责西塞罗的讲话（43.1）。这个举动是一个信号。在此之后的那天夜里会发起一场武装叛乱（在罗马城的十二个地点放火，契蒂古斯向西塞罗的宅邸发起进攻，等等）。[44]据西塞罗说，这个计划原本要在农神

---

[42] Cicero, *Philippicae* XI. 11; XIII. 26.

[43] 布鲁图斯之所以恼羞成怒，是因为西塞罗明显将塞维利尤斯·喀斯卡（Servilius Casca）说成了暗杀者，其表述恰恰是贝斯提亚谈论西塞罗的用语。这项指控落在了西塞罗头上——"被他［西塞罗］处死的人不止一个，他更应该承认自己是个谋杀犯，而不是责骂喀斯卡犯下了谋杀罪，此外，他还在喀斯卡的事情上效法了贝斯提亚的做法"（quod et pluris occidit uno seque prius oportet fateatur sicarium quam obiciat Cascae quod obicit, et imitatur in Casca Bestiam, Cicero, *Ad M. Brutum* I. 17. 1）。将"imitetur"改为"imitatur"（D. R. Shackleton Bailey）。

[44] 参见 Appian, *BC* II. 3. 12. 除萨卢斯特之外，阿庇安的著作是唯一提及贝斯提亚打算发表讲话的文献——这篇准备发表的演说明显回溯了谴责西塞罗的那些臭名昭著的演说，其发表时间事实上是在12月10日之后（Plutarch, *Cicero* 23）。

节（Saturnalia）那天（12月17日）实施。[45]萨卢斯特转述了二十年前的这个无法证实的说法，他对贝斯提亚不可能没有恶意。或许这个人已在穆提纳战争中丧生，因而此时已经不在人世。[46]

与此类似的是普布利乌斯·西提乌斯。很明显，无论这个人是否在公元前64年真的作为喀提林的同谋驻守在毛里塔尼亚，若不是他后来辗转沉浮的经历，萨卢斯特几乎不会在喀提林讲给阴谋分子的演说中放入此人的名字（21.3）。公元前62年，遭到指控的西提乌斯（普布利乌斯·苏拉的检举人提到了他的名字）以某种方式逃脱了罪责。但这个人依然屡遭诟病而不得人心，他最终在公元前57年招认了操纵粮食市场的罪名。[47]他在此后的十年间销声匿迹，没再留下任何消息。后来人们发现，这位冒险家又成了一支小规模私人军队的首领。他在公元前46年勾结毛里塔尼亚国王博库斯（Bocchus）入侵了努米底亚，他还向恺撒示意，表示愿意在阿非利加战争中为他效劳——萨卢斯特当时一定遇到

---

[45] Cicero, *In Catilinam* III. 10, 参见 Plutarch, *Cicero* 18。

[46] 公元前43年出现贝斯提亚的信息是另一个很有意思的问题。这让人想到了公元前56年的那些著名而经典的演说争论。贝斯提亚受到凯利尤斯·鲁夫斯的抨击，但也得到了西塞罗的辩护，除此之外，鲁夫斯也遭到了塞普罗尼乌斯·阿特拉提努斯的指控（Cicero, *Pro Caelio* 1）：这个后来在公元前34年补任执政官的年轻人是贝斯提亚的儿子（*Inscriptions Latinae Selectae* 9461）。

[47] Cicero, *Ad familiares* V. 17. 2, 参见 J. Heurgon, *Latomus* IX（1950），369 ff.。

过他。[48]他被恺撒安置在契尔塔，如同侯国的统治者一般驻守于该地，他在恺撒被杀后不久也被努米底亚的一位族长所杀。这对有些人来说是一件大快人心的好事。[49]

最后一个人的地位有所不同，这个人便是执政官尤尼乌斯·布鲁图斯的妻子——塞普罗尼娅。塞普罗尼娅虽然没有参与喀提林阴谋的任何活动，却受益于萨卢斯特对她本人的详尽描写（25）。在萨卢斯特的叙述中，这个女人的作用是什么呢？

对于公元前64年和公元前63年执政官选举之间的事情，萨卢斯特几乎只字未提。他在其中竟然插入了有关喀提林在伊特鲁里亚和其他地方进行军事部署的事情（24.2）——这在时间顺序上是有误的。为了填补这段空缺，塞普罗尼娅受到萨卢斯特的青睐，而塞普罗尼娅也展示了一个对应于喀提林的女性形象。塞普罗尼娅是罪恶、腐化的罗马贵族的一个典型与范例。

这种解释至此为止是恰当充分而令人信服的。但是，好奇心仍然会让我们提出这样的问题：为什么是塞普罗尼娅？有个现成的答案看上去颇具吸引力，而且还得到广泛的接受。塞普罗尼娅是迪奇穆斯·布鲁图斯的母亲，而迪奇穆斯正是刺杀恺撒的主谋之一。迪奇穆斯因其臭名昭著的忘恩

---

[48] 关于他在努米底亚的行动以及这些行动所得的回报，参见 S. Gsell, *Histoire ancienne de l'Afrique du Nord* VIII（1930），80 f.；137 f.；157 f.。

[49] Cicero, *Ad Atticum* XV. 17. 1："Arabioni de Sittio nihil irascor."（我丝毫没有因阿拉伯人杀掉西提乌斯而感到愤怒。）

负义而招致恺撒党人的极端痛恨。现存文献中就记录了一句马克·安东尼的愤恨之言。[50]因此，萨卢斯特想用一种并不友好的方式，让读者想起迪奇穆斯·布鲁图斯这个人。[51]

这里有一个疑问。我们丝毫不清楚萨卢斯特是否对迪奇穆斯怀恨在心。事实上，萨卢斯特在谈到塞普罗尼娅时说到，这个女人拥有让她倍感欣慰——"称心如意"（satis fortuna, 25.2）——的丈夫和孩子。这是一种很高的评价，出自萨卢斯特之口。

此外，迪奇穆斯有可能只是她的继子，而不是她的儿子。[52]他还有另外一个别名，"阿尔比努斯"（Albinus）。这个名字表示他与贵族世家波斯图米乌斯（Postumii）家族有着亲缘关系，同时也表明，他已被这个家族的人所收养（他把养父的别名放在自己名字的末尾）。[53]这种收养通常表明

---

[50] Cicero, *Philippicae* XIII. 25: "ut venefica haec liberetur obsidione."（难道要让这个歹毒之人摆脱围攻吗？）

[51] E. Schwartz, o.c. 570. 这个想法被广泛地接受，参见 F. Münzer, *Römische Adelsparteien und Adelsfamilien*（1920）, 272; K. Latte, *Neue Wege zur Antike* II. 4(1935), 31; R. Syme, *Tacitus*（1958）, 567。

[52] 参见 *Proc.Am.Philosophical Soc.* CIV（1960）, 326f.。

[53] F. Münzer, *Real-Encyclopädie der classischen Altertumswissenschaft* Supp. V. 369 f. 他在硬币上被称为"布鲁图斯的儿子阿尔比努斯"（Albinus Bruti f., *British Museum Catalogue*, *R.Rep.* I, 507 ff.）。关于这个名字构成，参见"雷比达的儿子西庇阿"（Scipio Lepidi filius, Orosius V. 22. 17）。塞尔维乌斯·苏尔皮基乌斯·鲁夫斯的儿子和某个名叫波斯图米亚的人被说成是迪奇穆斯的"表兄妹"（consobrinus, Cicero, *Ad familiares* XI. 7. 1）。这里的假设表明，他的表兄弟身份是由血缘关系规定的，而不是仅仅基于收养的关系。

（养父为公元前 99 年出任执政官的奥卢斯·波斯图米乌斯·阿尔比努斯［Aulus Postumius Albinus］。——中译注）

了某种程度的亲属关系。迪奇穆斯出生于公元前 81 年左右。他的母亲有可能是一个名为波斯图米亚（Postumia）的女人（即公元前 77 年执政官早年所娶的一位妻子）。*

不论塞普罗尼娅是不是迪奇穆斯的母亲，另一个问题仍然悬而未决：塞普罗尼娅出身于什么门第？[54] 萨卢斯特事实上知道另外一个塞普罗尼娅。这个"塞普罗尼娅是图蒂塔尼乌斯的女儿"（Sempronia, Tuditani filia），弗尔维乌斯·班姆巴利奥（Fulvius Bambalio）的妻子和弗尔维娅的母亲。普布利乌斯·克洛狄乌斯的遇害使塞普罗尼娅和她的女儿弗尔维娅声名狼藉。她们在米洛受审时哭天抢地地出庭做证，极大影响了法庭的判决。[55] 弗尔维娅依次做过克洛狄乌斯、库里奥和安东尼的妻子，她是一个充满活力而又无所顾忌的女人。她的个性与她的门第出身在安东尼政敌挑起的谩骂和抨击中发挥了举足轻重的作用，甚至在公元前 41 年掀起的那场最终在佩鲁西亚（Perusia）战争中收场的混乱局势中，弗尔维娅也同样扮演了一个十分重要的角色。

也就是说，"塞普罗尼娅是图蒂塔尼乌斯的女儿"，而

---

[54] 闵策尔认为塞普罗尼娅就是盖尤斯·格拉古（Gaius Gracchus）的女儿（F. Münzer, o.c. 273; Real-Encyclopädie der classischen Altertumswissenschaft II A, 1446）。这种推测并没有得到大多数人的认可。

[55] Asconius 35: "ultimae testimonium dixerunt Sempronia, Tuditani filia, socrus P. Clodi, et uxor Fulvia, et fletu suo magnopere eos qui assistebant commoverunt."（最后提供证据的是塞普罗尼娅和弗尔维娅，塞普罗尼娅是图蒂塔尼乌斯的女儿，克洛狄乌斯的岳母，而弗尔维娅是克洛狄乌斯的妻子，她们失声痛哭，深深打动了在场的人们。）

\* 公元前 77 年的执政官指迪奇穆斯·尤尼乌斯·布鲁图斯。

萨卢斯特笔下的那位塞普罗尼娅干过很多"男人才敢"(virilis audacia)犯下的罪行,她可能是塞普罗尼娅的妹妹(或姐姐),因而也可能是弗尔维娅的姨母。

那个时候的塞普罗尼乌斯家族和弗尔维乌斯家族已经是没落的平民显贵。在盖尤斯·塞普罗尼乌斯·格拉古(Gaius Sempronius Gracchus)的执政官盟友遭遇惨死的命运之后,弗尔维乌斯家族就再也没有出现过执政官。\* 弗尔维娅有着男子般的气概,同时也心怀野心,为了挽回自己家族的声誉,她做了一个女人所能做到的一切。[56]

可以顺便指出的是,给西塞罗通风报信的那位弗尔维娅是一位"出身显贵的女人"(23.3)。那些阴谋分子中有一位名叫弗尔维乌斯·诺比利欧尔(M. Fulvius Nobilior, 17.3)的罗马骑士,这个人的名字很有历史特色,能让人想起某些执政官和征服者。并没有任何迹象表明,这个人发生过什么事情。搜集情报的弗尔维娅在公元前52年时有可能仍然在世。但这只是一种极不可靠的推测。在款待公元前52年执政官梅特路斯·西庇阿和保民官的那次让人难以启齿的宴会上,有两个出身名门的女人是其中最好的献品,有人想从这

---

[56] 对弗尔维娅的传统看法,参见 Velleius II. 74. 3: "nihil muliebre praeter corpus gerens"([弗尔维娅]只在性别上是个女子)。对这个恶毒女人的辩护,参见 F. Münzer, *Real-Encyclopädie der classischen Altertumswissenschaft* VII, 283 f.; R. Syme, *The Roman Revolution* (1939), 208。

\* 该盟友指担任公元前125年执政官的马库斯·弗尔维乌斯·弗拉库斯(Marcus Fulvius Flaccus)。

两个女人当中发现弗尔维娅的身影。[57]然而,《喀提林内争》中并没有提到这件事情。很显然,在撰写《喀提林内争》的时候,萨卢斯特偶尔会迁就和纵容自己的往事。

《喀提林内争》这部专题作品具有怎样的价值呢?这是我们最后需要明确的问题。即使萨卢斯特在他有生之年并没有写出别的著作,《喀提林内争》也是一部拉丁语文学中的划时代杰作,它开创了一种新的写作风格和撰述笔调。如果

---

[57] Valerius Maximus IX. I. 8: "lupanari enim domi suae instituto Muniam et Flaviam, cum a patre tum a viro utramque inclitam, et nobilem puerum Saturninum, in eo prostituit."(他在家里弄了一个妓院,其中的娼妓有穆尼娅和弗拉维娅,这两个女人皆因其父亲与丈夫而闻名,此外还有一个贵族出身的男孩,名为萨图尼努斯。)这个文本是肯普夫利用最为可靠的底稿编订的陶伯纳版本(C. Kempf, Teubner, 1888)。之前的编订者更倾向于将两位妓女的名字识读为"Muciam et Fulviam"(穆奇娅和弗尔维娅),闵策尔实际上将这位弗尔维娅和那位刺探情报的弗尔维娅看成是同一个人(F. Münzer, *Real-Encyclopädie der classischen Altertumswissenschaft* VII, 281)。当然,认为其中有弗尔维娅是个非常诱人的想法,而且似乎也无法找到一个名为弗拉维娅(Flavia)的女子可以作为合适的人选。同样容易让人接受的还有穆奇娅,或许是由于穆奇娅的行为作风并不检点,这个女人是庞培的第三任妻子。庞培在公元前 62 年与之离婚。随后她又嫁给了埃米利乌斯·斯考鲁斯(公元前 56 年的行政官),后者被定罪和流放(可能是在公元前 53 年)之后便再也没有留下任何消息。另外,关于"Munius"这个名字,可留意"M. Munius M. f. Lem.",这与公元前 129 年的《派尔加梅诺元老会决议》(*Senatus Consultum de agro Pergameno*)有关,布劳顿(Broughton [*MRR* II, 493]) 和萨宾地区的一些早期事例(*Corpus Inscriptionum Latinarum* I². 632 = *Inscriptions Latinae Selectae* 3410 [Reate]; 1875 [Amiternum]) 都认为"Munius"是一名元老。确切地说,也许可以将另外一位妓女的名字推测为穆米娅(Mummia)。

作为历史撰作来审视,《喀提林内争》表现出了多方面的缺陷,对它的苛责也并不为过。

正如古代其他撰述家所意识到的,西塞罗和西塞罗的影响过分放大了喀提林在历史上的角色和地位。[58]萨卢斯特继承和发扬了西塞罗对于喀提林的看法。这是萨卢斯特的首要过失。此外,在他决心撰写历史的时候,他低估了这项工作显而易见的主要困难。他是一个耐心的写作者,也是一位谨慎的创作者,但《喀提林内争》却写得仓促草率、破绽百出。

然而,《喀提林内争》仍然是一部宝贵的文献。萨卢斯特对罗马"伤风败俗"(corrupti civitatis mores)的喋喋不休可能会让人不胜其烦。但他这么做并非没有正当理由。如果喀提林这样的人在声名显赫的执政官的保护下逍遥法外,如果意大利爆发了武装叛乱,这个国家就会出现根本性的问题。萨卢斯特的社会诊断揭示了财富的支配地位——以及这种支配地位所造成的必然结果:潦倒贵族的邪恶贪欲。它还表明了"同盟"与"派系"(以及其他类似的团体)如何在法律和宪法的背后运作,也说明了从争夺公职、名誉和荣耀的活动再到反对共和国的阴谋活动中如何强化和滥用了名门权贵的传统策略。

不仅如此,《喀提林内争》还展现了意大利的状况。这片土地对于瓦罗和瓦罗的朋友们来说是一个丰饶秀美的巨

---

[58] Dio XXXVII. 42. 1.

大花园。但它也可以被描述成一片荒野——"意大利荒野"（solitudo Italiae）。[59]这里有富人的大型庄园和成群结队的奴隶，但没有乡下穷人的谋生之路。这个时期的很多穷苦人都迁到了外省，而且可以推测的是，阿非利加是他们主要迁去的地方。[60]

喀提林的武装队伍成分混杂。不但心怀怨愤的苏拉殖民地老兵加入了队伍，"穷苦人"（homines tenues）和强盗（费苏莱一带为数甚多）也参加了叛军。[61]动乱在四处蔓延。最初是伊特鲁里亚，随后又波及山南高卢、皮凯努姆、布鲁提乌姆（Bruttium）和阿普利亚（Apulia）。[62]公元前62年的两位行政官曾被元老院派去镇压帕埃利努姆人和布鲁提乌姆的骚乱；[63]盖尤斯·屋大维（Gaius Octavius）在公元前60年前往由他治理的马其顿行省时，\*途中碰到并剿灭了图里（Thurii）附近的一伙奴隶，这些人都是斯巴达克斯义军和喀

---

[59] Cicero, *Ad Atticum* I. 19. 4.
[60] 这个观点受到某些学者的质疑，W.E. Heitland, *Journal of Roman Studies* VIII（1918），34 ff.。不过，对于阿非利加的一些罕见人名的研究却为这个观点提供了支持。比如"Aufustius""Farsuleius""Fidiculanius""Furfanius"（参见 *Historia* IV［1955］, 56）。
[61] 28. 4. 在喀提林的军队中，只有四分之一的人持有正规的武器装备（56. 3）。西塞罗对喀提林的支持者进行了分类，他在说起陷入贫困的苏拉老兵之后，又简要提及了"一些贫苦的乡下人"（non nullos agrestis homines tenuis atque egentis），声称他们是受到了老兵的煽动（Cicero, *In Catilinam* II. 20）。
[62] 27. 1; 42. 1; Cicero, *Pro Sulla* 53.
[63] Orosius VI. 6. 7.
\* 盖尤斯·屋大维即奥古斯都之父。

提林军队中的残存者。[64]

  萨卢斯特目睹了新苏拉时代的血色黎明，这个时代通过某种程度的缓和而落下了帷幕。意大利的劳力与"强盗"（latrones）被征召加入了恺撒党头目的庞大军队，他们找到了长年安稳的营生（并不总是在打仗），并在意大利和世界各地的众多殖民地——从西班牙一直到本都、皮西迪亚（Pisidia）和叙利亚——驻守安营。

---

[64] Suetonius, *Divus Aug.* 3.1. 在规定公元前60年当选的执政官应该拥有"森林与牧场"（silvae callesque）的时候，恺撒的敌人并非完全没有借口（Suetonius, *Divus Iulius* 19.1）。注意"意大利的道路和牧羊人的羊栏"（Italiae callis et pastorum stabula, Cicero, *Pro Sestio* 12），这与喀提林后来的情形有关（如果他避开了盖尤斯·安东尼乌斯的军队）。对于意大利的状况，学者们的看法有时会过于乐观。卡里在论及喀提林阴谋的结语中就表达了这样的看法："意大利最终安定下来，忘却了同盟者战争和内战引发的动乱。"（M. Cary, *The Cambridge Ancient History* IX [1932], 502）

# 第 10 章

# 《朱古达战争》：战争

萨卢斯特的下一个撰史论题与之前的《喀提林内争》有着密切的联系。在以喀提林的名字命名的专题作品中，喀提林这位罗马贵族和革命者表面上属于其中的核心人物。但也仅仅是表面上如此——因为这部作品旨在对后苏拉时代的整个秩序体制做出一种否定性的评判，这种评判与当时的时局，与内战、公敌宣告运动和专制统治的再次出现紧密相关。第二部专题作品的叙述看起来同样是以一个人物的性格特征与人生经历为核心，这个人就是精力十足、胡作非为，但又下场糟糕的努米底亚国王朱古达。萨卢斯特的确放大了朱古达这个人的人物形象。但事实证明，这又是一种欺骗性的表象。《朱古达战争》并不是一部传记。它讲述的是一场对罗马内政产生严重而深远影响的对外战争。这场战争事实上拉开了意大利战争、马略和苏拉的内战，以及苏拉独裁统治的序幕。萨卢斯特明确指出了这一点。

《朱古达战争》的开篇首先是主张放弃政治活动而选择撰述历史的绪言。在此之后，萨卢斯特又接着宣布了他的撰述主题，说明了这个主题的重要性，以及重要的原因。"我打算记述罗马人对努米底亚人的国王朱古达所发起的一场战争。首先因为这是一场激烈而血腥的重大战争。其次是因为它第一次有力地挑战了名门权贵的骄横统治。"(5.1)可以看出,这样的说法其实并没有完全说明努米底亚战争的重要性。萨卢斯特又继续推衍出第二个方面,他强调这场战争引发了激愤和接踵而至的纷争,这最终导致了"战争和意大利的满目疮痍"(bellum atque vastitas Italiae)。[1]

努米底亚战争是由罗马政府和一个地方王朝的关系引发的。这种关系立足于附庸保护制,而不是对等的协议,此外,罗马统治阶层中的某些家族也与这个地方王朝之间存在一些个人的联系,这种联系也使罗马和这个地方王朝的关系变得更加复杂。[2]

征服非洲的西庇阿(Scipio Africanus)与马西尼萨(Masinissa)结成了盟友。\* 马西尼萨去世后(在第三次对抗迦太基的战争期间),阿非利加事务交由西庇阿·埃米利亚努斯(Scipio Aemilianus)料理,西庇阿安排马西尼萨的儿子米西普萨(Micipsa)作为国王统治努米底亚王国的大部分

---

[1] *Bellum Jugurthinum* 5.2: "quae contention divina et humana cuncta permiscuit eoque vecordiae processit ut studiis civilibus bellum atque vastitas Italiae finem faceret."(这场斗争使神和人的一切都陷入了混乱,它发展到如此激烈的程度,以致国内的纷争最终也导致了战争和意大利的满目疮痍。)

[2] 参见 E. Badian, *Foreign Clientelae* (*264-70* B.C.), (1958), 192 ff.; D. Timpe, *Hermes* XC (1962), 334 ff.

\* 努米底亚首位国王。

地区。为帮助埃米利亚努斯围攻努曼提亚（Numantia），米西普萨及时向西班牙派出了军队。军队的统帅是马斯塔纳巴尔（Mastanabal，马西尼萨的私生子）的儿子，一个名叫朱古达的人。这位朱古达在围攻努曼提亚的征战中不但赢得了荣誉，而且还结交了一些能够为己所用的朋友。埃米利亚努斯向米西普萨极力赞扬和举荐了朱古达，米西普萨于是将朱古达收为养子，并规定他与自己的亲生儿子阿德赫巴尔（Adherbal）和希耶姆普萨尔（Hiempsal）具有同等的地位。米西普萨死后（可能在公元前118年），三位王子之间很快就出现了纷争。希耶姆普萨尔遭到了暗杀，被击败的阿德赫巴尔则逃到罗马，对朱古达提出了控诉。元老院经过商议后派出了一个十人委员会，指示他们在朱古达和阿德赫巴尔之间分割努米底亚王国（公元前117年或公元前116年）。然而，在这片阿德赫巴尔毫无抵抗力的国土上，掌握优势的朱古达再次挑起争端，将阿德赫巴尔围困于契尔塔。罗马委任的使节抵达阿非利加后进行了斡旋，但第二次的调解没有起到任何作用。契尔塔被朱古达攻陷，阿德赫巴尔也遭到杀害（公元前112年）。

这还不是故事的全部。朱古达还在契尔塔屠杀了许多罗马和意大利的买卖人。这件事情在罗马激起了极大的愤慨，一位获得次年（公元前111年）保民官任命的人进一步利用了这种情绪，这个人就是盖尤斯·梅米乌斯，一位很有感染力的演说家，一位当政寡头的死敌（27.2）。最终的结果是，元老院被迫拿出了强有力的措施：由公元前111年执政官卢奇乌斯·卡尔普尔尼乌斯·贝斯提亚统兵出征努米底亚，并为此而征募一支军队（27.4 f.）。

这个节点可以被看作努米底亚战争的开端，一直到公元前105年，这场战争才随着朱古达的被捕而最终结束。努米底亚战争明显呈现为三个阶段。第一个阶段的特征是踟蹰不决、妥协退让和罪不可恕的消极作为、庸懦无能。执政官卡尔普尔尼乌斯·贝斯提亚率军攻入了努米底亚，他展示了罗马武力，却最终与朱古达缔结了休战和约。公元前110年，罗马取消了和约，新任执政官斯普里乌斯·波斯图米乌斯·阿尔比努斯（Spurius Postumius Albinus）再次领军出征，重启战端，却没有采取积极有力的作战措施；斯普里乌斯为举行执政官选举而返回了罗马，他的弟弟奥卢斯（Aulus Postumius Albinus）被留下来负责阿非利加的战事，奥卢斯一意孤行，他执意发动了一次鲁莽的突袭，致使军队陷入了溃退投降的境地。在第二个阶段，出任公元前109年执政官的昆图斯·凯奇利乌斯·梅特路斯（Quintus Caecilius Metellus）发起了强有力的军事行动，但仍然是无果而终，因为两次战役之后，朱古达非但没有受到惩罚，而且还怂恿毛里塔尼亚的国王博库斯与他结盟，介入战争。到了第三个阶段（公元前107—前105年），罗马人在公元前107年执政官即新人马略的统领下取得了努米底亚战争的胜利。

努米底亚战争的三个阶段在总体上规定了《朱古达战争》的叙述结构。另一方面，萨卢斯特也将他的叙述主题界定为政治主题，战争和政治作为两条叙事线索从一开始就密切而巧妙地交织在一起。萨卢斯特运用各种手法暗示了叙述中的停顿、转折和高潮；同时还恰到好处地嵌入了插叙和演说。因此，从努米底亚人的历史讲到朱古达和阿德赫巴尔之间的王国分裂，自然也就引出了关于阿非利加地理状况和居住民的考察论述（17–19）。故事的叙述重新开始，并一直讲到契尔塔的陷落（20–26）。这个时候，罗马决定采取行动，由执政官卡尔普尔尼乌斯·贝斯提亚负责领军出征（27. 4 f.），从而开启了努米底亚战争。[3]战争的第一阶段令人愤慨（卡尔普尔尼乌斯·贝斯提亚和波斯图米乌斯·阿尔比努斯兄弟负责的征战），不久之后，事情又出现新的转折，为突出这个转折，萨卢斯特在叙述中添加了一段关于罗马政治生活的历史论述（41. f.）——这段插叙具有非常核心的意义，尽管它并不像《喀提林内争》中那段可以类比的论述恰恰被放置在整部作品的中心位置。

需要再次强调的是，《朱古达战争》详细讲述了两次争论，一次针对的是朱古达，另外一次针对的是名门权贵。第二次争论在三个重要的情节中展开。第一个情节是契尔塔陷落之后，当时获得保民官任命的梅米乌斯介入元老院的争论（27. 2），没过多久，梅米乌斯又在卡尔普尔尼乌斯·贝斯提亚与朱古达缔结休战和约之后发表了一番演说，从而进一步加强了他的介入（31）。第二个情节是保民官盖尤斯·玛米利乌

---

[3] 在讨论这部专题作品的结构时，有些学者倾向于把努米底亚战争的开端放在关于阿非利加的插叙之后，即更倾向于将朱古达围攻阿德赫巴尔（20 ff.）作为战争的开端。这种看法无关紧要。

斯·利美塔努斯（Gaius Mamilius Limetanus）在公元前109年提出议案，要求设立调查法庭，追究各种与努米底亚事件相关的腐败行径（40）：这个情节引出了萨卢斯特关于党派政治的论述（41 f.）。第三个情节是公元前108年马略获得候选人资格并成功当选执政官的事情（73.4–7）。为突出这种成功，萨卢斯特平添了一段冗长的演说，在这个演说中，作为新任执政官的马略从维护功绩的立场出发，抨击了出身和门第（85）。

萨卢斯特是一位谨慎的创作者。他的作品是"文艺创作"（structe），这是一位古代文学评论家所下的定论。[4]萨卢斯特撰写这部专题作品的叙述手法值得审视。学术研究并没有在这个问题上疏忽懈怠，恰恰相反，这些研究提出了一些细微的讨论、详尽的分析，以及精细的区分和类比——同时还引发了很多分歧与争议。[5]然而，相对于投入的时间与

---

[4] Fronto p. 114 N = II, 48 (Haines).

[5] K. Latte, *Neue Wege zur Antike* II. 4 (1935), 33 ff.; K. Büchner, *Hermes*, Einzelschriften 9 (1953); K. Vretska, Wiener *Sitzungsberichte* CXXIX. 4 (1955); A.D.Leeman, *Med.der Kon.Ned.AK.van Wetenschappen* XX.8 (1957), 200 ff. 对于毕希纳和弗雷斯卡（Vretska）持有的道德主义看法的批评，参见Leeman, o.c. 230。对毕希纳的看法，另参见 G. W. Williams, *Journal of Roman Studies* XLIV (1954), 158 f.; E. Paratore, *Maia* VII (1955), 69 ff.; A. La Penna, *Ann.della Scuola Normale Superiore di Pisa* XXVIII (1959), 53 ff.。有些学者反对将萨卢斯特的这部作品细分为"情景和戏剧"（Szenen und Akten），参见 H. Drexler, *Gnomon* XXXIII (1961), 573。

施泰德勒认为，萨卢斯特始终以自己的撰史主题作为严格的准绳，W. Steidle, *Historia*, Einzelschriften 3 (1958), 33 ff.。对施泰德勒的评论，参见 G. W. Williams, *Gnomon* XXXII (1960), 509 ff.; A. La Penna, o.c. 54 f.。在这个问题上，我们最好求教于厄尔，D. C. Earl, *The Political Thought of Sallust* (1961), 60 ff.。

付出的努力，能够获得多少显而易见的收益是一个更具诱惑力的问题，这个时候，我们特别需要忽略或者悬置历史撰述者的准确性问题和可靠性问题。

《朱古达战争》中存在各种各样的问题。由于战争在其中占据了很大的篇幅，因而第一个需要关注的问题就是叙述者在时间、地点和事件关系上的准确性。指示相应年份的执政官姓名，抑或夏季和冬季的严格交替（热衷于效法修昔底德的撰述家可能会关注这一点），都可以为我们提供有力的指导。不过，萨卢斯特习惯性地避开了编年史的讲述模式。在事件发生的时间顺序上，他的记述存在着缺陷，记叙方法也招致了严厉的批评。不过可以肯定的是，年份和时间间隔对于萨卢斯特来说没有任何意义。

萨卢斯特的缺陷并非随处可见，甚至也没有造成有害的后果。第一个阶段的事件和活动是能够被理清的——在时间指示的问题上，萨卢斯特似乎只出现了一个错误。执政官斯普里乌斯的弟弟奥卢斯是在冬季——确切地说是"元月"（mense Januario, 37.3）——发起了那次注定失败的突袭（即公元前110—前109年的冬季）。但在奥卢斯投降之后，萨卢斯特又在叙述中指明，梅特路斯及其同僚成为公元前109年的"候任执政官"（consules designati, 43.1）。也就是说，这个时候并没有进入公元前109年，因而此处出现了一个明显的矛盾。萨卢斯特出现这样的错误应该是出于无意。讽刺的是，在整个关于战争的记叙中，这是唯一一处指明确切时间的记述，这个记述或许本身就是错的，但也可能证明另一处记述存在着偏差。

然而，我们完全不清楚萨卢斯特的错误究竟有多么严重。他说保民官妨碍了全年的执政官选举。[6]后来，他又提到了选举的拖延。[7]因此，在元月1日之后，公元前109年执政官就职之前，其间有可能出现了一个明显的间隔期。[8]

在关于奥卢斯出征行动的叙述中，时间顺序上的混乱和费解之处并没有影响到任何严肃的军事话题或政治论题讨论。但是，关于梅特路斯与马略的征战活动（从公元前109年到公元前105年），萨卢斯特的讲述却存在着各种各样的问题。萨

---

[6] 37. 2 f.: "quae dissensio totius anni comitia impediebat. ea mora in spem adductus Aulus ... milites mense Ianuario ex hibernis in expeditionem evocat."（这次争斗妨碍了全年的选举。由于这一拖延，奥卢斯……在元月就把他的军队调出冬营作战。）

[7] 44. 3: "aestivorum tempus comitiorum mora inminuerat."（选举的拖延缩短了夏季战役的时间[与梅特路斯在阿非利加的第一次行动有关]。）

[8] 因此，萨卢斯特唯一的不足之处在于，他把梅特路斯和西拉努斯（Silanus）说成了"候任执政官"（43.1），因为他们肯定会在当选后立即就职。参见 S. Gsell, *Histoire ancienne de l'Afrique du Nord* VII（1930），174 f.。也有学者建议把"consules designati"理解为"任命为执政官"（A. H. J. Greenidge, *A History of Rome* I[1904]，380）。

关于这一问题，参见 H. Chantraine, *Untersuchungen zur römischen Geschichte am Ende des 2. Jahrhunderts v. Chr.*（1959），50–62。尚特兰（H. Chantraine）在这个问题上进行了长期而艰苦的研究，他遵循维尔茨（H. Wirz, *Festschr. Zürich* [1887], 8 ff.）和其他学者的看法，主张将"mense Ianuario"（在元月）这两个并不属于原文的词语删去。这样一来，他就可以把波斯图米乌斯的出征时间定在公元前110年11月。拉斯特没有明确指出一个问题，但也提出了类似的观点："可能是在秋季。"（H. M. Last, in *Cambridge Ancient History* IX [1932], 121）

卢斯特记述了梅特路斯第一次征战结束时设立的冬季营寨（61. 2），但没有提到梅特路斯发起的第二次战役，这次战役应发生在梅特路斯被马略取代之前，后者出任了公元前107年的执政官。事实上，关于这一疏漏的任何争论都毫无必要。问题的关键在于马略的征战活动——在萨卢斯特的叙述中，公元前107年和公元前106年之间看不出任何间断。

因此，大量（而且是过多）的讨论都致力于确定梅特路斯和马略发动各次战役的时间。由于这样的讨论（或者可以说，虽然有很多这样的讨论，但萨卢斯特文本中出现的那些清楚明晰的指示有时候仍然在学术研究中遭到了轻视和无视），一个基本令人满意的叙述框架能够得以重现。[9]

我们首先来看公元前109年执政官梅特路斯的征战活动。梅特路斯不能马上开始作战。当他抵达阿非利加时，他必须对军队进行一番整肃——因为波斯图米乌斯兄弟留下了一支战斗力极差的队伍。攻入努米底亚之后，执政官占领了瓦伽城（Vaga, 47.1 f.）。他向西南方向推进，很快就遭遇了一场恶仗，这次战役险象环生，后来则以罗马人的得胜而告

---

[9] 这里依据文本研究来定夺梅特路斯（公元前109—前108年）和马略（公元前107—前105年）发动各次战役的时间顺序。这种顺序实质上与某些学者的看法一致，参见 M. Holroyd, *Journal of Roman Studies* XVIII (1928), 20; S. Gsell, *Histoire ancienne de l'Afrique du Nord* VII (1930), 178 ff.; H. M. Last in *Cambridge Ancient History* IX (1932), 122 ff.; J. Carcopino, *Histoire romaine* (1935), 305 ff.。有学者重申过这种顺序，K. Vretska, *Gymnasium* LX (1953), 339 ff.。另参见 H. Chantraine, o.c. 62, 在篇幅冗长而又结构复杂的赞美辞之后（32-50）。

终（48–53）。这次战役的地点接近穆图尔河（Muthul），这条河似乎是巴格拉达斯河（Bagradas）的一条支流（萨卢斯特在书中并没有提到过巴格拉达斯河）；不管怎样，战斗发生在西卡城（Sicca）以北不远的地方，而西卡城后来也归顺了罗马（56.3）。[10] 这场战役之后，梅特路斯又进入努米底亚最富庶的地方，攻陷和焚烧了很多城镇。此次出征的最后一役是企图攻下扎玛城（Zama），梅特路斯的军队在该城附近展开了一场激烈的战斗，但最终没能成功地占领（56–60）。随后，梅特路斯撤离扎玛，在罗马的阿非利加行省安扎了冬季营寨（61.2）。[11] 元老院也暂缓撤销他的统帅权（62.10）。毋庸置疑的是，梅特路斯发起的这些军事行动全都可以限定在努米底亚东北部一个小范围的区域内。

梅特路斯安营扎寨的这个冬天经历了瓦伽城的陷落和收复（66 f.）。[12] 接下来是梅特路斯与波米尔卡（Bomilcar）

---

[10] 穆图尔河一般被认为是梅拉格枯水河（Oued Mellag），参见 S. Gsell, o.c. 190。如果这种看法是错的（而且被认为是其他河流），那么它对于理解萨卢斯特来说，也就几乎不具有任何意义。

[11] 冬营地点可能是在提西迪乌姆（Tisidium）：梅特路斯在此召见了朱古达（62.8）。

[12] 萨卢斯特明确指明这是在冬季（68.2）。瓦伽城的阴谋分子选定了一个日子——"约定在第三天，因为那天是阿非利加各地都过的一个节日，这一天呈现的景象是游乐和欢庆，而不是危险和恐惧"（in diem tertium constituunt, quod is festus celebratusque per omnem Africam ludum et lasciviam magis quam formidinem ostentabat，66.2）。加科比诺提出了一个重要的推断，他认为这一天是"谷神节"（in diem Cererum），即 12 月 13 日（J. Carcopino, *Rev.hist.* CLVIII [1928], 1 ff. = *Aspects mystiques de la Rome païenne* [1941], 13 ff.）。

的密谋，后者是一位当地的酋长。在此之后，梅特路斯展开了新的作战行动（73.1）。他在一次战斗中击溃了朱古达。朱古达随即退入荒原，避难于塔拉城（Thala，他的大部分财宝都安置在这里），塔拉据说是"一座繁华的大城镇"（oppidum magnum atque opulentum），与最近的河流相距五十英里（75.1 f.）。梅特路斯一路向塔拉进军，并攻占了那个城镇；但朱古达还是溜掉了，他逃入了盖图利安人（Caetulians）居住的地区。不久之后，朱古达又蛊惑毛里塔尼亚的国王博库斯介入战争，给他提供援助。两位国王在罗马人占领的契尔塔附近会师（81.2），萨卢斯特却没有交代会师的方式和时间。随后发生的事情则是梅特路斯与博库斯的交涉，以及战事的停滞。[13]

在此期间，梅特路斯收到了来自罗马的消息，他得知马略当选了执政官，努米底亚也分给了马略（82.2）。这就是公元前108年至此为止的活动。如果萨卢斯特是可信的，那么很明显，梅特路斯战场上的所有决定性的行动都不可能被追溯到新任执政官抵达阿非利加之前的公元前107年。[14]

---

[13] 83.3："eo modo saepe ab utroque missis remissisque nuntiis tempus procedure, et ex Metelli voluntate bellum intactum trahi."（就这样，使者不断被双方派来派去，时间也一点点过去，而战争也按照梅特路斯的意愿，停顿了下来。）

[14] 蒙森把梅特路斯两次出征的时间分别定在公元前108年和公元前107年，而不是公元前109年和公元前108年，这种看法往往以不太令人满意的结果一再出现。博斯拉尔的新见解使这个问题变得更加复杂，（转下页）

总之，萨卢斯特在叙述中指明，梅特路斯在安置冬营前结束了自己的第一次征战之旅（61.2）。至于第二次作战行动，萨卢斯特并没有给出任何说明。然而，有一条线索是不容忽视的。这条线索就是那段关于列普奇斯城（Lepcis）的插叙，列普奇斯城的代表来到梅特路斯这里，要同这位罗马统帅进行商议（77.1），因而从表面上看，萨卢斯特加入这段插叙是顺理成章的。然而，作为一个写法上更加精巧考究的历史撰述家，萨卢斯特会出于各种理由添加插叙。他这样做也是为了表示一种停顿或掌控叙述的转变和过渡，使故事的陈述富于变化，而不是仅仅为了阐释和说明（这种篇幅和性质的补充说明是不需要的）。这段插叙被放在占领塔拉城的战役之后，而攻占塔拉城的时间应该是公元前108年的秋季。[15] 随后的叙述中并没有提到梅特路斯发起的作战行动，

---

（接上页）D. E. Bosselaar, *Quomodo Sallustius historiam belli Jugurthini conscripserit*（Diss. Utrecht, 1915）。博斯拉尔认为梅特路斯发起了三次作战行动：第一次结束于穆图尔河战役之后的公元前109年，《朱古达战争》（61.2）中所提到的冬营时间是公元前108—前107年，攻占塔拉城是在公元前107年。

拉宾纳在其敏锐的战争史研究中认识到，博斯拉尔被人忽视的见解中有着非常重要的价值（A. La Penna, o.c. 47）。在时间顺序的问题上，拉宾纳只会简要提及博斯拉尔和毕希纳的论述（243）。毕希纳在这一问题上接受的是博斯拉尔的观点，只是不够明确（Büchner, o.c. 69; 92）。对时间顺序的问题进行毫无偏见的考证应该表现出深切的怀疑。在这个问题上，我们需要重新想起霍尔罗伊德的研究（M. Holroyed, *Journal of Roman Studies* XVIII [1928], 1 ff.）——正如施泰德勒（W. Steidle）坦率承认的那样。

[15] 有学者认为攻占塔拉城的时间是在公元前108年春季（M. Holroyd, o.c. 19），因为那个时候有降雨（75.9）。但秋季也会出现这样的情况。

而只讲到梅特路斯与博库斯在契尔塔附近的交涉（82 f.）。因此，这段关于列普奇斯城的插叙指示的时间应该是公元前108年到公元前107年冬季。

接下来讲述的是马略在公元前107年的征战活动。在经过最初的备战活动后，马略在契尔塔附近打垮了朱古达（88.3），然后又占领了一些城镇和要塞（具体地点并未说明）。在这之后，马略谋划了一个长途奔袭的计划，目的是要超越梅特路斯攻克塔拉城的功绩，并散布罗马武力的恐怖。他攻取的目标是卡普萨城（Capsa），这个城市远在一个毒蛇遍地的沙漠当中（事实上在西卡以南大约一百三十英里处）；而拉里斯城（Lares，西卡城和扎玛城之间的洛比乌斯城［Lorbeus］）一带则是他启程出兵的地方。马略率军跨过了塔纳伊斯河（Tanais，无法确认）；[16] 他出人意料地攻陷并摧毁了卡普萨城（89-91）。

远征卡普萨城的时间应该是在夏季时节——萨卢斯特明确指出了这一点（90.1）。也就是说，这次远征的时间是在公元前107年夏季。接下来，萨卢斯特又记述了马略对一些地方（没有提到地名）的攻陷和占领。然后他宣布，马略拟订了一个新的作战计划（92.4）；于是人们意外地发现，马略的军队在攻取朱古达的一个要塞，这个要塞修建在穆卢卡河（Muluccha）不远处的一个陡峻岩坡上。穆卢卡河被萨

---

[16] 除非塔纳伊斯河是塞勒（Gsell, o.c. 233）所说的德尔布枯水河（Oued el Derb），而塞勒遵循的是迪索（Tissot）的观点。

卢斯特说成是划分博库斯的毛里塔尼亚王国和朱古达王国的一条界河（92.5）。这条河就是今天远在奥兰（Oran）以西的穆卢耶河（Moulouya）：其入海口离梅利利亚（Melilla，西班牙所属的摩洛哥城市）只有三十英里的距离。[17]我们从这些叙述中可以发现两个令人困惑的问题。萨卢斯特并没有说明，马略在公元前107年到公元前106年之间是如何抵达这个偏远之地的，也没有提及马略在此期间是否设立过冬季营寨。或许，马略在这段时间的征战行动就像其他阿非利加的战争一样，并没有出现明显的中断。

幸运的是，马略不仅攻下了穆卢卡河附近的要塞，而且还劫取了朱古达留在这里的财富。接下来的故事呈现了马略撤军的情节。他必须得用两次战役结束自己的征程，而第二次战役就发生在契尔塔城附近（101.1）；马略抵达了他的行军目的地契尔塔城（102.1）；然后军队就进入了冬营（103.1）。[18]因此，马略和博库斯交涉的时间应该是在随后的冬春季节，交涉的结果是博库斯被说服放弃他与朱古达的同盟关系，这主要得益于苏拉的外交演说，他是马略当

---

[17] 关于穆卢卡河的问题，见本章下文p.147。

[18] 100.1: "dein Marius, uti ceoperat, in hiberna it"（然后马略又继续向他设立的冬营推进，这是他已经开始做的事情）; 102.1: "consul haud dubie iam victor pervenit in oppidum Cirtam, quo initio profectus in tenderat"（现在无疑是胜利者的执政官来到了契尔塔，这个城镇从一开始就是他的目的地）; 103.1: "excercitu in hibernaculis composito"（把他的军队安置在冬季营寨）。如果"李维传统的说法"（Livian tradition）是正确的，那么在马略撤军期间，罗马人就失去了对契尔塔的控制（Orosius V. 15. 10; Dio XXVI. 89. 5a）。

时的财务官。萨卢斯特以一种模糊的说法指示了公元前105年："就在这个时候"（per idem tempus，114.1），罗马人在高卢遭到了溃败（即公元前105年10月6日的阿劳西奥［Arausio］战役）。在这部作品的结尾，萨卢斯特以时间顺序记述了马略在他第二个执政官任期的第一天庆祝了努米底亚战争的胜利；而且萨卢斯特还说，那个时候，罗马的一切希望和幸福都集中在了马略身上（114.4）。

对于公元前109年到公元前105年间事件发生的前后顺序，我们都能由此确定出一个清晰的时间线索。至此为止，一切都算顺利。但是，我们还有其他问题需要解决。萨卢斯特对各次战役的记述详略不一，变化极大。有些情节叙述精心，铺陈详尽，比如穆图尔河战役、瓦伽城事件或马略进军卡普萨城的战役。有些事情则被几笔带过，没有交代任何具体的信息。当然，史料记述并非处处翔实的特点可以在某种程度上解释这种现象，但萨卢斯特有所取舍和有所侧重的记叙手法或许才是更为重要的原因。

萨卢斯特的叙述不仅有含糊之处，而且还存在严重的疏漏。梅特路斯第一年的征战活动局限在努米底亚东北部一个有限的区域内，这个区域大体上可以限定为瓦伽城—西卡城—扎玛城所构成的三角地带。梅特路斯第二年的征战即将结束时，人们发现他占领了契尔塔（81.2）。契尔塔战略地位显要，所处地区完全不同，到达那里也并不容易，因为该城位于西卡城以西一百五十英里左右的地方。萨卢斯特并没有提及从西卡城到契尔塔或从塔拉城到契尔塔的那段漫长而艰苦的行军过程,我们不知道梅特路斯是如何抵达契尔塔的。

不仅如此,对于攻下卡普萨城之后的马略是经由怎样的路线出现在穆卢卡河附近的要塞,萨卢斯特同样没有提供任何地名和说明。萨卢斯特认为,穆卢卡河附近的战斗可以和攻陷卡普萨城的战役相比,只是不像后者那般艰险而费力(92.4)。考虑到卡普萨城和穆卢卡河之间所要跨越的距离,这种说法会让人感到难以理解。在此处(92.5)和其他两处(19.7;110.8)的叙述中,萨卢斯特都把穆卢卡河说成是努米底亚王国和博库斯王国的界河,这条河位于契尔塔以西,其间的直线距离约有五百英里。如此长距离的远征在任何时代的军事编年史中都是一个值得大书特书的事件。萨卢斯特的记述和评论自然会让人觉得颇为意外——有些人深切怀疑,萨卢斯特是某种错误或混淆的受害者,他要么是将另一条同名或类似名称的河流误认为这条河流,要么是将这条河流混同于后来的某条边界。[19]作为变节投诚的奖赏,博库斯获得过努米底亚西部的一大片土地;[20]后来则以穆卢卡河为界,分裂出了两个毛里塔尼亚王国。[21]在恺撒出征阿非利

---

[19] 参见 E. Cat, *Essai sur la province de Maurétanie Césarienne* (1891), 32.
[20] S. Gsell, o.c. 264.
[21] Pliny, *Naturalis Historia* V. 19. 这条河也是罗马的恺撒利亚行省(Caesariensis)和廷吉塔纳行省(Tingitana)的边界。地理撰述家的著述中有许多令人费解的地方。对于一些涉及穆卢卡河的问题,相关的简要说明可参见 S. Weinstock, *Real-Encyclopädie der classischen Altertumswissenschaft* XIV, 2365 f.。

加的时代，东毛里塔尼亚王国的统治者是博库斯二世，此人曾与普布利乌斯·西提乌斯一道，侵入努米底亚并占领契尔塔。[22] 毛里塔尼亚王国的东部边界在这个时期的走向是非常值得了解的；就萨卢斯特提及穆卢卡河的三处记述来看，其中一处（92.5）提及的穆卢卡河有可能并不是西部偏远地区的穆卢耶河。[23]

关于契尔塔（与梅特路斯相关）和马略远征到穆卢卡河的记述，极大地损害了萨卢斯特作为战争叙述者的信誉。但是，关于时间和地点的记述仍然存在着许多其他的缺陷。人们对此提出了各种各样的解释——有些则是掩饰和辩解。首先，萨卢斯特援引的材料鱼龙混杂、良莠不齐。因此，在叙述中插入某些事件情节很可能就会背离这些情节在时间上固有的先后次序。比如财务官苏拉（他被留在意大利招募备用骑兵）抵达马略军营的时间就被放在了马略围攻穆卢卡河附近的要塞期间（95.1）——苏拉或许来得太迟了，在此之前是需要骑兵的。[24] 其次，对于罗马和努米底亚两方的行动，记叙它们之间确切的相互关系是一个需要谨慎对待的问题。第三个问题与介绍阿非利加北部地理形势的叙述有关。那段叙述很难让人理解相关的地理划分，因为缺乏明确的参

---

[22] Caesar, *Bellum Africum* 25.2.
[23] A. Piganiol, *La conquête romaine*³（1940），274：" 但是，我们不敢和萨卢斯特一样认为，他曾到达穆卢卡河（穆卢耶河）。"
[24] 有人认为，苏拉抵达的时间点是作者有意的安排。比如 K. Büchner, o.c. 58 f.。

照依据。总之，罗马的历史撰述家不想把一大堆稀奇古怪的名词强塞给自己的读者。萨卢斯特的写作字斟句酌、惜墨如金——在梅特路斯和马略行军作战过的区域范围内，萨卢斯特只具体提到了努米底亚境内的三条河流和七个城镇。[25]

第四个问题关系到撰述者总体上的叙述技艺：严格集中在他看来与其叙述主题密切相关的话题，毫不留情地砍掉也许有助于慢慢理解的那些无关紧要的细节或解释。对于萨卢斯特来说，朱古达的最终命运并不重要，努米底亚最终的领土安排同样也无关宏旨。

萨卢斯特的做法（删减、省略或对事件的艺术性改编）是有意为之，以致有人认为他有刻意误导之嫌。

在讲述朱古达的早年经历时，萨卢斯特将他在努曼提亚的西庇阿军营中所经受的历练视为其人生的关键时期：萨卢斯特声称，朱古达的罗马朋友煽动了他的野心，也向他透露了金钱能在罗马通神的格言（8.1）。这是不是萨卢斯特虚构的故事呢？萨卢斯特很可能并不是第一个建立这种联系的撰述家——塞普罗尼乌斯·阿塞利奥（Sempronius Asellio）这位罗马编年纪作家也持同样的看法。[26] 此外，萨卢斯特把米西普萨收养朱古达的事情直接放在了后者逗留于努曼提亚

---

[25] 三条河流分别是穆图尔河、塔纳伊斯河与穆卢卡河。七个城镇分别为瓦伽城、西卡城、扎玛城、契尔塔城、塔拉城、卡普萨城和拉里斯城。

[26] Gellius II. 13. 3. 有学者貌似合理地提出，萨卢斯特援引了阿塞利奥的著作（W. Steidle, o.c. 52）。那位吹毛求疵的鲁提利乌斯·鲁夫斯（p.155）不应该被忽略。

的经历之后（9.3）。这种安排或许是出于疏忽，而非有意的设计。因为作者在稍后的叙述中提到，米西普萨在其去世的三年前才将朱古达收为养子（11.6）。

另一个事例也具有指导性。萨卢斯特没有指出公元前107年和公元前106年的征战活动之间有一个冬季休整期。有人认为这是故意的遗漏——目的是要暗示马略只在一个季节里就取得了多方面的成就，从而借此夸大马略的才干。[27]

我们可以坚决驳斥这样的看法。因为这种看法缺乏考虑，这是更好的解释。那些一味谴责萨卢斯特的人本身不一定无可指摘。有人曾提出一种一直以来未经检讨的说法，这种说法认为，梅特路斯的征战活动应该被放在公元前108年和公元前107年，而不是公元前109年和公元前108年。[28] 有位学者还指出，穆卢卡河与卡普萨城之间有将近三百公里的距离，而另一位学者则认为，穆卢卡河与契尔卡城之间相距约二百多英里。[29] 主要的证明是一段简短的陈述，其中提到远征卡普萨城的战役发生在一个冬天（即公元前107—前106年冬季），随后就是向穆卢卡河进军的行动；马略被认

---

[27] W. A. Baehrens, *Neue Wege zur Antike* IV(1926), 81："有意的编造。"

[28] 参见本章 p.145 及注释 14。关于这种毫无道理的时间顺序，另参见 M. Holroyd, *Journal of Roman Studies* XVIII(1928), 19。霍尔罗伊德（M. Holroyd）指出，蒙森和佩勒姆（Pelham）对蒙森的批评中都出现了各种各样的"遗漏和讹传"。

[29] 两位学者分别为 W. A. Baehrens, o.c. 80; D. E. Bosselaar, p.c. 87。两位学者并没有明确指出，穆卢卡河并不是萨卢斯特所说的博库斯王国的界河。

为在同一个冬天围攻了契尔塔，而契尔塔投降的时间是在公元前106年春天。[30]

然而，以这种间接的方式来为萨卢斯特辩解是毫无必要的。在讲述作战情节的时候，萨卢斯特并不打算提供有关军队规模、确切的时间间隔或进军行程的具体细节。提供这种细节是评注（commentarii）的任务。历史撰述家的叙述是一种有所取舍的叙述，同时也是一种写意的戏剧化叙事。后世的一位撰述家在讲述阿格里科拉（Agricola）在苏格兰的征战活动或阿非利加的四位资深执政官镇压塔克法里纳斯（Tacfarinas）的军事行动时，也适当有意地再现了这种萨卢斯特式的叙述手法。\*

萨卢斯特呈现了一幅阿非利加战争的图景和画面，这在任何时代都是令人信服的。生动的笔触使荒漠、灌丛、起伏的岗峦、捉摸不定的敌人，以及干渴和劳顿、背叛与谋杀浮现在读者的眼前。在这些方面，萨卢斯特的优点有目共睹、世所公认。[31]然而，在起因、过程和结局方面，萨卢斯特是否恰当地说明了这场战争的具体特征呢？这依然是一个有待解决的问题。

可以说，萨卢斯特做出了正确的评判，他的作品中虽

---

[30] A. Pigniol, o.c. 274. 事实上，罗马人此时已经失去了契尔塔城（Orosius V. 15. 10；Dio XXVI. 89. 5a）。

[31] S. Gsell, o.c. 129；132；G. Boissier, *L'Afrique romaine*[4]（1909），21 f.

\* 关于阿格里科拉和塔克法里纳斯的叙述分别指塔西佗在《阿格里科拉传》和《编年史》中的叙述。

然没有出现一句令人印象深刻的总结性陈述，但整个叙事都预设了这种正确的判断。罗马军团一旦在战场上受挫，朱古达就不会有任何妥协退让的可能，也不会有任何机会和余地成为一个接受惩戒、悔过自新的臣属。这位努米底亚人倒是很乐意成为一个悔过自新的臣属——但他很快就明白，罗马不会宽恕他对共和国"尊荣"的侮辱，也不会消除共和国对他的仇怨与愤恨。罗马的其他敌人都汲取过相同的教训。[32]

因此，罗马的统帅们与其说是致力于开疆拓土，倒不如说致力于某种个人的追求。[33]朱古达躲过了围攻，并于战斗后逃之夭夭。为了诱捕或谋杀朱古达，劝诱一些人出卖朱古达就成为罗马人的下策。事实上，梅特路斯一开始就做过这样的尝试，他在开战前曾贿赂过朱古达派来的使节（46.4）；占领瓦伽城之后，梅特路斯又进行了一次尝试（47.4）；再后来，他还与波米尔卡精心策划了一场阴谋，这场阴谋被朱古达察觉，因而被镇压了下去（70–72）。

既然如此，还有一个问题允许人们给出一种答案：赢得努米底亚战争的胜利应该归功于谁？从传统上讲，贵族派会推崇梅特路斯，在他们看来，梅特路斯由于内政原因而被马略接任是极不公正的举措，因为在那个时候，梅特路斯已

---

[32] 罗马在公元前 200 年决定向腓力五世（Philip V）开战，在这个备受争议的问题上，并非所有人注意到怨恨的推动力，也并非所有人看到了对"dignitas imperii"（罗马至尊）的主张。
[33] 这个令人信服的论点出自 M. Holroyd, o.c. 1 ff.。

经击垮朱古达的抵抗力量,使其元气大伤。[34]四十年后再次出现类似的情形时,这种想法丝毫没有失去它的合理性,据称,庞培篡夺了原本属于卢库路斯的荣誉,后者是米特里达梯战争中的贵族统帅。

萨卢斯特的叙述不偏不倚,他没有贬低梅特路斯的功绩,但也没有厚此薄彼。梅特路斯虽然在战场上赢得了胜利,但朱古达仍然在荒僻的土地上逍遥法外;朱古达还获得了一位盟友,战争也没有结束的迹象。马略的征战范围更为广泛,他一再袭扰朱古达,使其无处可逃。朱古达不得不完全依靠博库斯;博库斯也被迫意识到罗马军事计划的强大与韧性,事实证明,博库斯很容易受到恐吓和诱骗。马略的代表是财务官苏拉,博库斯将朱古达交给了苏拉,但功劳却属于马略。[35]

萨卢斯特了解战争,也熟悉努米底亚,因为他负责督理过恺撒设立的新阿非利加行省。这种经历对一位历史撰述

---

[34] 李维宣扬了这种观点,参见 Livy, *Periochae* LXV: "Q. Caecilius Metellus cos. duobus proeliis Iugurtham fudit totamque Numidiam vastavit"(执政官昆图斯·凯奇利尤斯·梅特路斯在两次战役中击败了朱古达,而且还摧毁了整个努米底亚);Velleius II. 11. 2: "bellique paene patrati a Metello qui bis Iugurtham acie fuderat"(梅特路斯实际上已经结束了这场战争,他曾在战斗中两次击溃朱古达)。另参见 Florus I. 36. 11 ff.; Eutropius IV. 27. 2 f.。

[35] M. Holroyd, o.c. 18.

家来说是一个难得的优势。他的修史工作可能会因此而获益良多。

作为行省总督的萨卢斯特可能驻扎在扎玛,此地是朱巴的努米底亚王国的首府。[36]因此,萨卢斯特关于扎玛位于平原之上并且并无天然屏障的说明是非常值得重视的(57.1)。不过,我们尚不能断定他是否视察过塔拉城——至少他描述的塔拉(75.2)看起来并不符合迪威斯特(Theveste)东北方向四十英里处的那个同名的地方,许多学者也倾向于否认两者是同一个地方,他们要另外寻找萨卢斯特笔下的塔拉城坐落的位置。[37]在契尔塔城的问题上,萨卢斯特的叙述中出现了奇怪的错误。他在第一次提到契尔塔时讲到,契尔塔城坐落于离海不远的地方(21.2)。之后他又提到,朱古达在围攻阿德赫巴尔的时候,用壁垒和壕沟包围了契尔塔(23.1)。[38]这种情况是不可能出现的:契尔塔城所处的地方是一个岬角,四周有陡峭的峡谷,只有一个狭长的地狭。很明显,萨卢斯特没有去过契尔塔城——他的行省事实上也并不包括契尔塔。[39]恺撒把这个城市交给了坎帕尼亚的雇佣兵首领普布利乌斯·西提乌斯,后者像一个土著臣属一样统治

*152*

---

[36] 扎玛,即扎玛要塞(Zama Regia),参见 S. Gsell, o.c. 197。
[37] S. Gsell, o, c. 208 f. 参见 C. Courtois, *Recueil . . . Constantine* LXIX(1955-1956), 55 ff.。
[38] 狄奥多鲁斯的作品中也出现了同样的说法(Diodorus XXXIV. 31)。
[39] S. Gsell, o.c. 125;128. 有种观点认为,萨卢斯特所说的契尔塔实际上是西卡(R. Charlier, *L'ant.class.* XIX [1950], 289 ff.)。这种观点不太可能得到很多人的认同。

那个地方。

　　罗马的历史撰述家一定对地理信息了如指掌，但他们并不一定认为，明确表示甚至公开透露地理方面的信息是更为可取的选择。他们更倾向于展示文学传统和书面材料，而非个人的经验。萨卢斯特恰到好处地添加了一段关于阿非利加的插叙。这段插叙极为简洁，正如他谨慎说明而又反复重申的那样——"尽可能简短"（quam paucissumis，17.2；7）。他所讲述的内容中没有表现出任何分析查证的暗示。在用简洁明了的语句介绍了阿非利加的地理状况和居住民之后，他又立即追溯了这一地区的古老渊源。希腊人的博学和想象展现出它们常见的破坏性影响。我们从这些叙述中了解到，由各个族群组成的赫拉克勒斯西征部队的残部来到了阿非利加；米底人、波斯人和亚美尼亚人与当地的利比亚人和盖图里亚人（Gaetulians）混杂融合在一起；而"玛乌里人"（Maurus）是"米底人"改换名称后的名词。这些离奇的推断援引于一些布匿语著作，这些书的作者据说是国王希耶姆普萨尔（Hiempsal）：它们已被翻译过来，为萨卢斯特所用（17.7）。不过，我们有理由补充一句：萨卢斯特拒绝为他陈述的观点负责，他借此掩护了自己。[40]

　　可以另外说明的是，希耶姆普萨尔的著作即便是用布匿语所写，也可能更多受惠于希腊的知识学问，而非真实可

---

[40] 17.7: "ceterum fides eius rei penes auctores erit."（其可靠性要由我所引用的原作者负责。）

靠的本土传统。萨卢斯特也可能引用过波西多尼乌斯的作品，民族志的研究中经常会追寻或揣测后者的身影。[41]在萨卢斯特的插叙中，一些地理名词的构成事实上透露出某种希腊的渊源。[42]而萨卢斯特的叙述中出现的两个错误也类似于地理学家斯特拉波的错误，据说后者的著述深受波西多尼乌斯的影响。萨卢斯特对菲莱尼·阿莱（Arae Philaenorum，迦太基与昔兰尼之间的古老边界）的位置漠不关心；[43]他还提出了一个奇怪的说法：努米底亚最肥沃的部分是那些邻近毛里塔尼亚王国的土地。[44]

波西多尼乌斯是决心接续波利比乌斯工作的一位杰出的希腊历史撰述家，他名字引出了关于萨卢斯特材料来源的一般性问题。[45]在这个问题上，含混不清之处可谓比比皆是。波西多尼乌斯的历史撰述立足于罗马统治阶层的立场；在普鲁塔克的《马略传》和狄奥多鲁斯（Diodorus）的著作中，人们可以大致推测出他对那些历史事件的记述：比如败坏马略名誉的某些罪名。[46]萨卢

---

[41] S. Gsell, o.c. 127 f. 有学者认为，关于阿非利加的插叙并没有引述波西多尼乌斯的说法，相关质疑可参见 K. Trüdinger, *Studien zur Geschichte der griechisch-römischen Ethnographie*（Diss. Basel, 1918），127 ff.。

[42] 比如 19.3: "Cyrene est, colonia Theraeon"（提腊人的移民地昔兰尼）。

[43] 19.3, 参见 Strabo III, p. 171。

[44] 16.5, 参见 Strabo XVII, p. 831。

[45] 参见 Gsell, o.c. 126 ff.（相关的论述清晰而中肯）。

[46] 尤其是关于瓦伽城事件和处决图尔皮里乌斯（Turpilius）的记述（Plutarch, *Marius* 8）。关于普鲁塔克的记述，参见 A. Passerini, *Athenaeum* XXII（1934），17 ff.；K. v. Fritz, *Transactions of the American Philological*（转下页）

斯特也许更倾向于拉丁语撰述家（其中包括波西多尼乌斯的材料）。可以提及的名字有塞普罗尼乌斯·阿塞利奥（Sempronius Asellio），这个人在他的著作绪言中明确声明，他为自己的历史撰述设定了一个严格的目标：不仅要做编年史记录，而且还要进行历史评判。努曼提亚战争期间，阿塞利奥曾在西庇阿·埃米利亚努斯的帐下做过军事保民官，他的长寿足以让他的历史记述至少延续到公元前91年。[47] 除此之外，瓦勒里乌斯·安提亚斯和克劳狄乌斯·夸德里伽利乌斯（Claudius Quadrigarius）的作品同样涵盖了这一时期。[48]

瓦勒里乌斯·安提亚斯这种类型和品质的历史撰述家并不会对历史的揣测造成妨碍。李维似乎一直在借用安提亚斯的著作，尽管他很早就意识到，安提亚斯的作品是一种十分露骨的杜撰。奥罗修斯援引李维的作品，记叙了马略反击朱古达和博库斯联军的两次战役。[49] 这些记述与萨

---

（接上页）*Association* LXXIV（1943），166f.。关于波西多尼乌斯的《历史》，K. Reinhardt, *Real-Encyclopädie der classischen Altertumswissenschaft* XXII, 630 ff.。舒尔认为萨卢斯特大量（可能过多）借用了波西多尼乌斯的记述（W. Schur, *Sallust als Politiker* [1934], 163 ff.）。

[47] 关于阿塞利奥的著作残篇，参见 H. Peter, *Historicorum Romanorum Reliquiae* I$^2$（1914），179 ff.。

[48] 但希塞纳的作品并不包含这个时期。有学者提出了一个奇怪的想法，认为希塞纳是"主要的材料来源"，参见 Schanz-Hosius, *Gesch. der r. Literatur* I$^4$（1927），367。林绍也过度讨论了这个人的名字（Lenschau, *Real-Encyclopädie der classischen Altertumswissenschaft* X, 6）。

[49] Orosius V. 15. 10 ff.

卢斯特的叙述毫无共同之处,它们展现出各种杜撰虚构的特征。在这些叙述中,第一次战役发生在契尔塔附近,敌方兵力为六万骑兵;在第二次战役中,总兵力则达到九万之众。两次战役中的敌方军队都被歼灭。关于第二次战役的叙述则颇为生动:陷入绝境的罗马人凑巧被一场暴风雨所救。另外可以看到的是,李维在记录罗马人在阿劳西奥战役中的伤亡情况时,仍然没能避免引述安提亚斯的作品:八万士兵阵亡,四万随军杂役殒命。[50] 萨卢斯特不愿对朱古达战争中的人员数目进行任何统计,即便是罗马那边的情况,萨卢斯特也只字未提。一个合理的猜测是,萨卢斯特对安提亚斯的评价可能并不比西塞罗的评价更高,后者以缄口不提的方式否认安提亚斯在晚近的历史撰述家当中占有一席之地。[51]

罗马的从政人士在当时所写的回忆录虽然并非没有瑕疵,但也满足了萨卢斯特的要求。在罗马,自传的出现早于传记,就像历史撰述一样,自传也来自罗马的公共生活。杰出的埃米利乌斯·斯考鲁斯(公元前115年的执政官)撰写过一部记述自己生平的作品(他有诸多事情需要辩解),他是罗马近三十年间政治举措的主要负责人之一。西塞罗曾在《布鲁图斯》中间接指出,这些作品是一笔宝贵的财富——"虽然非常有用,但几乎没人读过"(sane utiles quos nemo

---

[50] Orosius V. 16. 3.
[51] 参见本书 p.47。

legit）。[52] 在这个问题上，萨卢斯特或许从新近发表的《布鲁图斯》中获得了提示，这和在其他问题上是一样的。

从现存的残篇中可以看出，鲁提利乌斯·鲁夫斯（Rutilius Rufus）的回忆录同样含有强烈的辩解意味。[53] 鲁提利乌斯是斯考鲁斯的同时代人，同时也是斯考鲁斯竞选公元前115年执政官的有力竞争者（他们相互指控对方犯有贿赂罪），但鲁提利乌斯直到十年之后才得到执政官的职位。多年以后的公元前92年，鲁提利乌斯因遭到恶意指控而被迫流亡于亚细亚，他为获得希腊人的赞许而招摇卖弄，据说他受到了恶劣的对待，于是就在谈话和写作中寻求慰藉。鲁提利乌斯这个名字代表了自以为是和哲学研究。[54] 不该忘记的是，鲁提利乌斯不仅热衷于战争技艺，而且还上过战场（就像朱古达故事中的许多其他人一样，最初也是在努曼提亚战争中服役）。[55]

---

[52] Cicero, *Brutus* 112. 关于缺失的残篇，*Historicorum Romanorum Reliquiae* I$^2$, 185。另参见 E. Pais, *Dalle guerre puniche a Cesare Augusto* I（1918），137 ff.；P. Fraccaro, *Rend.–Ac.Lincei*$^5$ XX（1911）169 ff. = *Opuscula* II（1957），125 ff.。

[53] *Historicorum Romanorum Reliquiae* I$^2$, 189 f.；*FGrH* 815. 参见 F. Münzer, *Real–Encyclopädie der classischen Altertumswissenschaft* IA, 1277 ff.；G. L. Hendrickson, *Classical Philology* XXVIII（1933），153 ff.。

[54] Velleius II. 13. 2: "virum non saeculi sui sed omnis aevi optimum."（[鲁提利乌斯] 不仅在他的时代是最优秀的人，而且也是有史以来最优秀的人。）

[55] Appian, *Ib.* 88. 除了马略，盖尤斯·梅米乌斯（公元前111年的保民官）也在努曼提亚战争中服役（Frontinus, *Stratagems* IV. 1. 1）。也许还有其他人，比如斯考鲁斯。（参见 *De viris illustribus* 72. 3: "primo in Hispania corniculum meruit."[他最初因在西班牙作战勇猛而赢得了军功荣誉。]）

最后是独裁者苏拉献给好友卢库路斯的自传。[56]这篇稀奇的文献时而会以露骨的瞎话肆意嘲讽，它为那些无意于自责的个人和阶层设定了高标准的要求。[57]萨卢斯特对朱古达投降的详尽叙述清楚地表明，他引用过苏拉的这篇自传，而且还可以认为，在记述契尔塔以西发生的两次战役时，萨卢斯特同样援引了这篇文献。与此类似，从关于穆图尔河战役的精彩叙述中可以看出，萨卢斯特借用的材料是鲁提利乌斯·鲁夫斯的回忆录——鲁提利乌斯曾作为梅特路斯的副官参加了那次战役（50.1）。

我们无从查证梅特路斯本人写过任何回忆录。那个时代的人都对这位贵族颇为敬重，而且历史撰述家也对他的看法非常正面。按照萨卢斯特的说法，梅特路斯在公元前107年从阿非利加回到罗马后受到各个阶层十分热情的欢迎（88.1）。萨卢斯特没有提及梅特路斯的凯旋式——这是有意为之，但不是出于恶意。他还略去了一个事实：一名保民官从中作梗，阻挠了这次直到第二年才举行的凯旋仪式。*

梅特路斯为这些事情发表过一些演说，其中有三段引文被保留了下来。[58]因此，萨卢斯特有很大机会可以接触到那个时期的其他政治演说。比如西塞罗从小就了解并学习过

---

[56] Plutarch, *Lucullus* 1.
[57] 关于这篇文献的残篇和线索，*Historicorum Romanorum Reliquiae* I², 195 ff.。关于萨卢斯特援引的自传材料，G. Vitelli, *Stud.it.fil.cl.* VI（1898），353 ff.；I. Calabi, *Mem. Acc. Lincei*⁸ III. 5（1950），247 ff.。
[58] H. Malcovati, *ORF*² (1955), 211 ff.
\* 保民官指马略。

苏尔皮基乌斯·伽尔巴冗长乏味的演说,后者是公元前109年被调查员玛米利乌斯(*quaestio Mamiliana*)指控的罪犯之一。[59]

公元前111年保民官梅米乌斯的长篇演说是《朱古达战争》中浓墨重彩的一个重要情节。西塞罗在《布鲁图斯》中提到过梅米乌斯,但也只是将他视为自己并不欣赏的法庭辩护者。[60]然而,流传下来的只有这种传统评价:梅米乌斯是一位很有影响力的公共演说家。在萨卢斯特看来,梅米乌斯的能言善辩"名声在外而又影响极大"(clara pollensque);因而萨卢斯特断言,他会重述梅米乌斯的许多演说中的一篇(30.4)。萨卢斯特的表述和用语似乎意味着他非常清楚地记着梅米乌斯的一篇演说。但是有人也许会怀疑,他以"演说内容如下"(huiusce modi verbis)作为开头的重述工作是否基于原始的演说文献。和这部专题作品中的其他演说一样,这篇演说同样属于萨卢斯特的自由创作。

萨卢斯特本人也是一名保民官和一位演说家,他对过去寡头统治的推行者和敌对者并不缺乏兴趣;他还认识其中一些人的后裔,比如梅米乌斯的孙子,此人是公元前58年的行政官,也做过公元前54年的执政官候选人。萨

---

[59] Cicero, *Brutus* 127.
[60] Cicero, *Brutus* 136: "tum etiam C. L. Memmii fuerunt oratores mediocres, accusatores acres atque acerbi."(盖尤斯·梅米乌斯和卢奇乌斯·梅米乌斯都是平庸的演说家,他们的演说都以指控的激烈和粗暴而著称。)

卢斯特以优雅的文风挥笔写就一篇保民官侃侃而谈的长篇演说时，明显乐在其中。但我们没有理由相信，萨卢斯特曾经追根究底地查证过某种类型的原始文献。他对朱古达战争时期的政治情形所做的大部分描绘，明显是他自己的杜撰。

# 第 11 章

# 《朱古达战争》: 政治

《朱古达战争》的叙述中虽然有很多不足之处或令人疑惑的地方，但其讲述的作战情况，似乎并没有因为对人的偏见或党派的敌意而有所歪曲。梅特路斯在战争中取得的成就得到了翔实而正面的陈述；马略在叙述中固然表现突出，但也没有被过分地夸大；苏拉机敏的外交手腕同样丝毫没有遭到贬低。

朱古达战争和战争中的将领同罗马的政治紧密相关。这是我们必须考虑的另一个方面。萨卢斯特规定的主题并非仅仅是战争，其中还有对贵族"傲慢"（superbia）的挑战，因此，他的用语措辞明确表明了一种鲜明的看法和态度——或许，《朱古达战争》从一开始就存在无处不在的偏见与倾向。

我们将在萨卢斯特描写某些人物的态度中找到这样的偏见。在对罗马政治生活的评判和关于名门权贵的潜在预设中，同样可以发现这种偏见。[1]

---

[1] 人们长期以来认为，萨卢斯特在事件和人物的描写中不仅存在着偏见，而且还进行了有意的、系统性的歪曲。关于这种观点的极端形式，参见 C. Lauckner, *Die künstlerischen und politischen Ziele der Monographie Sallusts über den Jugurthinischen Krieg* (Diss. Leipzig, 1911)。有学者（转下页）

首先是关于罗马统帅的描述。出任公元前111年执政官的卡尔普尔尼乌斯·贝斯提亚因与朱古达缔结了和约而遭到谴责。让人惊讶的是,萨卢斯特竟然会承认这个人的长处和优点。贝斯提亚精力充沛、才智敏锐,同时还拥有丰富的作战经验。但是,贝斯提亚这些优良的品质都被他唯利是图的贪婪所败坏("为贪婪所累"[avarice praepediebat],28.5)。为掩盖自己的不法行为,他挑选了一些出身名门的人来充当自己的副官;[2]在发起猛烈的进攻之后,他又懈怠下来,希望在朱古达的使节露面之时能够博取一些金钱。[3]他的腐败行径最终给罗马的公职人员树立了极坏的榜样(32.2)。接替贝斯提亚的统帅是执政官斯普里乌斯·波斯图米乌斯·阿尔比努斯,萨卢斯特说他非常想披挂上阵——"渴望挑起战争"(avidus belli gerundi,35.3)。这个说法本身算不上一种指责。但阿尔比努斯却听任战事的拖延。(有人认为)这并不是怠惰,而是

---

(接上页)承认,这种看法给萨卢斯特造成了太过负面的影响(F. v. Fritz, *Transactions of the American Philological Association* LXXIV[1943],134 ff.)。对这种观点的修正,参见 K. Vretska, *Wiener Sitzungsberichte* CCXXIX. 4(1955)。关于萨卢斯特看待梅特路斯、马略和苏拉的态度,这位学者(K. Vretska)有一个明确而新颖的看法。关于这部专题作品的旨趣和价值引发了漫长的争论,对于该争论的敏锐分析,参见 A. La Penna, *Ann. della Scuola Normale Superiore di Pisa* XXVIII(1959),45 ff.。

[2] 28.4:"legat sibi homines nobilis factiosos, quorum auctoritate quae deliquisset munita fore sperabat."(他挑选那些出身显贵同时又具有强烈派别情绪的人做自己的参谋人员。)

[3] 29.1:"animus aeger avaritia facile conversus est."(事实上利欲熏心的思想很容易使他偏离目标。)

一种计策（36.3）。阿尔比努斯的弟弟贸然发动了那次灾难性的突袭行动后，阿尔比努斯没能成功重整军纪，这是萨卢斯特对他的一个极其负面的指责（39.5）；梅特路斯抵达阿非利加军营的时候，萨卢斯特描绘了一幅暗淡消沉的景象——整支军队士气败坏，军纪废弛（44）。

随着梅特路斯的抵达，战争也出现了新的转折和局面。这位贵族第一次出场时，萨卢斯特将他说成是一位奋发有为、名声清白的人物（43.1）；他与出征努米底亚的几位前任统帅不同，金钱和利益对他起不了任何作用（43.5）。萨卢斯特详细讲述了梅特路斯为恢复军队战斗力而采取的措施，这些举措得到了作者诚挚的认可。对于梅特路斯，萨卢斯特给出了一个颇有分量的评价——"我发现，梅特路斯这个人伟大而又睿智"（magnum et sapientem virum fuisse comperior，45.1）。萨卢斯特一般来讲是吝于赞美的。他的著述中还没有其他人获得过"睿智"（sapiens）这样的赞语。后世也有一位撰述家同样不习惯热忱地赞美别人，但他为了表示自己对一位罗马贵族的极高赞誉，同样选取了萨卢斯特使用过的这个赞美之词。[4]

此外，当梅特路斯打赢穆图尔河附近的那场硬仗之后，萨卢斯特还以真挚愉悦的笔调记叙了罗马的欢欣鼓舞。身为统帅的梅特路斯根据罗马的传统——"古人的方式"（mos

---

[4] Tacitus, *Annals* IV. 20. 2: "hunc ego Lepidum temporibus illis gravem et sapientem virum fuisse comperior."（我发现这个雷比达在他的一生中是一个庄重认真而又很有智慧的人。）

maiorum）——严格规训自己和军队的行事作风；而梅特路斯的名声也是如日中天（55. 1 f.）。然而，梅特路斯还是失去了作者的青睐。他的副官马略想回罗马参加执政官的竞选，他对此心生不悦。他一开始向马略提出看起来友好的劝告，继而进行劝阻，最后则对马略进行挖苦和奚落：马略可以等到梅特路斯的儿子成为候选人的时候再去竞选。按照萨卢斯特的解释，梅特路斯虽然富有"勇气""名声"和其他优秀的品质，但和所有的名门权贵一样，目空一世、孤高傲慢仍然是他最为明显的性格——"这是显贵的通病"（commune nobilitatis malum，64. 1）。后来，马略不但当选为执政官，而且还根据人民的决议，获得了努米底亚战争的统帅权，这种情况让梅特路斯感到更加不快，也更为烦恼——他泪水潸然而又口无遮拦（82. 2 f.）。这样的行为被再次归之于他的"傲慢狂妄"和个人遭受的侮辱，（萨卢斯特则断言）相比于他被马略取代的事实，马略赢得的荣誉给他造成了更加严重的伤害。但最后，萨卢斯特不会忘记记述等待梅特路斯返回罗马的盛大欢迎会，一切对他的恶感和敌意都已消失——"无论平民还是元老……都对他同样欢迎"（plebi patribusque ... iuxta carus，88. 1）。

从这样的叙述来看，我们几乎不能断言，萨卢斯特对待梅特路斯的态度有失公允。[5]但是可以断定，马略比得上

---

[5] 参见 K. Vtretska, o.c. 94 ff.。有学者认为，萨卢斯特称赞梅特路斯，恰恰只是为了证明，马略优于贵族中能够选拔出来的最为杰出的将领（C. Lauckner, o.c., 7 ff.）。

梅特路斯。萨卢斯特是一位高明的撰述家,也是一个有过从政经历的人。难道他没有赞扬和美化过这位人民的统帅吗?

这个时候又浮现出容易引起误解的萨卢斯特的政治倾向问题。恺撒的家族亲缘关系将恺撒与马略及其党派联系在一起,\*而秦纳之女科妮莉娅嫁给恺撒又加强了这样的关系;恺撒早年与贵族派较量的政治行动成功地利用了马略失败的事业;当庞培与寡头结盟,开始与恺撒为敌,这一事业又从一次突如其来的死灰复燃中获益。这场内战采取了先前的斗争形式,许多原来效忠于马略的罗马家族或地方自治市家族,都随着恺撒重整旗鼓,卷土重来。所有这些都是人们已知并且认可的事实。那么接下来又会有怎样的推论呢?

马略是朱古达战争中至关重要的角色。有些人据此认为,马略是这场战争中形象光辉的战斗英雄。[6]对于另一些人来说,这位统帅仅仅是生动体现了萨卢斯特最为珍视的道德品质。[7]有观点认为,萨卢斯特实际上更进一步,他撰写这部专题作品有一个明确的写作意图——颂扬民众事业的代言人。[8]

这些想法都是以极端肯定的姿态提出来的,仿佛事实

---

[6] E. Bolaffi, *Sallustio* (1949), 68:"这位青年军人的光辉形象跃然纸上。"
[7] J. Pajk, "Sallust als Ethiker I" (*Progr.Wien*, 1892), 19:"马略是萨卢斯特的道德理想。"
[8] H. M. Last in *Cambridge Ancient History* IX (1932), 137.
\* 恺撒的姑母尤莉娅嫁给了马略,即马略是恺撒的姑父。

清楚明了、显而易见。如果加以冷静的评判，人们就会发现，萨卢斯特的陈述中表露出一些迟疑不决和模棱两可之处，其中暗示了一种不同的看法，这种看法更接近于一位历史撰述家所看到的人性与品行的复杂性。

马略最初在梅特路斯的帐下出任副官。他参加了攻打瓦伽城的第一次战役；在穆图尔河战役中，他也身处阵中，但萨卢斯特并未提及他在这次战役中的任何作为；他镇守过西卡城；在罗马人未能攻下扎玛城的那场战役中，马略也扮演了一个英勇果敢的角色。看起来，萨卢斯特并没有在这部分的叙述中过分突出马略的形象。

之后的马略随着局势的戏剧性变化而抓住机会，锐意进取。马略在乌提卡献祭的时候，一位预言家向他宣告了"伟大而非凡"（magna atque mirabilia）的命运征兆。为了实现这样的预示，马略只能信靠诸神，勇往直前（63.1）。萨卢斯特在他的叙述中提到，马略很早就有担任执政官的强烈愿望（ingens cupido）。除了出身，他已具备当选执政官所需的一切条件。萨卢斯特还补充了一些说明，其中谈到马略的出身、教养历练、政务履历，以及军事作战中赢得的声誉。他凭此担任了军事保民官，之后又陆续担任了其他官职。[9]

---

[9] 63. 4 f.: "ergo, ubi primum tribunatum militarem a populo petit, plerisque faciem eius ignorantibus, factis notus per omnis tribus declaratur. deinde ab eo magistratu alium post alium sibi peperit."（因此，在他第一次向人民要求担任军事保民官的时候，大多数选民并没有见过他，然而，他的所作所为是众所周知的，所以他被所有的特里布斯一致表决选举为军事保民官。）

在他每一次的任职中，人们都认为他应当获得更高的职位。但直到当时为止，他一直没有足够的勇气去竞选执政官的职位（63.3）。那个职位专属于名门权贵。[10]

从萨卢斯特的叙述来看，马略的仕途可谓一帆风顺，平步青云。这完全不符合事实。萨卢斯特难道是在欺骗读者吗？我们不必这么认为。理由很简单——萨卢斯特不了解实际事实，于是做出了草率的臆断。萨卢斯特根据自己的时代经验而认定，军事才能会把一个富有干劲的新人轻而易举地推向行政官的职位（当然，这样的新人也无法更进一步，除非某个派系或某个首领给他提供特殊的帮助和扶持）。萨卢斯特并没有追究马略的早年经历，这一切都是为了简洁，他不想让自己的叙述太过于冗赘。[11]

发掘和追究既能查出一些有用的事实，也能披露一些惊人的秘闻。[12] 马略出生于公元前158年左右；他曾在西庇阿·埃米利亚努斯的努曼提亚军营中服役；到公元前119年，他获得了平民保民官的职位，这是他在文献中有详细记录的第一个官职。担任保民官的马略曾提出一项法案，该法

---

[10] 63.7，参见 *Bellum Catilinae* 23.6（涉及西塞罗的执政官候选人资格）。
[11] 别的材料中看不到马略当选军事保民官的记录，但萨卢斯特可以坚持认为，马略当选了军事保民官。
[12] 关于马略的早年经历，参见 Weynand, *Real-Encyclopädie der classischen Altertumswissenschaft* Supp. VI, 1369 ff.; A. Passerini, *Athenaeum* XXII (1934), 10 ff.; H. Chantraine, *Untersuchungen zur römischen Geschichte am Ende des 2. Jahrhunderts v. Chr.* (1959), 63 ff.; Broughton, *MRR*, Supp. (1960), 40; E. Badian, *Historia* XI (1962), 214 ff.。

案遭到元老院的反对，也导致他与执政官产生了冲突，而执政官之一也是一个名叫梅特路斯的人。[13]马略想要获得两个市政官的职位（贵族市政官和平民市政官），但他没有获得成功。[14]在公元前116年，马略参加了行政官的竞选，但最终不得不面临贿赂罪的指控。[15]他后来又成为远西班牙行省的总督，但这个职位并没有让他身显名扬。[16]

除此之外，人们也许会出于好奇而提出这样的问题：这位来自地方自治市的人，是否完全可以被视为凯奇利乌斯·梅特路斯家族的门客？[17]此外，他还在公元前112年左右订下了婚约，这对一位新贵提升自己的社会地位而言有着莫大的关系。他的成亲对象是尤莉娅，后者的家族属于古老的贵族等级，而非单纯的名门朱户——尽管在马略生活的年代，这个家族远远称不上荣华富贵或者权势煊赫。他最终为这个家族做出的贡献要比他从中所得的更多。

总之，萨卢斯特没有介绍任何前提和背景，很快就讲到了马略和梅特路斯的反目与争执。马略断然回绝了梅特

---

[13] Cicero, *De legibus* III. 38, 参见 Plutarch, *Marius* 4。关于这个问题，参见 E. Badian, *Journal of Roman Studies* XLVI (1956), 94。

（公元前119年担任执政官的梅特路斯是卢奇乌斯·凯奇利尤斯·梅特路斯·达尔马提乌斯 [Lucius Caecilius Metellus Dalmatius]，与《朱古达战争》中的卢奇乌斯·凯奇利尤斯·梅特路斯·努米底库斯 [Quintus Caecilius Metellus Numidicus] 是亲兄弟。——中译注）

[14] Cicero, *Pro Plancio* 51.
[15] Valerius Maximus VI. 9. 14; Plutarch, *Marius* 5.
[16] Plutarch, *Marius* 6. 这是关于此事的唯一证据。
[17] E. Badian, *Foreign Clientelae (264-70 B.C.)*, (1958), 194 f.

路斯的劝告，他听任于野心和愤懑，那是最为有害的顾问（64.5）。为了推动自己的野心和抱负，他不择手段，言无避忌。为了赢得军队的支持，他有意松缓了军队的纪律。他还向乌提卡的买卖人大言不惭地吹嘘，（声称）他只需一半的兵力就可以结束战争，而梅特路斯却是在拖延战事，这是源于他的傲慢与虚荣。他还拉拢了一位没有赢得梅特路斯尊重（似乎合乎情理）的努米底亚王子，这位王子名叫伽乌达（Gauda），是马西尼撒的一个孙子，马略曾向他许诺，一旦战争取得胜利，他就可以成为努米底亚的国王。最后，一些厌倦战争并被马略用计激怒的罗马骑士（军中服役或经商的）给罗马写去了内容基调可以预料的书信，这些书信使罗马人普遍相信了他们的怨言。而当玛米利乌斯法案（*quaestio Mamiliana*）打击了名门权贵的时候，政治氛围已经非常有利于这位新人竞选执政官的职位（65.5）。

这个时候，萨卢斯特的讲述又重新回到了努米底亚的战事，这段叙述的内容在时间上跨度很长，其中还插入了一小段关于执政官选举的记述（73），这次选举也因阿非利加寄来的书信而受到了影响。萨卢斯特补充说，梅特路斯或马略的优良品质并不比党派情绪更重要。[18]那些兴风作浪、煽风点火的高级官员（即平民保民官）煽动了民众。大量工匠和乡村的平民也纷纷放下自己的工作来推举马略。对于候选

---

[18] 73.4: "ceterum in utroque magis studia partium quam bona aut mala sua moderata."（但就这两个人的情况而言，他们自身品质的好坏并不比党派的情绪影响大。）

人本人的行为和态度，萨卢斯特只字未提。

当选之后，马略"执着勇敢地"（multus atque ferox instare）利用了自己的优势。他以吹嘘和谩骂攻击了权贵（84.1）。之后又向人民发表了一番演说，不过，只有在元老院做出增加兵力和补给的决议之后，萨卢斯特才在故事的讲述中创作了这篇言辞激昂的长篇演说（85）。

因此，直到这个时候为止，这位伟大的新人都被描绘成一位诡计多端的阴谋家和一位明目张胆的煽动者，尽管他军功卓著。马略在阿非利加败坏了梅特路斯的声誉。这种行径在其他段落的叙述中被萨卢斯特贬斥为"卑劣的野心"（prava ambitio，96.3）。但马略这个人曾在自己的演讲中声称，品行端正已成为他的第二天性（85.9）。

接下来值得注意的是征募远征军的筹备工作。执政官马略违背了"古人的方式"（mos maiorum），因为他征募了大量的无产者。萨卢斯特用匿名人士发表的意见来说明马略的动机（86.3）。有些人认为，马略这样做是因为缺乏合适的新兵。还有一些人则把马略的行径归结为政治上的野心。对于后一种理由，萨卢斯特做出了进一步的说明。马略获得了贫苦人的支持和拥护。这个阶级没有任何财产或信念，只有获得报酬才是他们唯一的动机——"在他们看来，任何取得报酬的事情都是体面而正当的"（omnia cum pretio honesta）。如果一个人渴望"权力"（potentia），他需要最底层的人——"最贫苦的人是最有帮助的"（egentissimus quisque opportunissimus）。

这些都是非常强烈的措辞（除了在演说中，萨卢斯特往往会避免使用最高级的用语和措辞）。在关于执政官竞选的叙述中，萨卢斯特也并非在完全赞扬马略。他强调了马略的幸运，而马略率军开赴穆卢卡河就是一次唯有靠运气才能弥补的鲁莽之举（94.7）。最后，同时也是最为重要的，萨卢斯特将"德行功绩"（virtus）视为最高的价值，可以看到的是，萨卢斯特承认了梅特路斯的"德行功绩"，但从来没有以他本人的身份说过马略的"德行功绩"。吹嘘和夸大马略的"德行功绩"之人乃是平民保民官（73.5）；而且士兵们也被听任吹捧他们的统帅，无论他是否完全配得上这样的赞扬（92.2）。

萨卢斯特不愿将这位人民的统帅变成一位英雄或一种行为楷模。在描绘这个难以捉摸的人物时，萨卢斯特非常巧妙地将这个人物的良莠优劣之处糅合起来相提并论。他这样做也是恰当的。西塞罗就提供了一个与此相关的鲜明对比。[19] 对于他的这位同乡，西塞罗未能呈现出一个完整而可信的形象。他在公开演说中（除了仅有的两个例外）都一味赞美马略的勇气、坚韧和正直。[20] 甚至可以说，马略虽然树敌众多，但从未有人以他的卑贱出身对他加以抨击。[21] 西塞罗的书信和哲学作品则揭示了一种不同的看法。举例来说，

---

[19] K. Vretska, o.c. 126 f. 西塞罗对马略的看法（一言难尽），参见 T. F. Carney, *Wiener Studien* LXXIII(1960), 83 ff.。

[20] 仅有的例外出现在很晚的作品中，这篇作品即 *Philippicae* VIII.7; XI.1。

[21] Cicero, *Pro Sulla* 23.

西塞罗可能会深恶痛绝地暗示马略是一位诡计多端的权谋高手。而这个"背信弃义的恶棍"（omnium perfidiosissimus），就是《为塞斯提乌斯辩护》（Pro Sestio）中的"虔诚者"（divinus vir）。[22]

萨卢斯特对马略的描绘说明了作者的辨别力和自主性。[23]由此也萌生了一种有利于作者的偏见，但作者关于埃米利乌斯·斯考鲁斯的说法，却损害和削弱了这种让人产生好感的偏见。

斯考鲁斯这个人出现在故事的早期阶段（公元前117年或公元前116年，阿德赫巴尔被驱逐出自己的王国，他来到罗马，乞求帮助他讨还公道）。他的形象特征在萨卢斯特的描绘中非常鲜明——一个精力充沛的贵族，也是一个擅搞阴谋诡计的老手，热衷于权力、荣誉和财富，但能巧妙地掩饰自己的恶习（15.4）。[24]这个时候，斯考鲁斯发现朱古达的特使明目张胆地进行了贿赂，于是便忐忑不安地收敛了自己惯有的冲动。在契尔塔遭到围攻期间，被派往朱古达那里的罗马使节中又出现了斯考鲁斯的名字；（据说）与其他使节相比，斯考鲁斯是这位国王尤为害怕的人物（25.10）。之

---

[22] Cicero, *Pro Sestio* 50，对比 Cicero, *De natura deorum* III.80。

[23] K. Vretska, o.c. 129.

[24] 15.4: "Aemilius Scaurus, homo nobilis inpiger factiosus, avidus potentiae honoris divitiarum, ceterum vitia sua callide occultans."（埃米利乌斯·斯考鲁斯，一个精力充沛的贵族，也是一个派别性强，贪求权力、名誉和财富而且善于掩饰自己缺点的人。）

后，斯考鲁斯与其他"具有强烈派别情绪的显贵"（homines nobiles factiosi）一道，被执政官卡尔普尔尼乌斯·贝斯提亚选任为副官；他被收取巨额贿赂的机会冲昏了头脑，成为贝斯提亚的帮凶和参事（29.2）；而朱古达也因斯考鲁斯而获得信心，同意与斯考鲁斯和贝斯提亚达成一项秘密协议（29.5）。

这件事情的处理结果在罗马传得沸沸扬扬，人们对此意见分歧、莫衷一是。斯考鲁斯的"权势"很可能极具影响力，因而阻挠了公正的处置方案，但保民官梅米乌斯并没有畏而却步（30.3）。另外，按照萨卢斯特的记述，斯考鲁斯还是因收受贿赂而遭到梅米乌斯指控的人士之一（32.1）。在这之后，斯考鲁斯便逐渐销声匿迹，他虽然会被再度提及，但也只被提到过一次。当时为了追究各种与朱古达相关的腐败行径，保民官盖尤斯·玛米利乌斯·利美塔努斯于公元前109年提出议案，设立了一个调查法庭，斯考鲁斯设法让自己当选了法庭的三名委员之一（40.4）。

萨卢斯特的叙述明显是站不住脚的。在大的问题上，我们完全可以指出，解释斯考鲁斯和执政官同朱古达达成协议的原因，不一定要提及贿赂的行径，因为他们达成协议是要确保朱古达归顺和阻止战争。萨卢斯特用一种记叙手法毫不含糊地表明了自己的基本态度。在故事的早期阶段，萨卢斯特描述了朱古达的贿赂行径，他在此时特意引出了斯考鲁斯，而这位貌似腐败的人物其实并没有参与这些行径，也没有在其中做出过任何举动（15.4）。

在萨卢斯特的笔下，斯考鲁斯是一位典型的名门权贵，而且历史也将他列为梅特路斯家族忠实的追随者。[25] 斯考鲁斯在那个家族如日中天的时期（十五年间出现了六位执政官）崭露头角。他在公元前 115 年作为某个梅特路斯的同僚，\* 当选为持有束棒的执政官，并且成为首席元老（princeps senatus），后来（公元前 101 年左右）又与达尔马提库斯的女儿结为夫妻。\*\* 他在公元前 115 年以后一直是首席元老，在公元前 109 年时，他还当选了监察官。不过，斯考鲁斯最初的生活处境清贫潦倒，落寞无闻。为了给自己谋求一条生路，他不得不像新人那样奋力争取。他的血统出身虽然高贵显赫，但他的家族已经累世没有出任过高官，甚至连元老院也都未曾进入。[26] 他赢得执政官竞选的过程并不轻松——（拥有强大支持的）鲁提利乌斯·鲁夫斯是他的竞争对手，他还被控犯有贿赂选民的罪行。斯考鲁斯漫长的一生中充满矛盾，但他出任执政官作为一名政治家时，他的政策方针却毫无暧昧之处。可以料到的是，他在某些情况下会与骑士阶级交好。无须意外的是，对于这种机敏狡猾的表演者，应该存在两种相互对立的传统说法。

---

[25] 关于斯考鲁斯的事业履历与政策方针，参见 M. Bloch, *Univ. de Paris, Bibliothèque de la Faculté des Lettres* XXV (1909), 1 ff.; P. Fraccaro, *Rend. Ac.Lincei*[5] XX (1911), 169 ff. = *Opuscula* II (1957), 125 ff.。

[26] Asconius 24.

\* 即公元前 115 年执政官马库斯·凯奇利尤斯·梅特路斯。

\*\* 即公元前 119 年执政官卢奇乌斯·凯奇利尤斯·梅特路斯·达尔马提库斯（Lucius Caecilius Metellus Dalmaticus）。

斯考鲁斯有可能主张一种无可指责的政策方针：与有产阶级紧密结合。换句话说就是"同声共气"（concordia ordinum）。在西塞罗看来，斯考鲁斯是位至关重要的政治家，也是富有公民智慧的杰出人士，西塞罗只会出于赞美而说出斯考鲁斯的名字——他或许在斯考鲁斯的身上悄然附会了自己的一位先辈。这种评价足以引起萨卢斯特的关注。[27] 通过查阅这位政客的自传，萨卢斯特的怀疑会进一步加深。

此外，埃米利乌斯·斯考鲁斯这个人的名字和往事，更多与萨卢斯特政敌的事业和家族有关。老斯考鲁斯的遗孀凯奇利娅·梅特拉（Caecilia Metella）嫁给了苏拉。她为斯考鲁斯生下两个孩子。女儿嫁给了庞培（第二任妻子），但不久之后就死了；儿子担任了公元前56年的行政官，在公元前54年还做过执政官的候选人。这个男人娶了穆奇娅（Mucia，从东方回来的时候，庞培与这位行为不检点的女人断绝了婚姻关系），他又成为马格努斯的孩子们的继父。但他这个时候已经是法乌斯图斯和法乌斯塔同母异父的兄弟。

萨卢斯特一开始就明确指出，努米底亚战争在政治上具有重要的意义。这种重要性就是对贵族统治的挑战——"这在当时是第一次对抗贵族的傲慢骄横"（quia tunc primum superbiae nobilitatis obviam itum est, 5.1）。在后来的段落中，这些贵族又

---

[27] 还有人认为，萨卢斯特反感西塞罗的政治机会主义，这种不满使他笔下的斯考鲁斯形象变得更加鲜明（A. R. Hands, *Journal of Roman Studies* XLIX [1959], 56 ff.）。

被说成是"少数人"（pauci）、"少数当权者"（pauci potentes）或"帮派"（factio）。他们掌握权力，行为处事不但傲慢专横，而且奢靡浮华、腐败堕落。罗马恢宏而庄严的遗产因此遭到严重的败坏。这是萨卢斯特这位历史撰述家的观念。

正如上文所指出的，萨卢斯特是在三个情节事件中抨击寡头政治的形成——这三个情节分别与梅米乌斯、玛米利乌斯法案和马略相关。作者以各种前后呼应或重复记述的写作手法将这些情节片段结合在一起。因而在每一个场合，作者都用一种几乎相同的表述和措辞，强调名门权贵遭受了沉重的打击。[28]

梅米乌斯第一次演讲的措辞风格对"显贵权力"（potentia nobilitatis）怀有敌意（27.2）。第二次演讲的时候，这样的措辞再次出现（30.3）。而且，梅米乌斯还在演讲的开场白里声称，"触犯这一派的权势"（obviam ire factionis potentiae，31.4）乃是出于自己的使命——这种说法清楚地反映了作者的主题界定。梅米乌斯的演说本身要求人们注意罗马人民作为"所有族群统治者"（imperatores omnium gentium，31.20，参见31.11）的尊荣与威严，其中一再鼓动关于"自由"（libertas）的主张。这位保民官提到了平民在古代的分

---

[28] 32.5: "perculsa omni nobilitate"（所有贵族意志消沉）；65.5: "nobilitated fusa per legem Mamiliam"（名门权贵遭到玛米利乌斯法案的沉重打击）；73.7: "ita perculsa nobilitated post multas tempestates novo homini consulatus mandatur"（结果就是贵族遭到打击，而经过多年之后，执政官的职位也授予了一位新人）。

离，也讲到了对于格拉古运动的残酷镇压；他还愤怒地抗议"恶贯满盈……罪行累累而又自视甚高的人们"（homines sceleratissimi . . . nocentissimi et idem superbissimi，31.12）对于官职、权力和利益的垄断。

梅米乌斯的这番长篇大论是一篇慷慨激昂的作品，看上去像是在鼓动暴力的行为。这篇演说符合这位保民官在作者笔下所描绘的个性和雄辩的口才。然而，必须要提出的问题是，这篇演讲在多大程度上与梅米乌斯鼓吹的形势和政策举措相吻合？这篇演说无非是说服人民派一个正直的人士前往阿非利加，让这个人负责将朱古达安然无恙地带回罗马，提供证词。这几乎不像是历史撰述家的记述，更多像是文学艺术家和戏说杜撰者的叙述。

接下来的事情是保民官玛米利乌斯·利美塔努斯提出法案，列出调查追究的事项。萨卢斯特颇为急切地加入了斯考鲁斯获得职务任命的内容，并提到毫无节制的派系情绪，进而离题讨论了罗马的政治（41.f.）。这些记叙中缺少了一些内容。为了强化论证，同时也为了表示一种个人的欣慰，作者难道不应该提供那些被处以严厉刑罚的罪犯姓名吗？一位做过元老的历史撰述家不应该轻易错过记录一系列著名人士的姓名而证明公愤的机会。[29]

---

[29] 对比塔西佗的写作技艺，塔西佗列举了七个人物的姓名之后，又继续说道，"我提及这些人物和谄媚之举，人们可以就此知道，这都是我们这个国家长期存在的恶习"（quorum auctoritates adulationesque rettuli ut sciretur vetus id in re publica malum，*Annals* II. 32. 2.）。

这次调查导致出身名门、身份显赫的人士遭到一场历史性的屠杀。伏诛受刑的人士中有四名执政官等级的人，也有一位拥有祭司职位的人，这个人就是贵族出身的盖尤斯·苏尔皮基乌斯·伽尔巴（Gaius Sulpicius Galba）；据说他的灾难性结局并无先例可循。[30] 卡尔普尔尼乌斯·贝斯提亚和斯普里乌斯·波斯图米乌斯·阿尔比努斯这个时候为自己在努米底亚的所作所为（或无所作为）付出了代价。第三个罹难者是公元前114年的执政官盖尤斯·波尔奇乌斯·加图（Gaius Porcius Cato），这个人曾在马其顿统兵作战，但在那里败北而归；至于这个人的其他令人诟病之处，尚没有事实上的证明。第四个受刑伏诛者不是别人，正是人们记忆中令人深恶痛绝的公元前121年的执政官卢奇乌斯·欧皮米乌斯（Lucius Opimius）。萨卢斯特之前提到欧皮米乌斯的时候（欧皮米乌斯当时是在朱古达和阿德赫巴尔之间分割努米底亚王国的委员会首领），并没有忽略后者之前的所作所为，即镇压盖尤斯·格拉古和马库斯·弗尔维乌斯·弗拉库斯（Marcus Fulvius Flaccus），并残酷地惩处了拥护他们的罗马平民。[31] 奇怪的是，萨卢斯特此时竟

---

[30] Cicero, *Brutus* 127 f. 遭到梅米乌斯指控的贝斯提亚可以用斯考鲁斯的证词为自己辩护（Cicero, *De oratore* II. 283）。大概斯普里乌斯·波斯图米乌斯·阿尔比努斯的弟弟也遭受了惩处。

[31] 16. 2: "L. Opimius, homo clarus et tum in senatu potens quia consul C. Graccho et M. Fulvio Flacco interfectis acerrume victoriam nobilitatis in plebem exercuerat."（卢奇乌斯·欧皮米乌斯是一个地位很高的人物，他在当时的元老院中很有影响力，因为他是那一年的执政官，盖尤斯·格拉古和马库斯·弗尔维乌斯·弗拉库斯被他杀死之后，他又极为残忍无情地利用了贵族对平民的胜利。）

忽视了这种正义与复仇的重要举动。[32]

对寡头政治的抨击随着马略发表的长篇演说而达到了高潮,这篇演说既是一篇社会方面的控诉,也是一篇政治方面的起诉书。马略不但将名门权贵指责为世袭等级,而且还为攻击这些显贵而夸耀"我自己并非出身世家"(novitas mea)。他的抨击方式既有直接的谩骂,也有冷嘲和热讽(这种特征在萨卢斯特的其他叙述中并不是很突出)。语气也是严厉而粗暴。[33] 从这篇演说的古朴腔调来看,马略貌似是一个坦诚直率之人;而且在有些人看来,这位演讲者缺乏大都市的精致和风雅,因为演讲中四处充斥着口语的表达方式或不雅的措辞说明。[34] 如果其中展现的人格品性是自吹自擂和自以为是,人们就会想到,在人民面前侃侃而谈的这位新人必须为自己大事声张。他没有高贵的先祖,也没有别人宣扬他的功名。在这个问题上,加图设定了一个很高的标准。[35] 这明显是一篇加图风格的演说。[36]

---

[32] 仅仅欧皮米乌斯的名字也可以作为一个纽带,将梅米乌斯演说中提及格拉古兄弟(31.7)和萨卢斯特在插叙中提及格拉古兄弟(42.1)联系起来。

[33] 有学者认为,马略的抨击方式源于犬儒主义者和斯多亚学派的谩骂(E. Skard, *Symb.Osl.* XXI [1941], 98 ff.),但这并不是一个非常有用的想法,参见 K. Büchner, *Sallust* (1960), 409。

[34] H. Schnorr v. Carolsfeld, *Über die Reden und Briefe bei Sallust* (Leipzig, 1888), 52 ff.

[35] Livy XXXIV. 15. 9:"haud sane detrectator laudum suarum."([加图]是一个不太吝于赞美自己的人。)

[36] V. Pöschl, *Grundwerte römischer Staatsgesinnung in den Geschichtswerken des Sallust* (1940), 48 ff.; E. Skard, *Symb.Osl.*, Supp. XV (1956), 92 ff.

这篇演说并不是为了说明一种情形或政策,而是要以巧妙的构思来塑造某个人物的形象。这位演讲者的开场白用语理性而温和。他间接提及了自身处境的困难之处——别人有高贵的出身、祖先的名望,以及大量支持他们或保护他们的门客,而新人则必须依靠自己的"品德和诚实正直"(virtus et innocentia)的品质。谈到朱古达战争的时候,他指责了贵族将领的昏聩无知——其中一些人不得不从异族人的书本中学习军事技艺。他们在战场上同样庸懦无能。高贵的出身被当作一种特权,但贵族们最好还是记住贵族身份是如何以及什么时候被赋予的——"贵族身份最初来自个人的功名业绩"(ex virtute nobilitas coepit, 85.17)。马略固然摆不出家族祖先的塑像,也无法列举出自己祖先的执政官职位或军事成就,但他在战争中留下了伤疤,挣得了勋饰。显贵们的祖先给后人留下了一笔光荣的遗产,但有一样东西无法授受,这个东西就是"品德"。贵族们嘲笑马略是因为马略生活粗俗,他们认为他粗鄙而毫无教养——而他们自己的行为举止则证明他们乃是无所事事的骄奢淫逸之人,这对国家来说可谓贻害颇深。

马略在演说的最后以满怀信心的口气谈到了努米底亚的事务。罗马人民此时已付诸行动,消除了"贪婪、无能与狂妄骄横"(avaritia, imperitia atque superbia)。其余的事情将交给毅力和勇气。任何家长都不会祈求自己的儿子能够长生不死,任何人都不曾因懒惰而赢得不朽的名声,言语也不能催生出勇气。

按照萨卢斯特的记述，当选执政官的马略发表这番讲话是为了激发人们应征入伍——同时也是为了肆意抨击名门权贵（84.5）。[37] 第二种动机几乎让第一种动机湮没不见。这篇演说就像梅米乌斯的演讲那样，常常先大肆铺陈各种话题，目的则是要突出这些话题。这篇演说中并没有提及梅特路斯的名字。但梅特路斯已被贴上了孤高傲慢的标签（64.1；82.3），而且除了谴责"那些自视甚高的人们"（homines superbissimi），"傲慢骄横"（superbia）一词也在这篇演说中出现了不下五次。

萨卢斯特的叙述表露出——更确切地说是承认了——他对名门权贵的强烈看法。名门权贵的敌人（可以相应地看到）并非总是一帆风顺。马略当选的境况和被认为"总好煽风点火的"（seditiosi，73.5）保民官的角色就是如此。此外，萨卢斯特还对导致出台玛米利乌斯法案的煽动鼓惑进行了严厉的谴责——这并非出于对国家的关心，而是出于对贵族的憎恶。（他说）法案是以一种粗暴不堪而又恣意妄为的方式进行的——"野蛮而残暴，因为证据是道听途说，所以民众就恣意为之"（aspere violenterque ex rumore et lubidine plebis,

---

[37] 马略发表的这番讲话是萨卢斯特自己创作的演说，但一些细节可以追溯到马略说过（更确切地说是据说马略说过）的一些事情。比较普鲁塔克的著述中的类似之处，Plutarch, *Marius* 9, 参见 A. Passerini, o.c. 20 ff.。马略在其中被描写成这样的人：抨击失败的贵族将领，贝斯提亚和阿尔比努斯，从而刻意迎合下层阶级。不过，认为萨卢斯特复现了"当时马略原话的大体倾向"可能有些太过（T. F. Carney, *Symb.Osl.* XXXV [1959], 69）。

40.5）。过去常常是贵族因为成功而趾高气扬，现在则轮到了平民。[38]

这个时候，萨卢斯特抓住机会，插入了一段关于派系和派系情绪的论述（41 f.）——这段补充性的说明，就像《喀提林内争》中的那段插叙一样，是这部作品的篇章结构中至关重要的一段插叙。这一次，萨卢斯特追溯到迦太基的摧毁。在那个历史转折之前，罗马人中间是一种敦睦祥和的风气——对外敌的恐惧施加了一种约束。但是，安定与繁荣造成了恶果和灾难。贵族和人民不再有任何忌惮的时候，他们便走向了任性妄为，国家被他们撕裂，并且分裂成了两派。

名门权贵垄断了官职和朝政的利益资源，贪婪而无情地利用自己的权势。提供兵源的阶层被连年不断的兵役所折磨，他们的农田也被贪得无厌、有权有势但又与他们为邻的人所攫取。然而，有两位贵族将真正的荣誉看得比权力与压迫更为重要，这两位贵族就是格拉古兄弟。他们试图保护平民而揭露寡头的罪行。但是，名门权贵有能力阻挠和挫败格拉古兄弟。这些贵族滥用他们的胜利，杀害和放逐了很多与之为敌的人士——但这并不能给他们带来安全。他们每一方都想在那个时候不惜一切代价地战胜对方，并对失败的另一方进行残酷的报复，这是导致那些伟大的国家常常走向毁灭

---

[38] 40.5："uti saepe nobilitatem, sic ea tempestate plebem ex secundis rebus insolentia ceperat."（就和贵族常见的情况一样，平民在当时也由于成功而变得张狂无礼了。）

的原因（42.4）。[39]

这就是作者的结论，他以"pessum dedit"（毁灭）这种古旧的表达方式，郑重地强化了这样的结论。这虽是一句普通的泛泛之言，但与晚近的残杀事件和写作的时间并非没有关联。

这段插叙与抨击贵族的三个故事情节之一有关。它提出了一个超出单纯偏见的问题。对于决定这个时代罗马共和国政治生活的各种势力，萨卢斯特的判断是否清楚明晰，令人满意？他这样的分类、论断和假设激起了人们的深切怀疑。[40]

萨卢斯特用"贵族"（patres）和"平民"（plebs，或是比较少见的 populus［人民］）作为对立但又敌对的两个群体。同样如此的还有"权贵"（nobilitas）和"平民"。然而，现实的复杂超出了阶级次序，也完全背弃了传统的术语资源；罗马的社会建立在大量人际关系的联结纽带之上，这种人际关系可以用"庇护关系"（clientela）一词来概括。

统治阶层虽然很容易界定，但这个阶层本身并不能一

---

[39] 42.4: "igitur ea victoria nobilitas ex lubidine sua usa multos mortalis ferro aut fuga exstinxit plusque in reliquom sibi timoris quam potentiae addidit. quae res plerumque magnas civitatis pessum dedit, dum alteri alteros vincere quovis modo et victos acerbius ulcisci volunt."（因此，贵族便滥用他们的胜利，以致为所欲为；他们戕害或放逐了很多不共戴天的敌人；他们并不是想在未来获得更多的权力，而是让人们更大程度地害怕他们。当一派想要不择手段地胜过另一派，并极度残忍地报复被压倒的另一派时，正是这种情绪通常使国家陷入了毁灭。）

[40] 参见本书 p.17。

概而论。即便苏拉颁布法令之前的元老院人数只有三百人，其中的成员也并非完全是显贵，即并非都是执政官家族的后裔。名门权贵当时也没有结成统一的战线。一个大的家族，比如西庇阿家族（Scipiones），可能通过许多结盟关系来主导政局，并用该家族的姓氏命名一个时代。但是，敌对群体总是存在的。对官职、声望和荣誉的竞争造成了分裂或新的结盟。历史、传说和传记都将关注的焦点投向格拉古兄弟。一种更为真确的直觉可以预料到西庇阿集团的分裂，年轻的提比略·格拉古（Tiberius Gracchus）是持有不同政见的人士，他对他的表兄西庇阿·埃米利亚努斯心怀敌意，于是便被克劳狄集团争取过去。如果不去考虑这两位保民官背后的某些知名权贵的影响力，这两位保民官的履历可谓乏善可陈；[41] 推断某个党派集团的一些情况可以依据各种不同的评判尺度，比如很多元老院家族后来在政治上的失势。[42]

西庇阿·埃米利亚努斯死后，西庇阿家族未能维持任何显赫的地位。他们被梅特路斯家族所取代，后者在努米底亚战争时期的政务方针是可以预料的。出于好奇而想要了解的是这个家族在名门权贵中的政敌，以及马略已经可以指望或者很快就能争取到的元老院支持者。[43]

---

[41] F. Münzer, *Römische Adelsparteien und Adelsfamilien* (1920), 257 ff.
[42] 这是罗马历史中尚未得到探索的几个间接的考察线索之一。
[43] 关于这个问题的重要性，参见 Syme, *The Roman Revolution* (1939), 86；关于马略的支持者和后来在公元前100年的追随者，参见 E. Badian, *Foreign Clientelae* (1958), 200 f.。

有利于马略的局面由各种交织在一起的因素共同促成。玛米利乌斯法案并不是贵族状况恶化的唯一原因或征兆。斯考鲁斯设法让自己当选为监察官,他在同僚死后还拒绝卸任该职务,直到保民官威胁将他投入监狱。[44]此外,一位公元前108年的候任执政官也遭到了起诉,这个人名叫霍腾西乌斯,他的儿子将成为一个知名的贵族派拥护者。[45]另外在那个时候,梅特路斯负责的努米底亚战争进展缓慢,接着又在高卢遭遇了不幸(马库斯·西拉努斯[Marcus Silanus]被辛布里人[Cimbri]击败),这些事情无疑让优势集团的政敌看到了愤怒和指斥的合理借口。[46]

为了防范讨厌的马略,梅特路斯家族在这个节骨眼上需要两位强有力的执政官候选人,如若不行的话,也需要有一个人来限制马略。不过,这些候选人的姓名没有出现在任

---

[44] Plutarch, *Quaest.Rom.* 50.《卡皮托利尼年代纪》(*Fasti Capitolini*)给埃米利乌斯·斯考鲁斯的名字加注了"coact(us)abd(icavit)"(被迫卸职,*Inscr. It.* XIII. 1. 54)。

[45]《卡皮托利尼年代纪》中写有"[da]mn(atus)est"(被判有罪),并且附带有霍腾西乌斯被马库斯·欧列利乌斯·斯考鲁斯(Marcus Aurelius Scaurus)取代的记录(*Inscr. It.* XIII. 1. 54)。《354年代纪》(*Chronographer of the Year 354*)提供了霍腾西乌斯的名字,参见 Broughton, *MRR* I, 541 f.。这位霍腾西乌斯一般被认为是公元前69年执政官(即昆图斯·霍腾西乌斯。——中译注)的父亲——也可能是叔伯——卢奇乌斯·霍腾西乌斯(L. Hortensius)。

[46] 尽管是"执政官马库斯·尤尼乌斯·西拉努斯"(M. Iunius Silanus cos., Livy, *Periochae* LXV),但他被辛布里人击败的时间是在公元前108年,而不是公元前109年。(西拉努斯与梅特路斯同为公元前109年执政官。——中译注)

何文献的记载中——马略的同盟或同伙也是如此。[47]萨卢斯特的所有注意力都集中在马略身上,对于这个重要的事实,即当选为马略同僚的执政官身份,他没有提供任何线索。这位执政官不是别人,正是经保民官梅米乌斯之提议而被派去将朱古达带回罗马的行政官——卢奇乌斯·卡西乌斯·朗吉努斯(Lucius Cassius Longinus)。在记述这件事情的时候,萨卢斯特高度赞扬了朗吉努斯的正直。[48]卡西乌斯家族是很晚才出现的一个平民显贵家族(该家族第一次出任执政官是公元前171年),这个家族因卢奇乌斯·卡西乌斯·朗吉努斯·拉维拉(Lucius Cassius Longinus Ravilla,公元前127年执政官)而获得了刚正不阿的名声。此外还有些别的事情。拉维拉在公元前137年担任保民官的时候引入了匿名投票法。这个法案并不为寡头或铁杆的保守派所欢迎。[49]值得注

---

[47] 任何推测都没用。需要了解的是这个时候从行省统帅职位上返回罗马的那些成功人士,即公元前111年和公元前110年的行政官。他们当中只有一个人得到证实,这个人就是和马略一起出任公元前107年执政官的卢奇乌斯·卡西乌斯·朗吉努斯。

[48] 32.5:"privatim praeterea fidem suam interponit, quam ille non minoris quam publicam ducebat: talis ea tempestate fama de Cassio erat."(他个人做出了保证朱古达安全的承诺,这样的承诺在朱古达看来并不比国家的承诺轻;卡西乌斯的名声在当时就是如此之高。)

[49] Cicero, *De legibus* III. 35:"secuta biennio post Cassio est de populi iudiciis a nobili homine lata, L. Cassio, sed, pace familiae dixerim, dissidente a bonis atque omnis rumusculos populari ratione aucupante."(两年后又有关于公审的卡西乌斯法,这是由卢奇乌斯·卡西乌斯颁布的,他是一位贵族,但他——我这样说要向他的家族赔不是——与那些值得尊敬的公民不和,他总是尽力争取所有平民的盲目支持。)不过,卡西乌斯实际上并不属于"平民派"(*Ac. Prior.* II. 13)。

意的是，另一位出任公元前104年保民官的卡西乌斯·朗吉努斯还出台了旨在削弱"显贵权力"的法律。[50]

萨卢斯特强调马略得到了民众的热切支持。他在"民众的热情支持下"（cupientissuma plebe）当选为执政官。鉴于选举团体的组成方式，任何执政官的当选都不可能无视富人和有产者。萨卢斯特实际上指出了"罗马骑士"（equites Romani, 65.4）从阿非利加寄回来的书信所具有的影响力。这个等级的人应该得到更多的关注。贵族固然体现了统治阶层的"尊贵"（dignitas）和"傲慢"（superbia），但他们无法攫取最高统治权的所有利益，也不能把所有的罪责全都归咎于广袤的庄园地产和对农民士兵的征用。占据更大比重的，或许并不是贵族，而是"忠良之士和富人"（boni viri et locupletes）。

当盖尤斯·格拉古将法庭从元老院转交给骑士后，他便分裂了有产阶级，引发了利益冲突和政治生活中的严重后果。萨卢斯特并没有提及骑士陪审团。在这本著作的其他段落中，"罗马骑士"也仅仅出现过一次。萨卢斯特在这段插叙中声称，名门权贵为挫败格拉古兄弟而利用了这些罗马骑士（41.2）。这是已经发现的一个严重的遗漏——如果没有比这更为严重的。

因此，萨卢斯特的叙述可谓既有章法，但也不无瑕疵。

---

[50] Asconius 69. 他的同僚格奈乌斯·多米提乌斯·埃努巴布斯（Gnaeus Domitius Ahenobarbus）起诉了斯考鲁斯和马库斯·西拉努斯（Asconius 18; 71）。

人们不得不进一步详加审视他对努米底亚战争的整个构想。他似乎从一开始就认为,这是一场必要的战争,贵族们一开始想要逃避,然后是罪不容赦的应对失当,他们营私舞弊于内,同时又祸乱于外——这一切至少要持续到玛米利乌斯法案给他们造成震动,以及梅特路斯在战场上挽回罗马的声誉。

这个设想中出现了很多方面的问题。[51]有些问题勉强接受一个答案,但距确信还有很长一段距离。首先,罗马在多大程度上对努米底亚负有责任?当努米底亚王室内部出现纷争和冲突的时候,罗马是否有权利干预?几乎不能否认的是,无论罗马和努米底亚的关系起源何在,二者之间是一种附庸保护的关系。[52]拒绝干涉是明智的做法——但不能无视亲王的直接诉求。[53]另一方面,如果共和国决定,在不损害其利益的情况下,可以宽恕一个附庸的罪行,那么谁又会质疑这样的决定呢?[54]

---

[51] 有学者严厉批评了萨卢斯特对于努米底亚战争的整个构想(既涉及历史局势,也关系到罗马政府的政策),G. De Sanctis, *Problemi di storia antica*(1932), 187 ff.; K. v. Fritz, *Transactions of the American Philological Association* LXXIV(1943), 134 ff.。有些学者则在某些问题上为萨卢斯特提出了辩护,W. Steidle, *Historia*, Einzelschriften 3(1958), 37 ff.。另参见 A. La Penna, *Ann.della Scuola Normale Superiore di Pisa* XXVIII(1959), 63 ff.。

[52] E. Badian, o.c. 154 ff.。

[53] 有学者认为,干预是合适的,也是有利的(W. Steidle, o.c. 40 ff.)。

[54] 罗马是"友好同盟"(amicitia)所需的唯一仲裁者。关于附庸国的阴险准则,可比较塔西佗的说法,Tacitus, *Annals* XII. 48. 1: "paucis decus publicum curae, plures tuta disserunt: omne scelus externum cum laetitia habendum, semina etiam odiorum iacienda."(有些人关心罗马的荣誉,但更多人考虑安全的问题。他们认为异邦人的所有犯罪行为都应该受到欢迎,我们甚至应该播撒仇恨不和的种子。)

其次，罗马发动打击朱古达的战争是出于何种考虑？有种观点认为，罗马不得不应对辛布里人和条顿人的迁徙在北部边境引发的一个严重而紧急的状况。[55]辛布里人和条顿人首先冲击了多瑙河流域，他们迫使斯科迪斯克人（Scordisci）南迁攻入马其顿。这个地区本身已经遇到了达尔达尼亚人（Dardanians）和色雷斯人（Thracians）带来的麻烦：战争、失利和资深执政官的凯旋十多年来皆有记载。当辛布里人往西行进的时候，罗马的一位执政官跨过尤利安山（Julian Alps），在诺里亚（Noreia）附近与他们兵戎相见，并遭受了极为惨重的失利。这件事情发生在公元前113年。自那时起，辛布里人便从人们的视线中消失了若干年。时隔一段时间之后，罗马人才完全意识到辛布里人的危险——而且在公元前105年的阿劳西奥战役之前，他们无法想象意大利本土遭受到威胁。[56]

如果将辛布里人排除在外，那就有强烈的理由劝阻阿非利加的战争。任何人都没有权利预计这场战争是短暂、轻松而有利的。因而在契尔塔城陷落之后，即便许多罗马和意大利的买卖人遭到屠杀，激起了罗马的愤怒，发动武力也看起来势在必行，谨慎依然决定了执政官贝斯提亚在一位元老的同意下采取的一类措施。[57]但是，这样的处理方式很容易遭到批评，派系情绪也掺入其中。战争虽然还在继续，但阿

---

[55] G. de Sanctis, o.c. 193 f.
[56] 然而，施泰德勒过于轻视了来自北方的危险（W. Steidle, o.c. 43 f.）。
[57] G. de Sanctis, o.c. 206; K. v. Fritz, o.c. 164.

尔比努斯显然不愿把事情推向极端的境地。他弟弟的愚蠢行径消除了一切和解的希望：朱古达必须被处死或逮捕。

第三个问题事关贿赂的罪名，这是萨卢斯特非常乐于谴责的罪行，他还对此做出了概括："罗马的一切都是可以买卖的"（Romae omnia venalia），朱古达已经在努曼提亚知道了这个事实。[58] 外邦亲王向他们的罗马恩主慷慨赠礼，这是应当应分的，并不算什么新鲜的事情。名门权贵的党派政敌是有意地夸大其词。然而，朱古达战争中的丑闻似乎超出了通常可以接受的程度，不但损害了罗马的利益，而且还有损于罗马当局的声誉。[59] 不过另一方面，萨卢斯特也承认，玛米利乌斯法案在这个问题上矫枉过正了。

第四个问题，促使罗马干预努米底亚的推动力是什么？人们应该问的是，梅米乌斯的幕后支持者是谁？在罗马，保民官往往不是政策的制定者，而是处于幕后的权力集团或利益集团的代理人。越来越多的怀疑都集中在买卖交易和拓展财源的问题上。[60] 据说骑士在这场战争的物资运输和供给的合同中发现了财路；他们可能希望利用努米底亚的自然资源，只要这个地区在战争胜利后成为罗马的行省。此

---

[58] 8. 1. "在罗马，任何东西都是可以买到的"（omnia Romae venalia, 20. 1）再次谈到了这一点，这预示了朱古达的感叹："一个准备出卖的城市一旦碰上买主的话，它很快就会灭亡。"（urbem venalem et mature perituram si emptorem invenerit, 35. 10）

[59] 腐败在这个故事中根深蒂固，并非萨卢斯特的杜撰，参见 A. La Penna, o.c. 63。

[60] G. de Sanctis, o.c. 199; 207。

外，如果没有骑士阶层的大力支持，马略的当选是很难解释的。这种推测不乏吸引力——而且有被夸大的危险。经济利益在这个时候可以发挥作用的影响力是很难衡量的。最后的结果是，这场漫长而艰苦的战争并没有给罗马增加领土。努米底亚也没有被吞并。它的西部地区被毛里塔尼亚的国王博库斯所获得，这是罗马对他的犒赏，伽乌达则被安置在努米底亚的东部。罗马元老院的传统政策得到了贯彻。

最后一个问题是，战争的胜利归功于谁？答案来自萨卢斯特的叙述。马略在主要路线上遵循了梅特路斯制定的战略方针——或者更确切地说，是强加给他的战略方针，这是已经表明的。马略超越了梅特路斯，他用自己的统兵作战之才创造了条件，使罗马的外交手腕能够利用当地人的变节之举来实现自己的目的。[61]

《朱古达战争》这本专题作品的主题，正如作者设想并且明确说明的那样，限于一连串最终会在"战争和意大利的满目疮痍"中结束的事件。作者引出了斗争冲突的两位主要参与者。他在各种故事情节中描绘了马略，后者在全篇中并没有完全处于主导性的有利地位。作者在叙述中还嵌入了一句预示马略不得善终的不详伏笔——"后来他在野心的驱使下轻率莽撞、不管不顾"（postea ambitione praeceps datus est, 63.6）。

---

[61] 参见 M. Holroyd, *Journal of Roman Studies* XVIII (1928), 1 ff.。

萨卢斯特在罗马将马略视为救星的节点上疏远了马略（114.4）。作品也戛然而止，骤然结束。如果读者想到这位伟大统帅的晚年作为和表现，悲惋之情和讽刺之感便会油然而生：这位统帅战胜了北方的侵略者，此后却相形见绌，在战争和谋杀中成就自己贪婪的野心，谋取了七次执政官的任期。马略拯救了共和国，但他无非是用一切阴谋诡计和暴力行径颠覆了共和国。这是李维所下的定论。[62]

至于苏拉，作者在他作为马略的财务官出现的时候，对这个人的人格品性进行了简要的介绍（95）：一个没落贵族世家的子弟，一个才华横溢、颇具教养和品位的人；他致力于追求享乐，却更加追求荣誉；他虽生活奢靡，但又积极进取、精明能干；他不但能言善辩、善于结交，而且城府极深、精明诡谲。萨卢斯特还补充说，在他取得内战的胜利之前，他享有并且应该享有最好的运气。但对于这个人后来的所作所为，人们只会感到十足的厌恶。

萨卢斯特对苏拉的描写并不让人意外，对于萨卢斯特持有一种特殊偏见的指责，它也没有提供任何支持。[63]让我

---

[62] Livy, *Periochae* LXXX: "adeo quam rem p. armatus servavit eam primo togatus omni genere fraudis, postremo armis hostiliter evertit."（作为战士，他拯救了共和国，作为公民，他首先用各种欺骗手段破坏了共和国，最后又像敌人那样，用武力摧毁了共和国。）维莱尤斯（Velleius II. 11. 1）和狄奥（Dio XXVI. 89. 2）同样引述了李维的说法，他们还详细说明了马略的精明手腕和背信弃义。西塞罗称马略"精明狡诈"（callidissimus, *Ad Atticum* X. 8. 7）、"背信弃义"（perfidiosissimus, *De natura deorum* III. 80）。关于马略生涯的悲剧，参见 E. Badian, *Historia* VI (1957), 342 f.。

[63] K. Vretska, o.c. 129 ff.; W. Steidle, 83 ff.

们回想一下,关于这位独裁者,西塞罗能说些什么。[64]与此相关的还有李维。他承认,苏拉取得了辉煌的胜利,但接下来又用前所未闻的残酷手段玷污了这种胜利。[65]西塞罗和李维反映了意大利城镇中上层人士的态度。

为插入这段关于苏拉的简短言论,萨卢斯特还特意进行了解释。在谈论苏拉的历史撰述家当中,最好的,同时也最为准确的是希塞纳;但希塞纳对苏拉的描写太过于正面了。无论如何,萨卢斯特不得不在这个时候介绍一下苏拉这个人,因为他无意讲述苏拉的历史——"因为我不打算在别的地方谈论苏拉的事迹"(neque enim alio loco de Sullae rebus dicturi sumus,95.2)。

这是一个非常明确的表态——或许也是一条颇有价值的线索。对于这个说法,人们应该作何解释呢?有人认为,这句话意味着萨卢斯特此时并没有考虑要写一部内容全面的长篇史书。恰恰相反,萨卢斯特似乎透露了一个根本不涉及苏拉的写作计划。更确切地说,他要从扫清基础问题的专题作品出发,开始叙述自己的时代。但事实证明,萨卢斯特挣脱不了苏拉对他的纠缠,他无法摆脱苏拉。在他开始撰写《历史》的时候,这部著作有不少篇幅讲述了苏拉的品性和作为。

---

[64] 参见本书 p.124。
[65] Livy, *Periochae* LXXXVIII: "recipertaque re p. pulcherrimam victoriam crudelitate quanta in nullo hominum fuit inquinavit."(他重新赢得了共和国的掌控权,却以无人能比的残酷玷污了他出色的胜利。)

第 12 章

# 《历史》

萨卢斯特的《历史》决定从公元前 78 年讲起,那一年是马库斯·埃米利乌斯·雷比达和昆图斯·卢塔提乌斯·卡图鲁斯的执政年,他一直写到此后的第十二个年头,在死亡打断他的写作之前。《历史》当中有四篇演说和两封书信保存了下来,它们从这部重要的著作中摘录出来,连同另外两部专题作品中的演说一起,在一个单独的版本中流传于世。另外还有大约五百条残篇历经各种途径和千难万险而留存至今。晚年的萨卢斯特在不同方面展现出一种强大的吸引力——不是对历史事件的编年记述,而是道德谴责或不同寻常的写作风格,后者在专业层面引起了文法学家和评注学者的关注。有一段非常宝贵的摘录恰好包含《历史》的大部分绪言;但大多数杂乱而简短的残篇,无非是些文法方面的引文,内容涉及用语措辞的惯常用法和一些异乎寻常的用语。作为增补,人们还可以从一份抄本和两片很小的纸莎草纸中看到几个重要的片段。[1]

---

[1] B. Maurenbrecher, *C. Sallusti Crispi Reliquiae*: I. *Prolegomena* (1891); II. *Fragmenta* (1893). 库菲斯将《历史》中留存下来的演说和书信刊印出版 (A. Kurfess, ed. 3, Teubner, 1957),罗伯茨(C. H. Roberts)刊印(转下页)

这并不是全部。萨卢斯特对这十二年历史的陈述深刻影响了后世的撰述家。他们的谋篇布局、撰述重心和写作基调中无不隐现着萨卢斯特的身影。在这个方面，撰写塞托里乌斯和卢库路斯传的普鲁塔克具有首要的价值。这位传记作家是否读过《历史》的拉丁语原文（塞托里乌斯这位意气相投的高贵之士可能会吸引他付出这样的努力）并不是一个可以确定的问题。大多数人认为他读过。[2] 即便有所质疑，那也无关宏旨。至少可以确定的是，出生于希腊的普鲁塔克大量援引了萨卢斯特的作品。与一些残篇的对比也表明，普鲁塔克对拉丁语原文做出了相当细致的翻译。我们甚至可以从中推断出翻译的错误之处。[3]

通过这些不同的方式，这部佚失杰作的内容、结构与基调也就变得依稀可见。此外，由于文法学家经常按照编号来引用这几卷著述，因而博学研究也可以结合想象来重构叙述梗概和各种值得关注的内容细节。在这个问题上，学者们

---

（接上页）出版了出自奥尔良抄本（Orleans Codex）的各个残篇和两份纸莎草纸（*P. Rylands* III[1938]，473）。参见 V. Paladini，*C. Sallusti Crispi. Orationes et epistulae de historiarum libris excerptae*（1956）。

[2] H. Peter, *Die Quellen Plutarchs in den Biographieen der Römer*（1865），61；106；B. Maurenbrecher, *Prol.*（1891），27 ff.；48. 在《卢库路斯传》中，萨卢斯特被提到过两次（11；33），《塞托里乌斯传》当中则只字未提。学者们倾向于认为，《卢库路斯传》融合了萨卢斯特、李维和斯特拉波的记述。关于《塞托里乌斯传》，见本章 p.203。

[3] 比如用来谴责某人是背信弃义者和谋杀者的动词 δολοφονεῖν（*Sertorius* 7），这个词可能出自一段遭人误解的叙述，其中描写的是途经比利牛斯山的一个军事计策，参见 *Historia* IV（1955），58 f.。

应该会有分歧，但这并不能证明，这种方法是徒劳无益、不着边际的。[4]

在另一个问题上，揣测和猜想也并非完全无益。这个问题令人好奇，同时也合情合理，不容回避：历史撰述家会出于什么样的动机来选择叙述的主题和出发点？在《朱古达战争》中偏离叙述主线而介绍苏拉的人格品性时，萨卢斯特言之凿凿地宣称：他以后不会再讲述苏拉的历史（95.2）。然而，《历史》中似乎讲了大量有关苏拉的事情。至少古代晚期的一位撰述家就留下了这样的印象。[5] 而且，对《历史》残篇的考察也会证明，萨卢斯特在这部作品中不但谈论了苏拉的人格品性，而且还讲述了苏拉的行事与作为。[6]

在绪言中讨论了历史、政治和人性之后，萨卢斯特又插入了一段涵盖过去五十年历史的概括性论述（I. 19–53）。

---

[4] 毛亨布莱歇对《历史》残篇的编排很少受到质疑，但也有学者提出大量的修订意见（K. Bauhofer, *Die Komposition der Historien Sallusts*. Diss. München, 1935）。这种编排并非总是无可置疑。关于《历史》的结构，另参见 W. Schur, *Sallust als Historiker*（1934），214 ff.；K. Büchner, *Sallust*（1960），256 ff.。关于《历史》卷二和卷三之间的公元前75—前74年的重叠相交部分，参见布洛赫敏锐而富有说服力的解释，H. Bloch, *Didascaliae*（1961），61 ff.。

[5] Augustine, *De civ. Dei* II. 22. 克林纳强调了这个证据，F. Klingner, *Hermes* LXIII（1928），180。

[6] 《历史》I. 58–61 提到了苏拉的品性。有学者甚至认为，这部作品中有一段关于苏拉的补充说明（Bauhofer, o.c. 117）。

从提及意大利战争、内战和公敌宣告运动的一些记述片段来看，这段论述谈到了很多重要的事情。比如马略派将领的军事活动细节和命运变迁。甚至还包括马利乌斯·格拉蒂狄亚努斯的悲惨遭遇。[7]此外还有一篇执政官雷比达谴责苏拉及其所有行径的长篇演说，这篇演说开启了公元前78年取消苏拉体制的行动（I. 55）。

孤立地看待这篇演说很容易会让轻率的读者认为，独裁者苏拉仍然大权在握。事实上，此时的苏拉已经隐退。不巧的是，关于苏拉隐退的时间虽然有很多逸事和传闻，但古代的文献材料中并没有记录苏拉隐退的确切时间。这也由此成为一个棘手的问题。有人认为，苏拉直到公元前79年夏天的执政官选举结束之后才交卸权力。[8]很明显，这个时间点太晚了。一个比较可信的看法会认为，与梅特路斯·庇乌斯（Metellus Pius）同为公元前80年执政官的苏拉逐步回到了合法的共和制轨道，他在12月的最后一天卸任了执政官，在此之后他就放弃了独裁权。[9]苏拉卸任之后是阿庇乌斯·克劳狄乌斯·普尔

---

[7] I. 44 f.；参见本书 p.84。
[8] 这是加科比诺主张的论点，J. Carcopino, *Sylla ou la monarchie manquée*（1931），207 f.。这个论点有三个论据，顺带推翻其中一个论据或许就足够了。有学者结合格利乌斯的讨论（Gellius XV. 28. 3），断定《为阿梅利亚的塞克斯图斯·罗西乌斯辩护》（*Pro Sex. Roscio Amerino*）这篇演说发表于公元前79年，而不是公元前80年。没有任何迹象表明，加科比诺拒不接受阿斯科尼乌斯（Asconius）的说法（ib. 4）。
[9] 加巴（E. Gabba）在评注阿庇安《内战史》（Appian *BC* I. 103. 480 [1958]）的时候就提出了这样的看法。巴蒂安则认为，苏拉可能在公元前81年就放弃了独裁权（E, Badian, *Historia* XI [1962], 230）。

喀和普布利乌斯·塞维利尤斯·瓦提亚的执政年，一年过后，苏拉便在公元前78年3月或4月告别了人世。

苏拉葬礼的盛大与奢华前所未见。[10]送葬的仪仗队伍从坎帕尼亚出发，一路上又加入了各殖民地的旧部老兵，他们手持兵器，列队出殡。当装殓在华丽金棺中的遗体进入罗马城的时候，元老院和公职人员也都按时聚集在一起，迎榇入城；骑士们也同样加入了这个行列。聚集的人群哀号一片：有些人是哀悼这位独裁者，另外一些人则回想起了苏拉和军队的所作所为，他们惧怕军队，也害怕苏拉，这种恐惧并不亚于苏拉在世的时候。

元老们肩负着灵柩走向了战神广场，骑士和士兵则围绕着火葬堆列队行进。苏拉·菲利克斯（Felix[幸运者]）的幸运一直持续到最后。出丧的那天预计要下雨，但天气却放晴了，这样的天象有利于苏拉的火葬。[11]

这种情景是对撰史才能的一种挑战。在结束关于恺撒·奥古斯都的生平论述时，塔西佗并没有介绍这场隆重的葬礼。为表示自己的轻蔑和愤慨，萨卢斯特有可能详细讲述这场盛大的葬仪。那个时候最优秀的演说家发表过一篇祭颂苏拉的葬礼演说。[12]但萨卢斯特和塔西佗都知道，创作一篇

---

[10] Appian, *BC* I. 105. 493 ff. 希塞纳可能将苏拉的葬礼作为其《历史》（*Historiae*）的结尾。

[11] Plutarch, *Sulla* 38.

[12] Appian, *BC* I. 106. 500. 可能是资深执政官卢奇乌斯·马尔奇乌斯·菲利普斯（Lucius Marcius Philippus[公元前91年执政官]）。

颂词并不是一个更好的选择。诚然，萨卢斯特有可能想到一个非常合适的替代方案——让见识深远的人士提出富有见地的评论，赞扬在其中只占很小的一部分。不过，《历史》中的四条残篇证明，萨卢斯特通过谴责苏拉的私生活（通奸和淫逸）亲自做出了判断。[13]

接下来是一个重要的推论。萨卢斯特调整了自己的叙述方案，他要将一个更早的时间点作为叙述的开端，这个开端需要谈论大量关于苏拉的事情。这种现象并不反常，历史撰述家会发现进一步追溯的必要性——他在陷入和卷入一项重大的工作之前也幸运地意识到了这一点。萨卢斯特最初的想法可能是从梅特路斯和阿弗拉尼乌斯的执政年开始讲起。这是一个明显有利的方案，因为这样的话，他就可以避开喀提林阴谋，而且这一年也是一个颇具历史意义的时间点。加图，以及加图以外的其他人，都经历了庞培和恺撒的内战，这场内战并非源于独裁巨头之间的裂痕，而是源于公元前60年缔结的灾难性协议。[14]

无论如何，从公元前78年开始讲起是一个不错的选择。苏拉的隐退和苏拉的葬礼是另一位历史撰述家——倾向于苏拉和权贵的科勒内利乌斯·希塞纳——可能结束叙述的地方。萨卢斯特则利用对苏拉体制的猛烈攻击而接过这个故事，这一攻击很快从谩骂和抨击发展成纠纷和战争。这是他

---

[13] I. 58–61. 有关苏拉通奸的证据材料中并没有出现任何人的名字。
[14] 参见本书 p.65。

关注的核心主题，与罗马不远的过去和恐怖的近况密切相关：当统治者消逝后，稳定的局面能够持续多久？共和国又能维系多久？随着独裁统治的复归，内乱又会在多久之后再度出现？

将执政官的执政年确定为叙述的时间起点后，萨卢斯特便开始了绪言的陈述（I. 1–18）。他的绪言从评论一些历史撰述家入手，结尾则专门阐述了罗马历史进程的决定性力量。萨卢斯特提到了监察官加图，称赞了他的文风和简练。[15]不过，他也仅仅是针对这些优良的品质——加图在其漫长的一生中说过很多有损于忠良之士的违心之论。[16]相比之下，谈论过格拉古兄弟的盖尤斯·法尼乌斯（Gaius Fannius）则是一个立论公允之人。[17]萨卢斯特貌似还提到了希塞纳。[18]另外还相当简短地说起过自己：他在内战中的政治倾向并没有让他背离事实的真相。[19]

在评判罗马历史的时候，萨卢斯特颇为肯定地指出，罗马在第二次布匿战争和第三次布匿战争之间维系了和谐稳

---

[15] I. 4："Romani generis disertissimus paucis absolvit."（这位最为雄辩的罗马人叙事简洁而凝练。）

[16] I. 5："in quis longissimo aevo plura de bonis falsa in deterius composuit."（他在漫长的一生中违心地写过很多关于正派人士的不实之词。）

[17] 参见 Victorinus, *Ad Cic. rhet.* p.570，毛亨布莱歇在《历史》（I. 4）下引用了该条目。

[18] I. 2："recens scriptum."（他写了关于晚近历史的著作。）

[19] I. 6："neque me diversa pars in civilibus armis movit a vero."（在内战中效忠于另一方并没有让我背离事实的真相。）

定的局面。[20]但是，一个先前不曾有过的举动是：萨卢斯特小心翼翼地做出了修正，暗示平民与贵族之间存在长期的斗争。"对迦太基的恐惧"（metus Punic）消失后，稳定的局面遭到破坏。一系列接踵而至的纠纷最终导致了内战，承平年代也随之出现了"纷争、贪婪和野心"（discordia et avaritia atque ambitio）。权贵显要之人假托捍卫元老院或人民的名义来谋求个人的权力；好公民或坏公民的名声与为国尽忠没有丝毫的关系，所有人都一样的败坏，一样的腐化，但有钱有势之人却从更好的名声中获益良多，因为他们代表了现有的秩序。[21]

讲完这些之后，萨卢斯特开始对历史做出总结性的陈述，他从格拉古兄弟煽动叛乱的事情入手，认为这件事情就是罗马流血冲突的开端（I.17）。随后他就开始讲述公元前78年的事情，其中很快就引出了执政官马库斯·埃米利乌斯·雷比达。

萨卢斯特在陈述雷比达的举措和政策时，有可能遇到了（现在也有可能存在）一个麻烦的问题。后来发生的事情表明，雷比达对苏拉产生敌意的时间往往要比实际时间早。

---

[20] I. 11（大部分内容摘录于 Augustine, *De civ. Dei* II. 18）。正如有学者注意到的（W. Clausen, *American Journal of Philology* LXVIII [1947], 301），关于那句"不是因为对正义的热爱，而是因为恐惧迦太基的存在威胁他们不稳定的和平"（non amor iustitiae sed stante Carthagine m etus pacis infidae fuit），还可以补充维莱尤斯的作品作为确证（Velleius I. 12. 6："infida pax"［不稳定的和平］）。

[21] I. 12.

有人认为雷比达是马略党的叛徒——这并不是说雷比达所有的行动都能证明他在政治上的倾向。[22]就像其他声名显赫的人士一样,雷比达的出身或获得的保护能使他消灾免祸。苏拉主张"贵族的事业"(causa nobilium)。为恢复寡头的统治,苏拉需要用尊贵的名字来粉饰《岁时记》(Fasti),并引领政务——特别是最原初的传统贵族后裔,前提是他可以找到这些人。这样的贵族后裔并非比比皆是。苏拉本人作为一个上流贵族就出身于一个早已寂寂无闻的破落家族,他渴望恢复这种旧贵族的地位。因而毫不奇怪的是,在苏拉卸权力之后当选的第一任执政官当中,人们发现了一位埃米利乌斯家族的子孙。

在罗马颂扬"埃米利乌斯家族的卓越事迹"(bene facta gentis Aemiliae)不仅不会落人口实,而且还颇得人心。[23]雷比达在演讲中谈到了自己祖父的声誉:在漫长的岁月中担任过两次执政官、一次监察官,另外还当选过大祭司长和首席

---

[22] 只有阿庇安肯定这一点(Appian, *BC* I. 105. 491)。文献记录中有一个名叫阿普莉娅(Appuleia)的人,这个人是某位"贵族出身"(nobilissimae stirpis)的马库斯·雷比达的妻子(Pliny, *Naturalis Historia* VII. 122; 186),人们因此而普遍认为,这位阿普莉娅是公元前103年保民官阿普利乌斯·萨图尼努斯(L. Appuleius Saturninus)的女儿。雷比达开始反对苏拉的时间和雷比达个人的身份都还远远不能确定。倒是有一位"雷比达的儿子西庇阿"(Scipio Lepidi filius, Orosius V. 22. 17),这个人是公元前83年执政官西庇阿·阿希亚吉努斯(L. Scipio Asiagenus)的养子,名叫埃米利乌斯·雷比达,对于秦纳掌权时期的联姻或结盟,这也许是一条相关的线索。

[23] I. 77. 6(马奇乌斯·菲利普斯[Marcius Philippus]的演说)。

元老。[24] 自此之后，这个家族就走向了没落。雷比达的父亲没有在文献中留下任何记录，这个人只在家谱中留下一个名为昆图斯的条目。雷比达本人在磨难重重的岁月中并没有提及任何好或坏的事情。极少数的贵族有可能和苏拉一起参与了东征；但也一有些贵族在外省召集了军队，他们的目的是维护"贵族的事业"或参与收复意大利的战斗。从萨卢斯特的一条残篇来看，雷比达缺少从军的经历。[25] 就像其他没有遭到谴责和非议的贵族一样，比如卢塔提乌斯·卡图鲁斯和昆图斯·霍腾西乌斯这些后来的贵族派领袖，他在秦纳主导的政局下寓居罗马，静观时变——直到发现更好的事业占据了上风。执政官的职位由一位埃米利乌斯家族的子孙出任，这符合苏拉复兴传统共和国的政治方案。[26]

雷比达当选执政官的事情属于一桩奇闻逸事，人们普遍相信这个事实，正统史书在讲述这件事情时也毫无疑虑地

---

[24] Cicero, *Philippicae* XIII. 15（在说起公元前 46 年执政官的时候提到了雷比达祖父的从政履历）。

[25] I. 78: "numeroque praestans, privos ipse militiae."（虽然兵多将广，但缺乏调兵遣将的才略。）可以肯定的是，在庞培尤斯·斯特拉波围攻阿斯库鲁姆期间的参谋团队中，人们可以发现第十个名字是雷比达，"M. Aemili Q. f. Pal."（*Corpus Inscriptionum Latinarum* I². 709 = *Inscriptions Latinae Selectae* 8888），参见 C. Cichorius, *Römische Studien*（1922），147。公元前 82 年攻占诺尔巴（Norba）的那位雷比达（Appian *BC* I. 94. 439）应该是公元前 77 年的执政官玛麦库斯（Mamercus），参见 E. Badian, *Journal of Roman Studies* LII（1962），53。

[26] 参见 *Tacitus*（1958），569。

以此为蓝本。故事是这样说的，庞培支持雷比达反对苏拉，并让他在卢塔提乌斯·卡图鲁斯之前获得执政官的职位。苏拉表示了他的不满。他认为卡图鲁斯出类拔萃、不可多得，雷比达则阴险恶毒、心术最坏。不过，苏拉什么也没做。他只是通过说一些冷峭而中肯的先见之言来强化他的指责。[27]

这次选举的情形应该会激起人们的好奇。候选人实际上有几位呢？除了雷比达之外，其他候选人的名字均没有被提及，也没有忠心耿耿的苏拉党徒怂恿人们制止居心叵测的雷比达竞选得逞。要出手的是那些热衷名利但又处境安全的人士。[28] 如果罗马当局希望雷比达败选，人们就必须问清楚，罗马当局在做什么。然而，就传闻来看，庞培的出格之举似乎并不过分。他无非是导致卡图鲁斯丢掉了参与选举的头名

---

[27] Plutarch, *Sulla* 34; *Pompeius* 15 f. 注意这两个词：ἀπεθέσπισε 和 τὰ μαντεύματα。这是唯一记载此事的文献。

[28] 值得注意的是下一年的执政官。雷比达痛斥了"光荣的布鲁图斯、埃米利乌斯和卢塔提乌斯的后代"（praeclara Brutorum atque Aemiliorum et Lutatiorum proles, I. 55. 3）。尤尼乌斯·布鲁图斯身上并没有显示出年轻和成名的迹象。玛麦库斯·雷比达·李维亚努斯（Mamercus Lepidus Livianus）可能是马库斯·李维尤斯·德鲁苏斯（Marcus Livius Drusus，公元前91年平民保民官）的表兄弟，参见 F. Münzer, *Römische Adelsparteien und Adelsfamilien* (1920), 312。有人为他提出了专门的辩护——"考虑到库里奥还年轻，而且当时还没有在选举上遭受过失败的挫折，他要求库里奥让步给更有资历的玛麦库斯"（Curionem quaesit, uti adulescentior et a populi suffragiis integer aetati concederet Mamerci, I. 86）。这个事情会出现关于公元前77年执政官职位的竞选中。玛麦库斯肯定在先前的竞选中失败过（参见 Cicero, *De officiis* II. 58），可能是在公元前79年：如果是这样的话就是与马库斯·雷比达竞争，因为两个人都属于上层贵族。

位置（参选有名次先后之分，十二位法西斯持有人［*fasces*］在这一年的第一个月轮流担任执政官）。[29]

那些充分说明苏拉先见之明的传闻很可能激起人们的怀疑。这种传说并非仅仅涉及雷比达——苏拉也可以向贵族派提出警告，要他们防范年轻的恺撒，（他说）这个人必定会摧毁他们的党派。[30]他还可以在卸职退隐的时候，再一次提出预言：任何人在此后的罗马都不会放弃最高的权力。[31]

这并不是最糟糕的。有一种令人难以置信的观点认为，任何候选人都可以对抗苏拉的意愿而成功赢得公元前79年的竞选。[32]苏拉固然不再是独裁者。但是，只要他还活着，他和他那令人恐惧的名字，以及老兵在其驻防殖民地的权力，就会始终享有胜利者的威望。

执政官同样不能无所顾忌地抨击苏拉和苏拉的所作所为。[33]萨卢斯特让雷比达在其上任的第一天发表了一篇慷慨

---

[29] 关于法西斯持有人的每月轮换，苏维托尼乌斯的记述便是证明（Suetonius, *Divus Iulius* 20.1）。

[30] Suetonius, *Divus Iulius* 1.3: "quandoque optimatium partibus, quas secum simul defendissent, exitio futurum; nam Caesari multos Marios inesse." （你们如此热心搭救的这个人总有一天会给你们和我同支持的贵族事业带来致命的打击；因为在这个恺撒身上可不止有一个马略。）

[31] Appian, *BC* I. 104. 486.

[32] 然而，人们普遍这么认为，参见 H. M. Last, *The Cambridge Ancient History* IX（1932），314：" 他是作为执政官职位的候选人……是这位独裁者公开的敌人。"

[33] J. Franke, *Jahrbücher für cl. Phil.* XXXIX (1893), 49; J. Neunheuser, *M. Aemilius Lepidus* (Diss. Münster, 1902), 25.

激昂的演说（I.55）。这是一次粗暴的私人谩骂，苏拉在其中被谴责为不择手段保住其统治权的暴君。[34] 演讲者信誓旦旦地断言，共和国的所有职权都掌控在苏拉手中。[35] 演讲的最后是一个激动人心的呼吁：罗马人民被鼓动起来追随执政官重新夺回自己的自由。

绪言、历史概述和演说：这样的谋篇布局是无可挑剔的，而且也得到了应有的赞赏，塔西托在其《历史》第一卷就模仿了这样的结构。不过，这篇演说是一种抗议，而不是一个方案。这位执政官提出的一个最为具体的建议不但没有说服力，而且还让人觉得非常可笑——他准备放弃他从公敌宣告令中获得的好处。[36] 这篇演说并没有让他立即采取行动。它也不可能让人采取行动。雷比达的革命政策需要时间来酝酿，这要得益于情势所逼的压力和时机——首先是苏拉的去世。

由此可见，这篇演说不能被作为一段真实的历史来看

---

[34] I. 55. 7: "nisi forte speratis taedium iam aut pudorem tyrannidis Sullae esse et eum per scelus occupata periculosius dimissurum. at ille eo processit ut nihil gloriosum nisi tutum et omnia retinendae dominationis honesta aestimet."（除非你有可能希望苏拉在这个时候对他的暴政感到厌倦或羞耻，并冒着极大的风险放弃那些不当夺取的东西。正相反，他已经到了这个地步，即认为除非安全，一切都没什么大不了的，并且认为所有有助于维持暴政的东西都是值得推崇的。）

[35] ib. 13: "leges iudicia aerarium provinciae reges penes unum, denique necis civium et vitae licentia."（法律、法庭、财政、行省、王侯都在这个人的掌控之中，总之，他控制了公民的生死。）

[36] ib. 18.

待。作者必须在这冗长的绪言结束之后处理自己的撰述主题，而且必须采取行动——或者是表面上的行动。作者拒绝从苏拉的葬礼开始讲起，而是过早地引出了雷比达。他屈从于艺术性，也屈从于更加糟糕的东西。他的安排大胆而任性，其目的并不仅仅是要说明苏拉在罗马和整个意大利所造成的局势。这可以让他听任自己的倾向和偏好，超越实际上允许的离题范围，用一种鲜明生动的形式，创作一篇声讨苏拉的长篇檄文。[37]

雷比达和他的同僚已出于种种原因而结冤甚深，他们在苏拉葬礼后恶言相向、分道扬镳。[38]那一年，伊特鲁里亚北部的费苏莱发生了一场叛乱，遭到驱逐的人们向殖民地的老兵发起了攻击（I. 66 ff.）。两位执政官遂被派去平抚这场叛乱。当卡图鲁斯返回罗马的时候，雷比达留在伊特鲁里亚，玩起了两面派的手法。他在整个伊特鲁里亚地区召集了一帮心怀不满的党徒，并且宣布了一个颠覆性的计划，其中包括恢复保民官的权利。第二年的一开始并没有执政官，因为雷比达拒绝返回罗马主持执政官的竞选。另外，由于他控制了山南高卢，他的处境也变得越来越危险。那个地区已经作为行省被分配给雷比达或他的坚定盟友尤尼乌斯·布鲁

---

[37] 参见 *Tacitus*（1958），144。并非所有近来为萨卢斯特提出辩护的人都指出萨卢斯特公然弄错年代的顺序。

[38] Appian, *BC* I. 107. 501.

图斯。[39]在元老院中，有一个派系想要答应叛乱者的要求。就在这个当口，资深执政官卢奇乌斯·马奇乌斯·菲利普斯（Lucius Marcius Philippus）发表了一场强有力的演说（I. 77）。元老院鼓起勇气，通过了最终的决议。

卢塔提乌斯·卡图鲁斯因这项决议而获得了身为资深执政官的权力，庞培则被授予军队统帅的职权，后者是一个立过战功，但无公职身份的年轻人。这些举措获得了成功。卡图鲁斯在罗马城门外的战斗中击败雷比达，并迫使其退兵。在伊特鲁里亚海岸的科萨（Cosa）附近遭受又一次的失败之后，雷比达逃去了萨蒂尼亚（Sardinia）。

尽管雷比达被赶出了意大利，但根据一条残篇的记载，一个严重而紧急的状况依然困扰着罗马当局（I. 84）。这是萨卢斯特转向另外一个主题的方式，这个主题就是西班牙和塞托里乌斯。在这个问题上，他不得不回到若干年前。萨卢斯特提到了塞托里乌斯的建树成就和早年经历（I. 87-92）。接下来又讲述了塞托里乌斯在西班牙的总督生涯——他是在公元前82年被马略集团派出去的。塞托里乌斯在公元前81年被苏拉的一位将领驱逐出西班牙，他四处流寓，在毛里塔尼亚历经了诸多艰险，在此之后，他又接受卢西塔尼亚人（Lusitanians）的请求，于公元前80年攻入了远西班牙行省。

---

[39] 阿庇安认为雷比达分管的行省是山北高卢（Appian, *BC* I. 107. 502）。有必要知道马库斯·布鲁图斯是阿尔卑斯山南的资深执政官还是仅仅作为雷比达的副官。或许最恰当的答案是，山南和山北都是雷比达掌管的行省，参见 E. Badian, *Foreign Clientelae*（1958），275。

梅特路斯·庞乌斯被派去讨伐塞托里乌斯。他没有取得任何进展，其他罗马将领也同样铩羽而归。塞托里乌斯的活动范围非常广泛，他在内陆地区的部落中赢得了众多盟友。在公元前77年结束之前，意大利半岛的大部分地区都脱离了罗马当局。讲到这里，作者也就结束了关于塞托里乌斯的叙述。

这就是到目前为止第一卷的总体结构。初看起来，这部书的主题（就其本身而言）可以被说成是反抗苏拉暴政的斗争。它的第一卷讲述了第一次叛乱——雷比达（一次惨痛的失败）和塞托里乌斯（这是一个更优秀的人，但仍然徒劳无功）。由保民官接连发起的斗争并不值得一提，但随着庞培和克拉苏在公元前70年达成协议，而苏拉的法令也遭到取消，这场斗争就在保民官和将领之间的结盟中走向了终结；三年之后，保民官加比尼乌斯提出的议案不顾贵族派的反对，授予了庞培清剿海盗的巨大权力。

在《历史》的第一卷中，萨卢斯特把人们的注意力集中在雷比达和塞托里乌斯两个人身上，从而呈现了两出引人入胜的大型剧目。萨卢斯特在关于雷比达的故事情节中创作了两篇演说；对于塞托里乌斯在公元前80年之前所经历的荣辱浮沉——其艰难坎坷并不亚于之后的经历，萨卢斯特也给出了巨细无遗的陈述（I. 84-103）。除此之外，作者还带出了两个重要人物，庞培和卢库路斯。萨卢斯特的第一部作品给他提供了编排材料的技巧，他可以随意省去或大幅缩短对于很多事情的记述。那是一个非常有益的学徒期。[40]然而，此时的萨卢斯特必须要处理逐年发生的一系列关系复杂的事件。他是在撰写罗马的编年史——"我编写了罗马人民……在对外战争和内政方面的史事"（res populi Romani . . . militia et domi gestas，I. 1）。人们可能也会发现，萨卢斯特以某种方式故意破坏和颠倒了"domi militiaque"（战争与内政）这个约定俗成的词组。但事实上，他所叙述的大部分内容都是战争。

罗马当局的帝国统治自西向东都面临着十分紧迫的问题。西班牙的局势刻不容缓，但伊利里亚（Illyricum）、巴尔干地区和小亚南部地区同样处在动荡之中：萨卢斯特本可以明确宣称，公元前78年的四场对外战争是叙述的主题。[41]在苏拉去世之前，上一年度的执政官已经离开了罗马，\*阿庇乌斯·克劳狄乌斯·普尔喀去了马其顿，普布利乌斯·塞维利尤斯·瓦提亚（Publius Servilius Vatia）去了西里西亚。前者

---

[40] 鲍霍费尔（K. Bauhofer, o. c. 74 ff.）以一种极端的方式利用了这个说法。他认为萨卢斯特的关注点明显是个人，因而（与毛亨布莱歇相反）在他看来，塞托里乌斯在《历史》第二卷和第四卷的结尾构成了一个事实上的故事高潮；另外，关于米特里达梯这个人的简要介绍引出了《历史》的第三卷。相关评论，参见 K. Büchner, o.c. 257；261 ff.。 特别参见 H. Bloch, *Didascaliae*（1961），70 f.。

[41] 如果是这样的话，就像某些文献中所显示的那样（Orosius V. 23. 1；Eutropius VI. 1. 1［参见 *Harvard Studies* LXIV, 1959, 33］），李维就采纳了这样的说法。

\* 即公元前79年执政官。

在塔伦图姆（Tarentum）病到，而后又回到了罗马。[42]然而，第一卷的记述中包含了两个地区发生的某些事情（I. 127-134）。西里西亚的地理形势迫使塞维利尤斯必须承担起两项任务——不但要肃清西里西亚沿岸的海盗，还要在内陆山区的皮西迪亚和伊索利亚（Isauria）制伏那些好勇斗狠的部落。他的统帅权得到了延长，一直到公元前74年他才凯旋而归。

编年史的框架结构必然会带有一些缺陷——大的叙述主题被切分成小的片段，关于各种问题的讲述又分散了人们的关注点。撰述历史的人有时会抱怨这样的缺陷。如果这些历史撰述家熟谙他们的工作，他们就有方法去利用或规避那些死板的编年记录。一种可行的办法或许是回头做一番概括性的重述，就像萨卢斯特处理有关塞托里乌斯的情节时所做的那样。不过，作者在完成《朱古达战争》之后可能已经发现，准确的年代纪也有其自身的优势。《历史》实际上是遵循事件发生的确切时间讲述了绝大多数事件。

这并不妨碍艺术上的精巧设计。令某一卷的叙述在一年结束的地方收尾可能会有显而易见的优点。有一位撰史大师所写的罗马帝国编年史就可以展现出这样的叙述手法，即通过保留更多关于某些重要史事的细节和修饰来增强结尾的叙述效果，特别是著名人物的死亡。[43]然而，在萨卢斯特

---

[42] I. 127. 在菲利普斯（Philippus）的演讲中，这个人曾作为临时执政官（interrex）而被提及（I. 77. 22）。

[43] Tacitus, *Annals* II. 88（以阿米尼乌斯的去世来反思名声和撰史）；III. 76（以尤尼娅——卡西乌斯的遗孀和布鲁图斯的妹妹——的去世唤起人们对解放者的记忆）。

这里，各卷的结尾和年份的结尾似乎从未完全吻合。这乍看起来颇有些奇怪——萨卢斯特很容易就能做到这一点。他决定不去这样做。相反，他选择用一个特意强调的人物或故事情节来结束自己的叙述。传统的叙事单元是用执政官年份来划分。萨卢斯特通过结合更小和更大的叙事单元——若干时期片段和卷册（第一卷之后，各卷涉及的时间范围相当于三年）——取代了传统的单元划分方式。至于年代纪，他可以为了让叙事清晰明确和突出重点而利用年代纪具有的双重优势。他还用执政官的就职和各种方法来表明时间上的间隔。庞培的书信标志着公元前75—前74年冬天的来临，米特里达梯的书信则意味着公元前69—前68年的到来（II. 98；IV. 69）。

《历史》第一卷的叙述结束于塞托里乌斯达到其权力的巅峰。[44]第二卷继续从公元前77年发生的事情讲起——雷比达死在了萨蒂尼亚，这是一个极不光彩而又让人扫兴的结局，而庞培则被派去了西班牙。这一卷讲述了西班牙战争，并一直讲到庞培在公元前75年冬天给元老院写去的书信（II. 98）；其中还讲述了其他地区的情形——普布利乌斯·塞维利尤斯在西里西亚的活动，阿庇乌斯·克劳狄乌斯·普尔喀和盖尤斯·斯克里伯尼乌斯·库里奥（Gaius Scribonius Curio）在马其顿的所作所为。另外，这一卷还简短提及了公元前74年的事情：收到庞培的来信后，新任

---

〔44〕并不需要认为，关于塞托里乌斯的叙述在这里就结束了。

执政官立即采取了措施。[45]第三卷中最先出现的事情是行政官马库斯·安东尼乌斯被委任为地中海沿岸地区的特别长官（III. 2-4）。这个时候，东部地区爆发的一场重大冲突正在不断地扩大，其中涉及卢库路斯打击米特里达梯的第一次胜利。第三卷还讲述了西班牙的战事，并一直讲到塞托里乌斯的悲剧性结局。此外，作者还提到了公元前73年开始的那场镇压意大利造反农奴的战争——这一卷记述了执政官林图卢斯·克劳狄亚努斯（Lentulus Clodianus）在公元前72年遭遇的失败（III. 106），但并没有提及克拉苏在秋季时节发起的征战活动。第三卷的高潮或结尾是无法确定的。[46]第四卷仍然从公元前72年讲起，其中讲到了执政官克劳狄亚努斯提出的一项法案（IV. 1）。这一卷的主要内容是卢库路斯（Lucullus）征伐米特里达梯和提格拉涅斯（Tigranes）的英勇事迹。公元前69年，卢库路斯在提格拉诺切尔塔（Tigranocerta）击溃亚美尼亚国王，取得了重大胜利。次年他又攻入亚美尼亚，在阿尔萨尼亚斯（Arsanias）河畔发起一场战役，但随着冬天的来临而不得不被迫撤退。如果这一卷最终只讲到卢库路斯攻占美索不达米亚的尼西比斯（Nisibis），那么这就标志着卢库路斯的完满结局。从那些可以断定时间的最新的篇章条目来判断，

---

[45] II. 98（D）. 参见 H. Bloch, o.c. 61 ff.。
[46] 有学者认为，塞托里乌斯之死是第三卷结束的明确标志（K. Bauhofer, o.c. 26）。不过，有观点认为，塞托里乌斯死亡的时间可能是在公元前73年，而不是公元前72年，参见 W. H. Bennett, *Historia* X（1961），459 ff.。

第五卷明显是没有写完的。这一卷的开头讲到米特里达梯收复本都时局势发生的突然逆转；随后便一直讲到了关于加比尼乌斯法案（*Lex Gabinia*）的争论，这个法案最初是在公元前67年提出的（V. 19–24）。是否有残篇记述了庞培清剿海盗的斗争，这是无法肯定的（或者就此而言，是否有残篇讲述了公元前69年执政官梅特路斯征战克里特的军事行动，同样也是无法肯定的）。[47]

萨卢斯特这样的撰述家几乎可以将历史叙述引向任何一个合适的结尾，这对他的建设性才能而言并不是什么难事。加比尼乌斯给庞培带来的巨大权力标志着共和国历史上的一个重大转折。[48]但是，没有任何迹象表明，萨卢斯特打算在这个地方收尾。[49]他并不是在写一部关于庞培·马格努斯崛起的专题史书。《历史》的绪言和第一卷的导言性叙述所呈现出来的广度已经表明，萨卢斯特的设想更加宏阔，最

---

[47] 文法学家是按照卷册编号来引述所有的残篇，编号数目在第一卷之后逐渐减少，到第五卷时仅有十一条。然而，这并不是判断第五卷相对篇幅的标准。毛亨布莱歇（Maurenbrecher, o.c. 196 f.）认为，第五卷可能讲到了庞培的征战活动和庞培回到罗马（V. 25 f.）。他觉得保民官盖尤斯·科勒内利乌斯提出一项法律议案时暗示了某些动乱（V. 27）。需要注意的是，这些残篇中没有一条被认证为第五卷的内容。

[48] 普鲁塔克说这完全是一个君主般的权位，而不是海军统帅的职权（*οὐ ναυαρχίαν, ἄντικρυς δὲ μοναρχίαν, Pompeius* 25）。这个说法或许有夸张之嫌。

[49] 舒尔认为，萨卢斯特以公元前66年早些时候提出的玛尼利乌斯法案（*Lex Manilia*）结束了这一卷的叙述，这是萨卢斯特的有意安排——"完整的五卷由一个独立的叙述单元构成，详尽地叙述了一个既定的主题"（W. Schur, o.c. 222，参见214）。

后讲到的时间点也会更为长远。

萨卢斯特打算走多远呢？有人可能会认为，第五卷的其余部分和第六卷会一直讲到公元前63年或公元前62年。也有一种主张认为，米特里达梯去世的公元前63年才是萨卢斯特这部《历史》最理想的截止时间点。[50]这样的观点是不能接受的。它意味着过度放大一位异邦统治者的地位。同时也意味着过度放大庞培这位米特里达梯战争中的胜利者。有些罗马人，比如加图就认为，关于米特里达梯的叙述太多了。[51]萨卢斯特并不是马格努斯的朋友——他是在写罗马人民的编年史。

没有什么可以妨碍人们假定一个稍晚一些的截止时间。或许是梅特路斯和阿弗拉尼乌斯出任执政官的那个重要年份。*如果是这样的话，作者岂不会发现自己陷入了麻烦？因为他已经讲过了喀提林阴谋。这是一个困难，但也绝非不能克服。后世的历史撰述家也必须要面对类似的问题。奥菲迪乌斯·巴苏斯（Aufidius Bassus）在写完《日耳曼尼亚战争》（*Bellum Germanicum*，内容可能涵盖了公元4—16年提比略和日耳曼尼库斯［Germanicus］的征战活动）之后，接

---

[50] K. Bauhofer, o.c. 109 ff. 有学者将截止时间定在了公元前64年，因为喀提林阴谋就是在那一年开始的（L. O. Sangiacomo, *Sallustio*［1954］, 219，参见225）。这个观点同样没有说服力。

[51] Cicero, *Pro Murena* 31: "bellum illud omne Mithridaticum cum mulierculis esse gestum."（整个米特里达梯战争都仅仅是和很多女人在作战。）

\* 即公元前60年。

着又开始撰写一部内容全面的长篇历史撰作。[52]《阿格里科拉传》同样没有妨碍塔西佗在弗拉维王朝的统治下撰述罗马的编年史。

萨卢斯特可能还想继续往前推进自己的写作,进而涵盖将近三十年的历史。《朱古达战争》的绪言表明,萨卢斯特既有这样的决心,同时也充满了信心。将公元前51年或公元前50年(庞培与恺撒之间出现裂痕)定为其最终的写作目标,并用十二卷书来讲述一段历史,这可能并没有超出他对自身能力的信心,他有独具一格的写作风格,叙述的主题也有难以抗拒的吸引力。绪言中的一段话恰好记录了一个经由执政官而得到特意强调的年份。这个年份就是公元前51年,罗马霸业在这个时候通过征服高卢而实现了最大范围的扩张。[53]

萨卢斯特的叙述主旨并不仅仅是抨击后苏拉时代的秩序体制。这完全是两个内战年代之间危机四伏的间隔期——他对"不稳定的和平"(infida pax)这一观念非常熟悉。或者毋宁说,他的叙述主题是共和国的衰亡,而庞培·马格努斯就是这一衰亡的主要推动者,这个人最初属于苏拉麾下,

---

[52] 参见 *Tacitus*(1958),697。

[53] I. 11:"res Romana plurimum imperio valuit Servio Sulpicio et Marco Marcello consulibus omni Gallia is Rhenum atque inter mare nostrum et Oceanum, nisi qua paludibus invia fuit, perdomita."(在塞尔维乌斯·苏尔皮基乌斯和马库斯·马塞卢斯担任执政官的那一年,罗马共和国的统治范围达到了巅峰,那个时候,除了无法进入的沼泽地带,所有位于莱茵河以西,以及地中海和大西洋之间的高卢地区都被征服了。)

之后长年与寡头为敌，最后又成为他们虚与委蛇的朋友，并给他们带来毁灭性的灾难，这些寡头的妄想和庞培本人充满嫉妒的野心可谓恰好吻合。[54]

在萨卢斯特的叙述中，罗马的政治问题与海外的战事密不可分，最初是由于塞托里乌斯，之后又有米特里达梯（后者在不同程度上会让人联想到朱古达）。除此之外，战争历来是罗马编年纪的首要关注点，而罗马的编年纪最初（或被认为最初）只是对事件的编年记录。为了让历史成为一门艺术，就必须精心设计，务必让叙述绘声绘色、辞采多样——在叙述的风格和文采方面，萨卢斯特远远超过了他最晚近的前辈。此外，为了让叙述形式多变，便于过渡转折，带出某个著名人物或概述一种局势，萨卢斯特还运用了一些谋篇布局的手法。这些手法并非仅仅反映了撰述者的才能和技艺——其中一些还可以提供线索，用于了解作者内心深处最隐秘的想法，因为这些手法的运用是出于作者的自由选择。

首先是插叙。此时的萨卢斯特并不想插入有关罗马政治的专门性论述。他的专题史书已经详尽地讨论过这个主题，因而在《历史》的绪言中，他毋须谈论太多。另外，并

---

[54] 参见 *The Roman Revolution*（1939），248；*Tacitus*（1958），134。有人甚至认为，萨卢斯特计划写到公元前 40 年（M. Bonnet, *Rev.ét.anc.* II [1900], 117 ff.）。尽管当代历史对这位修昔底德的模仿者颇具吸引力，但最好还是不要考虑这个问题。关于主题的统一性问题也同样不要考虑。

没有任何迹象表明，萨卢斯特有意对罗马人民的法律制度和宗教制度提供博学性的说明。[55] 这类题材已经在不久前得到了精心而细致的研究，它们并非总是与其政治上的倾向和偏好毫无瓜葛。到萨卢斯特写作的时候，这种研究正靡然成风。对于醉心罗马历史的撰述家来说，古文物研究有一种强烈而普遍的吸引力，这种学问深受浪漫观念的影响，而厌恶世风日下的现状则是这种浪漫观念的基调。[56] 但是，萨卢斯特并不关心这类问题，即使他的笔调带有刻意用心的拟古之风。

为了叙述的多样性、教益性和趣味性，萨卢斯特倒是更热衷于一种不同类型的博学研究。他诉诸的方法是描述遥远的国度和族群，不回避传说与奇闻。值得注意的是第一个事例。当四处流浪的塞托里乌斯穿过加第斯（Gades）海峡的时候，他遇到了一些刚刚从大西洋的幸福之岛返航回来的水手。这些人跟他说起了那个迷人的地方，他为了摆脱暴政和没完没了的战争，于是也萌生了远航到西方安逸度日的想法。[57] 然而，那些护送他的西里西亚海盗丝毫没有这样的意愿，所以塞托里乌斯便和他的盟友们分道扬镳了。

---

[55] 他可能提到了斯克里伯尼乌斯·库里奥担任执政官时建议从厄立特赖（Erythrae）带回预言书的建议（Lactantius, *Institutiones Divinae* I. 6. 14，出自 Fenestelle）；库里奥深受宗教祭祀的影响，参见 III. 50："Curio religione Volcanaliorum diem ibidem moratus"（库里奥在火神节那天耽搁在同一个地方）。

[56] 参见本书 p. 233。

[57] I. 100 f., 参见 Plutarch, *Sertorius* 8。

塞托里乌斯那个时候去了毛里塔尼亚，插手了当地的战争事务。他同王子阿斯卡利斯（Ascalis）作战，并攻占了廷吉（Tingi）。之后，就像传闻中所说的那样，他挖掘了埋有巨人安泰俄斯（Antaeus）骸骨的古墓。[58]这就如同人们在努米底亚的希耶姆普萨尔的著作中有可能看到的那样，属于有关赫拉克勒斯漂泊游历的博学研究范畴。[59]此外，萨卢斯特可能还谈到过大象的一些奇怪而聪明的举动。[60]

接下来，在第二卷的前段，雷比达在萨蒂尼亚岛的行动为描写那个岛屿及其物产和居民提供了一个理由。除此之外，作者还详细述说了古代的移民和城镇的起源。[61]

关于西班牙的任何全面性的说明，这方面的线索付之阙如。不过，萨卢斯特可能会偶尔发现一些值得简要介绍的

---

[58] Plutarch, *Sertorius* 9. 据斯特拉波的记载，这个传闻出自"罗马历史撰述家加比尼乌斯"（Γαβίνιος ὁ τῶν Ῥωμαίων συγγραφεύς, XVIII, p.829）。Γαβίνιος（加比尼乌斯）这个名字已被改为 Τανούσιος（塔努西乌斯，B. Niese，很多人遵循此说），或者是改为 Σαλλούστιος（萨卢斯提乌斯，F. Buecheler）。对于这个问题，闵策尔在讨论塔努西乌斯（Tanusius）的时候并没有定论（F. Münzer, *Real-Encyclopädie der classischen Altertumswissenschaft* IV A 2232）。

[59] *Bellum Jugurthinum* 17.7.

[60] 斯特拉波在他的叙述中继续说道，刚才提到的那位历史撰述家还编造了关于大象的无稽之谈。普鲁塔克在《塞托里乌斯传》（9）中的叙述并非完全出自萨卢斯特的记述，因为普鲁塔克还在那一章的末尾提到了朱巴（Juba）。

[61] II. 1-12（在后世作家的作品中可以发现这段附记的一些痕迹，Maurenbrecher, 60 ff.）。另见 *P. Rylands* 473.2。

风土人情，比如南方的矿藏、渔场或偏远部族的风习。另外还有位于加第斯的那所赫拉克勒斯的著名神庙，以及马其顿的亚历山大雕像。有传闻说，恺撒在他担任财务官的时候造访此地。庞培有可能在恺撒之前也去过这个地方。[62]《历史》的一段残篇提到了马格努斯与亚历山大的关系：他打小就常常模仿亚历山大的所作所为。[63]这个残篇通常用来影射公元前71年庞培返回意大利的时候，在比利牛斯山的山口附近设立的那个好大喜功的胜利纪念物。[64]据说这段残篇出自《历史》的第三卷，这个事实为某个未能确定的问题提供了支持。[65]

萨卢斯特最令人难忘，也最冗长的博学叙述是关于黑海的描写，这段描写在讲述公元前73年卢库路斯征讨米特里达梯的军事行动（III. 61-80）期间被安插在第三卷的某个地方。此后的撰述家，无论是撰写诗歌还是散文，无不熟知、赞赏和模仿这段描述。[66]作者首先从赫勒斯庞

---

[62] 参见 J. Gagé, *Rev.ét.anc.* XLII（1940），425 ff.。

[63] III. 88："sed Pompeius a prima adulescentia sermone fautorum similem fore se credens Alexandro regi, facta consultaque eius quidem aemulus erat."（然而，无论在行为还是意图上，庞培都是亚历山大大帝的效仿者，由于那些支持者的阿谀奉承，庞培从小就相信，他会成为亚历山大大帝那样的人。）

[64] III. 89："de victis Hispanis tropaea in Pyrenaei iugis constituit."（他在比利牛斯山的山坡上为他征服西班牙人而设立了纪念物。）

[65] 毛亨布莱歇认为，《历史》第三卷记述了庞培最后一次行动和离开西班牙的情形。但是，第四卷当中讲述了一些公元前72年的事件——而庞培直到公元前71年才离开西班牙，参见 M. Gelzer, *Pompeius*² (1959), 53。

[66] III. 61-80，参见 Maurenbrecher，134 ff.。

(Hellespont)、普罗庞蒂斯(Propontis)和博斯普鲁斯海峡入手,记录了特洛伊到拜占庭的传说与历史中所存在的名胜古迹;他还不忘提及带给拜占庭财富的鱼(III. 66)。在提到过叙姆普勒加得斯(Symplegades)之后,作者又转向东方,描述了比提尼亚(Bithynia)、帕拉戈夫尼亚(Paphlagonia)和本都海岸,随后又掠过北方,提到了谢尔森尼苏斯(Chersonnesus)、斯基泰滨海地区、多瑙河河口,以及他最初描写的出发点。然而,萨卢斯特提供的不仅仅是关于一个沿海地带的描述,这个地带与涉及阿尔戈英雄(Argonauts)和亚马孙人(Amazons)的神话传说交织在一起。关于本都风土人情(*De situ Ponti*)的补充说明中包含了民族志的内容。偏远族群的习性被说成是由环境决定的。[67]对于北方草原的游牧民族,古人怀有一种颇具好感的幻想:他们是朴素生活和质朴德行的典范。"斯基泰人更加朴素"(Campestres melius Scythae),这是大多数希腊语作家和拉丁语作家普遍持有的论调;而游牧民族的这些特征有时也会转嫁给高卢人和日耳曼人这些其他的本地族群。萨卢斯特会在多大程度上遵从这种习惯,这是一个有待确定的问题。[68]

这是一段重要而经典的插叙。遗憾的是,萨卢斯特并

---

[67] III. 74: "namque omnium ferocissimi ad hoc tempus Achaei atque Tauri sunt, quod, quantum ego conicio, locorum egestate rapto vivere coacti."(那个时候最凶悍的族群是亚该亚人和陶里人,因为据我所知,他们生活的地区非常贫瘠,因而不得不以劫掠为生。)

[68] 只有 III. 76: "Scythae nomades tenent, quibus plaustra sedes sunt."(游牧漂泊的斯基泰人以马车为家,他们控制着[这个地区]。)

没有在他的叙述中提及亚历山大里亚(Alexandria)、埃及国、犹太人和阿拉伯人。不过,他在讲述打击海盗的行动中提到了很多岛屿和海岸——西西里和南意大利、克里特、西里西亚海岸(以及西里西亚和潘非利亚[Pamphylia]后面的山区)。[69]同样应该有所提及的还有索菲涅(Sophene)、高迪耶尼(Gordyene)和美索不达米亚,因为卢库路斯穿过幼发拉底河和底格里斯河,把罗马军队带到了当时任何将领都没有进入的地区(被占领的提格拉诺切尔塔、尼西比斯,以及度过一个冬天的高迪耶尼,这些都是非比寻常的富饶之地)。一份残篇还给美索不达米亚的土著民套上了"荒淫糜烂、无所顾忌"的污名。[70]

第二种叙述手法是全面完整的人物简介。历史撰述家往往会自然而然地使用讣告的形式来撰写这样的简介。萨卢斯特(在古代注意到了这种做法)与其他一流的撰述家不同,他在某种程度上回避了这种做法。[71]尽管用某些大人物的去世来结束某一年或某一卷的叙述很有吸引力,但萨卢斯特还是更喜欢借助行为和演说,用一种不同寻常并且更加

---

[69] 意大利和西西里海峡出现在关于奴隶战争的叙述中,这部分产生了大量的残篇(IV. 23—29)。

[70] IV. 78:"Mesopotameni homines effrenatae libidinis sunt in utroque sexu."(美索不达米亚人在两性关系上荒淫无度。)萨卢斯特还注意到高迪耶尼芳香的砂仁(72)和石脑油(61)。

[71] Seneca, *Suasoriae* VI. 21:"hoc semel aut iterum a Thucydide factum, item in paucissimis personis usurpatum a Sallustio."(这种方式在修昔底德那里出现过一两次,萨卢斯特在极少数知名作家的作品中看到了这种做法。)

优良的方式来呈现他笔下的人物。他只想在某个人物最初出场或在重要场合登场的时候,用一些一针见血的简洁短语,给这个人物贴上往往有损于后者的标签。比如在第三卷一开始的时候,行政官马克·安东尼就被贴上了这样的标签:"一个生来挥霍无度的人,也从来没有任何忧虑,除非是出于被迫。"[72]

最后一种是演说,这也是最为重要的叙述手法。[73]第一卷当中出现了菲利普斯对抗雷比达的演说,这位政界元老反对这位革命性的执政官。第二卷铺陈了公元前75年执政官盖尤斯·欧列利乌斯·科塔的演说,第三卷则展示了公元前73年保民官盖尤斯·李锡尼乌斯·马彻尔的演说。另外还有两封书信,分别出现在第二卷和第四卷中。庞培的书信标志着围剿塞托里乌斯战争的第一阶段告一段落。米特里达梯的书信请求帕提亚国王的援助,它表达了对罗马帝国主义的谴责;这封信出现在卢库路斯于提格拉诺切尔塔取得重大

---

[72] III. 3:"perdendae pecuniae genitus et vacuus a curis nisi instantibus."(一个生来挥金如土的人,而且无忧无虑,除非是面临迫在眉睫之事。)
[73] 关于《历史》中的演讲,参见 H. Schnorr von Carolsfeld, *Über die Reden und Briefe bei Sallust* (Leipzig, 1888), 57 ff.; R. Ullmann, *La technique des discours dans Salluste*, *Tite-Live et Tacite* (Oslo, 1927), 24 ff.; K. Büchner, o.c. 204 ff.。毕希纳始终强调这些演说及其情节语境中的反讽之意(162; 221; 234)。不过,我们不可能始终遵从毕希纳的所有假设(238 ff.)——在他看来,这些演说总是出现在重要场合,对这些演说的编排设计也是出于某些实际的目的。另外,我们也很难认同这样的说法,即"所有的演说和书信背后都是历史的演说和书信"(241)。乌尔曼则从另一方面证明,萨卢斯特是以独立的方式使用庄重正式的修辞技巧,他在艺术上也优越于李维(R. Ullmann, o.c. 24 f.)。

胜利之后，这是一个恰当的位置。

至少从某些标准来看，这些演说和书信的总数并不意味着作者过分沉溺于敷陈历史演说的做法。这里出现了一个问题：除了这六篇节选的演说和书信，《历史》中是否还包含其他的演说或书信？

塞托里乌斯和卢库路斯在叙述中的突出地位使他们看起来像是有演说需要发表一般。[74]并不是所有的历史撰述家都能抵挡住激动人心的言辞和军事"集会"的诱惑。但萨卢斯特是一个惜墨如金的作者，他讨厌言之无物的空洞言辞。塞托里乌斯和卢库路斯的军事成就是无可争议的。他们还有什么必须要说的吗？他们每个人都可能在某处间接的叙述中发表一些简短的言论。这倒并不是说，人们可以毫无疑虑地将任何残篇作为引证。

另一个事情是关于公元前67年年初加比尼乌斯法案的争论。执政官昆图斯·卢塔提乌斯·卡图鲁斯是贵族派的头领和先锋，他发言反对加比尼乌斯的法案。他提出的一个论点深谋远虑——同时也言不由衷。他竭力声称，冒险将所有权力都交给一个人是非常危险的。庞培对罗马来说至关重要，如果他死了将会出现什么样的后果？[75]第五卷的一条残篇中恰好表达了这样的看法——但表述形式并不是直接的

---

[74]参见 Carolsfeld, o.c. 11 f.。
[75] Cicero, *De imperio Cn. Pompei* 59.

引语。[76]

不管怎样,加比尼乌斯发表一篇演说是非常必要的。这篇演说检讨了共和国的帝国政策,发表演说的这位保民官同时也推出了一项重大革新。加比尼乌斯的观点清晰而明确:为了维护罗马人民的尊荣,同时也为了保障罗马的帝国统治,巨大的统帅权是必要的,这并不会危及元老院和人民的统治,况且也并不乏这样的先例(马库斯·安东尼乌斯的先例)。另外,演说者(至少)还会暗示,除了庞培,没有人能够对付海盗。

在萨卢斯特的叙述中,加比尼乌斯的演说可能有几个功能。它不仅要指责贵族派的过失,阐述一位政治家的看法,而且还可以作为米特里达梯抨击罗马帝国政策(贪婪无厌、背信弃义,以及一连串计划性的侵略行径)的补充性说明。另外,这篇演说还可以预示第二年即将发生的事情,即另外一位保民官提出议案,要求马格努斯取代卢库路斯,负责东方的战争。第五卷需要这样的演说。这篇演说只论及马格努斯接下来获得的统帅权,除此之外别无他意。然而,萨卢斯特并不打算复述西塞罗的那篇《支持玛尼利乌斯法案》(*Pro lege Manilia*)。

在第五卷的两条残篇中,每一条都有一个第一人称的动词(V. 21 f.)。其中一条无疑说的是马格努斯——演说者

---

[76] V. 24:"nam si in Pompeio quid humani evenisset."(如果应该发生在庞培身上的事情发生在普通人身上。)

力劝人们不要被自己的赫赫声名所累。[77] 就此而言，这两份残篇当属加比尼乌斯的演说。[78] 摘录者并没有将这篇演说收录其中。演说有可能在最终损佚的文本中失传了——也可能是作者临终之前根本没有编完这篇演说。

《历史》中的演说并不多。萨卢斯特仔细斟酌了各篇演说在作品结构中的位置，以及这些演说的谋篇布局。与古代的大多数历史撰述家相比，他想说明的其实不仅仅是一种形势处境，同时还有一个人的个性。为了实现这样的目的，萨卢斯特利用巧妙的文风变化来展现一个人的演说风格；通过那些与叙述中提供的事实相反的指控或对富有见地的人士来说显而易见的说法，萨卢斯特还不忘让演说者戳穿自身的言论。

当一位元老在撰述历史的时候，他知道如何来转述政客的演说。谎言与歪曲是固有的构成要素。这种要素也并非完全讲不通的信口胡言。[79] 在庞培写给元老院的信中，这种要素是显而易见的（II. 98）；李锡尼乌斯·马彻尔在给罗马人民发表讲话的时候就宣称，一位执政官害死了某位无辜的

---

[77] V. 21: "speciem et celebritatem nominis intellego timentem."（他害怕如此强大的军队统帅头衔所带来的荣耀和名声，我理解这样的害怕。）

[78] 卡罗斯菲尔德（Carolsfeld, o.c. 13）和毕希纳（Büchner, o.c. 205 f.）都认为这是加比尼乌斯的演说。卡西乌斯·狄奥的著述中陈述了一篇演说（Dio XXXVI. 27 ff.），但该演说不具有任何指导性。他也撰写了庞培和卡图鲁斯的演说。

[79] 参见 *Tacitus*（1958），191 f.；207；453；612 f.。

平民保民官。[80]

更能说明这一点的是执政官雷比达发表的长篇演说（I. 55）。该演说抨击苏拉，但也达成了两方面的攻讦目的——除了苏拉，表面上捍卫自由的人士也遭到了攻击。雷比达不失时机地诉诸祖先和"dignitas"（荣誉）。[81]他还展示了最纯粹的动机。在公敌宣告运动中，即便他获得了财物，这些财物也是缘于购买和苏拉的恐吓；他会以公正之名献出自己投资买入的东西。[82]

这篇演说空洞而虚伪，造成的后果也是灾难性的。文献当中并没有出现关于雷比达作为演说家的记录。西塞罗在《布鲁图斯》中列出一份非常详尽的罗马雄辩家名录，这让他的朋友阿提库斯不由得生发悔意——埋怨自己不思进取、堕落沉沦。[83]进入这份名录的雄辩家涵盖了过去四十年的大多数执政官，有些人还获得萨卢斯特的亲切赞誉，比如五位所有名为科勒内利乌斯·林图卢斯的人。名单里的人名非常多。但雷比达并没有名列其中。西塞罗讨厌雷比达那位出任过公元前46年执政官的儿子（恺撒的党徒，同时也是马库

---

[80] III. 48. 10: "dein C. Curio ad exitium usque insontis tribuni dominatus est."（盖尤斯·库里奥甚至像暴君一般害死了一位无辜的保民官。）

[81] I. 55. 26.

[82] ib, 18: "atque illa, quae tum formidine mercatus sum, pretio soluto, iure dominis tamen restituo."（此外，那些财物是我当时出于恐惧才买下的，尽管我按照要价付出了酬金，但现在我还是要把这些财物交还给它们的合法所有人。）

[83] Cicero, *Brutus* 244.

斯·布鲁图斯的姐夫)。

历史表明了雷比达的虚荣自负、野心勃勃和浮躁莽撞。他的演说言辞激烈、夸夸其谈。另外还陡然唐突、语无伦次（这也是萨卢斯特别有深意的写作技艺）。相比之下，菲利普斯则展现了元老院的雄辩水准，其演说妙语连珠、口若悬河，同时又不失犀利（I. 77）。菲利普斯并没有留下任何书面记录，但他和他的文风并没有被人遗忘。萨卢斯特可以借鉴西塞罗给出的评价：菲利普斯是一个非常博学的人，睿智而好斗（他的发言通常是即兴而来），而且敢于正视任何人。[84]

为团结元老院抗击一支武装的叛乱者，菲利普斯坚决而果断地站了出来。这种正面良好的印象可能在某语境的叙述中遭到作者的破坏。菲利普斯曾在公元前91年出任过执政官，他是老一代的幸存者。人们可能会想起他斑驳多姿的事业经历和变化无常的政治倾向，也可能想起他的老谋深算和诡计多端。如果有人细致地推敲就会发现，这位演说家其实在作者笔下提供了一些有损于自己的说法。菲利普斯问他的听众是否已经忘记了秦纳的罪行，秦纳返回罗马，致使元老院的尊严和荣誉荡然无存。[85]他甚至还颇为鄙夷地提到了契蒂古斯和其他的叛乱者。[86]那个时候的菲利普斯在秦

---

[84] Cicero, *De oratore* II. 316; Cicero, *Brutus* 173; 186.

[85] I. 77. 19: "obliti scelerum Cinnae, cuius in urbem reditu decus ordinis huius interiit."（忘记了秦纳的罪行，这个人一回到罗马，这个阶层的精英也就丧失殆尽了。）

[86] ib. 20: "agite ut libet, parate vobis Cethegi atque alia proditorum patrocinia."（随你们便，准备好为契蒂古斯和其他的叛乱者提供庇护吧。）

纳主政之下担任了监察官一职,而普布利乌斯·契蒂古斯(Publius Cethegus)也不是那个年代唯一的叛变者。

盖尤斯·欧列利乌斯·科塔(公元前75年执政官)的演说格调与菲利普斯的完全不同。按照西塞罗的说法,科塔是一个讲话轻声细语的人。高声说话和大势张扬的演说做派遭到他的厌弃,他喜欢一种朴实无华的风格,而且他这个人条理清晰、机智过人。[87]这样的演说非常符合萨卢斯特的风格(II. 47)。这位演说者反复地回想自己生活的年代,过去的不幸,以及为共和国效力的一段漫长而无私的从政生涯,从而低调地迎合了听众的善意。[88]听众们可能会被欺骗,但萨卢斯特不会。科塔在寡头政治的内部圈子中赢得了一席之地,他是"一位来自寡头集团核心的执政官"(ex factione media, III. 48. 8)。他擅于玩弄阴谋诡计。在第一次介绍这位执政官的时候,萨卢斯特就提醒过他的读者。[89]

科塔的讲话意在谴责仇怨和安抚民心,而不是支持或阻挠任何法律。李锡尼乌斯·马彻尔的介入同样不是任何重

---

[87] Cicero, *Brutus* 202,参见 Cicero, *De oratore* II. 98:"acutissimum ac subtilissimum dicendi genus"(一种一针见血而又颇为机智的演说风格);III. 31:"elimatus alter ac subtilis"(科塔的演说风格清晰明确、言简意赅)。

[88] 早在公元前91年,他就热衷于发表动人的申诉,参见 Appian, *BC* I. 37. 167: *σεμνολογήρσας δὲ ὑπὲρ ὧν ἐπεπολίτευτο*(发表了一篇动人的申辩)。

[89] II. 42: "quorum Octavius languide et incuriose fuit, Cotta promptius sed ambitione tum ingenita largitione cupiens gratiam singulorum."(屋大维[即公元前75年执政官卢奇乌斯·屋大维。——中译注]优柔寡断而无所用心,科塔则因贪恋功名而显得更加精力过人,这个人骨子里就是一个行贿者,他渴望获得各类人的善意。)

要事件的原因或结果。马彻尔既是一名保民官,也是一位历史撰述家,这个人令萨卢斯特产生了特别的兴趣;通过断言马彻尔能够得心应手、细致全面地讲述过去的历史和人民的分裂,萨卢斯特巧妙地开始了马彻尔的演讲(III. 48. 1)。马彻尔发表了一篇激烈抨击贵族的演说——萨卢斯特也许为此引述了马彻尔历史撰作中的演说。在萨卢斯特看来,马彻尔是一位真正坚定的民众权利捍卫者,而非雷比达那样的机会主义者。而且,和雷比达不同的是,马彻尔的抨击次序分明、有条有理。西塞罗虽然对马彻尔颇为不屑,但对于其谋篇布局的技艺,西塞罗也是赞不绝口。[90]

在萨卢斯特的叙述中,各篇演说因彼此相似或截然不同而相互呼应,其中还包含对于过去事件和将来事件的暗示。比如马彻尔的演说就提到了保民官在公元前76年和公元前74年的遭遇;为了安抚平民,马彻尔还告诉人们,庞培更愿意作为他们的领袖而成为国家的首脑人物,而不是与诸位寡头共享统治权;他甚至还会积极恢复保民官的权力。[91]

---

[90] Cicero, *Brutus* 238: "at in inveniendis componendisque rebus mira accuratio." (但他对叙述主题的编排给予了特别的关注。)当然,他的技巧更多是 "veteratoria"(技术性的),而不是 "oratoria"(修辞性的)。

[91] III. 48. 23: "mihi quidem satis spectatum est Pompeium, tantae gloriae adulescentem, malle principem volentibus vobis esse quam illis dominationis socium. auctoremque imprimis fore tribuniciae potestatis." (就我本人而言,我完全相信,庞培这位鼎鼎有名的年轻人更愿意经过你们的同意而成为一名首脑人物,而不是和那些人一起横行暴政,他还会奋勇当先,积极恢复保民官的权力。)有学者在这里看到了屋大维的影子,并且确切地指向了公元前36年(K. J. Neumann, *Hermes* XXXII [1897], 314)。这在任何意义上都不合乎情理。

为烘托庞培的形象，萨卢斯特可以让庞培应保民官的请求，为罗马的城外民众发表一次演说。作为统帅的庞培并不是一位拙劣的演说者，至少他在谈论自己的时候并不拙劣。[92]庞培有一篇演说。该演说宣讲了一项政策，某条残篇还提到了这篇演说。[93]出于某种原因（对于马格努斯总结其功绩而言，这是一个较晚的时间节点），萨卢斯特选择在公元前75—前74年的冬季让庞培给元老院写去了一封颐指气使地要求提供军队和物资的书信。这份文献透露出令人不寒而栗的勃勃野心、自吹自擂、恫吓威逼和信口雌黄。譬如说，庞培宣称自己在四十天内不仅招募了一支军队，而且还把罗马的敌人从阿尔卑斯山一直追击到西班牙。他还明目张胆地歪曲了苏克罗河（Sucro）战役——事实上，攻占敌方营寨的并不是庞培，而是庞培的副官阿弗拉尼乌斯（只是又丢掉了这个营寨），而梅特路斯·庇乌斯（Metellus Pius）的出现又让庞培得到了增援，从而避免了全军覆没。萨卢斯特并没有放过这个尽情向马格努斯表露反感和怨恨的机会：关于庞培发起和结束一场军事行动所需要的时间，四十天乃是他一贯的说法。[94]

---

[92] Quintilian XI. 1. 36：" sicut Pompeius abunde disertus rerum suarum narrator."（庞培在讲述自己的事情时能说会道。）这句话有点萨卢斯特的风格特色。

[93] IV. 44，参见45。庞培宣布，保民官将会收回他们的权力。另外，"我们的行省遭到了荒废，我们的法庭行迹无耻而卑劣，他打算采取措施来整肃这些弊病"（populatas vexatasque esse provincias, iudicia autem turpia ac flagitiosa fieri; ei rei se providere ac consulere velle, Cicero, *In Verrem* I. 45）。

[94] Plutarch, *Pompeius* 12（重新征服阿非利加）；26（对西方海域的清剿）。

萨卢斯特有意让庞培·马格努斯成为主角。他所构思的开篇概述在范围和细节上足以记述庞培最初的所作所为——在皮凯努姆招募私人军队，以及再度攻占西西里和阿非利加。另外，让这位残忍无情的年轻冒险家声名受损的事情也不会缺少，因为其中说到了庞培杀死马略派执政官帕皮里乌斯·卡博（Papirius Carbo）的事情（I. 52）。那位年轻的格奈乌斯·多米提乌斯·埃努巴布斯在阿非利加的死亡无疑也是庞培所为。[95]萨卢斯特讲述的内容中本身包含了庞培在公元前77年的事迹。庞培在山南高卢组织发起了镇压马库斯·布鲁图斯的军事行动，他将布鲁图斯包围于穆提纳——而且据说布鲁图斯投降之后，庞培又杀死了他。[96]

萨卢斯特还记述了庞培在同一年被派往西班牙的事情，他对庞培的人物个性和成就做了一些补充性的评述（II. 16-19）。[97]这场战争把庞培带到了公元前71年，而庞培这个时候也回到了意大利。接下来是庞培的执政官任期，其同僚为克拉苏，在此之前，他还在返回罗马的途中击败过奴隶。当庞培获得清剿海盗的统帅权或不久之后，《历史》的讲述便

---

[95] 在李维留下的版本里，埃努巴布斯是在战斗中阵亡的（Orosius V. 21. 13）。另参见 Valerius Maximus VI. 2. 8。

[96] Plutarch, *Pompeius* 16——这表明有些事情需要掩饰或搪塞。

[97] 尤其是 II. 17: "modestus ad alia omnia, nisi ad dominationem."（除了权力欲，他在其他方面都比较温和。）关于庞培的可能是 II. 23: "multos tamen ab adulescentia bonos insultaverat."（然而，他刚成年时就对许多保守人士表现得非常不恭敬。）

戛然而止。与庞培形成鲜明对比的有两个人物——一位是庞培的伟大对手塞托里乌斯，一位则是庞培的竞争者梅特路斯·庇乌斯。击垮奴隶起义的克拉苏是后来战场上与之竞争荣誉的一位对手。

梅特路斯和卢库路斯是贵族中最优秀的将领，但事实证明，他们无法完成自己的战争任务。梅特路斯早在公元前79年就已经来到了伊比利亚半岛。出于种种原因，萨卢斯特并不想让他和庞培比起来相形失色；他准备像以前那样，将勇气、正直和精明强干归给梅特路斯的先辈努米底库斯。[98] 不过在其他方面，萨卢斯特也并不是毫无保留。

至于卢库路斯，萨卢斯特不遗余力地强调了前者在公元前74年获得统帅权任命以及试图避免被革职的时候采取阴谋权宜之计的勃勃野心。[99] 萨卢斯特完整地讲述了卢库路斯的征战活动，对于后者作为一名战略家和组织者的才干，萨卢斯特毫不吝啬地给予了赞扬。[100] 他也不可能忘记卢库路斯为人称道的其他事情。卢库路斯对臣属民众温文和善，他还保护这些民众，令他们免受罗马商人的盘剥（卢库路斯也因此而招致了这些商人的怨恨）。在这个事情上，卢库路斯是一个值得钦佩的例外，他跟一般的贵族将领——贪

---

[98] I. 116: "sanctus alia et ingenio validus."（这个人在其他方面无可指责，而且性情豁达。）不过，毕希纳却认为，这种说法更适合塞托里乌斯（K. Büchner, o.c. 268）。

[99] Plutarch, *Lucullus* 6; 33，参见 IV. 71。

[100] IV. 70: "imperii prolatandi percupidus habebatur, cetera egregius."（人们认为他非常想延长自己的统帅权，但在其他方面，他还是很出色的。）

图富贵，同时又热衷名誉——截然不同，在治军方面，他也相当严苛。[101] 卢库路斯取得过反响强烈的胜利，也进行过长途的行军——但敌人又在公元前68年年末卷土重来。数年间艰苦战争的成果转瞬间就化为乌有。

对于卢库路斯，萨卢斯特的叙述多少还算公正。关键的争论点和真正让人困惑的地方是萨卢斯特对塞托里乌斯的描述。这位长年与寡头集团的将领进行斗争的英雄博得了萨卢斯特的同情。这有何不可呢？事实证明了塞托里乌斯作为一名领袖、将领和外交家的智谋和才干。他是苏拉的敌人，而且也是出生在萨宾地区的人。作者美化了塞托里乌斯的人格，并且夸大了后者的重要性——这在此后的历史作品和道德著述中产生了极其不好的影响——难道没有吗？

有些残篇在提及塞托里乌斯的时候态度颇为温和。比如在第一次介绍塞托里乌斯的时候，萨卢斯特就十分肯定地声称，塞托里乌斯的早年功名被偏见所遮蔽。[102] 甚至在内战中，塞托里乌斯也因为处事公正而赢得了很高的声望（I.

---

[101] V. 10（出自 Plutarch, *Lucullus* 33, 此处援引了萨卢斯特）。参见 Dio XXXVI. 16. 2。

[102] I. 88: "magna gloria tribunus militum in Hispania T. Didio imperante, magno usui bello Marsico paratu militum et armorum fuit, multaque tum ductu eius peracta primo per ignobilitatem, deinde per invidiam scriptorum incelebrata sunt."（在提图斯·狄迪乌斯的统率下，他非常出色地担任了西班牙军事保民官一职，在马尔西战争［即同盟者战争。——中译注］中，他还通过征募军队和武器装备而发挥了巨大的作用。当时在他领导之下以及由他亲力亲为所取得的许多成就都没有记录在传世的文献中，首先是因为他出身卑微，其次就是由于记述者的妒忌。）

90）；而他的温良宽厚又让他受到了西班牙当地民众的爱戴和尊重（I. 94）。不过，这些残篇不会给人提供太多的信息。萨卢斯特为人所知，或者确切地说是受人推许，很大程度上是得益于普鲁塔克。将这两位撰述家同等看待，既是轻率的，也是有害的。

普鲁塔克、萨卢斯特的真实性，以及塞托里乌斯的相关事实，这三个问题必须分开单独讨论。[103]普鲁塔克这位希腊的传记作家必然是考察的集中关注点。这位传记家的叙述反映出其他的信息来源，而非仅仅局限于萨卢斯特的著作，甚至可以说，其他的信息来源占据了绝大多数。譬如说，关于塞托里乌斯早年的经历，普鲁塔克的叙述显然不是取自萨卢斯特的记述。[104]另外，这篇传记有着独特的结构。它将塞托里乌斯的征战活动一直讲述到公元前75年年末，庞培和梅特路斯也在这个时候入驻了冬季营寨，在此之后，这本传记又步入了一个新的、不同的叙述轨道。它不再按照编年的方式记述历史，转而撰述赞美塞托里乌斯的颂词，其中不但列举了有关塞托里乌斯德行的例证，而且还为塞托里

---

[103] 现代学界关于塞托里乌斯的争论，参见 H. Berve, *Hermes* LXIV（1929），199 ff.; M. Gelzer, *Phil.Woch.* 1932, 1129 ff.; P. Treves, *Athenaeum* X（1932），127 ff.; V. Ehrenberg, *Ost und West*（1935），177 ff.; E. Gabba, *Athenaeum* XXXII（1954），293 ff.; L. Wickert, *Rastloses Schaffen*. Festschrift F. Lammert（Stuttgart, 1954），97 ff.。

[104] Plutarch, *Sertorius* 2–5. 这部分讲述明显不可能取自《历史》I. 88（引述出现在 n. 102），参见 Maurenbrecher, *Prol.*（1891），28 f.。否则就必须得认为萨卢斯特之前详细记述过那些事迹。参见 W. Stahl, *De bello Sertoriano*（Diss. Erlangen, 1907），5 ff.。

乌斯进行了强有力的冗长辩护。[105]这篇传记并没有暗示公元前74年和公元前73年发生了什么事情——各种失利和西班牙盟友的分道扬镳将塞托里乌斯逼到了绝境。对于促使塞托里乌斯麾下的军官们密谋解除塞托里乌斯的职权,并预谋在奥斯卡(Osca)设宴谋杀塞托里乌斯的一连串事件的前因后果,人们的探寻也是一无所获。

另外,萨卢斯特的心理洞察也没有出现在普鲁塔克的叙述中。普鲁塔克并没有充分意识到塞托里乌斯命运的转变,也没有追述他积极进取的人格禀性(可以和朱古达相比)在失利中失去耐心,进而因遭到厌弃而变得更加焦躁,且迫不得已长期生活在恐惧之中的悲惨退变,难道不是吗?[106]

问题还不止于此。塞托里乌斯在公元前75年期间已经和米特里达梯展开了谈判,并且还结成了同盟。确定结盟的条款并不容易,这些条款自然也成为支持和反对塞托里乌斯的论战主题。塞托里乌斯似乎愿意让米特里达梯占据比提尼亚和卡帕多西亚(Cappadocia)的附属王国。但怀有敌意的传统观念认为,塞托里乌斯做出了太多的让步,他承认了米

---

[105] 编年史部分和事实部分结束于第21篇,参见 H. Berve, o.c. 204 ff.; W. Schur, o.c. 231 ff.

[106] Sertorius 10 里有一句关于塞托里乌斯后期作为的言论,其中说他并不是生性宽厚。普鲁塔克批评了这个说法,并为他的英雄进行了辩护。学界通常认为,这个辩护体现了萨卢斯特的看法,比如 W. Stahl, o.c. 10; W. Schur, o.c. 235。在毕希纳看来,普鲁塔克为塞托里乌斯做出的辩护针对的是萨卢斯特的描述(K. Büchner, o.c. 419)。

特里达梯对于罗马亚细亚行省的权力要求。[107]这个时候，普鲁塔克却在自己所写的后半部分传记中，用这个事实举证说明了塞托里乌斯的伟大灵魂和坚定不屈的爱国精神。[108]

这里由此也出现了两个令人困惑的问题。塞托里乌斯是否在事实上同意让出一个罗马行省？有些学者认为他是同意的，因而也可以推翻塞托里乌斯是一位贵族爱国者的观念——这甚至还损害了萨卢斯特作为一名历史撰述家的信誉。[109]不过，这个事实本身就是有疑问的。[110]同样不能确定的还有萨卢斯特的态度，因为正如已经说明的那样，普鲁塔克在为塞托里乌斯辩解的叙述中似乎并没有采用萨卢斯特的说法。

萨卢斯特对塞托里乌斯的同情和偏爱获得了一些知名人士的认同和发扬。这些理想化的描述已经成为过甚其词的溢美之言，它们相较于普鲁塔克的描述甚至有过之而无不及。有人认为他"即使不是罗马当时为止最为伟大的人物，也是最伟大的人物之一——一个在更幸运的处境下有可能成为再造自己祖国的人物"。[111]也有人断言，塞托里乌斯可以

---

[107] Appian, *Mithr.* 68. 288.
[108] Plutarch, *Sertorius* 23 f.
[109] H. Berve, o.c. 204, 参见 211。
[110] M. Gelzer, o.c. 1129 ff.
[111] 这句话出自蒙森，R. Gardner in *The Cambridge Ancient History* IX (1932), 325。对塞托里乌斯的过高评价明显可见于 A. Schulten, *Sertorius* (1926)。并不确定塞托里乌斯在西班牙采取的措施是否有何特别之处，参见 H. Berve, o.c. 226。可以认为他的确是"罗马人民的敌人"(hostis populi Romani, Berve, o.c. 227)。

算是罗马历史上最后一位体现一种理想典范的政治家。[112]

萨卢斯特必须为这些离谱的描述承担一部分责任。他做得太过头了。不过,人们可以断定的是,萨卢斯特的叙述与那篇阿谀颂扬的传记有着很大的不同。[113]

对塞托里乌斯的描写和刻画以一种尖锐的形式引出了关于萨卢斯特写作方法、可信度和资料来源的问题。萨卢斯特在介绍塞托里乌斯的时候旁敲侧击地提到了那些蓄意遮掩事实的撰述者。[114] 不过,这些事实和塞托里乌斯的早年事迹有关,对这些事实的遮掩尤其出现在《意大利战争》中。还有哪些罗马的编年纪作家接续了希塞纳和卢契乌斯的著作而记述了公元前70年代的历史?这是一个难以解答的问题。

在谈到西班牙的征战活动时,一些后世撰述家的说法是有差异的:他们讲述的与其说是事实,倒不如说是提供了一种和萨卢斯特的看法相反的解释。因此,假定存在一种普遍的叙述传统不同于萨卢斯特的阐述是不妥当的。[115] 可以推测的资料来源或许只有一个,这个来源就是瓦罗的叙述,萨卢斯特和其他撰述家都曾引用过他的作品。瓦罗在西班牙的时候曾是庞培的部下,他讲述了自己的征战经历,另外还

---

[112] W. Schur, o.c. 222:"罗马史上最后一位具有理想信念的政治家。"
[113] 参见 K. Büchner, o.c. 268;418。
[114] II. 88,引用于 n. 102。
[115] 参见 P. Treves, *Athenaeum* X(1932), 127 ff.。

撰写了三卷本的《论庞培》(*De Pompeio*)。[116]《历史》的一条残篇表明，瓦罗过于轻信了传闻。[117]

瓦罗的身影可以在一个有趣的细节中发现。庞培这个人一表人材。他有一副"俊美的相貌"（os probum）——这是瓦罗的描述。[118]萨卢斯特接受了这样的描述，同时又添加了一个负面的说法——"外表真诚俊朗，内心却恬不知耻"（oris probi, animo inverecundo, II. 16）。另外，庞培还将亚历山大作为追逐效仿的楷模。按照萨卢斯特的说法，庞培自年轻时起便十分倾心于汲汲营营的党派人士。[119]庞培的其他朋友或门客或许歌颂过他在伊比利亚半岛的功绩。据记载，第一位撰写历史的自由民是一位名叫卢奇乌斯·沃尔塔奇利乌斯·皮托劳斯（Lucius Voltacilius Pitholaus）的人，这个人是庞培的导师。[120]除此之外，萨卢斯特还会在讲述东方事件的时候遇到米提利尼的庞培尤斯·提奥法尼斯（Pompeius Theophanes of Mytilene）所撰述的故事，此人的讲

---

[116] 关于瓦罗的这些著作，参见 C. Cichorius, *Römische Studien* (1922), 193 ff.; H. Dahlmann, *Realencyclopädie der classischen Altertumswissenschaft*, Supp. VI, 1248 ff.。

[117] II. 69: "haec postquam Varro in maius more rumorum audiit."（瓦罗听说这些传闻之后，把这些传闻夸大成了典型的谣言。）这句话对瓦罗并没有表现出任何偏见。

[118] Pliny, *Naturalis Historia* VII. 53; XXXVII. 14. 关于瓦罗的描述，参见 F. Münzer, *Beiträge zur Quellenkritik der Naturgeschichte des Plinius* (1897), 283。

[119] III. 88, 引用于注释 [63]。

[120] Suetonius, *De rhetorique* 3.

述夸大其词、阿谀谄媚。

苏拉曾把自己的回忆录交给卢库路斯,并指令他加以润饰和修改,至于卢库路斯是否在其惬意的隐退岁月中写过自己的回忆录,文献中并没有记载。[121] 不过,希腊语和拉丁语撰述家的作品中不乏对卢库路斯的纪念。[122] 这些撰述家当中有阿奇亚斯(Archias),他写过一篇史诗。[123] 关于米特里达梯,有些希腊撰述家的名字可能会被提及,但可能并不会出现任何有价值的东西。[124]

公元前70年代以来的政治演说几乎没有留下任何踪迹。这并不是一个令人印象深刻的时期。西塞罗就说过,科塔什么都没有留下。[125] 所以,萨卢斯特只好退而求助于传说和自己的想象。对于马彻尔,萨卢斯特有可能诉诸这位保民官在其历史撰作中写下的那些关于旧时代的长篇演说。他肯定认识马彻尔的儿子李锡尼乌斯·卡尔弗斯,这个人是一位激情洋溢的演说家。另外,家族谱录也可能透露一些写给参加过战争并且取得胜利的资深执政官的葬礼颂词,比如斯克里伯尼乌斯·库里奥和普布利乌斯·塞维利尤斯(Publius

---

[121] 卢库路斯还是一个年轻人的时候,他就在与霍腾西乌斯和希塞纳的一次友好的文学比赛中用希腊语写了一部关于意大利战争的历史作品(Plutarch, *Lucullus* 1)。他还有意添加了独白(Cicero, *Ad Atticum* I. 19. 10)。

[122] *Ac. prior.* II. 4.

[123] *Pro Archia* 21. 这篇史诗可能是普鲁塔克的资料来源之一。

[124] Th. Reinach, *Mithridate Eupator* (1890), 429 f.

[125] Cicero, *Orator* 132.

Servilius）。库里奥死于公元前53年，塞维利尤斯于公元前44年去世，享年九十岁。

耄耋老人可以跨越很长的岁月。对于一位元老出身的历史撰述家来说，引述这些老人的回忆是正常的做法——而且有时候是不可或缺的。这些资深执政官本身就是历史，他们能告诉人们从未在辩论中公开说过或收录到任何文献中的事情。萨卢斯特从事写作的时期已经没有依然健在的执政官，可以提供帮助的是其他人士。这种情况就出现在不久之前。由于历史撰述的缺乏，萨卢斯特必定大量利用了私人提供的信息。[126]总而言之，萨卢斯特所用的资料有着各种各样的来源，而且有些资料并不真实，他需要费尽心思，做出独立的判断。如果一位撰述家喜欢记述人名和事实，他就难免会犯错。[127]

罗马编年纪当中包含了很多人物的名字，从执政官、将领、演说家到平民保民官和尔虞我诈的政治环境中的所有小人物，不一而足。这样做是合适的，也是可取的。但是，如果作者未能谨慎留神，怠倦和错乱也会随之而来。他必须能以简短而又难忘的方式刻画出一个人物，他还必须掌握言语暗示和重要问题反复提及的巧妙技艺。

当苏拉取得独裁权的时候，几乎没有任何资深执政官

---

[126] 参见本书 p.224。
[127] 赖纳赫列出了萨卢斯特讲述卢库路斯时所出现的错误（Th. Reinach, o.c. 424）。

尚在人世，而且，由于苏拉尽其所能恢复名门权贵的地位，因而很难再物色到合适的执政官人选。公元前70年代的执政官都是一些无能可怜之辈。当政府不得不面对保民官和军队将领的联盟时，有谁还会支持苏拉的体制？这些人暮气沉沉、衰朽不堪、骄矜自负、傲慢狂妄、老奸巨猾而又贪污腐化——他们的缺陷和弱点都被萨卢斯特以嘲弄的语调津津有味地呈现了出来。

苏拉娶了一个名为梅特拉（Metella）的女子，他最忠实的盟友则是他妻子的堂兄——梅特路斯·庇乌斯。苏拉和梅特路斯在公元前80年担任了执政官，宣告了两人的结盟。公元前79年的执政官代表了这个小集团——两位执政官分别是普布利乌斯·塞维利尤斯·瓦提亚和阿庇乌斯·克劳狄乌斯·普尔喀，前者上任是通过他的母亲，后者则是因为他的妻子。另外，卢库路斯也是梅特路斯·庇乌斯的一位堂兄。[128]

梅特路斯家族的骄傲蜕化成了浮夸和虚荣。萨卢斯特描述了一场在西班牙举行的宴会，梅特路斯·庇乌斯在那场宴会上穿了一件绣花的礼服。一个机械装置在他的头上放了一个花环，这位将领前还点燃了熏香，从而营造了一个凯旋的形象。这顿餐宴非常奢靡，鱼和野味都是从很远的地区运来。这是一个令罗马蒙羞的场面。"那些年长之人和值得尊敬的人士"（veteres et sancti viri）都对此深表厌恶（II. 70）。

---

[128] 关于梅特路斯家族的家谱，参见 *The Roman Revolution*（1939），表1。

这个时代形形色色的执政官要么留下负面的不良印象，要么获得了毁谤性质的标签。斯克里伯尼乌斯·库里奥（公元前76年执政官）在言行举止上阴阳怪气：有人——或许是保民官格奈乌斯·西锡尼乌斯（Gnaeus Sicinius）——称他为布尔布雷乌斯（Burbuleius），这是一个神经错乱的演员的名字。[129] 库里奥的同僚执政官是格奈乌斯·屋大维（Gnaeus Octavius），此人是一个跛足的好好先生（II. 26）。这两人都被人们传为笑柄。[130] 公元前75年的执政官上任之时，人们便对两位执政官的人格特征做出了概括：卢奇乌斯·屋大维（Lucius Octavius）这个人总是没精打采，不想招惹是非。盖尤斯·科塔做事倒是殷情敏捷，却为人狡黠，善于逢迎（II. 42）。

接下来是公元前72年的执政官林图卢斯·克劳狄亚努斯和格利乌斯·普布利科拉。出身显贵的林图卢斯遭到了两重恶评。贵族可以因其傲慢无礼的言行而被归为死板笨拙之人或阴险狡猾之人——"stolidi"（死板笨拙）或"vani"

---

[129] II. 25: "quia corpore et lingua percitum et inquietem nominee histrionis vix sani Burbuleium appellabat."（因为他曾称他为"布尔布雷乌斯"，这是一个神经错乱的演员的名字，因为他在行动和演说中总是手舞足蹈、激动不安。）

[130] Cicero, *Brutus* 217: "numquam", inquit, "Octavi, conlegae tuo gratiam referes: qui nisi se suo more iactavisset, hodie te istic muscae comedissent."（西锡尼乌斯对［屋大维］说："屋大维啊，你永远都无法向你的同僚表达足够的感谢：因为假如他没有按照自己的方式东奔西撞，苍蝇肯定就在此时此刻把你活生生地吃掉。"）演讲者是保民官格奈乌斯·西锡尼乌斯。库里奥在发表演讲的时候摇摆不定（ib. 216）。

（阴险狡猾）。林图卢斯属于哪一类呢？这个人难以被归类——"完全不清楚他是更加死板迟钝还是更加阴险狡猾"（perincertum stolidior an vanior，IV. 1）。[131] 年迈的普布利科拉同样不太可能轻易逃脱这样的归类。两位执政官都曾被斯巴达克斯（Spartacus）击垮。两年之后，他们获得了监察官的职位，在这个位置上，他们又把一些人驱逐出元老院，其中还包括后来在公元前63年身败名裂的两个人：资深执政官林图卢斯·苏拉和盖尤斯·安东尼乌斯。

萨卢斯特对两位监察官有着强烈的兴趣。他可以间接提及那些被除名的元老，他们当中的一些人是元老院这个崇高集会的耻辱，但也有一些人则是因为派系倾向或私人仇怨而遭到放逐。萨卢斯特这位平民保民官也会回想起自己过去的政治生涯。保民官中有尽职尽责之士，也有行迹卑劣之人。李锡尼乌斯·马彻尔是个特例，萨卢斯特或许也会称赞加比尼乌斯这个人胸怀坦荡、忠心爱国。加比尼乌斯升到了很高的官位（执政官和叙利亚的资深执政官），但对于他的回忆却需要还原和修正。他遭遇了双方面的不幸——在公开演说中遭到西塞罗的毁谤，又被他的首领和恩主庞培所抛弃。加比尼乌斯就像其他人一样，转投到恺撒的阵营。萨卢斯特也不能轻易否认自己不知道公元前67年的另一位保民官盖尤斯·科勒内利乌斯（Gaius Cornelius）所提出的议案：科勒内利乌斯试图遏止贿赂行径，并力图约束贵族派在

---

[131] Gellius XVIII. 4 对这个段落进行了充分的讨论。参见本书 p.300。

政治上假公济私的各种职务犯罪。[132]

其他保民官皆是一些品行恶劣、为人不齿的臭名远扬之徒。萨卢斯特对格奈乌斯·西锡尼乌斯的态度或许有些姑息纵容，后者取笑过执政官屋大维和库里奥。[133]但对于卢奇乌斯·昆克提乌斯（Lucius Quinctius）这类煽动分子，萨卢斯特没有任何理由提供一种正面的陈述，昆克提乌斯在公元前74年获得保民官的职位，他通过阴谋诡计和厚颜无耻的行径最终爬上了行政官的职位，也算成就了一番事业。[134]至于那位公元前71年年底同庞培和克拉苏谈判协商的马库斯·洛里乌斯·帕利卡努斯，萨卢斯特完全不屑一顾，在他看来，这个人不但出身微贱，而且完全不会说话——"这个人来自皮凯努姆，出身低贱，与其说他能言善辩，倒不如说他贫嘴多舌"（humili loco Picens, loquax magis quam facundus, IV. 43）。这位帕利卡努斯在公元前67年想竞选执政官的职位，但因执政官盖尤斯·皮索的阻挠而失败。[135]

---

[132] V. 27，参见 Maurenbrecher 196 f.，引用了 Dio XXXVI. 39. 3。
[133] II. 25，参见 Cicero, *Brutus* 217。西塞罗说他是"一个大大咧咧却诙谐机智的人"（homo impurus, sed admodum ridiculus, 216）。马彻尔的演说中也提到了西锡尼乌斯（III. 48. 8）——而且说他是"清白无辜的"（insons, ib. 10）。
[134] 西塞罗在《为克卢恩提乌斯辩护》（111 ff.）中对昆克提乌斯进行了非常详尽的描述。这个人在关于卢库路斯的叙述中出现过两次，一次是作为保民官，一次是作为行政官（Plutarch, *Lucullus* 5; 33），参见 III. 48. 11; IV. 71。
[135] Valerius Maximus III. 8. 3.

某些小人物在公元前74年的阴谋诡计和影响力使萨卢斯特得以揭露苏拉寡头统治的隐秘内幕。这一年年初一个不合常规的统帅权为行政官马库斯·安东尼乌斯而设立。刁钻狡猾的科塔在普布利乌斯·契蒂古斯的帮助下负责这项工作。[136]契蒂古斯曾是马略派党徒,而且还被元老院宣布为公敌,他和苏拉达成和解,随后又成为一股政治势力。他在元老院获得了通常由资深执政官所获得的权力,因为他对"共和国"了如指掌,事实也的确如此。[137]关于他那阴险狡诈的所作所为,有些细节还是为人所知的。卢库路斯若想获得西西里的统帅权,他必须利用契蒂古斯。他通过一位名叫普蕾西娅(Praecia)的女人与契蒂古斯搭上了关系,这个女人自命优雅却生活放荡,萨卢斯特此时也注意到了这个女人。[138]他并没有忘记自己提到过的塞普罗尼娅。然而,对撰史尊严的适当关注可能会把那位美丽的芙洛拉(Flora)——年轻时的庞培曾是她的情人——排除在自己的著述之外。[139]

这部始于雷比达和卡图鲁斯执政年的十二年编年史叙

---

[136] Pseudo-Asconius p. 259 St.

[137] Cicero, *Brutus* 178. 关于此人的重要地位,*Historia* IV (1955), 60; Broughton, *MRR*, Supp. (1960)。

[138] III. 18:"cultu corporis ornata egregio."(用她独特的身体装扮来装饰。)毛亨布莱歇认为这个女人就是普蕾西娅,关于普蕾西娅和契蒂古斯,参见 Plutarch, *Lucullus* 5。

[139] Plutarch, *Pompeius* 2. 加达拉的斐洛德慕斯(Philodemus of Gadara)赞颂过这个女人(*Anthologia Palatina* V. 132.7)。

述以各种方式给我们提供了一些纯属娱乐和消遣的记述，这些都与萨卢斯特的个人经历或第一部专题作品有关。萨卢斯特让雷比达在演讲中提到了害群之马皮凯努姆人维提乌斯（Vettius）和抄书吏科勒内利乌斯的名字，他们都是那位独裁者的走卒（I. 55. 17）。萨卢斯特知道他们是谁。前者是臭名昭著的流氓恶棍，在公元前62年揭露了喀提林叛乱者的阴谋，公元前59年又揭露了其他的事情，之后就不明不白地死在了狱中。[140]后者常年避人耳目却让人颇为不快地当选了公元前44年的财务官。[141]

雷比达还用一个装腔作势、让人难忘的说法——"玷污了所有公职"（honorum omnium dehonestamentum，I. 55. 22）——谴责了一个名为卢奇乌斯·弗非迪乌斯（Lucius Fufidius）的人。弗非迪乌斯是苏拉提拔为元老级别的百夫长之一。据说力劝苏拉发布公敌名单的那个人就是他。[142]弗非迪乌斯后来在《历史》中再度出现，他在贝提斯河畔败给了塞托里乌斯（I. 108）。苏拉还有一位追随者很早就进入了元老级别的百夫长行列，这个人就是贵族出身的卢奇乌

---

[140] Suetonius, *Divus Iulius* 17. 关于卢奇乌斯·维提乌斯，参见 H. Gundel, *Real-Encyclopädie der classischen Altertumswissenschaft* VIII A, 1844 ff.。

[141] Cicero, *De officiis* II. 29: "alter autem qui in illa dictatura scriba fuerat, in hac fuit quaestor urbanus."（还有另一位苏拉，此人在前一位独裁者的统治下仅仅是一名抄书吏，在后一位独裁者的统治下却摇身成为一名城市的财务官。）有人会把他和昆图斯·科勒内利乌斯（Quintus Cornelius）混为一谈（Josephus, *Antiquitates Judaicae* XIV. 219）。

[142] Orosius V. 21. 3: "auctore L. Fufidio primipilari."（经卢奇乌斯·弗非迪乌斯提议。）

斯·塞尔吉乌斯·喀提林（I.45）。

西塞罗后来出现在了萨卢斯特的叙述中。萨卢斯特想必记录了西塞罗起诉韦雷斯的事情，他既交代了这件事情的来龙去脉，同时还指出了这件事情的重要性。历史撰述家若是预见到经典演说家死后在盲从附和的人们当中所留下的名声，他就会在修正事实的时候变得小心翼翼。萨卢斯特还着重指出，在担任西西里总督的时候，韦雷斯还曾保卫西西里的海岸免受海盗和奴隶的侵袭。[143]

读者应该会记得，喀提林是那位知名的卢塔提乌斯·卡图鲁斯的密友，后者的人品和正直令他获得了一些人的赞赏，菲利普斯死后，此人还成为贵族派最主要的首领：卡图鲁斯在公元前73年的维斯塔贞女事件中为喀提林提出了辩护。[144]此时的卡图鲁斯很可能因为自己在对抗雷比达的运动中展现出来的豪情毅力而深受赞许。他反对加比尼乌斯法案的坚定立场也表现出他的无畏精神。[145]然而，萨卢斯特不会忘记卡图鲁斯在争论喀提林事件时对恺撒的反感。他也不会忘记讲述恺撒的另一位敌人盖尤斯·皮索在公元前68年成为执政官候选人的

---

[143] IV. 32："C. Verres litora Italia propinqua firmavit."（盖尤斯·韦雷斯加强了意大利附近的海滨防卫。）关于韦雷斯作为的不同看法，Cicero, *In Verrem* V. 5. 还要注意的是《历史》(III. 46) 提到的"贪官污吏"（vitiosis magistratibus）中很可能涉及那位高卢总督方泰尤斯（Fonteius），西塞罗曾在公元前69年为此人做过辩护。

[144] Orosius VI. 3. 1.

[145] V. 23："sane bonus ea tempestate contra pericula et ambitionem."（那个时候，真正坚定地面对危险和野心。）

时候是如何以一笔巨额贿赂收买了检举人（IV.81）。

在回首过去的时候，萨卢斯特遇到了形形色色的故事，这些故事都与自己的故交或敌人的先辈有关。他看到了执政官阿庇乌斯·克劳狄乌斯·普尔喀、普布利乌斯·塞维利尤斯·瓦提亚和盖尤斯·斯克里伯尼乌斯·库里奥。尤其让人兴奋的是发现他认识的人，无论这些人已经声名在外还是刚刚崭露头角。在《喀提林内争》中，萨卢斯特用模棱两可的表述委婉地提到了克拉苏，他还记下了克拉苏说过的话。[146]《历史》可以让他讲出那些有损于克拉苏的细节，比如克拉苏身为执政官的所作所为：他与庞培作对并不是出于政治上的判断。[147] 两人之间的冲突缘于自负与虚荣。庞培试图把克拉苏当作一个下级同僚来看待，他想要赢得人们的赞赏和尊敬。[148] 然而，这位李锡尼乌斯·克拉苏却瞧不起庞培这位新贵。两位执政官之间很快就产生了分歧。[149] 到那一年

---

[146] 参见本书 p.103。

[147] IV.51："Crassus obtrectans potius collegae quam boni aut mali publici gnavos aestimator."（克拉苏更多的是一位同僚的毁谤者，而不是关于公共利益或公序混乱的严厉监督者。）最后两个词是毛亨布莱歇补入的。但是，最初的文本（文法学家 Arusianus Messius）给出的却是"gravis exactor"（严厉的监督者），这无疑是对的，参见 W. Clausen, *American Journal of Philology* LXVIII（1947），297。

[148] IV.48："collegam minorem et sui cultorem exspectans."（期望有一个尽忠于他的下级同僚。）

[149] Plutarch, *Crassus* 12; *Pompeius* 22. 关于这件事情，或许可以参见 IV.37："dissidere inter se coepere neque in medium consultare"（他们之间开始出现分歧，并且不会就共同的目标彼此商议）。 毛亨布莱歇援引普鲁塔克的记述（*Crassus* 11），举出了一件克拉苏镇压奴隶期间所发生的事情。

晚些的时候，通过公开和解来宣告两人的和谐共存却又成为可取之举。[150] 这对于"精明世故的人"来说无疑是一个充满讽刺意味的场面。

《历史》一次又一次地提供了向庞培表露恶意的机会，只要愿意接受这样的机会。贬低庞培似乎始终萦绕在萨卢斯特的笔端。这可能有些个人的理由。庞培因其表里不一和忘恩负义而饱受骂名。萨卢斯特本人在公元前52年或公元前50年的时候可能亲身体会过马格努斯的背信弃义——因为他并不清楚早年的萨卢斯特是如何成为恺撒的追随者。

现存的《历史》文本中恰巧没有提到恺撒的名字。一般都认为，有一条残篇表明了恺撒对苏拉统治的态度。[151] 这条残篇中的记述可能指的是恺撒在西里西亚的普布利乌斯·塞维利尤斯帐下担任军事保民官时期的事情。[152] 作者应该不会忘记恺撒对执政官和马其顿资深执政官格奈乌斯·科勒内利乌斯·多拉贝拉（Gnaeus Cornelius Dolabella）提出的控告。这是一个非常著名的诉讼事件，恺撒也是由此而声名鹊起。[153]

恺撒早年间发生的事情往往会遭到夸大或误解——由于无知、传说和毁谤。萨卢斯特对此应该是有所留意的。针

---

[150] Plutarch, *Crassus* 12. 这可能是那一年最后一天发生的事情。

[151] I. 57: "nam Sullae dominationem queri non audebat qua fuit offensus."（因为他不敢抱怨被冒犯的苏拉暴政。）

[152] 这是毛亨布莱歇的看法。

[153] Velleius II. 43. 3; Tacitus, *Dialogus de oratoribus* 34. 7; Suetonius, *Divus Iulius* 4. 1; 55. 1.

对这样的问题，萨卢斯特也许已经决定，在恺撒成为一个关键人物之前，尽量不谈及恺撒。不过，他没有忘记提及年轻时候的克洛狄乌斯，这个人出现在卢库路斯（克洛狄乌斯一个姊妹的丈夫）的兵营中，到处惹是生非，煽风点火。[154]

在撰述《历史》的时候，萨卢斯特越来越接近他成年之后所熟知的人物和事件。他不必等到年老之后才开始思考命运和变迁。就像另一位元老出身的历史撰述家郑重声明的，一个人对古代或晚近发生的事情深思越多，就越是感到"人世间的万事万物之中都是一种莫大的讥讽"（ludibria rerum humanarum cunctis in negotiis）。[155]在三头统治之下记述有关苏拉的故事和后苏拉时期的历史时，给萨卢斯特留下深刻印象的不仅仅是那些偶然的相似情形、具有讽刺意味的事情和那些荒诞不经的故事，还有在他眼前再次上演的整个罗马历史的残酷悲剧。[156]这种体验贯穿了他的作品——在《朱古达战争》的绪言中，他还以个人见证和激烈抗议的形式明确表明了这样的体验。

---

[154] V. 11："qui uxori eius frater erat"（因为这个人是他妻子的兄弟）；12："ex insolentia avidus male faciendi"（傲慢嚣张而好招惹是非）。
[155] Tacitus, *Annals* III. 18. 4.
[156] 参见 *The Roman Revolution*（1939），249。

# 第 13 章

# 撰史的时间

萨卢斯特的第二部专题史书以一个醒目而出彩的否定性词语开头,这个词就是"falso"(毫无道理的)。人们毫无道理地抱怨自己的命运。[1] 在他们看来,生命无非受机运的支配,脆弱而短暂。他们忽视了人的精神,即"强大的力量、能力与卓越的荣光"(pollens potensque et clarus)。命运无法赋予优良的品质,也无法将这些优良的品质夺走。人们会把自己的缺陷和弱点归咎于环境。这是他们自己的过错,因为他们陷入了懒惰和肉体的享乐,从而挥霍了自己的生命。相反,如果浪费在无益或有害之事的热情能够致力于追求良善的事业,人们就可以超然于机运和偶然的支配,他们虽然是凡人,但也会因此获得不朽的名声。

肉体和灵魂构成了人的本性,同时也划分了人的行为类型。美貌、体力以及财富诸如此类的天赋都会消逝,但才智的"辉煌成就"(egregia facinora)却是永恒的。然而,在令人惊奇的任性中,很多人还是在纵欲和懒散中耗费了生

---

[1] *Bellum Jugurthinum* 1.1:"falso queritur de natura sua genus humanum."(人们毫无道理地抱怨自己的本性。)

命，而精神同时也走向了消沉。不过，得以让才智拔群出萃的追求不一而足、多种多样。

在这一点上，萨卢斯特转而提出了一个强有力的否定性意见。他断言，这个时候的人们并不追求公职，也不喜欢任何形式的政治活动。公职不仅无法带来荣誉，甚至也无法让人在拥有荣誉的时候获得安全。[2] 任何形式的武力统治都是一种残暴的统治；一切革命带来的都是一系列的流血和放逐。徒劳无益的对抗完全属于极端愚蠢的荒唐之举；而且从另一方面来说，谁会为了听命于专制者的统治而牺牲自己的荣誉和自由呢？

回到自己的中心主题后，萨卢斯特明确指出了最为卓越的智识追求。这个追求就是记述历史。事实上，很多人都对撰述历史这件事颇为称道——萨卢斯特并不想夸耀他所选择的事业。然而，有些人无疑会责备他放弃公务生活的决定，认为他那崇高而有益的工作只是一种懒散的借口。这些人最紧要的工作就是讨好民众或举办政治宴会。萨卢斯特让这些人（不包括其他人）回想一下他本人是在什么时候当选的公职；看一看又是什么样的人后来进入了元老院。这些人一定会承认，萨卢斯特是出于正当的理由做出了正确的决定；他隐退之后的成果要比别人的公务活动更加有益于国家。

这个论证实际上有待于加强。法比乌斯、西庇阿和其

---

[2] *Bellum Jugurthinum* 3.1: "quoniam neque virtuti honos datur neque illi, quibus per fraudem is fuit, tuti aut eo magis honesti sunt."（然而，那些以不正当方式获得荣誉的人既不会得到安全，也不会因此而受到更多的尊重。）

他过去的著名人士都习惯于宣称，每当他们凝视祖先的肖像面具时，他们就会产生追求卓越和效法祖先的雄心壮志。给他们造成这种影响的并不仅仅是面具，而是对祖先功绩的回忆（memoria rerum gestarum）。然而，从当今名门权贵的所作所为来看，有谁是同自己的祖先比拼勤奋和正直呢？财富与奢华才是他们唯一攀比的领域。即便是先前在"德行"方面超越贵族的新人现在也用诡计或犯罪来开辟自己的仕途。但是，这并不要紧。行政官、执政官或诸如此类的官职都不具有内在的荣誉。对这些职务的评价取决于担任这些公职的个人。

在《喀提林内争》的绪言中，萨卢斯特的陈述是一种谨小慎微的辩护，对于公务，他并未发表直接的评论。在《朱古达战争》中，萨卢斯特有意抨击了政治方面的事务，而且言辞之间也显得更加自信。他断定自己所选的事业有着积极的意义。在如此断言的同时，他还在密切相关的两个方面提出了谴责：反对当前的政治格局和名门权贵。

《朱古达战争》的绪言用语强劲有力、咄咄逼人。尖锐的政治评论谴责了暴力的统治——"用武力统治自己的国家或国民"（vi quidem regere patriam aut parentes，3.2）。有些人可能想知道，这句话是在影射谁呢？有人认为，写下这句话的萨卢斯特心中想的是恺撒，以及恺撒的独裁。纪律严明的改革政策似乎被认为是一种减轻罪责的借口——"即使你有权力并且在这个过程中纠正了弊端"（quamquam et possis, et delicta corrigas)。这种说法或许和恺撒相符。但在这个时候，恺撒的专制已经成为过去，或者更确切地说，后三头的统治延续并加强了这种专制，他们明显以另一种名义开始实施新的独裁统治。这句话的暗指对象即便没有排除恺撒，我们也可以认为，这句话将恺撒归入了改头换面的恺撒党所施行的更为恶劣的暴政之中。萨卢斯特还提到了"杀戮、放逐和战争的其他恐怖行径"（caedem fugas aliaque hostilia），这是有意让人联想到公敌宣告运动。此外，"国家或国民"（patriam aut parentes）这种含义泛化的词语看起来并无冒犯之意，但选择这样庄重的用语，可能同时也暗示了作者对惺惺作态的那种"忠诚"（pietas）的不满和异议，这种"忠诚"为恺撒的复仇者所宣扬，而恺撒也以"处理国家事务"（constituendae rei publicae）的虚假目的和名义攫取了权力。

这段话的结尾透露出萨卢斯特的鄙夷态度。他讨厌为屈从权力而牺牲自己的荣誉。[3]有人觉得这句话影射了西塞罗。[4]西塞罗在公元前43年夏天因与屋大维往来而遭到严苛的指责，抨击者当中至少有布鲁图斯。据布鲁图斯断言，

---

[3] 3.3: "nisi forte quem inhonesta et peniciosa lubido tenet potentiae paucorum decus atque libertatem suam gratificari."（除非碰巧有人怀有一种不光彩的邪恶癖好，为效力于少数有权势的人而不顾自己的荣誉和个人自由。）

[4] F. Lämmli, *Mus.Helv.* III (1946), 110. 指责新人的那段话（4.7 f.）也被认为是影射西塞罗，不可思议的是，埃尔努也觉得这是在影射西塞罗（A. Ernout, ed. Budé [1941], 24）。不过恰恰相反，西塞罗属于那些"先前总是想靠德行来超越贵族的新人"（qui antea per virtutem soliti erant nobilitatem antevenire）。

西塞罗正习惯于做一个奴仆，他在寻找一个合适的主子。[5]事实上，西塞罗是要利用年轻的冒险家来拯救共和国，为了不顾一切地坚守这个策略，他随时准备接受任何权宜之计。奥卢斯·希尔提乌斯（Aulus Hirtius）和盖尤斯·潘萨·凯特罗尼亚努斯（Gaius Pansa Caetronianus）在穆提纳战争中丧生后，执政官的职位便处于空缺状态。西塞罗希望能作为屋大维的同僚，获得第二次执政官的任期。[6]

我们没有必要一定认为，萨卢斯特明确暗指了某个特定的人物。萨卢斯特对权力奴仆的抨击是一种普遍意义上的谴责，这些奴仆因某种"并不光彩的卑劣爱好"（inhonesta et perniciosa lubido）而低声下气、卑躬屈膝。他们的身份地位越高，屈辱必然也就越大。因此，即便萨卢斯特是在影射某个人，他所想到的也是那些想要谋利高升的贵族，这些贵族会为一种有失体面的事情而牺牲自己的名节。这种可耻形象的典形人物就是塞维利尤斯·伊索里库斯（Servilius Vatia Isauricus）和多米提乌斯·卡尔维努斯。

塞维利尤斯是公元前54年的行政官，他在当时还是加图的坚定追随者，后来则因恺撒许以执政官的职位（公元前48年）而被拉拢到恺撒的阵营。塞维利尤斯的所作所为丝毫无法同他的父亲相提并论，他的父亲是西里西亚的资深执政官，他引以为傲的别名（cognomen）也是来自他的

---

[5] Cicero, *Ad M. Brutum* I. 17.
[6] Plutarch, *Cicero* 45 f.; Appian, *BC* III. 82. 337 ff.; Dio XLVI. 42. 2. 布鲁图斯听说西塞罗已经当选为执政官，*Ad M. Brutum* I. 4a. 4（May 15）。

父亲。\*公元前43年,活跃于元老院的塞维利尤斯多次与西塞罗发生冲突。他抱负极高,行事却不够光明磊落。有件事情虽说事属偶然但也值得注意:他曾设法将自己的女儿许配给恺撒的继承人。[7]从后三头那里,他获得了极不寻常的待遇:出任公元前41年的执政官,获得自己的第二个执政官任期。

多米提乌斯·卡尔维努斯曾与梅萨拉·鲁夫斯同为公元前53年的执政官,那一年是个多事之秋,萨卢斯特有充分的理由牢记于心。梅萨拉在公元前51年遭到指控而获罪;卡尔维努斯可能也陷入了某些麻烦,他在担任执政官的那一年和公元前48年间的事迹并没有在文献中留下任何记录。[8]后来,他和恺撒一起回到人们的视野,并且参加了战争。非常明确的是,他在公元前42年曾被共和国的水军将领击溃,但在公元前40年,这个人又再次当选了执政官。

无论如何,《朱古达战争》的绪言反映了后三头统治下的罗马局势。在罗马的政治语言中,一项单独的议题标示了撰述者的叙述主题和写作时间的距离,并且还将二者联系了起来。在梅特路斯的时代,这项议题是保民官梅米乌斯抨击

---

[7] Suetonius, *Divus Aug.* 62.1(唯一的证据)。

[8] 文献中仅仅提到过梅萨拉遭到指控的事情(Cicero, *Ad familiares* VIII.4.1)。因此,卡维努斯也可能遭到了同样的命运,这样的推测并非武断。

\* 他的父亲指上一章提到的普布利乌斯·塞维利尤斯·瓦提亚·伊索里库斯(Publius Servilius Vatia Isauricus),曾出任公元前79年的执政官,在击溃西里西亚海盗后获得别名"伊索里库斯"。

的"显贵权力"(potentia nobilitatis)。[9]寡头统治在恐吓和冒险中延续了多年。庞培的权力是个不祥的兆头,这位人民的统帅离开罗马远赴东部的时候,"寡头的权力"(pauci potentes)一度得到了复兴,萨卢斯特在他的第一部专题作品中就曾做过这样的说明;[10]而喀提林无论是在谋划阴谋之初还是在阴谋即将结束之时,也都指责了"寡头的权力"。[11]在《朱古达战争》的绪言里,"少数当权者"(potentia paucorum)则随着历史的变迁明确指向了三个人物(3.4)。

这个时候还看不出哪位保民官执掌了过高的权力,虽然执政官的人选均来自保民官的指定。不过,任何温良恭敬之士都不会唯他们马首是瞻——那位继续从事有益之事的历史撰述家还能在赞扬恺撒和加图的时候,暗中从侧面抨击那些专制寡头,而且第二次抨击的时候更加露骨。

萨卢斯特并没有满足于抨击三头统治和名门权贵,他还在绪言的结尾毫不留情地指责了荣登高位的新人。这些新人取得"权力和荣誉"(imperia et honores)的途径是阴谋诡计和公开的诓骗(4.7)。萨卢斯特使用了两个含义对立的措辞:"阴谋诡计"(furtim)和"公开的诓骗"(per latrocinia),这种对立出于语词的不相称。[12]两类新贵由此

---

[9] *Bellum Jugurthinum* 27.2;30.3.参见梅米乌斯的演说,"我的精神意志激励我要勇敢面对这个集团的权势"(obviam ire factionis potentiae, 31.4)。

[10] *Bellum Catilinae* 39.1.

[11] *Bellum Catilinae* 20.7; 58.12.

[12] 在"furtim et per latrocinia"(4.7)这句话里,含义与对立暗示着"et"(和)到"aut"(或)的转变。参见 *Philologus* CVI(1962), 302。

形成了鲜明的对比。

这两类恶名昭彰的新贵是屋大维追随者当中的典型。科勒内利乌斯·巴尔杜斯（Cornelius Baldus）就属于其中一类，这个人是个深藏不露的阴谋家，曾在公元前40年年末获得过短暂的执政官任期。底层出身的军队将领萨尔维迪耶努斯·鲁夫斯（Salvidienus Rufus）则是另一类，此人虽非元老，但四处招摇"统帅"（imperator）和"候任执政官"（consul designatus）的头衔。

萨卢斯特早些时候就曾发现，专制统治的奴仆并不总是"安全无虞"（tuti），也并非总是"值得尊敬"（honesti）（3.1）。萨维迪努斯（Salvidienus）的倒台突如其来。\* 他在公元前40年秋天犯了一些错误，屈卑顺服的元老院便以不忠于自己领袖的罪名下令处决了他。

巴勒布斯和萨维迪努斯——无疑诱使人们将这两个人物当成一种明确的暗示，进而将绪言写作的时间定在公元前40年年末。绪言通常是一部作品最后撰写或至少最后修订的部分。这个时间点可能是准确的。事实上，历史撰述家的语言表述未必一定要用人名或单个的情节事件来解释。但是，将这部专题史书的写作时间定在公元前40年的佩鲁西亚战争（Perusine War）期间和战争之后的某个时间点仍然

---

\*　即昆图斯·萨维迪努斯·鲁夫斯（Quintus Salvidienus Rufus），曾是屋大维最亲信的幕僚之一。

是合理的。[13]

佩鲁西亚在那年2月被攻陷。这个结果挫败了安东尼之弟暗中颠覆屋大维的企图，同时也结束了对意大利城镇荼毒最深的一场混乱争斗。战火摧毁了佩鲁西亚，一场大屠杀也让人永远记住了这个城市的名字。翁布里亚的森提努姆（Sentinum）被夷为平地。处在萨宾地区偏远地带的诺西亚束戈投降。然而，拒不投降的诺西亚市民给那些为自由而战死的人们树立了一座纪念碑：屋大维对他们进行了严酷的惩罚。[14]

这个时候，一场更大的战争随着安东尼从东方返回而迫在眉睫，事态就像苏拉回来攻克意大利时的情形一样

---

[13] 有学者认为时间是在公元前43年11月之前，L. Wohleb, *Phil. Woch.* 1928, 1244：''无论如何……我们很难想象作为三头之一的屋大维掌握国家主导权之后，对国家还怀有什么厌恶之情。''这个学者似乎认为萨卢斯特是屋大维的支持者——这与其他人的观点一样，比如 H. J. Rose, *A History of Latin Literature*（1936），218。毕希纳遵从沃勒布（L. Wholeb）的说法——''《朱古达战争》一定写于公元前44/43年''（K. Büchner, *Sallust* [1960], 109）。关于第一部专题史书的写作时间，参见本书 p.128。

弗莱茨卡（K. Vretska）试图将绪言的写作时间定在公元前40年晚秋，K. Vretska, *Wiener Sitzungsberichte* CXXIX. 4（1955），22。他的论点并非完全合理。他在不经意间做出了这样的假定，即《提蒂亚法》（*Lex Titia*）是在公元前39年年初得到了重申。另外，他认为那些''通过不正当方式''（per fraudem）获得''公职''（honos, 即执政官职位）的人（3.1）指的是屋大维和雷比达。但是，这里指的明显不是三头，而是他们的奴仆走卒。在''少数当权者''的统治之下，三头政治是由下层人士来影射的（3.4）。

[14] Dio XLVIII. 13. 6. 苏维托尼乌斯记述的时间点是错的（Suetonius, *Divus Aug.* 12）。

严峻。巨头之间的友人出面进行了斡旋。就在以多米提乌斯·卡尔维努斯和阿西尼乌斯·波利奥的名字纪年的那一年秋天,巨头们在布伦迪西乌姆调解了他们之间的分歧。

接下来,萨卢斯特又继续撰写了《历史》。恺撒之后和苏拉之后的事态发展表现出一种惊人的相似性,甚至在细节方面和人物个性方面也是如此,这种相似性留下一种令人兴奋的余地,可以让人进行一些含糊其词的叙述,可以进行讽刺并表达自己的怨恨。

通过卖弄口舌和大言不惭地吹嘘自由,执政官埃米利乌斯·雷比达对苏拉的体制发起了抨击。然而,雷比达既非精明能干,也无雄厚的实力。他的儿子同样是通过出身获得了晋升,因为恺撒和苏拉一样,都过于偏爱老派的贵族阶层。雷比达在公元前43年执掌一个行省和一支军队,他背弃了共和国的事业——而且还利用冠冕堂皇的花言巧语来掩盖自己的叛变之举。在当时人们的描述中,雷比达就是一个"油腔滑调之人"(homo ventosissimus)。[15] 他们父子两人皆投机钻营、蠹国害民。儿子雷比达是三头之一:这一点让萨卢斯特有意讥诮反讽一番,他想让雷比达的父亲用粗俗有力的措辞——"活人献祭"(humanas hostias viditis)——谴责杀戮与掠夺。[16]

---

[15] Cicero, *Ad familiares* XI. 9. 1 (D. Brutus).
[16] *Historiae* I. 55. 14.

雷比达在公元前 77 年掀起的叛乱殃及了山南高卢，他的盟友马库斯·布鲁图斯败给了庞培。在公元前 44 年冬天爆发的那场新的内战当中，另一位布鲁图斯又在穆提纳遭到了围攻，这位迪奇穆斯·布鲁图斯可以类比于马库斯·布鲁图斯，后者就是这位诛杀暴君的父亲。

有一种更为普遍的情形预示了类似的不祥后果。为打击掀起叛乱的雷比达，有一位老者介入其中，这个人就是指责元老们因循苟且的马奇乌斯·菲利普斯。[17]元老们愿意同叛军进行谈判，他们仍然讲求稳定和派遣使节。菲利普斯诉诸国家的权威，法令也最终被通过。

关于《菲利普斯演说》（oratio Philippi），萨卢斯特有一个最合适的模仿范本。[18]公元前 43 年 12 月，西塞罗在他离任执政官二十年之后出现在了元老院，这个时候的他虽然众叛亲离、声名扫地，但极力坚持第一公民在"共和国的首要公民"中间所具有的首要地位。他主张对安东尼采取大胆的措施。他还利用自己巧舌如簧的演说，辩称安东尼对山南高卢没有合法的权力主张。西塞罗的极端提议是宣布安东尼为公敌。该提议遭到某些执政官的反对，其中包括杰出的卢奇乌斯·皮索，一位使节还（在 1 月初）被派遣出去。然而，西塞罗成功否决了安东尼的反击提案，随后又通过了最终的裁决。

---

[17] I.77.
[18] 有学者注意到了言语表述和事态形势的相似性（但并非全部相似），参见 C. Moravski, *Eos* XVII (1911), 135 ff.。

西塞罗的政策还有另一面——为那位年轻的冒险家对抗某位执政官而征募的私人军队提供法律上的掩护。这一点是在1月初的论辩中实现的,屋大维在这场深思熟虑的战争中获得了特殊的统帅权,他甚至还被列为拥有各种特权的元老院议员。西塞罗辩护的主张关乎那位青年,也关乎爱国的精神——同时也关乎共和国的危急状况。[19]

老菲利普斯在公元前77年有机会提出类似的请求。元老院在打击雷比达的战争中已经将一项统帅权授予庞培,可能是担任卢塔提乌斯·卡图鲁斯的副官。然而,在取得北方的胜利之后,庞培有了更大的野心,他拒绝遣散自己的军队。两位执政官(包括资深执政官)都不愿欣然前往西班牙与塞托里乌斯作战。元老院决定派遣庞培,并授予他统帅全权,哪怕他并不是一位元老。正是菲利普斯以那句诙谐的"为了两位执政官"(pro consulibus)提出了这个建议。[20]

有一个不合常理的小事可以顺便说一下:菲利普斯的儿子(公元前56年执政官)是屋大维的继父。这个人就像他的父亲一样诡计多端,他在公元前44年曾给年轻的恺撒提出了忠告,令后者获益良多,但他却躲在幕后,避人耳目。菲利普斯缺乏勇气,也不像他的父亲那样能言善辩。元老院的领袖是西塞罗。菲利普斯唯一的贡献是提议在集会广场安置一座镀金的骑士雕像;他还是三位执政官

---

[19] Cicero, *Philippicae* V. 43 ff.
[20] XI. 18.

使节之一，按照西塞罗的说法，这些使节喜欢安定更甚于荣誉。[21]

西塞罗继承老菲利普斯的衣钵，谴责了那些使节。他坚定不移而又信心十足地主张对共和国的敌人战斗到底。他援引了公元前77年为年轻的庞培所提出的请求，但是他知道，最好不要详述那一年的事情。只需简短地提一句即可。[22]让人想起更多的事情是有害的。雷比达这位叛乱分子的儿子必须得到宽宥和安抚。

1月初的时候，西塞罗通过赞扬雷比达的雄才大略、爱国之心和对自由的热爱，不失时机地向雷比达表达了言过其实的敬意。[23]这对西塞罗来说是信手拈来的，而且这样的反讽也是非常适宜的。到再次开口的时候，这位演说家需要用尽自己一切的诡计。雷比达和普兰库斯在3月共同发出了敦促和平以及与安东尼达成和解的通告。西塞罗以一种严厉而傲慢的语气，对雷比达进行了训诫，并让人回想起那位杰出的前辈，那位大祭司长。[24]接下来的演说主题是歌颂共和国在穆提纳取得的胜利（*Philippics* XIV）。这篇迷惑人心的巅峰之作成为西塞罗这一系列现存演说的收官之作。

到5月底的时候，雷比达决定与安东尼共同进退。他

---

[21] VIII. 28, etc. 证明菲利普斯提议安置雕像的只有 Cicero, *Ad M. Brutum* I. 15. 7。

[22] XI. 18.

[23] V. 38 ff.

[24] XIII. 14 ff. 在他写给雷比达的书信中，语气更加强烈（*Ad familiares* X. 27）。

在一份言不由衷的通告中宣告了自己对共和国的背叛，在通告的最后，他还提出忠告，并提到了自己的"荣誉"。[25]到6月30日，元老院宣布雷比达为公敌。西塞罗终于有机会发泄出自己对雷比达长期的厌恶和压抑的愤怒——而且他无疑会以适当的方式提起雷比达的父亲。有位文法学家恰巧保留了两条《反腓利比克之辩》（XVI）的残篇。其中一条提到了尤文提乌斯·拉特林西斯（Juventius Laterensis），这个人是雷比达部队里的军官，他为了表示抗议而选择了自杀。[26]

到了这个时候，现代与过去之间的对峙也就伴随着西塞罗对这位公敌的谴责而走向了终结。萨卢斯特并非没有意识到这一切，后来的《反腓利比克之辩》一定给他留下了非常不错的印象，尽管他并不接受导致一个共和国走向毁灭的那些过激的党派情绪。[27]

当萨卢斯特从雷比达和塞托里乌斯转向征讨米特里达梯的战争时，命运出于自身的利益而策划了更加戏剧性的事件。首先是东方的一系列战争行动，其中有让人想起卢库路斯的几次重要战役和长途行军。帕提亚人在公元前40年看

---

[25] Cicero, *Ad familiares* X. 35. 2: "quod si salutis omnium ac dignitatis rationem habueritis, melius et vobis et rei p. consuletis."（如果你们顾及所有人的福祉和荣誉，你们最好参照一下自身的利益和国家的利益。）

[26] "Laterensis ne vestigium quidem deflexit"（拉特林西斯坚定不移），引自肖尔（Schöll）版本的西塞罗《残篇》（*Fragmenta*, Teubner IV. 2 [1927], 467）。

[27] *Bellum Jugurthinum* 42. 4.

到了机会。他们的骑兵跨过幼发拉底河，迅速占领了叙利亚行省和亚细亚行省，并抵达了爱琴海沿岸。安东尼一经摆脱布伦迪西乌姆条约对他的束缚便派翁提狄乌斯发起了对帕提亚人的反击。翁提狄乌斯擅长物资补给和运输，他把侵略者赶出了亚细亚，并在两次战役中彻底击垮了他们。

翁提狄乌斯在公元前38年11月举办了庆祝胜利的活动。萨卢斯特为翁提狄乌斯撰写了演说稿。[28]他对新的统治体制并无好感，他也不喜欢新体制下成为新贵的将领。但是，他或许已经承认，自己对翁提狄乌斯的欣赏乃是出于某些个人的原因。[29]

恺撒党的大多数杰出之士都站在安东尼一边，不屑与恺撒的继承人为伍；拥护共和政体的幸存者则于腓立比战役之后加入了他的阵营。如果一个人敬重和追忆加图，他就可以在安东尼海军将领中看到加图的外甥和外孙——年轻的埃努巴布斯和年轻的卡尔普尔尼乌斯·毕布路斯。*

---

[28] Fronto p. 123 N = II. 136 ( Haines ). 参见 O. Hirschfeld, *Kleine Schriften* ( 1913 ), 780 ff.。

[29] 有学者基于这篇演说而认为，萨卢斯特在公元前38年属于安东尼的阵营，见 W. Allen, *Studies in Philology* LI ( 1954 ), 11。值得一提的是，有人断言，翁提狄乌斯取得那些重大胜利之后，安东尼与他的关系便疏远了（Plutarch, *Antonius* 34; Dio XLIX. 21. 1）。人们还会看到用于描述三头父辈的文字（*Historiae* IV. 2 f.）。

\* 即公元前32年执政官格奈乌斯·多米提乌斯·埃努巴布斯，其父为公元前54年执政官卢奇乌斯·多米提乌斯·埃努巴布斯，母亲为加图姐姐波奇娅（Porcia Catonis）；卡尔普尔尼乌斯·毕布路斯即马库斯·卡尔普尔尼乌斯·毕布路斯之子卢奇乌斯·卡尔普尔尼乌斯·毕布路斯。

萨卢斯特虽为翁提狄乌斯撰写了一篇演讲——但他拒绝在自己的《历史》中插入任何赞颂罗马战胜东方敌对者的溢美之词。不过，萨卢斯特却在记述中添加了一封书信，在这封书信中，米特里达梯提醒帕提亚的国王注意自己的王权和王国即将面临的命运，这是罗马人暴虐无情而又有条不紊的侵略习性。这封书信被放置在卢库路斯大获全胜之后。它与安东尼于公元前36年发起的远征有着的密切的关系（在远征之前、远征期间或远征之后），这场远征在所有人的意料之中，安东尼为此筹备了两年。[30]

安东尼率军穿过亚美尼亚，侵入米底，并围攻了弗拉斯帕（Phrasspa）。由于未能成功占领该地，他只好退军回师，这是一段漫长而艰苦的行军，他为此而颜面尽失、威信扫地。与此同时，恺撒的继承人则在意大利沿海地区忙于对付马格努斯的儿子。三头于公元前39年与塞克斯图斯·庞培达成和解，但这次和解很快就被破坏了。随之而来的是激烈的海战。塞克斯图斯雇用奴隶和异族人来驾驶他的舰船。他不信任罗马的坚定支持者，他依靠父亲治下的自由人来担任海军将官，其中还有之前来自西里西亚的海盗首领。他的敌对者则趁机将他本人定名为海盗。奴隶和海盗在萨卢斯特的叙述主题中占有很大的比例。在记述马库斯·安东尼乌斯的海战活动时，他对这位巨头的父亲使用了一个非常不客气

---

[30] E. Bikermann, *Rev.ét.lat.* XXIV (1946), 131.

的说法:"比海盗更有害(nocentior piratis)。"[31]对于斯巴达和奴隶战争,萨卢斯特提供了非常详细的记述;他希望不久就能讲到马格努斯,以及对地中海沿岸地区的平定。

在公元前36年的季夏,屋大维最终击败塞克斯图斯·庞培,攻下了西西里。他和雷比达之间发生了冲突,这或许是蓄意为之,后者的军队被设计挑唆,不再效忠于他。雷比达丧失了自己所有的"尊荣",他幸免未死,却只能忍辱偷生。[32]

萨卢斯特去世之前欣赏到两个难得看到的景象:一位巨头遭到背弃和羞辱,另一位在米底一败涂地。第三位巨头惊人地证明了命运之无常。从最初于公元前44年11月向罗马进军,经过穆提纳战争,再到腓立比战役和佩鲁西亚战役的九死一生——屋大维靠幸运、手腕,以及能够与强势的安东尼完全平起平坐的坚毅决心熬了过来。公元前40年的一系列事件清楚地表明了这一点。无论是用退伍士兵组成私人军队,在紧急状况中强取特殊统帅权(得到一位资深执政官的帮助),还是用武力或武力威逼取得执政官职位,这一切都与庞培·马格努斯的早年经历极为相似。如果萨卢斯特因为有志撰写一部自己时代的历史而修改自己的写作计划,并决定回到雷比达和卡图鲁斯担任执政官的年份,并以此作为叙述的开端,那么恺撒的继承人可能就是原因之一。

---

[31] Sallust, *Historiae* IV. 2.
[32] Velleius II. 80. 4: "spoliata, quam tueri non poterat, dignitas."(他的尊贵地位被剥夺了,他本身的表现已经证明,他无法维持这样的地位。)

晚近的事件让人联想到公元前70年代，萨卢斯特因缺乏可靠的书面文献而需要大量私人提供的信息。在苏拉之后的十年间，很多执政官都已是日暮残年之人，活不了多久，而内战又造成了很多的空缺。西塞罗在公元前43年年初曾夸口说，庞培的阵营里有十位执政官。[33] 西塞罗是那个团体中最后的幸存者。

公元前53年执政官的很多同辈和晚辈虽然已经死去，但这两位执政官却活了下来，而且注定要活得更久，这两位执政官就是多米提乌斯·卡尔维努斯和梅萨拉·鲁夫斯。卡尔维努斯在公元前40年结束了自己的第二个执政官任期，在此之后，他为屋大维执掌西班牙，以至数年间没有留下任何信息。不过，梅萨拉的消息是可以找到的，他在这个时候过着以撰写家族史和占卜学著述为荣的退隐生活。[34] 他还年轻的时候就在公元前81年被苏拉选入过占卜学院。[35]

尚在人世的还有一些别的人士，他们都曾身处重大事件的外围或了解政治首脑的秘闻。科勒内利乌斯·巴勒布斯（Cornelius Balbus）是布匿的加第斯人，他因在塞托里乌斯战争中服役而获得了罗马公民权。这个人起初是庞培的追随者，后被恺撒争取了过去；最后一次听说这个人的消息是

---

[33] Cicero, *Philippicae* XIII. 29 f. 说的不完全是事实，参见 *The Roman Revolution* (1939), 45。
[34] Pliny, *Naturalis Historia* XXXV. 8; Gellius XIII. 14 ff.
[35] 梅萨拉·鲁夫斯做过五十年的占卜师（Macrobius I. 9. 14）。

在公元前44年11月，他突然在公元前40年，以补任执政官（consul suffect）的身份再度出现，*文献记录中并没有任何活动可以解释这一点。还有一个人是庞波尼乌斯·阿提库斯，这个人与罗马的主子们有着友好的关系，而且直到最后都与安东尼保持着频繁的书信往来，就这些方面来看，这个人可谓一如既往地从容沉稳、乐于助人。阿提库斯死于公元前32年3月31日。站在他床边的人既有年老的巴勒布斯，也有他的女婿马库斯·维普萨尼乌斯·阿格里帕（Marcus Vipsanius Agrippa）。[36]

瓦罗的影响力丝毫没有减弱：他在八十岁时撰写了《论农业》这部书。阿提库斯这位伊壁鸠鲁主义者很可能发现，自己与萨卢斯特有着共同的爱好和兴趣。他本人更偏爱的是历史方面的作品——不仅是编年纪和年代纪，而且是关于贵族的历史。[37]然而，瓦罗对于他的萨宾同乡来说，并没有任何用处。

与老年妇女的交谈有一种特殊的吸引力，因为这样的谈话体现出一种老派而纯粹的说话方式。贵族小姐和执政官的遗孀或离弃的妻子能给人带来难得可贵的消遣，因为她们通常是隐秘历史的信息库。西塞罗与特伦西娅（Terentia）离婚后，又于公元前46年娶了一位留下来由他监护的年轻

---

[36] Nepos, *Vita Attici* 21.4.
[37] ib. 18.
\* 执政官若在任期内死亡或被褫职，便选出另外一位出任，此即"补任执政官"（consul suffectus）。

女孩，这个女孩名为普布里莉娅（Publilia），而特伦西娅（据说）一直活到了一百零三岁。[38]马格努斯的第三任妻子穆奇娅活得比她的儿子塞克斯图斯还长。[39]梅特路斯·凯勒尔的遗孀克洛狄娅在公元前49年提供了政治方面的信息；[40]而且直到公元前45年，她的信息才得到了证实。[41]另外，凯奇利娅·梅特拉（克雷提库斯的女儿，克拉苏长子的妻子）也可能活到了下一个时代，她的陵墓就在阿皮亚大道上。[42]

萨卢斯特本人也熬过了战争和革命的千难万险，这进一步加深了他的孤独感。他那代人几乎都消灭殆尽了。举例来说，十多个出生于公元前90年代到公元前80年代之间的执政官家族的子孙中只剩下了安东尼和雷比达。[43]公元前50年代的年轻人和追逐时尚之人，克洛狄乌斯的朋友，以及大有可为的诗人和演说家：他们大多数人都选择了恺撒，而不是庞培和寡头。[44]有太多的人惨遭横祸，其中有军队首领斯克里伯尼乌斯·库里奥，有横死于流产的革命运动中的

---

[38] Pliny, *Naturalis Historia* VII. 158.
[39] 穆奇娅接过了塞克斯图斯的使命，在公元前31年的时候依然还活着（Dio XLVIII. 16. 3; LI. 2. 5）。
[40] Cicero, Ad Atticum IX.6.3; 9. 2.
[41] 西塞罗曾考虑购买她的花园（Cicero, *Ad Atticum* XII. 38a. 2, etc.），参见 D. R. Shackleton Bailey, *Towards a Text of Cicero*: AD ATTICUM (1960), 95 ff.; L. Pepe, *Giorn.it.di fil.class.* XIII (1960), 22 ff.; 97 ff.。
[42] *Inscriptiones Latinae Selectae* 881.
[43] 参见本书 p. 21。
[44] *The Roman Revolution* (1939), 62 f.

凯利尤斯·鲁夫斯，也有在恺撒葬礼上被暴徒粉身碎骨的赫尔维乌斯·秦纳，以及在阿非利加死于非命的昆图斯·考尼腓奇乌斯（Quintus Cornificius）。

在战争开始的时候，一些更年轻的人还没有到获准进入元老院的年纪，他们平安活了下来，能够回想起那批杰出的人士。他们皆晋升到了很高的官职。在佩鲁西亚战争期间为安东尼镇守山南高卢的阿西尼乌斯·波利奥在布伦迪西乌姆调停了各位巨头之间的分歧。卸任执政官之后，波利奥又统领了马其顿行省，他庆祝过一次凯旋，后又回归文学，创作了悲剧作品。格利乌斯·普布利科拉和塞普罗尼乌斯·阿特拉提努斯谋取了一份为安东尼统率舰队的差事。[45]前者以执政官的身份开启了公元前36年，同僚执政官为马库斯·库奇尤斯·涅尔瓦（Marcus Cocceius Nerva）。后者年轻时以能言善辩闻名，他将紧随其后，于公元前34年出任补任执政官。

塞普罗尼乌斯·阿特拉提努斯实际上是卡尔普尔尼乌斯·贝斯提亚的儿子，后者出任了公元前62年的平民保民官，在公元前43年又成为安东尼的党徒。[46]贝斯提亚在萨卢斯特的笔下并没有免遭恶意。[47]或许还要提一下喀提林阴谋参与者的其他子孙——格奈乌斯·皮索是共和政体坚定不

---

[45] 格利乌斯·普布利科拉是梅萨拉·科维努斯同母异父的兄弟，娶了阿特拉尼乌斯的姊妹（*Inscriptiones Graecae* II$^2$. 866）。
[46] *Inscriptions Latinae Selectae* 9491 表明了他的家世和出身。
[47] 参见本书 p. 132。

移的拥护者，奥特罗尼乌斯·佩图斯则走上了担任执政官的道路（公元前33年补任执政官）。[48]萨卢斯特在公元前47年认识的普布利乌斯·苏拉——如果不是更早的话——死于公元前46年年末。他与庞培的妹妹庞培娅结婚后生有一个儿子，这个儿子在他父亲死后活了下来，但历史上并没有留下任何踪迹。[49]

公开场合的能言善辩已经找不到用武之处，世故圆滑的本事却能在高层的秘密交涉中赢得一席之地。穆纳提乌斯·普兰库斯是这方面著名的行家里手，他的一位兄弟在公元前52年曾是保民官萨卢斯特的盟友。普兰库斯是高卢战争中最后活下来的恺撒副官——同时也是与西塞罗有书信往来的人士当中最为文雅的一位。他的精明老练（无须用其他的说法）使他作为资深执政官进入了下一个时代，也使他历经多番艰险之后，能在自己的故乡提布尔的凉荫下尽享悠闲。

投机钻营的并非只有普兰库斯这样的新人。事实上，新人比不上贵族，后者时刻不忘扭转他们的命运，并重塑自己家族的"尊荣"。从布鲁图斯和卡西乌斯追随者当中幸存下来的那批年轻人，比如梅萨拉·科维努斯，都情愿

---

[48] 格奈乌斯·卡尔普尔尼乌斯·皮索担任了公元前23年的补任执政官（*Prosopographia Imperil Romani*[2], C 286）；卢奇乌斯·奥特罗尼乌斯·佩图斯担任了公元前33年的补任执政官（A 1680）。

[49] Cicero, *Ad. Q. fratrem* III. 3. 2，参见 Ch. VII, n. 88。他有可能是公元5年执政官卢奇乌斯·苏拉的父亲。还有普布利乌斯·苏拉的继子，盖尤斯·梅米乌斯，可能是公元前34年的补任执政官。

寄希望于安东尼。不过，屋大维在不久之后也能够吸引贵族出身的追随者。[50] 关于西里西亚战争的叙述即显示，追随屋大维的人当中既有阿庇乌斯·克劳狄乌斯·普尔喀，也有三头之一雷比达的侄子鲍鲁斯·埃米利乌斯·雷比达（Paullus Aemilius Lepidus）。对于前者的了解可能是由后者推测出来的——政治倾向一直捉摸不定、反复无常。普尔喀和鲍鲁斯都没有海军或步兵方面的统帅权，也没有西庇阿或梅特路斯通过他们的功绩而回想起争夺西西里的古代斗争。三头的步兵将领和海军将领绝大多都是新人。

此时的执政官虽然越来越多（一般是补任），但三头拔擢的人当中几乎不包括任何的名门权贵。在公元前36年的时候，"共和国的首要公民"等级中只有一位属于上流世家的克劳狄乌斯和科勒内利乌斯，此外既没有名为法比乌斯或曼利乌斯的人，也没有名为瓦勒里乌斯的人（这里不包括步入退休生活的那位年老的梅萨拉·鲁夫斯）。至于出身平民的权贵，无论是梅特路斯家族、李锡尼乌斯家族、尤尼乌斯家族，还是卡西乌斯家族或卡尔普尔尼乌斯家族，同样都没有位列其中。

这批执政官的姓名在历史上闻所未闻，他们是一群可怕的外来者，其中很多人的姓名就命名特征而言明显不属于拉丁语姓名，有兴趣的学者可以从一份流传下来的文献中看一看法斯提乌斯（Fasti）这个姓氏。这个时候，有两

---

[50] *The Roman Revolution* (1939), 237.

个受挫的事业随着恺撒而再度兴起：一个是意大利同盟，一个是马略和秦纳派。三头在公元前43年年末任命盖尤斯·卡利纳斯（Gaius Carrinas）和普布利乌斯·翁提狄乌斯短暂地接任执政官的职位，从而以新上任的执政官自然而然地开启了他们的政权。卡利纳斯是一位马略派将领的儿子。翁提狄乌斯还处于襁褓之中的时候就在皮凯努姆的阿斯库鲁姆沦为了战俘，并在庞培之父的胜利中被裹挟而走。

很多其他的执政官都明显来自地方自治市。比如来自萨宾地区翁布里亚边区的（斯波莱提乌姆［Spoletium］的）盖尤斯·卡勒维希乌斯·萨比努斯和（纳尼亚的）两位库奇尤斯（Cocceii）。\* 卡勒维希乌斯是试图在暗杀中保护恺撒的两位元老之一。[51] 他的"忠心耿耿"从三头那里得到了应有的嘉奖和纪念（出任公元前39年执政官）。两位库奇尤斯最初是安东尼的坚定支持者，两人都获得了执政官的任命（公元前39年和公元前36年的执政官）。

萨宾地区的人们和城镇经历了各种各样的风云变幻。瓦罗并不是唯一一位被列入公敌名单的大地产所有者。不经意间的记录中出现的几个姓名可以被认为是萨宾人的名

---

[51] Nicolaus, *Vita Caesaris* 26. 96. 斯波莱提乌姆的一段铭文实事求是地纪念了他的"忠心耿耿"（*Inscriptions Latinae Selectae* 925）。

\* 指公元前39年的补任执政官盖尤斯·库奇尤斯·巴勒布斯（Gaius Cocceius Balbus）和前文提及的公元前36年执政官马库斯·库奇尤斯·涅尔瓦。

字。[52]有一个家族，即李伽利乌斯家族（[Ligarii]似乎是三兄弟），因孤注一掷地坚持失败的事业而家散人亡。[53]蒂西努斯·加卢斯（Tisienus Gallus）在佩鲁西亚战争中镇守过诺西亚之后，又逃到西西里辅佐塞克斯图斯·庞培。[54]还有一位名叫提图斯·佩杜凯乌斯（Titus Peducaeus）的人成为预料中的执政官人选（公元前35年的补任执政官）。佩杜凯乌斯家族是一个很有名望的家族，在共和国的最后时期已经成为元老家族：这个家族或许是来自诺西亚的萨宾人家族。[55]

罗马的偏见和传统的话语给新人投下沉重的阴影。如果仔细加以辨别，人们往往会发现，那些令人反感的新贵都属于城镇的古老贵族。三头执政时期的部分执政官同样如此。然而，马库斯·维普萨尼乌斯·阿格里帕和昆图斯·萨

---

[52] 比如提图斯·维尼乌斯（Titus Vinius, Appian, *BC* IV. 44. 187，参见 Dio XLVII. 7. 4）；在奥古斯都时代，阿米特努姆有一位八人会议的成员（*octovir*）名为提图斯·维尼乌斯·鲁夫斯（*Inscriptions Latinae Selectae* 3701）。此外还涉及被列为公敌的维图列努斯（Vettulenus, Appian, *BC* IV. 25. 104），注意稍后的一位"奎利纳"部族的议员维图列努斯（*Corpus Inscriptionum Latinarum* VI. 31773）。

[53] 关于李伽利乌斯家族，参见 F. Münzer, *Real-Encyclopädie der classischen Altertu-mswissenschaft* XIII, 518 ff.。

[54] Dio XLVIII. 13. 2; XLIX. 8. 1.

[55] 一位名为塞克斯图斯·佩杜凯乌斯（Sextus Peducaeus）的人是诺西亚的盖尤斯·普罗提乌斯（Gaius Plotius）的一位朋友（*De finibus* II. 58）。这个罕见的名字出现在诺西亚（*Corpus Inscriptionum Latinarum* IX. 4582）和阿米特努姆（4480 = I². 1874）。*Corpus Inscriptionum Latinarum* IX 中，这个名字并没有出现在 4582 之外的其他地方。

维迪努斯·鲁夫斯的出身则鲜为人知，人们既不需要从他们的敌人中寻找线索，也不可能从他们的朋友中找到任何信息，他们是屋大维一派的核心成员，他们领军作战，取得了佩鲁西亚战争的胜利。萨维迪努斯原本是一个在山中放牧的男孩，放牧的山区可能在萨宾地区阿米特努姆以东的维斯提努姆一带。[56] 至于阿格里帕，人们无法在后来可以毫无顾虑地进行考查时确定其父母的身份信息。

在那些平民出身的将领中，翁提狄乌斯脱颖而出，成为一个众所周知的人物。普兰库斯和其他人都说他是一位赶骡人，他的执政官任期也饱受恶毒无礼的冷嘲热讽：翁提狄乌斯实际上经营过一队骡子，他是作为一位运输组织者引起了恺撒的注意。[57] 萨卢斯特对翁提狄乌斯并不反感。后者和阿西尼乌斯·波利奥一样，也可能出身于意大利同盟的一个世家。[58] 意大利和地方自治市曾遭到苏拉的镇压，也曾遭受过苏拉的严惩。

然而，并非所有的新人将领都会获得萨卢斯特的好感。正如他在《朱古达战争》的绪言中所说，这些人并不是传统的新人。他们的发迹荣显靠的是手腕或暴力。[59] 萨维迪

---

[56] Dio XLVIII. 33. 2. 萨维迪努斯（Salvidienus）是个非常罕见的名字。"Salvidenus"（萨维德努斯）同样罕见，维斯提努姆地区出现两个样本，即名叫昆图斯·萨维德努斯的自由民（*Corpus Inscriptionum Latinarum* IX. 3496: Peltuinum; 3639 = I². 1813: Aveia）。

[57] Gellius XV. 4. 3.

[58] 参见本书 p. 12。

[59] *Bellum Jugurthinum* 4. 7: "furtim et per latrocinia potius quam bonis artibus ad imperia et honores nituntur."（现在争取权力和荣誉依靠的是阴谋诡计和公开的欺骗，而不是高尚的行动。）参见本章注释[12]。

努斯与其他人在军事上的残暴,皆表明和证实了萨卢斯特的反感。那些出身卑贱的人冒犯了这位地方城市贵族的社会成见;更令他反感的是这些将军完全缺乏教养的视野或观念。他为马略精心编撰的演说勾勒出了他们具有的一些粗俗特征。[60]

萨卢斯特暗示说,他自己是在竞争非常激烈的时候进入的元老院。[61] 不过,恺撒扩大了元老院的规模。一些新的元老来自地方自治市的上流世家,但其他元老,比如百夫长和自由人后裔,很容易遭到不太友好的攻讦。三头统治更进一步,他们让出身更加低微的人进入了元老院。自此之后,8月元老院大会的参会人数便超过了一千人。

萨卢斯特在若干年前做出了重大决定。或许是他成为阿非利加的行省总督不久之后——但也可能一直到公元前44年冬天和穆提纳战争的时候他才做出决定。那个时候的形势的确让世事洞明的人们有所警觉,也有一些人则预见到

---

[60] ib. 85. 萨卢斯特非常清楚,马略是个骑师(equestrian),其所属阶层并不像后来传说的那样低微(Pliny, *Naturalis Historia* XXXIII. 150; Seneca, *De ben.* V. 16. 2; Juvenal VIII. 245 ff.)。

[61] ib.4.4:"qui si reputaverint et quibus ego temporibus magistratus adeptus sim et quales viri idem adsequi nequiverint."(然而,这类人如果记得我在什么时候获得的公职,哪种人又无法获得同样的荣誉。)作者的抗议有些用力过猛:他在共和国勉强维系的时候还没有达到高级执法官的职位,此时的他仅仅是一个保民官。

新一轮的内乱无尽无休。[62]之后发生的一切都证明，他们是对的。当萨卢斯特撰写第二篇绪言的时候，他摆出了一副更加强硬的对立面姿态。

在苏拉之后的几年里，对公务生活的厌恶不但已经非常明显，而且也成了公开表明的态度。阿提库斯原本可以凭借自己的财富和人脉求取功名。但他反而去了雅典，并在那里逗留了多年。卢克莱修出身于地方城市贵族中的殷实之家，人们多半可以猜想到他对公务生活的厌恶——他写给恩主梅米乌斯的文字中没有出现任何与此不一致的地方。卢克莱修想到了雄心抱负的痛苦折磨、人世间的各种危险、灾祸，以及因缘际遇的捉弄，因而满腔热情地劝诫人们去过一种平静的生活。而且，"平静与安闲"（quies et otium）至少是为罗马骑士有效扩大自己世袭财产进行辩护的传统理由。

战争与革命进一步加深了人们对政治的反感。这种反感表现为各种各样的形式。有人想去爱琴海的某个岛屿，有人渴望在罗德岛（Rhodes）或米蒂利尼（Mytilene）的闲散求学中蹉跎度日，也有人想在一个小城市做一个不值一提的地方一霸。[63]这些想法在这个时候几乎不可能实现。最接近

---

[62] 比如杰出的希尔提乌斯，"所谓的结束，事实上指的并不是我们看不到结局的内战，而是指恺撒一生的结束"（usque ad exitum non quidem civilis belli, cuius finem nullum videmus, sed vitae Caesaris, *Bellum Gallicum* VIII. 1. 2）。

[63] 关于罗德岛或米蒂利尼，参见西塞罗对一位流亡者所说的话（Cicero, *Ad familiares* VII. 3. 5）。公元前59年被判有罪的盖尤斯·安东尼乌斯（公元前63年执政官）之前在凯法利亚岛（Cephallenia）建立过一种专权统治（Strabo XII, p.455）。

的一条路是像埃米利乌斯·鲍鲁斯这位被宣布为公敌的执政官那样,在米利都(Miletus)苟且过活,了却余生。[64]

那些为安东尼效力并在偏远之地跋山涉水的人们可以争先奋勇地前往东方,从而获得恩赏。加入安东尼的阵营是非常令人羡慕的。那些留在家里的人是被流放在自己家乡的流亡者和囚犯,被驻扎在驻防殖民地的将军、士兵和退伍军人牢牢地控制着。尊严和自由已然消失殆尽,平安与安逸也同样荡然无存。征收和杀戮之后,意大利面临着贫穷与饥荒,塞克斯图斯·庞培的海军封锁海岸之时,行省的收入也由此被切断。

有很多迹象和征兆都指向了命定的劫数。恺撒死后出现了一颗彗星,这被解释为预示着伊特鲁里亚体系中一个时代的终结。[65]当恺撒派头目在公元前43年11月进入罗马的时候,一位伊特鲁里亚预言家宣称,古代的诸王时代又要回来了。[66]有一种推算方法是,根据罗马的宗教祭仪,一个时代终结的时间可以被归到公元前40年或公元前39年。[67]但是,这几乎不是庆祝百年节(*Ludi Saeculares*)的时期。诚然,有一位诗人曾在他人的鼓动下,要将波利奥担任执政官的那一年誉为黄金时代的开端。一个看似合理的推测是,恺

---

[64] Appian *BC* IV. 37. 155.

[65] Servius on *Ecl*. IX. 47(占卜师乌尔卡尼乌斯 [Vulcanius])。

[66] Appian, *BC* IV. 4. 15.

[67] M. P. Nilsson, *Real-Encyclopädie der classischen Altertumswissenschaft* I A, 1710.

撒的继承人和安东尼在布伦迪西乌姆宣布的再度和解是一个时机。这些想法都过于草率仓促。

在这种压抑和恐惧的氛围中，人们转向隐秘科学和各种神秘信仰来寻求慰藉。有些人想要逃往田园风情的阿卡迪亚来寻求宽慰，其他人则在世界尽头的边远之地或传说中的地方发现了同样的世外桃源。他们渴求安逸，也渴望一种对商业、利益或战争一无所知的原始幸福。

最让人意想不到的是，这种遥远的异域风情同样吸引了一位以朴肃严苛的修昔底德为榜样的撰述家。萨卢斯特了解阿非利加（至少熟悉一小部分），而且他早年的生活也可能让他去过其他的行省。当他讲述罗马统帅在后苏拉时代的征战活动时，他有必要讲明地理环境的各种变化。这是合情合理的。但是，关于本都的插叙中充斥了大量传说和博学方面的记述，这应该如何解释？讲述幸福之岛又是出于何种理由？或许是他未曾注意，也许是他毫不在意，但无论如何，萨卢斯特都遭到了后人的指责。一位缺乏元老优势而又谦逊谨慎的历史撰述家抓住了这个机会。他用了几个并不强烈的贬义词：一个人不应该屈从于"修饰性插叙"（deverticula amoena）的诱惑。[68]

萨卢斯特这些偏离主题的插叙流露出作者对时代或自己记忆中的那些诗人的不满。对于受教育阶层的其他人来说，如果不愿在落寞清冷、枯燥乏味或让人满腹怨气的环境

---

[68] Livy, IX. 17. 1.

中务农、狩猎或者无所事事,他们还可以有各种各样的业余追求:文学写作、学术研究,或者更高级的思想活动。

瓦罗将那部鸿篇巨著《神俗古事全书》(*Antiquitates rerum humanarum et divinarum*)的第二部献给了独裁者恺撒。这部分内容的主题与宗教有关。瓦罗在其中痛感罗马古代神灵祭拜的废弛,他还宣称,他的目的是让这种祭拜重新得到人们的认可,但是,他所揭露的事实却让后世的一些人认为,他的隐秘目的其实具有颠覆性。[69]

罗马官方的祭典和制度无法提供慰藉或鼓舞。瓦罗本人倾向于那些以毕泰哥拉斯的名字为核心的神秘学说。他写过关于这个主题的作品,他还留下指示,要按照毕泰哥拉斯的方式安葬自己。[70]

这位检测谎言的人士继续孜孜不倦地写作。他写了一部题为《论罗马民族》(*De gente populi Romani*)的专题论著。该作是一部杂糅了神话和年代纪的奇特论著,内容从奥伊斯(Ogyges)大洪水一直讲到希尔提乌斯和潘萨的执政年。更重要的是题献给阿提库斯的四卷本著作,《罗马民族传》(*De*

---

[69] Servius on *Aeneid* XI. 787: "ubique expugnator religionis."(无所不在的宗教抨击者。)据奥古斯丁所说,即使他是一个"抨击者"(oppugnator)和"破坏者"(destructor),他也不可能写得更加"荒谬、可鄙、可憎"(ridenda contemnenda detestanda, Augustine, *De civ. Dei* VI. 2)。对于瓦罗宗教信念的恰当评价,参见 K. Latte, *Römische Religionsgeschichte* (1960), 291 ff.。

[70] Pliny, *Naturalis Historia* XXXV. 160. 当时的毕泰哥拉斯主义主要与尼基迪乌斯·费古卢斯(Nigidius Figulus, 公元前58年行政官)这个人有关,参见 K. Latte, o.c. 289 f.。

*vita populi Romani*）。[71] 在这部作品中，他大胆尝试了一种社会史的写作，内容则分为四个部分：王政时期的罗马、共和国早期、鼎盛时期以及衰落时代。第四卷当中表达出来的一些情感和态度可能会契合萨卢斯特的想法。有一些残篇表明，瓦罗委婉提及了财富与繁荣带来的有害结果，对于意大利城镇人口的大量减少，他也深表痛惜。[72] 他还谴责了官职候选人追名逐利的野心——假若这些人当选，他们丝毫不会在乎天是不是会塌下来。[73]

瓦罗编撰了一部包罗万象的博学巨著，其中夹杂了哲学性的想象和诞谩不经的词源学。他的经典成就让人不敢提出批评，结果却贻害颇深。对于古老的传说和晚近捏造的无稽之谈，人们有必要在为时太晚之前进行严苛的、否定性的考查。但是，瓦罗的研究反而有助于谬误的流传，并助长了感伤罗马过去的浪漫主义情绪。[74]

关于庞培和他自己在各个行省的涉外公务，瓦罗撰写过相关的著述，并由此为当时的历史学做出了突出的贡献，这是毋庸置疑的事实。[75] 他还撰写了一本自传。同样

---

[71] 关于这部著作，参见 H. Dahlmann, *Real-Encyclopädie der classischen Altertumswissenschaft* Supp. VI, 1243 ff.; B. Riposati, *M. Terenti Varronis de vita populi Romani*（1939）。

[72] Varro, *De vita p.R.* IV, fr. 115 Riposati.

[73] ib. fr. 121 Riposati.

[74] 参见蒙森极为愤慨但又很有说服力的观点，Mommsen, *The History of Rome* V（1895），495。

[75] C. Cichorius, *Römische Studien* (1922), 189 ff.; H. Dahlmann, o.c. 1248 ff.

不会被忽视的还有那本《逻辑斯托里库斯书》(*Logistorici*), *该书集结了大量杂七杂八的短文，文章标题中的人名暗示了文章主题与这个人物之间存在着某种关联。[76]《库里奥或敬神问题》(*Curio de cultu deorum*) 反映了公元前76年执政官出了名的宗教兴致。《拉特林西斯》(*Laterensis*) 的主题可能是荣誉和爱国精神——因为尤文提乌斯·拉特林西斯是雷比达军队中的模范军官。[77]《庇乌斯或和平问题》(*Pius de pace*) 表达了一个政治上的论点：知道这篇文章的写作时间是很重要的。[78] 而且，有谁不会为《希塞纳或撰史问题》(*Sisenna de historia*) 而叹息呢？

在三头执政的罗马，从叙述不易授人以柄的古老过去到记述晚近的事务，所有类型的历史撰述无不备受青睐。法律或宗教方面的古文物研究是一项传统上适合退隐元老的消遣工作。做过这种工作的有梅萨拉·鲁夫斯，他写过一部关于占卜的著作。未能成功起诉庞培派党徒昆图斯·李伽利乌斯 (Quintus Ligarius) 的昆图斯·埃利乌斯·图拜罗 (Quintus Aelius Tubero)——他本人在阿非利加的时候也曾站在庞培一边——也通过撰述共和国早期编年史来寻求慰藉。[79] 他还

---

[76] H. Dahlmann, o.c. 1261 ff.
[77] 参见本书 p.222。
[78] 参见本书 p.278。
[79] H. Peter, Historicorum Romanorum Reliquiae I2 (1914), CCCLXVI ff. 他大概是奥尼修斯《论修昔底德》(*Dionysius De Thucydide*) 的题献人，也是公元前11年执政官的父亲，参见 Prosopographia Imperii Romani[2], A 274。
* *Logistorici* 是瓦罗自己创造的术语，其确切含义并不清楚。

以一种后世研究者所不喜的古板风格撰写过几卷关于罗马法的著作。[80]图拜罗出生在一个此时已经败落的平民权贵之家（在一个多世纪的时间里，没有一位埃利乌斯出任过执政官）。另一位历史撰述家是出身上流贵族的盖尤斯·苏尔皮基乌斯·伽尔巴，他那沮丧失意的父亲加入了反对恺撒的阴谋：伽尔巴恰巧因公元前70年代发生的一桩事而被提及。[81]

更为晚近的事件也被述诸笔端，这种记述没有任何公开或隐秘的政治目的。在这些撰述者当中，塔努西乌斯·格米奴斯的记述披露了关于恺撒早年经历的秘闻。[82]确切地了解其写作的时间是非常有价值的。巴勒布斯和奥皮乌斯（Oppius）这对恺撒的忠实党徒为恺撒过去的往事进行了辩护。[83]

在三头执政的罗马，撰述政治历史并不是一种有益的追求。进入暮年的科勒内利乌斯·涅波斯为自己勤勉的才能选择了一个政治上并不敏感的撰述题材——编撰一部传记全书。其中一部分内容还包含了非罗马将军的简短生平。这部著作被作者题献给了他的朋友阿提库斯，其文风朴实无华，有可能是为了学园的教学所编。涅波斯还写过一本题为《历

---

[80] *Dig.* I. 2. 46.

[81] Orosius V. 23. 9. 然而，伽尔巴可能是早期的奥古斯都追随者，而不是三头执政官集团的党徒。

[82] 参见本书 p.96。这个人的名字颇为罕见。可注意塔努西娅（Tanusia），此人是被列入公敌名单的提图斯·维尼乌斯的妻子（Dio XLVII. 7. 4），参见本章注释〔52〕。

[83] H. Strasburger, *Caesars Eintritt in die Geschichte* (1938), 30 ff.

史上的罗马人》(De latinis historicis)的著作。阿提库斯在罗马家族史方面的研究令他钦慕不已。[84] 这种钦慕甚至还让这位谦逊的编撰者尝试了一种令人瞠目的创新之举，他在传主依然尚在人世的时候就把一篇《阿提库斯传》(Vita Attici)收录到自己的作品中。他的朋友去世后不久，涅波斯还发表了该作的第二版，并撰写了后记。阿提库斯的传记坚决而明确地为阿提库斯这个人进行了辩护——同时也为非政治阶层进行了辩解。

萨卢斯特通过大张声势的隐退而回到了那个阶层。第二本专题著作的绪言表达了他们这个阶层对于现时处境的深恶痛绝——与此同时，作者还设法向罗马的名门权贵发起了抨击。在罗马的纷争扰攘中，地方自治市的上流人士要么被宣布为公敌，要么财产遭到了抢掠，以致被迫遭受到很大的伤害。显赫的门第出身往往能让人获得保护。苏拉并不想完全肃清支持马略和秦纳的上流贵族。而且，即便三头把雷比达的表兄弟和安东尼的舅父列入公敌民单，主要也是为了恐吓。两人都不会受到伤害。[85] 执政的三头最不想要的就是仇恨或复仇，他们只需要胜利之后能够有钱支付军饷，有地分给老兵。

---

[84] Nepos, *Vita Attici* 18. 4: "quibus libris nihil potest esse dulcius iis qui aliquam cupiditatem habent notitiae clarorum virorum."（对于那些渴望了解杰出人物所作所为的人来说，没有什么比这本书更适合了。）

[85] Appian *BC* IV. 37. 155 ff.（指卢奇乌斯·埃米利乌斯·鲍鲁斯和卢奇乌斯·尤利乌斯·恺撒）。

苏拉为许多破败的家族带来了巨大的财富，从而让名门贵族重获新生。低级党徒也从中获益，成为自由人或百夫长。这种有害的先例对喀提林的爪牙来说是一种激励——他们看到普通士兵上升为元老或像国王般地挥金如土、四处招摇。[86]雷比达的演说恰巧就以极为鄙薄的措辞提到了苏拉的走狗，其中的前百夫长弗非迪乌斯。[87]

大多数百夫长都是行伍出身，军团也是从无产阶级中征募。这种做法的始作俑者是马略，他这样做的动机问题也让萨卢斯特对下层阶级产生了颇为鄙夷的看法。[88]萨卢斯特还以相当激烈的言辞刻画了穷人在公元前63年的革命做派。[89]他们现在手握兵刃。一位声名显赫的执政官可以在公

---

[86] *Bellum Catilinae* 37.6: "deinde multi memores Sullanae victoriae, quod ex gregariis militibus alios senatores videbant, alios ita divites ut regio victu atque cultu aetatem agerent."（还有很多没有忘记苏拉胜利的人，因为他们看到一些普通的士兵成为元老，另一些则变得非常富有，乃至成天美酒佳肴，活得如同国王一般。）注意苏拉的百夫长和投机商卢奇乌斯·卢修斯（Lucius Luscius），此人在公元前64年被判有罪——"他有价值超过十万的财产"（amplius centies possederat, Asconius 81）。

[87] *Historiae* I.55.22. 参见本书 p.211。

[88] *Bellum Jugurthinum* 86.3: "homini potentiam quaerenti egentissumus quisque opportunissimus, quoi neque sua cara, quippe quae nulla sunt, et omnia cum pretio honesta videntur."（对于一个渴望权力的人来说，最有用的人是那些最贫穷的人，他们一无所有，因而对自己的财产没有任何顾虑，而且他们会认为，任何带有报酬的事情都是体面而正当的。）

[89] *Bellum Catilinae* 37.3: "nam semper in civitate, quibus opes nullae sunt, bonis invident malos extollunt, vetera odere nova exoptant, odio suarum rerum mutari omnia student."（因为在任何邦国里，没钱的人总是嫉妒富人，称扬声名卑劣的人，憎恨旧的事物，渴望新的事物，而且因为不满足于自己的命运，他们还希望出现一场全面的变革。）

开演讲中使用针对军人的粗言恶语。[90]

对于意大利的有产者来说，军队由庞大的无产阶级组成是一个让人害怕的局面。他们还面临奴隶的威胁，因为他们想起了斯巴达或过去发生在西西里的叛乱。许多奴隶都潜逃出去，投奔了塞克斯图斯·庞培。屋大维得胜之后，这些奴隶被遣送回原来的主人，否则就被刺穿处死。整个国家都处在一种阴郁沮丧的状态。十年战争导致的"意大利的满目疮痍"又伴随着重新降临的战役、围攻以及残暴的地方纷争而再度出现。在西西里战争期间，伊特鲁里亚发生了骚乱。很多地方都出现了抢劫之风。公元前36年，久经考验的军人卡勒维希乌斯·萨比努斯受命清剿乡野地区。[91]秩序虽然得到了恢复，但安东尼一旦返回就会面临另一次动乱带来的威胁，因为被列入公敌民单的人和共和派的人会为他们的财产而争执不休，而且还有大批的退伍老兵需要得到安置。

雷比达被铲除之后，均势也被打破。西方和东方的两位统治者共享着罗马江山——或者更严重的是，他们以一种对应于历史、地理和语言状况的方式分割了罗马的疆土。巨头之间的角逐加剧了分歧，帝国也出现了分裂的危险。要不然就是罗马和意大利的冲突，后者屈服于一位出自东方的君主。

不管怎样，君主制已然出现，而且会继续存在。以军

---

[90] Cicero, *Philippicae* VIII. 9: "homines agrestes, si homines illi ac non pecudes potius."（这些毫无教养的粗人如果他们真的是人，而不是畜生。）

[91] Appian, *BC* V. 132. 547.

队和平民为基础的权力此时在设想它的形式和名号。恺撒的继承人取得那次海战的胜利之后,在公元前38年为自己选取了一个首名,这个名称要高于其对手夸耀的"马格努斯"。他在那个时候称自己为"大将军恺撒"(Imperator Caesar)。[92]到公元前36年,他又将保民官的神圣性加之于身。

不仅仅是权力,还有对权力的崇拜和歌颂。可以肯定的是,这位年轻的恺撒被诗人们赞誉为"神"。[93]这还不算什么,因为他已经是"神之子"(Divi filius)。西西里战争之后,罗马广场竖立了一尊他的金质雕像,上面镌有宣告陆地与海洋和平的铭文;意大利的城镇也将它们这位恩惠者和拯救者的雕像安置于自己的神殿中。左右政策的不仅仅是轻信,还有感恩。所有迷信方式此时都在恐惧和不安的助长下猖獗泛滥、大行其道。异域的信仰涌入各个阶层中间,它们甚至获得了官方的认可。

还有一些别的现象,而且也是最令人反感的现象。那些忠于传统的头脑清醒之人曾经为古老宗教的衰落而哀叹痛惜,如今却目睹了一个令人不安的宗教复兴。古老的传说又开始受到人们的青睐,尤其是关于罗马建立者的神话。据说,那位年轻的冒险家在公元前43年8月19日进入罗马攫取执政官职位的时候,他在天空中看到了赐予罗慕路斯征兆

---

[92] 对"Imperator Caesar"的解释,参见 *Historia* VII (1958), 172 ff.。
[93] Virgil, *Eclogues* I. 6.

的十二只秃鹰。[94]这种说法很可能是后人的杜撰；不过，公元前38年发生的一件诡异之事却值得关注——大祭司在罗慕路斯的草棚里举行了某些仪式或其他活动，草棚失火并遭焚毁。[95]

较早之前的一些迹象或先例表明，军队首领对神话有过一些利用。独裁者恺撒的雕像被安置在奎利努斯（Quirinus）神殿中（奎利努斯是一个上古之神，这个时候被等同为罗慕路斯）。[96]据说，在公元前67年，执政官曾扬言声称，如果庞培表现得像罗慕路斯，那他最终就会像罗慕路斯一样——遭到元老刺杀。[97]苏拉可能声称自己会成为新的罗马建立者。他在雷比达的演讲中被痛斥为"专横跋扈的罗慕路斯"（scaevus iste Romulus）。[98]运用这样的措辞，意味着作者有可能受到他那个时代的那位年轻的罗慕路斯的影响。

苏拉、庞培和恺撒以各种表现形式预示了新的专制统治。恺撒的继承人从西西里战争胜利归来之后，宣称共和国

---

[94] Dio XLVI. 46. 2 f.

[95] Dio XLVIII. 43. 4.

[96] 因而也适合作为一个辛辣的玩笑主题——"我宁愿他与奎利努斯共享神殿也不愿他与安全共享神殿"（eum σύνναον Quirini malo quam Salutis, Cicero, *Ad Atticum* XII. 45. 2）。

[97] Plutarch, *Pompeius* 25.

[98] *Historiae* I. 55. 5.

很快就能恢复。[99]这对于容易轻信的人来说也是一种小小的安慰,富有见识的人们也可能猜到这意味着什么:又一个"特殊委任的权力"(extraordinaria imperia),只不过这是一种全面的委任,名义上基于元老院和人民出于统治者利益的授权。三头执政本身已通过法律而确立。这种新的统治体制此时逐渐具有了稳定性和长久性。政治自由已经一去不复返。

贵族派的共和政体表明它自身没有能力管理这个世界性的帝国。正如萨卢斯特所指出的,"共和国"的强大使其出于某种原因足以应对执政阶层中存在的"恶习"(vitia)。[100]这个时期早已过去。罗马的"恶习"已经病入膏肓,无以为继——挽救和弥补已经几无可能。这是一个身处那个时代的人怀有的一种黯然悲观的看法。[101]人们可以简

---

[99] Appian *BC* V. 132. 548.

[100] *Bellum Catilinae* 53. 5: "sed postquam luxu atque desidia civitas corrupta est, rursus res publica magnitudine sua imperatorum atque magistratuum vitia sustentabat."(然而,当这个国家的公民被奢靡和懒惰败坏之后,这个国家还能凭借自身的伟大在它的将领和官员存在诸多问题的情况下继续维持。)参见加图的评论,"它的繁荣补偿了你们对它的漠不关心"(opulentia neglegentiam tolerabat, 52. 9)。

[101] Livy, *Praef.* 9: "donec ad haec tempora quibus nec vitia nostra nec remedia pati possumus perventum est."(我们现在到了一个恶习无以为继同时又无法经受任何补救的境地。)这段话可能写于亚克兴战役不久之后。其中所说是一种泛指,而不是(往往通常认为的)特指流产的婚姻法,后者是从普罗佩提乌斯那里(Propetius II. 7. 1 f.)中推导出来的看法。参见 *Harvard Studies* LXIV (1959), 42。这句话里的"恶习"(vitia)有一种道德意味,该术语也可以用来指称政治上的过失,参见 *Bellum Catilinae* 53. 5. 对比 Horace, *Odes* II. 1. 2。另有 Nepos, *Vita Attici* 16. 4: "de studiis principum, vitiis ducum"(关于领导人物的意愿、将领的过失)。

单明了地指定一种"补救方法"———一人统治。根据后世一位历史撰述家所说,这是消弭罗马纷争的唯一方法。[102]萨卢斯特热爱自由。但萨卢斯特和其他人也渴望稳定。稳定只能以接受集权为代价:"当和平降临,专制君主也会随之而来。"( cum domino pax ista venit. )[103]

前景是灰暗的。世界行将在疮痍弥目中崩溃,也可能会在奴役束缚中凝聚在一起。萨卢斯特不愿任由自己在黑暗的日子里颓靡消沉。他可能希望将自己的工作一直持续下去,因为他从自己的事业中获得了力量。无所事事和消遣娱乐会腐化人的心智,只有工作才能让人长葆生机。

---

[102] Tacitus, *Annals* I. 9. 4:"non aliud discordantis patriae remedium fuisse quam ut ab uno regeretur. "(对于这个陷入混乱的国家来说,唯一的补救方法就是一人统治。)
[103] Lucan I. 670(尼基迪乌斯·费古卢斯之语)。

# 第 14 章

# 撰史与风格

萨卢斯特的写作戛然而止。他所选择的志业仅仅持续了很短的时间（大概有七年），但他短暂的撰史生涯迅速开创了一种新的写作风格，这种风格强劲有力、令人痴迷。就拉丁语文学而言，萨卢斯特取得的成就是毋庸置疑的。至于他作为一名历史撰述家的才能和品质，这是另一回事。写作风格和对叙述结构的掌控无法满足撰史的要求。历史撰述家需要准确性、洞察力和公正诚实的品质。

此外还有另一个方面备受争议。历史撰述家是否必须同样是一位思想家？他的见解是否独树一帜、与众不同？或者说，他的想法是否至少清晰一致、条理分明？在这些问题上，人们产生了怀疑。方法、教条会过时，会僵化，诗歌和戏剧却会延绵不绝，风格与叙事同样如此。

在萨卢斯特看来，以综合性的论述作为其专题著作的开篇前言是合适的。那些绪言中提出的想法并非没有引起学术研究者的注意，随之而来的是大量的讨论。[1]当然，有

---

[1] 近年来关于这些绪言出处（以及更为重要的——写作目的）的（转下页）

些人（仅仅是少数）只想将萨卢斯特的绪言当成一堆枯燥乏味、毫无独到之处的文字。[2]一种比较友好的观点承认，只要绪言简洁精悍、矫饰得当或陈述形式新颖，这些老生常谈就是有价值的。萨卢斯特做出了这种努力，他可以免受人们的指责。[3]

如果萨卢斯特更加自信，不去阐明那些高尚的思想，而是迅速进入自己的叙述主题，他的撰述也许看起来会更好。他有必要撰写那些绪言吗？那些绪言又是否切题？对于这些问题，西塞罗的一种做法让人暗暗产生了怀疑。西塞罗有一些完全现成可用的绪言，有一篇几乎使用了两次。[4]

昆体良认为，萨卢斯特诉诸的绪言与"撰史"无关。这位评论家的意思是什么呢？假如是"与主题无关"，这种苛责多少是可以接受的。[5]如果是"与撰史无关"，那么昆体良的观点就是一种不当的指责。那些绪言不仅极力主张撰

---

（接上页）研究考察，参见 A. D. Leeman, *Mnem.* VII[4]（1954），323 ff.; VIII[1]（1955），38 ff.; A. La Penna, *Maia* XI（1959），23 ff.; 93 ff.; D. C. Earl, *The Political Thought of Sallust*（1961），5 ff.。

[2] E. Howald, *Vom Geist antiker Geschichtsschreibung* (1944), 146.
[3] G. Boissier, *Journal des Savants* 1903, 59 ff.
[4] Cicero, *Ad Atticum* XVI. 6. 4.
[5] 在提及伊索克拉底和高尔吉亚（Gorgias）所用的那些富于辞藻的绪言后，昆体良接下来又说，"萨卢斯特似乎在《朱古达战争》和写给《喀提林内争》的绪言中模仿了这些撰述家，这与他叙述没有任何关系"（quos secutus videlicet C. Sallustius in bello Ingurthino et Catilinae nihil ad historiam pertinentibus principiis orsus est，III. 8. 9）。

史，而且还为撰史提出了辩护，在第一部作品中，这种主张和辩护含蓄低调、谨小慎微，在第二部作品中则直言不讳、咄咄逼人。[6]

这个答案很简单，人们也乐于接受。但这并不意味着彻底说明了问题。很多人都发现，深究萨卢斯特的观念，并对这些观念加以定义和归类是极富吸引力的工作。[7] 萨卢斯特从肉体和精神的二元论出发，确立了精神的最高权威和智识追求的首要地位。柏拉图必然会作为这种学说的源头而出现。有人一直认为，萨卢斯特直接援引了柏拉图的学说。[8] 这种观点完全站不住脚。柏拉图的道德学说和那些颇为常见的理论已经在无数的后世作家中得到了传扬。伟大的波西多尼乌斯就是其中最为晚近的代表人物。[9]

这个问题有着从属性的意义。罗马人的抽象思想无法否认其希腊起源。但在利用和改编希腊人的学说时，罗马人难免会把他们自己的传统道德论调注入其中——有些也许是

---

[6] F. Egermann, *Wiener Sitzungsberichte* CCXIV. 3 (1932), 23; V. Pöschl, *Grundwerte römischer Staatsgesinnung in den Geschichtswerken des Sallust* (1940), 28; A. D. Leeman, *Mnem.* VII⁴ (1954), 337. 拉宾纳批评了昆体良，指出了历史撰述家对于历史写作的预先辩护 (A. La Penna, o.c. 26 ff.)。

[7] 很多"借用"和"影响"是无足轻重的，它们的逐渐积累令人乏味。比较拉宾纳的激烈驳斥 (A. La Penna, o.c. 89)。

[8] F. Egermann, o.c. 27 ff.

[9] 托马斯反驳了伊格曼 (F. Egermann) 的观点，认为萨卢斯特的理论源于斯多亚哲学 (S. P. Thomas, *Symb.Osl.* XV–XVI [1936], 140 ff.)。更确切地说，波西多尼乌斯的论说是最主要的来源，参见 C. Wagner, *De Sallustii prooemiorum fontibus* (Diss. Leipzig, 1910)。

无意的，还有一些则是有意对抗外来的影响。这似乎就是萨卢斯特所做的，他厌恶希腊人，厌恶他们最新的模仿者或翻译者，也厌恶那种被归结为"humanitas"（文雅）的新趋势。[10] 萨卢斯特从早期的罗马撰述家那里习得用语和措辞——另外还自觉接受了别的东西，一种态度。他就像一个翻版的加图，依照过去的精神和范畴来写作。[11]

认为"旧罗马的美德"可以脱离希腊的影响是一种危险的假定。然而，萨卢斯特心中所想的"美德"似乎是某种可靠、确切而又真正属于本土的"美德"。[12] "美德"并不局限于狭隘或抽象的道德说教体系。与其相应的形容词似乎是"strenuus"（奋发进取的）。因此，按照萨卢斯特的评价，加图是"与人比拼……奋发进取的德行"（cum strenuo virtute... certabat）。[13] 加图与恺撒虽然在道义准则和行为举止上迥然相异，但在"德行功绩"上却是平分秋色、各有所长。那么，什么是其中的共同要素呢？"美德"是一种积极进取的

---

[10] 萨卢斯特有意回避了"humanitas"一词——这表明他并不喜欢希腊的思想和教化。

[11] 萨卢斯特的两篇绪言中阐述了同样的观点——而且在插叙和演说中一再出现。这并不意味着萨卢斯特撰史的主要目标是要论证一种道德学说。

[12] V. Pöschl, o.c. 12 ff.; D. C. Earl, o.c. 28 ff. "美德"的价值在西塞罗那里遭到败坏而大打折扣，他所提到的"美德"常常都伴随着一些可疑的常见形容词，比如"singularis"（卓尔不群的）和"incredibilis"（难以置信的），D. C. Earl, o.c. 37。

[13] *Bellum Catilinae* 54.6.

品质。[14]斯多亚学派的学说宣扬道德的力量,并鼓励人们参与公共的生活。在经过帕纳提乌斯(Panaetius)的修订和解释后,罗马的统治阶层也发现了这些契合他们心意的学说。

与斯多亚学派的学说相比,伊壁鸠鲁的教义原则强调友善和仁厚的私人美德,主张节制的正当性。伊壁鸠鲁主义在那个时代具有很强的吸引力。对于某些人来说,这种主义无疑是一种安逸生活的幌子,一种逃避仕宦生涯的风险与代价的托词。如果阿提库斯愿意的话,他就可以进入元老院。但元老也是伊壁鸠鲁主义者,他们的生机活力与公务精神并不落后于表面上更加坚毅而有益的教义学说的支持者。作为斐洛德慕斯(Philodemus)的友人和恩主,卢奇乌斯·皮索经常容易遭到西塞罗卑劣而轻佻的斥责。然而,这位担任过执政官、马其顿资深执政官和监察官的卢奇乌斯·皮索却是一个行为举止令人钦佩的文雅之士,他曾为了和谐和理智不止一次地干预过那些鲁莽轻率的提议。[15]信奉伊壁鸠鲁教义的人还有卡西乌斯,但这种信奉并没有阻止他策划谋杀独裁者的阴谋。[16]

恺撒也公开宣扬了伊壁鸠鲁的教义原则,他在12月5日的演说中毫不犹疑地阐述了一个重要信条:人死后并没有

---

[14] V. Pöschl, o.c. 23; M. Rambaud, *Rev.ét.lat.* XXIV(1946), 115 ff. 没有必要提及塔西佗所说的"美德"之义。

[15] 参见 *The Roman Revolution* (1939), 135 f.。

[16] 关于背弃恺撒的伊壁鸠鲁主义者,参见 A. Momigliano, *Journal of Roman Studies* XXXI(1941), 151 ff.。

什么冥界。[17]在西塞罗讲述的版本中，恺撒宣称不朽的诸神已经将死亡规定为摆脱人世苦难的一种仁慈的解脱。[18]恺撒的公开演说可能会在口头上对诸神表达正常的敬意。萨卢斯特漏掉了这一点。

萨卢斯特坚决谴责对快乐的追求。这种谴责歪曲了表面上被邪恶和懒惰所掩盖的一种值得尊敬的学说。没有什么能够阻止（而且一切都认同了）这样的观点：萨卢斯特本人倾向于一种在各个阶层的受教育者中广为流传的教义学说，这些阶层既有贵族或诗人，也有元老、钱庄主或意大利城镇中的富人。萨卢斯特可能知道卢克莱修，因为他赞赏卢克莱修的文风与神采成就了一部史诗般的伟大作品。每个人都逃去了"宁静的高原"（templa serena）。萨卢斯特摆脱了卢克莱修沉思审视的焦虑不安与争名夺利：

>certare ingenio, contendere nobilitate
>
>noctes atque dies niti praestante labore.
>
>他们彼此较量天才，争取名位
>
>日以继夜地用最大的卖命苦干。[19]

---

[17] *Bellum Catilinae* 51. 20: "in luctu atque miseriis mortem aerumnarum requiem, non cruciatum esse; eam cuncta mortalium mala dissolvere; ultra neque curae neque gaudio locum esse."（在悲伤和不幸中，死亡是对痛苦的一种解脱，而不是折磨；它结束了一切致命的不幸，也没有留下任何忧虑或欢乐的余地。）

[18] Cicero, *In Catilinam* IV. 7.

[19] Lucretius II. 11 f. 译文取自卢克莱修：《物性论》，方春书译，北京：商务印书馆，1981年，第61页。

老派的罗马诗人无疑对萨卢斯特的早年教育产生了影响。演说和哲学需要从经典的希腊典范中寻求指导。在萨卢斯特的作品中，人们孜孜不倦地寻找这些典范的痕迹。[20] 很显然，萨卢斯特读过柏拉图的《书简七》，他在第一部作品的绪言中把这封书简改编成了自己的辩解书。[21] 除此之外，也许除了《美涅克塞努篇》(*Menexenus*)，柏拉图在萨卢斯特的作品中并没有留下十分明显的痕迹。萨卢斯特在某些方面受惠于色诺芬，后者在当时深受罗马人的喜爱。[22] 此外还有伊索克拉底；不过，在演说家中，德摩斯梯尼（Demosthenes）对萨卢斯特的影响是最明显的。[23]

伊索克拉底学园培养了演说家，同时也造就了历史撰述家。对萨卢斯特来说，埃福罗斯（Ephorus）不可能有太

---

[20] 特别参见 K. Latte, *Neue Wege zur Antike* II. 4 (1935), 42 ff.; P. Perrochat, *Les modèles grecs de Salluste* (1949); W. Avenarius, *Symb.Osl.* XXXIII (1957), 48 ff.。一份实用方便的总结性编目，K. Büchner, *Sallust* (1960), 431。尽管萨卢斯特声称"读过很多"(multa legenti, *Bellum Catilinae* 53.2)，但所读的范围是有限的，这让人联想到后来反复重读的教学文本（W. Avenarius, o.c. 86）。

[21]《喀提林内争》(3.3) 明显借鉴了柏拉图的《书简七》(Plato, *Epp.* VII, 324b)，而《朱古达战争》(3) 则借鉴了《书简七》(331c–d)。关于受《书简七》影响的其他段落，参见 P. Perrochat, o.c. 49 ff.。

[22] K. Münscher, *Philologus*, Supp. XIII (1920), 70 ff. 按照西塞罗的说法，斯考鲁斯的回忆录要比《居鲁士的教育》(*Cyropedia*) 更有教益 (Cicero, *Brutus* 112)。

[23] P. Perrochat, o.c. 73 ff.; W. Avenarius 78. 有学者注意到，萨卢斯特在《历史》中创作的那篇雷比达的演说 (*Historiae* I. 55. 21–24) 受到了《奥伦西亚》(*Olynthiacs* II. 17–20) 的影响 (D. Guilbert, *Les ét.class.* XXV [1957], 296)。

多的用处。[24]他对尖酸刻薄、咄咄逼人的泰奥彭普斯可能会有兴趣，但并没有迹象可以表明这一点。[25]至于亚历山大时代之后的那些追求戏剧性和修辞性的历史撰述家是否对萨卢斯特有所影响，这是一个问题。萨卢斯特并没有直接借鉴或模仿那个时代的历史撰作——不仅如此，他还刻意表明了他对那个时代的许多撰史特征的反感。[26]然而，也不能认为萨卢斯特完全避开了那些撰述家给拉丁语散文造成的普遍影响。最后，萨卢斯特几乎不可能忽视晚近的波西多尼乌斯的作品。至于他在多大程度上受到后者的影响，那是另一回事（也许并没有受到太大的影响）。[27]

---

[24] 有学者建议在萨卢斯特创作的恺撒演说和加图演说中找到一些埃福罗斯的痕迹（W. Theiler, *Navicula Chiloniensis* [1956], 144 ff.）。也有学者反对这个提议，参见 A. La Penna, o.c. 98；K. Büchner, *Sallust* (1960), 406 f.。
[25] A. La Penna, o.c. 105. 关于《喀提林内争》(14.4)的由来，参见 K. Büchner, o.c. 329。据狄奥尼修斯的说法，泰奥彭普斯有一种才能，他可以看穿虚伪德行和被掩饰起来的恶行所隐含的秘密（Dionysius, *Ad Pompeium* 6），因而泰奥彭普斯应该会引起萨卢斯特这位意图反叛的撰述家的注意。
[26] 参见本书 p.51。
[27] 过分强调波西多尼乌斯是一直以来的做法。他的影响力在三个地方的叙述中可以发现，或者说可以假定受到了他的影响——绪言、对朱古达战争的叙述，以及关于迦太基陷落之后，罗马随之出现道德堕落和政治衰退的观念中。关于最后一处，参见本章下文 p.249。波西多尼乌斯在这个时候本身已经走向了堕落。由于他为贵族派的事业辩护，因而萨卢斯特想必一定会和他意见分歧（参见 K. Büchner, o.c. 348），但几乎不会有积极的价值出现。

也不能肯定萨卢斯特是否受过波利比乌斯的影响。如果萨卢斯特学习过他的著作，那他没有在任何叙述中显露出任何关于"混合政体"观念的痕迹就显得很奇怪了。

萨卢斯特作为罗马人和元老的个人经历，要比他的早年教育或他读过的任何撰述家都更有影响力。只有一个是例外——修昔底德。

这位雅典的历史撰述家，通过有关讲演术的论辩，以一种吊诡的方式，突然之间声名鹊起。[28] 推崇修昔底德还出于其他的理由。对萨卢斯特来说，修昔底德是一个新的发现，这个发现与他志趣相投，令人兴奋。萨卢斯特对这样的发现做出了回应。称赞萨卢斯特可以和修昔底德相提并论并不需要很高的洞察力。这种赞誉在昆体良做出评判之前很快就出现了。[29] 不过，这些罗马人的看法有失偏颇。萨卢斯特与修昔底德之间明显可以类比的地方在于写作的风格；然而事实上，没有任何的罗马评论家试图从一个历史学的视角，对萨卢斯特做出恰当的评价。

因此，萨卢斯特在写作风格上可以和修昔底德相提并论。[30] 但是，即便是这样的比较也可能受到挑战。至于其他方面，两位历史撰述家之间乍看起来并不存在相似之处。[31]

---

[28] 参见本书 p. 52。
[29] Velleius II. 36. 2: "aemulumque Thucydidis Sallustium."（萨卢斯特可以和修昔底德相匹敌。）昆体良说，"我应该毫不犹豫地将萨卢斯特和修昔底德置于同等地位"（nec opponere Thucydidi Sallustium verear, X. 1. 101）。
[30] 参见本书 p. 260。
[31] 反对他们之间具有相似性（遑论志趣相投）的观点，参见 C. Wachsmuth, *Einleitung in das Studium der alten Geschichte* (1895), 662; E. Howald, *Vom Geist antiker Geschichtsschreibung* (1944), 160; V. Paladini, *Sallustio* (1948), 62 ff.; E. Paratore, *Ann. della Scuola Normale Superiore di Pisa* XIX (1950), 158 f.; *Tacito* (1951), 26 f.。

与修昔底德经过长年孜孜不倦的调查和沉思而精心撰写的那部关于一场长期战争的编年史著作相比，萨卢斯特的两部专题史书看起来就像是一种不成熟的、做作的学究气作品。的确，萨卢斯特还写了一部长篇的历史叙述作品。但是，从一些残篇、演说和一些无法证实的内容片段来看，很难说萨卢斯特可以和修昔底德等量齐观。

不过，在某些方面，人们可以说萨卢斯特和修昔底德具有可比性。两位撰述家对于人性的看法是一致的，关于历史应该如何撰写的问题，两人也有一致的理解：主题集中、有选择性，以及避免微不足道的细枝末节。[32]他们撰史的主题都是政治，其中带有某种戏剧性的呈现和心理层面的分析。修昔底德对科西拉（Corcyra）内乱的分析展现了这次内乱对行为表现和语言表达的影响，这是他创作的一篇杰作。萨卢斯特对这一章节的叙述非常着迷，他有十多处的叙述都受到了这篇文字的影响。[33]

修昔底德摒除了超自然事物，萨卢斯特也将超越人类理性或激情的作用因素排除在视野之外，只留下了机运。机运是"命运"（fortuna）。仅仅出现一次的"神谕"（fatum）并不是机运，前者涉及关系到三位科勒内利乌斯命运的锡

---

[32] E. Norden, *Die antike Kunstprosa* I (1898), 201; K. Bauhofer, *Die Komposition der Historien Sallusts* (Diss. München, 1935), 137 ff.; H. Patzer, *Neue Jahrbücher* N. F. IV (1941), 124 ff.; P. Perrochat, o.c. 3 ff.

[33] 关于修昔底德（III. 82）在萨卢斯特作品中的痕迹，参见 P. Perrochat, o.c. 17 f.; W. Avenarius, o.c. 51; K. Büchner, o.c. 432（列了十四处）。

比林(Sibylline)神谕,愚蠢的林图卢斯·苏拉正是受到了该神谕的鼓舞。[34] 命运主宰着一切,她按照自己的"意愿"(lubido)让一件事变得声名远扬或湮没无闻。这是萨卢斯特对于历史的不公正所做的评论。[35] 恺撒在演说中也适当地提到,"命运的反复无常支配着各个民族"(fortuna, quoius lubido gentibus moderatur)。[36] 萨卢斯特的主张和恺撒的看法颇为一致。

承认"命运"的作用不等于否认勇气和智慧。恺撒和萨卢斯特都是对的。正如老菲利普斯在一次行动呼吁中所宣称的那样,"幸运会伴随着更好的事业"(fortuna meliores sequitur)。[37] 其他年代的人也都明白这样的自信。[38]

菲利普斯无意间流露出对神谕的不屑。[39] 斯多亚学派承认预言和预兆。国家宗教和公众的轻信也由此得到了加强。有头脑的人会提出他们的质疑。即使是斯多亚学派鼓吹的"神意"也应该被视为一种迷信,一种老婆子口中的

---

[34] *Bellum Catilinae* 47.2.
[35] ib. 8.1: "sed profecto fortuna in omni re dominatur; ea res cunctas exlubidine magis quam ex vero celebrat obscuratque."(但命运无疑是一切的主宰;她是根据自己的意愿而不是事实让事情变得闻名于世或鲜为人知。)
[36] ib. 51.25. 参见苏拉对博库斯说的话(*Bellum Jugurthinum* 102.9)。
[37] *Historiae* I.77.21.
[38] 很容易联系到马基雅维利。
[39] *Historiae* I.77.3: "verbis et vatum carminibus."(仅仅是预言家的预言。)这些人可能会在第二年被提及,因为执政官斯克里伯尼乌斯·库里奥由于最初的锡比林神谕而被派到了厄里特赖(Erythrae, Lactantius, *Institutiones Divinae* I.6.14)。

故事。[40]

在一次面向人民的演讲中,西塞罗对自己任职执政官期间和两年之前显现出来的征兆进行了大肆的渲染。他还煞有介事地声称,正是永生的诸神按照天意指引他发现了阴谋。[41]当他在元老院发言的时候,他又对这种外来的援助避而不谈。

萨卢斯特有一句简短突兀而又颇具指导意义的评论:一听到伊特鲁里亚叛乱的消息,"征兆和异象"(portenta atque prodigia)的传闻就如往常一样出现。[42]萨卢斯特没有提供详细的说明。不过,他进一步补充论述了罗马在战争威胁下的舆论状况,他还注意到妇女们在焦虑之中的情绪表现——她们一度忘掉了傲慢和挑剔。[43]

萨卢斯特对"神意"(numen)避而不谈。对于"敬神"(religio)这个词,他也没有特别的兴趣——他只会用这个词

---

[40] Cicero, *De Divinatione* II. 19: "anile sane et plenum superstitionis fati nomen ipsum. Sed tamen apud Stoicos de isto fato multa dicuntur."(为什么?"命运"本身是一个充满迷信色彩的词,是老婆子轻信的东西。然而,关于你所说的这种命运,斯多亚学派却有很多的见解。)此话为西塞罗本人所说。

[41] Cicero, *In Catilinam* III. 18 ff., 参见 22: "dis ego immortalibus ducibus hanc mentem voluntatemque suscepi atque ad haec tanta indicia perveni."(我的目标和决心获得了不朽诸神的指引,我也由此得到了至关重要的证据。)关于西塞罗的宗教主张,参见拉铁的冷静评价,K. Latte, *Römische Religionsgeschichte* (1960), 285 f.。

[42] *Bellum Catilinae* 30. 2. 后来的史家并没有忽略这些传闻,参见 Obsequens 61(出自 Livy)。

[43] ib. 31. 3: "superbia atque deliciis omissis."(抛开傲慢和放纵。)

来描述某种宗教崇拜或一种迷信。[44]罗马的先辈被他认定为"最敬神的人"(religiosissimi mortales);"蔑视诸神"(deos neglegere)也被他理所当然地列为堕落的症候。[45]这并没有暗示任何个人的信仰。他说马略"信靠诸神"(credo, dis fretus)也没有任何耐人寻味的意涵。[46]马略同样是粗鄙迷信的受骗者。此外,萨卢斯特的作品中还包含了祈求上天的日常用语,这些用语往往也会出现在一些演讲中,这不足为奇。加图承认不朽的诸神曾把罗马从过去的岌岌可危之中拯救出来。但加图还是会宣称,祈祷在危急状况下毫无用处。有用的只有忠告、决断和行动。[47]

然而,无信仰和实证倾向并没有让萨卢斯特接近修昔底德。他缺乏冷静、细致而严谨的评议。对修昔底德来说,只要人性始终不变,科西拉的现象就有可能发生:萨卢斯

---

[44] *Bellum Jugurthinum* 75. 9; *Historiae* III. 50.

[45] *Bellum Catilinae* 12. 3; 10. 4.

[46] *Bellum Jugurthinum* 90. 1,参见乌提卡预言者(*haruspex*)的"信靠诸神"(fretus dis)的劝告(63. 1)。

[47] *Bellum Catilinae* 52. 29:"non votis neque suppliciis muliebribus auxilia deorum parantur: vigilando agundo bene consulundo prospera omnia cedunt. ubi socordiae te atque ignaviae tradideris, nequiquam deos inplores; irati infestique sunt."(立誓或女人般的哀求是无法获得诸神帮助的,获得诸神的帮助需要依靠警觉、有力的行动和理智的忠告。如果屈从于懒散和懦弱,那祈求诸神也是徒劳无益的,诸神对这样的表现感到愤慨和反感。)李锡尼乌斯·马彻尔在他的演说中同样简短地谈到了期待从诸神那里获得帮助的虚夸之举(*Historiae* III. 48. 15)。加图本人在说"benignitas deorum"(诸神的仁慈,Cicero, *Ad familiares* XV. 5. 2)时,这个措辞仅仅是一种习惯性的用语。

特在评议罗马最早的纷争时，提到了"人性的缺陷"（vitium humani ingenii）。[48] 他思路清晰，但见识有限，与其说具有怀疑的态度，倒不如说是一种否定性的见解。[49] 他由着自己的性子意气用事，或许这是在政治演说训练中形成的习惯，比如夸大其词，以及罗马人对闪烁其词、避重就轻的反感，同样让他无法保持清醒的头脑。他也无法脱离自身的经历，从而表现出平静的客观性。修昔底德不置可否地陈述了自己被流放的事实；并以完全无我的方式评价了自己工作的价值。萨卢斯特却呈现出一篇同时做出反击的自我申辩书。

作为一名罗马的历史撰述家，萨卢斯特有着各种各样的缺陷。他对旧时的共和国知之甚少，研究详察也不会对他有所帮助。在第一部专题史书中，他盲从于典型的理想化描述——自由与纪律压倒一切，勇气和正义一直延续到迦太基的覆灭。自此以后，一切都出了问题，"后来的发展趋势变得残酷起来，把一切都搞得乱七八糟"（saevire fortuna ac miscere omnia coepit）。[50] 承平年代中产生了对财富和权力的贪恋。《朱古达战争》那段中间部分的插叙也做了类似的描

---

[48] *Historiae* I. 7. 关于比较修昔底德及其笔下的科西拉与萨卢斯特在其改编撰述中的表现，参见 K. Büchner, o.c. 332 ff.。
[49] 修昔底德对早期希腊的阐释极富见识和领悟力，而萨卢斯特的论述则基于一种通常所见的历史观；而且萨卢斯特看起来至少在第一部专题著作中就几乎没有意识到确立事实的困难程度。
[50] *Bellum Catilinae* 10. 1.

述。[51]不过，从《历史》的绪言中可以看出，萨卢斯特的见识有所提高。他认识到，对自由的热爱和对权力的贪恋都源于同一种人性。[52]他还记述了罗马早期的纷争。在这个问题上，他特别强调国内和平的一个因素是对外敌的恐惧，尤其明显并具有决定性的是"对迦太基的恐惧"（metus Punicus）。[53]

世风日下和人心不古是显而易见的事实。有人认为，这种败坏的发端甚至早于公元前146年。他们要么归咎于汉尼拔战争之后的征战运动带来的大量财富，要么指出和平与繁荣的负面影响已经变得显而易见。[54]萨卢斯特选择了迦太基的覆灭。[55]他为何会产生这样的想法？这种想法很容易让人想起那位无法绕开的波西多尼乌斯，并且很容易引起人们的怀疑。[56]这种颇具诱惑力的解释应该很早之前就已

[51] *Bellum Jugurthinum* 41. 1 ff.
[52] *Historiae* I. 7："nobis primae dissensiones vitio humani ingenii evenere quod inquires atque indomitum inter certamina libertatis aut gloriae aut domminationis agit."（我们当中最初出现的冲突是由某种人性的缺陷所造成的，这种缺陷总是与追逐自由、荣誉和权力的斗争有着无休无止、漫无限制的联系。）
[53] *Historiae* I. 11; I. 12.
[54] 有人想到了曼利乌斯·弗勒索（Manlius Vulso）的军队在公元前187年从亚细亚返回的事例（Livy XXXIX. 6. 7）。出任过执政官的编年史作家皮索则选择公元前154年（Pliny, *Naturalis Historia* XVII. 244）。
[55] 关于萨卢斯特抛开传统看法的有意选择，参见 D. C. Earl, o.c. 42 ff.。
[56] 这是克林纳的论题，F. Klingner, *Hermes* LXIII（1928），165 ff.。对这种论点的反驳，参见 M. Gelzer, *Philologus* LXXXVI（1931），271 ff. = *Vom römischen Staat* I（1943），78 ff.；W. Steidle, *Historia*, Einzelschriften 3（1958），16 f.。

经非常普遍。波西多尼乌斯可能有所暗示,罗马执政官鲁提利乌斯·鲁夫斯的回忆录当中也可能阐述过这样的观点。事实上,这种观点源于一种历史情境,而不是出自理论上的推定。西庇阿·纳西卡(Scipio Nasica)在与加图的著名争论中提出,应该为了罗马的利益而允许迦太基的存在。[57]

指定一种历史上的单一的原因或转折点几乎不可能不会遇到麻烦——也不可能不会招致非议。萨卢斯特因引入道德标准而受到普遍的指责。[58]这些指责并非总是公正无偏,因为萨卢斯特不得不与粗陋的范畴类别和难以看出细微差别的词汇做斗争。不过,在这种情况下,萨卢斯特将自己的着眼点集中于政治的稳定(concordia),而且罗马在第二次和第三次迦太基战争之间没有出现内部的纷争也影响了他的判断。他因此而强调了"对迦太基的恐惧",以及对这种恐惧的消除。[59]或许还可以发现其他理由,比如西班牙战争,因为这场战争造成了权贵内部的冲突,也导致了环境的恶化和意见的分歧。

恶化还表现在另一个方面,即罗马政府的涉外政策和

---

[57] Diodorus XXXIV. 43, etc. 不过,盖策尔(Matthias Gelzer)的观点可能过分强调了纳西卡,参见 W. Hoffmann, *Historia* IX(1960), 309 ff.。

[58] 关于罗马传统,萨卢斯特事实上采纳了那种具有欺骗性但又被普遍接受的理想化描述;关于这一点,参见 R. M. Henry, *Proc.Class.Ass.* XXXIV(1937), 7 f.; F. Hampl, *Hist. Zeitschrift* CLXXXIV(1957), 249 ff.; CLXXXVIII(1959), 497 ff.。

[59] D. C. Earl, o.c. 47. 人们也因此而认为,萨卢斯特并不是一位具有派系倾向的撰述家,他只是一种模式化观念的受骗者。

行省政策。据说,罗马人民长期以来只是为了公道而发动战争,其目的在于自卫或保护受庇护者和盟邦。罗马由此扩展成为帝国,但它只被认为是一种托管治理,"[罗马是]世界的保护者"。如果事实与此不再相符,那也是苏拉的错。[60]这就是西塞罗的解释,萨卢斯特无疑乐意接受这样的说法。只不过在萨卢斯特看来,风气的恶化出现在更早之前。[61]

元老院左右着外交方面的事务,权贵们则打算牢牢地把控统帅权、恩惠地位和各种利益。掌权集团的敌对者又试图打破这种垄断。"平民派"指控他们的腐败、压榨和无能,控诉他们要么在战争中处置失当,要么就在议和中辱没罗马人民的尊荣。萨卢斯特借罗马保民官之口提出了自己的观点。他还利用了别的代言人。他笔下的加图抨击统治阶层未能维护先祖时代的"统治正义"(iustum imperium)。[62]

此外还有别的问题。遭到指控的不仅仅是一个阶层,帝国主义共和国的战争和征服也遭到了控诉。米特里达梯断定的原因是——"对权力与财富的强烈渴望"(cupido profunda imperi et divitiarum)。罗马人是世界性的强盗,是"诸民族的抢劫者"(latrones gentium)。他们不知道任何节制和顾惮,他们"通过肆意妄为、阴谋诡计和接连不断地挑起战火"(audendo et fallendo et bella ex bellis serendo)而获得了

---

[60] Cicero, *De officiis* II. 27.
[61] *Bellum Catilinae* 10. 6.
[62] ib. 52. 21.

统治权。[63]另外还可以认为，加比尼乌斯在其演说中虽然呼吁罗马对其臣属民和同盟者负责，但他同时也会通过影射卢库路斯和贵族派一些其他将领的行径而不由得为因野心和贪婪发动的战争感到汗颜无地。[64]

对外统治和对内自由可以说是罗马人民的幸福所在。对帝国的占有导致了罗马的内乱或专制，这是命运的另一面。马库斯·布鲁图斯这种深识远虑之人公开承认了这种困境。布鲁图斯认为，放弃帝国总比屈服于君主制要好得多。[65]

帝国将权贵们最糟糕的一面展露无遗。萨卢斯特对权贵的敌对态度毫不留情。他的论述正如已经表明的那样，受累于有缺陷的程式化术语；明显的偏见到处可见。他没有考虑到政府面临的困境，比如涉及朱古达的情况；[66]他低估了贵族传统的影响力，也低估了个人的毅力和正直；他还对一个重要的事实视若无睹，即腐败也可能是保障政治自由的方式。

公平需要重估。这并非易事。命运和"胜利的事业"（victrix causa）横亘其间。事实表明，权贵无法维持他们的

---

[63] *Historiae* IV. 69. 5；22；20. 比较朱古达对博库斯的评论，*Bellum Jugurthinum* 81. 1："Romanos iniustos, profunda avaritia, communis omnium hostis esse"（罗马人既不公正，又贪得无厌，他们是全人类的敌人），等等。关于米特里达梯书信中的萨卢斯特的信息来源，参见 H. Fuchs, *Der geistige Widerstand gegen Rom in der antiken Welt*（1938），16 ff.。

[64] 参见本书 p. 197。

[65] 引自 Quintilian IX. 3. 95："praestat enim nemini imperare quam alicui servire"（不去统治任何人总要好过成为某个人的奴隶）。

[66] 参见本书 p. 194。

优势地位——因此，从表面上看，他们事实上不如他们的先祖；为了清除那位高卢的资深执政官，贵族派还与马格努斯通力协作，对于最终造成的灾难，他们要背负沉重的罪责。

这就是他们的政治罪行。个人原因和社会原因进一步激化了萨卢斯特对整个权贵阶层的敌意。权贵们的行为举止傲慢轻狂，令人忍无可忍。西塞罗就是见证人。梅特路斯·凯勒尔就其家族的"尊荣"给他上了不堪入耳的一课。[67] 在与阿庇乌斯·克劳狄乌斯·普尔喀打交道时，西塞罗和其他人一样，经常有争执和不愉快的经历。克劳狄乌斯家族因天生傲慢而人所共知。西塞罗还受此触动，生造了"Appietas"（快乐）一词。[68]

这位新人无论多么出类拔萃都被权贵视如敝屣。在他们看来，如果这个新人获得执政官职位，这个职位就遭到了玷污。这是萨卢斯特对西塞罗候选人资格的评价。但是，他也不无讽刺地补充道，处在危险之中的权贵们不得不收敛他们的嫉妒和傲慢。[69]

荒唐至极的傲慢之外是权贵们不尽的荣华富贵和穷奢极侈。贵族派的巨子贵胄聚敛了大量的财富。萨卢斯特中止一段插叙，让人们想起权贵们修建得像大城市一般的宅

---

[67] Cicero, *Ad familiares* V. 1. 1.
[68] ib. III. 7. 5. 关于"傲慢"（superbia）及其最初与克劳狄乌斯家族的联系，参见 H. Haffter, *Stud.it.fil.class*. XXVII–XXVIII（1950），135 ff.。
[69] *Bellum Catilinae* 23. 6："sed ubi periculum advenit, invidia atque superbia post fuere."（但当危险来临时，傲慢的虚荣心便被弃置一旁。）

邸。[70]他接下来还现身说法，提到了一些如果不是亲眼所见便难以置信的事情——把山夷为平地，在海上营造兴建。[71]萨卢斯特看到过卢库路斯建在那不勒斯湾的豪华府邸。[72]他还在政治活动中近距离地接触过这些权贵。

在阿庇乌斯·普尔喀和多米提乌斯·埃努巴布斯持有法西斯的公元前54年，有四位候选人激烈竞选执政官的职位，他们为此大肆行贿，多方钻营，玩弄了各种诡计。[73]或许大快人心的是，这些人都因不法勾当受到了审判，最初的两位候选人在公元前52年遭到了判罚。[74]对埃米利乌斯·斯考鲁斯来说，对他父亲的怀念，或他父亲担任市政官期间的卓越表现，都于事无补。斯考鲁斯从文献记录中消失了。盖尤斯·梅米乌斯去了雅典，人们发现他拆掉那里的伊壁鸠鲁故居，建造了一座适合自己居住的宅子。[75]多米提乌斯·卡尔维努斯和梅萨拉·鲁夫斯虽然最终在公元前53年夏天当选为执政官，但两年之后，这两个人也都遭到了

---

[70] ib. 12. 3.

[71] ib. 13. 1: "nam quid ea memorem quae nisi iis qui videre nemini credibilia sunt, a privatis compluribus subversos montis maria constrata esse."（我为什么要说那些除非亲眼所见否则便不会相信的事情呢？比如许多人把山夷为平地，在海上兴建营造。）参见喀提林的言论（20.11）。

[72] 这明显指的是这个地方，参见 Varro, *Res Rusticae* III. 17. 9; Velleius II. 33. 4. 更多的细节，参见 M. Gelzer in *Real-Encyclopädie der classischen Altertumswissenschaft* XIII, 411。

[73] 参见本书 p.29。

[74] Appian, *BC* II. 24. 91 ff.

[75] Cicero, *Ad familiares* XIII. 1. 2 ff.

起诉。[76]

多米提乌斯·埃努巴布斯和阿庇乌斯·普尔喀在这种纷争中乐享其成,渔翁得利,这两个家伙令人深恶痛绝,他们在最后时刻投身成为寡头政治的拥护者,并进一步导致了灾难的到来,埃努巴布斯呆头呆脑、冥顽不灵,阿庇乌斯这个人却是老奸巨猾、诡计多端。阿庇乌斯熟知祭礼仪式,同时也善于装腔作势。他还沉迷于巫术。[77] 将萨卢斯特从元老院除名的监察官恰恰也是这位阿庇乌斯。

萨卢斯特有理由认识和评判埃米利乌斯·雷比达兄弟(公元前50年的执政官和他的弟弟),以及其他古老家族的成员。在罗马历史上,西庇阿和梅特路斯这样的名字是某些时代的缩影。萨卢斯特担任保民官期间的执政官是家世血统无可匹敌的梅特路斯·西庇阿,但这样的家世一样枉然,这个人骄奢淫逸、德行败坏——对于先祖的掌故事迹,他也一无所知。[78] 傲慢、仇怨和腐败似乎就是关于名门权贵的全部看法,但在恺撒和三头统治之下,权贵们又多了一副奴颜媚骨相——要恢复一个古老家族的"尊荣",不可能有什么太过卑劣的权宜之计。[79]

萨卢斯特的看法当中并非没有自我申辩的理由。有才能的人无论在哪个时代都必须与门第出身和特权相竞争。这种竞争常常因恐惧、利益或敬重而遭到压制或掩盖。萨卢斯

---

[76] 参见本书 p. 217。
[77] Cicero, *De Divinatione* I. 132; Cicero, *Tusculanae Disputationes* I. 37.
[78] Cicero,*Ad Atticum* VI. 1. 17. 关于他的先祖,Cicero,*Brutus* 212 f.。
[79] 参见本书 p. 217。

特将此公之于众。那个时候的其他新人并非雷厉风行、无所畏忌。西塞罗虽然赞扬新人的"正直"(innocentia)和"勤勉"(industria)——尤其在他担任执政官以前的一段时间里,但是之后,他还是淡化了这种论调,并且竭力避免对等级地位和家世门第进行公开全面的抨击。然而,萨卢斯特秉承了旧贵族的"道德"(virtus)理想,并从个人成就的角度,重新做出了不利于权贵的表述。[80]

在编撰一篇保民官的长篇演说时,萨卢斯特对权贵的主导地位充满了敌意,同时也饶有兴致地进行了抨击,但对于人民的拥护者,他同样没有在自己的思考中表现出全心全意的热情。《朱古达战争》中的各种评论都很有说明性;[81]而且在之前的那部专题作品中描述公元前70年之后的局势时,他也没有偏袒任何一方——元老院或人民都只是貌似有理的托词,是"哗众取宠的口号"(honesta nomina)。[82]同样,在《历史》的绪言中,他更加直言不讳地将他的谴责延伸回溯到第三次布匿战争所造成的后果:又以"高尚名义"(honestum nomen)掩盖个人的权力斗争。[83]

---

[80] D. C. Earl, o.c. 30 ff.; 39. 正如这位学者所表明的(119 f.),萨卢斯特可能在加图那里发现了这种想法。

[81] *Bellum Jugurthinum* 40. 3; 5; 73. 5.

[82] *Bellum Catilinae* 38. 3.

[83] *Historiae* I. 12: "dum pauci potentes, quorum iin gratiam plerique concesserant, sub honesto partum aut plebis nomine dominationes adfectabant."(少数有权有势的人已经让大部分人屈从于他们的支配,他们渴望专制权力,但同时又标榜着以元老院或民众的高尚名义行事。)

因此，萨卢斯特并没有对"平民派"抱有幻想。他就像他那个阶层的其他人一样，害怕平民、穷人和退伍老兵。苏拉或三头都造成了同样的结果：意大利的上层人士成为劫掠和杀戮的受害者。恺撒避免了公敌宣告运动，而且也能够为他的老兵提供土地而无须剥夺别人的财产。恺撒尽其最大努力减少了公民之间最严重的冲突。他声明了宽厚仁慈，并结束了党派斗争。萨卢斯特对残暴的行径深恶痛绝，他还用严肃郑重的措辞提出告诫，正是党派情绪使伟大的国家陷入了毁灭。[84]

萨卢斯特纵然对恺撒有些失望，这位独裁者也会在三头统治之下的事后回想中得到美化。那么，萨卢斯特对待恺撒的态度如何呢？对于罗马共和国的核心问题，他又有着怎样的看法？稳定与和谐是萨卢斯特的理想（也是绝大多数人的理想）。但是，和谐稳定不可能没有权力集中，也不可能没有一个拥有至高权位的人。这是一个两难的问题。[85] 萨卢斯特在他的著作中并没有正视和回答这个问题。书中似乎仅仅出现了否定性的看法。这位历史撰述家不是任何党派或政策的拥护者。除了表明自己的厌恶，他回避任何标签和界定。

萨卢斯特担任元老的经历使他对人情习性，对各种表

---

[84] *Bellum Jugurthinum* 42. 4："quae res plerumque magnas civitatis pessum dedit"（正是这种情绪通常使国家陷入了毁灭），等等。

[85] A. La Penna, *Stud. it. fil. class*. XXXI (1959), 53 ff.

现形式的虚情假义和欺世盗名的天分有一种敏锐而冷峻的洞察力；在高度精致而文雅的社会生活中，他还形成了创作言辞犀利而又耐人寻味的隽语警句来讽刺有权有势之人或自命不凡者的习惯。他并不是通常所认为的那种纯属虚张声势的人——萨卢斯特准确地揭露了马略并不讨人喜欢的方面。高贵的行业被他扯裂戳破，宽慰人心的陈词滥调也被他完全推翻。他始终清楚言辞与事实之间的明显差异，并特别喜欢那些用来揭穿演讲者本人的演说。[86]

对修昔底德的学习引发或加深了萨卢斯特对语言表现力的关注。加图的演说阐述了一门让人紧张不安的新兴科学的核心事实。他反对"温和与仁慈"（mansuetudo et misericordia）这样的措辞，因为在他看来，语词的真正含义已经被歪曲。赠送别人的财产现在被称为慷慨大方，肆无忌惮地为非作歹成了充满男子气概的勇猛果敢。[87]保民官李锡尼乌斯·马彻尔抱有同样的担忧。他劝说自己的听众不要改变"事物的名称"（nomina rerum），不要把事实上的奴役状态说成是安宁平定。[88]

---

[86] 参见本书 p.198。

[87] *Bellum Catilinae* 52.11 f.，参见 p.117。

[88] *Historiae* III. 48. 13: "neu nomina rerum ad ignaviam mutantes otium pro servitio appelletis."（不要为了自己的懦弱而改变事物的名称，不要用"安宁"一词来取代"奴役"。）参见 Tacitus, *Histories* I. 37. 4: "falsis nominibus"（不当的命名）; IV. 17. 2: "miseram servitutem falso pacem vocarent"（他们错误地把他们悲惨的被奴役处境说成是安定）; 73. 3: "libertas et speciose nomina"（自由和表面上好听的名词）。

各种措辞和用语都在党派解释中获得了不同的语义色彩。之所以认为是"好的"(boni),那是因为他们支持现有的秩序;[89]"友谊"(amicitia)可以有另外一种说法,"帮派"(factio)。[90]遗憾的是,萨卢斯特并没有提出进一步的例证加以说明。他可能宣称"potentia"(权势)是与"auctoritas"(权威)同义的贬义词。[91]"dignitas"(妄自尊大)和"superbia"(傲慢)也可以根据人物和境遇的不同互换使用。[92]

萨卢斯特对语词带有的政治内涵、政治色彩和政治气息非常敏感,他的用词是有选择性和倾向性的。[93]作为统治集团的敌人,他有意回避了"贵族派"(optimates)这个说法,"平民派"(populares)这个词同样没有(在政治意义上)获得他的认可。[94]他拒绝给任何个人赋予令人钦佩的"权威"(auctoritas)品质。[95]恺撒竭力宣扬的"尊荣"

---

[89] ib. I. 12: "uti quisque locupletissimus et iniuria validior, quia praesentia defendebat, pro bono ducebatur."(每个因不公正而拥有巨大财富和优势地位的人都被认为是"好的",因为他支持现状。)

[90] *Bellum Jugurthinum* 31. 15: "sed haec inter bonos amicitia, inter malos factio est."(这些共同的情感在善良的人士当中构成了友谊,在邪恶的人当中则构成帮派。)

[91] 参见 *Tacitus*(1958),413。

[92] 很显然,对待恺撒的敌人无疑就是如此。关于语词的互换,参见 Cicero, *Pro Marcello* 31: "quae enim pertinacia quibusdam, eadem aliis constantia videri potest"(因为一些人眼里的固执可能在另一些人看来是意志力)。

[93] 在这个问题上,萨卢斯特有一个无须学习的门徒,参见 *Tacitus*(1958),412 ff.;754 ff.。

[94] 参见本书 p.18。

[95] "auctoritas"这个词可以暗指"具有强烈派别情绪的显贵"(homines nobiles factiosi)群体(*Bellum Jugurthinum* 28. 4)。

（dignitas）被他拒绝接受（这个词的另一种用法颇具指导性）；"仁慈"（clementia）这个极易受到抨击的词语也被摈除在重要争论和相关语境之外。[96]"幸运"（Felix）是可以接受的，但"好运"（felicitas）不可以。另外，萨卢斯特并不轻易使用"恭敬"（pius）和"忠诚"（pietas）两个词，[97]在那个时候，这两个词几乎已经完全蜕变成了贬义词。庞培派的忠实党徒在西班牙学着梅特路斯家族的样子，将"忠诚"高举为他们的口号；在公元前41年的动荡期间，执政官卢奇乌斯·安东尼为了表示他对兄长的耿耿忠心，公然将"忠诚"（pietas）作为自己的诨名；庞培那位小儿子采用了"马格努斯·庞培·庇乌斯"（Magnus Pompeius Pius）这样的名号；"忠诚"则成为恺撒继承人的托词，他要借此武装起来，为他被谋杀的养父报仇。[98]

萨卢斯特在一种清晰可辨的历史编纂学传统中有着清楚的位置，他联系着修昔底德和塔西佗。[99]他属于追根究底的反叛性撰述家的行列，他们一心专注于权力与人世间的机运流转，在幻灭中寻找自己的欢愉。

在萨卢斯特的作品中，严肃冷峻而又咄咄逼人的笔调

---

[96] 参见本书 p.119。
[97] 一例"pius"，两例"pietas"。
[98] 参见 *The Roman Revolution*（1938），157。
[99] E. Norden, o.c. 201："他与修昔底德和塔西佗构成了三代严肃史家（$\sigma\varepsilon\mu\nu oi$）。"拉宾纳发展了这个论题，他发现"悲观史学的大趋势"被遗憾地忽视了（A. La Penna, *Stud.it.fil.class.* XXXI［1959］, 154; *Maia*［1959］, 114）。

既是由主题所决定,也是由作者的个人经历所决定。一位历史撰述家曾坦言,如果一个人在书写令人崇敬的古老过去时,他的想法呈现出了某种古风气息,那么在撰写晚近或当代的事迹时,他的想法就可能传递出更为深沉的色调。[100]

在风格和情感上,萨卢斯特作品中的主导性要素是批驳和憎恶。他最厌恶的也许是某种政治上的巧言善辩,特别是最新表现形式的花言巧语。西塞罗为支持共和国的事业,与恺撒的继承人结成暧昧的联盟,共同反击恺撒的党徒,他在这最后一次灾难性的努力中损害和败坏了高尚理想和平民情感的吸引力。除此之外,西塞罗还声称,"整个意大利全都一致"(consensus Italiae)支持他。事实却是另一回事——胁迫性的法令和一致的反转。

萨卢斯特完全没有提及"consensus"一词。这个词可能看起来无关痛痒。但萨卢斯特的厌恶远远超出了明显和政治有关的范畴。"庄重"(gravitas)和"坚贞"(constantia)应该看起来是无可非议的罗马美德,西塞罗却毫无原则地滥施于人。萨卢斯特那里并没有举出"庄重"的事例。"坚贞"的事例只有一个——用来描述加图,"诚实正直"(integritas)也是这个人的专属品性。[101]对于修辞性的、毫无意义的形容词,萨卢斯特同样避而不用。在西塞罗那里,任何人都可

---

[100] Livy XLIII. 13. 2: "mihi vetustas res scribenti nescio quo pacto antiquus fit animus."(在我撰写旧时代的事情时,不仅仅是我的想法会以某种方式变得老派。)

[101] *Bellum Catilinae* 54. 2 f.

以由于某种品质而变得卓尔不群。埃米利乌斯·鲍鲁斯就被他说成是"一名出类拔萃的公民"(singulari virtute civis)。[102] 萨卢斯特没有用过这个形容词;"无限的"(infinitus)只出现过一次;"难以置信的"(incredibilis)一词也不太常见。[103] 同样,用"-issimus"来表示的最高级形容词也没有受到萨卢斯特的青睐,他只会在增强说服力的重点强调和(通常用于谴责的)演说中用到这种最高级形式的形容词。

叙述本质上要求一种不同于演说和劝说的风格。但人们可能注意到,萨卢斯特把自己别有用意的独特风格扩展到了演讲中。无论是在句式结构方面,还是在大量的用语措辞方面,萨卢斯特都可以被认为是反西塞罗风格的撰述家。他不但明显避开了西塞罗惯常和"经典"的叙述风格,而且还回避了大量西塞罗(或恺撒)并不接受的措辞和转折方式。不过,也不排除其他风格特征会拒斥任何单一和简单的界定。[104]

---

[102] Cicero, *Pro Milone* 24. "singularis"(出类拔萃)一词在梅尔盖特(Merguet)的《西塞罗演说辞典》(*Lexikon zu den Reden Ciceros*)中占了41.5栏的正文。

[103] 萨卢斯特只用过一次"infinitus"(*Bellum Catilinae* 11.13),"incredibilis"在《喀提林内争》中出现过两次,《朱古达战争》中是三次。塔西佗对待这三个形容词的方式也就不足为奇了。

[104] 关于萨卢斯特的文风和用语措辞,参见 S. L. Fighiera, *La lingua e la grammatica di C. Crispo Sallustio*(1896);E. Norden, *Die antike Kunstprosa* I (1898), 200 ff.;W. Kroll, *Glotta* XV(1927), 280 ff.;E. Löfstedt, *Syntactica* II(1933), 290 ff.;K. Latte, *Neue Wege zur Antike* II. 4(1935);E. Skard, *Symb.Osl.*, Supp. XV(1956);R. Syme, *Tacitus*(1958), 353 ff.;728 ff.。

萨卢斯特是一个别有用意的撰述家,他对语词的选择,以及他的回避,都是非常重要的。统计数据可能是一条有用的线索。(转下页)

古代人对萨卢斯特的品评就此而言还是可以接受的。昆体良给出的评价是精练简洁和"不朽的明快"(immortalis velocitas)。[105] 他说精练简洁和"言辞表述中带有的几分突兀"(abruptum sermonis genus)对于受过良好教育的人来说绝对是一种乐趣。不过，他又小心翼翼地补充说，这在法庭事务中是有害的：陪审员通常没有品位。[106] 塞涅卡的评价也许是最有条理的——删减的短语、意料不到的用词，以及令人费解的简练。为了形容和说明这种写作风格，塞涅卡还创造了一种萨卢斯特风格的表述，"等同于优雅"(fuere pro cultu)。[107]

人们准确地注意到了这种风格得以形成的主要因素——加图和修昔底德。古语词对罗马人有一种持久的吸引力，这并不局限于任何一种风格化的论述形式。它增添了庄

---

（接上页）本章引证的内容主要依赖于迪奇（R. Dietsch）版本的索引（1859）——这是有缺陷的。所以，对于一些重复出现率的估计需要以"大约"或"至少"来限定。

[105] Quintilian X. 1. 102.
[106] ib. IV. 2. 45，参见 X. 1. 32: "itaque, ut dixi, neque illa Sallustiana brevitas, qua nihil apud aures vacuas atque eruditas potest esse perfectius, apud occupatum variis cogitationibus iudicem et saepius ineruditum captanda nobis est."（因此，就像我说的，当我们面对一个焦头烂额、心慌意乱，而且通常又胸无点墨的法官时，我们不应该试图重新唤回萨卢斯特著名的简洁性，尽管没有什么比这更适合悠闲自得和富有学养的读者了。）
[107] Seneca, *Epp.* 114. 17: "sic Sallustio vigente amputatae sententiae et verba ante exspectatum cadentia et obscura brevitas fuere pro cultu."（因此，在萨卢斯特备受推崇之时，人们将句子消减为短句，用词出乎意料地结束句子，并将晦涩含混的简洁风格等同于优雅。）

重感，同时也引发人的共鸣。在演讲中，对古语词的采用甚至还可能进行谨慎的区分。西塞罗曾坦承，他几乎不会忍心杜绝使用"proles"（子孙后代）和"suboles"（后裔）这样的词，也没有勇气不去使用"qua tempestate"（什么时候）这样的表述。[108]

古风和诗意有时是一致的。在罗马，诗歌出现在历史撰作之前，奈维尤斯（Naevius）的《布匿战争》（*Bellum Punicum*）和恩尼尤斯（Ennius）的《编年纪》（*Annales*）便早于加图的《创始记》；在昆体良看来，历史近乎于诗歌。[109] 追寻萨卢斯特之前或之后的编年史撰述者当中所蕴含的诗意化的语言，并不是一种琐碎无聊的探索。[110]

---

[108] Cicero, *De oratore* III. 153: "neque enim illud fugerim dicere, ut Caelius 'qua tempestate Poenus in Italiam venit', nec 'prolem' aut 'subolem' aut 'effari' aut 'nuncupare' aut, ut tu soles, Catule, 'non rebar' aut 'opinabar'; aut alia multa, quibus loco positis grandior atque antiquior oratio saepe videri solet."（事实上，我不应该害怕使用凯利尤斯那句"迦太基人什么时候来到意大利"的表述，也不应该害怕使用"子孙后代"或"后裔"、"讲"或"宣称"这样的词，同样也不应该回避卡图鲁斯您最喜欢的表述方式，"我不认为"或"我认为"；以及在合适的语境中往往看起来能够给文风增加气势和古朴感的许多其他措辞和表述。）从上下文的语境来看，西塞罗所说的是演说中的拟古之风，而不是"高度人为化的撰史语言"中的拟古之风，参见 F. Fraenkel, *Journal of Roman Studies* XLI (1951), 194。

[109] Quintilian X. 1. 31.

[110] E. Skard, *Symb.Osl.*, Supp. XV (1956), 45 ff. 这位作者有时发现太多的诗意化表达，参见 A. Dihle, *Gnomon* XXIX (1957), 592 ff.。众所周知，拟古文风常常是平淡无奇的，参见 B. Axelson, *Unpoetische Wörter* (Lund, 1945), 27 ff.。

在创造语词方面,科勒内利乌斯·希塞纳展现出一种犹如古代诗人一般的自由。另外,据西塞罗所说,希塞纳提出了关于语词形式的理论,并以"普通演说的改革者"(emendator sermonis usitati)自居。[111] 遗憾的是,并没有连续的文本段落保留下来,不过,这些残篇还是有用的,它们记载了很多不同寻常的语词用法,尤其是大量以"-tim"结尾的副词。[112] 还有其他形式各异的语词创造,有些对萨卢斯特来说太过于极端。还有一些古语词,萨卢斯特恰好避而未用。[113] 比较一下他和希塞纳的用语措辞应该是有益的。[114]

希塞纳的《历史》至少有十几卷之多。他的创作颇为轻松。这也是问题之所在。就像在法庭论辩中一样,在撰史方面,他也不愿熬心费力。他的好多句子都显得冗余而累赘。[115]

西塞罗将希塞纳等同于克利塔库斯,并认为他的历史

---

[111] Cicero, *Brutus* 259. 他一贯只说"adsentio"(我同意)这种表述形式(Varro in Gellius II. 25. 9)。

[112] Gellius XII. 15. 1 = Sisenna fr. 2 (in H. Peter, *Historicorum Romanorum Reliquiae* I$^2$ [1914])。参见 J. Schaffner-Riman, *Die lateinischen Adverbien auf –tim* (Diss. Zürich, 1958), 17 f.。

[113] 比如"apiscor"(追寻,获取,fr. 94),"dispalor"(徘徊,35;134),"protelo"(驱除,27;69)。

[114] 他用了"claritudo"(名声)一词(49),但萨卢斯特并不愿采纳他所用过的"crebritudo"(122)一词,其他人同样没有接受。"-bundus"形式的特殊形容词可能具有指导性,参见 M. Niedermann, *Mélanges Meillet* (1902), 97 ff.。希塞纳用的是"populabundus"(毁灭性的/破坏性的,55 f.),但萨卢斯特用的是"praedabundus"(破坏性的,用过一次)和"vitabundus"(应避免的,用过四次)。

[115] Sisenna 28;35;50;115. 关于他的冗赘文风,参见 Fronto, p. 114 N = II. 48 Haines。

记述是孩子气的作品。[116]然而，萨卢斯特却对他的细心和准确赞誉有加。[117]不尽如人意的仅仅是记述风格。或许应该认为，萨卢斯特是自己选择了古旧的文风，这种文风可以追溯到加图，也可能追溯到盖尤斯·格拉古这样的演说家。他的目标是实现历史叙述的严肃化和集中化，使历史书写更加紧凑和鲜明。为了做到这一点，同时也为了引入一种非常需要注入的成熟阳刚的智慧，他求助于修昔底德。

修昔底德给古代文学评论家留下的深刻印象是，他谨小慎微而又别有用意地开创了一种举世无双的写作风格，在他漫长的工作中，他从头至尾颠覆一切，不停地调整和雕琢。他最终就像哈利卡纳苏斯的狄奥尼修斯所断言的那样，造就了一种不可思议的老派风格。[118]狄奥尼修斯还对修昔底德运用的叙述手法进行了归类。这些手法共有四种：富有诗意的语言，变化多样的文法形式，语序结构的不协调，坦率明快的表达。此外出现的还有这些风格特征——这位作家的文笔严密、紧凑、鞭辟入里而又严苛冷峻，威严庄重同时又深沉有力、令人生畏，而尤为突出的还有其激动人心的情感力量。[119]

萨卢斯特虽然没有达到修昔底德的成就，但他转而采用的叙述手法却呈现出他与修昔底德之间名副其实的相

---

[116] Cicero, *De legibus* I. 7.
[117] *Bellum Jugurthinum* 95. 2.
[118] Dionysius, *De Thucydide* 24.
[119] 关于修昔底德的任意专断，参见 E. Norden, o.c. 96 ff.。

似之处，尤其是精心甄别的词汇（"富有诗意的"和古旧的）、非常规的文法、突兀的结构，以及对语词和想法急不可耐的节略。[120]昆体良将修昔底德的文字特征说成是"紧凑简洁，总是迅捷急促"（densus et brevis et semper instans sibi）。[121]将这个说法转嫁给修昔底德那位罗马的模仿者不会有任何不当。为了在拉丁语中再现修昔底德的风格特点，萨卢斯特努力追求一种非同时代的（noncontemporary）风格，这种风格就是他学习模仿的修昔底德的风格：他使用和开发了古老的语言资源，这种语言平实浅白、强劲有力、深沉而庄重。这种现象并不缺乏与之非常相近的类似情形——在转述一种希腊学说时，卢克莱修使用了与他那个时代所偏好的诗意化风格相去甚远的用语措辞。这两位作家在很多地方都有共同之处。

萨卢斯特的文风很奇特，但绝非谜一般地晦涩难解。他试图要做的事情是显而易见的。然而，有一种极其诡异的看法依然风行了很长一段时间。古拉丁语的某些特征保留在罗马日常生活的口语中，特别是在下层阶级中间。有人因此认为，萨卢斯特是有意使用一种"民主的拉丁语"来创作，这与他的政治立场是一致的。[122]毋须多言的是，萨卢斯特

---

[120] 关于实际上的文风模仿，参见 K. Latte, o.c. 16 f.；P. Perrochat, 23 ff.。
[121] Quintilian X. 1. 73.
[122] E. Wölfflin, *Philologus* XXXIV (1875), 137 ff.

在政治上或社会上绝不是一位民主人士。[123]作为一名撰述家，他机智敏锐、经见广。他虽然致力于规避当时言谈论辩中的常规用语或遭到败坏的语言，但对于粗俗不雅的语言或口头用语，他同样会竭力避免。[124]有一个重要的事例可以证明这一点。林图卢斯·苏拉写给喀提林的那封便函就是用的平常口语。萨卢斯特小心翼翼地将其中的语言修改成自己的表述形式。[125]

古语词是萨卢斯特风格特征的印迹，不但显而易见，而且也是公开承认的。这种印迹非常清楚地表现在所有方面——词汇与结构、句法和词法，还有文字的拼写法。[126]另外，从词语的含义来看，这种印迹也同样非常明显。早前提出的一种质疑认为，萨卢斯特无非是拾取了加图的牙慧。[127]罕见的几个例子证明了这一点："torpedo"（麻木冷漠）、"prosapia"（血统/家谱）、"dehortor"（劝诫/制止）、"strenuissimus"（顽强的/勤奋的），以及一些完整的句子都被萨卢斯特所袭用。[128]其他并不那么突兀的古语词是确定无疑的，比如"memoro"（提及/讲述）、"patro"（进行/执

---

[123] 斐杰拉进一步发展了沃尔夫林（E. Wölfflin）的论点，认为萨卢斯特"对平民饱含热情"（S. L. Fighiera, o.c. 18）。

[124] W. Kroll, *Glotta* XV（1927），280，参见 XXII（1934），21。

[125] 比较 *Bellum Catilinae* 44. 5 和 *In Catilinam* III. 12.，参见本书 p. 72，以及 K. Latte, o.c. 19 f.。

[126] K. Latte, o.c. 11 ff.

[127] Suetonius, *Divus Aug.* 86; *De gramm.* 15.

[128] 关于加图的影响，S. L. Fighiera, o.c. 11 f.；E. Skard, o.c. 75 ff.。

行)、"reor"(认为/断定)。[129]

萨卢斯特表露出了他对某些动词类型的偏爱——生动的起始动词("gravesco"[加重/恶化]、"pavesco"[使恐惧]、"torpesco"[僵化/衰弱/懒惰]),以及明显重复使用的动词,这些动词从"agito"([激起/实现/处于/攻击/从事/讨论/度日/表示]大约五十次)、"ducto"(率领/领导)、"imperito"(统率/管辖)以及其他词再到非常少见的"missito"(派遣)。某些名词的笨重结尾也表现出了古代的庄重感。盖尤斯·格拉古在演说中就曾用过"dedecoramentum"(耻辱)和"inhonestmentum"(虚伪)这样的词。[130]萨卢斯特造出了"dehonestamentum"(玷污/缺陷)一词——而且被后人所袭用。[131]他还创造了另外三个这种类型的新词。[132]

按照格利乌斯的说法,以"-tudo"结尾的名词增添了"庄重感"。[133]旧时的肃剧作家就非常喜欢这种类型的

---

[129] 典型的萨卢斯特风格的语词列表,参见 W. Kroll, *Glotta* XV(1927), 301 ff.。

[130] Isidorus, *Origines* II. 21. 4.

[131] 参见 *Thesaurus Linguae Latinae*。萨卢斯特用过两次"dehonestamentum"(*Historiae* I. 88;55. 21),塔西佗用过四次。

[132] "hortamentum"(鼓舞/鼓励,*Bellum Jugurthinum* 98. 7),"inritamentum"(刺激,ib. 89. 7),以及"turbamentum"(骚乱/混乱,*Historiae* I. 55.25)都是在萨卢斯特的著述中首次出现的词语;"delenimentum"(抚慰)在阿弗拉尼乌斯(Afranius)和拉贝利乌斯(Laberius)的著作中并不缺乏先例。

[133] Gellius XVII. 2. 19(关于"sanctitudo"[神圣]一词的讨论)。与"duritia"(严肃/严苛)相比,加图更偏爱"durituda"一词。

名词。的确，有些名词在当时的散文中属于标准用法，比如"amplitudo"（声望/地位）和"turpitudo"（丑陋/耻辱/下流）。不过，萨卢斯特从加图和希塞纳那里借用来的"claritudo"（名声）并不是如此。这个词后来的历史是值得留意的。[134]

文体风格上精雕细琢之人的癖好往往在他有意回避的地方表现得最为清楚。萨卢斯特并不喜欢以"-itas"结尾的抽象词语。[135]相比于"cupiditas"（[渴望/欲望/贪欲]只用了三次）一词，他更多会用"cupido"（渴望/贪心）和"lubido"（[欲望]分别使用过大约二十次和三十五次）；"crudelitas"（冷酷无情）一词也很快被获得更多选择的"saevitia"（残暴/野蛮）一词所取代。另外，"vertitas"（真诚/正直）这个词只在称赞一位历史撰述家的时候用过。[136]关于"caritas"（尊敬/热爱）、"claritas"（名望）、"gravitas"（庄重/声誉/严重性）、"honestas"（尊荣/正直/美德）的示例并没有出现。他反而用形容词"carus"（珍贵的/可爱的/高昂的）、"clarus"（著名的/清晰明显的）、"gravis"（严格的/可靠的）、"honestus"（诚实的/正派的/值得尊敬的）来表示精力旺盛和坚毅可靠。这些词的重复出现率是值

---

[134] 参见本书 p. 294，另参见 *Thesaurus Linguae Latinae*。
[135] 参见附录 I。
[136] 维克托里努斯（Victorinus）提到了法尼乌斯的"veritas"（真诚，坦率），参见毛亨布莱歇在《历史》（I. 4）下所写的注解。

得统计的。[137]

萨卢斯特用平实浅白的短语，比如"clarus atque magnus"（伟大而崇高）和"clari magis quam honesti"（与其说是受人尊敬，毋宁说是臭名昭著），获得了有力的表达效果。[138]他并没有轻忽修昔底德，而是扩展了中性形容词的用法。他还有其他抗拒抽象词语的工具，特别是"facinus"（事业/罪行/情形）、"negotium"（事情/任务）、"res"（东西/事情）、"artes"（技艺/学问）这样的词语。萨卢斯特尤其偏爱"ago"（行动/掠夺/引起/表达/进行/提议）、"facio"（准备/开始/发生/征收/获得/做/完成/获得/致使）、"habeo"（知道/怀有/招致/实行/持有/认为）这种简单动词。[139]他对其他词语的偏好，比如相对于"calamitas"（灾难/战败）的"miseriae"（灾祸/不幸/困境），相对于"eloquentia"（雄辩/口才）的"facundia"（能说会道），相对于"crudelitas"（冷酷无情）的"saevitia"（残暴/野蛮），也可以证明他对惯常文风和同时代文风的厌恶。萨卢斯特的严谨品位证实了拉丁文语义学中的各种现象。所以，他会使用"culpa"（过失/罪过）一词，但从来不会用"culpo"（责备/归罪）这个词，他会用"repente"（突然）一词，但不

---

[137] 统计数据是大概的："carus"（二十次），"clarus"（二十次），"gravis"（三十四次），"honestus"（二十五次）。另外还有"verus"（三十次）。

[138] *Bellum Catilinae* 53. 1; *Bellum Jugurthinum* 8. 1.

[139] 关于"habeo"，参见 S. L. Fighiera, o.c. 68 ff.。其他受到萨卢斯特青睐的简单动词有"gero""peto""teneo""traho""valeo"。

会使用"subito"（忽然）。至于"fluvius"（流水/江河）和"amnis"（河流）两个词，萨卢斯特只用过一次。在其他细节上，萨卢斯特也暗示了一个值得关注的问题。既然他喜欢使用简单而具体的动词，那他为什么不用"celo"（隐藏/遮掩）、"carpo"（分开/选定/享受/抨击/污蔑）、"surgo"（举起/发生/出现）、"tango"（触动/从事/刺激/侵吞）？

关于罗马公共生活的专门术语，萨卢斯特的处理需要适当的时机，这并不奇怪。[140]他喜欢刻意的变动，比如"designati consules"（候任执政官）、"senatus princeps"（首席元老）、"sociorum et Latii"（同盟者与拉丁地区的人）。另外，约定俗成的词组顺序也被他前后颠倒。他创造了"maria terraeque"（陆地和海洋）或"ad occasum ab ortu solis"（从日出到日落）这样的表述方式。[141]"militiae et domi"（战争与和平）同样如此。[142]在讲拉丁语的人当中，萨卢斯特几乎是唯一一个使用"malus publicum"（公序败坏）这种表述的人。[143]与此类似的还有"malae secundaeque res"（逆境与成功），[144]这最能说明萨卢斯特的观点态度或心态取向。

萨卢斯特一心追求庄重与肃穆，他总是雄心勃勃而又

---

[140] W. Kroll, o.c. 299.

[141] *Bellum Catilinae* 10. 1; 36. 4.

[142] *Historiae* I. 1.

[143] ib. I. 77. 13, 参见 IV. 51: "boni aut mali publici"（公共秩序是好是坏）。复数形式的"mala publica"在历史撰述家的作品中并不罕见。

[144] ib. II. 47. 1. 参见 Thucydides II. 41. 4: μνημεῖα κακῶν τε καί ἀγαθῶν（对敌须恶，对友须善）。

迫不及待。让人感到奇怪的是，他竟然没有用到后来在罗马人的撰史习语中备受青睐的一些重要词语。他全神专注于古风，但对于"priscus"（古老的）和"vetustus"（老旧的）这两个词，他却视而不见；他还忽视了古语词"apiscor"（获得/达到）；对于"glisco"（扩展/增长）一词，他也只用过一次；或许他已找到其他有力而生动的词语，比如"egenus"（贫穷的）、"ingruo"（侵入/爆发/冲入）、"turbator"（发动叛乱者/制造混乱者）。[145]

对措辞用语的细致斟酌可谓无处不在，有时候在一个句子中就可以呈现出多处例证。[146] 许多罕见的词语此时都首次出现在拉丁语之中，其中一些很少或再也不会被碰到，比如"properantia"（急忙/迅速）、"desenesco"（消失/渐衰）或令人憎厌的"discordiosus"（好争吵的/喜欢兴风作浪的）。[147]

萨卢斯特被评为著名的创新家，"语词的革新者"

---

[145] 参见 *Tacitus*（1958），731。

[146] *Bellum Jugurthinum* 38.1: "quasi vitabundus per saltuosa loca et tramites exercitum ductare."（他率领自己的军队穿过林木繁密的地区和僻路，好像是为了避免一种遭遇。）参见 *Tacitus*（1958），731。昆体良证明"ducto"（率领）属于典型的萨卢斯特用词（Quintilian VIII. 3. 44）；"saltuosus"（林木繁密的）和"vitabundus"（避免）也因萨卢斯特这位撰述家而第一次出现在了拉丁语中。

[147] "discordiosus"（*Bellum Jugurthinum* 66.2）一词为后世的爱好者所继承——Cyprian（2），Augustine（8），Sidonius（2）；"desenesco"（*Historiae* I. 145）是很罕见的；而"properantia"（*Bellum Jugurthinum* 36.3）一词只在塔西佗（*Annals* XII. 20.1）和古代晚期的两位撰述家（参见 *Eranos* LV [1957]，174）的作品中出现过。

（novator verborum），评论家瓦勒里乌斯·普罗布斯（Valerius Probus）就是这样称呼他的，他想知道萨卢斯特是否用"loquentia"（讲话/流畅）一词取代了"eloquentia"（雄辩/口才）。[148] "novator"（革新者）恰巧也是一个相当罕见而又雅致的词语。

夸大萨卢斯特创新工作的危险也是存在的。有太多拉丁语散文湮灭散佚。不仅仅是历史撰述家，其他作家也在创作中大胆自由地革新了词语，比如以"-tor"结尾的施动名词，或者以"-osus"结尾的形容词。[149] 各个时期的语言中也都出现了带有"per"或"prae"的新复合词。

不过，萨卢斯特革新词语的做法是最出色的，他所使用的词汇非常便于展示这一点。这种创新举措还体现在他的语法结构中。这需要一个冗长的说明。这里只消注意到各种明确无疑的创新就足够了，比如一种新型的独立夺格

---

[148] Gellius I. 15. 18. 格利乌斯也注意到了萨卢斯特的"创新热情"（novandi studium，IV. 15. 1）。

[149] 关于"-tor"和"-sor"结尾的施事名词的创造，见塞涅卡著述中的"adrisor"（恭维/讨好）和"adrosor"（蚕食/啃咬）（Seneca, *Epp.* 27. 7），这种类型的词独具特色，"lapidator"（投石者）可能也是这种类型的词语，西塞罗的《论他的住宅》（*De domo* 13）在一行里出现六个这种类型的词，"lapidator"是其中之一。参见拙著《塔西佗》中关于劝诫警告的用语措辞（*Tacitus*［1958］, 723）。"-osus"构成的形容词是一个极具启发意义的重要主题。历史撰述家早已创作出这样的形容词，如"bellosus"（好斗的/尚武的，Coelius Antipater fr. 5），"facundiosus"（能说会道的，Sempronius Asellio fr. 10）。抛开恺撒这位正统主义者所用的"detrimentosus"（有害的，Caesar, *BG* VII. 33. 1）不谈，萨卢斯特笔下的"discordiosus"（*Bellum Jugurthinum* 66. 2）看起来并不是这种"怪异反常的"形容词。

("comperto"［查明/发现］、"audito"［听见］)，或者有目标指向的动词状形容词（gerundive of purpose）。[150]他还把部分属格（partitive genitive）从"extremum diei"（一天的结束）这样的表述扩展到"omnia opidi"（城镇的所有地区）这种情形。后一种情形是模仿希腊语的用法。昆体良在萨卢斯特的著述中察觉出了这种希腊风格。[151]他的发现是正确的。无论是在支配名词的形容词中，还是在"volenti esse"（愿意）或"in maius celebrare"（过度夸大）这样的表述用语中，人们都可以看出这一点。[152]

除了词汇和语法，还有句子的结构。萨卢斯特可以写出一段令人叫绝的连贯完整的句子，只要他愿意。他的作品中也不乏这样的例子。[153]然而，萨卢斯特一心要破坏平缓和协调。突兀的句子结构，伴随着主语和并列关系的变化，表现了他思想中存在的永久对立。通过鄙弃通常所见的平行并列的句式结构，一种明快、清晰——以及真诚直率的表达效果也由此形成。他的"不协调"（inconcinnitas）看起来像是一种过失，但其实是一种有意的改良。这种"不协调"有助于强化一种对立，或者更为巧妙地再现各种复杂动机的模棱两可

---

[150] E. Löfstedt, o.c. 291. 关于有目标指向的动词状形容词，注意 *Historiae* I. 77. 10。

[151] Quintilian IX. 3. 17.

[152] *Bellum Jugurthinum* 84. 3 ("volenti"); 100. 4 ("volentibus"); 73. 5 ("in maius"). 关于萨卢斯特用语中的希腊风格，参见 E. Löfstedt, o.c. 412 ff.; K. Latte, o.c. 15 ff.。

[153] *Bellum Catilinae* 45. 3; *Bellum Jugurthinum* 13. 7; 31. 19 f.

之处。[154]"不协调"在希塞纳的作品中并不明显。[155]萨卢斯特更多循着自己的性情,从修昔底德那里学到了这一点。

萨卢斯特十分反感流畅平缓、悬疣附赘的句子。为了行文的简洁和集中,他可以牺牲一切。历数和罗列萨卢斯特的短句表达法将是一种拙劣的恭维。他的"明快"(velocitas)不需要例证,那些军事方面的叙述就是用简单的主动动词写出的一连串迅敏明快的历史不定式(historic infinitives)或一系列短句。[156]

古代罗马人的平实风格流露出庄重而肃穆的气息。萨卢斯特有意回避了"庄重"这个词,但他确立了某位评论家所称的"朴素而庄重的文风"(seria et severa oratio)。[157]当萨卢斯特让恺撒(并非没有恺撒本人的意思)提到那些拥有崇高地位的人们时,他的叙述风格和笔调都完美地展现了出来——"那些……一生居于高位的人,其所作所为都是为世人所知的"(qui ... in excelso aetatem agunt, eorum facta cuncti mortales novere)。[158]

无论叙述还是演说,萨卢斯特的风格都是一致的。譬

---

[154] 不同类型的"不协调",参见 W. Kroll, o.c. 287 ff.。
[155] 希塞纳的作品中有一处例证,"occulte tacitique"(fr. 25)。
[156] 比如 *Bellum Jugurthinum* 53 f.,其中有大量现在时态的简单动词,相较而言只有很少的复合动词或被动动词。关于明快干练的历史不定式,参见 101. 11:"sequi fugere, occidi capi"(人们在追逐、逃跑、被杀、被俘)。
[157] Gellius XVII. 18(记录瓦罗关于米洛妻子的说法时提到了萨卢斯特的文风)。
[158] *Bellum Catilinae* 51. 12.

如说，他并没有试图用自己所用的词汇来模拟恺撒。萨卢斯特风格的恺撒恰如其分地运用了萨卢斯特风格的用词和表述——"lubido""saevitia""miseriae""aetatem ago"，以及其他的措辞。[159]这些演说正如人们所料想的那样，展现出一种更为流畅的风格，简洁性和突兀性都稍有缓弛。因而菲利普斯的元老院演说就是恰到好处的顺畅与协调。同样避免的还有一些功能性的表述，比如位于句首的"igitur"（因此／总之），不协调性也有所减弱。[160]然而，一个奇怪的现象是，《历史》中的演说展现出大量令人吃惊或颇有古体风格的词语，这些词语在萨卢斯特的其他著作中并没有出现，比如"musso"（抱怨／嘟哝）、"torpedo"（麻木冷漠）、"turbamentum"（骚乱／混乱）。[161]

萨卢斯特通过第一部专题史书创立了自己的个人风格，这是大胆无畏而又富有挑战性的成就。这样的成就并不是最终的结果。进一步的考察表明，萨卢斯特在风格上一直在尝试。

---

[159] H. Schnorr von Carolsfeld, *Über die Reden und Briefe bei Sallust* (1888), 34 ff.; 79 ff. 他列出的以下用语在萨卢斯特的作品中都很常见，但不曾出现在恺撒的著述中：aetatem ago, dissero, divitiae, miseriae, profecto, saevitia, saevus, strenuus, verum。

[160] 关于不协调的例证，*Bellum Catilinae* 51.6："et in pace et per indutias"（在和平时期或休战期间）；*Historiae* I. 77. 15："per fidem aut periurio"（因你的不可信赖或伪证）。

[161] "Musso"（*Historiae* I. 77. 3；III. 48. 8）；"torpedo"（I. 77. 19；III. 48. 20；26）；"turbamentum"（I. 55. 25）. 另外还有"delenimentum"（抚慰，III. 48. 21）和"proles"（后代，I. 55. 2）。相比之下，塔西佗笔下的演说更加平常，也更加温和。

《喀提林内争》之后，萨卢斯特又通过革新或者扬弃而明显提升了自己的写作技艺，从而在写作风格上实现了一次突破。[162]

上文所述的语法方面的革新之处将在《朱古达战争》和《历史》中首次出现。两部著作中都同样用"quis"（谁/什么/某人某事）这种形式的词取代了"quibus"（谁/什么/某人某事）。所用的词汇变得更加严谨，也更加有选择性。值得注意的是，作者摒弃了"credulitas"（轻信/易信）、"cupiditas"（渴望/欲望/贪欲）和"turpitudo"（丑陋/耻辱/下流）这三个词。"formido"一词的使用率急剧上升，"metuo"（恐惧/担忧）这个词也比"timeo"（害怕）赢得了更多的使用机会。就重复出现的频率而言，"occulto"（秘密/隐蔽）、"prolato"（扩大/容忍/延长）和"sustento"（支持/维持）的出现频率在提高，而"imperito"（统领/统治）、"ostento"（显出/表现）和"tutor"（保卫/守卫）则是首次出现。新的诗歌化用词也再次出现，比如"aequor"（平原/海/水平面）和"sonor"（声音）。[163]

那些越是不太显眼的地方越是能证实这种变化。"propter"（由于）一词的身影在此时的写作中逐渐隐去，取而代之的是更为雅致的"ob"（由于），而第一部著作中出现过三次的"ceterum"（然而/仍然/无论如何）在第二部著作中出现了大约五十次。"ergo"（因此）是新出现的词语，"quamquam"

---

[162] 特别参见 A. Kunze, *Sallustiana* III. 1（1897）。有学者简要总结了他的成果，参见 E. Löfstedt, o.c. 290 ff.。
[163] 参见附录 I 的列表。

(然而/尽管)和"quando"(何时/由于)同样也是。[164]

各种现象都揭示了自觉的努力和有意的改进。作者更加敏锐地意识到自己的癖好和勇气。他的品位进一步提升——在这个过程中,他也成为一名更优秀的历史撰述家。关注言辞并非总是意味着忽视事实,大胆的风格也反映出独立的见解。

文学手法在第一部作品中已经出现。恺撒的演说是理性和逻辑的杰作。演说者不赞成人们受情绪的摆布,他的演说是在心平气和的语气中开始;他用历史上的论据来支持自己的观点,他强调罗马人民的尊严和元老院这个崇高集会的荣誉。他以优雅得体的方式向候任执政官迪奇穆斯·西拉努斯讲话;他还带着温文和缓的嘲讽语气指出,由于执政官做好了备战措施,恐惧是没有理由的。而且,他还会诉诸戏谑的模仿。他饶有兴味地重复了其他演讲者沉溺于其中的那些流于俗套的、危言耸听的花言巧语:"少女和男孩遭到蹂躏……神殿与屋宅遭到劫掠,还有杀人放火的行径"(rapi virgines, pueros ... fana atque domos spoliari, caedem incendia fieri),等等。[165]

一个令人好奇的问题是,萨卢斯特本人的雄辩风格和

---

[164] 这里只是从昆策(A. Kunze)的观察中简选出几个例证而已。一个最奇怪的现象是,"tametsi"(尽管)一词在《朱古达战争》(38.9)之后便没有再出现,而"quamquam"(尽管)一词则首次出现在《朱古达战争中》(A. Kunze, o.c. 20 f.)。

[165] *Bellum Catilinae* 51.9. 暗指《反喀提林》(*In Catilinam* IV. 2; 11 f.)那样的花言巧语。

特征是什么？从公元前52年展现出的情形来看，他的雄辩风格与特征必定是咄咄逼人、激情四溢的。根据其历史撰作中的演讲，人们还可以推断出其他的品质，特别是一种坚实可靠的叙述结构。这位在阿非利加征战期间被恺撒委以运输补给之责的人并不缺乏组织才能。他的作品中体现出了这样的素质。

在对抗冗长和语词败坏的斗争中，当萨卢斯特转向加图强劲有力的拉丁语风格的语言运用时，他发现的不仅仅是语言措辞方面的帮助；那些模仿一种风格的人可能会产生一种亲近感。用母语写出第一部拉丁语历史撰作的加图也是一个具有商务管理天赋的实干家，一个敏锐而冷酷的革新者。他在担任监察官的时候有可能将神庙献给古代的神祇。他更愿意在罗马的广场建立一个金融中心，即波尔基乌斯会堂（Basilica Porcia）。

加图在演说中争勇好斗，他坚决维护个人的功绩，尖锐地反对以贵族出身而自命不凡。他在撰写历史时既为罗马说话，也为意大利说话；当他叙述"罗马人民的历史事件"（gesta populi Romani）时，他并没有考虑记录那些贵族将领的名字。[166]

《创始记》的绪论中包含着一条永远不会过时的坚定声明：一个在为国效力中赢得声誉的人应该有一些事情可以展

---

[166] Nepos, *Vita Catonis* 3.3.

现他如何利用自己的余暇时间。[167]萨卢斯特在自己的绪言中谴责了那些轻视精神事务并屈从于怠惰、恶行或浑浑噩噩的消遣娱乐之人。根据这一信条，萨卢斯特认同那位提倡勤勉奋进的伟大倡导者——而且这种认同或许就体现在用语措辞上，这是众所周知的。[168]

萨卢斯特本人就是勤勉奋进和克制激情的一个现身说法的证明。就萨卢斯特的评判体系来看，至关重要的首先是"virtus"（德行），他还宣扬一种积极进取的信念。一个优秀的人是"strenuus"（奋发进取）或"intentus"（勤勉专注）的；[169]"cura"（专心）和"labor"（努力）也是一再出现的两个词；作者还特别钟爱某些谴责懒散和无所事事的词语，尤其是"ignavia"（懈怠）和"socordia"（懒惰/好逸恶劳）。[170]

---

[167] Cicero, *Pro Plancio* 66: "clarorum hominum atque magnorum non minus otii quam negotii rationem exstare oportere."（伟大而杰出的人士应该同样重视他们的工作时间和闲暇时间。）

[168] *Bellum Catilinae* 4.1: "non fuit consilium socordia atque desidia bonum otium conterere."（我无意在懒散和怠惰中浪费自己宝贵的闲暇时间。） *Bellum Jugurthinum* 2.4: "per luxum et ignaviam aetatem agunt, ceterum ingenium... inculto atque socordia torpescere sinunt."（在奢靡和懒散中消耗生命，却让精神……由于被忽视和无所事事而变得日益消沉。）这两段话中可能有加图风格的表达方式。

[169] 在萨卢斯特的笔下，"strenuus"一词出现了十四次，"intentus"有二十三次。另请注意表示努力和毅力的动词：certo（拼争/奋斗，二十二次）、exerceo（忙于/专注于/工作，十八次）、fatigo（竭尽所能，十四次）、nitor（努力/力争，十八次）、tolero（坚韧，十八次）。

[170] 参见附录 I。事实上，为了强调，萨卢斯特曾三次将"socordia"和"ignavia"放在一次使用（*Bellum Catilinae* 52.29；58.4；*Bellum Jugurthinum* 31.2），另外还与"desidia"（懒散/怠惰）、（转下页）

然而,"virtus"不可能总是赢得"gloria"(荣耀)。它很容易遭到野心的腐蚀,使刻苦奋进误入歧途,就像喀提林和努米底亚国王那样。对于这种类型的人物,萨卢斯特表露出一种近乎同情的洞察力。他的好奇心完全被那些亦正亦邪的人物所吸引,比如马略和苏拉。

萨卢斯特将个人置于舞台的中心,并描绘他在激情支配下的所作所为。在萨卢斯特的笔下,表示欲望和恐惧的词比比皆是,尤其是"cupido"(欲望/渴望/贪欲)和"lubido"(欲求)、"formido"(恐惧/畏惧),以及"metus"(担忧/恐惧)。[171] 另外还有表示暴力与欺诈、权力与傲慢、贪心和贪婪的表达与措辞。

萨卢斯特对野心和暴力的浓厚兴趣引出了一个关于他本人禀性的问题。从萨卢斯特这位撰述家再到萨卢斯特这个人,其间有多大的差距?

写作的主题证明,一种严厉冷峻的陈述是合乎情理的。萨卢斯特采取了一种苛刻的、愤愤不平的道德论调。这种论调将某些问题归因于一种传统,它也引发了某种怀疑。罗马撰述家使用关于古代德行的语言,就如同罗马政治家诉诸先祖的习俗(mos maiorum),这是停下来再度重新审视的时候。萨卢斯特本人揪住了名词与事物之间的永恒差异,他有一种

---

(接上页)"incultus"(忽视)和"mollitia"(安逸)这几个词一起用过(*Bellum Catilinae* 4.1; *Bellum Jugurthinum* 2.4; 70.5)。马略的演说中出现了五次"ignavia"。

[171] 参见附录I。

天赋,可以呈现口是心非的行径或揭穿虚伪的面目。[172]

深沉朴肃的作风不能证明他是一位真正的老派罗马人,一个与新世界格格不入的陌生人。恰恰相反。平实浅白的用语偏好也并非总是个性淳朴的表现。文学上的技巧和手段是显而易见的,而且更多是出于精心的设计。甚至可以进一步认为,萨卢斯特是一个名不副实的伪君子,但是,这样的看法并没有道理。

关于这位历史撰述家的私生活流传着各种各样的说法,对于他的道德言辞和应受谴责的行径之间所出现的矛盾,后世的人们要么深感痛惜,要么津津乐道。这些说法都经不起仔细的推敲。即便萨卢斯特曾和米洛的妻子或其他已婚妇女通奸,这也不足以证明,他在当时的罗马会成为不可原谅的例外。他被逐出了元老院。卡西乌斯·狄奥记载了这次驱逐,但关于这方面的罪行,其中并没有任何暗示。[173]

更为严重的是关于萨卢斯特在阿非利加侵吞财物的指控——而且有些人会指出,萨卢斯特对贪婪和贪念的过分关

---

[172] 萨卢斯特这种"双重揭露"的技艺在政治家的演说中得到了体现,尤其是执政官雷比达的演说。

[173] Dio XL. 63. 4,参见本书 p. 34 和 p. 290。很多学者发现很难摆脱"传统"。比如毛亨布莱歇——"萨卢斯特是在年事已高、心境极其糟糕的时候开始著书写作的,他成了一位严苛的道德批判者,就像他曾经是一个贪得无厌、淫乱放荡的德行败坏之人一样"(Maurenbrecher, *Prol*. [1891], 1)。在克里茨编订的萨卢斯特著述版本中,克里茨所写导论为萨卢斯特提出了坚决的辩护,参考这个变化仍然是有益的(F. Kritz, 1856, 5 ff.)。

注是一种令人可疑的特征或一种无意识的自我揭露。[174]判定这位行省总督犯罪的标准和尺度是难以衡量的。[175]为国效力是发财致富的一种常规方式。公平公正的判定可以举证出很多战争和革命中表现出色的人,尤其是那些幸运者或杰出人士,比如梅萨拉·科维努斯和阿锡尼乌斯·波利奥。[176]

在《喀提林内争》的绪言中,萨卢斯特反省了自己过去的野心,并庆幸自己摆脱了"许多困难和危险"(ex multis miseriis atque periculis),但他没有陈述任何细节。由于他承认了自己的错误,因而有些人不禁会认为,这是一份具有教化意义的悔过自新的文献证明。他们把他当作柏拉图的优秀学生(柏拉图也同样心生幻灭,并且不惮于说出这一点),或者把他列入斯多亚学派。[177]

几乎所有的罗马撰述家都可以被视为斯多亚主义者。但是,这个概念用在萨卢斯特身上并不是特别合适。无论如何,关于萨卢斯特的所作所为和人格品性的问题必然与他作为历史

---

[174] E. Howald, o.c. 162.
[175] 参见本书 p.39。狄奥的材料来源问题也应该提出来(本书 p.291)。盖策尔似乎相信这位行省总督犯下的所有不端行径(M. Gelzer, *Caesar*$^6$ [1960], 250);莱斯特纳并不全然相信"那位改过自新的窃贼在成为监督员之后的诚实与正直"(M. L. W. Laistner, *The Greater Roman Historians* [1947], 48)。
[176] 塔西佗《编年史》中的不具名发言者列举出了这些人(Tacitus, *Annals* XI. 7. 2)。
[177] E. Skard, *Symb.Osl.* IX(1930), 93; 95; K. Vretska, *Eranos* LIII(1955), 41 ff. 舒尔事实上称这位历史撰述家是"一位斯多亚学派的道德说教者"(W. Schur, *Sallust als Historiker* [1934], 83)。

撰述家的表现息息相关。什么样的评价都有，从狡黠的小册子作家到严肃的道德说教者，不一而足。[178]甚至还出现了这样的错误看法：萨卢斯特是一个书呆子气的、不谙世故的人。[179]

如果萨卢斯特纯粹是一位文学艺术家，那么合情合理的做法就是摒弃作者传记，让作品本身来说话——它们流露着独立的精神。然而，在成为一名历史撰述家之前，萨卢斯特已经是一名元老。关于他的个人生活、所作所为和派系倾向，我们能有一些什么样的了解和推断——这一切都是相关的。

萨卢斯特这位政治家的自辩书是可以接受的，既无须过分的苛刻，也无须太多的同情。萨卢斯特的公职生涯显示了抱负与成就之间的巨大鸿沟。这是清楚无疑的。有些人强调他争执与纷争的性格。毋庸置疑或显而易见的是，萨卢斯特总体上有一种否定和抗争的精神。他激烈地抗拒自己所处的整个环境，包括文学环境、社会环境和政治环境。他的写作风格别出心裁而又咄咄逼人；他反对贵族阶层（出于政治信念，但同样也出于个人的经历）；也反对三头统治。或者最好是说，他反对那些令人憎厌和不和谐的事情。通过给人留下一种风格论调完全一致的深刻印象，一种强有力的意志会居于主导性的地位。[180]

---

[178] 关于施瓦茨（Eduard Schwartz）那篇重要而又误导性的论文（1998）之后的观点评述，参见 A. La Penna, *Stud.it.fil.class.* XXXI (1959), 1 ff.; K. Büchner, *Sallust* (1960), 369 ff.。

[179] H. Oppermann, *Neue Jahrbücher* XI (1935), 47 ff.

[180] K. Latte, o.c. 47; V. Pöschl, o.c. 8 f.

萨卢斯特的作品以阴暗的色调或怀有敌意的演绎来呈现各色人物和罗马当局。人人皆是腐化堕落，生活毫无意义，万事万物变幻无常或动荡不安，到处都是绝望，唯一恒久不变的因素仅仅是时间和变化。可以肯定地说，这就是萨卢斯特对于历史的看法。[181]

萨卢斯特本人决没有陷入普遍的悲观情绪中。我们可以看到他那坚定而严正的声明。他说，人们抱怨自己的处境——脆弱、短暂而注定没有希望。他们的抱怨是毫无道理的。情况恰恰相反，没有任何理由要屈从于宿命或懒散。无论时代多么败坏，精神与活力总能找到一条出路。[182]

第一部专题史书的绪言表明了作者对狩猎和务农这种消遣活动的极端不屑。[183]他也不会在神秘主义的渴望、奇怪的宗教或隐秘科学中寻求逃避。就像很多同时代人一样，他可能被伊壁鸠鲁的学说所吸引。这种学说不仅仅是逃避或自我放纵的借口。它并非总是有碍于战争和政务中的公职事业。

萨卢斯特选择了历史撰述。他并不是为了寻求慰藉。不是出于任何关于遥远过去的古文物学式的好奇，也不是为了摆脱这个时代多年来所历经的重重磨难。[184]他投身于晚

---

[181] K. Latte, o.c. 46.
[182] *Bellum Jugurthinum* 1 f.（见本书 p.214）。
[183] *Bellum Catilinae* 4. 1；参见本书 p.43。
[184] 参见 Livy, *Praef.* 5: "ut me a conspectu malorum quae nostra tot per annos vidit aetas tantisper certe, dum prisca illa tota mente repeto, avertam."（我可以对我们这个时代多年经历的重重磨难避而不见，至少我在全神专注于回顾古老的英雄岁月时是这样的。）

近历史的写作中,这是并未消亡、充满挑战的历史,也是难以驾驭的历史。

撰述的主题冷肃阴郁,充满了刀光血影。在描绘暴力和分裂的情形时,历史撰述家有时会公开表明他们的厌恶。他们的职业不需要始终被认真对待。人们可以提出这样的问题:如果不是天资和抱负,又是什么驱使他们从事这样的行当?当萨卢斯特在写作中找到自己的归宿,他就有可能变得更加坚韧和笃定,对现在或未来也就更具有威胁性。他从风雨飘摇的动荡中熬了过来,他在此时能以一名审查员自居,对死者做出评判。为过去的失意复仇——他还可以尖锐地抨击罗马的统治者。

经受厄运或遭到驱逐可以成就一名历史撰述家。假如一个人没有遭遇灾祸,他或许可以做戏一般地表达某种怨愤之情,或是表现得像一个背离自身所处环境的流亡者,这是有意的疏离,也是为了获得作为一名撰述家的优势。

萨卢斯特在他身为元老的公职生涯中屡屡受挫,但他有幸享有了最大的幸福。他的荣辱浮沉最终令他受益匪浅;他利用自己性情中的缺陷和局限,将自己的雄心抱负转化为文学上的卓越成就。历史撰述在等待着有人宣称对它的征服,等待着被人推崇并使之熠熠生辉。萨卢斯特来得正当其时。他找到了与他性情相投的撰述风格和主题,他还颇为专横地让拉丁语带上了自己的印迹。

两部专题史书和一部未完成的《历史》,萨卢斯特通过为后世确立一种新的写作风格而获得了一种经典地位。他是一位精雕细琢的创作者，传统的看法就是如此。审慎而明断的昆体良还补充说，在萨卢斯特所写的作品中，刻苦努力是显而易见的。[185]这种努力获得了相应的回报。就像塔西佗这位历史撰述家在批评一位口若悬河的演说家时所说的那样，经久不衰的是风格，以及风格上的刻苦用心——"钻研和苦功会在后世获得与时俱增的价值"（meditatio et labor in posterum valescit）。[186]

打仗征战、统治诸族以及为公共荣誉而竞逐争夺，这是罗马人至高的追求：著述写作并不能构成积极生活的真正补偿。萨卢斯特诉诸罗马传统——并颠覆了这样的传统。他将文学上的卓越成就等同于为国效力，或者说更胜于为国效力，他对此自豪而坚决。高贵的出身已经不足为用，任何人都可以成为执政官，撰述历史才是更有意义的选择。[187]

---

[185] Quintilian X. 3. 8："sic scripsisse Sallustium accepimus, et sane manifestus est etiam ex opere ipso labor."（据说萨卢斯特是这样写作的，而且从最终写出的作品来看，他的刻苦努力事实上是显而易见的。）

[186] Tacitus, *Annals* IV. 61. 这位历史撰述家是在批评能言善辩的哈提里乌斯（Haterius）——并强调他自己主张的风格。

[187] *Bellum Jugurthinum* 4. 8："proinde quasi praetura et consulatus atque alia omnia huiusce modi per se ipsa clara et magnifica sint ac non perinde habeantur ut eorum qui ea sustinent virtus est."（就如行政官、执政官的职位或其他诸如此类的东西本身就是尊贵而显赫的，而不是根据那些维护这类东西之尊荣的人的功绩大小来评定的。）

# 第 15 章

# 萨卢斯特的名声

萨卢斯特出生之时正值十年战争期间,那是罗马第一个纷争扰攘的时期,马略在当时获得了他的第七个执政官任期。第二个兵荒马乱的时期持续了更久,整整有二十年的时间。这个数字出自塔西佗的估算,他用萨卢斯特风格的精湛用语(恰当地)表述了这一点。[1]第一个动荡不安的时期并没有给拉丁语文学带来任何好处,但第二个充满纷争的时期却造就出一位伟大的历史撰述家和许多其他的文学作品。

将文学发展划分为几个时期是一种常见的做法,这种做法虽然有待商榷,却难以摒弃,在不能盲从的时候,这是一种实用的方法。我们最好知道从哪里切入。普遍的做法是划分为"西塞罗时期"和"奥古斯都时期",这种划分难免会造成混淆或错误。许多指南性的介绍说明都将萨卢斯特归在"西塞罗时期"。这是一种令人费解的差错。或许还可以有一个

---

[1] Tacitus, *Annals* III. 28. 1: "exim continua per viginti annos discordia, non mos non ius: deterrima quaeque impune ac multa honesta exitio fuere."(接下来的二十年是纷争不断的二十年,在这期间,法律和习俗荡然无存:为恶者不受惩罚,正派人士被处死刑的事例层出不穷。)

"三头执政时期"——从西塞罗被杀到恺撒·奥古斯都的第六个执政官任期(公元前28年)。这个年份可以得到重视,就像塔西佗所做的那样,因为这一年标志着"和平与元首"(pax et princeps,那位年轻的恺撒虽然早在几年之前就放弃了这个名号和三头之一的头衔,但这个事实是无关紧要的)的更新换代。

十五年似乎是一段很长的时间,这在扰攘骚乱而又急剧变化的年代尤其如此。在文学上,这十五年是一个引人注目的繁荣时期,既出现了原创性的天才,也涌现出了新的文学写作类型:其中有萨卢斯特,有《长短句集》(*Epodes*)和《讽刺诗集》(*Satires*)的作者贺拉斯,也有写完《牧歌集》之后,又在《农事诗》中将自己的诗句和文风淬炼成熟的维吉尔。维吉尔是在公元前29年完成了《农事诗》的写作。他还被寄予更多的厚望——写一部颂扬新罗慕路斯的史诗。

并不是每个诗人都会忘记三头执政的累累恶行。哀歌由于普罗佩提乌斯而骤然兴起。他的第一卷哀歌大概于公元前28年写成。诗中并无迹象表明,罗马和意大利已经摆脱了安东尼和那位外邦女王的威胁,其中也并没有出现救世主和英雄这样的字眼。这位来自佩鲁西亚的诗人具有献身精神,卷尾诗又让人想起他的城市所遭受的命运,"意大利在那些苦难日子里的殡殓"(Italiae duris funera temporibus)。[2]

---

[2] Propertius I. 21. 4.(诗句译文出自普罗佩提乌斯:《哀歌集》,王焕生译,上海:华东师范大学出版社,2010年,第79页。——中译注)诗人的朋友图卢斯(Tullus)是公元前33年执政官沃尔卡奇乌斯·图卢斯(Lucius Volcacius Tullus)的外甥。

晚近的骚乱可能让人心生拒斥，也可能激起人们的兴趣。无论如何，叙述晚近的历史需要冒着极大的风险。熔岩依然是炽热的，它在火山喷发后的灰烬下熠熠灼烧。不甘被吓住的执政官阿西尼乌斯·波利奥着手从事了这项工作。他要写的是一个既定的主题：接续萨卢斯特的作品，叙述共和国的衰落。李维的鸿篇巨制大概也是在同一时期开始创作，但在其他方面，李维的著作和波利奥的作品毫无相似之处，李维或许早在公元前30年或公元前29年就开始了创作。亚克兴战役、亚历山里亚的陷落，以及内战的结束终结了罗马历史上的一个时代。恺撒继承人在公元前29年取得的三次胜利标示了一个非常合适的目标和终点。[3]

萨卢斯特死后无嗣。他的姊妹倒是有一个孙子继承了他的名字——也许是萨卢斯特去世时通过遗嘱收养的继承人。[4] 如果萨卢斯特曾经受恩于三头中的某个人，这个人或许就是安东尼。他的甥外孙属于安东尼的党徒，但他及时（有必要了解是在什么时候）与安东尼派系撇清了关系。他的名字同德利乌斯（Delius）和两位库奇尤斯的名字一道，

---

[3] 关于这种观点，参见 *Harvard Studies* LXIV（1959），38。最后九卷可以被认为是一个尾声，其内容涵盖公元前28年到公元9年的"奥古斯都的共和国"。

[4] Tacitus, *Annals* III. 30. 1: "Crispum equestri ortum loco C. Sallustius, rerum Romanarum florentissimus auctor, sororis nepotem in nomen adscivit."（骑士出身的克里斯普斯是罗马著名历史撰述家盖尤斯·萨卢斯特姊妹的孙子，萨卢斯特把他过继到自己家里，并继承了自己的名字。）

都被恺撒·奥古斯都从他的敌对阵营中吸收过来，列入了自己的友人名单。[5]

贺拉斯《颂歌》第二卷的第二首诗歌着重纪念了这位萨卢斯提乌斯·克里斯普斯二世。这首诗由三句构成一组，非常整齐地排列在一起。克里斯普斯出现在阿西尼乌斯·波利奥之后，德利乌斯之前，诗人对波利奥的《历史》进行了绘声绘色的描述与赞扬，对于德利乌斯，诗人则告诫他无论身处逆境还是顺境，都要保持一颗平常之心。

昆图斯·德利乌斯不需要这样的告诫。他的沉着冷静和机敏权变是人所共知的。梅萨拉·科维努斯给了德利乌斯一个并不友好的称号，\*前者的立场变化因自己的出身和信念准则而没有授人以柄。[6]德利乌斯是在亚克兴决战不久之前离开的安东尼：梅萨拉早在几年前就发现了更好的选择。德利乌斯写过历史或回忆录，这是众所周知的，内容讲的是公元前36年安东尼入侵米底的事情，但他也可能讲述了其他的战争事件和外交事务（他被要求执行的大多是机密任务）。[7]

波利奥、克里斯普斯和德利乌斯，这三个人都安然度

---

[5] Seneca, *De clementia* I. 10. 1.
[6] Seneca, *Suasoriae* I. 7: "quem Messalla Corvinus desultorem bellorun civilium vocat."（他被梅萨拉·科维努斯称为内战的换马人。）
[7] *Prosopographia Imperil Romani*[1], D 29（第二版中无缘无故地删除了这部分内容）。他的历史写作得到斯特拉波的证实，Strabo XI, p. 523; Plutarch, *Antonius* 59。
\* 这个称号即 *desultor bellorum civilium*（内战的换马人）。

第15章 萨卢斯特的名声

过了战争和革命的危险——而且每个人都从中获得了好处。贺拉斯提醒德利乌斯，无论是他购置的庄园还是他那幢黄色台伯河畔的豪宅，死亡都会带走一切。至于克里斯普斯，诗人首先用一番恭维来掩护他自己（克里斯普斯对合理用度之外的金钱视若粪土），接下来他又赞扬了另一个人（即普罗库雷尤斯［Proculeius］，奥古斯都的一个骑师朋友和私人谋士）的慷慨，继而又含蓄地提出忠告，奉劝克里斯普斯防范财富与贪婪的诱惑。[8]

萨卢斯特因三头统治而失去了担任执政官的任何机会，但他的继承人克里斯普斯不需要这样的功名。盖尤斯·梅塞纳斯（Gaius Maecenas）失势之后，萨卢斯提乌斯·克里斯普斯悄然成为奥古斯都的谋臣。关于克里斯普斯在恺撒·奥古斯都去世之前参与政治机密的相关情形，文献中没有出现任何记录。正是他向一位军团首领传达了杀死阿格里帕·波斯图穆斯（Agrippa Postumus）的命令。这个命令的最终来源和正当性始终是一个费解之谜（很可能是那位已故统治者的旨令）。这个命令业已执行的时候，克里斯普斯借口妥善的

---

[8] Horace, *Odes* II. 2. 这首诗提出了一个问题，也给出了一种检验。有些人重复评注家波斐利奥（Porphyrio）的看法，仅满足于看到贺拉斯对这个人物慷慨大方的赞美（参见 Crinagoras, *Anth.Pal.* XVI. 40）。不过，这种取向也遭到明显的批评，参见 W. H. Alexander, *Transactions of the American Philological Association* LXXIV（1943），196。该学者未能恰当地利用这个主题。贺拉斯这首诗具有讽刺意味。他对克里斯普斯的讥讽让人想起了那位历史撰述家对"贪婪"和虚假词语的指责，参见"populumque falsis/dedocet uti/vocibus"（教人们不要使用错误的词语，19 ff.）。另参见 W. M. Calder, *Classical Philology* LVI（1961），175 ff.。

治国理政之道，警告莉薇娅不要将这件有可能带来危险的事情声张出去。[9] 莉薇娅不需要这样的警告。

萨卢斯提乌斯·克里斯普斯死于公元20年。塔西佗小心翼翼地提供了一篇讣告（这是《编年史》中最早出现的讣告，这种情形有些罕见而异常，因为克里斯普斯既不是元老，也不是执政官）。他把克里斯普斯和梅塞纳斯相提并论——两人的生活方式都很奢侈，但他们头脑灵活、处事机敏，他们借着秘密权力而远胜于那些以执政官职位或凯旋勋章招摇自居的人。不过，两人都未能始终得宠于他们的主子——这就是"权势"（potentia）一直以来的命运。[10]

就像萨卢斯特一样，萨卢斯特的继承人也处于一种谜一般的孑然一身的状态——不知道有没有妻子，也没有说得出姓名的亲属。[11] 克里斯普斯并没有男性方面的问题。他过继了卢奇乌斯·帕西耶努斯·鲁夫斯（Lucius Passienus Rufus）的儿子，后者是一个颇具演说天赋的新人，同时也出任过执政官和阿非利加的行省总督。克里斯普斯这位才思敏捷、善于演说的继承人位高而爵显：他在提比略一朝担任过执政官，到公元44年，他又以正规执政

---

[9] Tacitus, *Annals* I. 6. 3.
[10] ib. III. 30, 参见 *American Journal of Philology* LXXIX（1958），20。
[11] 贺拉斯用盖尤斯·普罗库雷尤斯（*Odes* II. 2. 5 ff.）来举证说明的方式有可能表明，克里斯普斯与一个颇有权势的关系纽带之间存在某种关联。普罗库雷尤斯（*Prosopographia Imperil Romani*¹，P 736）是梅塞纳斯的姊（妹）夫。

官（consul ordinarius）的身份，*在克劳狄乌斯一朝再次出任了执政官，只不过，这个荣誉并没有持续太久。[12]他的婚姻也让人颇为艳羡——两任妻子皆是贵胄名妇，他的第一任妻子是马克·安东尼和屋大维娅（Octavia）的外孙女多米提娅（Domitia）。离婚之后，帕西耶努斯·克里斯普斯又娶了多米提娅的弟妹，即阿格里皮娜（Agrippina），此人是格奈乌斯·多米提乌斯·埃努巴布斯（Gnaeus Domitius Ahenobarbus）的遗孀，两人育有一个年幼的儿子。据说，阿格里皮娜是想图谋克里斯普斯的万贯家财，她也促成了克里斯普斯的死亡。帕西耶努斯获得了公葬的礼遇；他的遗孀阿格里皮娜仍然可以再嫁，碰巧在这个时候，克劳狄乌斯·恺撒又不得不再找一位新的配偶。

这就是一个出自萨宾地区的新家族所面临的际遇和机会。那位历史撰述家的名字通过某些重要人物而延续了下

---

[12] *Prosopographia Imperil Romani*[1], P 109. 这位继承人全名为"盖尤斯·萨卢斯提乌斯·克里斯普斯·帕西努斯"（Gaius Sallustius Crispus Passienus, *L'Année épigraphique* 1924, 72: Ephesus）。*Real–Encyclopädie der classischen Altertumswissenschaft*（XVIII 2097 f.）中的条文篇目存在各种缺陷。帕西耶努斯一定是在公元前47年前去世的——他的讣告在《编年史》中占有一定的篇幅，但现在已经佚失，参见 *American Journal of Philology* LXXIX（1958），21。

\* "正规执政官"即相对于"补任执政官"而言在年初元月正式当选的执政官，因拥有以其名字命名任期之年的荣誉而具有高于"补任执政官"的威望。克里斯普斯这位继承人第一次是以"补任执政官"的身份补任了公元27年的执政官。

来，这个家族的文献资料或一种可信的传承细节也可能保留下来，流传于世。值得注意的是，老塞涅卡提到过萨卢斯特的演说，但他并没有太多的关切和热情：这些演说并不乏读者，但这仅仅是出于对其历史撰作的一种崇敬。[13] 塞涅卡是演说方面的行家，但他并没有引述那些演说。他引用的是一个著名的演说从业者的话，这个从业者名为卡西乌斯·塞维鲁斯（Cassius Severus）。另外，塞涅卡的儿子还是帕西耶努斯·克里斯普斯的亲密好友。[14]

然而，事实的流传可能从一开始就伴随着无稽的传闻。在探究萨卢斯特对当时文学的最初影响之前，我们最好简要地回顾一下有关其生活操守的某些指控和说法。

正如瓦罗所断言的，萨卢斯特曾与安尼乌斯·米洛的妻子通奸，他为此遭受了刑罚，并且缴纳了赎金。[15] 这个说法出自一本题为《庇乌斯或论和平》（Pius aut de pace）的

---

[13] Seneca, *Controversiae* III, *praef.* 8: "orationes Sallustii in honorem historiarum leguntur."（阅读萨卢斯特的演说仅仅是对这位历史撰述家的恭维和崇敬。）另参见本书 p.297。

[14] Seneca, *Naturales quaestiones* IV, *praef.* 6.

[15] Gellius XVII. 18: "M. Varro, in litteris atque vita fide homo multa et gravis, in libro quem inscripsit Pius aut de pace C. Sallustium scriptorem seriae illius et severae orationis, in cuius historia notiones censorias fieri atque exerceri videmus, in adulterio deprehensum ab Annio Milone loris bene caesum dicit et, cum dedisset pecuniam, dimissum."（马库斯·瓦罗是一个在写作和生活方面都极为可靠和权威的人，他在一篇题为《庇乌斯或论和平》的作品中说，我们发现，那些严肃庄重之作的作者萨卢斯特在其历史撰述中表现得就像一位监察官，但他却因通奸而被安尼乌斯·米洛抓住，并遭到了鞭笞，只有缴纳了一笔赎金之后，他才得以脱身。）

小册子。这一点非常重要。梅特路斯·庞乌斯指的是谁呢？是公元前80年的执政官，还是他收养的那位出任过公元前52年执政官的梅特路斯·西庇阿？这个小册子又是在什么时候写的？

事实上，梅特路斯·西庇阿曾在公元前48年同恺撒互通信函，商讨媾和条件。[16]公元前46年，西庇阿在阿非利加统率军队，同萨卢斯特所属的另一方作战，并于战败之后自杀身亡。梅特路斯·西庇阿的结局伴随着那句豪情满怀的"将军做得不错"（imperator se bene habet）而扬名四海，并载入书册。[17]瓦罗那本小册子或许写于不久之后。[18]如果是这样，这就成了一个很有争议的问题。瓦罗这本小册子也可能是在稍晚一些的时候所写，这种可能性不能被排除。即便是冠以梅特路斯·西庇阿的名字，这篇作品也可能受到了萨卢斯特在《历史》中所描写的梅特路斯·庞乌斯的影响——而且在萨卢斯特去世之前，这篇作品大概并没有公之于世。[19]

不管怎样，在前述所引的那些瓦罗的只言片语中，那

---

[16] Caesar, *BC* III. 57.

[17] Livy, *Periochae* CXIV.

[18] H. Dahlmann and R. Heisterhagen, *Abh.der Mainzer Ak*. 4 (1957), 159 ff.

[19] C. Cichorius, *Römische Studien*（1922）, 228 ff., 达尔曼遵从此说（H. Dahlmann, *Real-Encyclopädie der classischen Altertumswissenschaft*, Supp. VI, 1266）。即使"我们发现……那些严肃之作的作者"（scriptorem seriae illius ... exerceri videmus）这句话是格利乌斯所说，而不是瓦罗，我们也可以坚持认为，瓦罗的小册子写于萨卢斯特的《历史》之后。

个未被提及名字的水性杨花的妇人可能是与此相关的。即便瓦罗真的没有指出这个女人的名字，他也是在不动声色之间有意为之（出于写作技巧上的考虑，而不是出于某种顾虑）。有谁会认不出这个女人就是臭名昭著的法乌斯塔？另外还可以补充一句，有谁能否认这个女人有众多的情人？[20]

苏拉这个女儿的事迹大多是一些传闻逸事。一个雷同的故事就足以激起人们对瓦罗证言的怀疑。这样的故事恰巧有两个。贺拉斯曾提及法乌斯塔的情人维利尤斯（Villius）被人捉奸，并遭到粗暴的对待，这是第一个故事。[21]这个情人无疑是塞克斯图斯·维利尤斯·安纳利斯（Sextus Villius Annalis），有证据证明，他是米洛的一个朋友。[22]瓦勒里乌斯·马克西姆斯（Valerius Maximus）在一份简要的通奸晦事名录中提到了某个名为卢奇乌斯·屋大维（Lucius Octavius）的人，这是第二个故事，此人遭到了盖尤斯·梅米乌斯的处治——而梅米乌斯正是法乌斯塔的第一任丈夫，是公元前58年的行政官。[23]

在这个问题上，任何一种说法都不能作为判断的依据和标准；人们也没有必要指出，在评注《为米洛辩护》的论

---

[20] Macrobius II. 2. 9.

[21] Horace, *Satires* I. 2. 64 ff.

[22] Cicero, *Ad familiares* II. 6. 1.

[23] Valerius Maximus VI. 1. 13. "Lucius"这个首名在屋大维氏族中并不常见。这个人可能是列阿蒂的卢奇乌斯·屋大维的儿子（Cicero, *Brutus* 241）。不过，米洛的家乡拉努维乌姆（Lanuvium）可能会出现一种同音词（*Corpus Inscriptionum Latinarum* I$^2$. 1429）。

述中，阿斯科尼乌斯对于此事只字未提。长期以来，人们并没有理会这个问题，也没有人澄清或证实瓦罗的指控。谁能说得清楚呢？又有谁会在意呢？[24]

就目前所知，另一个敌视萨卢斯特的人在攻击萨卢斯特时并没有公开地指名道姓。自由民庞培尤斯·雷奈乌斯（Pompeius Lenaeus）对《历史》当中关于其恩主的描述大为光火，\*他抨击了萨卢斯特的作品和品行：萨卢斯特不仅被斥责为拙劣的加图剽窃者，而且还被说成是"挥霍无度、成天花天酒地而又别无所长的废物"（lastaurum et lurconem et nebulonem popinonemque appellans）。[25]这些用来谩骂的词汇都是精挑细选的词语，但人们会更倾向于选择有据可查的文献记录。

不过，"萨卢斯提乌斯"这个名字赫然出现在了贺拉斯的《讽刺诗》（Satires）中，随之出现的还有一个古代和现代评注家都没能妥善处理的问题。《讽刺诗》第一卷的第二首诗是一篇明快晓畅、充满活力而又富有神采的作品。这首诗的总主题是避免不恰当的男女关系，并以庄重古朴的表述说教式地宣告一条特殊的训谕，"不要纠缠已婚的贵妇"（desine matronas sectarier，78）。

---

[24] 对于整个故事的强烈怀疑，G. Funaioli, *Real-Encyclopädie der classischen Altertumswissenschaft* IA, 1916 f.; F. Münzer, XVII, 1820。不过，富纳约利后来认为，这并不仅仅是瓦罗出于党派情绪而接受的一种杜撰的故事（G. Funaioli, *Studi di letteratura antica* II. 1 [1947], 56 f.）。

[25] Suetonius, *De gramm.* 15.

\* 雷奈尤斯的恩主就是庞培·马格努斯。

这篇诗作有三个部分必须谨记——而且要注意各个部分的差异和独立性。第一个部分讲述了有夫之妇的追求者可能遭遇的种种祸事，其中并没有提及用于举例说明的人物姓名（41 ff.）。接下来的部分指出，获释女奴（自然）是更加稳妥的交易对象，但在这个方面，不加节制与通奸之举一样的卑劣。

> tutior at quanto merx est in classe secunda,
> libertinarum dico, Sallustius in quas
> non minus insanit quam qui moechatur
> 相较而言，与第二等级的交易是多么安全
> 我是指获释女奴，萨卢斯提乌斯对她们的迷恋
> 并不亚于奸夫的愚蠢疯狂（47 ff.）

如果萨卢斯提乌斯这个人听从了劝告，他就可以对姑娘们"大方而慷慨"（bonus atque benignus），同时又不会有损于个人的财产和名声——"这就不会给他带来损失和耻辱"（nec sibi damno/dedecorique foret）。但是，这位萨卢斯提乌斯并没有听从劝告，他为掩饰自己的行为而提出了辩解——"我从不和已婚的妇女乱搞"（matronam nullam ego tango）。在第三部分，诗人又继续回到了已婚贵妇和通奸的话题。他举出了维利尤斯横遭不幸的事例，后者是苏拉千金法乌斯塔的情人，他遭受了身体上的酷刑，"被拳脚相加、被刀剑削砍"（pugnis caesus ferroque petitus, 66）。

对于这三段内容的解释，有一个事实是清楚的。萨卢斯提乌斯并不是通奸者。恰恰相反，这首诗接近结尾的地方表明，萨卢斯提乌斯秉持着贺拉斯本人规避已婚贵妇的行为准则，"我喜欢那些唾手可得的欢愉"（parabilem amo venerem facilemque，119），诗人还诉诸伊壁鸠鲁派哲学家和诗人斐洛德慕斯的权威，从而为这样的行为准则提供了更多的支持（120 ff.）。麻烦的问题在于，这位萨卢斯提乌斯对获释女奴的痴迷超过了适可而止的限度。如果真的把萨卢斯提乌斯这个名字与那件众所周知、臭名昭著的通奸案联系在一起，贺拉斯就会把这个问题搞得更加云山雾绕，犯下极端无能的过愆。这并不符合贺拉斯的作风。

关于这位讽刺诗作家所提及的人物，人们发现了一条乍看起来无懈可击的定例：这些人要么已经过世，要么就是无足轻重。[26]然而，"萨卢斯提乌斯"是个非常少见的名字，这个时候又成了一个赫赫有名、如雷贯耳的名字。在这种情况下，上述所说的定例又该如何成立呢？"萨卢斯提乌斯"这个名字可以适用于公元前30年代供职于罗马的那位"萨卢斯提乌斯"，也可以是那位历史撰述家，那么，这位"萨卢斯提乌斯"是已经去世还是依然在世呢？如果指的不是那

---

[26] 在讨论《讽刺诗》第一卷第三首诗中的人名时提出了这条定例，E. Fraenkel, *Horace*, 1957, 88。这条准则在《讽刺诗》第二卷第三首诗中是有效的，而且也是非常有价值的，比如考证"精明的阿勒费努斯"（Alfenus vafer）可能是公元前39年补任执政官普布利乌斯·阿勒费努斯·瓦鲁斯（Publius Alfenus Varus）。

位历史撰述家，那就只有一种可能——这个"萨卢斯提乌斯"是那位历史撰述家过继的儿子，那个安东尼的党徒。人们必须假定，这个年轻人对获释女奴的痴迷骇人听闻、令人愤慨，以至于不存在任何的疑义或含混不清之处。

这个难题是显而易见的。[27]它关系到这篇讽刺诗的写作时间，人们一般认为，这篇诗作是最早的讽刺诗之一，写作时间大概是公元前39—前38年。[28]另外，这个难以抉择的问题还与一个因素有关，即诗人在提及那些姓名独特、身份明显的人物时，允许自己可以毫无顾忌。

文学创作的年代顺序成为一个有待商榷的问题。贺拉斯何时创作的这首诗歌是一个与此相关的因素——但也存在另外一个因素，即《讽刺诗》第一卷问世的时间。大多数人认为，可能是在公元前35年或公元前34年。[29]也没有任何理由排除公元前33年的可能。那位历史撰述家此时已经去世——而且，他在世的时候，罗马的统治者不可能对他怀有好感和宽容的态度。

一个被忽略的因素同样与这个问题相关。如果萨卢斯特的继承人可能是通过遗嘱过继的，那么，这个继承人就不

---

[27] 因而遗憾的是，弗兰克尔在关于这首诗的充分讨论中并没有提及这个人物和这个事件（E. Fraenkel, o.c. 76-86）。而鲁德在探究讽刺诗中的姓名时也只是敷衍性地提到了这个问题（N. Rudd, *Classical Quarterly* $X^2$ [1960], 163）。

[28] Kiessling-Heinze编选的贺拉斯诗集评注中就持这样的观点（ed. 5, 24, reprinted 1957）。参见E. Fraenkel, o.c. 76。

[29] E. Burck in Kiessling-Heinze (1957), 385.

可能在萨卢斯特去世的公元前35年之前获得"萨卢斯提乌斯"的名字。在那之前,这位年轻人作为萨卢斯特一个姊妹的孙子,必定带有一些其他的姓氏。另外,原有的姓名在过继之后一般会保留下来,而且在日常叫法中会成为更加常用的姓名。比如提图斯·庞波尼乌斯·阿提库斯(Titus Pomponius Atticus)就是这样,尽管他的舅舅通过遗嘱将其过继为子的时候,他在法律上的姓名已经发生了改变。

这就是贺拉斯提供的说明以及关于这种说明的解释中存在的风险。任何谨慎的人都不可能期望从古代的评注家那里获得任何帮助。在评注上文提及的第一部分的诗文时(未提及人名的一系列丑事),有一位评注者举出了萨卢斯特与米洛之妻法乌斯塔通奸被捉并被后者丈夫痛殴的事例。该评注者说,这是阿斯科尼乌斯·佩迪亚努斯(Asconius Pedianus)在他的《萨卢斯特传》中陈述的事情。[30]非常遗憾的是,古代的其他著述中并没有引用过这篇有趣的文献。事实上,即便阿斯科尼乌斯写了关于萨卢斯特的文字,并且记录了这一指控,我们也无法确定阿斯科尼乌斯相信了这个指控。加倍的谨慎必不可少。据一位维吉尔诗歌的评注者所说,波利奥的儿子阿西尼乌斯·伽卢斯(Asinius Gallus)告

---

[30] Pseudo-Acro on *Satires* I. 2. 41: "quod Q. Asconius Pedianus in vita eius significat."(昆图斯·阿斯科尼乌斯·佩迪亚努斯在他所写的传记中陈述了这个事情。)可注意该故事的另一个出处。在讨论"因通奸而被杀的人"时(quique ob adulterium caesi, Virgil, *Aeneid* VI. 612),塞尔维乌斯说,如果"caesus"的意思是"被杀",这个人指的就是埃基斯图斯(Aegisthus),如果不是,那就是萨卢斯特。

诉阿斯科尼乌斯，他，伽卢斯，的确是《第四牧歌》所昭示的神童。[31]没有任何迹象表明，阿斯科尼乌斯相信了他。

关于第二部分，评注者提出了一个清晰明确的说法。萨卢斯特在元老院宣称，他迷恋的是获释女奴，而不是已婚贵妇，出于这样的原因，监察官将他逐出了元老院。[32]然而，第三部分的评注提到了米洛夫人及其姘头的姓名，却没有提及那位历史撰述家——而且，这部分评注整体上是非常拙劣的。[33]

值得注意的是，评注学者对那位年轻的萨卢斯提乌斯看起来缺乏了解。在评述贺拉斯献给那位杰出人物的颂歌时，评注家也同样无知，他们将这位萨卢斯提乌斯与那位历史撰述家混为一谈。[34]既然如此，我们也就没有必要再关注这首讽刺诗的另一部分的注释，尽管这部分注释也可能激起人们追根究底的兴趣。纵欲者诺门塔努斯（Nomentanus）有一个厨子，名为达玛（Dama），历史撰述家萨卢斯特曾以重

---

[31] Servius on *Eclogue* IV. 1.
[32] Pseudo-Acro on *Satires* I. 2. 49. 遗憾的是，Kiessling-Heinze 版本的贺拉斯诗集评注不仅没有提及这首诗（1.41）的注释，甚至连这一部分的诗文都没有提及。
[33] 评注家波利奥非常可笑地说，"这说的是维利乌斯，而不是安尼乌斯"（Villius pro Annio dixit），然后接着又解释说，安尼乌斯·米洛是与人私通的法乌斯塔的丈夫。
[34] 伪阿克罗（Pseudo-Acro）说，"这是写给萨卢斯图乌斯·克里斯普斯的，他是历史撰述家，也是罗马骑士和奥古斯都的友人"（Sallustium Crispum adloquitur, historiographum, equitem Romanum, Augusti amicum）。

金雇用过此人。[35]

　　一个合乎情理的推测是，萨卢斯特认同伊壁鸠鲁的教义准则。但是，萨卢斯特反对安逸和奢靡，而且也没有任何证据可以证明，萨卢斯特过着穷奢极侈的生活。生活奢靡这样的标签属于梅塞纳斯的同僚和继任者萨卢斯提乌斯·克里斯普斯。很多不同的文献记载中都说他锦衣玉食、富足阔绰。萨卢斯提乌斯园庭（Horti Sallustiani）雕栏玉砌、富丽堂皇。[36]如果这个园庭最初是由新阿非利加行省的那位总督所购得，对科利纳门（Colline Gate）附近的那些殿宇花园的开发、扩建和惹人注目的精心修葺，可能就是出自其继承人之手。据塔西佗所说，克里斯普斯"富足阔气的排场已经近乎于奢侈"（per cultum et munditias copiaque et adfluentia luxu propior）。[37]无知和恶意有可能（不仅仅是一种可能）把奥古斯都这位臣僚的品位和习性转嫁到那位历史撰述家身上。[38]

---

[35] Porphyrio on *Satires* I. 1. 102，其中提供了达玛的名字，此人是卢奇乌斯·卡西乌斯·诺门塔努斯（Lucius Cassius Nomentanus）的奴隶。关于诺门塔努斯的问题，参见 F. Münzer，*Real–Encyclopädie der classischen Altertumswissenschaft* XVII, 820; N. Rudd, *Classical Quarterly* $X^2$ (1960), 167。

[36] Platner–Ashby, *A Topographical Dictionary of Ancient Rome* (1927), 271 f.; P. Grimal, *Les jardins romains* (1943), 135 ff. 据 *Inscriptions Latinae Selectae* 1795 可以推断，克里斯普斯把花园遗赠给了提比略·恺撒，而不是他过继的儿子帕西耶努斯·克里斯普斯。

[37] Tacitus, *Annals* III. 30. 2.

[38] 将萨卢斯提乌斯园庭归于（或归咎于）那位历史撰述家是一个具有普遍说服力的做法。人们似乎没有注意到，这种做法的（转下页）

总之，那个通奸的故事无法从贺拉斯的诗文中获得任何支持。恰恰相反，其中只提到了对获释女奴的痴迷，贺拉斯对这种痴迷的讥讽并不是由于痴迷本身，而是因为这种痴迷像他所声称的那样，超过了适当的限度。准确地说，贺拉斯事实上认为，萨卢斯特的行为证明他并不是一位真正的伊壁鸠鲁主义者。仅此而已，这就是问题的答案。[39]如果不是这样，人们就必须认定，贺拉斯所说的萨卢斯提乌斯并不是那位历史撰述家，而是这位历史撰述家的甥外孙。[40]这样的证据微不足道而又不足为信，关于这位历史撰述家道德品行的传统观念，以及这位历史撰述家的个人

---

（接上页）唯一的证据出自"Cicero", *In Sallustium* 19: "hortos pretiosissimos, villam Tiburti C. Caesaris, reliquas possessiones"（获得了一个价值连城的城郊庄园，即盖尤斯·恺撒那幢位于提布尔的别墅，以及你其余的财产）。没有证据表明有一幢位于提布尔的恺撒别墅。假如萨卢斯特拥有一幢豪华的宅邸，他对"宅邸和别墅"（domos atque villas, *Bellum Catilinae* 12. 3 [参见 20. 11]）的苛责某种程度上就是一种疏忽或虚伪的表现。

[39] 鉴于贺拉斯诉诸斐洛德慕斯来说明通奸的危害和愚蠢之处（120 ff.），这是一个容易被人接受的解答方案。基于其他理由，人们也可以认为，萨卢斯特是一位伊比鸠鲁主义者。

[40] 一般认为，贺拉斯指的一定是萨卢斯特的甥外孙。持此观点的有 Kiessling-Heinze on *Satires* I. 2. 47 ff.; G. Funaioli, *Real-Encyclopädie der classischen Altertumswissenschaft* I A, 1916; W. H. Alexander, *Transactions of the American Philological Association* LXXIV (1943), 192 ff.。有些学者在不经意间透露了他们的理由——因为那位历史撰述家被排除了，他与已婚贵妇法乌斯塔通奸是众所周知的。这是一种有悖常理的论点：人们必须毫无偏见地审视贺拉斯的诗文。乌尔曼认为，关于《讽刺诗》（I. 2. 41 ff.）中所说的通奸，一般性的评论都意在预示，《讽刺诗》（1. 48）出现的是萨卢斯特的名字（B. L. Ullman, *American Journal Philology* LXXI [1950], 410）。但是，据这种论点看来，萨卢斯特（即历史撰述家）既是一个通奸者，也是一位获释女奴的爱好者——这并不是贺拉斯的论题。

生活和著述写作之间的明显偏差所唤起的惋惜之情和严厉斥责，皆是以此为凭据。

轻信或杜撰并不局限于毁谤。有一位教父散布了一个诱人而荒谬的谎言。哲罗姆声称，与西塞罗离婚的特伦西娅嫁给了萨卢斯特，后者去世后，特伦西娅又嫁给了演说家梅萨拉·科维努斯。[41]

关于萨卢斯特的逸事传闻或无稽之谈也就到此为止。萨卢斯特的作品所产生的最早影响或许能够在贺拉斯那里发现。第十六首《长短句》正如其一开始所声明的那样，主要致力于述说罗马第二个饱受涂炭之苦的时期：

> altera iam teritur bellis civilibus aetas
> 
> suis et ipsa Roma viribus ruit.
> 
> 又一世代如今被内战压垮
> 
> 罗马崩溃在自己的力量之下

这首诗充满了阴郁悲观的不祥预感。看不到任何出路。具有讽刺意味的是，诗人称他的同胞为"勇武顽强的你们"（vos quibus est virtus）；而且讽刺的是，他提出了一个不可能的解

---

[41] Jerome, *Adv.Iovinianum* I. 48. 取信该说法的有 E. Meyer, *Caesars Monarchie und das Principat des Pompejus*³ (1922), 164; L. Pareti, *La congiura di Catilina* (1934), 204。

决方案——航离故土，追觅幸福之岛。[42]

这个方案指涉的事情是非常明显的——关于塞托里乌斯渴望逃离战争和暴政的故事。[43]由此而来的还有另一个问题，诗人若不是在萨卢斯特的作品中看到了这个故事，又是在哪里看到的呢？[44]在摒弃或否定这个想法之前，最好寻找其他指向萨卢斯特的主题。在罗马过去的敌人中，斯巴达克斯按照时间上的前后顺序出现在这首诗的开头几行。紧随斯巴达克斯之后的也更加意味深长：

"novisque rebus infidelis Allobrox"
桀骜忤逆、心怀异心的阿洛布罗吉人

贺拉斯说的不可能是那个部族掀起的任何战争或叛乱。[45]他指的是喀提林阴谋（novae res），这个阴谋通过萨卢斯特的专题史书，把阿洛布罗吉人这个名称带进了拉丁文学。[46]

一个非常重要的后续推论也随之而来。这涉及学界中

---

[42]相关解释，参见 E. Fraenkel, *Horace*（1957），49 f.。
[43]Sallust, *Historiae* I. 100 ff.，参见 Plutarch, *Sertorius* 8。
[44]萨卢斯特的著作普遍被认为是这个故事的出处，参见 G. Schörner, *Sallust und Horaz über den Sittenverfall und die sittliche Erneuerung Roms*（Diss. Erlangen, 1934），42 ff.。这种看法不需要评注这首诗（1.41）的学者的支持。弗兰克尔持不可知论的看法——"贺拉斯想到了塞托里乌斯的故事，这是有可能的，但无法证明"（E. Fraenkel, o.c. 49）。
[45]Kiessling-Heinze 版本在此处举出的事例是公元前61年发生的一场阿洛布罗吉战争。
[46]舒尔纳——以及大多数其他作者都忽略了这一点（G. Schörner, o.c）。

一直存在争议的一个问题：贺拉斯的《长短句》和维吉尔纪颂阿西尼乌斯·波利奥执政官任期（公元前40年）的《牧歌》，哪一部作品的写作时间更早？各种论据都倾向于《牧歌》。[47]如果承认贺拉斯诗文中的典故出自萨卢斯特的《历史》，问题也就解决了。

塞托里乌斯的故事情节是在《历史》第一卷中讲述的。贺拉斯这位诗人又是如何知道这个故事的呢？通过诵读？这并不确定。阿西尼乌斯·波利奥是第一个诵读散文作品的罗马人。[48]人们也不能确凿无疑地认为，《历史》的第一卷是单独发表的。如果第一卷到第三卷是一起面世，那问世时间也不可能早于公元前37年或公元前36年。再者，萨卢斯特不可能在公元前35年骤然去世的时候发表《历史》的任何一部分，因为第五卷的写作尚没有完成。[49]

---

[47] 斯内尔提出了令人信服的理由，B. Snell, *Hermes* LXXIII (1938), 237 ff.。参见 E. Fraenkel, o.c. 51。不过，仍然有一些学者认为，《长短句》写作的时间更早。

[48] Senaca, *Controversiae*, praef. 2.

[49] 如果就像这里所说的那样，《长短句》(XVI) 影射了萨卢斯特的第一卷《历史》（提及阿洛布罗吉人进一步突显了这种影射），贺拉斯年表中存在一些需要进一步推敲的问题（或龃龉之处）。《长短句》的写作时间最早是在公元前41年或公元前40年的可能性被排除了：当然，罗斯塔尼将《长短句》的写作时间定在了公元前41年，而且还认为，从萨卢斯特那里即可推断出准确的时间（A. Rostagni, *La letteratura di Roma repubblicana ed augustea* [1939], 271）。问题在于，究竟应该推断到何种程度。弗兰克尔（似乎并没有考虑萨卢斯特）的说法既准确，同时又含混不清——"在公元前38年春天或稍晚些的时候"（E. Fraenkel, o.c. 53）。拉宾纳倾向于公元前38年一说（A. La Penna, *Maia* XIII [1961], 99）。

贺拉斯之后，维吉尔在公元前37—前29年撰写了《农事诗》。在他描写一场牛瘟的第三卷中，有一句短语或许显露出了《历史》中的某些内容。[50] 然而，诗人明显向那位历史撰述家致敬的是另一部作品。《埃涅阿斯之盾》(Shield of Aeneas)展示了经受永恒折磨的喀提林和那位受福的逝者当中的立法者——极乐世界中的加图。

"另一边是忠良之士，其中有立法者加图"(Secretosque pios, his dantem iura Catonem)。[51] 维吉尔留下了一个猜想：恺撒属于哪边——据加图在演说中的说法，恺撒不相信好人和坏人在死后的阴间有不同的居所。[52]

萨卢斯特是一个行为失检、抑郁寡欢，并且对恺撒派阳奉阴违的恺撒党徒，其他人则要么坚定不移地效忠于该党，要么不得不转变效忠对象，继续帮助恺撒的事业取得胜利，支持、颂扬和粉饰恺撒·奥古斯都的新秩序。恺撒·奥古斯都没有理由尊重萨卢斯特的历史回忆；名门权贵很快也在君主制同盟中重获新生，他们一定觉得他的观点十分可憎。

就像苏拉和恺撒一样，统治者对所有最古老的家族都

---

[50] Servius on *Georgics* III. 482 出现了 *Historiae* I. 43: "ne simplici quidem morte moriebantur"（他们死于各种各样的死法。 另注意 Servius on 469, 475 前后文，出处是 *Historiae* V. 1; II. 40。

[51] Virgil, *Aeneid* VIII. 670.

[52] *Bellum Catilinae* 52. 13: "credo falsa existumans ea quae de inferis memorantur: diverso itinere malos a bonis loca taetra inculta foeda atque formidulosa habere."（在我看来，关于阴间的传闻是不真实的，这种传闻说坏人沿着一条与好人不同的路，居住在阴暗、荒凉、肮脏和可怕的地方。）

有着强烈的偏爱，不管他们有什么天资或精神。科勒内利乌斯·林图卢斯家族的人令人生厌但又人丁兴旺，他们在和平时期往往会一再获得执政官的任期——共和国末世有五位，恺撒·奥古斯都时期有六位。还没有一个林图卢斯因对外战争或内战的胜利而大放异彩。当萨卢斯特为林图卢斯·克洛狄亚努斯编造了一个臭名昭著的标签时，他嘲笑的不仅仅是一个个人，而是一个家族和一个阶层。[53] 他所抨击的名门权贵仍然是占有统治地位的贵族，自命不凡而盛气凌人，尽管其优势地位受到了威胁。然而现在，出身本身比以往任何时候都更有威望，因为这意味着名门权贵可以借助恺撒·奥古斯都的支持和恩惠，走向一条获取公共荣誉的阳关大道。

萨卢斯特还尽其最大努力去揭发庞培·马格努斯。结果证明，这是徒劳的。没过多久，这位巨头的形象就得到了改善和美化：没有人会想起，马格努斯这位屋大维的真正先驱曾经是贵族派的敌人。相反，他被誉为"共和国"的捍卫者。

另外，有一群极具影响力的"庞培派"人物幸存了下来。但是，西塞罗从没有成为党派的首领，他的名声也存在两方面的不利。在拥护共和政体的人中，西塞罗很少得到认同和欣赏；而且，由于屈从于专制，许多人都急于说他的坏话。[54] 萨卢斯特并不属于这类人。没有任何一位古代撰述家

---

[53] *Historiae* IV. 1. 参见本书 p. 209 和 p. 300。
[54] Quintilian XII. 10. 13.

暗示说，在《喀提林内争》中，萨卢斯特对西塞罗的描写怀有恶意或不公正。恰恰相反，这位历史撰述家明显是在试着为这位执政官的举措进行一次从容而坚定的辩护。[55]他的描写向人们展现了西塞罗在公元前42年的临危不惧和独立精神。这种描写不可能见容于三头统治——在恺撒·奥古斯都的家族和追随者当中，西塞罗这个名字也一直不受待见。[56]

认为萨卢斯特是西塞罗这位雄辩家的敌人，这的确是一种流行的观点。这或许并不是出于政治上的缘故，而是出于文学方面的原因。萨卢斯特与西塞罗敌对并不是萨卢斯特担任保民官时期的某段经历（很少有人记得），甚至也与萨卢斯特在内战中的效忠倾向无关，确切地说，萨卢斯特是西塞罗的敌人，仅仅是因为这位历史撰述家有意创立一种反西塞罗风格的文风。而且不会有人忘记的是，雄辩家和教育从业者中的那些西塞罗的狂热推崇者，对于萨卢斯特和西塞罗之间的明显对立，同样起到了推波助澜的作用。

因此，萨卢斯特在下一代人当中遭到贬低和轻视是由各种各样的原因共同所致。不过，也存在一种强有力的平衡因素。萨卢斯特推崇和赞扬加图。这确保他获得严肃人士的赞许，也赢得了整个受教育阶层的认可。恺撒·奥古斯都因循守旧、机敏而狡猾。他将加图强行归为了保守的

---

[55] 参见本书 p.110。
[56] 相关的逸事传闻，参见 Plutarch, *Cicero* 49。

政治家。[57]

萨卢斯特设想出了一种揭露拆穿的精湛技艺——但他并没有能力或想法将这种技艺用于罗马的传统。他接受了关于过去的传统看法。这种理想化此时又得到狡狯之徒或轻信受骗之人（更多是后者）的推崇和强化。对古代美德和节俭的赞美同这个繁荣的时代相吻合；罗马当局有一项社会复兴的政策，许多倡导这项政策的人并不允许该政策干扰他们的生活方式。

然而，激起人们赞扬或谴责的并不是萨卢斯特的观点，而是他的风格。一位大胆的革新者在文学上最初得到的待遇往往是不以为然或沉默不言。为了批驳萨卢斯特对古语词的过分追求，阿西尼乌斯·波利奥发表了一篇完整的论文。[58] 波利奥接替阿泰尤斯·费罗洛古斯（Ateius Philologus）担任了萨卢斯特的文学顾问，他宣称萨卢斯特曾聘请费罗洛古斯收集古语词。这种责难就如苏维托尼乌斯所指出的那样，看起来有些任性，因为波利奥没有理由不知道阿泰尤斯奉行的准则和规范——朴素浅白、平淡无奇的演说。阿泰尤斯本人

---

[57] Macrobius II. 4. 18（奥古斯都对塞尤斯·斯特拉波［Seius Strabo］）。
[58] Suetonius, *De gramm.* 10. 这篇论文也许和他写给穆纳提乌斯·普兰库斯的信相同，也可能不同（Gellius X. 26. 1）。关于波利奥的风格，参见本书 p.55。按照格利乌斯的说法，正是萨卢斯特的"雅致"（elegantia）和"创新热情"（novandi studium）使他未能获得好评："招致人们极度的反感"（cum multa prorsus invidia fuit, Gellius IV. 15. 1）。

并不认可萨卢斯特的佶屈聱牙和武断轻率的比喻。[59]

波利奥与恺撒·奥古斯都只有在这一点上达成了一致。一封嘲弄安东尼演说风格（或者确切地说是某些风格）的论战性书信中同样出现了对于古语词的批评：在这封书信中，屋大维说那些用语措辞就像萨卢斯特从加图的《创始记》当中拾来的牙慧。[60]

李维并不赞成演说家求助于"古旧的俗语"（verba antiqua et sordida）。[61]另外，他还不遗余力地批评了萨卢斯特对一句希腊习语的窜改。在提及此事的老塞涅卡看来，李维的批评并不公正，萨卢斯特的作品是值得肯定的。[62]他还补充说，萨卢斯特可以在自己的领域凭借自己的武器——简练，胜过修昔底德。[63]

历史撰述家可能会因为使用插叙或演说而受到指责。一位后世的撰述家和摘录者记述了某些说法，其中批评了萨

---

[59] ib. 据苏维托尼乌斯所说，阿泰尤斯为萨卢斯特提供了一份"罗马全史纲要"（breviarium omnium rerum Romanarum）。值得注意的是，阿泰尤斯曾是普布利乌斯·克洛狄乌斯兄弟的导师，后者出任行省总督期间，他也曾经陪同左右（ib.）。

[60] Suetonius, *Divus Aug.* 86. 3.

[61] Seneca, *Controversiae* IX. 2. 26.

[62] ib. IX. 1. 13. 李维批评了那句"成功是罪恶的绝佳掩护"（secundae res mire sunt vitiis obtentui, *Historiae* I. 55. 24）。据 Demosthenes XI. 13，李维或塞涅卡（或两者）事实上并没有认为萨卢斯特是修昔底德般的历史撰述家。

[63] ib. "hac eum Sallustius vicit et in suis illum castris cecidit." （但萨卢斯特在这一点上比他更强，他在自己的领域胜过了他。）

卢斯特使用插叙或演说的癖好;[64]李维还指出了历史撰述家对于修饰性附记和补说的滥用。[65]另外,庞培尤斯·特罗古斯(Pompeius Trogus)还对萨卢斯特和李维的演说提出了责难。在他看来,直接引语是一种并不合理的叙述手法。[66]特罗古斯自己示范说明了应该如何叙述。对罗马帝国主义提出冗长控诉的并不是萨卢斯特编撰的那封米特里达梯写给帕提亚人的书信,而是入侵亚细亚之时他向他的军队发表的那篇长篇演说。[67]应该补充一点的是,特罗古斯在风格上显露出了萨卢斯特对他的影响。[68]

李维同样不可能完全不受萨卢斯特的影响。不过,在李维前期所写的几卷罗马史当中,某些共同特征,特别是古语词和诗意化的表达,都属于共同的文风传统,并且都源于李维的先辈。李维仍然属于编年纪作家,而且还超越了后者。出于这个原因,同时也因为他的风格中有一种西塞罗式的繁复冗赘之风,将他说成是最后的共和国撰述家是不恰当的。[69]相比之下,萨卢斯特却是帝国撰述家的先驱。

对于西塞罗的辩才和理念,李维怀有强烈的钦佩之情,

---

[64] Granius Licinianus p. 43 Bonn:"Sallustium non ut historicum scribunt sed ut oratorem legendum"(阅读萨卢斯特应该把他当作一位演说家,而不是一位历史撰述家),等等。

[65] Livy IX. 17. 1,参见本书 p.232。

[66] Justin XXXVIII. 3. 11.

[67] ib. 4. 1–7. 10.

[68] M. Rambaud, *Rev.ét. lat.* XXVI (1948), 171 ff.

[69] E. Norden, *Die antike Kunstprosa* I (1898), 234 ff.

他非常反感萨卢斯特对人的看法和对罗马当局的态度。在他的《绪言》(Praefatio)中发觉出这种厌恶并不是异想天开。[70]李维想写的应该是一部爱国的、富有教化意义的著作——可以料想的是,这部著作就像某些晚近的编年史,比如瓦勒里乌斯·安提亚斯的作品。

当李维在其漫长的撰史过程中写到萨卢斯特讲述的历史时期时,时间已经在亚克兴战役和这部著作所写的起始时间之后过去了很久,恺撒的继承人很快就对尤利乌斯·恺撒这位独裁者和资深执政官失去了兴趣。他有了"神之子"(Divi filius)的光环,其余都可有可无,或者确切地说有害无益。李维给予了回应。他表达了一种疑问——恺撒的出生是否为世界之福?[71]他还称赞了庞培。这并没有冒犯奥古斯都。[72]文学评论家赞扬了李维的"坦率"(candor)。这种优容宽厚的倾向有时会让他误入歧途。他可以就此省略或者淡化罗马人与其他族群交往中的不光彩事件。萨卢斯特对罗马帝国主义的揭露完全不合他的心意;他急于反驳萨卢斯特,因而删去了庞培·马格努斯在其早年生涯中的暴力行径或背信之举。[73]

为了讲述朱古达战争,李维除了借鉴萨卢斯特的著作,

---

[70] L. Amundsen, *Symb.Osl*. XXV (1947), 31 ff.
[71] Seneca, *Naturales Quaestiones* V. 18. 4.
[72] Tacitus, *Annals* IV. 34. 3.
[73] 参见本书 p.202。

另外还使用了其他有损于萨卢斯特的文献著述。[74]类似的还有卢库路斯的各次征战，他在讲述的时候引入了虚构情节和一些不准确的内容。[75]现存的卡西乌斯·狄奥的《罗马史》是从公元前69年提格拉诺切尔塔战役之后的某个时间点讲起的。他似乎回到了萨卢斯特那里。《历史》一书的叙述中止之后，狄奥在多大程度上遵循李维的叙述，这是一个存有争议的问题。狄奥对公元前66—前65年罗马颠覆性活动的概括性叙述并没有提及恺撒的名字。这可能反映了李维的叙述版本，也可能不是。[76]

狄奥记述了萨卢斯特被逐出元老院的事情，其中没有归咎任何的罪名；他还提到了萨卢斯特在公元前47年与叛变士兵的不幸遭遇。[77]然而，关于萨卢斯特在新阿非利加行省的总督任期，狄奥直言不讳——勒索和劫掠。[78]他还补充了一句充满敌意的评论：在写下那些严厉谴责行省剥削者的言论之后，萨卢斯特败坏了自己的名声。狄奥犯了搞错时间前后顺序的错误。他做出一个极不细心的设定，这个设定反映的恰恰是他自己的时代——著述者成为地方执法官和行省总督。他的评论意见可能完全是他自己的看法。不过，即使狄奥遵从李维的说法，他也有可能在他自己的文献资料中

---

[74] 参见本书 p.154。
[75] Th. Reinach, *Mithridate Eupator* (1890), 434.
[76] 参见本书 p.92。
[77] Dio XL. 63. 4; XLII. 52. 1 f.
[78] ib. XLIII. 9. 2.

发现了要比所谓萨卢斯特担任行省总督期间的事实更多的实情。不管怎样,有一种看法认为,有人加重了萨卢斯特的不端行径。

尽管有各种各样的毁谤和贬损,萨卢斯特的声名仍然不容否认。萨卢斯特和李维不久之后就被誉为两位经典的历史撰述家,他们"旗鼓相当而不是彼此相似"(pares magis quam similes)。这是出任过执政官的历史撰述家塞维利尤斯·诺尼亚努斯(Servilius Nonianus)所说的话。[79]李维除了记了古罗马的传说,另外还叙述了晚近和当代的事情。有一个统治阶层的成员不可能不会提出与此相关的问题:如果一个人没有出任过元老,他又怎么能写出罗马历史呢?

阿西尼乌斯·波利奥在李维那里发现了"帕塔维尼亚方言"(Patavinitas)。昆体良似乎理解波利奥为什么反对运用地方语言和惯用语。[80]提到帕塔维乌姆这个扬扬自得的繁荣市镇,这位轻世倨傲的执政官可能有更为深刻的想法,这是比指出意大利波河彼岸的那些单纯的语病问题更为严厉的指责。[81]历史并不是一门有着教化意义的学科。宽厚与崇高的抱负还不够。撰述历史的人必须一针见血、冷酷无情。

当杰出的公元前22年执政官卢奇乌斯·阿伦提乌斯

---

[79] Quintilian X. 1. 102. 诺尼亚努斯本人"与撰史要求的权威格调比起来并不够简洁"(minus pressus quam historiae auctoritas postulat),因而他不可能是萨卢斯特亦步亦趋的模仿者。

[80] ib. I. 5. 56,参见 VIII. 1. 3.

[81] 参见 *The Roman Revolution*(1939),485 f.; *Harvard Studies* LXIV(1959),76。

（Lucius Arruntius）不得不讲述第一次布匿战争时，他采用并超越了萨卢斯特的叙述方式。阿伦提乌斯曾和塞克斯图斯·庞培一起在西西里，他后来还在亚克兴统领了一部分恺撒派的舰队。[82] 很可能他觉得自己掌握了一位优秀的罗马编年纪作家所特有的传统能力。

为说明痴迷萨卢斯特的风格所带来的危害，塞涅卡提供了大量源于阿伦提乌斯的引文。[83] 夸大其词不可能让萨卢斯特过时，也不可能减损对他的毁谤。他的名声不断与日俱增。马夏尔（Martial）和昆体良都一致将更高的赞誉给予萨卢斯特。对马夏尔来说，萨卢斯特就是"罗马最重要的历史撰述家克里斯普斯"（primus Romana Crispus in historia）。[84] 昆体良从容地指出，李维有助于少年的教育，而萨卢斯特则是更伟大的历史撰述家。[85]

---

[82] *Prosopographia Imperil Romani*$^2$, A 1129.

[83] Seneca, *Epp.* 114. 17 ff. 他提到了对"facio"一词和动词"hiemo"（过冬）的痴迷，比如"tempestas hiemavit"（愈加寒冷的暴风雨）这种句子和另外两个例句（仿自 hiemantibus aquis [在寒冷的冬雨中], in *Bellum Jugurthinum* 37. 4）。他还留意到"ingentes esse famas de Regulo"（有大量事物让人想起关于雷古路斯的事情）是仿自《历史》(I. 90) 中的"inter arma civilia aequi bonique famas petit"（他在内战中寻找让人想起正义和美德的东西）。

[84] Martial XIV. 191. 2.

[85] Quintilian II. 5. 19: "Livium a pueris magis quam Sallustium; et hic historiae maior est auctor, ad quem tamen intellegendum profectu opus sit."（与萨卢斯特相比，李维的史书更适合孩子阅读。萨卢斯特的确是一位更伟大的历史撰述家，但要了解他还需要进一步的深入。）他那句关于"李维细腻华丽"（illa Livii lactea ubertas, X. 1. 32）的评语并不意味着赞扬。

"罗马最杰出的历史撰述家"（Rerum Romanarum florentissimus auctor），这是科勒内利乌斯·塔西佗给予萨卢斯特的高度赞扬，他就像萨卢斯特一样，并不喜欢使用最高级形式的赞美之词。[86]传统的赞誉之词看起来可能有些讽刺，它们并不是明显而深刻的钦佩。作为一个谨慎而细致的创作者，塔西佗借用萨卢斯特甥外孙萨卢斯提乌斯·克里斯普斯的讣告，表达了他对萨卢斯特的钦佩和赞美；他还以一句关于权势转瞬无常的格言结束了这篇讣告，而这句格言完全是萨卢斯特风格的语言。他还在其他地方宣称自己的历史研究勤勉用功之时，让人想起了那位前代的历史撰述家——"至于我个人来说，我已经记述了很多值得记载的事情，纵使别人并没有记载"（nobis pleraque digna cognitu obvenere, quamquam ab aliis incelebrate）。[87]在拉丁语中，"incelebratus"（没有记载）一词只在萨卢斯特对那些不愿承认塞托里乌斯名声的历史撰述家加以指责的时候出现过，除此之外并没有出现在其他任何地方。[88]

与萨卢斯特一样，塔西佗最初所写的著作也是两部专题史书，但是，他和那位伟大的先辈比起来并没有那么细心和谨慎，在追记阿格里科拉时，他一开始就宣布了一项将来着手的撰史计划。尽管《阿格里科拉传》表面上是一部传记，但其主题与同时代有着鲜明的相关性，因而具有深刻的

---

[86] Tacitus, *Annals*. III. 30. 1.
[87] VI. 7. 5.
[88] Sallust, *Historiae* I. 88.

政治意义；其中的军事描写和地理部分的记述则需要一种萨卢斯特风格的叙述技艺。那位喀里多尼亚（Caledonion）酋帅痛斥罗马人贪婪、不公、不义和演说，让人想起了萨卢斯特编撰的那封米特里达梯书信。《日耳曼尼亚志》这本书同样不能否认它的典范源于萨卢斯特的著作（这本书看上去就像描述某些国度和族群的那段附记的扩展版）。

塔西佗如何在其《历史》中借鉴萨卢斯特可以在他关于李锡尼乌斯·穆奇亚努斯（Licinius Mucianus）的描写中得到简明而精当的说明，对穆奇亚努斯的描写是整部著作的第一个人物简介，这恰好有力地突出了穆奇亚努斯的重要性。在介绍了穆奇亚努斯早年的坎坷经历后，作者又用一系列缺少连接词的对偶短句勾勒了这个人谜一般的矛盾性格。[89] 后来，在东方宣告一位皇帝即位的时候，穆奇亚努斯为了鼓励韦斯巴芗（Vespasian），发表了一次萨卢斯特风格的演说。演说的开场部分几乎完全模仿了那封米特里达梯的谏言信（这封信本身的模版又源于修昔底德）。[90] 此外，这位演讲者还用一系列大胆直率而又听起来自相矛盾的格言式措辞强调了他的论点。他解释说，帝位是现在唯一的安身立命之所；让人恐惧的人才是足够尊贵的人；战争要比和平更安全，计划发动叛乱的人已经发动了叛乱。

然而，《历史》也流露出李维的强大影响——叙述基

---

[89] Tacitus, *Historiae* I. 10. 2.
[90] II. 76. 1. 参见 Sallust, *Historiae*. IV. 69. 1, Thucydides I. 32. 1。

调、言辞文采，甚至繁缛冗长。只有在《编年史》中，塔西佗才实现用语风格的成熟，确立庄重凝练的文风——以及完全接受萨卢斯特的撰述风格。[91] 运用古语词的做法在《编年史》的前六卷之中表现得最为明显，这种做法是合适的。提比略·恺撒是一个与共和国有联系的老派统治者，并且仍然带有"共和国的影子"（quaedam imago rei publicae）。刻画尼禄时就不能这样做。

文体上的表述手法展现了人物或情节的相似性，从而暗示了经典的原作。[92] 比如反叛者塔克法里纳斯和阿非利加战争让人联想到朱古达。当卢奇乌斯·皮索被近西班牙的一个当地人杀死时，读者一定会想到格奈乌斯·皮索在同一地区的命运遭际。[93] 关于塞亚努斯（Sejanus）的描述中掊引借鉴了喀提林在萨卢斯特笔下的罪恶嘴脸，魅惑迷人的庞培娅·萨宾娜（Poppaea Sabina）登场亮相之时就如同第二个塞普罗尼娅。

这些例证是清楚无疑的。还有许多其他的例证。在褒扬马库斯·雷比达的时候，塔西佗借鉴了萨卢斯特关于梅特路斯的描述（"comperior"［发现/发觉］这种形式的表述即标示了这一点）。[94] 他为雷比达编撰的短篇演说展现出了萨

---

[91] E. Löfstedt, *Syntactica* II (1933), 276 ff.; R. Syme, *Tacitus* (1958), 340 ff.

[92] 参见 *Tacitus*（1958）, 353 ff.；728 ff.。

[93] *Annals* IV. 45, 参见 *Bellum Catilinae* 19。

[94] IV. 20. 2: "hunc ego Lepidum temporibus illis gravem et sapientem virum fuisse comperior."（我发现雷比达这个人在他的一生中是一个既有原则又有智慧的人。）参见 *Bellum Jugurthinum* 45. 1（本书 p.158）。

卢斯特的语言风格。[95]还有一段讣文也是如此，该讣文概括了埃米利乌斯家族好坏参半的名声，"该家族出了很多爱国人士，甚至家族中那些品性不端的人也为这个家族的盛名做出了贡献"（genus fecundum bonorum virorum et qui eadem familia corruptis moribus inlustri tamen fama egere）。[96]另外，整段关于立法的插叙推进到了萨卢斯特所写的时期（并没有忘记提及执政官雷比达），这段插叙对萨卢斯特反感的巨头做出了怀有敌意的描述，它从马格努斯一直讲到恺撒·奥古斯都，简短地描述了令人憎恶的二十年苦难。[97]

通过撰述的题材和内容——地势环境和战争、人物简介和讣告、插叙和演说，人们往往可以推断出萨卢斯特的影响。用语风格，比如句法、拟古形式、表述措辞和有意的不协调，则证实了萨卢斯特的影响。塔西佗以各种有时让人吃惊的方式向人们表明了自己的撰史先驱。他和他的先驱在文风演变方面有着密切的相似之处。

首先，两人都用他们回避或摒弃的用语措辞提供了一种否定性的声明。与萨卢斯特一样，塔西佗并不喜欢典型的西塞罗言辞风格。他从来不用"singularis"（卓尔不群的），"infinitus"（无限的）一词则几乎没有用过。[98]尤其重要的是，他不会用那些道德术语，这些术语在从属于诸位恺

---

[95] III. 50.
[96] VI. 27. 4.
[97] III. 26 ff.
[98] *Tacitus*（1958），344. 关于萨卢斯特，参见本书 p.256。

撒之前，已经遭到演说家和政客的腐蚀与败坏。塔西佗对"auctoritas"（权威）、"pietas"（忠诚）、"felicitas"（好运）以及其他词语的态度都具有不同程度的指导意义。[99]

　　塔西佗坚持使用强烈而庄重的拟古措辞。从《历史》到《编年史》，这种用词风格有一种明显可见的强化趋势。[100]相比于"claritas"（名望）这个词，塔西佗更多地使用了"claritudo"（名声）一词，他把"cupiditas"（渴望/欲望/贪欲）完全摒弃在外，仅使用"cupido"（渴望/欲望/贪心）一词；"cognomentum"（别名）这个词只在《历史》中出现过一次，在《编年史》当中则出现了十七次。《编年史》采用了许多之前并没有用过的词语。其中一些明显无疑是萨卢斯特风格的用语措辞。[101]不过，塔西佗同时也放弃了一些《历史》中已经采用过的词语，比如"torpedo"（麻木冷漠）、"hortamentum"（鼓舞/鼓励）、"turbamentum"（骚乱/混乱）。相对于他在此时已经确定的文风品位而言，他觉得之前这些词语都太过于浮泛，或者说太过于陈旧了。

　　在确立风格特色的过程中，塔西佗以多种巧妙的方式借鉴了萨卢斯特。为了描述那个寒风凛冽的海岸和那片荒无人迹的草原，他转借了萨卢斯特用来描述努米底亚的用语措辞，从而让人想起了这位描述过本都风土人情的作

---

[99] ib. 413 ff., 参见本书 p.257。
[100] ib. 340 f.; 716 f.
[101] ib. 731. 关于这些词语在萨卢斯特作品中的运用，参见附录 I。

者。[102]他还可以对萨卢斯特的措辞加以改良，比如关于拜占庭鱼的那句十分引人注目的短语——"巨大的鱼群从黑海里浮出"（vis piscium immense Pontum erumpens）。[103]

这种借鉴不仅仅是模仿或巧妙的典故运用。塔西佗还创造了新一类"萨卢斯特风格"的嘲讽对象，比如控诉人、阴险的宫廷小丑、奸诈的哲学家。[104]以古朴风格进行自由创作的样本范例（恰巧这部分没有任何可以和萨卢斯特进行比较的现存文本）也许最能展现他游刃有余的撰史技艺。当卢奇乌斯·阿伦提乌斯（那位历史撰述家的儿子）决定结束自己的生命时，塔西佗的评语是这样的："后来发生的事情将证明，阿伦提乌斯的死是对的（documento sequentia erunt bene Arruntium morte usum）。"[105]什么样的评语可以配得上庞培娅·萨宾娜——"她是一个除了品行之外拥有一切有利条件的女人"（huic mulieri cuncta alia fuere praeter honestum animum）?[106]这种表述方式甚至连擅长者和原型范例都没有。

塔西佗将萨卢斯特确立为经典，并且超越了后者。首先，他们的态度倾向是一致的。这拉近了两者的密切关系。塔西佗接受和汲取了他这位前辈的态度、观点和某些偏见。

---

[102] *Annals* XII. 20，参见 *Tacitus*（1958），730。这段描述中出现一个非常罕见的词，"properantia"（急速/匆忙，出自 *Bellum Jugurthinum* 36.3）。

[103] XII. 63.2，参见 Sallust, *Historiae* III. 66："qua tempestate vis piscium Ponto erupit"（大量鱼群从黑海里涌出的季节）。

[104] III. 66.4; XV. 34.2; XVI. 32.3.

[105] VI. 48.3.

[106] XIII. 45.2.

萨卢斯特拒绝将庞培·马格努斯加以理想化的任何诱惑。塔西佗在《历史》中也将马格努斯贬低为一系列摧毁共和国的独裁巨头中"更加巧妙地掩饰自身的意图而并不比其他巨头更好的人"（occultior non melior）。[107]《编年史》一书在说起关于庞培第三次担任执政官的立法时，庞培·马格努斯又被谴责为"订立法律同时又破坏自己所立之法的人"（suarum legum auctor idem ac subversor）；他凭武力支配一切，又在武力斗争中失掉了一切。[108]

另一种流行的观点被推向了极端谬误的境地：对共和国的崇敬，意味着加图和布鲁图斯被认为是圣徒和英雄。人们应该会发现，塔西佗从没有以自己的身份称赞过加图（这个名字仅在演讲中出现）。另外，在几乎所有的拉丁语撰述家中，塔西佗是唯一坚持使用"卡西乌斯和布鲁图斯"（Cassius et Brutus）这种排列次序的撰述家。[109]萨卢斯特想必会同意，这是塔西佗不易受他人影响的证明。

萨卢斯特和塔西佗都各自选择了一个关于兴衰的撰述主题。前者决定讲述共和国在纷争和内战中的毁灭。后者选择记述承平年代中沦丧的自由与尊严，它们在提比略到尼禄的独裁统治下备受戕害，日渐沦落。

他们两人还习惯于走入更加阴暗的一面，以一名元老的怀疑态度洞悉各个人物与执政当局。塔西佗和萨卢斯特

---

[107] *Historiae* II. 38. 1.
[108] *Annals* III. 28. 1.
[109] 参见 *Tacitus*（1958），557。

都热衷于关注罪行、暴力和虚伪；他和萨卢斯特一样，喜欢留意那些亦正亦邪的人物。萨卢斯特是在极度厌恶当下时代的态度倾向中著书写作的。这并不是说他有可能被当成是一位真正老派的罗马人。塔西佗是有欺骗性的。他那沉郁怆然的语调中看不到任何关于希望、抚慰或幸福的信心。恐惧和纷争使其描绘的情景弥漫着阴影。尽管如此，作者依然可以说是意志坚强而又百折不挠。他和萨卢斯特一样，最看重精神活力，同时也重视个人。他们两个人都公开表明了对于暴政独裁的敌意，但相比于萨卢斯特，塔西佗对独裁的谴责却有着看似有违常理的有利条件，这种条件源于罗马在独裁统治下所经历的漫长痛苦。塔西佗认为，既然政治自由已然消逝，他就必须为意见表达的自由大声疾呼；他还加深了罗马人对奴性和谄媚的蔑视。与此同时，塔西佗也在其他方面否弃了萨卢斯特——迁就、宽容，以及某种程度的乐观情绪。他拒绝接受传统的信念，并在悄然之间推翻了一种被奉为神圣的错觉和谬见，他用一种巧妙的方式轻描淡写地申明，并不是所有古代的事情都是更好的。[110]

萨卢斯特的用语风格对历史撰述家来说具有极大的吸引力，卢奇乌斯、阿伦提乌斯的早期著述则表明，对这种风

---

[110] *Annals* III. 55. 5："nec omnia apud priores meliora, sed nostra quoque aetas multa laudis et artium imitanda posteris tulit."（在我们之前的古代，并不是所有的事情都的确比我们的更好，我们自己的时代也在真正高贵的领域和文艺领域产生了诸多后人可以效仿的典范。）

格的模仿几乎变成了拙劣的戏仿。经典的名声和独特的风格也催生出了伪托萨卢斯特之名的作品。这些伪作未必是有意欺骗，更不是为了某种狡黠的政治目的。这是一种常见的培养方法——演说或书信的创作是为了训练或消遣，有时也是出于恶意和怨恨。[111]

对西塞罗的印象和风格做派抱有敌意的演说者活跃在奥古斯都时代的修辞学派中，他们非常急切地想要提供那些已经佚失或从未发表过的演说。西塞罗在公元前65年考虑为喀提林辩护。[112]一位历史撰述家认为他做过这样的事情。[113]理由是什么呢？一些冒名模仿者可能发表了一篇题为《为喀提林辩护》（*Pro Catilina*）的演说。为说明公元前64年执政官竞选的情况，喀提林和盖尤斯·安东尼乌斯的演说也可能在坊间流传。[114]一个臭名昭著的习艺者撰写了一篇驳斥《为米洛辩护》的演说。[115]《反腓利比克之辩》也似乎遭到粗言恶语的激烈抨击，作者表面上是一位支持马克·安东尼的执

---

[111] 参见昆体良关于 "prosopopoeiae"（冒名模仿）的重要评论（Quintilian III. 8. 49 ff.）。在他看来，这些冒名模仿之举并不容易——"要给恺撒、西塞罗和加图分别安排不同的方式来给出相同的建议"（namque idem illud aliter Caesar, aliter Cicero, aliter Cato suadere debebit）。但他同时又认为，这种训练对于诗人和未来的历史撰述家来说是很有用的，对演说家来说则是必不可少的。

[112] Cicero, *Ad Atticum* I. 2. 1.

[113] 即费内斯泰拉（Fenestella），其观点遭到了阿斯科尼乌斯从容而坚决的驳斥（Asconius 76）。

[114] Asconius 84.

[115] Quintilian X. 5. 20（该习艺者即切斯提乌斯·庇乌斯 [Cestius Pius]）。

政官。[116]

出于种种原因,萨卢斯特对西塞罗的敌意往往会被夸大或提前。[117]如果萨卢斯特在公元前52年保民官任上发表的演说没有留下任何遗存的话,不知姓名的才华之士或许已经准备好要填补这个空缺了。值得注意的是,卡西乌斯·塞维鲁斯(Cassius Severus)关于萨卢斯特演说的拙劣看法是与此相关的,但这种相关性并不确定。[118]此外,阿斯科尼乌斯在他关于《为米洛辩护》的细致评论中提到了萨卢斯特在其保民官任上发表的长篇演说,但并没有引述演说的原文。

还存在另外一个因素。对于那些获得经典地位的撰述家,人们在一段时间之后逐渐对他们的早年经历充满了好奇。随之而来的结果便是传记材料的发掘与编造。与此类似的是《少年作品》(*juvenilia*)。这是关于维吉尔风格的《蚊蚋》(*Culex*)的解释。[119]另外还有贺拉斯的哀歌和一篇写给梅塞纳斯的请愿书。[120]

奥古斯都设立了公共图书馆。这似乎确保了对于伪造

---

[116] 据推测,这是弗斐尤斯·盖林努斯(Fufius Calenus)演说的一个来源,见 Dio XLVI. 1 ff. 参见 F. Millar, *Mus. Helv.* XVIII(1961), 19。
[117] 参见本书 p.287。
[118] Seneca, *Controversiae* III, *praef*. 8. 这种类型的伪造演说未必会使弗伦托所记述的翁提狄乌斯演说失去可信度,Fronto, p. 123 N = II 136(Haines)。
[119] 参见 E. Fraenkel, *Journal of Roman Studies* XLII(1952), 1 ff.。
[120] Suetonius, *Vita Horatii*.

典籍（*pseudepigrapha*）的核实与审查。[121]然而事实也许并非如此。人们应该考虑到图书贩子或图书馆员的贪心。他们是否会垂涎那些新奇有趣的作品，比如德利乌斯写给埃及女王的情书？[122]公开收藏书籍因政治原因而遭到了禁止，但就文献记载来看，任何书籍的收藏都不可能仅仅出于可疑的真实性。[123]

出于某些风格上的原因，一些伪作可能会遭到人们不假思索的拒斥。苏维托尼乌斯拒不承认那封写给梅塞纳斯的书信是出自贺拉斯之手，因为这封信晦涩难懂：这样的缺点并不属于贺拉斯。[124]然而，文学评论家有时缺乏敏锐的洞察力。那篇《反西塞罗》蒙蔽了昆体良。他认为这篇演说符合萨卢斯特的风格。[125]他还援引了盖尤斯·安东尼乌斯的演说。[126]这让人颇为困扰。阿斯科尼乌斯断然拒斥了安东

---

[121] 持此论点的是 E. H. Clift, *Latin Pseudepigrapha. A Study in Literary Attributions* (1945)。关于该论点，参见 *Journal of Roman Studies* XXXVII (1947), 198 ff.。

[122] Seneca, *Suasoriae* I. 7: "hic est Dellius cuius epistulae ad Cleopatram lascivae feruntur."（这就是德利乌斯，他给克丽奥巴特拉写去的下流书信到处流传。）

[123] 参见 *Journal of Roman Studies* XXXVII (1947), 202。

[124] Suetonius, *Vita Horatii*: "nam Elegi vulgares, epistola etiam obscura, quo vitio minime tenebatur."（因为哀歌平淡无奇，书信也晦涩难懂，这决不是他的缺点。）

[125] Quintilian IV. 1. 68; IX. 3. 89. 关于这篇小册子，参见附录 II。

[126] ib. IX. 3. 94.

尼乌斯和喀提林的演讲。[127]他习惯于使用历史的评判标准。他的《萨卢斯特传》如果存世的话，应该是值得利用的——但这不太可能。[128]

到一定时候，有人又编造出了一篇西塞罗式的《反萨卢斯特》。[129]该文献在任何方面都算不上一篇有价值的作品。它所提出的指控完全可以出于充分理由而不予理会。它的作者并没有意识到一个真实而具有破坏性的事实——萨卢斯特是作为普布利乌斯·克洛狄乌斯的追随者出任了公元前52年的平民保民官。

昆体良知道，恺撒在罗马国家的地位归功于修辞方面的训练。他援引了一个恰切的论点——当我们建议恺撒实行君主制时，我们将会坚决认为，如果不是一人统治，"共和国"就无法维系下去。[130]然而，无论是昆体良还是古典时

---

[127] Asconius 84: "feruntur quoque orationes nomine illorum editae, non ab ipsis scriptae sed ab Ciceronis obtrectatoribus: quas nescio an satius sit ignorare."（也有假托其姓名发表的演说，写作者并非他们本人，而是西塞罗的诋毁者：也许最好不要理会这些演说。）

[128] 仅有的"证据"是 Pseudo-Acro on Horace, *Satires* I. 2. 41, 对此可参见本书 p.282。如果阿斯科尼乌斯写过罗马历史撰述家的传记，那他为其同乡李维所写的《李维传》没有留下任何遗存，就是一个非常令人遗憾的事实。

[129] 作者是一个名叫狄迪尤斯（Didius）的人，参见 Diomedes in *GL* I. 387K。这篇文献对于萨卢斯特的许多指控已经融入进关于萨卢斯特生平的现代"传统"中。

[130] Quintilian III. 8. 47: "et C. Caesari suadentes regnum adfirmabimus stare iam rem publicam nisi uno regente non posse."（如果我们建议恺撒接受国王的头衔，我们将竭力主张，共和国只有在一人统治之下才能够维持下去。）

代的其他撰述家，一概都没有透露出他们知道《致恺撒书》（疑似标题）的迹象，这封信据说是萨卢斯特的作品。[131]

更为奇怪的是，同一个作者竟做过两次这样的事情。这还不是最糟糕的。这些劝谏书中的第二封（按原稿顺序）似乎扩展和模仿了第一封。但它设定的历史情境却比第一封更早。因此，它不可能与相关的历史事件处于同一时期。因而也不可能出自萨卢斯特之手。关于作者的推断自然是另有其人——也没有必要一定认为，第一封劝谏书也是出自萨卢斯特。

这两篇小册子的作者了解萨卢斯特为撰写历史而精心开创的用语风格。也许他们对此非常熟悉。他们可以复制表象——但无法复制出萨卢斯特的尖刻与精气神，也无法再现恺撒的演说或《朱古达战争》的绪言中展现出来的解释力和凝练集中的论点表述。

第二封劝谏书的作者表现得更加拙劣——关于萨卢斯特的历史撰作，他对其中的章节段落并不熟悉。这里并不打算细数这位作者的各种过愆。只一句话即可将他的命运置于两方面的谴责之中。这个家伙厚着脸皮宣扬了自己的深刻信念，即所有的人类生命皆受神意的护佑——"被神圣力量守护着"（divino numine invisier）。[132] 这种想法让人无法接受。这并不是萨卢斯特看待世界的方式，也不是恺撒的方式。会

---

[131] 关于这些文献的细节，参见附录 II。
[132] "Sallust", *Epp.* II. 12. 7.

让恺撒惊愕的不仅仅是这种想法，还有语言措辞的表述方式。"invisier"（被守护）这种被动不定式的表述形式在当时的散文中是不可想象的。

如果说安东尼时代对某种事物表现出了热情，这种热情就是对古代撰述家和萨卢斯特风格的痴迷。一位君主和他的导师，以及众多演说家、哲学家和文法学家都在模仿和评论这位历史撰述家。行家出现的同时还冒出了托名行骗的人，因为流行的风尚在每个时代都会产生虚假和欺骗。格利乌斯根据年轻时的记忆记述了罗马书市的动人情景。参与这种学术交流的人当中有一个自命不凡的人，"一个吹嘘和卖弄自己理解萨卢斯特的家伙"（iactator et venditator Sallustianae lectionis）。[133] 对他来说，这种理解不仅仅是浮于表面，他还深入了萨卢斯特的血液和骨髓（sanguinem quoque ipsum ac medullam）。苏尔皮基乌斯·阿波利纳里斯（Sulpicius Apollinaris）对他的看法进行了考查，他语气和缓地要求这个家伙说明描写林图卢斯·克劳狄亚努斯的用语措辞——"完全不清楚他是更加死板迟钝还是更加阴险狡猾"（perincertum stolidior an vanior）。[134] 在尝试进行一次含糊其词的解释之后，这个家伙就躲躲闪闪地溜走了。

关于那个时代的品位和别具一格的文采格调，弗伦托

---

[133] Gellius XVIII. 4. 1. "venditator"（卖弄）这个词是很少见的：其他文献中仅出现在 Gellius V. 14. 3；Tacitus, *Historiae* I. 49. 3。
[134] *Historiae* IV. 1，参见本书 p.209。

是个伟大的仲裁人。弗伦托宣称，历史书写应该有"大的格局和气派"（splendide）。[135] 他还身体力行，创作了一篇文章，颂扬了卢奇乌斯·韦鲁斯（Lucius Verus）在帕提亚战争中的功绩。这篇文章是阿谀谄媚的拙劣之作。弗伦托经常引述萨卢斯特的作品，他还非常欣赏那些编年纪撰述家。弗伦托和其他人甚至没有提到那位担任过执政官的历史撰述家，后者吸收并完善了他们颇具典范意义的风格。塔西佗遭到了忽视和厌弃。这不仅仅是出于他们对帝国撰述家的普遍贬低，而是出于更为充分的理由。塔西佗写的是衰落中的王朝、武装宣告和内战，另外还有暴政。他主要关注的是元老在独裁暴政之下的生活。这种主题令人烦恼而生厌，最好是被遗忘。人们愿意相信，罪恶的过去永远不会重现。萨卢斯特是一位反叛性的撰述家，但其所叙的主题是久远的过去，对古代美德的赞美令人心悦神怡。

萨卢斯特的名声始终维系不坠。古代晚期的所有文学范畴——从阿米亚努斯到《罗马帝王纪》，从教会教父到卑微的文法学家和评注学者——都承认他的魅力。尽管人们对这位历史撰述家的生活是否正直存有这样或那样的怀疑，[136] 但其道德上的悲观主义令他受到了说教作家的重视，而且也被誉为"以诚实可靠而著称的历史撰述家"（nobilitatae

---

[135] Fronto, p. 126 N = II. 142 (Haines).
[136] Lactantius, *Inst. div.* II. 12. 12; Symmachus, *Epp.* V. 68. 2; Macrobius III. 13. 9.

veritatis historicus ).[137] 在名声评价上，超过他的也只有西塞罗和维吉尔。[138]

---

[137] Augustine, *De civ. Dei* VII. 3.
[138] 关于萨卢斯特直至现代的文学影响，参见 E. Bolaffi, *Sallustio e la sua fortuna nei secoli* ( 1949 )。关于文艺复兴以来对萨卢斯特这个人和萨卢斯特这位历史撰述家的各种评价，参见 F. Schindler, *Untersuchungen zur Geschichte des Sallustbildes* ( Diss. Breslau, 1939 ); K. Büchner, *Sallust* ( 1960 ), 362 ff.。

*appendix*

# 附 录

## 附录 I

# 萨卢斯特的风格演变

萨卢斯特的用语风格乍看一以贯之而又别有特色。细致的检视则表明，《喀提林内争》之后，萨卢斯特的用语风格在几个方面出现了明显的变化。

这种变化可以通过统计数据加以记录说明。这种记录一定要特别谨慎。统计的范围也很小：第一部专题史书四十页，第二部专题著作七十七页（按旧陶伯纳［Teubner］版本的编页码）。同样不会被忽略的还有主题上的差异（关于战争和地理的词汇必须排除在外）。《历史》一书存在一种困难，因为现存的文本来源各异、成分混杂：演说和书信（五十页），以及大多数出自文法学家引述的残篇。毛亨布莱歇版本的《历史》中附有一份术语汇编，但其中并没有萨卢斯特用语表（*Lexicon Sallustianum*）。迪奇（R. Dietsch）版本的索引虽然有用，但也不乏缺陷。所以，这里引用的数字难免有误。

第一部专题著作之后的风格变化表现在多种方面（参见本书 p. 266）。首先是借助某些希腊风格的用语革新句法。其次是使用一些并不显眼的小品词时存在的变化和选择性：连接词、介词、副词。关于这些方面的变化，昆策的研究可作为典范（A. Kunze, *Sallustiana* III. 1［Leipzig, 1879］）：一个可以利用的总结可参见（E. Löfstedt, *Syntactica* II［1933］, 290 ff.）。第三个方面是词汇。证明萨卢斯特改善自己表述方式的努力和决心是很容易的，这位历史撰述家有意回避"经典"用语或特色并不明显的措辞，并始终力求让自己的措辞表述沉雄古逸、不落窠臼。

萨卢斯特那位伟大的效仿者在《历史》到《编年史》的写作转向中颇为明显地展现了这样的风格演变，其中的细节之处具有惊人的相似性。两位撰述家都表现出使用相同词语或同一类词语的偏好。比如下面的动词：

>imperito, memoro, patro, polleo, reor, sustento, tutor。

其次，塔西佗那里还出现了一批典型的"萨卢斯特风格的"新词。比如下面的词语：

>antevenio, consultor, inquies, insuesco, praemineo, praeverto, prolato, satias, vecordia。

这些词与其他措辞在《编年史》的前六卷中展示得非常明显，正是在这部分著述中，塔西佗遣词用语的雄浑瑰丽之风达到了炉火纯青的地步（参见 *Tacitus*［1958］, 719; 731）。后续的部分则有所退化。

下面附有五个列表。列表 A 包含萨卢斯特著述中并未使用的一些西塞罗风格的词语。[1]其余四个列表将选择性地概括说明萨卢斯特文辞用语的变化趋向。除了这些记录范围有限的列表，此处的前言还必须指出各种需要注意的方面。对于那些有意、无意和偶然的措辞用语，人们应该如何做出区分？

拒绝使用的词语能够提供有用的信息指示。萨卢斯特从一开始就有明显的回避倾向（本书 p.262）。不仅如此，他弃用某些词语的原因并不神秘。比如"crudelitas"（冷酷无情）和"turpitudo"（丑陋/耻辱/下流）这两个词的消失。各种现象都是相符的；譬如说，作者多半知道他用"malitia"（[缺德败坏] *Jug.* 22.2）取代"malevolentia"（[怨恨/恶意] *Cat.* 3.2；12.1）的时候是在做什么。

复合动词往往会遭到弃用。比如"committo""commoror""communico"（每个词都在《喀提林内争》中出现过两次）。[2]因此，关于"immuto"（*Cat.*：5；*Jug.*：1；*Hist.*：0）和"muto"（4；16；12）使用频次的统计数据并不会令人感到惊讶。[3]

对其他词语的厌恶乍看起来令人费解——"exopto"（希望/渴望）和"vexo"（[扔进/驱散/搞坏/滥用/折磨/难

---

[1] 带星号的词出现在《致恺撒书》中。
[2] 关于塔西佗用词的统计数据很有启发性："committo"（*Germ.*：1；*Dial.*：1；*Hist.*：1），"commoror"（从未使用），"communico"（*Agr.*：1）。
[3] 塔西佗只用过四次"immuto"。

受］，在《喀提林内争》各自出现过四次，但此后再未出现）。[4] 萨卢斯特还弃用了"formidulosus"（可怕的/骇人的）一词（在《喀提林内争》中使用过四次）。

另一方面，作者知道，他需要以各种方式来丰富自己的用词。许多新增的词语是有意使用的修饰性用语，它们都有各自的典故出处。其他的用词则令人困惑——或者说是出于偶然。比如"laetitia"和"laetor"之后又新增了"laetus"（在《朱古达战争》中使用过九次）。事实上，《朱古达战争》中第一次出现的所有动词都可以记录下来：

cogo（20），concor（2），demo（1），gaudeo（1），iuvo（4），laedo（3），noceo（1），posco（4），suadeo（2），taceo（2）。

萨卢斯特的语词用法就像塔西佗一样，给拉丁文语义学带来了很多问题，有些问题并没有超出人们的猜想，有些问题则微妙隐晦，尚未得到解释。[5] 比如人们可以发现，他的作品中并没有出现"opinior"一词，"cogito"仅出现在林图卢斯·苏拉的书信中（*Cat.* 44. 5，参见 Cicero, *In Cat.* III. 12），"arbitor"一词仅出现了两次（*Jug.* 69. 1；*Hist.* III. 48. 2）；但"existimo"（认为/考虑/评判）这个词大约出现了

---

［4］ 塔西佗的著述中并没有"expto"，"vexo"一词在他那里的使用频次也越来越少（*Dial.*: 6；*Hist.*；1；*Ann.*；1）。
［5］ 参见 *Tacitus*（1958），726。

三十七次。[6]另外，"oboedio"（服从/遵从）一词也仅以现在分词的形式获得了认可（*Cat.* 一次，*Jug.* 三次）。[7]以及为什么要等到《历史》一书，他才会使用"rarus"（罕见的）和"recens"（新近的）两个词（分别出现了两次和五次）？

列表 B 旨在说明第一部专题著作到第二部专题史书的写作中逐渐增多的词语的使用率。它展示出某些古体风格或新式风格的词语，比如"facundia""opulentus""polleo"。但与此同时，它也包含了一些文采表达较差的词语，这些词语也表明了萨卢斯特的倾向偏好（"pergo""nitor""tempto"）或萨卢斯特愈加强化的敏锐性（比如"metuo"和"metus"使用率的急剧上升）。列表 C 和 D 的统计记录很大程度上仅限于分别在《朱古达战争》和《历史》中首次出现的罕见词或修饰文采的词语（这些抽样详尽地统计了首次出现的次数）。有些用词是非常少见的。[8]而且还可以顺便发现，某些看起来几乎很普通的词语，比如"antecapio"（预先）和"antevenio"（抢先），在拉丁语中很少出现。[9]可对比"antehabeo"（宁可/宁愿）一词（仅出现在 Tacitus, *Ann.* I. 5. 8; IV. 11. 3）。此外，在萨卢斯特写作的时代，"favor"（好

---

[6] 关于"arbitor"，参见 B. Axelson, *Unpoetische Wörter*（Lund, 1945）, 64。

[7] 拉丁语诗人不喜欢使用这个动词，参见 B. Axelson, o.c. 65。因而请注意"Sallust", *Ep.* II. 10. 6: "oboedit"; 11. 7: "oboediendum"。

[8] 参见本书 p.264。

[9] "antecapio"（*Cat.*: 3; *Jug.*: 2）一词在西塞罗（*De nat.deorum* I. 43）和塔西佗（*Hist.* IV. 66. 1）那里分别出现过一次。

感/赞许/眷顾）和"taedium"（厌恶）似乎属于新词。

列表 E 记录了一些同义名词。这个列表可以用来说明萨卢斯特对某类词语愈来愈反感的倾向。比如可以注意一下"cupiditas"（渴望/欲望/贪欲）这个词的消失，"cupido"（渴望/欲望/贪心）使用率的增加。意指"懒惰"和"恐惧"的词在很多方面都很有说明性。至于"metus"（担忧/恐惧）使用频次的增加，可对比"metuo"（《喀提林内争》中出现了一次，在《朱古达战争》中有十二次）。奇怪的是，作者一开始就没有意识到，"metuo"（恐惧/担忧）这个词要比"timeo"（害怕）更胜一筹。同样，在回避"claritas"（名望）的同时，他并没有立即看到"claritudo"（名声）这个令人印象深刻的古风格词语。

萨卢斯特赞赏旧时代的人与道德。但他只用过一次"antiquus"（[古老的/古代的] *Hist.* I. 92），"priscus"（古老的）和"vetustus"（老旧的）则从未使用过，这样的发现或许令人困惑。[10] 这些现象，以及这位挑剔的撰述家选择和回避的许多其他现象，会把人带入含混隐晦的曲折之路。

## A 萨卢斯特未用之词

| | | |
|---|---|---|
| abundo | cogitatio | delenio |
| accommodo | cognitio | demens |

---

[10] 注意塔西佗著述中的"priscus"（*Hist.*: 1; *Ann.*: 18）和"vetustus"（6: 29）。

| | | |
|---|---|---|
| addubito | commoneo | *deminuo |
| adhortor | conatus | demonstro |
| adicio | *concilio | denuntio |
| adminiculum | *confundo | descisco |
| affirmo | congrego | desidiosus |
| *amarus | *congruo | deligo |
| *amens | consensus | dimico |
| *amplifico | consentio | *distineo |
| amplitudo | consequor | distinguo |
| *ango | consocio | dominatus |
| angor | conspiro | excello |
| appareo | contamino | excogito |
| blanditia | corroboro | excuso |
| blandus | *corruo | exhibeo |
| *candidus | debello | exiguus |
| caritas | debilito | eximius |
| carpo | decerto | *expio |
| castigo | degenero | exprimo |
| celo | dego | exsequor |
| claritas | delecto | exstinguo |
| facultas | *pauper | respuo |
| fastidiosus | pellicio | retardo |
| fastidium | *penetro | *ritus |
| felicitas | percipio | robur |

firmamentum
*fluctuo
fortuitus
fraudo
furiosus
gratiosus
gravitas
honestas
humanitas
indignatio
indignitas
*indulgeo
indulgentia
infamia
intellegentia
inveterasco
lenitas
*meditor
mitigo
mitis
momentum
numen
obsequor
obsum

periclitor
perspicio
persuasio
*pervado
piger
pigritia
pondero
praecaveo
praecipuus
praeparo
praepono
priscus
*proclivis
profero
*prospicio
prudentia
punio
rapidus
reconcilio
recordatio
recreo
redintegro
reduco
reformido

robustus
sanitas
sano
sanus
servo
singularis
stabilio
stupor
suavis
subtilis
subtraho
succumbo
suffragor
summitto
supersum
suppedito
surgo
suscenseo
tango
torpor
turbulentus
*vaco
*vastatio
verecundia

| | | |
|---|---|---|
| obtrecto | regno | versor |
| occupatio | reicio | *versutus |
| odiosus | relaxo | vetustus |
| offensio | renuntio | vexatio |
| opinor | reparo | *vigilantia |
| ornamentum | repono | violentus |
| otiosus | reservo | vitupero |

## B 从《喀提林内争》到《朱古达战争》

| | | | | | |
|---|---|---|---|---|---|
| aerumnae | 1 | 4 | occulto | 1 | 5 |
| agito | 13 | 34 | opulentus | 1 | 8 |
| anxius | 1 | 8 | patro | 3 | 6 |
| certo | 6 | 12 | pergo | 1 | 16 |
| cupido | 5 | 14 | polleo | 1 | 6 |
| facundia | 1 | 4 | pravus | 1 | 5 |
| fatigo | 2 | 9 | reor | 4 | 22 |
| formido | 1 | 10 | reputo | 1 | 8 |
| ignavia | 4 | 13 | socordia | 3 | 9 |
| metuo | 1 | 12 | sustento | 1 | 3 |
| metus | 9 | 30 | tempto | 4 | 23 |
| nitor | 3 | 15 | vecordia | 1 | 4 |

## C 首次出现在《朱古达战争》中的词

| | | |
|---|---|---|
| aevum | favor（2） | palor（4） |

| | | |
|---|---|---|
| antefero（2） | grassor（2） | pavesco |
| anteo | hortamntum | perniciosus（5） |
| antepono | imperito（5） | pessum（2） |
| antevenio（5） | impiger（5） | pollicitatio（2） |
| augesco | incolumis | praedoceo |
| claritudo（2） | infensus（2） | praegredior |
| comperior（2） | inritamentum | praepedio |
| consultor | intestabilis | pearvenio |
| defenso（2） | laetus（9） | properanitia |
| dehortor（2） | ludificor（2） | prosapia |
| dictito | missito | segnis（2） |
| diffidentia（2） | negito | socors |
| discordiosus | opulens（2） | taedium |
| extorris | ostento（8） | tutor（8） |
| facundus | ostentus | vitabundus（3） |

## D 首次出现在《历史》中的词

| | | |
|---|---|---|
| aequor | ignorantia | praemineo |
| coepto（2） | in cassum | praeverto |
| cognomentum（2） | incelebratus | prodigo |
| dedecor | inclutus（4） | proles |
| dehonestamentum（2） | incuriosus（2） | rarus（2） |
| delenimentum | inquies（4） | recens（5） |
| desenesco | musso（2） | repertor |

| | | |
|---|---|---|
| despecto | obsequentia | satias |
| dilargior | obtentus | scaevus |
| excidium (2) | obtrecto | segnitia |
| festinus | occipio (2) | senectus (*adj.*) |
| formido (verb) | penso | sonor (2) |
| glisco | perdomo | stolidus (3) |
| gnaritas | perincertus | torpedo (3) |
| gnarus (4) | permulceo | turbamentum |
| gravesco | perquiro | turbo |

## E 一些同义词

| | 《喀提林内争》 | 《朱古达战争》 | 《历史》 |
|---|---|---|---|
| aerumnae | 1 | 4 | 1 |
| calamitas | 2 | 1 | 0 |
| miseria | 5 | 7 | 3 |
| crudelitas | 3 | 0 | 0 |
| saevitia | 2 | 4 | 2 |
| cupiditas | 3 | 0 | 0 |
| cupido | 5 | 14 | 4 |
| lubido | 17 | 17 | 2 |
| desidia | 3 | 0 | 0 |

| | | | |
|---|---|---|---|
| ignavia | 4 | 13 | 4 |
| inertia | 2 | 3 | 0 |
| socordia | 3 | 9 | 5 |
| | | | |
| eloquentia | 2 | 0 | 0 |
| facundia | 1 | 4 | 2 |
| | | | |
| formido | 1 | 10 | 7 |
| metus | 9 | 30 | 20 |
| pavor | 0 | 0 | 1 |
| terror | 0 | 3 | 5 |
| timor | 4 | 8 | 1 |

# 附录 II

# 杜撰的萨卢斯特

对萨卢斯特撰写第一部专题著作之前的性格和主张如果一无所知的话,这似乎是一件令人遗憾的事情。就此来说,重新评估某些真实性令人存疑的小册子便是一项很有吸引力的工作。过去的五十年间,人们在这些文献上投入了巨大的精力。有些人偏爱这些文献,而且还认可了它们的真实性。相比之下,萨卢斯特的历史撰作却受到了冷落。其他的消极后果也随之而来。[1]

## I 《对西塞罗的抨击》

首先是以演说形式抨击西塞罗的小册子。《对西塞罗的抨击》(以下简称《抨击》——译者注)并非一无是处,其

---

[1] 参见库菲斯(A. Kurfess)编订的陶伯纳版本,*Appendix Sallustiana*. I. *Epistulae ad Caesarem senem de re publica*(ed. 5, 1959); II *Invectivae*(ed. 3, 1958)。这些版本附有参考文献书目。此外(在撰写这篇附录之后)还出现了弗莱茨卡博学精深的研究,K. Vretska, *C. Sallustius Crispus. Invektive und Episteln*. I. Einleitung, Text und Übersetzung. II. Kommentar, Wortindex zur Invektive(1961)。另外还可补充 A. Ernout, *Pseudo-Salluste. Lettres à César*, *Invectives*(Budé, 1962)。

言辞简洁生动、机敏而尖刻。[2]就文风而言，这篇抨击与萨卢斯特的历史撰作并无相似之处，这也是意料之中的，因为两者的体裁本就不同。不过，这篇作品的真实性恰巧有人为它担保。昆体良将其视为萨卢斯特的作品，曾经引用过两次（IV. 1. 68; IX. 3. 89）。《抨击》似乎反映了公元前54年秋季的政治局势，那个时候的西塞罗已经为瓦提尼乌斯进行了辩护，但他尚未被说服（或被迫）为自己刚刚痛斥过的加比尼乌斯提供支持。这篇《抨击》并没有提及后来令西塞罗颜面扫地的事情。就此而言，这个引人注目的时间点是不言而喻的。这似乎是一个可靠的出发点。

接下来的一步至为关键。《抨击》难道不是最得人心的证词吗？它丝毫不亚于罗马元老院里发表的同时期演说。这篇文献真正的作者还有待寻找。或许并不是萨卢斯特：作者更有可能被认定为执政官卢奇乌斯·皮索，他对政敌西塞罗煞费苦心的谴责做出了简明、尖锐而富有破坏性的反驳。[3]然而，有些学者并没有觉得不妥。他们愿意承认萨卢斯特的作者身份，并继续将这本小册子作为有用的信息来源而推崇

---

[2] 参见 A. Ernout, *Salluste* (Budé, 1941), 34: "这篇作品饱含热情和活力。"
[3] R. Reitzenstein and E. Schwartz, *Hermes* XXXIII (1897), 87 ff. 迈尔接受这样的观点，见 E. Meyer, *Caesars Monarchie und das Principat des Pompejus*³ (1922), 163 f.; J. Carcopino, *Histoire romaine* II (1936), 754。据弗莱茨卡的说法，"塞姆（Syme I 135, 3）坚持认定作者为皮索的假设"（K. Vretska, o.c. I, 14）。弗莱茨卡并没有注意到《罗马革命》中隐含的否定性观点。他指的是这句话——"需要有信念去相信，'萨卢斯特'《对西塞罗的抨击》……是由皮索所作"。

有加。[4]

《抨击》应该是一位遭到西塞罗痛斥的元老做出的回应。它开头写道，"马库斯·图里乌斯，我觉得你的辱骂难以忍受，它们会令我很愤怒"（graviter et iniquo animo maledicta tua paterer, M. Tulli）。一个棘手的问题也随即出现。年份既然是公元前54年，萨卢斯特怎么可能是作者？他在前一年可能还是财务官，这位"最底层的元老"（senator pedarius）几乎没有资格去斥责那位地位显赫的执政官。

极富创见的人士找到了解决问题的出路。这篇《抨击》仍然是萨卢斯特时代的作品。如果这篇作品不是一篇元老院演说，而是一份小册子，那萨卢斯特仍然有可能是作者。最近提出了两种解释。在西塞罗于公元前54年9月谴责了加比尼乌斯之后，萨卢斯特出于正义感和对加比尼乌斯的同情而写出了这篇作品。[5]又或者说，萨卢斯特是作为克拉苏的党徒撰写了这篇作品：他想起了克拉苏和西塞罗在公元前55年那场著名的争辩，这两个人后来虚情假意的和解令他感到反感和不快。[6]

萨卢斯特在一本小册子中为加比尼乌斯和克拉苏辩护，

---

[4] 据波拉斐的说法，只有"零星的批评声音"质疑萨卢斯特的作者身份（E. Bolaffi, *Sallustio* [1949], 95）。承认萨卢斯特作者身份的学者有 Funaioli, Rostagni, M. Gelzer, L. R. Taylor，这里仅举几个名字。
[5] F. Oertel, *Rh.Mus.* XCIV（1951）, 46 ff., 弗莱茨卡遵循此说（K. Vretska, o.c. 21 ff.）。
[6] K. Büchner, *Sallust*（1960）, 36："写《抨击》的克拉苏派是克拉苏派的萨卢斯特。"

这是现在坚持认定萨卢斯特为作者的人不惜一切代价所提出的说法。每一种解释或许都貌似有理，但事实上却是信念或绝望的补救方案。

萨卢斯特或其他人在公元前54年撰写了这本小册子，这是一致假定的时间。结果证明，这是一个骗局。借助常识深入彻底地考察表明，《抨击》有明显的时代错置。[7]它不可能是公元前54年的元老院演说。我们可以欣然推翻上述的说法。任何解释都无助于做出辩护或补救。

骗局被戳穿并遭到唾弃，这似乎看起来足够了。然而，确定文学伪造的性质、目的和时间可能会有不同的启发意义。《抨击》是出于何种目的而创作的呢？

有人断言，《抨击》明显是为了宣传鼓吹而作。这位未知的作者在公元前33年左右用他的笔为恺撒的继承人效力。[8]他的目的是破坏人们对西塞罗的印象，他用恶毒的技巧和巧妙的手法谋划了这次抨击。他从西塞罗的各篇演讲中找出了不利于西塞罗的材料；他或许援引了萨卢斯特的著述；他还编造了各种诬蔑诽谤之词。

---

[7] G. Jachmann, *Misc.Ac.Berolinensia*（1950），235 ff. 另参见 R. G. M. Nisbet, *Journal of Roman Studies* XLVIII（1958），30 ff. 在评述了某些假设之后，库菲斯总结说："今天普遍认为，这是萨卢斯特死后发表的。"（ed. 3, Teubner[1958]，VII）

[8] O. Seel, *Klio*, Beiheft XLVII（1943）.《抨击》被库菲斯说成是"这位未知作者系统条理的典范之作"（A. Kurfess, *Aevum* XXVIII[1954]，230）。然而，库菲斯接下来又表明，《抨击》可能是从波利奥的《历史》中摘录出来的。

这种想法新颖特别而又多此一举。[9]十年前死去的西塞罗已经属于一个遥远的过去，世事如白云苍狗，瞬息万变，政治争论已经发生了翻天覆地的变化。在这个为时已晚的时节，西塞罗既不可能帮助任何人，也不可能伤害到任何人。他的失败、奸诈和弱点尽人皆知——或被人遗忘。在亚克兴战役前夕，主宰屋大维和安东尼之间往来争斗的是其他的问题。这是毫无疑问的。进一步讲，屋大维并不会认为，他劝诱庞波尼乌斯·阿提库斯通过公开他的通信来揭发西塞罗的面目会有助于自己的事业。[10]

有一个简单的解决办法。当诋毁西塞罗的演说或小册子在恺撒·奥古斯都时期出现时，它们的作者会意识到，对这位伟大演说家的追忆不会见容于罗马的当权者，然而，作品的意图与任何政治问题都毫无瓜葛。争论更多与写作风格和方式有关。甚至可以说，有些人的写作以戏仿为乐。[11]这些戏仿者中不乏极富技巧的创作者，他们是修辞学园强化训练出来的佼佼者。他们不可能让所有人上当，老塞涅卡便揭发过一篇据说属于其好友波尔奇乌斯·拉特罗（Porcius Latro）的演说（*Controv.* X, *praef.* 12）。不过，搜罗图书的人可能会因热衷于透露秘闻的稀罕文献而上当受骗，到后来，

---

[9] 参见 *Journal of Roman Studies* XXXVII（1947），200 f.，对 E. H. Clift, *Latin Pseudepigrapha*（1945）的评述。

[10] 这是加科比诺的论点，J. Carcopino, *Les secrets de la correspondance de Cicéron*（1947）。

[11] *Mus.Helv.* XV (1958), 47.

即便像昆体良这样谨慎的文学评论家也难免被骗。

《抨击》由此而获得了应有的地位和定位。它是一篇托名或"冒名模仿"之作，这正是昆体良本人在别处定义的写作类型（III.8.49）。

那么，被冒名的人是谁呢？有人认为可能是卢奇乌斯·皮索。[12]《反皮索》（*In Pisonem*）中粗鄙下作而明目张胆的不实之词亟须得到反驳。或者可能是西塞罗的其他政敌，比如加比尼乌斯，或者甚至是克洛狄乌斯，如果是这样的话，这就同样是一次死后的报复。[13]

还有另一种观点。《抨击》的作者可能是冒充了萨卢斯特。这篇《抨击》的文风和萨卢斯特的历史撰述风格不可能一样。但某种程度上可以从中发现萨卢斯特的痕迹与格调。[14] 这意味着什么呢？传统上从来不认为萨卢斯特在公元前54年对西塞罗抱有敌意。《抨击》体现了恺撒·奥古斯都时代修辞学家的看法和做法，它在那里可以找到一个不容易

---

[12] *Journal of Roman Studies*（1947），201. 雅赫曼在一番细致的考察中也提出了这种观点（G. Jachmann, o.c. 262）。

[13] 关于克洛狄乌斯，J. Hejnic, *Rh.Mus.* XCIX（1956），255 ff.。

[14] 比如奈斯比特在他校订的《反皮索》附录VII中即持此看法。他引述列举了"iniquo animo pateretur"（我觉得难以忍受，1.1）；"neque modus neque modestia"（既不温和也不谦逊，1.1）；"fortunas suas venales habeat"（出售他们自己的财产，1.1）；"collibuisset"（乐意去，1.2）；"parum quod impune fecisti"（你不受惩罚地做这个是不够的，3.6）；增补了"opulentia"（富裕/威力/势力）和"miseriae"（悲惨，2.4）两个词。值得注意的是，这种"萨卢斯特的风格色彩"在这本小册子开头不久后就逐渐弱化了。

遭到质疑的安身之所。

## II 《致恺撒书》表面宣称的写作时间

关于萨卢斯特初入罗马政坛的情形,《抨击》一定程度上满足了人们的好奇心,这完全可以解释为什么昆体良后来会不假思索地将萨卢斯特认定为《抨击》的作者。还有比《抨击》贻害更深的作品——它们被题为《致恺撒书》。[15]

这两封劝谏书的意图在于教化。两封劝诫恺撒的书信在忠良清正和满腔抱负的人士中广为流传,因为这两封信似乎展现出一个面目一新、富有吸引力的萨卢斯特。这个萨卢斯特不是那个失败的政治家或愤恨不平的党派爪牙,而是一个出于对恺撒的敬爱和崇高的理想而选择效忠于恺撒并迫切鼓励这位独裁者进行社会和政治改革的人。用野心和机会主义来理解萨卢斯特是一种令人无法接受的糟糕做法。有人需要这类令人感到宽慰的人士和文件。[16]

第一封《致恺撒书》(按原稿次序)并不是表面时间上的第一封书信。它的前提假定是恺撒在内战中获胜,并准备

---

[15] 这两封书信是在一部大杂烩的文献合集中通过 God.Vat.lat. 3864 而流传于世的(未具作者姓名),这部大杂烩当中还包括从萨卢斯特的真正作品中摘选出来的演说和书信。

[16] 或许恺撒就需要这样的人和文件,正如迈尔所表明的,他在第一封劝谏书之后就把新阿非利加行省交托给了"这位理想主义的谏官"(E. Meyer, o.c. 587)。按照富纳约利的说法,"[写劝谏书的时候]这位年轻人是一个理想主义者"。另外,"[萨卢斯特]从更高的视角看待问题并发表评论,就像柏拉图在其政治书信中所做的那样"(Funaioli, *Studi di letteratura antica* II[1947], 50 f.)。

致力于和平与稳定。那是在什么时候？是公元前46年初夏，塔普苏斯战役之后，这是学界的共识。[17]结论或许还为时尚早。的确，塔普苏斯战役和加图的自杀标示并神化了共和国理想的破灭。如果这是作者心中所想的时间节点，那对于法萨卢战役之后针对共和派发动的一场战争，作者并没有给出任何提示或暗示。他提到了不同的事情，即恺撒对庞培·马格努斯的胜利——"统帅，你对一个拥有巨大资源并贪图个人权力的杰出人物发动了战争"（bellum tibi fuit, imperator, cum homine claro, magnis opibus, avido potentiae, I. 2. 1）。而且，他两次提到了庞培的名字（I. 2. 7；4. 1）。

接下来就得出一个重要的结论。第一封《致恺撒书》写作的"重大时间点"应该是在公元前48年秋天，在法萨卢战役和庞培在埃及海岸被杀之后。这些事件对当时的人来说看起来肯定是决定性的。当时还不能立即看出战争会继续下去。（顺便说一句，这个结论可以从真实性的角度加以推敲。）

第二封《致恺撒书》在各个方面都让人更加困惑。它反映了一个更早的情形。至于有多早，这是一个问题。[18]很多学者认为，这封劝谏书出现在公元前49年，即内战的最初几周；有一位历史学家则认为是这一年的夏季或秋季。[19]然而，这本小册子并没有透露出战争已经开始的迹象。有人

---

[17] K. Vretska, o.c. 48；"毫无疑问"。
[18] 相关看法的概括总结，K. Vretska, o.c. 49。
[19] E. Meyer, o.c. 572.

通过全面细致的考察而认为，这封信写于公元前51年。[20]近来则出现了主张公元前50年的一致共识。[21]如果认为这封写给恺撒的公开信出现在萨卢斯特被驱逐出元老院之后，这个年份会更有吸引力。[22]

就所谓关注鲜明而迫切的时代性而言，关于这封书信写作时间的看法分歧似乎给人带来了太多的困扰：公元前51、50、49年，这些都是重大议题和事件迅速变化的年份。

## III 关于真实性的例证

到此为止的讨论都只是表面上的写作时间问题。接下来要说的则是劝谏书的真实性问题，这种真实性长期以来由于一般性理由以及内容或语言方面的可疑之处而遭到了否认。[23]为了证明两篇劝谏书不仅仅是当时的文献，而且还是出自名人萨卢斯特之手的真品，各执一词的论据便出现了。

首先是历史方面的论据。有人断言，两本小册子都具有即时性的印记和韵味。[24]以后任何时代都没有一个修辞学

---

[20] G. Carlsson, *Eine Denkschrift an Caesar über den Staat*（Lund，1936）. 遵从此说的有 L. R. Taylor, *Party Politics in the Age of Caesar*（1949），185 f.。

[21] 盖策尔很早之前就主张这样的看法。参见 M. Gelzer, *Caesar*（ed. 6, 1960），166 ff.。

[22] 比如 K. Vretska, o.c. 51。

[23] 自 H. Jordan, *De Suasoriis quae ad Caesarem senem de Re Publica inscribuntur commentatio*（1868）之后。

[24] G. Funaioli, *Real-Encyclopädie der classischen Altertumswissenschaft* II A (1920), 1937; E. Meyer, o.c. 587.

家能对事件拥有这样的了解和把握。只可能是一位当时的政治家，一位恺撒的党羽和文人。除了萨卢斯特还能有谁？

又或者说，如果在某些具有同理心的研究者看来，劝谏书的作者有些近乎于天真，那也算不得障碍：萨卢斯特相对来说还是少不经事。或者更近一步讲，即便传达给恺撒的谏言并非都是最清楚和最具说服力的忠告，即便两篇劝谏书的论述结构很薄弱，一个解释也唾手可得——萨卢斯特处在事件的旋涡中，留给他的时间并不多，否则他本可以做一番更好的阐述。[25]

其次，劝谏书中透露的有关历史和政治的观点看起来与萨卢斯特的历史撰述惊人的一致——同时（这被人欣然接受，而且也令人信服）也为作者尚未成熟的思想演进留有余地。[26]

再一个论据是风格。毫无疑问，这两篇劝谏书是萨卢斯特的风格。一切都很清楚。如果劝谏书是当时的文件记录（当前的问题似乎确认和证实了这一点），那么它肯定是真实的，因为萨卢斯特的风格绝无仅有。[27]对语法、词汇和用语习惯的详尽研究证实了没有人会去怀疑的一点：劝谏书在风格上是"萨卢斯特风格的"作品。[28]为了论证这一点，有人

---

[25] W. Kroll, *Hermes* LXII (1927), 376.
[26] 关于"时间真实性"（Zeitechteit）和人格特征的判断标准，参见K. Vretska, *Wiener Studien* LXX（1957），306 ff.。
[27] H. Dahlmann, *Hermes* LXIX（1934），389："如果这两封信是当时的文件，那它们就是出自萨卢斯特之手。"
[28] 参见埃德马尔的评注，B. Edmar, *Studien zu den Epistulae ad Caesarem de re publica*（Lund，1931）；M. Chouet, *Les lettres de Salluste à César*（1950）。另见库菲乌斯的陶伯纳版本中附加的那部分冗长的"congruentiae Sallustianae"列表（21-28）。

还编制了一篇词汇表。[29]因此，风格和观点态度最终紧密地融合在一起，贯穿其最早作品并证实其最早作品的人格特征，无疑指的就是历史撰述家萨卢斯特。[30]

论证经由这些途径而汇集在一起，一种颇具说服力的信念得到了加强，教条也由此形成。不仅有了一个面目一新的萨卢斯特，对恺撒也有了新的认识，另外还有很多其他方面的影响。新的学说渗入并影响了罗马历史的主要框架。扩大考察范围看起来也是可行和有益的。这些书信是出于恺撒的吩咐还是作者自发的意愿？它们是为公开发表而构思的吗？关于恺撒为罗马国家福祉所做的谋划，作者又有多少了解？在提出谏言上，他有多大的胆识和自由？如此等等。[31]

有关这些问题的研究在权重和数量上都有体现。"相关主题的文献"越来越多。1950年发表的一份文献目录中记录了（从1918年到1948年）不少于44篇持肯定立场的论述，其中只有4篇持否定的立场。[32]这乍看起来是一个庞大

---

[29] E. Skard, "Index verborum quae exhibent Sallustii Epistulae ad Caesarem." *Symb.Osl.*, Supp. III (1930).

[30] F. Arnaldi, *Stud.it.fil.class.* VI² (1928), 307 ff. 还有许多其他学者。

[31] M. Chouet, o.c. 105 ff. 参见 K.Vretska, o.c. 52 ff.。

[32] M. Chouet, o.c. XV ff. (items XI-LVIII)。持否定立场的研究论述是 Last（两篇论文）、Fraenkel 和 Salmon 的文章。这份文献目录有遗漏之处，特别是拉铁的重要研究（K. Latte, *Journal of Roman Studies* XXVII [1937], 300 [评述 G. Carlsson]）；另外还有 M. L. W. Laistner, *The Greater Roman Historians* (1947), 169 f.。而且应该收录 A. Ernout (Budé, 1941), 33 ff.。此外，关于这个问题一直到1923年的历史，参见 H. M. Last, *Classical Quarterly* XVII (1923), 87 ff.——他的讨论在欧洲大陆基本上被忽视了。

的群体：虽然参差各异，但其中囊括了某些拉丁语文献研究中最杰出的人士。[33]另外还有历史学家。他们使用语言充满了确信。[34]然而与此同时，持不同意见的人士也在抬头。队伍中开始出现动摇。或许反转已经开始了。[35]

有两位劝谏书的捍卫者并没有却步。他们最近坚定而确信地公开了立场。[36]在他们看来，由于缺乏相反的明确证据，合情合理的做法就是从长期公认的观点设定出发：两封劝谏书分别写于公元前 50 年和公元前 46 年——而且作者不是别人，就是那位恺撒派的党羽，那位出任公元前 52 年平民保民官的萨卢斯特。

---

[33] 正如富纳约利所指出的，"直到历史学家珀尔曼从各个方面仔细研究了这个问题（Pöhlmann, S.-Ber. Akad.Münch. 1904）并给语文学家指出了正确的道路"（Funaioli, *Real-Encyclopädie der classischen Altertumswissenschaft* IA, 1936）。这条导向严重后果的道路是拉丁语学者遵从的路径，比如（只提及已故学者）Norden, Kroll, Löfstedt, Funaioli, Rostagni。

[34] K. Büchner, *Lateinische Literatur und Sprache*（1951），83："就目前公开表明的看法而言，人们现在普遍相信其真实性"；L. O. Sangiacomo, *Sallustio*（1954），43："纯粹的语文学研究……导致了我几乎可以用数学定义的确定性结果。"

[35] 经验丰富的库菲斯感到震惊——"自从弗兰克尔（Eduardus Fraenkel, *Journal of Roman Studies* XLI, 1951, 192-4）和迪勒（A. Dihle, *Mus. Helv.* XI, 1954, 126-130）告诉我们，萨卢斯特历史撰作之外的作品是伪托萨卢斯特之名所写，我现在产生了怀疑"。这是库菲斯在其 *Appendix Sallustiana*[4]（1955），IV 中公开的说法。但是在 1959 年的版本中，他又插入了"以及迪茨（G.Dietz, p. XI）"这几个字。他是指其未发表的弗赖堡学位论文 *Sallusts Briefe an Caesar*（1956）。

[36] 即 K. Büchner, *Sallust*（1960），以及弗莱茨卡在其权威著作中的列举（K. Vretska, 1961，参见前文注释[1]）。另外，人们也一定会注意到，盖策尔为其很久之前即已采取的观点倾向进行了简短的辩护，参见 M. Gelzer, *Caesar*$^2$（1960），166 f.。

## IV  来自风格的论据

这就是辩护一方的顽固姿态,人们应该如何继续对两篇《致恺撒书》表示怀疑?一个强有力的挑战可能会迫使整个结构体系崩塌。该体系的护身符或许存在。它值得一找。但与此同时,全面的抨击同样可取。[37]既然萨卢斯特是问题的始作俑者,那"尽可能简短"(quam paucissumis)地处理这个问题也就并无不妥。

前言可以同样简短。首先,作者是一位还是两位?两篇文献中有彼此相似的段落。这方面的列举很有说明性。[38]一番坦率的考察表明,第二封书信似乎模仿和扩展了第一封书信。这一点不同寻常。第二篇劝谏书的重要时间点(被认为是公元前 50 年)要早于第一篇劝谏书(公元前 46 年,或者说是公元前 48 年更好)。由此看来,两封书信的作者不论是谁,都肯定不是同一个人。[39]其他理由也可以支持这个结论。就此而言,第一封书信仍然可以被认为是萨卢斯特的真作,但第二封书信的真实性必须被否定。[40]

如果这一点不被承认,那也无妨。讨论可以继续,首先是关于文风,然后是关于内容,最后则以一种公开而体面

---

[37] 福克斯暗示,坚决的抨击很可能成功,H. Fuchs, *Mus.Helv.* IV(1947),189。
[38] H. Jordan, o.c 1 ff.; H. M. Last, o.c. 152.
[39] 参见 Schanz-Hosius, *Gesch. der r. Literatur* I²(1898),235。第四版(1927)悄然丢弃了这个想法。
[40] 这是拉斯特的论点(H. M. Last, o.c. 1 ff.),他关于第一封书信的结论,见 H. M. Last, *Classical Quarterly* XVIII(1924),83 f.。

的方式来揭穿这两篇劝谏书的真实面目。[41]

两封书信的用语措辞属于萨卢斯特的风格。这种令人坚信不疑的观点似乎是最具说服力的辩护理由。[42] 吊诡的是，用语风格的问题恰恰削弱了整个观点。首先，萨卢斯特的用语风格属于一种历史写作的风格，而不是属于说教布道的书信。其次，而且也是更为重要的是，这种风格是一种创新，是专为罗马历史的写作而煞费苦心设计出来的风格。早在公元前50年的任何人，包括萨卢斯特，都不知道有这样的用语风格。[43]

当一个人在共和国晚期创作政论文时，什么样的写作风格是合适的并且是得到允许的，这或许是一个问题。几乎没有罗马人能够抗拒罗马过去的吸引力。古旧风格词语在历史撰述家中是一种正常而自然的现象。此外，正如西塞罗在《论演说家》(III. 153) 中所证实的，演讲者或许会在不招致反感的情况下采用一种让人想起上一代人的演说风格或方法。固然，西塞罗指的是过去的演讲者。但是，一些倾向阿提卡风格的演说家会为了演说效果而冒险采用古旧风格的词

---

[41] 对这些劝谏书简短而零星的讨论，见 *The Roman Revolution*(1939)，正如 *Mus.Helv.* XV (1958), 55 中所表明的，这些讨论前后矛盾，不尽如人意。一个否定性说法，见 *Journal of Roman Studies* XXXVII (1947), 201。

[42] W. Kroll, o.c. 385.

[43] K. Latte, *Journal of Roman Studies* XXVII (1937), 300 (评述 G. Carlsson); E. Fraenkel, *Journal of Roman Studies* XLI (1951), 192 ff. (评述 M. Chouet)。弗兰克尔曾简短地表示了自己的怀疑，见 E. Fraenkel, *Deutsche Literaturzeitung* 1936, 884, 评述 E. Löfstedt, *Syntactica* II (1933)。

语（本书 p. 55）。

因此，政论小册子的作者假装出一副严肃平实的老派人姿态来谋取著述优势，这并非不可能。承认这个事实是可以的。但仍然于事无补。两篇劝谏书的风格不仅仅是古风的——而且明显是"萨卢斯特式的"。"萨卢斯特风格"是那位放弃官宦生涯后决定成为一名历史撰述家的人创立的风格。古代的评论家知道他的风格是一种人为的创造；他们认得出其中的要素；这种风格不仅仅是仿古的，而且也是革新的（本书 p. 264）。

## V　模仿萨卢斯特风格的写作技艺

人们认为政治家知道并且会借鉴萨卢斯特开创的用语风格。这是一种令人不安的看法。为此辩护的人必须摆出一副大胆自信的姿态。他们说，任何模仿者都不可能做到如此天衣无缝。

这是一个重大设想。古代人非常熟悉演说和书信中的冒名模仿之举，认为这是一种有用的并且确实必要的文学训练的一部分。昆体良颇为热心地证实了这一点（III. 8. 49 ff.）。一些优秀的从业者肯定是存在的。

后来的时代也不该被忽视，在那个时候，转译成希腊和罗马的语言在有些地区成为一种政令或被强制推行的做法。再或者就是以经典撰述家为典范的自由创作实践，这无疑是更好的选择。这可以起到引导作用。另外还有冒名模仿和效仿，对高雅文字的学习无论在哪里都风行不衰。

一个写作风格新颖而独特的撰述家最具吸引力，也最受欢迎。罗马人对萨卢斯特满怀热情——这种热情炽热强烈、反复出现，并且经久不衰。在文艺复兴时期的意大利，萨卢斯特也以各种值得注意的表现形式而备受推崇。比如鲁切拉伊（Rucellai）讲述1494年法兰西入侵的《意大利战争》(De bello Italico)。这是一部雄心勃勃的模仿之作，而且获得了成功。这部书值得一看——也值得一读。[44]在这个问题上，人们或许还可以注意科勒内利乌斯·塔西佗的做法。他沿袭了萨卢斯特的写作风格，同时也采纳了萨卢斯特的思想取向。这种沿袭汲取并非仅仅体现为鲜明生动的短小片段或个别的补缀。他可以尝试撰写一篇萨卢斯特风格的长文，比如从"原始的人"(vetustissimi mortalium)一直讲到"正派人士被处死刑"(multa honesta exitio fuere)的那段法律史插叙（Ann. III. 26. 1–28. 1）。在其他地方的叙述中，塔西佗还对其效仿的典范予以了改进。

因此，一种新的方法可能会刈出一条明显而清晰的路径。如果有人尝试撰写劝谏恺撒的书信，他将如何着手？他可能在何种情况下获得成功？他又何以会落败？

一般的做法是众所周知的。在向恺撒进言时，追名逐

---

[44] B. Oricellarius, *De bello Italico*（初版为R. Brindley, London, 1724）。波利蒂安（Politian）在1478年讲述佛罗伦萨阴谋时开始讲得非常不错，但他无法始终坚持萨卢斯特风格的写作格调（*Pactianae conjurationis Commentarium*, 初版于Basel, 1553）。任何时代的效仿和冒名模仿往往都会出现这样的情况。

利之人会立即提起"命运"(Fortuna)和她的"渴望/念头"(lubido)(I.1.1;II.1.2)。提及恺撒的"尊荣"(dignitas, II.1.4;4.2)和他的"慷慨"(munificentia, II.1.6)是合适的。但若有人声称要在内战前夕动笔,那他就要避免说起"仁慈"(clementia)一词——而且事实上,这个词只出现在写作时间表面上较晚的劝谏书中(I.3.3;6.5)。[45]

这种劝谏书总体上必须是煽惑鼓动和道德说教式的语调,其中带有很多格言式的精辟言论。努力和正直将会受到赞扬,懒惰和腐化要遭到严厉的申斥。作者知道,他必须在文风上大胆而尖刻,不回避隐晦之事或重要秘闻。希腊风格措辞表述会在其中出现,比如"non peius videtur"(似乎同等重要,I.8.8);对柏拉图《书简七》的借用也是一种强有力的做法(I.8.2)。[46] 当然,最愚钝的学生也不会忘记简洁,不管他面对多么繁复冗赘的事情,都要"尽可能简短"(quam paucissumis, I.8.7;II.13.8)。

任何人都不会忽视"facio"(准备/开始/发生/征收/获得/做/完成/获得/致使)和"habeo"(知道/怀有/招

---

[45] 在萨卢斯特的作品中,"clementia"仅针对罗马人民(*Jug.* 33.4; *Hist.* I. 55.1),参见本书 p.119。至于"clemens"这个词(Ep. I.1.4),萨卢斯特并没有在政治意义上使用。

[46] 参见 Plato, *Ep.* VII. 326b。正如迪勒所表明的,第一封劝谏书直接借鉴了柏拉图,第二封劝谏书则并非如此(A. Dihle, *Mus.Helv.* XI [1954], 129)。萨门对第二封劝谏书表示质疑,他认为其中映现的希腊作家恰恰源于萨卢斯特的著述(E. T. Salmon, *Classical Philology* XXXII [1937], 72 ff.)。

致/实行/持有/认为）构成的短语。一些动词也会频繁出现，比如"certo"（竞争/争论）和"sustento"（支持/维持）。出现最多的词是"agito"（激起/实现/处于/攻击/从事/讨论/度日/表示），萨卢斯特使用的频率有点过高（大约有五十次）。动词"memoro"（提及/讲述），"patro"（进行/执行）和"reor"（认为/断定）也会被采用，因为这些动词是旧式词语。同样会被使用的还有表达努力或毅力的词语，比如"exerceo"（忙于/专注于/工作）、"fatigo"（竭尽所能）、"nitor"（努力/力争）。另外还会用到一些很有表现力的形容词——"acerbus""asper""ferox""praeceps""saevus"和"strenuus"。

为了模仿朴素的旧式文风，"artes"（技艺/学问）、"facinus"（事业/罪行/情形）、"negotium"（事情/任务）这几个词是需要经常使用的。此外还会经常用到"mortales"（世人/人类）这个词。和萨卢斯特一样避免使用"-itas"结尾的抽象名词也是合情合理的做法。因而也并不存在使用"caritas"或"claritas"的情形。第一部专题作品之后，萨卢斯特弃用了"crudelitas"（冷酷无情）和"cupiditas"（渴望/欲望/贪欲）。他由此会使用表达效果更好的"saevitia"（残暴/野蛮，II.6.1）和"cupido"（渴望/贪心，II.7.4；12.4）。敏锐的内行自然会大量使用"lubido"（欲望）这个词（第一封劝谏书：四次；第二封劝谏书：六次）。

谴责懒惰的措辞在萨卢斯特的著述中屡见不鲜："desidia"（懒散/怠惰）、"inertia"（懒惰/拙劣）、"ignavia"

（懈怠）、"socordia"（懒惰/好逸恶劳）。为了突出强调，他还将"socordia"和"ignavia"联系在一起使用（*Cat.* 52. 29；58. 4；*Jug.* 31. 2）。模仿者将会遵从这样的表述方式。

使用某些明显属于萨卢斯特的风格但很少或从未在西塞罗和恺撒的著述中出现的词语也是符合要求的做法，比如"munificentia"（慷慨/恩惠）和"opulentia"（富裕/威力/势力）、"strenuus"（奋发进取的）和"saevus"（粗暴/野蛮）。另外还会使用"consultor"这个词，意思是指提供建议的人（《朱古达战争》：三次；《历史》：三次）。

那个时候，有一些词语看起来像是"萨卢斯特风格"的措辞，但碰巧并没有在现存的萨卢斯特作品中得到证实。奇怪的是，萨卢斯特并没有使用塔西佗著述中明显属于萨卢斯特风格的段落中经常会用到的一些词语。[47]

关于这种类型的用词风格，《致恺撒书》提供了几个或多或少看起来可信的样本例证。[48]一个是"incuria"（疏忽/轻率，I. 1. 3），很可能任何人都会认为，这是一个萨卢斯特风格的词语：[49]萨卢斯特用到过两次"incuriosus"（轻率疏忽/漫不经心，*Hist.* II. 42；IV. 36），而且这两个词都受到了塔西佗的青睐。萨卢斯特展示了装腔作势

---

[47] 参见 *Tacitus*（1958），731。
[48] 有学者通过辩护其真实性而讨论了这些例证，见 A. Holborn-Bethmann, *De Sallustii epistula ad Caesarem senem de re publica*（Diss. Berlin, 1926），26 ff.。
[49] 至少要注意 *Mus.Helv.* XV（1958），51 中所犯的错误："*incuria* 这个萨卢斯特风格的典型用语。"

的"dehonestamentum"（玷污/缺陷）一词（*Hist.* I. 88；55. 21）。第二篇劝谏书中出现了"honestamenta pacis"（和平的点缀，II. 13. 2）：这个词是很少见的，最初在塞涅卡的作品中出现（*Epp.* 66. 2），之后又出现在格利乌斯和阿普利乌斯（Apuleius）的著述中（并未在塔西佗的作品中出现）。第二封信中还用到了"additamentum"（附属/附庸）这个词（II. 9. 4；11. 6），该词在西塞罗的作品中出现过（*Pro Sestio* 68），随后又出现在塞涅卡和阿普利乌斯的作品中（李维和塔西佗都有意避开了这个词）。"adiuto"（帮助）这个动词乍看起来似乎无可非议——经常在普劳图斯（Plautus）和泰伦斯（Terence）的作品中出现（但李维和塔西佗同样没有用过这个词）。接下来是罕见的"dispalor"（徘徊），该词以"dispalatus"的形式出现（II. 5. 6）：希塞纳的作品中用过两次（35；134）。最后，一位专注于权力主题的撰述家很可能会被"rerum potiri"（他可能会掌控一切）这个庄重而坚实的措辞表述所吸引（II. 6. 5），比如卢克莱修（II. 13）。一个萨卢斯特的同代人写出过"qui rerum potiuntur"（掌握大权的人）这样的表述（Caelius in *Ad fam.* VIII. 14. 2）；塔西佗也喜欢使用这个措辞，他在《编年史》当中用过不下十一次。"rerum potentes"（执掌全权）这个表述乍看之下同样是类似的措辞风格（I. 1. 5），参见"reges rerumque potentes"（君主和大权在握的统治者，Lucretius II. 50；III. 1027）。这种措辞可能来自恩尼乌斯，或许太过于诗意。塔西佗著述中与此最接近的表述是"Iovem ut rerum omnium potentem"（执掌万事万物的朱庇特，*Hist.* IV. 84. 5）。

仔细斟酌用语措辞并非唯一的问题。模仿者还通过留心一些不太富有文采，也不那么突兀显眼的用词来展现自己的才华。"tametsi"（尽管）属于萨卢斯特风格的用词——至少一开始是。它在《朱古达战争》（38. 9）之后突然消失，随即便由"quamquam"（尽管）所取代。第二篇劝谏书中有五处用到了"tametsi"——这似乎都要归功于这篇劝谏书的作者。[50]

对比词组追求用词的"多变性"在萨卢斯特那里具有近乎病态的重要地位。"bonum publicum"（公共利益）是常规的表述方式。在拉丁语的经典著作中，哪些作品会使用"malum publicum"（举国之殇）这样的表述方式？很少，除了萨卢斯特的著述（*Cat.* 37. 7；*Hist.* I. 77. 13；IV. 51）。"mala publica"，即"公共灾难"，是通常所见的拉丁语表述；而"malum publicum"的意思则是对共和国造成的伤害。[51] 评论者们并没有注意到这种精细的改动。两篇劝谏书的作者能够写出"malum publicum"（I. 7. 2；II. 5. 8；11. 1）。

赞赏还为时尚早。两本小册子都会时不时地陷入一种特别的表述措辞中。它们的很多表达方式都遭到了拉丁文词语用法研究者的尖锐批评。他们认为这些表述方式在那

---

[50] 关于"tametsi"，参见 A. Kunze, *Sallustiana* III. 1（1897），20 f.。对于勒夫施泰特来说，这个用词强有力地说明了这篇文本的真实性（E. Löfstedt, *Syntactica* II[ 1933 ]，292）。

[51] *Thesaurus Linguae Latinae* 中的条目没能做出区分。

个时代不符合标准用法，同时也无法想象，只有将其看作后来时代的作品才能够理解，也许它们问世于弗拉维－安东尼（Flavio-Antonine）时期。[52] 这些表述方式有"multo multoque asperius"（更加棘手，I. 1. 8）；"magis aut minus"（或多或少，II. 7. 4；10）；"multipliciter animus ... fatigatur"（被多种焦虑……折磨，II. 10. 5）；"quae per mortaleis avide cupiuntur"（世人渴求的东西，I. 1. 1）；"ut ... concordia ... coalescat"（促进……和谐，II. 7. 2）。的确，有些反对意见遭到质疑：有足够的拉丁文可以用来比较吗？

上述所说的现象在"古典"时代被用来否认作者的身份。另一种解释或许有用。劝谏书的措辞表述或许并不属于后期或有缺陷的拉丁文用语风格，而是有意装出来的创痕。

## VI 模仿者的过度之举

模仿的诱惑在任何时代都在于开发、发扬和滥用风格。杰出的阿伦提乌斯在关于布匿战争的历史写作中就存在这样的缺陷：过多使用"facio"的表述，以及滥用萨卢斯特风格的动词"hiemo"。塞涅卡就是见证人。他发现"阿伦提乌斯把萨卢斯特偶尔为之而保留的做法变成了一种近乎持续重复的经常性习惯"（quae apud Sallustium rara fuerunt, apud hunc crebra sunt et paene continua, *Epp.* 114. 18）。

两篇劝谏书的作者同样没能避免类似的缺陷。萨卢斯

---

[52] H. Jordan, o.c. 23 ff.; H. M. Last, o.c. 94 f.

特本身是一个单调而缺乏变化的撰述家，容易陷于重复或流于拘泥。这两篇劝谏书就其篇幅比例而言更是如此。两封信的篇幅加起来总共在《喀提林内争》篇幅的三分之一和四分之一之间；而第二封信本身的篇幅又在四分之一和五分之一之间。

对于一些萨卢斯特风格的典型词语，两封书信中的使用频次与第一部专题史书中总共出现的次数相比可谓有过之而无不及。比如"agito"（*Epp.* 12：*Cat.* 13），暗含隐喻的"asper"（8:5），"clarus"（9:9），"exerceo"（8:8），"mortales"（12:13），"socordia"（5:3）。此外还有"parentes"和"patria"的词组搭配：《喀提林内争》中出现了两次，但在第二封书信中就出现了三次（II. 8. 4；13. 1；13. 6）。[53]

值得注意的是带有形容词的"facio"动名词。第一部专题著作中使用了"facilia factu"（容易做到，*Cat.* 3. 2；14. 1）和"optumum factu"（最好的办法，*Cat.* 32. 1；55. 1；57. 5）。模仿者由"optumum factu"（I. 3. 1）这个表述出发，又给"factu"一词加上了形容词"difficile atque asperum [factu]"（困难而艰巨的 [任务]，II. 1. 1），"haud difficile [factu]"（一点也不难 [做]，II. 12. 2），"[factu] haud obscurum"（绝不

---

[53] 第二封信中一个特别的劝告非常值得引述。*Ep.* II. 13. 1："quod si tecum patria atque parentes loqui possent, scilicet haec tibi dicerent. o Caesar, nos te genuimus fortissimi viri, in optima urbe."（但你的故土和你先祖若能说话，他们肯定会对你这样说：恺撒，我们这些勇敢的人在最优秀的城市生出了你。）

难［去做］，I. 8. 4），"utilia［factu］"（实际［应用］，II. 4. 5），"utilissima［factu］"（最有利的［做法］，II. 13. 8）。

同样，第一部著作中出现了"vera via"（正当的途径，*Cat.* 11. 2）。除了"vera atque simplex via"（正直的道路，I. 5. 8），模仿者还可以写出"ardua［via］"（陡峭的［路径］，II. 7. 9），"patens［via］"（开阔的［道路］，I. 5. 1），"prava［via］"（弯［路］，I. 5. 6）和"melior［via］"（更好的［道路］，I. 8. 10）这样的表述措辞。

萨卢斯特喜欢用"bonae artes"（《喀提林内争》两次，《朱古达战争》五次）；后来的撰述家经常会用到这个短语（李维用过两次，塔西佗用过十二次，*Pan. vet.* 中一次，奥古斯丁一次）。这个短语的反义词是"malae artes"（恶习，*Cat.* 3. 4；13. 5；*Jug.* 41. 1）或"pressumae artes"（可恶的行径，*Jug.* 85. 43）。模仿者们不可能不会注意到这些短语。所以，他们使用了"bonae artes"（善举/好的做法，I. 1. 8；II. 7. 4；13. 2）和 malae artes（II. 1. 3）。

这并不是全部。为何不再继续？第一封书信的作者写出了"firmanda res publica . . . pacis bonis artibus"（使国家强大……要依靠很好的和平技艺，I. 1. 8）。这种表述不会因为"vir facundus et pacis artibus"（一个能说会道并精于和平技艺的人，Tacitus，*Hist.* I. 8. 1）而获得支持。还有更加糟糕的"pravas artes malasque libidines"（败坏的行为和邪恶的欲望，I. 6. 4）。形容词"pravus"（扭曲的/败坏的/弯的）开始获得萨卢斯特的青睐（《喀提林内争》一次，

《朱古达战争》五次，《历史》三次）。在此处和"prava via"（I. 5. 6）、"prava consilia"（不好的建议，II. 1. 2）的表述中，《致恺撒书》的作者都很机敏。但是，并没有拉丁语撰述家使用过"pravae artes"这种表述措辞。也没有人喜欢"malae libidines"这样的表达。萨卢斯特习惯用"ludibo"（至少用过三十六次）这个词，他没有理由使用"malae lubidines"这样的表达。事实上，萨卢斯特从未给"lubidines"加上过形容词。所以说，这并不是一种富有吸引力的表达方式。而且，由于其他原因，人们会对"bona lubido"（高尚的热情，II. 13. 6）这个表达方式产生一定的疑问。

的确，人们可以从萨卢斯特其他并不显眼的措辞用法中发觉一种明确而有意的反常做法。"malum facinus"（无耻罪行）在第二封书信中出现了至少三次（II. 6. 2；12. 7；13. 3）。这种表述并没有出现在萨卢斯特的著述中，萨卢斯特用的是"mala facinora"（恶行，*Cat.* 16. 1）和"pessumum facinus"（最可怕的罪行，*Cat.* 18. 8）。选择和品位方面的问题在塔西佗那里得到了证实。他的著作中出现了"mala facinora"（两次），"pessimum facinus"（四次）——"malum facinus"则从未出现。因此，在使用"malae lubidines"这种表述现象的强化之下，人们开始质疑一些没有人会认为有问题的表达方式。

这里有三个例子。首先是"laeta omnia et candida visa"（总体上看起来欢乐而愉快，I. 3. 2）。但萨卢斯特并不会用"candidus"（愉快）这个词。其次是"virtus amara atque aspera est"（正直的品性是令人不快、严厉无情的，II. 7. 7）。但萨卢斯特也不会用"amarus"（严酷的/悲惨的凶恶的/易怒的）这个词。第三个例子是"omnia in proclivi erunt"（一切都会很容易，II. 8. 6）。这种表述在萨卢斯特的著述中并未出现，但在普劳图斯和泰伦斯那里会用到：塔西佗作品中与此最接近的用法是"tanto proclivius est"（容易得多，*Hist.* IV. 3. 2）。

很明显，这些模仿者生搬硬套并误用了萨卢斯特的用语特点。调整和修改常规措辞或专门术语是那位历史撰述家的习惯性做法。这些模仿行家们又一次露出了马脚。"facinus facere"（行为/犯罪）这种表达方式不应该缺少。比如"praeclara facinora fecit"（做出如此伟大而光荣的事迹，II. 2. 4）。但是，对于"praeclara facinora egisti"（建立卓越功勋，II. 13. 2）这句话，又有什么说法呢？[54]至于"adversa res"（灾祸，II. 10. 7），可以被认为明显属于萨卢斯特的用语风格。[55]这个表达有记录可循（普劳图斯那里是两次，普布利乌斯那里是一次，李维那里则有三次），但在萨卢斯特的著述中并没有出现。这位撰述家更喜欢使用复数或中性复数形式的"adversa"。

---

[54] 弗莱茨卡在他的评注中提到了 *Pro Caelio* 54："quod per ignotos actum"（这是陌生人干的），等等，"facinus"在其中的前一句中用过。第二封书信中的用法和此处的用法几乎没有相似之处——而且事实上，"facinus"在这里不需要用"quod"这个词来解释。

[55] 比如 B. Edmar 即持此论断。

还有另一种变化。有人对"magis clarum magisque acceptum"（更有名气和人气，II. 7. 6）这句话提供了解释。萨卢斯特的著作中有"carus acceptusque"（值得信赖的，*Jug.* 12. 3; 70. 2; 108. 1）这种表达。的确，《朱古达战争》（70. 2）和塔西佗《编年史》（XII. 29. 1）的原稿中都写为"clarus acceptusque"（广为人知的）。对两处文本的考察将会表明，怀疑是合情合理的，尽管最晚近的校订者继续保留了歪曲错误的表述形式，但最好还是进行一番校勘。

最后是"cum paucis senatoriis"（一些元老级别的人，II.11. 6）。通常的措辞表述是"vir senatorii ordinis"（一个元老级别的人）。关于"senatorius"这个词——意思是"元老"，即便是从水平最低的晚近拉丁语用法中也找不出任何例句。[56]

萨卢斯特喜欢用成对的词语来加强语气（例如"socordia atque ignavia"），有时还会加上头韵法（alliteration）的表达技巧，比如"flagitiis atque facinoribus"（可耻罪行，*Cat.* 23. 1）或"fluxa atque fragilis"（稍纵即逝和脆弱的，*Cat.* 1. 4）。因此，这个崇尚简洁的人在著述中也存在某种程度的冗赘表达。但是，萨卢斯特会选择"saeva atque crudelia"（野蛮凶残，I. 4. 2）这样的表达方式吗？他发现"saevus"（粗暴/野蛮）这个词更加优越的表达效果后，就几乎完全

---

[56] 参见 *Mus.Helv.* XV（1958），54，关于《拉丁语言辞典》（*Thesaurus Linguae Latinae*）的说明所提供的信息。通过从之前的"homines nobiles"中推出"hominibus"这个词，为该文献辩护的人会认为，"senatoriis"并不是一个名词，而是一个形容词（K. Vretska, ad hoc.）。

弃用了"crudelis"(残酷无情)这个词(《喀提林内争》中用过十一次之后,在《朱古达战争》中仅用过一次)。

同义词或冗赘的表达方式表现了一种传统老派的简朴之风,这是一种合适的用语方式。但是,有谁能容忍"quanti et quam multi mortales"(如此多杰出的人士,I. 2. 7)或"multam magnamque curam"(很多精力和心思,II. 1. 3)这样的表述方式呢?用"multis et magnis tempestatibus"(许多重大危急情况,*Cat.* 20. 3)和"multis magnisque praesidiis"(许多重要资源,*Jug.* 62. 9)来支持后一个例句是徒劳的。这几句话并无可以类比之处。[57]

模仿者们难免会以各种各样的方式夸大自己的表达方式。萨卢斯特因其"大胆的隐喻手法"(audacia in translationibus)而众人皆知、备受指责(阿泰尤斯·费罗洛古斯的评价,见 Suetonius, *De gramm.* 10)。行家里手们就用生硬的比喻、矫揉造作和含糊费解来响应这样的批评。比如"hostem adversum deprimere"(击垮公开的仇敌,II. 7. 2),或"alios praegressus"(超越他人,I. 1. 2):萨卢斯特只在字面意义上使用过"praegredior"(走在前面/超越)一词(*Jug.* 94. 2; *Hist.* IV. 66)。[58]第一封劝谏书中出现了"gratiam gratificans"(给予满足,I. 7. 5)。这种表达在拉丁语的任何

---

[57] 库菲斯在他编录的"congruentiae"中援引过这些段落,但并没有引述。
[58] 其他萨卢斯特只在字面含义上使用的词语有"coaequo"(平等/相同,II. 8. 2; 11. 3)、"communio"(加强/巩固,II. 4. 4)、"conglobo"(聚集,I. 5. 2)。

地方都缺乏例证，第二封书信或许也采用了这个表达中的动词——"quodsi tibi bona lubido fuerit patriae parentibusque gratificandi"（但如果你有一种高尚的热情向你的祖国和先祖表达感激之情，II. 13. 6）。萨卢斯特在《朱古达战争》（3. 4）中第一次也是最后一次使用了"gratificor"（满足愿望/迎合爱好）一词。

"dispalor"（徘徊）是一个非常少见的动词。人们可以注意到"multitudo... in artis vitasque varias dispalata"（这群人已经误入了各种生活方式和生活状态中，II. 5. 6）。随后唯一以隐喻性手法用到这个词的作品是阿米亚努斯（Ammianus）的著述（XVI. 12. 1）；同样，萨卢斯特还避开了复数形式的"vita"一词。另一处隐喻性用法是"hebeti atque claudo sc. animo"（心智变得麻木而有缺陷，I. 8. 2）。这种用法无疑是很过分的，尽管后来的萨卢斯特可能会"因懒惰而有缺陷"——"全然不是懒惰造成的缺陷"（nihil socordia claudicabat, *Hist*. fr. inc. 23 in Maurenbrecher p. 204）。从《历史》的成熟风格中获得的理由并不能成立。事实恰恰是相反的。

人们可能想发现一些难免会用"agito"（激起/实现/处于/攻击/从事/讨论/度日/表示）一词的乖僻用语。深究考查会获得丰厚的回报。可以找到的有"asperius magisque anxie agitat"（愈是激起更多的烦恼和忧心，II. 10. 5）；"super omnes mortales gloriam agitabis"（荣誉远远胜过所有的普通人，II. 13. 6）。"fatigo"（竭尽所能）这个词也频繁被用到——"nam vivos interdum fortuna, saepe invidia fatigat"（因为生活有时会由于命运——通常是由于嫉妒——而陷入困境，II. 13. 7）。

再继续下去也更加难以处理。"an illa . . . oblivio interfecit"（或是遗忘抹去了……，I. 4. 1），或"id quod factu haud obscurum est"（这绝非难事，I. 8. 4）。人们已经不得已而求助了校勘技艺，这很容易（分别校正为"intercepit"和"absurdum"）。[59]这样的做法只会遮蔽最符合事实的解释。

风格和措辞的古怪之处数不胜数（这里并未全部列出）。这些古怪的地方令两封劝谏书露出了马脚。就此而言，两封劝谏书可以起到有益的作用。它们是昆体良所说的"矫揉造作"（mala affectatio）的典型例证。正如昆体良所定义的，"这个说法中涵盖了浮夸、琐碎、甜腻、冗赘、牵强和毫无克制之义"（tumida et pusilla et praedulcia et abundantia et arcessita et exultantia sub idem nomen cadunt，VIII. 3. 56）。

冒名模仿者还无法回避其他的才能检验。一种才能是对真正地道的萨卢斯特"血脉与精髓"（sanguis ac medulla）的体认。也许令人奇怪的是，两位劝谏书的作者都忽略了"fluxux"（不可靠的／暂时的／软弱的）、"miseriae"（悲惨）、"occulto"（秘密／隐蔽）、"ostento"（显出／表现）、"vecordia"（精神错乱／狂妄）。[60]另外，他们也从没有用过"tempto"

---

[59] Gronovius 提出了"intercepit"，"absurdum"则由 H. Jordan 提出。库菲斯和弗莱茨卡编订的文本中都未作改动。

[60] 必须要强调的是，这里并没有列出那些看起来可以否认其真实性的词语。

（检验/试探/企图/进攻）或"tolero"（忍受/维持）——两个词在萨卢斯特的著作中分别出现过十八次和三十二次。可比较的范围很小，而且应该记得，萨卢斯特自己的用词取舍常常让人难以解释（参见附录Ⅰ）。对于那些萨卢斯特并未使用过的词语，比如"concilio"（联系/举行/实现/获得/提议，Ⅱ.6.2）、"confundo"（混合/混乱，Ⅱ.8.1）、"congruo"（相遇/相符合，Ⅱ.5.6）或"stabilio"（巩固/确立，Ⅰ.6.5；Ⅱ.4.4；Ⅱ.11.1），[61]我们也无须耗神费心。

所以，这里姑且不再讨论这个问题。它已经足以说明，模仿者们做得太过了。还有一个问题，即风格的演变。这个问题上会有很多很严重的指摘与批评。

举例来说，如果有人打算把塔西佗展示出来，或者说是冒名模仿塔西佗的作品，就必须要谨慎。塔西佗的风格有着不同的类型。《历史》的文笔格调是鲜明生动、表达流畅——很大程度上也受到李维的影响。[62]相比之下，《编年史》前六卷的文风大多则是成熟的萨卢斯特风格。创作模仿作品的人应该知道他在做什么。此时的萨卢斯特本身经历了

---

[61] 完整的列表，见 M. Chouet, o.c. 21 f.。另参见附录Ⅰ中标有星号的条目，表 A（"西塞罗风格"的词语）。这里有一个提醒——这些词本身并不能作为任何可以援引的证据。人们多半可以认为，原初萨卢斯特（Proto-Sallust）（在下一个阶段）使用了很多第一部专题史书的作者弃之不用的词语，其中很多是有意的。这种观点会错失问题的关键之处。令人吃惊的是，原初萨卢斯特和次生萨卢斯特（Deutero-Sallust，即《朱古达战争》和《历史》中处于成熟状态的作者）的共存与融合。

[62] *Tacitus*（1958），197；200 f.；340；350；733 f.

一个可以在塔西佗的著述中确认的类似过程——趋向于古老、紧凑而极富感染力的风格。

创作这两封书信的模仿者并没有发现和考察这个过程。他们被精心甄别和修饰文采的措辞所吸引，这令他们屈从于萨卢斯特撰写第一部专题史书时并未发现其价值、特色或特殊意义的词语。典型的例子有"consultor"（商讨／议论／考虑／咨询／请教，Ⅱ.1.1）、"defenso"（固守／坚决拒绝／回击，Ⅱ.10.5）、"imperito"（吩咐／统治，Ⅰ.1.5；1.6；Ⅱ.5.5；11.7）。既然这样的话，那就没有必要从劝谏书中引述一些特色不太鲜明的词语，而这些词语在萨卢斯特那里恰好是在《朱古达战争》中最先被证实的。[63]

其次是首次出现在《历史》中的词。"excidium"（破坏／灭亡，Ⅰ.5.2）这个词是很有启发性的，或者是"formidatur"形式的动词"formido"（畏惧，Ⅰ.1.4）。又或是雅致的"obtentui erit"（将作为一种掩护，Ⅱ.11.5）：《历史》（Ⅰ.55.24）中有"obtentui"（保护／掩护）一词，该词又再次出现在塔西佗的著作中（三次，"obtentum habebat"是一次，*Ann.* Ⅻ.7.3）。同样值得注意的或许还有"disturbo"（驱散／破坏／废除／妨害，Ⅱ.2.4；6.5）和"everto"（推翻／撤销／驱逐，Ⅱ.3.7；4.2；13.3）。最后而且也最为重要的是出自加图的"torpedo"（麻木冷漠）。萨卢斯特想到了这个词，并在《历史》一书的

---

[63] 例如"deformo""demo""depono""desidero""desino"。不过，"demo"一词可以留意一下——在每本小册子中出现了三次。

演说中使用了三次（I. 77. 19；III. 48. 20；26）。塔西佗曾尝试使用过一次（*Hist*. III. 63. 2）。后来他又正确地弃用了该词。第二封劝谏书（II. 8. 7）中出现了"torpedo"一词。这个词本身就可以戳穿这本小册子的真实性。

枯燥乏味的小品词同样具有破坏性。"mox"（即将/不久以后），"ergo"（因此）和"ferme"（几乎/差不多/经常）在第二部专题作品之前是不会出现的。但第一封书信中用到了"mox"（I. 6. 5）和"ergo"（I. 1. 9；5. 6），第二封书信中有"ergo"（II. 7. 10）和"ferme"（II. 10. 2）。类似的还有介词"adversus"（对着/相对，《朱古达战争》中为十七次，《历史》中是四次）。然而，第一封劝谏书中有两个例子（I. 1. 8；4. 3）。其次是"ceterum"（然而/仍然/无论如何，在《喀提林内争》中只出现过三次；但在《朱古达战争》中，大约出现了五十次）：第一封劝谏书中有一个样本（I. 1. 3），第二封劝谏书中则出现了不止四次（II. 4. 5；5. 7；8. 4；13. 8）。最后是用"quis"（谁/什么/某人某事）取代"quibus"（谁/什么/某人某事）的用语变化。第一部专题著作中并没有相关的例证，但第一封书信中出现了"ex queis"（其中，I. 2. 6）这样的表达。所以，劝谏书虽然对"tametsi"（见上文）一词颇为敏锐，但在撰史风格特有的措辞用语方面，两封劝谏书都不尽如人意。

简而言之，表面上的原初萨卢斯特（Proto-Sallust）设法在他明显而多样的用语习惯和偏好中预示这位历史撰述家的变化。

与两位冒名者对质并对他们进行详细的比较是一种令人愉悦的消遣(但也是无聊而多余的)。第二封劝谏书模仿了第一封劝谏书(这并不奇怪)。它们的题材并不相同,只有第二封书信中出现了"factio"(帮派/寡头派,七次),"factiosus"(派系,两次),"nobilis"(贵族,五次)和"nobilitas"(权贵,五次)。用词方面的其他差异可能会激起人的好奇心——"accido"(0∶5),"ago"(0∶5),"beneficium"(0∶4),"civitas"(1∶10),"dignitas"(0∶6),"everto"(0∶3),"facinus"(0∶7),"gloria"(0∶9),"gratia"(1∶5),"honestus"(0∶3),"inertia"(0∶4),"opulentia"(0∶4),"patria"(1∶8),"probo"(0∶5),"restituo"(0∶5),"valeo"(0∶3)。另一方面,只有第一封书信中用到了"attingo"(三次),"compono"(五次)和"gero"(五次)。[64]

有一个问题依然存在。这两封书信的文学品质如何?[65] 有些优点是可以承认的,即便这只是对忠实支持者的一种安慰。简洁紧凑的文风无论在哪里都能获得明显无疑

---

[64] 如果是一个作者,"ago"(0∶5)和"gero"(5∶0)确实很奇怪。
[65] 克罗尔认为这两封书信是真作,但并非上乘之作(W. Kroll, o.c. 376)。雅赫曼认为是"政治空谈"(G. Jachmann, o.c. 253)。正如埃尔努公正的看法,"既无力道,也无活力,更无萨卢斯特的明快"(*Salluste*[1941], 35,参见 *Pseudo-Salluste*[1962], 16)。另一种评价——"风格沉稳、严肃而有力,它不落俗套但又并未有损于协调"(M. Chouet, o.c. 125)。该学者对其中的隐喻性措辞尤其欣赏,说这些隐喻是"极具力道的描绘"(42):"oblivio interfecit"即是其中之一(I.4.1)。

的好处。比如"victores praedam petunt, victi cives sunt"(胜利者需要战利品,战败者则是我们的同胞,I.1.8);"orta omnia intereunt"(已经形成的一切终究会消失,I.5.2);"magnae curae magna merces est"(出众是对重大责任的奖赏,I.7.1);"plerique mortales ad iudicandum satis ingenii habent aut simulant"(大多数人都有或自认为有足够的能力做出判断,I.8.9)。另外,富有文采也是不能否认的优点——"qua tempestate urbi Romanae fatum excidii adventarii"(当罗马命中注定的毁灭降临时,I.5.2)。[66] 不过,思想的贫乏无处不在。这些书信相对于它们必须要表达的内容来说都太过冗长,第二本小册子更是出了名的啰唆。

严肃的研究者似乎出于赞扬的目的,一丝不苟地记录了两封书信中的一系列"句子"。[67] 有些句子非常有意思,比如 II.10.4(引文见下文),或 II.8.3:"nam perinde omnes res laudantur atque adpetuntur ut earum rerum usus est"(因为就有用性而言,凡事都是受到赞美和追捧的)。安东尼时期的行家们(参见 Gellius XVIII.4,上文[p.330]有所讨论)是否上当受骗,这是一个徒劳无果的问题;对于科勒内利乌斯·弗伦托的理解和见识,人们也不必有过高的评价。即便是弗伦托也会有这样的说法,"格言修改得如此高明,我今天获知的一句简直无可挑剔,它可以被放入萨卢

---

[66] 参见 Tacitus, *Historiae* IV.13.3: "rei publicae cura, cui excidium adventabat"(为国家而担心,国家的毁灭是注定的)。
[67] 注意库菲斯版本中的"conspectus sententiarum"(20 f.)。

斯特的著作中，既无违和之感，也不会显得拙劣"（gnomas egregie convertisti, hanc quidem, quam hodie accepi, prope perfecte, ut poni in libro Sallustii possit, Fronto, p. 48 N = I. 12 Haines）？

总而言之，有些学者认为两封劝谏书是用萨卢斯特风格的用语措辞拼凑而成的作品。[68]那些为了支持和说服人们相信两篇文献的真实性而精心编制的列表反而强化了这样的观点。然而，两封劝谏书的作者并非仅限于拼凑。他们自视甚高，他们要改造萨卢斯特，并试图超越他的写作风格。他们的作品也由此归入了昆体良所批评的"矫揉造作"的范畴。表面上的风格可以效仿或夸大。展现出充满张力、活力和结构性力量的品质特性却并非那么容易。两封劝谏书写得杂乱无章而语无伦次。如果要找一个优秀的萨卢斯特风格的撰述家，那就要找科勒内利乌斯·塔西佗——这是一个总是被说起的、索然无味的话题。

## VII 《致恺撒书》（II）的真实面目

至此为止的讨论都是源出于语言的论证。这些论证是否有理有据、不容分辨呢？

有些人坚持认为，《致恺撒书》并不是伪书，他们会主动舍弃关于萨卢斯特文风的所有议题，这是一种友好的让

---

[68] H. Jordan, o.c. 1.

步，他们非常坚信这些文献符合历史实情。[69]他们也许最好弃绝这样的信念。不过，我们可以允许争论进入时间与事实方面的问题。如果能让这些劝谏书揭露出不止一种的明显的时代误置，这又将说明什么呢？

最佳的做法是将关注点集中于第二封《致恺撒书》，这篇文献的真实性更容易遭到人们的质疑，哪怕仅仅是因为它拖沓冗长、啰里啰唆。这封书信的作者似乎透露出他对萨卢斯特历史撰述中的某些段落的了解。

执政官科塔宣称，"至高的统治权力本身蕴含着重大的责任"（multa cura summo imperio inest, *Hist*. II. 47. 14）。这封劝谏书中用了一个表达效果有所减弱的"句子"——"这是我个人想到的一个结论：在自己的国家里，地位更高更为显赫的人有责任对国家的福祉深感关切"（equidem ego sic apud animum meum statuo：cuicumque in sua civitate amplior inlustriorque locus quam aliis est, ei magnam curam esse rei publicae, II. 10. 4）。[70]另外，菲利普斯在演说中说道，"当奖赏眷顾恶人，任何人都不会无缘无故地成为德行高尚之人"（ubi malos praemia secuntur, haud facile quisquam bonus est, *Hist*. I. 77. 9）。这封劝谏书里出现的句子则是"恶行的出现取决于对恶行的奖赏；如果将奖赏夺取，任何人也就不会无缘无故地作恶"（malitia praemiis exercetur：ubi ea

---

[69] W. Steidle, *Hermes*, Einzelschriften 3 (1958), 100 f.
[70] 弗莱茨卡的评注中并没有提及这个类比。

dempseris, nemo omnium gratuito malus est, II. 8. 3）。[71] 哪一句是最早的原作？肯定是前者。模仿者可能是从《喀提林内争》（16. 3: "scilicet ne per otium torpescerent manus aut animus, gratuito potius malus atque crudelis erat"［也就是说，他宁愿无缘无故地干邪恶和残暴的事情，这样的话，他那些同伙的双手和头脑就不会因为无所事事而变得迟钝］）里得知了"gratuito malus"的观念，也可能不是。无论如何，这位模仿者是在借鉴和误用《历史》中的格言式表达。

此外，萨卢斯特谈到了新人，说"他们先前总是依靠德行而超越贵族"（qui antea per virtutem soliti erant nobiliatem antevenire, *Jug.* 4. 7）。第二篇劝谏书中写下了"nobilis ignobilem anteibat"（贵族超越底层人，II. 5. 3）和"virtute anteire alius alium properabit"（每个人都在德行功绩上不甘人后，II. 8. 2）。这乍看起来无可挑剔。但有人还是产生了疑问。是否没有改动和变化？在第一部专题著作中，萨卢斯特碰巧没有用"anteo"（超越）这个动词。

这些例子不可能说服每一个人。这并不要紧。有一段单独挑出的文字没有任何理由或诡计可以挽救。这句话出现在开篇部分。对整个语境的简短注解可能会有不同的指导意义。

    Scio ego, quam difficile atque asperum factu sit

---

[71] 萨卢斯特恰巧只在《朱古达战争》（22. 2）中用过"malitia"一词。至于"demo"（取下/除去/删去/解救），使用的频次是：《喀提林内争》: 0;《朱古达战争》: 1;《历史》: 4。

consilium dare regi aut imperatori, postremo quoiquam mortali, quoius opes in excelso sunt, quippe cum et illis consultorum copiae adsint neque de futuro quisquam satis callidus satisque prudens sit. quin etiam saepe prava magis quam bona consilia prospere eveniunt, quia plerasque res fortuna ex libidine sua agitat. sed mihi studium fuit adulescentulo rem publicam capessere, atque in ea cognoscenda multam magnamque curam habui.

我知道给君主或统帅——总归是任何权力臻于顶峰的普通人——谏言是一项多么困难而艰巨的任务，更何况这样的人有很多谋士，没有人对未来的事情有足够的精明和远见。事实上，坏的建议往往胜过好的建议，因为命运通常会依循她心血来潮的念头来左右事态的发展。但我从小就渴望从政，为了熟谙政治事务，我花费了很多精力和心思。

首先是一些小的问题。"Scio ego"（我知道），马略的讲话就是以此开始的（*Jug.* 85.1，出自加图）。萨卢斯特写过一句"nihil tam asperum neque tam difficile"（没有什么困苦或艰难，*Cat.* 40.4），但从未用过"asperum factu"（艰巨的任务，参见上文）。"denique"（总归/最终）意义上的"postremo"是萨卢斯特风格的用语，但单数形式的"mortalis"（普通人）是在《朱古达战争》（72.2；92.2）中首先出现的。"consultor"（谋士）是萨卢斯特风格的典型用语，但这个词只是后来才出现在萨卢斯特的著述中（*Jug.* 3；*Hist.* 3）。至于"multam magnamque curam"（很多精力和心思），正如前文所表明的，这个表达看起来像是一种幼稚的仿古尝试。

一开始就提及命运的"lubido"（心血来潮的念头）是正确和恰当的（参见 *Ep.* I. 1. 1）：此处用到了"agito"这个词。另外，涉及恺撒的"in excelso"（高的）看起来也是完全恰当的用词。在萨卢斯特编撰的演讲中，恺撒带着鄙夷不屑，提到了地位低下，"一生寂寂无闻的人"（qui demissi in obscuro vitam habent），接下来又以对照的方式提到了"那些掌握巨大权力和一生居于高位的人"（qui magno imperio praediti in excelso aetatem agunt，*Cat.* 51. 12）。

"in excelso"这个措辞是值得注意的。它的意思是"高的，显眼的"。因而在字面意义上，其例句可见"iusserunt simulacrum Iovis facere maius et in excelso conlocare"（下令制作一尊更大的朱庇特雕像，并放置在一个引人注目的位置，Cicero，*In Cat.* III. 20）；"in excelso autem Tigranocerta"（位于高地上的提格拉诺切尔塔，Pliny，*NH* VI. 26），与之形成对比的是"in campis iuxta Araxen Artaxata"（阿尔塔萨特在毗邻阿拉克斯的平原上）。但是，这个词的隐喻性用法非常少见。可能只有塞涅卡在谈到"幸福生活的高贵"（beatae vitae magnitudo）时用到过该词，他说"scies illam in excelso，sed volenti penetrabilem"（你知道它很高，但有志寻求它的人是可以企及的，*Epp.* 64. 5）。

因此，一个令人信服的推论是，这封劝谏书的作者知道萨卢斯特作品中的这段话。而且不出所料的是，他误用了该词，而且不是以更好的方式。萨卢斯特笔下的恺撒说的是"居于高位"（in excelso）的人。这位模仿者说的是"postremo quoiquam mortali cuius opes in excelso sunt"（总归是任何权力臻于顶峰的普通人）。[72]这种用法并不恰当。如果有人介意的话，或许可以借助瓦勒里乌斯·马克西姆斯论及庞培的话，为这样的用法辩护——"opes privato fastigio excelsiores"（权力高过个人的显赫地位，Valerius Maximus，I. 6. 12）。

现在终于到了决定性的问题。萨卢斯特在第一部专题史书中提到了自己的政治生涯——"sed ego adulescentulus initio sicuti plerique studio ad rem publicam latus sum, ibique multa mihi advorsa fuere"（在我自己还非常年轻的时候，我就像大多数人一样，一开始就倾向于从政，而且在其中遭遇了很多令人气馁的东西，Cat. 3. 3）。这位历史撰述家在公元前42年写下这句话的时候正值四十多岁，他回顾了一段很长的路，回到了一个早年的、完全不同的人生阶段。那位模仿者则佯装不知地接过这个句子，写下了"sed mihi studium fuit adulescentulo rem publicam capessere"（但我从小就渴望从政，II. 1. 3）。如果萨卢斯特在公元前50年撰写了这封劝谏书，那他仍然接近自己在政治舞台上初次亮相的年纪，这是很荒唐的。

---

[72] 弗莱茨卡的译法是"überhaupt jeglichem Menschen, der auf der Höhe seiner Macht steht"（总之是权势很高的人）。其中对"in excelso"的翻译不太准确，"in excelso"意味着高于其他人。

为了进行一番有效的比较,我们可以引述《演说家对话录》的开篇部分。在叙述公元74年或公元75年听到的一番对话时,塔西佗说他当时"非常年轻"(admodum adulescens, *Dial*. 1. 2)。如果塔西佗(正如有些人认为的那样)不过是在几年之后的公元80年撰写了这本《对话录》,那《对话录》中的这处说法就有违常理了。

令人沮丧的是,这个问题的重要性在多年详尽的研究中都没有引起人们的注意。只有到了不久之前,它才被人发现,并得到恰当的利用。[73] 在指出这种对《喀提林内争》明显而拙劣的模仿之后,我们也就没有什么仍然要说的问题。

然而尽管如此,对这封劝谏书的深信不疑似乎依然存在。[74] 继续讨论下去也势在必行。所以,接下来还要讨论政治术语使用方面的时代误置。

## VIII 政治术语

萨卢斯特将"nobilitas"和"factio"的概念一次又一次地联系起来,近乎痴迷。即便在列普奇斯这个异邦的小镇上,也有一个"怀有野心的有地位人士"(homo nobilis factiosus, *Jug*. 77. 1)。按照萨卢斯特所说,"贵族有更强的

---

[73] A. Dihle, *Mus. Helv.* XI (1954), 126 ff.
[74] 施泰德勒对这种模仿提出了异议,并否定这两句话之间有任何相似之处(W. Steidle, o.c. 101 f.);但他并没有正视劝谏书中年代顺序上的荒谬之处。毕希纳草率地接受了施泰德勒的观点(K. Büchner, o.c. 389);弗莱茨卡在他的评论中又进一步发展了这个观点,他援引了迪茨未发表的学位论文。

组织"(nobilitas factione magis pollebat, *Jug.* 41.6)。然而事实上,萨卢斯特从未在任何地方承认过"贵族派"(factio nobilitatis)这样的说法。这种惯用语在第二封劝谏书中出现过两次(II.2.4;8.6)。如果萨卢斯特早在公元前50年就觉得这种表述符合自己的想法,那他后来又是如何避免使用这样的措辞呢?

第二封劝谏书的作者抨击过几次权贵之后走向了一个高潮,他谴责了这个"派系"的首领,毕布路斯、埃努巴布斯和加图(II.9.1-3)。接下来的内容是对该派系其他人士的描述,其中提到了两个代表性的名字:

> reliqui de factione sunt inertissimi nobiles, in quibus sicut in titulo nihil est additamenti. L. Postumii M. Favonii mihi videntur quasi magnae navis supervacuanea onera esse: ubi salvi pervenere usui sunt; si quid adversi coortum est, de illeis potissimum iactura fit quia pretii minimi sunt(9.4)。

这个派系的其余成员是十足无能的权贵,其中没有什么附庸算是有名头的人物。卢奇乌斯·波斯图米乌斯和马库斯·法沃尼乌斯这样的人在我看来就像一艘大船上的多余货物:当人们安全抵达时,它们是有用的;如果发生任何灾难,多余的货物就是第一个被丢弃的,因为它们价值最小。

这段话需要细致而审慎的推敲。[75]法沃尼乌斯（Marcus Favonius）是加图忠实的朋友和追随者，而加图是一个为了赞扬或谴责而保留在史书和书信中的名字。波斯图米乌斯则另当别论：这是一个没有多少分量的人物，尽管在内战初期称得上是一位演说家和一个坚定的党派人士（如果他被等同为《布鲁图斯》[269]中所说的那位提图斯·波斯图米乌斯[Titus Postumius]）。波斯图米乌斯的名字似乎是一个很好的信息来源的可靠保证，当然，这些信息都是同时期的材料。[76]然而，可以适当地回想一下，晚近而劣等的撰述者或欺世盗名的作家可以留存和传布一些很有价值的信息，内容关乎现存文献中很少或从未记录过的人物。比方说《罗马帝王纪》(*Historia Augusta*)。[77]同样，西塞罗于公元前49年所写的一封书信中也一并出现了波斯图米乌斯和法沃尼乌斯的名字（*Ad Att*. VII. 15. 2）。

另外一些问题也需要提及。正如这段话接下来所说的，这两个人似乎被归入了"十足无能的权贵"群体：该"派系"的其他人仅仅是可以被轻易抛弃的、可有可无的闲散人士。此时的法沃尼乌斯是一个来自塔拉契（Tarracina）的地方自治市人。[78]他也称不上是权贵。这个术语虽说并不是法

---

[75] 关于这里总结的论点，参见 *Mus.Helv*. XV（1958），50 ff.；XIX（1962），177 ff.。埃尔努接受此说，见 A. Ernout, *Pseudo-Salluste*（Budé, 1962），12。

[76] E. Meyer, o.c. 573; L. R. Taylor, o.c. 185 f.; 234.

[77] *Tacitus* (1958), 796.

[78] *Inscrptions Latinae Selectae* 897（Tarracina），参见 *Mus.Helv*. XV（1958），53。

律用语或专门术语，但这个称呼仅仅局限于执政官家族的后裔。[79]

这看起来让人颇为不快。大多数评论家和翻译者都明确将法沃尼乌斯和波斯图米乌斯视为权贵。[80]当然，有些学者注意到了此时出现的难题，他们倾向于怀疑，上下文的语境是否无法纠正地强加了这个结论。[81]迄今为止似乎只有一种纠正的方案。那就是文本中的一处校订，这个校订方案由奥雷利（Orelli）很久之前提出，但近几年只有一位编订者接受了这处改动。[82]奥雷利的校勘方案是"in quibus sicut in titulo nihil est. additamenta L. Postumii M. Favonii mihi videntur"（其中没有什么有名头的人物。波斯图米乌斯和法沃尼乌斯在我看来是附庸），等等。这封劝谏书中后面的一句话可能会支持这里的校勘，这句话是"homines nobiles cum paucis senatoriis, quos additamenta fationis habent"（权贵们和一些元老级别人士一起，后者被权贵们视为权贵派的附

---

[79] 施泰德勒对此是有争议的（W. Steidle, o.c. 101），他援引了施特拉斯伯格的观点（H. Strasburger, *Real-Encyclopädie der classischen Altertumswissenschaft* XVIII, 786 f.）——他的观点并不支持施泰德勒的看法。事实恰恰相反。

[80] 比如 H. Jordan, o.c. 26 f.; E. Meyer, o.c. 571; G. Carlsson, o.c. 61; L. R. Taylor, o.c. 156。

[81] E. Malcovati, *Athenaeum* XXXVI (1958), 176; D. C. Earl, *Mus.Helv.* XVI (1959), 152; M. Gelzer, *Caesar*$^6$ (1960), 167; K. Büchner, o.c. 389; K. Vretska ad loc.; D. R. Shackleton Bailey, *Classical Quarterly* X$^2$ (1960), 256; L. Ferrero, *Riv.fil.* XXXIX (1961), 438.

[82] 即 V. Paladini in 1952。罗斯塔尼坚信此说，A. Rostagni, *Riv.fil.* XXXVI (1958), 102 f.。

庸，II.11.6）。也可以对比西塞罗那句"Ligus iste nescio qui, additamentum inimicorum meorum"（利古斯，某个无名小卒，一个加入我的敌对者阵营的附庸，*Pro Sestio* 68）。

然而，按照这样的校订方案，"这个派系的其余成员"就成了不知姓名的群体：波斯图米乌斯和法沃尼乌斯属于这个派系之外突然引入的一个新的群体类别。也就是说，这个校订是不合理的，因为它与整个语境相冲突。这封劝谏书的作者谈论的是"贵族派"（8.6）。一开始是泛泛而谈（8.7），但他接下来又继续说道，"但是，我为什么要在这个仿佛人们并不熟悉的问题上多说几句"（sed quid ego plura quasi de ignotis memorem, 9.1）。随后就提到了人名，首先说到的是三位领袖的姓名。这封书信的作者并没有表示他要提供不属于这个"派系"的人士姓名和相关细节。

此外，这两句话之间还有一个清楚无疑的脉络。第一句话说的是"十足无能的权贵"，这些人毫无建树——"其中……这些人都可有可无"（in quibus ... nihil additamenti est）。第二句话对这个群体进行了举例说明，其中提到了波斯图米乌斯和法沃尼乌斯的名字，这两个人可以被丢弃，因为他们毫无价值——"因为他们价值最小"（quia pretii minimi sunt）。

需要注意的是，人们有时会针对"oblivio interfecit"（I.4.1）和"factu haud obscurum"（I.8.4）而求助于校勘技艺，从而校订另一位劝谏书作者的文本。如果校勘在这里得到承认，反对意见或许就不再成立，这封劝谏书也获得了补救。[83]但是，这种补救并不会维持多久。深入的考察发掘出了政治语言运用中的反常用法。

有两个颇具说服力的例证已经在不久前提出。[84]第二封劝谏书的作者提供了一种关于"gloria"的贬义用法——"ubi gloria honorem ... vincit"（当虚荣压倒荣誉，II. 7. 6）。当时的语言中并没有与之类似的用法，在"ergo in primis auctoritatem pecuniae demito"（因而最重要的是让金钱丧失影响力，II. 7. 10）这句表述中，"auctoritas"一词的用法也是如此。

这条路是很有希望的。这位作者称那位高卢总督为"imperator"（统帅，II. 6. 6; 12. 1）——而且似乎没有人在意到这一点。这个问题非常值得探讨。

在那个时代的常见用法中，"imperator"这个词成为一个用来指称对外统帅权拥有者的正式称号。[85]这些用法中可以看到各种各样的区别。第一种情形是带有一个修饰语的"imperator"。卡图卢斯曾以挖苦讽刺的方式将恺撒称为"imperator unice"（唯一的统帅，29. 11）；西塞罗同样以一种并不友好的方式，质问了马其顿行省的总督，一位"praeclare imperator"（杰出的统帅，In Pisonem 91）。而在第二篇劝谏书当中，质疑"祈求并建议我们那位驯服高卢民族的最杰出统帅……不要允许"（te oro hortorque ne clarissimus

---

[83] 值得注意的是，弗莱茨卡并不接受这个修订。
[84] D. C. Earl, o.c. 154 ff.
[85] 参见 *Historia* VII (1958), 180。

imperator, Gallica gente subacta . . . patiaris, II. 12. 5）的要求或需求并不存在。

独立的呼格词是另一回事。一位士兵或百夫长向他的统帅讲话时，通常会说这样的呼格词，这是很自然的用法，比如在恺撒的著述（*BC* III. 91. 3）或《阿非利加战争》（*Bellum Africum*）以及后来的撰述家作品中就是如此。那些认识老提比略的忠诚士兵会这样说道，"videmus te, imperator"（我们看到的真的是你吗，统帅，Velleius II. 104. 4），或者是恺撒派老兵在一则传闻中所说的"meministi, inquit, imperator"（你还记得吗，将军，Seneca, *De Ben.* V. 24. 1）。当叛乱分子曼利乌斯的特使向马奇乌斯·雷克斯这位军队统帅低声下气地求助时，使用这样的呼格词也是合适的——"deos hominesque testamur, imperator"（统帅，我们召请诸神和世人来见证，*Cat.* 33. 1）。

如果一切到此为止，那自然不错。但是，当一个地位较高的人（不管他是否刚刚失去了一个高级议会的席位）给一位总督写一封书信的时候，不管这封书信是私人信函还是注定要公之于众，得体的称呼应该是什么呢？真实文献的信封题字可能会写"C. Caesari imp."（盖尤斯·恺撒将军）：可对比西塞罗在一封不仅仅是一封信函的书信中所使用的称呼，"M. Cicero s.d. Lentulo imp."（马库斯·西塞罗向林图卢斯将军致意，*Ad fam.* I. 9）。然而，在那位总督的劝诫下，萨卢斯特（或其他人）会说"C. Caesar"，而不说"imperator"。

相比之下，那位愚钝的冒名撰述者却是这样说的——

"quo tibi, imperator, maiore cura fideique amici et multa praesidia paranda sunt"（将军，你必须更加小心翼翼地为自己提供值得信赖的朋友和许多安保措施，II. 6. 6）；"forsitan, imperator, perlectis litteris desideres"（将军，或许你读过这封信之后，12. 1）。[86] 这两句话都与战争或征讨无关；作者也没有认为自己和恺撒同在战场之上。

如果认为这种反对意见很有说服力，一个问题也会由此出现。为什么没有发现和痛斥这种不当之举？冷静而清醒的想法是存在的。这篇劝谏书的作者并没有用心思考。很多其他人也是这样，他们被传统的习见误导，倾向于接受一位命定的、君王恺撒，要么就在萨卢斯特那里赞颂一种个人奉献的热情，而普通的罗马人并不会对那位高卢总督产生这样的感情。

## IX 不合理之处与时代误置

接下来讨论的是历史处境中的不合理之处或时代错置之处。作者自吹自擂地宣称，他对苏拉有一种不同寻常的看法。苏拉并没有杀死多少人，"他在处死一些人之后，宁愿用仁慈而不是恐吓来管治其他人"（paucis interfectis ceteros beneficio quam metu retinere maluit, II. 4. 1）。无论从哪方面来说，对苏拉的赞颂——更别说宽恕——在拉丁语文学的任

---

[86] 关于"perlectis litteris"（读过这封信），参见 *Cat.* 47. 3——不是指一封信，而是几封信。

何著述中都是非常罕见而荒唐的。有些人选择毫无顾虑地接受，有些人则做出了十分牵强的辩解。[87] 这都是枉费心机。作者让自己露出了马脚。如果他不是从恺撒的演说中汲取了这样的想法，那他又是从哪里得来的呢？苏拉夺权后杀死了达玛西普斯和一些其他的恶棍，"有谁不曾赞扬他的举措"（quis non factum eius laudabat，*Cat.* 51. 32）？

但是，恺撒接下来又说，令人拍手称快的时光非常短暂。接踵而来的是大屠杀，"并且直到苏拉使所有的追随者都大发横财之后，杀戮才最终结束"（neque prius finis iugulandi fuit quam Sulla omnis suos divitiis explevit）。

劝谏书的作者对经典文本的回忆仓促草率而破绽百出。他并不满足于对仁慈而富有同情心的苏拉所做的评价，他很快又比较了苏拉和寡头派头目之间的差异。他说，四十位元老，以及除此之外的"许多很有前途的年轻人"（multi cum bona spe adulescentes）都遭到了加图、多米提乌斯·埃努巴布斯和"寡头派"其他人的屠杀——"像许多献祭的牺牲品那样遭到了宰杀"（sicutei hostiae mactati sunt）。[88] 这段话得到大量的讨论。[89] 有一种辩解认为，"mactati"（宰杀）这个

---

[87] M. Chouet, o.c. 93："不排除某位恺撒派人士试图通过唤起人们对之前那位独裁者的同情来给自己的领袖铺平道路。"他接下来又说，"人们会发现：这封书信的作者对历史很了解"。这里不予置评。

[88] 要读成"a M. Catone"（Mommsen）还是"M. Catoni"（Orelli）？这是一个问题。库菲斯曾倾向于前一种读法，在最近编订的版本中，他又转向了后一种读法，弗莱茨卡遵循他的做法。

[89] 对这段话的激烈抨击，参见 H. M. Last, o.c. 96 ff.。四十名元（转下页）

词的隐喻性用法同样可以适用于公元前52年司法恐怖统治的受害者。[90]很多人都认同这样的看法。不过，上下文的语境脉络与这样的解释不符。这是两起谋杀之间的比较——否则这种对比就是毫无意义的。[91]

下一次提及加图和埃努巴布斯的时候，作者就将这两个人和卡尔普尔尼乌斯·毕布路斯一起归为了"寡头派"的头目（II. 9. 1-3）。首先提及的是毕布路斯。他值得这样的重视吗？自公元前51年夏天起，毕布路斯就已经离开罗马，成为叙利亚行省的总督。众所周知，他在公元前50年12月离开了自己的行省，而且并没有料想到他的归途如此迅速（*Ad Att.* VII. 3. 5）。事实上，他直到内战如火如荼的时候才抵达意大利（ib. IX. 9. 2）。

因此，具有突出地位的并不是毕布路斯。要谴责的人是那位极易受到抨击的显要人物——阿庇乌斯·克劳狄乌斯·普尔喀，这个人本身就是联合起来对抗恺撒的组织代表：他把一个女儿许配给了庞培·马格努斯的长子，另一个则嫁给了加图的外甥布鲁图斯（*Ad fam.* III. 4. 2）。这位第二

---

（接上页）老这个人数是一个难题——他们让人想起了被苏拉宣布为公敌的四十个人（Appian, *BC* I. 95. 422）。弗莱茨卡（ad loc.）有一个相关的解释。他认为"M. Catoni L. Domitio . . . mactati sunt"（加图、多米提乌斯……遭到了宰杀）中的与格是故意的模棱两可——不仅是"被"，而且也是"为了"：由此就在苏拉和当时的寡头之间建立了一种关联。

[90] G. Carlsson, o.c. 42 ff.
[91] A. Dihle, *Mus.Helv.* XI (1954), 130.

篇劝谏书的作者忽视了一个信息。[92]普尔喀就是那位将萨卢斯特驱逐出元老院的监察官。

至于加图，文中有一句表示致敬的说法——"然而，马库斯·加图是一个多才多艺、能言善道而又极富聪明才智的人士，这个人我绝不能轻视"（unius tamen M. Catonis ingenium versutum loquax callidum haud contemno）。然而，他接下来又说，加图是希腊人的学生，而希腊人又一无所长——"希腊人完全缺乏英勇、谨慎和勤劳的品质"（virtus vigilantia labor apud Graecos nulla sunt）。希腊人教不了罗马人民任何东西。

当时的加图因沉迷于抽象研究而不被世人所理解（参见本书 p. 115）。这位劝谏书作者的想法是对加图文学上的形象和死后形象的恶意歪曲——这是一位以务实的政治家为代价而获得推崇的哲学家。萨卢斯特相较而言更加了解。那个时代的任何罗马人都不会否认加图"英勇、谨慎和勤劳的品质"。

还有其他种种现象都打消了人们对于这本小册子属于当时作品的想法。这篇劝谏书的作者冷静地认为，恺撒将能随心所欲地统治罗马国家。也就是说，他是以战争、胜利和总体的优势地位为前提，不是吗？[93]

他提出了各种各样的建议。涉及元老院的提议有两个，一方面是增加元老院的席位，另一方面则是匿名投票：

---

[92] 参见 *Mus.Helv.* XV（1958），52。
[93] H. M. Last, o.c.99.

igitur duabus rebus confirmari posse senatum puto, si numero auctus per tabellam sententiam feret. tabella obtentui erit quo magis animo libero facere audeat: in multitudine et praesidii plus et usus amplior est ( II. 11. 5 ).

因此，我认为可以通过两项改革来加强元老院：一是扩大规模，二是匿名表决。匿名投票将作为一种庇护，使元老院能以一种更加自由的精神行事：人数的增加意味着更多的保护，也意味着有用性的增强。

匿名投票的目的得到了说明：给下级元老一个畅所欲言的机会，使其不受少数权贵及其附庸的左右。这个动机乍看起来无可置疑，它从反面得到了确证。无论是在罗马的民众大会上还是在地方的市政中，寡头们都对不记名的投票法案（leges tabellariae）怀有敌意（De legibus III. 42）。

全民表决是一回事，元老院的议事程序是另一回事。关于这种变化的整个观念既与这个时代的罗马思想格格不入，也与一位"罗马人民元老"的"尊严"格格不入。它明显带有帝国时代的气息。

即便在那个时候，元老院在选举地方执法官并履行高等法院的职能时，通过"退出"（discessio）方式进行的表决仍然是公开而个人的。可注意一段关于起诉一位资深执政官的详明叙述（Pliny, Epp. II. 1）。出于某些目的的匿名表决是有可能的。[94]

---

[94] Mommsen, *R. Staatsrecht* III (1887), 992 ff.

在图拉真时期，为了选举低级的地方执法官，不记名投票的提案曾经被临时试用过。但似乎并没有获得成功（Pliny, *Epp.* III. 20; IV. 25）。

作为对这一提案的可疑类比和评论，人们可以发现匿名表决的方案突然出现在了一篇劝谏皇帝的演说中，即卡西乌斯·狄奥的著作中记述的梅塞纳斯（Maecenas）劝谏奥古斯丁的演说（Cassius Dio LII. 33. 4）。然而，匿名表决在这个语境中被推荐为一种有用的策略，可以让统治者（他将掌控这种手段）确定谋臣的真实想法。

匿名表决和元老院成员的增加之间并不存在明显联系，劝谏书的作者以同样的表述方式宣布了这项提议。他简短地重提了扩大元老院规模的建议，但并没有谈及细节——"将军，或许你读过这封信之后，你就想知道我建议收纳多少位元老"（forsitan, imperator, perlectis litteris desideres quem numerum senatorum fieri placeat, II. 12. 1）。他也不愿花费精力提供任何一般性的理由和解释。

换句话说，一个规模更大的元老院在不经意间成为这个世界上最普通不过的事情。是这样吗？人们需要相关的事实依据。元老院这个高级议会的扩充是如何以及何时成为一个看似有理的猜测话题、诚挚热切的公共论题或政治上争论不休的问题？

一些古代资料将扩充元老院的提案归到了盖尤斯·格拉古和马库斯·李维尤斯·德鲁苏斯（Marcus Livius Drusus）的名下，如果这样的提议真实可信，那它就是一个较早时期出现的话题。劝谏书的辩护者适时地援引了这样的证据。[95]这样的做法危险而有害。

首先是李维所说的盖尤斯·格拉古。李维《罗马史》的第60卷摘要讲到了一项格拉古的法律，这项法律要求在三百人构成的元老院中增加六百名骑士。文本上的记述尤其明确——"这意味着骑士阶层将占元老院二比一的多数席位"（id est ut equester ordo bis tantum virium in senatu haberet）。这种说法是怎么来的呢？有人认为这是格拉古这位保民官最初的提案，这是一种温和的方案（他们认为），遭到反对后，格拉古又从元老院转向法庭，把扩充的人员转为骑士陪审员。[96]

这项提议以及对这项提议的解释都有悖理智。罗马元老院是由卸任的地方执法官所组成。为什么它的规模突然要增加两倍？这简直骇人听闻。有一种不易受到批评的解释是有效的。李维和他的摘要都有一种严重的误解——格拉古的提议是想成立混合的陪审团法庭（部分为元老，部分为骑士），而不是扩大罗马元老院的规模。[97]其次是公元前91年的李维尤斯·德鲁苏斯的提议。这项提议在阿庇安的叙述中明显含有增加元老院席位的意思（Appian, *BC* I. 35. 158，参见 *De viris illustribus* 66）。不过，阿庇安的叙述可能是不对的。或许这只是再度出现的联合陪审团法庭。

不管怎样，独裁者苏拉令元老院的席位总数达到了

---

[95] 比如 K. Vretska, o.c. I, 68 f.。
[96] 特别参见 H. M. Last, *The Cambridge Ancient History* IX（1932），52 f.。
[97] Plutarch, *C. Gracchus* 5，参见 *Compar.* 2。

六百人之多。每年二十位财务官则是与之相应的正常增补。并没有迹象显示，下一个时代会有人主张进一步扩元老院的席位。这种情况的出现是内战导致的直接后果。

恺撒在公元前47年招入了新的元老。这是为了填补内战伤亡造成的席位空缺，卡西乌斯·狄奥明确指出了这一点（Dio XLII. 51. 5）。值得注意的是，到那个时候为止，恺撒的追随者都是以地方执法官的身份进入的元老院。狄奥记述了公元前46年和公元前45年的进一步增选（Dio XLIII. 27. 2；47. 3）。公元前45年修订元老院的名单之后，元老院的总人数达到了九百人，这是狄奥的说法（Dio XLIII. 47. 3）。这个整数是一个司空见惯的倍数，可能准确，也可能不准确。或许数目有些太高。[98] 三头统治时期的元老院规模扩张得令人震惊，人数据说已经超过了一千人（Dio LII. 42. 1；Suetonius, *Divus Aug.* 35. 1）。

这种扩充为什么会超过六百人？首先是要犒赏党派成员。人们用不着贬低这样的动机。不过，这位独裁者会考虑未来的情形。因而要设置四十名财务官，而不是二十位。另外，行政官的人数也要翻一倍，其人数在公元前44年和公元前43年为十六名。苏拉主政时期有十个行省。在此期间，除了恺撒征服的高卢，到公元前50年时又增加了三个。恺撒还提供了更多的奖赏，包括两个执政官行省和十六个行政

---

[98] 参见 *BSR* Papers XIV（1938），11。

官行省。[99]

这些举措安排前后一贯且容易理解，它们是时势使然，而不是某人预计或谋划的结果。为了维护和谐，恺撒或许已经为自己的第二个执政官任期规划了一个立法方案。这个方案在公元前51年和公元前50年的公开论辩或著述中没有显现出任何迹象。在论述内战的著述中，恺撒也没有给出任何暗示或提出任何被政敌的恶意和愚蠢所阻挠的改革主张。[100]在公元前48年与梅特路斯·西庇阿的交流中，他所说的一切就是"意大利的安宁、行省的和平和帝国的安定"（quietem Italiae pacem provinciarum salutem imperii，*BC* III. 57. 4）。

不管这位高卢总督暗地里策划过什么，也不管他的各路追随者有着什么样的企求，元老院席位增加到六百人以上都是不可能的。扩大元老院规模容易引起人们的反感——而且这在当时无论如何看来都是不可取的。在一个重新改造过的国家里，恺撒·奥古斯都能够以完全旧式的体制管理这个国家。

对于这位劝谏书的作者来说，这种结果是破坏性的，而且也正中要害。他首先假定恺撒将完全掌控罗马；然后想当然地认为元老院的席位要增加，他露出马脚，预先就知晓了战争和独裁统治之后发生的事情。仅此而已。

通过阐述这些计划方案，这位"萨卢斯特的冒充者"

---

[99] ib. 9.
[100] 柯林斯即坚决主张这一点，J. H. Collins, *American Journal of Philology* LXXX (1959), 118。

已经超出了给统治者所写的公开信的正常范围。这种公开信通常情况下仅限于阐明众所周知或所有人都承认的事实。抱怨是没用的。认为恺撒在公元前50年需要的建议也是最明显不过的建议——如何避免政治消亡和内战——这是一种轻率的看法。[101]

这封劝谏书忠实而清晰地反映了公元前50年的(很多人都这样认为)想法和意愿,问题与人格。结果证明,这是一种荒谬的误会。种种方面都表明,这本小册子是在一个较晚的时间点所写。小册子的作者知道并借用了历史撰述家萨卢斯特的作品;它的措辞并不符合当时的政治用语;在劝谏恺撒的伪装下,它提出了任何元老都不可能有过的建议。

## X 《致恺撒书》(II)的作者

作者是一个什么样的人呢?我们有必要看一看他展现自身的方式。他扮演了一个传统上常见的角色,一个给"君主或统帅"(regi aut imperatori)提供建议的人(II.1.1)。他的姿态是一个学者或思想家的姿态。关于这一点,他有一番自我表白或公开的声明——"自我年纪和才能成熟以来,我几乎从未用武器和战马锻炼过我的身体,但我一直专注于

---

[101] 公元前45年,西塞罗承担了按要求给恺撒写一封"公开信"的难题。他参阅了亚里士多德和泰奥彭普斯写给亚历山大的书信——"但相似之处在哪里?"(sed quid simile? *Ad Att*. XII. 40. 2, 另参见 XIII. 27. 1; 28. 2 f.)。很明显,他没有拉丁文的文本范例。因而可以肯定的是,这是认为两封劝谏书并非由萨卢斯特所写的一个理由(参见 K. Vretska, o.c. I. 73)。

阅读"(postquam mihi aetas ingeniumque adolevit, haud ferme armis atque equis corpus exercui, sed animum in litteris agitavi, II. 10. 2)。他接下来还夸耀了自己的学习成果——"在这样的生活中，我通过丰富的阅读和倾听，了解了所有的王国，以及城邦和民族"（atque ego in ea vita multa legendo atque audiendo ita comperi, omnia regna, item civitates et nationes），等等（II. 10. 3）。

这位谋士就以这样的方式展示了自己和那位行动果决、大权在握的人之间所具有的明显差异。人们应该如何看待和理解这位谋士招认自己"几乎从未用武器和战马"？在共和国的最后一个时代，并非每一个有志成为元老的人都要求（或真的需要）具有大量军事方面的训练。但在罗马人当中，谁会考虑宣扬这方面的不足呢？[102]

一位元老先前与罗马人民军队有关的经历往往只是在偶然间被人知晓。比如西塞罗在意大利战争中效力服役的经历（Phil. XII. 27）。其他骑士阶层出身的人如若缺乏能说会道的天赋或令人信服地归属于阿提库斯的众多"恩泽"，那么他最好不要忽视从军事保民官，以及行省总督麾下的一个职位或一个备战行省的财务官职位中获得的各种好处。阿蒂纳的格奈乌斯·普兰奇乌斯就是以上三种情况的例证（本书 p. 28）。萨卢斯特在公元前49年被派去掌管一个军团（Orosius VI. 15. 8）。也许这并不是他第一次见到罗马士兵。

---

[102] 关于作者与恺撒之间的不当比较，参见 H. M. Last, o.c. 96。

为了向那位高卢的征服者提供有益的建议，任何一个头脑清醒的人都不会贬低"武器和战马"，也不会声称读书的优点和好处。另外还有其他的问题也需要避免。

在向恺撒提出请求时，作者一开始就向命运表示了俯首遵从——"命运通常会依循她心血来潮的念头来左右事态的发展"（plerasque res fortuna ex libidine sua agitat, II. 1. 2）。这是萨卢斯特的信条，也是恺撒奉行的准则（本书 p. 246）。然而，他在即将做出结论的时候，又偏离主题，收回了说过的话。他使用煞有介事的威胁性语言，叫嚣恺撒如果忽视了他对罗马的责任，就会招致精神错乱的惩罚——"如果这种情况发生，你会在失眠的折磨中烦躁发狂、精神错乱，无论白天还是黑夜，你的精神痛苦肯定都不会减轻"（profecto, si id accidat, neque tibi nox neque dies curam animi sedaverit quin insomniis exercitus furibundus atque amens alienata mente feraris, II. 12. 6）。[103] 是什么让他有胆量做出如此可怕的预言？他很快就解释了原因。这是他对神圣天意的信念——"要是我，我就会坚信，这是神圣的意志在注视着芸芸众生"

---

[103] "insomnia"是指失眠，而不是梦，参见 K. Vretska ad loc。这篇劝谏书的作者难道不是在借用萨卢斯特描绘的喀提林吗——"因为他那沾满罪恶的灵魂与神和人格格不入，无论清醒时还是沉睡时都得不到安宁"？（namque animus impurus, dis hominibusque infestus, neque vigiliis neque quietibus sedari poterat, *Cat.* 15. 4）萨卢斯特只在描绘喀提林的时候用过一次"furibundus"（发狂/暴怒，*Cat.* 31. 9），但"amens"（烦躁）不是萨卢斯特风格的词语；意思为精神错乱的"alienatus"一词在李维（Livy X. 29. 2: "veluti alienata mente"［好像失去了理智］）之前并没有使用的例证。

（namque mihi pro vero constat omnium mortalium vitam divino numine invisier，II. 12. 7）。

劝谏书的这段内容中有比未能做到圆通得体或声张一种新颖而自相矛盾的信条更加糟糕的问题。"invisier"（监视/注视）这种形式的表达从何而来？有些学者缄默不言。有些人则找到一种答案。这种表述可能是一句引文，出自某位老戏剧家。[104] 谁能说得清楚呢？更可能的答案也许是出自一位走向崩溃的古文物研究者。

对"numen"（神意）这个话题，萨卢斯特避而不谈。另外还可以加上"fatum"（神谕）这个词，他只在述说关系到三位科勒内利乌斯命运的神谕时用到过一次"fatum"（*Cat.* 47. 2）。这封劝谏书的作者此时却使用了这个词——"si morbo iam aut fato huic imperio secus accidat"（如果我们的统治因衰落或神谕而改变，II. 13. 6）。另一篇劝谏书的作者也曾思考过罗马"命中注定的毁灭"（fatum excidii，I. 5. 2）。

所以说，劝谏书的作者并不是萨卢斯特。那么，两名冒名的模仿者又应该安置于何处呢？

萨卢斯特在弗伦托和格利乌斯的年代极受追捧，他拥有众多的崇拜者，也有很多熟知他的行家与专家（本书 p. 300）。这可能是一个时期。早在恺撒·奥古斯都的时代，一些语言方面的现象就导致评论家拒绝承认该时期的某种渊源。然而，正如上文所述，还有另一种解释。这个

---

[104] W. H. Friedrich, *Hermes* LXXVI (1941), 118.

时期可能源于某些撰述家的旨趣,这些撰述家想要异乎寻常并独行其是,比如像萨卢斯特那样。这是一种刻意模仿的习惯,其应得的报应就是过分夸张和滥用风格。

两篇劝谏书的写作时间并不确定,只知道它们编造的时间肯定晚于萨卢斯特的《历史》。因而并不妨碍人们将第一本小册子(按原稿次序)认定为奥古斯都或提比略时期的文献。第二本小册子也可能是这一时期的作品。

伪造的西塞罗演说在修辞学园中流传。那伪造的萨卢斯特演说或书信又有何不可呢?不管怎样,《对西塞罗的抨击》可能就属于这个时期。按照老塞涅卡的说法,卡西乌斯·塞维鲁斯并不认为萨卢斯特是位好的演说家(Seneca, Controv. III, praef. 8)。也许塞维鲁斯受到了他不知不觉中认为是萨卢斯特真作的那些演说作品的影响。

## XI 与《对西塞罗的抨击》的致命联系

通过回到《抨击》这篇作品,讨论绕完一整圈,又回到了原点。这本小册子有一段谴责西塞罗的话,这段话几乎一字不差地写在了第二封劝谏书里。这两段文字如下:

> *In Ciceronem* 3.5: "cuius nulla pars corporis a turpitudine vacat, lingua vana, manus rapacissimae, gula immensa, pedes fugaces: quae honeste nominari non possunt, inhonestissima."
>
> 他的身体没有一部分不是下流卑劣的:诡诈的舌

头、贪婪的双手、欲壑难填的食道、遁走的双脚、无法体面说出口的那些最可耻的部位。

*Epp.* II. 9. 2: "an L. Domiti magna vis est, quoius nullum membrum a flagitio aut facinore vacat? lingua vana, manus cruentae, pedes fugaces: quae honeste nominari nequeunt, inhonestissima."

卢奇乌斯·多米提乌斯拥有强大的力量，他的四肢都沾满了耻辱和罪恶，不是吗？诡诈的舌头、血迹斑斑的双手、遁走的双脚、不能体面说出口的那些最可耻的部位。

一个首要的问题立即出现——或者确切地说，对于承认两篇文献的一位深信不疑的支持者而言，根本不存在任何问题，他相信两篇文献表面上宣称的写作时间是真实的时间，两篇文献都是出自萨卢斯特之手。他会声称每篇文献都证实了彼此。它们要么都是真作，要么都是伪作。[105]

为了挽回劝谏书的颜面，放弃《抨击》也许是明智的，而且也容易接受。为某种用途而做出这样的牺牲或许已经为时太晚。近年来有人注意到第三段极其相似的文字。[106] 这

---

[105] K. Büchner, o.c. 30: "这封书信的真实性和《抨击》的真实性紧密相关。"这里不予理会。

[106] R. G. M. Nisbet, *Journal of Roman Studies* XLVIII (1958), 30 ff.

段话出自演说家莱库尔古斯（Lycurgus）的一篇遗失的演说，它保留在帝国时代早期的一位修辞学家鲁提利乌斯·卢普斯（Rutilius Lupus）的著述中。[107] 这段话如下：

> cuius omnes corporis partes ad nequitiam sunt appositissimae: oculi ad petulantem lasciviam, manus ad rapinam, venter ad aviditatem, membra quae non possumus honeste appelare ad omne genus corruptelae, pedes ad fugam.
>
> 一个身体的各个部位都能很好地适应恶习的人：放荡贪婪的双眼、用来劫掠的双手、贪吃的胃、无法体面说出口的那些沾染各种腐败行径的身体部位，以及用来逃跑的腿脚。

这种对质很有说明意义，同时也具有破坏性。两段"萨卢斯特风格"的文字最终都要追溯到莱库尔古斯——为何不借助鲁提利乌斯·卢普斯这个渠道？如果这样做的话，两篇文献便会一起陷入质疑。

至于哪篇文献在先的问题，这几乎无关紧要。真实性才是需要解决的问题。然而，似乎相当清楚的是，第二封劝谏书的作者仿写了《抨击》的文字。他用"nequeunt"（不能）和"flagitio aut facinore"（耻辱和罪恶）分别替换了

---

[107] Rutilius I. 18 (*Rhet.lat.min.*, ed. Halm, p.11).

"non possunt"（无法）和"turpitudine"（下流卑劣的），从而让表述更加具有萨卢斯特的风格韵味。[108]正如前文所表明的，这位作家习惯于改进萨卢斯特本人的文字风格。

即便没有鲁提利乌斯·卢普斯，那些把《抨击》和劝谏书结合在一起的忠实支持者也面临着令人烦恼的难题。唯有吉本（Gibbon）能够恰当妥善地应对。他谈到"为两个过气军团所做的辩护，其中最不荒唐的辩护使一位方济各修士训练有素的轻信产生了动摇"，他发现"莫伊尔（Moyle）希望对雷霆军团信徒的更多悔过莫过于他们也可能相信底比亚军团（Thebaean Legion）的殉难者"。[109]

## XII 结论

《对西塞罗的抨击》有助于戳穿第二封书信的真实面目。那么第一封书信呢？在最初的考查中，这篇文献的内容并没有暴露出任何令人惊骇或荒唐离谱的问题。作者做得很得体，他并没有向恺撒铺陈详细的建议。除了很多关于道德复兴的冗词赘语，他唯一明确的谏言是关于兵役和为退伍老兵提供给养的建议（I.8.6）。试图承认这篇文献的诱惑并非不存在。[110]

---

[108] R. G. M. Nisbet, o.c. 31.
[109] E. Gibbon, *Miscellaneous Works* II (1796), 613. "legends"校读为"legions"。
[110] 拉斯特否定了第二篇劝谏书的真实性，对于另一本小册子的真实性，他在附言中十分确信地宣布——"对它有利的证据在我看来几乎是不容置疑的"（H. M. Last, *Classical Quarterly* XVIII [1924], 84）。后来这种说法就消失了，参见 *Mélanges Marouzeau* (1948), 357, 其中对第一封书信显示出"更多的怀疑"。

这位作者劝谏恺撒的目的是什么呢？有什么好处？——以及具有多大的信心？作者认为恺撒的地位无可置疑，他把他视同为"执掌全权"（rerum potentes，I. 1. 5 f.）的人，他还称他为"统帅"（imperator，I. 2. 1）。对萨卢斯特风格的一句话所做的调整和改动同样不可能被人忽视——将"omnique orta occidunt"（都有起起落落，*Jug.* 2. 3）改写为"orta omnia intereunt"（已经形成的一切终究会消失，I. 5. 2）。[111] 另外，这位作者与其他行家一样，都表现出了那些可以说明其自身情况的矫揉造作、生硬措辞或错乱反常的萨卢斯特主义。

因此，没有什么可以杜绝人们利用原初的否定性论点——萨卢斯特写作风格的时间年代和起源，这种风格是萨卢斯特为历史写作而设计的。为了不再遭受纠缠和伤害，这两个论点要一起消失。

恺撒和君主制，这是修辞学园的一个作文主题，人们知道，当他们要说"建议恺撒接受国王头衔"（C. Caesari suadentes regnum，Quintilian III. 8. 47）的时候，该用什么样的理由和语气。更早的那位独裁者也得到很好的利用。

> consilium dedimus Sullae, privatus ut altum
> dormiret（Juvenal I. 16 f.）
> 给了苏拉建议，要他退隐并好好地

---

[111] A. Dihle, o.c. 128. 忠实的支持者提出了质疑（这是意料之中的），比如 W. Steidle, o.c. 102 f.; K. Vretska, ad loc.。

安享自在

不幸的是，历史撰述家希塞纳的所有书信或演说都没有可能留存于世，这些演说或书信向他的政治领袖传达了贤明的忠告（不管他是敦促领袖退位还是主张继续行使最高权力）。这类文献对罗马历史可能蕴含了新的看法，其中也可能以惊人的准确性记录了预示庞培或恺撒命运的相关内容。因此，这是一种人们乐于接受的证明性文献，可以证实传记或传说中的逸事传闻。[112] 这种文献的老派风格也同样具有吸引力。对苏拉的忠诚与拟古风格结合在了一起，谁会愚钝到否认这一点呢？

伪希塞纳的真容可能很难被揭穿。[113] 能够与之对质的文献几乎不存在。萨卢斯特的写作风格和言语表达戳穿了这对冒名的骗子。它们可以继续提供乐趣，但也仅限于那些伪作的爱好者；作为文献，它们还可以说明模仿之作和冒名模仿的技艺，从而保留一定程度的功用。[114] 除此之外，

---

[112] 关于青年庞培和青年恺撒的可疑事实，参见本书 p.185。

[113] 阿普利乌斯著述中的"脏脏卑劣的补充"（spurcum additamentum）被轻率地断定为希塞纳《米利都历史》（Historiae Milesiae）中的一个片段，参见 E. Fraenkel, *Eranos* LI (1954), 152 ff.。

[114] 罗马人的文学伪作要比希腊人的伪作少。有学者解释了原因——不管怎样，大部分拉丁语文学都是模仿之作，罗马人稳重而务实，他们的努力是为了美化他们民族的历史（A. Gudeman, *Transactions of the American Philological Asssociation* XXV [1894], 140 ff.）。这位学者用一句话摒除了劝谏书。

"要把你所见的失去认定为完全的毁灭"（quod vides perisse perditum ducas）。[115]

---

[115] 据说，近年来的"萨卢斯特研究"已经成为"一个真正的德国事情"（H. Fuchs, *Mus.helv.* IV [1947], 185）。这对意大利来说并不公正。两个国家的学者和出版商特别在推动有关《抨击》和劝谏书的说法论断方面，勤勤恳恳、孜孜不倦（但与此同时，关于萨卢斯特的专题史书，并没有出现像样的版本，也缺乏对《历史》的解读）。"还要到什么时候"（Quo usque tandem）？

本附录的论述不免执拗，但这种讨论却出于诚挚的信念，以及对元老和历史撰述家萨卢斯特的品性修养所持有的敬重，如果其中提出的论点令人信服，其结果将具有普遍的应用性。这些论点涉及真实性的判断依据——言语表达和用语风格、作者的人格特征，以及历史语境。大量关于萨卢斯特的研究著述（严谨细致的博学研究并不比乱七八糟的教化著述少）也可能"伴随着令人难以忍受的毁灭和燃烧而堕入深不见底的毁灭深渊"。

# 参考文献

利曼（A. D. Leeman）编订的《关于萨卢斯特的系统文献目录（1879—1950）》（*A Systematical Bibliography of Sallust* [1879-1950]）是标准手册，出版于1952年的莱登。另外还可留意库菲斯编订的陶伯纳版本中所收录的文献条目（A. Kurfess, ed. 3, 1957, XVI ff.; 199 f.）；以及迪特里希精选的1945—1956年"专业报告"（H. Dieterich, *Gymnasium* LXIV [1957], 533 ff.）。关于伪萨卢斯特的《对西塞罗的抨击》和《致恺撒书》，参见附录 II 的评述。

当今的参考文献综述往往会用赞美辞和"问题的历史"取代与作者的直接接触，从而遮蔽古代的文献。萨卢斯特受到的伤害尤其如此——研究著述汗牛充栋，而且大多与《致恺撒书》有关。即便征引现代作品是"为了利用，而不是为了卖弄"，也应该严格地遴选，而且读者也应该获得一些帮助。下面用作者姓名、发表时间和文献标题列举的文献条目包含了本书脚注中征引的研究作品。也就是说，其中包含学术期刊、论文集等平台上（无论主题是什么）发表的文章，也包括研究萨卢斯特的著作和专题论著——但不包括关于罗马历史和拉丁语文学的通论性作品。

脚注中出现的符号"o.c."表示在同一章的前文论述中第一次征引时已经提供过的文献标题；另外，在提及这卷书的作者所发表的其他作品时，一般不会标出该作者的姓名。

Afzelius, A. "Das Ackerverteilungsgesetz des P. Servilius Rullus." *Class. et Med.* III (1940), 214.

——. "Die politische Bedeutung des jüngeren Cato." *Class. et Med.* IV (1941), 100.

Alheit, L. "Charakterdarstellung bei Sallust." *Neue Jahrbücher* XLIII (1919), 17.

Alexander, W. H. "*Nullus argento* color (Horace, *Odes* 2. 2. 1–4)." *Transactions of the American Philological Association* LXXIV (194 ). 192.

Allen, W. "Caesar's *Regnum* (Suet. *Iul.* 9. 2)." *Transactions of the American Philological Association* LXXXIV (1953), 227.

——. "Sallust's Political Career." *Studies in Philology* LI (1954), 1.

Amundsen, L. "Notes to the Preface of Livy." *Symb.Osl.* XXV (1947), 31.

Arnaldi, F. "L'autenticità delle due Epistole Sallutiane ad Caesarem." *Stud.it.fil.class.* VI$^2$ (1928), 307.

Avenarius, W. "Sallust und der rhetorische Schulunterricht." *Rendiconti Inst. lomb.* LXXXIX–LXC (1956), 343.

——. "Die griechischen Vorbilder des Sallust." *Symb.Osl.* XXXIII (1957), 48.

Badian, E. "P. Decius P. f. Subulo." *Journal of Roman Studies* XLVI (1956), 91.

——. "Caepio and Norbanus." *Historia* VI (1957), 318.

——. "The early career of A. Gabinius (*Cos.* 58 B.C.)." *Philologus* CIII (1959), 87.

——. "From the Gracchi to Sulla (1940–1959)." *Historia* XI (1962), 197.

——. "Waiting for Sulla." *Journal of Roman Studies* LII (1962), 47.

Baehrens, W. A. "Sallust als Historiker, Politiker und Tendenzschriftsteller." *Neue Wege zur Antike* IV (1926), 35.

Bailey, D. R. Shackleton. "The Roman Nobility in the Second Civil War." *Classical Quarterly* X$^2$ (1960), 253.

Balsdon, J. P. V. D. "The Ides of March." *Historia* VII (1958), 80.

Bauhofer, K. *Die Komposition der Historien Sallusts*. Diss. München, 1935.

Bennett, W. H. "The Death of Sertorius and the Coin." *Historia* X (1961), 459.

Berve, H. "Sertorius." *Hermes* LXIV (1929), 199.

Bikermann, E. "La lettre de Mithridate dans les *Histoires* de Salluste." *Rev.ét.lat.* XXIV (1946), 131.

Bloch, G. "M. Aemilius Scaurus. Étude sur l'histoire des partis au VII˙ siècle de

Rome." *Univ. de Paris, Bibliothèque de la Facultlé des Lettres* XXV (1909). 1.

Bloch, H. "The Structure of Sallust's *Historiae*: the Evidence of the Fleury Manuscript ." *Didascaliae*. Studies in Honor of Anselm M. Albareda (1961), 61.

Boissier, G. *La conjuration de Catilina* (1905).

———. "Les prologues de Salluste." *Journal des Savants* 1903, 59.

Bolaffi, E. *Sallustio e la sua fortuna nei secoli* (1949).

Bonnet, M. "Les *Histoires* de Sallutste: quels en devaient être le sujet et l' étendue?" *Rev.ét.anc.* II (1900), 117.

Bosselaar, D. E. *Quomodo Sallustius historiam belli Jugurthini conscripserit*. Diss. Utrecht, 1915.

Broughton, T. R. S. "Was Sallust fair to Cicero?" *Transactions of the American Philological Association* LXVII (1936), 34.

———. "More Notes on Roman Magistrates." *Transactions of the American Philological Association* LXXIX (1948), 63.

Büchner, K. "Der Aufbau von Sallusts Bellum Jugurthinum." *Hermes*, Einzelschriften, Heft 9 (1953).

———. *Sallust* (1960).

Calabi, I. "I commentarii di Silla come fonte storica." *Mem. Acc. Lincei*[8] III. 5 (1950), 247.

Calder, W. M. "Irony in Horace *Carm*. 2. 2: *nullus argento color est avaris*." *Classical Philology* LVI (1961), 175.

Carcopino. J. "Le culte des Cereres et 1es Numides." *Rev.hist.* CLVIII (1928), 1= *Aspects mystiques de la Rome païenne* (1941), 13.

Carlsson, G. *Eine Denkschrift an Caesar über den Staat* (Lund, 1936).

Carney, T. F. "Once again Marius' Speech after Election in 108 B.C." *Symb.Osl.* XXXV (1959), 65.

———. "Cicero's Picture of Marius." *Wiener Studien* LXXIII (1960), 83.

Carolsfeld., H. Schnorr von. *Über die Reden und Briefe bei Sallust* (Leipzig, 1888).

Chantraine, H. *Untersuchungen zur römischen Geschichte am Ende des 2. Jahrhunderts*

v. Chr. (Kallmünz, 1959).

Charlier, R. "La Numidie vue par Salluste. Cirta Regia, Constantine ou Le Kef?" *L'ant. class.* XIX (1950), 289.

Chouet, M. *Les lettres de Salluste à César* (1950).

Cichorius, C. "Das Offizierkorps eines römischen Heeres aus dem Bundesgenossenkriege." *Römische Studien* (1922), 130.

——. "Historische Studien zu Varro." Ib. 189.

Clausen, W. "Notes on Sallust's *Historiae*." *American Journal of Philology* LXVIII (1947), 295.

Collins, J. H. "Caesar and the Corruption of Power." *Historia* IV (1955), 445.

Courtois, C. "La Thala d.e Salluste." *Recueil des notices et mémoires de la soc. arch. de Constantine* LXIX (1955–1956), 55.

Dahlmann, H. "Sallusts politische Brief." *Hermes* LXIX (1954), 380.

——. and R. Heisterhagen. "Varronische Studien I: Zu den Logistorici." *Abh. der Mainzer Altadernie* 4 (1957).

De Sanctis, G. "Sallustio e Ia guerra di Giugurtha." *Problemi di storia antica* (1952), 187.

Dihle, A. "Zu den epistolae ad Caesarem senem." *Mus.Helv.* XI (1954), 126.

——. "Analogie und Attizismus." *Hermes* LXXXV (1957), 170.

——. Review of E. Skard, *Sallust und seine Vorgänger* (1956). *Gnomon* XXIX (1957). 592.

Douglas, A. E. "Clausulae in the Rhetorica ad Herennium as Evidence of its Date." *Classical Quarterly*[2] X (1960), 65.

Drexler, H. "Sallust." *Neue Jahrbücher* IV (1928), 590.

——. Review of K. Büchner, *Sallust* (1960). *Gnomon* XXXIII (1961), 567.

Earl, D. C. "Political Terminology in Epistula ad Gaesarem II." *Mus.Helv.* XVI (1959), 152.

——. *The Political Thought of Sallust* (1961).

Edmar, B. *Studien zu den Epistulae ad Gaesarem senem de re publica* (Lund, 1931).

Egermann, F. "Die Prooemien zu den Werken des Sallust." *Wiener Sitzungsberichte* CCXIV. 3 (1932).

Ehrenberg, V. "Sertorius." *Ost und West. Studien zur geschichtlichen Problematilk der Antike* (1935), 177.

Ferrero, L. Review of K. Büchner, *Sallust* (1960). *Riv.fil.* XXXIX (1961), 438.

Fighiera, S. L. *La lingua e la grammatica di C. Crispo Sallustio* (Savona, 1896).

Fraccaro, P. "Scauriana." *Rend. Ac. Lincei*[5] XX (1911), 169 = *Opuscula* II (1957), 125.

Fraenkel, E. Review of E. Löfstedt, *Syntactica* II (1933). *Deutsche Literaturzeitung* 1936, 884.

———. Review of M. Chouet, *Les lettres de Salluste à César* (1950). *Journal of Roman Studies* XLI (1951), 192.

———. "The Culex." *Journal of Roman Studies* XLII (1952), 1.

———. "A Sham Sisenna." *Eranos* LI (1954), 151.

Franke, J. "Der Angriff des M. Lepidus und M. Brutus auf das Reformwerk Sullas." *Jahrbücher für cl.Phil.* XXXIX (1893), 49.

Friedrich, W. H. "Zur altlateinischen Dichtung." *Hermes* LXXVI (1941), 113.

Frisch, H. "The First Catilinarian Conspiracy." *Class. et Med.* IX (1947), 10.

Fritz, K. von. "Sallust and the Attitude of the Roman Nobility at the Time of the Wars against Jugurtha." *Transactions of the American Philological Association* LXXIV (1943), 134.

———. "Die Bedeutung des Aristoteles für die Geschichtsschreibung." *Histoire et historiens dans l'antiquité*. Fondation Hardt, Entretiens IV (1958), 85.

Fuchs, H. "Rückschau und Ausblick im Arbeitsbereich der lateinischen Philologie." *Mus.Helv.* IV (1947), 147.

———. "Eine Doppelfassung in Ciceros Catilinarischen Reden." *Hermes* LXXXVII (1959), 463.

Funaioli, G. "C. Sallustius Crispus." *Real–Encyclopädie der classischen Altertumswissenschaft* IA (1920), 1913.

———. "Nuovi orientamenti della critica Sallustiana." *Studi di letteratura antica* II. 1

(1947), 45.

Gabba, E. "Le origini della Guerra Sociale e la vita politica romana dopo l'89 a.c." *Athenaeum* XXXII (19: 54), 41; 293.

Gagé. J. "Hercule-Melqart, Alexandre et les Romains à Gadès." *Rev.ét.anc.* XLII (1940), 425.

Gebhardt, O. *Sallust als politischer Publizist während des Bürgerkrieges*. Diss. Halle, 1920.

Gelzer, M. "Nasicas Widerspruch gegem die Zerstörung Karthagos." *Philologus* LXXXVI (1931), 261 = *Vom römischen Staat* I (1943), 78.

——. "Hat Sertorius in seinem Vertrag mit Mithradates die Provinz Asien abgetreten?" *Phil.Woch.* 1932, 1129.

——. "War Caesar ein Staatsmann?" *Hist.Zeitschr.* CLXXVIII (1954), 449.

Gudeman, A. "Literary Fraud among the Romans." *Transactions of the American Philological Association* XXV (1894), 140.

Guilbert, D. "Salluste Oratio Lepidi consulis et la II゛ Olynthienne." *Les ét.class.* XXV (1957), 296.

Guillemin, A. "La lettre de Cicéron à Lucceius." *Rev.ét.lat.* XVI (1938), 96.

Haffter, H. "Superbia innenpolitisch." *Stud.it.fil.class.* XXVII-XXVIII (1956), 135.

Hampl, F. "Stoische Staatsethik und frühes Rom." *Hist.Zeitschr.* CLXXXIV (1957). 249.

——. "Römische Politik in republikanischer Zeit und das Problem des Sittenverfalls." Ib. CLXXXVIII (1959), 497.

Hands, A. R. "Sallust and Dissimulatio." *Journal of Roman Studies* XLIX (1959), 56.

Hanell, K. "Bemerkungen zur der politischen Terminologie des Sallust." *Eranos* XLIII (1945), 265.

Hardy, E. G. "The Catilinarian Conspiracy in its Context: a restudy of the evidence." *Journal of Roman Studies* VII (1917), 153. Reprinted (Oxford, Blackwell, 1924).

——. "Some Notable *Indicia Populi* on Capital Charges." *Some Problems in Roman History* (1924), 1.

——. "The Agrarian Proposal of Rullus in 63 B.C." Ib. 68.

Heitland, W. E. "A Great Agricultural Emigration from Italy?" *Journal of Roman Studies* VIII (1918). 54.

Helm, R. "Hieronymus' Zusätze in Eusebius' Chronik und ihr Wert für die Literaturgeschichte." *Philologus*, Supp. XXI. 2 (1929).

Henderson, M. I. "*De Commentariolo Petitionis.*" *Journal of Roman Studies* XL (1950), 8.

Hendrickson, G. L. "The *Memoirs* of Rutilius Rufus." *Classical Philology* XXVIII (1933), 153.

Henry, R. M. "The Roman Tradition." *Proc.Class.Ass.* XXXIV (1937), 7.

Heurgon, J. "La lettre de Cicéron à P. Sittius (Ad fam., V, 17)." *Latomus* IX (1950), 569.

Hejnic, J. "Clodius Auctor. Ein Beitrag zur sog. Sallust Invective." *Rh.Mus.* CXIX (1956), 255.

Hirschfeld, O. "Dellius ou Sallustius?" *Kl.Schr.* (1913), 780.

Hoffmann, W. "Die römische Politik. des 2. Jahrhunderts und das Ende Karthagos." *Historia* IX (1960), 309.

Holborn-Bethmann, A. *De Sallustii epist1ula ad Caesarem senem de re publica*. Diss. Berlin, 1926.

Holroyd, M. "The Jugurthine War. Was Marius or Metellus the Real Victor?" *Journal of Roman Studies* XVIII (1928), 1.

Howald, E. "Sallust." *Vom Geist antiker Geschichtsschreibung* (1944), 140.

Jachmann, G. "Die Invektive gegen Cicero." *Misc. Ac. Berolinensia* (1950), 235.

John, C. "Sallust über Catilinas Candidatur im Jahre 688." *Rh.Mus.* XXXI (1876), 401.

——. "Der Tag der ersten Rede Ciceros gegen Catilina." *Philologus* XLVI (1888), 650.

——. "Die Entstehungsgeschichte der catilinarischen Verschwörung." *Jahrbücher für cl.Phil.*, Supp. VIII (1876), 703.

Jordan, H. *De suasoriis quae ad Caesarem senem de re publica inscribuntur* (1868).

Klingner, F. "Über die Einleitung der Historien Sallusts." *Hermes* LXIII (1928), 165.

Komemann, E. "Thucydides und die römische Historiographie." *Philologus* LXIII

(1904), 148.

Kroll, W. "Die Sprache des Sallust." *Glotta* XV (1927), 280.

——. "Sallusts Staatsschriften." *Hermes* LXII (1927), 373.

——. "Die Entwicklung der lateinischen Schriftsprache." *Glotta* XXII (1934), 1.

Kunze, A. *Sallwtiana* III (Leipzig, 1897).

Kurfess, A. "Die Invektive gegen Cicero." *Aevum* XXVIII (1954), 230.

Lämmli, F. "Sallusts Stellung zu Cato, Caesar, Cicero." *Mus.Helv.* III (1946), 94.

Laistner, M. L. W. "Sallust." *The Greater Roman Historians* (1947), 45.

La Penna, A. "L'interpretazione Sallustiana della guerra contro Giugurtha." *Annali della Scuola Normale Superiore di Pisa* XXVIII (1959), 45; 243.

——. "Il significato dei proemi Sallustiani." *Maia* XI (1959), 2; 89.

——. "L'interpretazione Sallustiana della congiura di Catilina." *Stud.it.fil.class.* XXXI (1959), 1; 127.

——. "La lirica civile di Orazio e l'ideologia del principato." *Maia* XIII (1961), 83.

Last, H. M. "On the Sallustian *Suasoriae*." *Classical Quarterly* XVII (1923), 87; 151.

——. "A Note on the First Sallustian Suasoria." *Classical Quarterly* XVIII (1924), 83.

——. "Sallust and Caesar in the 'Bellum Catilinae.'" *Mélanges de Philologie, de littérature et d'histoire anciennes offerts à J. Marouzeau* (1948), 355.

Latte, K. "Sallust." *Neue Wege zur Antike* II. 4 (1935).

——. Review of G. Carlsson, *Eine Denkschrift an Caesar über den Staat* (1936). *Journal of Roman Studies* XXVII (1937), 300.

Lauckner, C. *Die künstlerischen und politischen Ziele der Monographie Sallusts über den Jugurthinischen Krieg.* Diss. Leipzig, 1911.

Leeman, A. D. *A Systematical Bibliography of Sallust (1879–1950).* (Leyden, 1952).

——. "Le genre et le style historique à Rome." *Rev.ét.lat.* XXXIII (1955), 183.

——. "Sallusts Prologe und seine Auffassung von der Historiographie." *Mnemosyne*[4] VII (1954), 323; VIII (1955), 38.

——. "Aufbau und Absicht von Sallusts Bellum Iugurthinum." *Med.der Kon.Ned. Ak. van Wetenschappen* XX. 8 (1957), 200.

Löfstedt, E. "Reminiscence and Imitation. Some Problems in Latin Literature." *Eranos* XLVII (1949), 1481.

——. "A Roman Publicist and Historian." *Roman Literary Portraits* (1958), 93.

Malcovati, E. "Rassegna di studi Sallustiani." *Athenaeum* XXXVI (1958), 171.

Meier, C. "Pompeius' Rückkehr aus dem Mithridatischen Kriege und die Catilinarische Verschwörung." *Athenaeum* XL (1962), 103.

Millar, F. "Some Speeches in Cassius Dio." *Mus.Helv.* XVIII (1961), 11.

Momigliano, A. Review of B. Farrington, *Science and Politics in the Ancient World* (1939). *Journal of Roman Studies* XXXI (1941), 149.

Moravski, C. "De oratione Philippi apud Sallustium." *Eros* XVII (1911), 135.

Münscher, K. "Xenophon in der griechisch-römischen Literatur." *Philologus*, Supp. XIII (1920).

Neumann, K. J. "Zu den Historien des Sallust, 2. Die Rede des Licinius Macer und der Principat." *Hermes* XXXII (1897), 313.

Neunheuser, J. M. *Aemilius Lepidus*. Diss. Münster, 1902.

Nisbet, R. G. M. "*The Invectiva in Ciceronem* and *Epistula Secunda* of Pseudo-Sallust." *Journal of Roman Studies* XLVIII (1958), 80.

——. "The *Commentariolum Petitionis:* Some Arguments against Authenticity." *Journal of Roman Studies* LI (1961), 84.

Oertel, F. "Sallusts Invektive gegen Cicero, mit einem Anhang zu Sall., Ep. ad Caes. II 4." *Rh.Mus.* XCIV (1951), 46.

Ogilvie, R. M. "Livy, Licinius Macer and the *Libri Lintei*." *Journal of Roman Studies* XLVIII (1958), 40.

Oppermann, H. "Das heutige Sallustbild." *Neue Jahrbücher* XI (1935), 47.

Pais, E. "M. Emilio Scauro." *Dalle guerre puniche a Cesare Augusto I* (1918), 91.

Pajk, J. "Sallust als Ethiker." *Program Wien* I (1892).

Paladini, V. *Sallustio* (1948).

Paratore, E. "Rassegna di Studi Sallustiani" *Annali della Scuola Normale Superiore di Pisa* XIX (1950), 155.

——. Review of K. Büchner, *Hermes*, Einzelschriften, Heft 9 (1953). *Maia* VII (1955), 69.

Pareti, L. *La congiura di Catilina* (Catania, 1934).

Passerini, A . "Caio Mario come uomo politico." *Athenaeum* XXII (1934), 10; 257.

Patzer, H. "Sallust und Thukydides." *Neue Jahrbücher*, N. F. IV (1941), 124.

Pepe, L. "Gli horti di Lesbia." *Giorn.it.di fil.class.* XIII (1960), 22.

——. "Lesbia madre suocera e Pompeiana." Ib. 97.

Perrochat, P. *Les modèles grecs de Salluste* (1949).

Pöschl, V. *Grundwerte römischer Staatsgesinnung in den Geschichtswerken des Sallust* (1940).

Rambaud, M. "Les prologues de Salluste et la démonstration morale dans son oeuvre." *Rev.ét.lat.* XXIV (1946), 115.

——. "Salluste et Trogue–Pompée." *Rev.ét.lat.* XXVI (1948), 171.

Reitzenstein, R., and E. Schwartz. "Pseudo–Sallusts Invective gegen Cicero." *Hermes* XXXIII (1898), 87.

Rostagni, A. "Cronache e commenti." *Riv.fil.* XXXVI (1958), 102.

Rudd, N. "The Names in Horace's *Satires*." *Classical Quarterly*[2] X (1960), 161.

Salmon, E. T. "Concerning the Second Sallustian Suasoria." *Classical Philology* XXXII (1937), 72.

——. "Notes on the Social War." *Transactions of the American Philological Association* LXXXIX (1958), 159.

Sangiacomo, L. O. *Sallustio* (1954).

Schindler, F. *Untersuchungen zur Geschlichte des Sallustbildes.* Diss. Breslau, 1939.

Schörner, G. *Sallust und Horaz über den Sittenverfall und die sittliche Erneuerung Roms*. Diss. Erlangen, 1934.

Schur, W. *Sallust als Historiker* (1934).

Schwartz, E. "Die Berichte über die Catilinarische Verschwörung." *Hermes* XXXII (1897), 554 = *Ges. Schr.* II (I956), 275.

See1, O. *Sallust von den Briefen ad Caesarem zur Coniuratio Catilinae* (1930).

———. "Die Invektive gegen Cicero." *Klio*, Beiheft XLVII (1943).

Skard, E. "Sallust als Politiker." *Symb.Osl.* IX (1930), 69.

———. "Marius' Speech in Sall. Jug. 85." *Symb.Osl.* XXI (1941), 98.

———. "Sallust und seine Vorgänger." *Symb.Osl.*, Supp. XV (1956).

Snell, B. "Die 16. Epode von Horaz und Vergils 4. Ecloge." *Hermes* LXXIII (1938), 237.

Stahl, W. *De bello Sertoriano*. Diss. Erlangen, 1907.

Steidle, W. "Sallusts historische Monographien." *Historia*, Einzelschriften, Heft 3 (1958).

Strasburger, H. "Cäsar im Urteil der Zeitgenossen." *Hist.Zeitschr.* CLXXV (1953), 225.

Syme, R. "Caesar, The Senate and Italy." *BSR Papers* XIV (1938), 1.

———. "The Allegiance of Labienus." *Journal of Roman Studies* XXVIII (1938), 113.

———. Review of M. Gelzer, *Caesar der Staatsmann*[3] (1941). *Journal of Roman Studies* XXXIV (1944), 92.

———. Review of E. H. Clift, *Latin Pseudepigrapha* (1945). *Journal of Roman Studies* XXXVII (1947), 198.

———. "Missing Senators." *Historia* IV (1955), 52.

———. "A Fragment of Sallust?" *Eranos* LV (1957), 171.

———. "Obituaries in Tacitus." *American Journal of Philology* LXXIX (1958), 18.

———. "Pseudo-Sallust." *Mus.Helv.* XV (1958), 46.

———. "Imperator Caesar. A Study in Nomenclature." *Historia* VII (1958), 172.

———. "Livy and Augustus." *Harvard Studies in Classical Philology* LXIV (1959), 27.

———. "Bastards in the Roman Aristocracy." *Proc. Am. Philosophical Soc.* CIV (1960), 323.

———. "The Damaging Names in Pseudo-Sallust." *Mus.Helv.* XIX (1962), 177.

———. "Two Emendations in Sallust." *Philologus* CVI (1962), 300.

Theiler, W. "Ein griechischer Historiker bei Sallust." *Navicula Chilonienssis* (1956), 144.

Thomas, S. P. "The Prologues of Salllust." *Symb.Osl.* XV–XVI (1936), 140.

Timpe, D. "Herrschaftsidee und Klientelstaatenpolitik in Sallusts Bellum Jugurthinum." *Hermes* CX (1962), 334.

Tolkiehn, J. "Zur Behandlung Ciceros durch Sallust." *Phil.Woch.* 1925, 1404.

Treves, P. "Sertorio." *Athenaeum* X (1932), 127.

Ullman, B. L. "History and Tragedy." *Transactions of the American Philological Association* LXXIII (1942), 25.

——. "Psychological Foreshadowing in the Satires of Horace and Juvenal." *American Journal of Philology* LXXI (1950), 408.

Ullmann, R. "Essai sur le Catilina de Salluste." *Rev. phil.* XLII (1918), 5.

——. *La technique des discours dans Salluste, Tite–Live et Tacite* (Oslo, 1927).

Veith, G. "Zu den Kämpfen der Caesarianer in Illyrien." *Strena Buliciana* (1924), 267.

Vitelli, G. "Note ed appunti sull' autobiografia di L. Cornelio Silla." *Stud.it.fil.class.* VI (1898), S53.

Vretska, K. "Der Aufbau des Bellum Cattilinae." Hermes LXXII (1937), 202.

——. "Zur Chronologie des Bellum Iugurthinum." *Gymnasium* LX (1953), 339.

——. "Sallusts Selbstbekenntnis (*Bell. Cat.* 3, 3–4, 2)." *Eranos* LIII (1955), 41.

——. "Studien zu Sallusts Bellum Jugurthinum." *Wiener Sitzungsberichte* CCXXIX. 4 (1955).

——. "Zur Methodik der Echtheitskritik (Epistulae ad Caesarem senem)." *Wiener Studien* LXX (1957), 306.

Wagner, C. *De Sallustii prooemiorum fontibus*. Diss. Leipzig, 1910.

Walbank, F. W. "History and Tragedy." *Historia*. IX (1960), 216.

Wickert, L. "Sertorius." *Rastloses Schaffen*. Festschrift für Friedrich Lammert (Stuttgart, 1954), 97.

Williams, G. W. Review of K. Büchner, *Hermes*, Einzelschriften, Heft 9 (1953). *Journal of Roman Studies* XLIV (1954), 158.

——. Review of W. Steidle, *Historia*, Einzelschriften, Heft 3 (1958). *Gnomon* XXIII (1960), 509.

Wirz, H. "Die stoffliche und zeitliche Gliederung des bellum Jugurthinum des Sallust." *Festschrift Zürich* (1887), 1.

Wirtz, R. *Beiträge zur Catilinarischen Verschwörung.* Diss. Bonn. 1910.

Wölfilin, E. "Bemerkungen über das Vulgärlatein." *Philologus* XXXIV (1875), 137.

Wohleb, L. "Zur Abfassungszeit der Monographien Sallusts." *Phil.Woch.* 1928, 1242.

# 人名索引

（条目后数字为原书页码，即本书边码）

除拉丁语撰述家以及恺撒、喀提林、加图和西塞罗之外，其余人物均按照其所属 gentilicia（氏族）来记录。另外，该索引还包含某些脚注和附录 II 中的条目。

Actorius Naso, M. 马库斯·阿克托里乌斯·那索，他关于恺撒的说法，96.

Adherbal 阿德赫巴尔，139.

Aelius Tubero, Q. 昆图斯·埃利乌斯·图拜罗，历史撰述家，234.

Aemilii 埃米利乌斯家族，183，253，294.

Aemilius Lepidus, M. 马库斯·埃米利乌斯·雷比达（公元前 66 年执政官），87.

Aemilius Lepidus, M. 马库斯·埃米利乌斯·雷比达（公元前 187 年执政官），183，222.

Aemilius Lepidus, M. 马库斯·埃米利乌斯·雷比达（公元前 78 年执政官），58，61；家族与政治生涯，183 f.；执政官任期，183 ff.；他的反叛，186 f.；在萨蒂尼亚（Sardinia），187，194；他的结局，189；他的演说，180，185 f.，198 f.；他的人格品性，199，220；他的长子，183 n.

Aemilius Lepidus, M. 马库斯·埃米利乌斯·雷比达（公元前 46 年执政官），他的人格品性，123，220；西塞罗对他的反感，199，222；他的政治角色，220，222；他的倒台，224.

Aemilius Lepidus, Paullus 鲍鲁斯·埃米利乌斯·雷比达（公元前 34 年执政官），228 f.

Aemilius Lepidus Livianus, Mam. 玛麦库斯·雷比达·李维亚努斯（公元前 77 年执政官），184 n.

Aemilius Paullus L. 卢奇乌斯·埃

米利乌斯·鲍鲁斯（公元前50年执政官），他起诉喀提林的计划，79，129 f.；后来的政治经历，130；被宣布为公敌，235；他的隐退之所，130，231；西塞罗对他的评价，257.

Aemilius Scaurus M. 马库斯·埃米利乌斯·斯考鲁斯（公元前115年执政官），他的执政官竞选，155，165；他的政治生涯与政策，165；传闻的腐败，164；监察官任上的举措，172；萨卢斯特对他的描写，164 f.；西塞罗对他的评价，165；他的回忆录，154 f.，165，244 n.；妻子与后人，166.

Aemilius Scaurus，M. 马库斯·埃米利乌斯·斯考鲁斯（公元前56年行政官），作为公元前54年的执政官候选人，30，166；遭受审判，252.

Afranius L. 卢奇乌斯·阿弗拉尼乌斯（公元前61年执政官），在西班牙，201.

"Albinus,""阿尔比努斯"，迪奇穆斯·布鲁图斯（D. Brutus）的第二个别名，134.

Alexander 亚历山大，被马格努斯模仿，194，206.

Alfenus Varus, P. 普布利乌斯·阿勒费努斯·瓦鲁斯（公元前39年执政官），281 n.

Annius Cimber, T. 提图斯·安尼乌斯·齐贝尔（公元前44年行政官），一位著名的拟古主义者，55 n.

Annius Milo, T. 提图斯·安尼乌斯·米洛（公元前55年行政官），他的妻子，26，269，278 ff.；他的候选人资格，31；杀死克洛狄乌斯，31；被起诉，32.

Antonius C. 盖尤斯·安东尼乌斯（公元前63年执政官），被驱逐出元老院，209；他的当选，70；受到喀提林的引诱，76，107；被凯利尤斯·鲁夫斯（Caelius Rufus）起诉，22；流亡，131，231；公元前42年出任监察官，71，131；萨卢斯特对他的处理态度.，131；一篇伪造的演说，298.

Antonius, C. 盖尤斯·安东尼乌斯（公元前51年财务官），36.

Antonius, L. 卢奇乌斯·安东尼（公元前41年执政官），219；展示"忠诚"，256.

Antonius, M. 马库斯·安东尼乌斯（公元前74年行政官），他的统帅权，190，197，210；萨卢斯特对他的描写，196，224.

Antonius, M. 马克·安东尼（公元前44年执政官），24，41 f.，63；担任执政官，123；对其叔叔的态度，131；关于迪奇穆斯·布鲁图斯（D. Brutus），134；在穆提纳战争中，220；他的东方征战活动，223；他的支持者，223，227，275；演说风格，288.

Appuleia 阿普莉娅，马库斯·雷比达的妻子，183 n.

Archias 阿奇亚斯，纪颂卢库路斯（Lucullus），207.

Ascalis 阿斯卡利斯，毛里塔尼亚王子，193.

Arruntius, L. 卢奇乌斯·阿伦提乌斯（公元前22年执政官），萨卢斯特风格的历史撰述家，291 f.，327 f.

Asconius 阿斯科尼乌斯，评《为米洛辩护》（*Pro Milone*），29，31 f.，33 n.；援引《论本人施政计划》（*De consiliis*），70 n.，74，84，89，93，96，100 n.；承认困惑，84；谈《牧歌集》（*Eclogues* IV），282；他的《萨卢斯特传》（据传），282，298；谈伪造的演说，298.

Asinius Pollio C. 盖尤斯·阿西尼乌斯·波利奥（公元前40年执政官），他的出身，7，12；初次登上政治舞台，22，30；政治生涯，28，35 f.，226，270；他的《历史》，65 n.，275 f.；诵读，285；对萨卢斯特的看法，5，55，288；关于"帕塔维尼亚方言"（"Patavinitas"），291；他的演说风格，55.

Ateius Capito, C. 盖尤斯·阿泰尤斯·卡皮托（公元前55年保民官），被驱逐出元老院，34.

Ateius Philologus 阿泰尤斯·费罗洛古斯，评萨卢斯特的风格，288，300.

Aufidius Bassus 奥菲迪乌斯·巴苏斯，历史撰述家，191.

Aufidius Orestes, Cn. 格奈乌斯·奥腓迪乌斯·奥雷斯特斯（公元前71年执政官），85 n.

Augustus 奥古斯都，见 Octavianus.

Aurelia Orestilla 欧列莉娅·奥雷斯提拉，喀提林的妻子，72，85，86；她的家世，85 n.

Aurelius Cotta, C. 盖尤斯·欧列利乌斯·科塔（公元前75年执政官），他在萨卢斯特著述中的演说，200；他在阴谋中扮演的角色，210；没有留下演讲，207；萨卢斯特对他的描写，208.

Aurelius Cotta, L. 卢奇乌斯·欧列利乌斯·科塔（公元前65年执政官），88；恺撒的亲属，95.

Autronius Paetus, P. 普布利乌斯·奥特罗尼乌斯·佩图斯，公元前66年执政官候选人，66，88，91；他的品性，90；被审判，89；疑为克拉苏的追随者，103；他的儿子，227.

Axius, Q. 昆图斯·阿克西乌斯，身为元老的萨宾人，9，24；西塞罗给他的书信，97.

Bocchus 博库斯，毛里塔尼亚的统治者，140，144，151，154；其王国的边界，146，147；放弃朱古达，146；他获得的犒赏，176.

Bomilcar 波米尔卡，144，151.

Burbuleius 布尔布雷乌斯，可笑的人，208.

Caecilia Metella 凯奇利娅·梅特拉，嫁给斯考鲁斯（Scaurus）和苏拉，166，208.

Caecilia Metella 凯奇利娅·梅特拉，克雷提库斯（Creticus）的女儿，19 n.，226.

Caecilii Metelli 凯奇利尤斯·梅特路斯家族，19，161，165，171 f.，208.

Caecilius, Q. 昆图斯·凯奇利尤斯，据说是喀提林的妹夫，85.

Caecilius Metellus, Q. 昆图斯·凯奇利尤斯·梅特路斯（公元前109年执政官），他当选的时间，142；他的征战活动，143 ff.；他们有限的成功，151；他的策略，176；返回罗马，156，159；萨卢斯特对他的介绍，158 f.；他的傲慢，159，169；演说，156.

Caecilius Metellus Celer, Q. 昆图斯·凯奇利尤斯·梅特路斯·凯勒尔（公元前60年执政官），19，20，24，98；斥责西塞罗，251 f.

Caecilius Metellus Creticus, Q. 昆图斯·凯奇利尤斯·梅特路斯·克雷提库斯（公元前69年执政官），他的征战活动，190；他的女儿，19 n.；公元前63年的角色，78.

Caecilius Metellus Nepos, Q. 昆图斯·凯奇利尤斯·梅特路斯·涅波斯（公元前57年执政官), 19; 作为保民官, 99, 132.

Caecilius Metellus Pius, Q. 昆图斯·凯奇利尤斯·梅特路斯·庇乌斯 (公元前80年执政官), 他的执政官任期, 208; 在西班牙, 187, 201, 202; 他的胜利宴会, 208; 他的亲属, 208; 萨卢斯特对他的处理态度, 202; 关于瓦罗的小册子, 278 f.

Caecilius Metellus Scipio, Q. 昆图斯·凯奇利尤斯·梅特路斯·西庇阿 (公元前52年执政官), 他的候选人资格, 31; 对他表示敬意的宴会, 32 f., 135; 他的女儿, 19 n.; 败坏的品性, 253; 与瓦罗的小册子相关, 278 f.

Caelius Rufus, M. 马库斯·凯利尤斯·鲁夫斯 (公元前50年贵族市政官), 21 f.; 初次登台演说, 22; 涉及喀提林, 24; 涉及克洛狄娅 (Clodia), 25; 指控贝斯提亚 (Bestia), 133 n.; 被起诉, 25, 133 n.; 担任保民官, 32; 起诉庞培尤斯·鲁夫斯 (Pompeius Rufus), 33; 被阿庇乌斯·普尔喀 (Ap. Pulcher) 攻击, 35; 他的演说风格, 55 n.; 他的命运, 226.

Caesar 恺撒, 他的早年经历, 19 f., 185, 212 f.; 作为一个"同胞" (popularis), 18 n., 20; 据称在"第一次阴谋"中扮演的角色, 92, 95 f.; 公元前64年的所作所为, 70 n.; 公元前66—前63年真正目的和政策, 97 ff.; 大祭司长, 99; 据称为喀提林派, 62, 104; 公元前63年12月的行为, 103 f., 108 f.; 他的演说, 73, 111, 113, 122, 265 f., 267, 336, 341; 他的执政官任期, 20; 内战, 35 ff., 318 f.; 阿非利加的安排, 38; 与萨卢斯特的关系, 38 f.; 作为独裁者政策, 39, 62, 119 f., 254, 344; 党羽, 33, 35 ff., 159, 226 ff.; 3月15日事件, 40 f.; 他的神化, 123; 涉及罗慕路斯, 237 f.; 死后名声, 290;

与加图比较, 113 ff.; 作为一名伊壁鸠鲁主义者, 243, 246, 286; 他的性格, 20, 62, 114 f., 117 ff., 265; "尊荣", 38, 118, 256; "仁慈", 119; 傲慢, 114; 幻灭, 120; 他的散文风格, 50, 264 n., 266; 他的《反加图》(*Anticato*), 61; 他对

文风的看法,55;对"命运"的看法,246,347 f.;毕布路斯,96;愤怒,113;残忍,119;

有关他的逸事传闻,185,194,213,351;西塞罗的评判,62,120;萨卢斯特的评价,41,104 f.,116 f.,120;李维笔下的恺撒,290;伪萨卢斯特提及的恺撒,318 ff.,324,340,342 ff.

Calpurnius Bestia, L. 卢奇乌斯·卡尔普尔尼乌斯·贝斯提亚(公元前111年执政官),他的征战活动,140,141;他的品性,158;政策,140,175;被审判,167.

Calpurnius Bestia, L. 卢奇乌斯·卡尔普尔尼乌斯·贝斯提亚(公元前62年保民官),71;作为保民官,132;他的身份,后来的经历,幸存,132,227;萨卢斯特对他怀有恶意的介绍,133;他的儿子,227.

Calpurnius Bibulus, L. 卢奇乌斯·卡尔普尔尼乌斯·毕布路斯,安东尼党徒,223.

Calpurnius Bibulus, M. 马库斯·卡尔普尔尼乌斯·毕布路斯(公元前59年执政官),在叙利亚,11,342;他的轻信,96;在伪萨卢斯特的作品中,342.

Calpurnius Piso, C. 盖尤斯·卡尔普尔尼乌斯·皮索(公元前67年执政官),利用贿赂,211;反对庞培,87,98;他的执政官任期,87,210;被恺撒起诉,98;随之而来的敌意,104.

Calpurnius Piso, Cn. 格奈乌斯·卡尔普尔尼乌斯·皮索(公元前65年财务官),据说是阴谋分子,91;被派往近西班牙(Hispania Citerior)行省,88 f.,91,97;他的死亡,89,95,96,100;涉及萨卢斯特著述中的插叙,100;他的品性,125.

Calpurnius Piso, Cn. 格奈乌斯·卡尔普尔尼乌斯·皮索(公元前23年补任执政官),227.

Calpurnius Piso, L. 卢奇乌斯·卡尔普尔尼乌斯·皮索(公元前58年执政官),作为监察官,33 f.;作为使者,220;一位伊壁鸠鲁主义者,243;可能是《对西塞罗的抨击》的作者,315,317.

Calvisius Sabinus, C. 盖尤斯·卡勒维希乌斯·萨比努斯(公元前39年执政官),38,228,236.

Carrinas, C. 盖尤斯·卡利纳斯(公元前43年补任执政官），228.

Cassius Dio 卡西乌斯·狄奥，论萨卢斯特，36，38，269，270 n.，290 f.；谈《论本人施政计划》（*De consiliis suis*），62 f.；论"第一次阴谋"，92；疑借用李维的著作，92，290 f.

Cassius Longinus, C. 盖尤斯·卡西乌斯·朗吉努斯（公元前44年行政官），他的重要性，40；毫不费力地赢得布鲁图斯的支持，61；一位伊壁鸠鲁主义者，243.

Cassius Longinus, L. 卢奇乌斯·朗吉努斯·卡西乌斯（公元前107年保民官），172 f.

Cassius Longinus, L. 卢奇乌斯·朗吉努斯·卡西乌斯（公元前104年保民官），173.

Cassius Longinus, L. 卢奇乌斯·朗吉努斯·卡西乌斯（公元前66年行政官），喀提林同谋，69.

Cassius Longinus Ravilla, L. 卢奇乌斯·卡西乌斯·朗吉努斯·拉维拉（公元前127年执政官），他作为保民官的政策方针，173.

Cassius Severus 卡西乌斯·塞维鲁斯，论萨卢斯特的演说，278，279，348.

Catilina 喀提林，他的家世，118；早年经历，65 f.，84 ff.，211；涉嫌的罪行，84 ff.；担任执政官受阻，88，100；"第一次阴谋"，89 ff.；与托尔克瓦图斯（Torquatus）有关，90 ff.；涉及格奈乌斯·皮索（Cn. Piso），89；因勒索财物罪而被起诉，66，90，93 f.；两次竞选失败，66，70；萨卢斯特作品中宣称的阴谋发端，75 f.；走向革命，76 ff.；遭加图威胁，76；在莱卡（Laeca）住处，78；遭西塞罗谴责，78；离开罗马，81；北上的路线，74；反对向奴隶求助，82；他的下场，68，72；

他的妻子奥雷斯提拉（Orestilla），72，85，86；其他妻子，84 ff.；主要同伙，69；其他人，23 f.，78，88，100 f.，129 ff.，100，103；秘密的支持者，70 n.，76；意大利的追随者，137；

他在萨卢斯特作品中的演讲，68，75 f.；写给卡图鲁斯的书信，71 f.；古语风格，72 n.；谈到自己的"声誉"，72，118；谈西塞罗，72；

西塞罗后来对他的描述，23 f.；萨卢斯特将他与苏拉联系在一起，124；与苏拉比较，124 f.；

与恺撒比较，118；死后名声，136.

Cato, the Censor 监察官加图，他的品性，168，268；政治主张，116，125 f.；观点看法，268；论农业，45；他关于罗德岛人（Rhodians）的演说，106，112 f.；他的《创始记》(Origines)，116，268；

　　西塞罗对他的推崇，54，55 f.；by S., 58，267；萨卢斯特对他的效仿，54，116，168，262 f., 267 f., 289，332，336；《历史》中被提及，182.

Cato, "Uticensis," "乌提卡"的加图，他的年纪与生平，70，114；对恺撒的敌意，20，73，116 f.；威胁喀提林，76；他的演说，73，112，115，117，119，255；在公元前53—前52年的作为，31 f.；与庞培结盟，116，120；总体上奉行的政治方针，115 f., 120；同盟和亲属，61，115，119，223；

　　他的哲学学说，112，115；关于宗教的看法，247 f.；政治语言，255；法律问题，112，115；评权贵，125 f. & 250；谈有钱人，45；罗马帝国主义，250；庞培，60；米特里达梯，191；公元前60年的重要性，65，181；

　　他的德行功绩，242，342；与恺撒比较，113 ff.；死后名声，60 f., 115，123 n., 288；塔西佗对他的态度，296；伪萨卢斯特提及的加图，341 f.

Catullus 卡图卢斯，他初次出现在罗马，25；评西塞罗，58；论恺撒，340.

Cicero 西塞罗，他的出身，5 f.；一些亲属，85；他的朋友格奈乌斯·萨卢斯提乌斯，10 ff.；行政官任上的所作所为，47，88，90；想为喀提林辩护，93 f.；他的当选，66；反击喀提林的措施，76，78，98，106 ff.；元老院终极决议的时间，78，79，80；第一次喀提林阴谋，78；他在论辩中的角色，106，108；自我夸耀，110；给庞培写信，62，90；被保民官攻击，132；

　　为贝斯提亚辩护，132；与克拉苏的关系，103 f., 315 f.；为瓦提尼乌斯辩护，315；加比尼乌斯，30，315；米洛，32；关系到萨卢斯特，32，33 n.；

　　他对屋大维的政策，216，221，257；反对安东尼，220 ff.；

被列为公敌，121；死后名声，110，121 n.，287，297；

他的演说，往往具有欺骗性，84，89 f.；《反着托加白袍者》(*In toga candida*)，70 n.，74，84，89；《为穆雷纳辩护》(*Pro Murena*)，76 n.，89；《反喀提林》(*Catilinarians*)，73，74，78 f.，89，105 f.，107，109；《为苏拉辩护》(*Pro Sulla*)，89 ff.，101，113；《反腓利比克之辩》(*Philippics*)，63，220 ff.；

他的《论演说家》(*De oratore*)，46；《论共和国》(*De re publica*)，11，18，46；《论法律》(*De legibus*)，46 f.；《布鲁图斯》(*Brutus*)，52 ff.；《演说家》(*Orator*)，53；《老加图》(*Cato Maior*)，45 f.；《论责任》(*De officiis*)，62，124；可交替使用的绪言，241；

写给卢契乌斯(Lucceius)的书信，57；致阿提库斯(Atticus)书信中谈布鲁图斯的《加图颂》(*Cato*)，106；《加图颂》(*Cato*)，61；一篇流产的写给恺撒的劝谏书，346 n.；关于他执政官任期的著述，73；《论本人执政官任期》(*De consulatu suo*)，104；

《论本人施政计划》(*De consiliis suis*)，62 ff.，73，93，104，107；

他的风格，50，52，257；谈拟古主义，258，323；论恺撒的风格，50；罗马历史写作，46 ff.；加图，45，55 f.；马彻尔(Macer)，47；希塞纳(Sisenna)，48；希腊历史撰述家，49；论修昔底德，52 ff.；历史专题著作，57；萨卢斯提乌斯的《恩培多克里亚》(*Empedoclea*)，10；

对宗教的看法，247；关于罗马帝国主义，250；关于农务，45；"最贤德的精英人士"(optimates)，18；名门权贵，251 f.；"平民派"(populares)，18 n.，62；

谈马略，163，176 n.；苏拉，124 f.，177，250；喀提林，23，84 f.，89 ff.；瓦提尼乌斯，6，89；恺撒，62，74 n.，119，120；加图，115；布鲁图斯，106；屋大维，122 n.，221；雷比达，221 f.；

萨卢斯特对他的描写，80，105 ff.，110 f.，121，211，222，287；《朱古达战争》(3.4)并非影射他，216；可能在《历史》中被提及，211；《对西塞罗的抨击》中被抨击，314 ff.；《反萨卢斯特》，3 n.，283 n.，299；其他伪造的演说，297.

Claudia 克劳狄娅，马库斯·布鲁图斯（M. Brutus）的妻子，35，61.

Claudii 克劳狄乌斯家族，他们的起源，7；受庇护人（*clientela*），24；党派政治，171；傲慢，252.

Claudius Nero, Ti. 提比略·克劳狄乌斯·尼禄，他的提议，108，130.

Claudius Nero, Ti. 提比略·克劳狄乌斯·尼禄（公元前42年行政官），值得注意的作为，130 f.

Claudius Pulcher, Ap. 阿庇乌斯·克劳狄乌斯·普尔喀（公元前79年执政官），他的征战活动，188；亲属，208.

Claudius Pulcher, Ap. 阿庇乌斯·克劳狄乌斯·普尔喀（公元前54年执政官），在昆图斯·阿克西乌斯（Q. Axius）那里做客，9；他的兄弟，24 f.；姊妹，25；作为执政官，24，29 f.，252；监察官，33 ff.；他在政治上的重要性，34 f.，253，343；傲慢，252；宗教兴趣，253；伪萨卢斯特并未提及，342.

Claudius Pulcher, Ap. 阿庇乌斯·克劳狄乌斯·普尔喀（公元前38年执政官），227.

Claudius Pulcher, C. 盖尤斯·克劳狄乌斯·普尔喀（公元前56年行政官），24.

Clitarchus 克利塔库斯，希腊历史撰述家，47，259.

Clodia 克洛狄娅，梅特路斯·凯勒（Metellus Celer）的妻子，25；存活在世，226.

Clodius Pulcher, P. 普布利乌斯·克洛狄乌斯·普尔喀（公元前58年保民官），他的早年经历，24，213；同伙，24 f.，226；公元前52年的政治倾向，31；他的死亡，31；党徒，32；他的遗孀，134 f.

Cocceii 库奇尤斯，228，276.

Coelius Antipater 科埃利乌斯·安提帕特，历史撰述家，46，258 n.

Cornelia 科妮莉娅，秦纳的女儿，159.

Cornelii Lentuli 科勒内利乌斯·林图卢斯家族，286 f.

Cornelius, C. 盖尤斯·科勒内利乌斯（公元前67年保民官），87，190 n.，209.

Cornelius, C. 盖尤斯·科勒内利乌斯，喀提林党羽，78，81.

Cornelius, Q. 昆图斯·科勒内利乌斯（公元前44年财务官），211.

Cornelius Balbus, L. 卢奇乌斯·科勒内利乌斯·巴勒布斯（公元前40年补任执政官），218，225，234.

Cornelius Cethegus, C. 盖尤斯·科勒内利乌斯·契蒂古斯，元老和喀提林同谋者，他的品性，69；据说扮演的角色，132.

Cornelius Cethegus, P. 普布利乌斯·科勒内利乌斯·契蒂古斯，叛乱者和政治经营者，199；他非凡的影响力，210.

Cornelius Cinna, L. 卢奇乌斯·科勒内利乌斯·秦纳（公元前87年执政官），主政，184，199.

Cornelius Dolabella, Cn. 格奈乌斯·科勒内利乌斯·多拉贝拉（公元前81年执政官），被恺撒起诉，213.

Cornelius Dolabella, P. 普布利乌斯·科勒内利乌斯·多拉贝拉（公元前44年补任执政官），36.

Cornelius Lentulus Clodianus, Cn. 格奈乌斯·科勒内利乌斯·林图卢斯·克劳狄亚努斯（公元前72年执政官），190；被萨卢斯特贴上污蔑性的标签，208，287，300.

Cornelius Lentulus Sura, P. 普布利乌斯·科勒内利乌斯·林图卢斯·苏拉（公元前71年执政官），被驱逐出元老院，209；他的品性，69；他写给喀提林的信，72，81，261；他在萨卢斯特作品中的结局，126.

Cornelius Nepos 科勒内利乌斯·涅波斯，评西塞罗，58 f.；他的著述，235.

Cornelius Scipio Aemilianus, P. 普布利乌斯·科勒内利乌斯·西庇阿·埃米利亚努斯（公元前147年执政官），44，139，171；在努曼提亚（Numantia）的追随者，149，154，155，161；他的党派集团，171.

Cornelius Scipio Asiagenus, L. 卢奇乌斯·科勒内利乌斯·西庇阿·阿希亚吉努斯（公元前83年执政官），183 n.

Cornelius Sisenna, L. 卢奇乌斯·科勒内利乌斯·希塞纳（公元前79年行政官），他的生涯经历，48；《历史》，48，177，182，259；他的风格，56，259，262，265，326；论苏拉，177；伪希

塞纳, 351.

Cornelius Sulla, L. 卢奇乌斯·科勒内利乌斯·苏拉（公元前88年执政官），出任马略的财务官, 146, 148, 151; 独裁统治和公敌宣告令, 122, 124, 220, 235 f.; 作为独裁者的政策, 125, 183, 235; 盟友和拥趸, 183 f., 208, 235 f.; 退位, 180; 此后的地位, 184; 传说中的先见之明, 185; 去世和葬礼, 180 f.; 回忆录, 155, 206;

比拟为罗慕路斯, 238; 西塞罗对他的评判, 124 f., 177; 萨卢斯特的评价, 123 f., 177, 181; 李维的评价, 177; 伪萨卢斯特对他的看法, 341; 在尤文纳利斯（Juvenal）的作品中, 350.

Cornelius Sulla, P. 普布利乌斯·科勒内利乌斯·苏拉，公元前66年执政官候选人, 66, 88; 指控, 89 ff.; 在内战中, 36 f.; 在独裁统治下, 124; 他的死亡, 71, 227; 西塞罗的评断, 90, 124; 他与庞培的妹妹结婚, 102 n.; 他的儿子, 227.

Cornelius Sulla, Faustus 法乌斯图斯·科勒内利乌斯·苏拉（公元前54年财务官）, 26, 166.

Cornificius, Q. 昆图斯·考尼腓奇乌斯（疑公元前45年行政官）, 226.

Crassus 克拉苏，见 Licinius.

Curius, Q. 昆图斯·库里乌斯，喀提林同谋者, 69, 77.

Dellius, Q. 昆图斯·德利乌斯，安东尼派与历史撰述家, 276; 传说与克丽奥巴特拉通信, 298.

Demosthenes 德摩斯梯尼, 244, 289 n.

Dionysius of Halicarnassus 哈利卡纳苏斯的狄奥尼修斯，论修昔底德, 51, 54, 260.

Domitius Ahenobarbus, Cn. 格奈乌斯·多米提乌斯·埃努巴布斯，被庞培杀死, 202.

Domitius Ahenobarbus, Cn. 格奈乌斯·多米提乌斯·埃努巴布斯（公元前32年执政官），加图的外甥, 119, 223.

Domitius Ahenobarbus, L. 卢奇乌斯·多米提乌斯·埃努巴布斯（公元前54年执政官），作为执政官, 29 f.; 他的政治角色, 35, 253; 与加图的姐姐结婚, 115; 在伪萨卢斯特作品中,

337, 341 f., 348.

Domitius Calvinus, Cn. 格奈乌斯·多米提乌斯·卡尔维努斯（公元前53年执政官），他的候选人资格，30，252；执政官任期之后的经历，217，225；被判罚，217 n., 252 f.；长寿，225.

Ephorus 埃福罗斯，49，244 n.

Fannius 法尼乌斯，罗马历史撰述家，182.

Fausta 法乌斯塔，前后嫁给梅米乌斯和米洛，26；关于她的丑闻，26，269，278 ff.

Fabia 法比娅，维斯塔贞女，84，86.

Fabius Sanga, Q. 昆图斯·法比乌斯·桑伽，阿洛布罗吉人（Allobroges）的保护人，81 f.

Favonius, M. 马库斯·法沃尼乌斯（公元前49年行政官），在伪萨卢斯特的作品中，338 f.

Fenestella 费内斯泰拉，轻率鲁莽的历史撰述家，297 n.

Flavia 弗拉维娅，荡妇，135 n.

Flora 芙洛拉，庞培的情人，210.

Fonteius, M. 马库斯·方泰尤斯（疑公元前74年行政官），《历史》中可能提到了他，211 n.

Fronto 弗伦托，论萨卢斯特，300，334.

Fufidius, L. 卢奇乌斯·弗非迪乌斯（疑公元前81年行政官），211，236.

Fulvia 弗尔维娅，密探，69，77，125，135.

Fulvia 弗尔维娅，她在克洛狄乌斯（Clodius）被杀之后的所作所为，134 f.；她的男子性格，135；她的母亲，134.

Fulvii 弗尔维乌斯家族，腐朽的名门权贵，134.

Fulvius 弗尔维乌斯，一位元老的儿子，129.

Fulvius Bambalio, M. 马库斯·弗尔维乌斯·班姆巴利奥，弗尔维娅的父亲，134.

Fulvius Flaccus, M. 马库斯·弗尔维乌斯·弗拉库斯（公元前125年执政官），135，168.

Fulvius Nobilior, M. 马库斯·弗尔维乌斯·诺比利欧尔，喀提林党羽，129 n., 135.

Gabinius, A. 奥卢斯·加比尼乌斯（公元前58年执政官），他的生涯经历，87，209；他的保民官职位，87，187 f.，190；被起诉，30；获得西塞罗的辩护，315；疑在《历史》中发表了一篇演讲，197，251；可能得到萨卢斯特的赞扬，209；涉及《对西塞罗的抨击》，315 ff.

Gabinius Capito, P. 普布利乌斯·加比尼乌斯·卡皮托，喀提林党羽，102 n.

Gauda 伽乌达，努米底亚王子，162，176.

Gellius, A. 奥卢斯·格利乌斯，论萨卢斯特，264 n.，265，278 n.，288 n.，300.

Gellius Poplicola, L. 卢奇乌斯·格利乌斯·普布利科拉（公元前72年执政官），208 f.

Gellius Poplicola, L. 卢奇乌斯·格利乌斯·普布利科拉（公元前36年执政官），25，226 f.

Gracchi 格拉古兄弟，萨卢斯特的看法，170，183；他们的重要性，171.

Granius Licinianus 格拉纽斯·李奇尼亚努斯，评萨卢斯特，289.

Gratidia 格拉蒂狄娅，很可能是喀提林第一任妻子，86.

Gratidii 格拉蒂狄亚努斯家族，来自阿尔皮努姆（Arpinum），85 f.

Helvius Cinna, C., 盖尤斯·埃勒维尤斯·秦纳（公元前44年保民官），226.

Hiempsal 希耶姆普萨尔，139；他的著作，153，194.

Hirtius, A. 奥卢斯·希尔提乌斯（公元前43年执政官），关于内战，230 n.

Horace 贺拉斯，他的《颂诗》，纪念安东尼时代之前的人，276；他提到的一位萨卢斯提乌斯（Sallustius），280 ff.；《讽刺诗集》（Satires）的写作时间，281；《长短句集》（Epodes）XVI，284 f.；伪造的贺拉斯作品，298.

Hortensius 霍腾西乌斯（公元前108年执政官），被判罚，172.

Hortensius, Q. 昆图斯·霍腾西乌斯（公元前69年执政官），44，48，184；他的父亲或叔父，172.

Isocrates 伊索克拉底，他的学生和影响力，49，244.

Jerome 哲罗姆，其《编年纪》中的时间年代，13 f.；关于特伦西娅（Terentia）的丈夫，284.

Jugurtha 朱古达，他的早年生活，139，149；占领契尔塔（Cirta），139；与罗马人的往来，140，144，164，175；征战活动，140，142 ff.，154，157 ff.；被捕获，146，151；谈罗马的唯利是图，175；他的品性，138，268 f.

Julia 尤利娅，马略的妻子，161.

Julii 尤利乌斯家族，118，161.

Julius Caesar, C. 盖尤斯·尤利乌斯·恺撒（公元前59年执政官），见 Caesar.

Julius Caesar, L. 卢奇乌斯·尤利乌斯·恺撒（公元前64年执政官），235.

Junius Brutus, D. 迪奇穆斯·尤尼乌斯·布鲁图斯（公元前77年执政官），26，184 n.；他的妻子塞普罗尼娅（Sempronia），133；疑有一位前妻，134.

Junius Brutus, D. 迪奇穆斯·尤尼乌斯·布鲁图斯（公元前42年候任执政官），他在历史上的重要性，40；在穆提纳（Mutina），41，220；萨卢斯特对他的处理态度，134；他母亲的身份，134 f.

Junius Brutus, M. 马库斯·尤尼乌斯·布鲁图斯（公元前83年保民官），61，186，202，220.

Junius Brutus, M. 马库斯·尤尼乌斯·布鲁图斯（公元前44年行政官），他的政治生涯与政治倾向，61；受加图影响，61；加图的政治继承人，121；与3月15日有关，40，61；雅典偏好者，52 f.；他的《加图颂》（Cato），61，73，106；论罗马帝国主义，251；"愤怒"（iracundia），118；塞维利尤斯·喀斯卡（Servilius Casca），132 n.；批评西塞罗，216.

Junius Brutus Damasippus, L. 卢奇乌斯·尤尼乌斯·布鲁图斯·达玛西普斯（公元前82年行政官），122.

Junius Silanus, D. 迪奇穆斯·尤尼乌斯·西拉努斯（公元前62年执政官），他竞选执政官背后的支持者，70 n.；引出论辩，108；改变主意，108.

Junius Silanus, M. 马库斯·尤尼乌斯·西拉努斯（公元前109年执政官），被辛布里人（Cimbri）击败，172.

Juvenal 尤文纳利斯，论苏拉，350.

Juventius Laterensis, M. 马库斯·尤文提乌斯·拉特林西斯（公元前51年行政官），222，234.

Labienus, T. 提图斯·拉比耶努斯（公元前 63 年保民官），98 f.

Lepidus 雷比达, 见 Aemilius.

Licinius Calvus, C. 盖尤斯·李锡尼乌斯·卡尔弗斯作为一名演说, 22, 30; 雅典偏好者, 52 f.; 很可能认识萨卢斯特, 207.

Licinius Crassus, M. 马库斯·李锡尼乌斯·克拉苏（公元前 70 年保民官），他的第一次执政官任期, 202, 212; 此后的地位, 19, 23; 与梅特路斯（Metelli）家族的联系, 19; 为李锡尼乌斯·马彻尔（Licinius Macer）辩护, 48; 公元前 66—前 64 年的活动, 70 n., 89, 91, 92, 93, 95 f., 100; 那些年真实的处事方针, 97 ff.; 他在公元前 63 年的倾向, 18 n., 103 f.;

他对庞培的敌意, 93, 100, 212; 对西塞罗的敌意, 103; 作为萨卢斯特的材料来源, 71, 103; 萨卢斯特对他的态度, 23, 100, 103, 212; 涉及《对西塞罗的抨击》, 315 f.

Licinius Lucullus, L. 卢奇乌斯·李锡尼乌斯·卢库路斯（公元前 74 年执政官），靠阴谋获得统帅权, 210; 他的征战活动, 151, 190, 195, 202 f.; 遭到恺撒抨击, 114; 他的退隐生活, 44, 206; 萨卢斯特对他的态度, 196 f., 202 f.;

他的妻子, 25, 213; 亲属, 208; 渔塘, 44; 豪宅, 252; 希塞纳的朋友, 48; 谈到过卢库路斯的撰述家, 207 f.

Licinius Macer, C. 盖尤斯·李锡尼乌斯·马彻尔（公元前 73 年保民官），他的生涯经历, 47 f.; 被指控, 88; 他作为历史撰述家的品质, 47; 他在萨卢斯特著述中的演说, 198, 200, 255; 受萨卢斯特的喜爱, 200, 209; 萨卢斯特可能援引过他, 207.

Licinius Murena, L. 卢奇乌斯·李锡尼乌斯·穆雷纳（公元前 62 年执政官），他的当选, 70; 获得西塞罗的辩护, 79.

Ligarii 李伽利乌斯家族，转瞬而逝的萨宾家族, 228 f.

Ligarius, Q. 昆图斯·李伽利乌斯，庞培派党羽, 234.

Livius Drusus, M. 马库斯·李维尤斯·德鲁苏斯（公元前 91 年保民官），据说提出关于元老院的提案, 344.

Livy 李维,他的年纪,13;他撰史的开始时间,238 n.,275;关于盖尤斯·格拉古(C. Gracchus)的一项建议,344;关于努米底亚战争,151 n.,154,290;论马略,176;苏拉,177;庞培,202 n.,290;恺撒,290;罗马的"恶习",238;关于晚近的历史,272;他的风格,289;关于演说的做法,106;论修饰性插叙,232;他的"坦率",290;"帕塔维尼亚方言"(Patavinitas),291;关于撰史的声明,256,272;批评萨卢斯特,232,289;对萨卢斯特嫌恶,290;可能诋毁萨卢斯特,291.

Lollius Palicanus, M. 马库斯·洛利乌斯·帕利卡努斯(公元前71年保民官),87;萨卢斯特对他的描写,210.

Lucceius, L. 卢奇乌斯·卢契乌斯(公元前67年行政官),西塞罗给他的书信,57;反对喀提林的演讲,84.

Lucilius Hirrus, C. 盖尤斯·路奇利乌斯·希鲁斯(公元前53年保民官),30 f.

Lucretius 卢克莱修,他的出身与地位,7,230 f.;很可能被萨卢斯特所欣赏,243;与萨卢斯特比较,260.

Luscius, L. 卢奇乌斯·卢修斯,苏拉的百夫长,235 n.

Lutatius Catulus, Q. 昆图斯·卢塔提乌斯·卡图鲁斯(公元前78年执政官),他的当选,184 f.;反对雷比达,186 f.;反对加比尼乌斯法案(*Lex Gabinia*),197,211;作为监察官,97 f.;为喀提林做证,66,211;喀提林给他写的信,71 f.;与恺撒敌对,70,99,104,114,211;在重要论辩中,104;萨卢斯特对他的处理态度,211.

Lysias 利西阿斯,53,55 f.

Maecenas, C. 盖尤斯·梅塞纳斯,与萨卢斯提乌斯·克里斯普斯(Sallustius Crispus)类比,277;关于匿名表决,343.

Mamilius Limetanus, C. 盖尤斯·玛米利乌斯·利美塔努斯(公元前109年保民官),设立委员会,141,164;委员会的作为,167,170;影响,162,175.

Manilius, C. 盖尤斯·曼利乌斯(公元前67年保民官),87,197;对他提起的诉讼,88.

Manlius, C. 盖尤斯·曼利乌斯, 伊特鲁里亚的叛乱分子, 71, 74, 77 f., 79, 109 f.

Manlius Torquatus, L. 卢奇乌斯·曼利乌斯·托尔克瓦图斯（公元前65年执政官）, 88, 91; 为喀提林做证, 90; 喀提林是他的朋友, 92.

Manlius Torquatus, L. 卢奇乌斯·曼利乌斯·托尔克瓦图斯（公元前49年行政官）, 指控普布利乌斯·苏拉（P. Sulla）, 89.

Marcius Philippus, L. 卢奇乌斯·马奇乌斯·菲利普斯（公元前91年执政官）, 181 n.; 反对雷比达, 187, 220; 他的演说和能说会道, 199; 支持庞培, 221; 斑驳多姿的事业经历, 199; 谈"命运", 246.

Marcius Philippus, L. 卢奇乌斯·马奇乌斯·菲利普斯（公元前56年执政官）, 221.

Marcius Rex, Q. 昆图斯·马奇乌斯·雷克斯（公元前68年执政官）, 25, 71, 78.

Marius C. 盖尤斯·马略（公元前107年执政官）, 他的早年生涯, 160 f.; 社会地位, 230 n.; 迷信, 247; 担任梅特路斯的副官, 160, 162; 他的竞选, 162, 172 f.; 执政官演说, 162, 168 f.; 征募军队, 163, 236; 征战活动, 143, 145 ff.; 将帅才干, 163; 成就, 151, 176; 他在公元前105年的地位, 147; 随后的命运, 176; 盟友和党羽, 161, 183, 228; 西塞罗对他的评判, 163, 176 n.; 萨卢斯特的评价, 159 ff., 176; 李维的评价, 176.

Marius Gratidianus, M. 马库斯·马利乌斯·格拉蒂狄亚努斯（疑公元前85年行政官）, 他的悲惨命运, 84, 180; 他的亲属, 85; 他的姊妹, 86.

Martial 马夏尔, 评萨卢斯特, 292.

Matius, C. 盖尤斯·马提乌斯, 谈恺撒, 41.

Memmius, C. 盖尤斯·梅米乌斯（公元前111年保民官）, 140, 175; 他的演说, 141, 156, 166 f.; 他的能言善辩, 156; 在努曼提亚（Numantia）, 155 n.

Memmius, C. 盖尤斯·梅米乌斯（公元前58年行政官）, 26, 156; 惩罚通奸者, 279; 作为公元前54年候选人, 30; 被审讯, 252.

Memmius, C. 盖尤斯·梅米乌斯,普布利乌斯·苏拉（Publius Sulla）的继子，102 n., 227 n.

Messalla 梅萨拉，参见 Valerius.

Meteli 梅特路斯家族，参见 Caecilii.

Micipsa 米西普萨，收养朱古达，139，149.

Minucius Basilus, L. 卢奇乌斯·米努丘斯·巴锡路斯（公元前45年行政官），恺撒派党羽，36，40.

Mithridates 米特里达梯，190，191；与塞托里乌斯协议，204 f.；寄往提格拉涅斯（Tigranes）的书信，196, 250, 289, 293.

Mucia 穆奇娅，马格努斯的第三任妻子，135 n., 166, 226.

Munatius Plancus, L. 卢奇乌斯·纳提乌斯·普兰库斯（公元前42年执政官），21 f., 37, 222；尚在人世，227；谈翁提狄乌斯（Ventidius），229；波利奥给他写信，288 n.

Munatius Plancus Bursa, T. 提图斯·普兰库斯·布萨（公元前52年保民官），31 ff.

Munia 穆尼娅，荡妇，135 n.

Murrius 穆里乌斯，列阿蒂人，9.

Nigidius Figulus, P. 普布利乌斯·尼基迪乌斯·费古卢斯（公元前58年行政官），108 n., 233 n., 239 n.

Nomentanus 诺门塔努斯，臭名昭著的纵欲者，283.

Octavianus 屋大维，他的早年经历，41 f., 122 f., 201 n., 224, 237；关系到西塞罗，216 f., 221；佩鲁西亚战争（the Perusine War），219；西西里征战活动，224, 237；他此后的地位，237 f.；亚克兴战役（War of Actium），275；成为元首，286 ff.；

他对加图的看法，288；谈文风，288 f.；据说鼓动过萨卢斯特，64, 123 n.；《喀提林内争》（51.36）可能是暗指他，122.

Octavius, C. 盖尤斯·屋大维（公元前61年行政官），137.

Octavius, Cn. 格奈乌斯·屋大维（公元前76年执政官），关于他的笑话，208.

Octavius, L. 卢奇乌斯·屋大维（公元前75年执政官），萨卢斯特的描写，208.

Octavius, L., 卢奇乌斯·屋大维，法乌斯塔（Fausta）的情夫，279.

Opimius, L. 卢奇乌斯·欧皮米乌斯（公元前 121 年执政官），167 f.

Oppius C. 盖尤斯·奥皮乌斯，为恺撒过去的往事辩护，234.

Panaetius 帕纳提乌斯，242.

Papirius Carbo, Cn. 格奈乌斯·帕皮里乌斯·卡博（公元前 85 年执政官），被庞培所杀，202.

Passienus Rufus, L. 卢奇乌斯·帕西耶努斯·鲁夫斯（公元前 4 年执政官），他的儿子被萨卢斯提乌斯·克里斯普斯（Sallustius Crispus）收养，277.

Peducaei 佩杜凯乌斯家族，萨宾人家族，229.

Peducaeus, T. 提图斯·佩杜凯乌斯（公元前 35 年补任执政官）229.

Philodemus of Gadara 加达拉的斐洛德慕斯，伊壁鸠鲁主义者和诗人，210 n., 243, 281, 284 n.

Piso 皮索，见 Calpurnius.

Plancius, Cn. 格奈乌斯·普兰奇乌斯（公元前 54 年平民市政官），6；他的生涯经历，28.

Plato 柏拉图，241, 244, 270, 325.

Plautius Hypsaeus, P. 普布利乌斯·普劳提乌斯·希普塞乌斯，公元前 52 年执政官候选人，31, 33.

Pompeia 庞培娅，马格努斯的妹妹，嫁给普布利乌斯·苏拉（P. Sulla），102 n., 227.

Pompeia 庞培娅，嫁给瓦提尼乌斯，32 n.

Plutarch 普鲁塔克，作为一种资料来源，63, 73；谈及喀提林的严重罪行，85；他自己的材料来源，73 n.；他的《马略传》,153；《卢库路斯传》, 178 f.；《塞托里乌斯传》, 178 f., 194 n., 203 ff.

Pollio 波利奥，见 Asinius.

Pompeius, Sex. 塞克斯图斯·庞培，223 f., 236 f.；他的首名，237；别名，256.

Pompeius Lenaeus 庞培尤斯·雷奈乌斯，诋毁萨卢斯特，280.

Pompeius Magnus, Cn. 格奈乌斯·庞培·马格努斯（公元前 70 年执政官），他最早时期的所作所为，123, 201 f., 224；支持雷比达，184；反对雷比达，187, 221；被派往西班牙，189, 221；在西班牙，189 f., 194, 201；给元老院写信，201；可能去过加第斯（Gades），194；他的返回，202；演说，201；执政官任期，212；

执政官任期之后，19；他的统帅权，87 f.，197 f.，200 f.；他不在罗马的影响，87，97 ff.，102；涉及格奈乌斯·皮索（Cn. Piso），88，91，100；与喀提林党徒有关，102 n.；他的返回，99；公元前54年的地位，29 f.；第三次执政官任期，32 f.；

  他的能言善辩，201；妻子，166；情妇，210；效仿亚历山大，194，206；比拟为罗慕路斯，238；

  死后名声，287，290；瓦罗对他的态度，206；萨卢斯特对他的态度，113，194，201，202 n.，212；李维对他的看法，290；伪萨卢斯特提及的庞培，319.

Pompeius Rufus, Q. 昆图斯·庞培尤斯·鲁夫斯（公元前52年保民官），31 ff.

Pompeius Strabo, Cn. 格奈乌斯·庞培尤斯·斯特拉波（公元前89年执政官），65，184 n.

Pompeius Trogus 庞培尤斯·特罗古斯，批评萨卢斯特，289.

Pomponius Atticus, T. 提图斯·庞波尼乌斯·阿提库斯，他的名字构成方式，282；早年生活，230，242 f.，346；伊壁鸠鲁主义者，242；未被列入公敌，42；尚在人世，225；历史研究，235；谈历史书写，47 ff.；据说是书信的公开者，317.

Porcia 波奇娅，布鲁图斯的第二任妻子，61.

Porcius 波尔奇乌斯，见 Cato.

Porcius Cato, C. 盖尤斯·波尔奇乌斯·加图（公元前114年执政官），167.

Porcius Laeca, M. 马库斯·波尔奇乌斯·莱卡，元老，在他的住处集会，78，79，81.

Posidonius 波西多尼乌斯，获西塞罗征询，73；《朱古达战争》的资料来源，153；据说对萨卢斯特有影响，241，244，249.

Postumia 波斯图米亚，可能是迪奇穆斯·布鲁图斯（D. Brutus）的母亲，134.

Postumius, L. 卢奇乌斯·波斯图米乌斯，在伪萨卢斯特的作品中，338 f.

Postumius Albinus, A. 奥卢斯·波斯图米乌斯·阿尔比努斯，副官，他的活动，140，142；可能比判有罪，167 n.

Postumius Albinus, Sp. 斯普里乌斯·波斯图米乌斯·阿尔比努斯

（公元前110年执政官），他的征战活动，140，158；处事方针，175；被判有罪，167.

Praecia 普蕾西娅，优雅却放荡的女人，210.

Proculeius, C. 盖尤斯·普罗库雷尤斯，贺拉斯对他的恭维，276；他的亲属，277 n.

Propertius 普罗佩提乌斯，他的第一卷哀歌，275.

Quinctius, L. 卢奇乌斯·昆克提乌斯（公元前74年保民官），209.

Quintilian 昆体良，论萨卢斯特，1，241，245，258，263 n.，272，292；论撰史，258 f.；论修昔底德的风格，260；论"冒名模仿"（prosopopoeiae），297 n.，317，324；关于"矫揉造作"（mala affectatio），331；论庞培，201 n.；论恺撒的地位，299，350；关于"帕塔维尼亚方言"（Patavinitas），291；被伪造的著述欺骗，298，314 f.，318.

Rabirius Postumus, C. 盖尤斯·拉比利乌斯·波斯图穆斯，被起诉，98 f.

Rabirius Postumus, C., 盖尤斯·拉比利乌斯·波斯图穆斯，在恺撒的阿非利加征战活动中，37.

Romulus 罗慕路斯，237 f.

Rutilius Lupus 鲁提利乌斯·卢普斯，奥古斯都时代的修辞学家，349.

Rutilius Rufus, P. 普布利乌斯·鲁提利乌斯·鲁夫斯（公元前105年执政官），作为梅特路斯的副官，155；他的回忆录，149 n.，155，249.

Saenius, L. 卢奇乌斯·塞尼乌斯，元老，78，79，81.

Sallust 萨卢斯特，他的出身，7 ff.；出身的重要性，14 n.；家族，9 f.，12；出生和去世的时间，13 f.；传闻的妻子，284；他的继承人，275 ff.；

他的教育，10，54，243 f.；初次在罗马亮相，20 ff.；财务官职位，28，36 n.，315；担任保民官，29，31 ff.，126；被驱逐出元老院，33 f.；在内战中，36 ff.；担任阿非利加行省总督，36 ff.，151 f.，291；政治生涯结束，39；

他的政治倾向，2 f.，23，29，52 f.，40 f.，42，64，111，116 f.，159，286，315；

隐退，40 ff., 127, 230 ff., 271 f.；转向撰述历史，43 f.；写作的时间，64, 121, 127 ff., 216 ff., 219 n., 285 f.；

《喀提林内争》，主题的选择，57 f., 64, 127；绪言，43 ff., 240 ff.；结构，66 ff.；材料来源，71 ff.；错误或误解，75 ff., 91 f., 122；真实或据称的偏见，64, 77, 79 f., 93 ff., 104 ff., 110 f., 114 f., 116 f., 123 f., 125, 131 ff.；专题史书的价值，136 f.；同时代的相关性，121 f., 129 f., 137；

《朱古达战争》，主题与目的，138；绪言（释义），214 ff.；结构，140 f.；战争，140（总结），143 ff.；特点，150, 175；事件的前后顺序，140, 142 ff., 145 n., 159；地理环境，147 f., 153；材料来源，153 ff.；插叙，145, 152, 170；演说，166 f., 168 f.；萨卢斯特理解的战争，174 ff., 251；他的偏好，149 f.；157 ff.；

《历史》，起始点，177, 179, 181 f., 224；拟定的叙述范围，190 ff.；总主题，192；结构，180, 182 ff., 187 f.；绪言，182 f., 248 ff.；编年史技巧，189, 192；插叙，192 ff., 232, 289；人物速写，195 f., 207 ff.；演说，196 ff., 220, 266；材料来源，203 ff., 224 ff.；偏好，179 f., 186, 192, 201 f., 208 ff.；同时代的相关性，211 ff., 219 ff.；最早的反响，284 ff.；

他的风格，1, 56, 250 ff., 305 ff., 324 ff.；风格的演变，266 f., 305 ff., 332 ff.；加图的影响，56, 258 f., 261 f., 268；修昔底德的影响，56, 262, 263 n.；古语词，258 f., 261 f., 288 f.；诗意化特征，258 f.；希腊风格，264 f.；

哲学观点，240 ff.；斯多亚主义者，270；更确切地说是一位伊壁鸠鲁主义者，243, 271, 283, 284 n.；希腊学说与典范的影响，51, 54, 243 f.；修昔底德的影响，56, 245 ff., 255 f.；加图的影响，116, 242, 267 f.；

对宗教的看法，243, 246 ff., 347；关于"命运"，246, 248, 347 f.；"功名德行"（virtus），114, 214, 242, 268 f.；财富的影响，136, 252；道德败坏的影响，66 f., 136, 238；乡野消遣，43 ff., 撰史，43, 83, 182, 215；

关于罗马帝国主义，197，250 f.；罗马政治，17 f.，66 f.，113，126，136，170 f.，182 f.，214 f.，217 f.，248 f.；政治语言，117 f.，119，254，255 ff.；名门权贵，17 f.，125 f.，159，166 ff.，169，171，215，217，250 ff.，287，357；新人，161 f.，168，218，230；"贵族派"（optimates），18；"平民派"（populares），18，243 f.，254；寡头执政官，158 f.，208 ff.；保民官，126，156，166 f.，169 f.，209 f.；三头政治，121 ff.，214 ff.；罗马骑士，173，175 f.；具有政治势力的女性，26，210；下层阶级，163，235 f.，254；

他作为一名历史撰述家的品质，1，83，104 f.，123，136 f.，186，240，248 ff.，272 f.，288；他的人格品性，67，111，120 f.，212，213，239，254 f.，267 ff.，287，318；道德品行，26，38 f.，269 f.，278 ff.，291；萨卢斯提乌斯园庭（*Horti Sallustiani*），283；

其作品最初的反响，284 ff.；死后名声，288 ff.；伪萨卢斯特，3，298 ff.，313 ff.

Sallustii 萨卢斯特家族，9 f.，275 ff.

Sallustius, Cn. 格奈乌斯·萨卢斯提乌斯，西塞罗友人，10 ff.

Sallustius Crispus, C., 盖尤斯·萨卢斯提乌斯·克里斯普斯，萨卢斯特的甥外孙，275 ff.，281，284；他的奢侈品位，284；收养和命名，281 f.；塔西佗撰写的讣告，277，292.

Sallustius Crispus Passienus, C. 盖尤斯·萨卢斯提乌斯·克里斯普斯·帕西耶努斯（公元27年补任执政官），277，278.

Salvidienus Rufus, Q. 昆图斯·萨尔维迪耶努斯·鲁夫斯（公元前39年候任执政官），218，228.

Scaurus 斯考鲁斯，见 Aemilius.

Scipio 西庇阿，"雷比达的儿子"（"Lepidi f."），134 n.，183 n.

Scipiones 西庇阿家族，他们的支配性地位，171.

Scribonius Curio, C. 盖尤斯·斯克里伯尼乌斯·库里奥（公元前76年执政官），他的征战活动，189；对宗教的关注，193 n.，246 n.；健在存活，207；他反对恺撒的证词所具有的价值，96；他阴阳怪气的言行举止，208.

Scribonius Curio, C. 盖尤斯·斯克里伯尼乌斯·库里奥（公元前

50年保民官），24，135，226.

Sempronia 塞普罗尼娅，萨卢斯特对她的描写，25，125；谈论她的插叙，69；这段插叙的作用，133 f.；她的身份是一个问题，134 f.

Sempronia 塞普罗尼娅，"图蒂塔尼乌斯的女儿"（"Tuditani f."），134 f.

Sempronii 塞普罗尼乌斯家族，见 Gracchi.

Sempronius Asellio 塞普罗尼乌斯·阿塞利奥，罗马编年纪作家，149，154.

Sempronius Atratinus, L. 卢奇乌斯·塞普罗尼乌斯·阿特拉提努斯（公元前34年补任执政官），25，133 n.，226 f.

Sempronius Gracchus, Ti. 提比略·塞普罗尼乌斯·格拉古（公元前133年保民官），171.

Seneca, the Elder 老塞涅卡，278；证明萨卢斯特的合理之处，289；谈伪造的演说，317.

Seneca 塞涅卡，评萨卢斯特的风格，258；谈阿伦提乌斯（Arruntius），292，327 f.

Septimii 塞普蒂米乌斯，萨宾人，13 n.

Sergii 塞尔吉乌斯家族，腐朽的上流贵族，118.

Sergius Catilina, L. 卢奇乌斯·塞尔吉乌斯·喀提林（公元前68年行政官），见 Catilina.

Sertorius, Q. 昆图斯·塞托里乌斯（疑公元前83年行政官），他的出身，12，58；早年经历，187，188，203；他的流浪，193 f.；西班牙的征战活动，187，204，211；与米特里达梯的协议，204 f.；他的最终结局，190，204；死亡的时间，190 n.；《历史》中没有他的演说，196；萨卢斯特对他的处理态度，203 ff.；夸大死后的名声，205；贺拉斯作品中对他的影射，285.

Servilia 塞维利娅，布鲁图斯的母亲，25；恺撒的情妇，70 n.

Servilius Nonianus, M. 马库斯·塞维利尤斯·诺尼亚努斯（公元35年执政官），历史撰述家，291.

Servilius Rullus, P. 普布利乌斯·塞维利尤斯·鲁路斯（公元前63年保民官），他的土地提案，98.

Servilius Vatia, P. 普布利乌斯·塞维利尤斯·瓦提亚（公元前79年执政官），他的亲属，208；西里西亚行省总督，66 n.，188，212 f.；他的长寿，207.

Servilius Vatia Isauricus, P. 普布利乌斯·塞维利尤斯·瓦提亚·伊索里库斯（公元前 48 年执政官），217.

Sextius, T. 提图斯·塞克斯提乌斯（疑公元前 45 年行政官），萨卢斯特之后出任新阿非利加行省总督，37.

Sicinius, Cn. 格奈乌斯·西锡尼乌斯（公元前 76 年保民官），滑稽的演说家，208，209.

Sittius, P. 普布利乌斯·西提乌斯，坎帕尼亚（Campanian）冒险家，据说与喀提林同谋，100 f.；他的生涯经历，133；在恺撒的阿非利加征战中，38, 148；驻守契尔塔（Cirta），133, 152；他的死亡，133；与萨卢斯特相关，133.

Spartacus 斯巴达克斯，击溃执政官，209；被贺拉斯提及，285.

Strabo 斯特拉波，关于阿非利加的地理地貌，153.

Suetonius 苏维托尼乌斯，谈及"第一次阴谋"，92, 96 f.；谈波利奥（Pollio）和阿泰尤斯（Ateius），288；谈贺拉斯，298.

Sulla 苏拉，见 Cornelius.

Sulpicius Apollinaris 苏尔皮基乌斯·阿波利纳里斯，关于萨卢斯特的行家，300.

Sulpicius Galba, C. 盖尤斯·苏尔皮基乌斯·伽尔巴，调查员玛米利乌斯（*quaestio Mamiliana*）的受害者，156, 167.

Sulpicius Galba, C. 盖尤斯·苏尔皮基乌斯·伽尔巴，历史撰述家，234.

Sulpicius Galba, Ser. 塞尔维乌斯·苏尔皮基乌斯·伽尔巴（公元前 54 年行政官），沮丧失意的恺撒派党羽，39.

Sulpicius Rufus, Ser. 塞尔维乌斯·苏尔皮基乌斯·鲁夫斯（公元前 51 年执政官），公元前 63 年执政官候选人，70；他的妻子和儿子，134 n.

Symmachus 希玛舒斯，论萨卢斯特，44 n.

Tacitus 塔西佗，他的风格，305 f., 326, 328 f., 332；撰史方法，60, 125 n., 150, 158, 181, 191；观点看法，239, 274, 295 ff.；论风格，272；论萨卢斯提乌斯·克里斯普斯，277, 283；对萨卢斯特的赞扬，292；效仿，292 ff., 324；他和萨卢斯特之间文风演变的类比，294 f., 305 f.；

他与萨卢斯特的密切关系，256，295；死后不受推崇，300.

Tanusius Geminus 塔努西乌斯·格米奴斯，反恺撒的历史撰述家，96，193 n.，234.

Tarquinius, L. 卢奇乌斯·塔克维尼乌斯，告密者，103.

Terentia 特伦西娅，西塞罗的妻子，84；离婚，226；后来的丈夫（据称），284.

Terentius 特伦提乌斯，见 Varro.

Theophrastus 泰奥弗拉斯图斯，论史，51 n.

Theopompus 泰奥彭普斯，49，63，244.

Thucydides 修昔底德，他的风格，53 f.，260；撰史品质，245 f.，248；关于政治语言的学说，117，255；在罗马风靡，52；西塞罗的评判，53；萨卢斯特对他的模仿，51 ff.，56，245 ff.，260，262，263 n.，265，289，293.

Tigranes 提格拉涅斯，190.

Timaeus 蒂迈欧斯，49.

Tisienus Gallus 蒂西努斯·加卢斯，镇守诺西亚（Nursia），229.

Titius 提修斯，列阿蒂人，24 n.

Tullius Cicero, M. 马库斯·图利乌斯·西塞罗（公元前63年执政官），见 Cicero.

Tullius Cicero, M. 马库斯·图利乌斯·西塞罗，西塞罗的儿子，63.

Tullius Cicero, Q. 昆图斯·图利乌斯·西塞罗（公元前62年行政官），47，108 n.；据说是《执政官竞选评注书》（*Commentariolum Petitionis*）的作者，85.

Turpilius Silanus, T. 提图斯·图尔皮利乌斯·西拉努斯，瓦伽城（Vaga）统领，153 n.

Turranius Niger 尼乌斯·尼格尔，在瓦罗著述中，13 n.

Valerius Antias 瓦勒里乌斯·安提亚斯，编年纪作家，47，154，290.

Valerius Messalla Corvinus, M. 马库斯·瓦勒里乌斯·梅萨拉·科维努斯（公元前31年执政官），出生时间，14 n.；安东尼支持者，227；从内战中获益，270；论昆图斯·德利乌斯（Q. Dellius），276；据说与特伦西娅（Terentia）结婚，284.

Valerius Messalla Rufus, M. 马库斯·瓦勒里乌斯·梅萨拉·鲁夫斯（公元前53年执政官），他的候选人资格，30，252 f.；被判罚，217；

在内战中，37；他的长寿，71，225，228；著述，225，234.

Valerius Probus 瓦勒里乌斯·普罗布斯，论萨卢斯特，264.

Vargunteius, L. 卢奇乌斯·瓦恭泰乌斯，喀提林党羽，78，81，88，89，90，95.

Varro 瓦罗，他的出身和萨宾友人，8 f.；出生时间，14；被列入公敌，42；他的长寿，225；他的历史撰作，206，233；其他作品，233 f.；《论农业》(*De re rustica*)，8，225；他的小册子《庇乌斯或论和平》(*Pius aut de Pace*)，278 f.；对宗教的看法，232 f.；农业，45，136.；庞培，206；对萨卢斯特的指控，26 f.，278 ff.

Vatinius, P. 普布利乌斯·瓦提尼乌斯（公元前47年补任执政官），他的出身与从政经历，6，27；他的出身，27 n.；被李锡尼乌斯·卡尔弗斯（Licinius Calvus）起诉，22，30；被西塞罗中伤，89；得到西塞罗的辩护，315；他的第二任妻子，32 n.

Ventidius, P. 普布利乌斯·翁提狄乌斯（公元前43年补任执政官），他的出身和早年经历，12，28，228，229；执政官任期，228；击败帕提亚人（Parthians），223；萨卢斯特为他撰写演说，223，297 n.

Verres, C. 盖尤斯·韦雷斯（公元前74年行政官），在《历史》中被提及，211.

Vettius, L. 卢奇乌斯·维提乌斯，来自皮凯努姆（Picenum），臭名昭著的恶棍，210 f.

Vettius Scato 维提乌斯·斯卡图，房屋交易人，12.

Vettius Scato, P. 普布利乌斯·维提乌斯·斯卡图，马尔西人（Marsian），12 n.

Vettulenus 维图列努斯，被列入公敌的萨宾人，229 n.

Villius Annalis, Sex. 塞克斯图斯·维利尤斯·安纳利斯，与法乌斯塔通奸，279，280.

Vinius, T. 提图斯·维尼乌斯，被列入公敌的萨宾人，228 n.，234 n.

Vipsanius Agrippa, M. 马库斯·维普萨尼乌斯·阿格里帕（公元前37年执政官），225，229.

Virgil 维吉尔，231，237，275；《牧歌集》(*Eclogues* IV) 的写作时间，285；《农事诗》(*Georgics*) 中暗示的萨卢斯特，286；关于

加图与喀提林，286；《蚊蚋》（*Culex*），298.

Volcacius Tullus, L. 卢奇乌斯·沃尔卡奇乌斯·图卢斯（公元前66年执政官），阻碍了喀提林，88，100 n.；他的目的，91.

Voltacilius Pitholaus, L. 卢奇乌斯·沃尔塔奇利乌斯·皮托劳斯，自由人与历史撰述家，206.

Volturcius, T. 提图斯·沃尔图奇乌斯，喀提林团伙的特务，72，79，82，107.

Xenophon 色诺芬，他在罗马的影响力，244.

# 译后记

罗纳德·塞姆的《萨卢斯特》是一部传记，确切地说是一部传记形式的历史学著作。按照本书前言作者的说法，关于罗马精英人物的传记研究法是塞姆这位被公认为20世纪英语学界最杰出的罗马史专家最伟大的史学方法论成就——有必要指出的是，本书前言的作者同样遵循这样的史学研究方法，为塞姆作传，进而评析塞姆的学术生平及其史学成就。而塞姆的成名之作《罗马革命》即是以奥古斯都传记的形式，通过构建相关的婚姻、家族、利益与权力的关系网络，展现和分析了罗马从共和国走向帝国的历史剧变。然而，与《罗马革命》这部给塞姆带来声誉并且在罗马史研究领域之外同样广为人知的传记学历史研究著作相比，同样属于传记史学作品但读者范围相对较少的《萨卢斯特》却有一个非常值得强调的不同之处，即《萨卢斯特》的核心传主并不是一般历史学更多关注的那种奥古斯都式的、对历史进程产生重大影响的政治军事领域的精英人物，而是一位虽然有过从政经历但以撰述罗马历史而闻名后世的古罗马历史撰述家。

1964年出版的《萨卢斯特》是在1959年的六场萨瑟古

典学讲座基础上增订成书的，这并不是塞姆以历史撰述家为传主的第一部历史研究论著。在此之前，塞姆曾将塔西佗这位罗马帝国的历史撰述家作为中心传主，考察追溯了塔西佗的生平经历、历史撰述以及与此相关的罗马帝国史。《塔西佗》一书篇幅庞大，两卷本总计八百余页，如果说塞姆急于在1939年发表的那部第一次运用传记学方法的《罗马革命》更多具有一种警示当时历史现实的目的，因而不乏诸多充满争议的缺陷，那么1958年出版的《塔西佗》则更为明显地展现出塞姆细致而严谨的文献考据功力和治史之才；可以说，《塔西佗》是塞姆运用传记学方法的一部更为成熟的著作。按照塞姆本人的说法，他对塔西佗怀有长期的热爱，这种热爱可以追溯到他的青少年时期，"而且从未消退"。据本书前言的作者介绍，塞姆和塔西佗之间的紧密关联是被很多学者讨论过的一个问题，所谓"塞姆已融入了塔西佗，塔西佗也融入了塞姆"，不但体现在历史叙述的态度观念方面，更为重要的是深入到了历史写作的文风方面。在早年撰写《罗马革命》时，塞姆从一开始就贯彻了塔西佗式的政治态度和文学风格，因而毫不意外的是，对塔西佗的推崇备至让塞姆选择塔西佗作为进一步践行传记学研究方法的首要传主。

不过，相较于《塔西佗》这部让人望而生畏的大部头作品，篇幅相对较小的《萨卢斯特》在塞姆的古罗马研究专著中似乎有着更为特殊的地位。塞姆在《塔西佗》中重点突出并强调了罗马共和国晚期的一位历史撰述家对于塔西佗

"无所不在的影响",这位历史撰述家就是本书讲述的主人公萨卢斯特。因而同样不会令人意外的是,在接下来的萨瑟古典学讲座中,塞姆将萨卢斯特定为了讲座的主题,并于五年后增订成书。《萨卢斯特》这部著作通过讨论和分析"作为撰述家、政客的萨卢斯特和作为一个人的萨卢斯特",阐述了与之相关的罗马共和国晚期史,具体而言就是罗马共和国走向帝国与君主制的历史;很明显,这段历史的主体内容恰恰是《罗马革命》所呈现的历史剧变——由此回看《罗马革命》一书也并不让人意外,萨卢斯特正如本书前言作者所指出的那样,在《罗马革命》中和在《塔西佗》中一样,恰恰也具有同等突出的地位。因此,从萨卢斯特与《罗马革命》和《塔西佗》的密切关系来看,《萨卢斯特》和《罗马革命》比起来更能体现塞姆文献考据功力但在篇幅上又比《塔西佗》更容易让人接受的著作,可以说更为集中地展现了塞姆本人的学术旨趣、治史方式和史学理念。换句话说,相比于让塞姆蜚声学界的《罗马革命》和那部使其传记学研究方法走向成熟的《塔西佗》,《萨卢斯特》看起来更有理由成为学术意义上塞姆研究古罗马历史的代表性著作。

将《萨卢斯特》而不是《罗马革命》视为学术意义上塞姆研究罗马史的核心代表作需要回到这里一开始就曾指出的一个重要事实:《萨卢斯特》的传主是一位历史撰述家。也就是说,《萨卢斯特》并不是一部纯粹研究历史本身的历史研究著作,而是一部融合了史学研究和历史研究的历史学论著,其中关于罗马共和国转向帝国的历史研究贯穿了对于

译后记

萨卢斯特生平经历及其历史撰述的编史学讨论和分析。

从现代史学研究的材料选用规范来看，《萨卢斯特》一书对于相关历史时期的罗马史考察，至少在表面上主要立足和依系于萨卢斯特这位经典史家所撰述的经典史著，即史家对于历史本身的记述和看法，而不是严格意义上第一手的原始材料。这一点无疑指向了一个现代历史研究中时常隐含但往往又容易习焉不察的问题：史家对于历史事件的记述与历史事件发生时期留下的非文学文献比起来，究竟哪一种文献更有分量或更为可信？关于这一问题，塞姆在《萨卢斯特》之前的《塔西佗》中谈到希巴纳铜板（Tabula Hebana）关于纪念日耳曼尼库斯（Germanicus）的记录时即明确表达了自己的观点："以忠心热忱的小镇恭恭敬敬地记录在铜板上的那些临时应景的说法来质疑塔西佗这位执政官史家的记述是异想天开的"；塔西佗这位经典史家的历史撰述"不会比出于公用而设立的碑文存在更多的偏颇"。碑铭之类的文献在现代史学运用的史料范畴中总体上属于第一手的原始材料，按照现代史学客观实证的内在原则与规范，严谨的历史学研究一般会要求尽可能多地使用这种类型的文献材料。塞姆关于希巴纳铜板和塔西佗历史撰述的观点并不意味着作为现代史家的塞姆会断然否弃碑铭性质的原始材料对于历史研究的重要价值，但他对于经典史家和经典史著的重视明显可以指向这样一个论题：相较于单纯依据原始材料来准确陈述历史事实的传统史学工作，了解经典史家和考察经典史著如何阐述与理解历史并由此认识历史本身，可能恰恰具有更加重要的价值和更为特殊的意义。

事实上,第一手的原始资料本身并不会说话,但问题的关键尚不在于此,而是在于这类史料本身对于历史信息的呈现并不会或者未必是出于客观实证的理念原则。另一方面,诠释和考察经典史家及其经典史著,并非意味着忽略和疏离传统史学工作所关注的准确性、真实性问题,在这一点上,依系于经典史著的编史学研究必须与"建构真实"的后现代史学风气有所区分。编史学的研究可以和任何一般意义上的传统历史研究一样,具有求取准确和区辨真实与谬误的目的,只不过,这种研究看重的真实性和准确性未必一定是基于客观实证原则的真实与准确,因为确切而真实地了解历史,实际上不仅需要准确地再现和陈述基本的史实,若想确凿无误地呈现历史,本身还会涉及以何种理念、思路、逻辑和倾向来认识、理解和诠释历史与史实。在这个意义上,编史学研究所关注的准确、真实与谬误,实质上更多的是指理解历史的方式和理念是否更有"道理"以及是否无法令人信服;换句话说,编史学的研究实际上是在了解史家和区辨史家著史之优劣的过程中考察和认识更有"道理"的逻辑和无法令人信服的逻辑,特别是史家择用、考订和理解历史材料的理念和思路,从而为确切真实地了解历史本身提供更有"道理"的言说脉络和观念基础。就此而言,史家的历史撰述,特别是经典史家的经典史著,显然要比自身并不能说话的原始史料富含更多的信息和指引。

单纯就著述形式和研究方式而言,塞姆的《萨卢斯特》其实恰恰可以算作沟通这种编史学研究和历史研究的典范之作，尽管这部著作本身的具体论述或许并未充分展现出上述编史学研究的内在价值和特殊意义。当然，作为一部融合了史学研究和历史研究的历史学论著，《萨卢斯特》的研究方式本身就可以作为这种编史学的研究对象，这一点自然也就指向了这部著作在著述形式上作为一部传记的传记学研究方法。

值得一提的是，意大利史学家莫米利亚诺虽然是塞姆学术生涯中"最强劲的批评者"，塞姆也曾以发表著述的形式非常罕见地回击过莫米利亚诺的批评，但在传记的问题上，两者却在某种程度上走到了一处——这并不意味着两者在有关传记的具体问题上不存在分歧。莫米利亚诺在关于西方历史学研究传统的讨论中非常重视传记这种历史记述和历史研究的类型和形式，1971年，他还专门发表了一部研究古希腊传记的编史学研究，《希腊传记的发展》(*The Development of Greek Biography*)。在他看来，相对于贯穿某种倾向和理念的政治史、经济史、宗教史或艺术史等历史研究类型，传记这种古老的记述类型始终是一种相对简单因而也更为清晰的历史学形式；在一个令历史研究者颇感疲劳的历史主义时代，传记逐渐走向历史研究的中心是一个毫不奇怪的历史学现象，因为这样的历史记述形式或历史研究类型恰恰可能有助于缓解这样的疲劳。而在罗马史领域，正是塞姆将一种通常被称为群体传记学（prosopography）的传记研究方式推向了罗马史研究的中心。

塞姆的《萨卢斯特》，当然也包括之前的《塔西佗》，既是一部传记形式的论著，也是一部编史学研究和历史研究；这种融合传记、编史学和历史研究的特殊研究方式可以说始终在提醒历史学研究中关注经典史家和经典史著的重要意义。这或许也可以算作译介《萨卢斯特》的价值所在之一。塞姆在《萨卢斯特》序言的第一句话当中首先提到了"中国古典史家"及其撰史的"规矩",其中对于萨卢斯特人格特征、生平经历以及写作风格的精彩分析,更是容易让熟悉中国文史的学者直接联想到中国文学家李长之先生所写的《司马迁之人格与风格》。以塞姆对中国古典史学的了解,他想必也清楚作为某一种传记形式的"纪传体"在中国古典史学编撰体例中的核心地位。他将传记学作为自己首要的历史研究方式,或许也对中国古典史学这种异己的思想资源不无借鉴,他将西方古典的历史撰述家作为这种传记研究方式的传主,或许也可以看作是由此反观自身所属的学术思想传统如何记述、理解和认识自身历史与文明传统的一种方式与尝试。在这个意义上,译介和了解塞姆的《萨卢斯特》,反而像是通过重新"回忆"我们自身的某种思想文化传统,认识和理解异己的历史文明传统。当然,无论是"回忆"我们自身还是认识《萨卢斯特》中的古罗马世界所属的异己的历史文明传统,关注过中国古典史家和史学的塞姆及其所写的这部融合传记学、编史学和历史研究的《萨卢斯特》,实际上始终给我们提供了一种值得思考的路径和尝试:考察和理解经典史家和经典史著,同考订不会说话的原始资料相比,特别是与我们在研究异域文明的领域不太可能具有优势或不太可能擅长,但依然可以努力着手的一手史料占有工作和解读工作比起来,具有同等重要的意义。

在《萨卢斯特》这本著作中,塞姆专门用一章的内容(第 14 章"撰史与风格")详细分析了萨卢斯特历史写作的文风特征,其中还谈论了萨卢斯特和塔西佗在撰史风格上的影响传承和细微的差别。本书前言的作者在文中指出,"萨卢斯特的集中紧凑和言简文约影响了塔西佗,这两种文风特点也造就了塞姆本人独特的写作风格。其入木三分的描写与尖酸刻薄的机智给人留下了深刻的印象"。不过,正是由于这样的写作风格,塞姆"修辞上的省略用语"同时也给人带来了"难以捉摸、晦涩难解"的麻烦,这也是译者在具体的翻译过程中始终需要面临的困难;更何况,塞姆的论述旁求博考,博大而精微,远非译者学力之所及,对于这样一位获得过诺贝尔文学奖提名的历史学家所写的著作,译者的翻译只能是诚惶诚恐,如履薄冰,其中难免存在诸多错漏之处,唯愿专家和读者提出最为严厉的批评和指正。

《萨卢斯特》一书的引文注释方式基本延续了《罗马革命》和《塔西佗》中的做法和习惯,其中引述了大量拉丁语经典文献的原文。本书的翻译遵循《罗马革命》这一在前珠玉的翻译格式,对一切古代的拉丁语原文予以保留,以便专家读者查阅指正;未保留原文的注释引文皆属现当代学者的研究著述,特此说明,以免读者疑惑。另外需要说明的是,注释中的参考文献名称多以缩写方式出示,但遗憾的是,《萨卢斯特》并未像《罗马革命》和《塔西佗》那样专门在书后列出缩略语汇总表,本书的翻译参照塞姆在《罗马革命》和《塔西佗》中的缩写习惯,尽可能还原扩展了原书注释中的文献缩写。至于古代经典文本名称的缩写，本书的翻译也进行了还原和扩展（仅按原书保留极个别常见或不易引起混淆的文献名称缩写）。

对于本书的翻译，首先要感谢北京大学哲学系李猛教授的推荐和信任，他对于学术的热情和对晚辈学生的关切是译者能够坚持完成这项翻译工作的精神动力。另外还要感谢焦崇伟、肖京、Daniela Alderuccio、李雪菲等好友，他们在翻译的过程中均给予译者最及时和最亟须的帮助，而三联书店的编辑王晨晨女士对于译者的耐心与督促则最终帮助本书的翻译工作得以顺利完成，在此表示衷心的感谢。最后还要感谢父母在家中无微不至的照料，没有他们，我不会有更好的身体来完成更多应该完成的事情。

阳泉魏家峪

2020 年 2 月